Martin Viehhauser
Reformierung des Menschen durch Stadtraumgestaltung
Eine Studie zur moralerzieherischen Strategie
in Städtebau und Architektur um 1900

Martin Viehhauser

# Reformierung des Menschen durch Stadtraumgestaltung

Eine Studie zur moralerzieherischen Strategie
in Städtebau und Architektur um 1900

**VELBRÜCK WISSENSCHAFT**

Erste Auflage 2016
© Velbrück Wissenschaft, Weilerswist 2016
www.velbrueck-wissenschaft.de
Printed in Germany
ISBN 978-3-95832-078-9

Bibliografische Information der Deutschen Nationalbibliothek
Die Deutsche Nationalbibliothek verzeichnet diese Publikation in der
Deutschen Nationalbibliografie; detaillierte bibliografische Daten
sind im Internet über http://dnb.ddb.de abrufbar.

# Inhalt

1 Einleitung:
Städtebau und Architektur um 1900 als Gegenstand
der Erziehungsgeschichte ............................. 9

  1.1 Sozialreform durch Stadtraumgestaltung ............ 15

  1.2 Die moralerzieherische Strategie in der Stadtraumgestaltung um 1900: Anmerkungen zum Verhältnis von Erziehungsgeschichte und Erziehungstheorie .......... 24

  1.3 Methodische Überlegungen:
Wissen als handlungsorientierende Ressource für
pädagogische Interventionen im Stadtraum ........... 32

## TEIL I
### Erzieherische Kalküle in der Stadtraumgestaltung

2 Vermittlung von Werten über Ästhetik: Stadtraumgestaltung
als »Agentur« gesellschaftlicher Erziehung .............. 49

  2.1 Der ethische Ansatz im Programm des »künstlerischen
Städtebaus« bei Camillo Sitte ..................... 51

  2.2 Moralisierung durch Stadtraumgestaltung: Städtebau als
»Agentur« gesellschaftserzieherischer Maßnahmen ..... 68

    2.2.1 Gestaltung als ›stille‹ erzieherische Größe:
Ethik und Ästhetik in der Moderne ........... 69

    2.2.2 Erziehung als Kommunikation –
Kommunikation in der Architektur ........... 75

    2.2.3 Moral und das ›Funktionieren‹ der Gesellschaft .. 87

  2.3 Städtebau und Architektur als »Agenturen« der Erziehung 94

3 Erzieherische Erfahrung:
Steuerung des Verhaltens durch ästhetische Anordnungen ... 99

  3.1 Stadträume als Umgebungen
für erzieherische Erfahrungen ..................... 102

    3.1.1 Das Kalkül der Steuerung von Gewohnheiten
und des Verhaltens ....................... 108

    3.1.2 Erziehung im Register der Gefühle ........... 112

  3.2 ›Stille‹ Moralisierung durch das Erfahren stadträumlicher
Umgebungen ................................... 116

# TEIL II
## Organisation von Ordnung

4  Die Suche nach Ordnung der Gesellschaft:
   Symbolische Wissensressourcen sozialreformerischen
   stadtraumgestalterischen Handelns .................... 123

   4.1 Erfahrung von Ambivalenz und
       Organisation von Ordnung....................... 129

   4.2 Städtebau und Architektur als Mittel der
       Organisation von Ordnung....................... 139

   4.3 Die moralerzieherische Strategie in Städtebau und
       Architektur auf der Folie gesellschaftlicher Ordnung ... 146

5  Wissensgrundlagen zur Anordnung des Sozialen:
   Sozialreform durch planerischen Zugang zum Städtebau.... 151

   5.1 Das Planungsparadigma im Städtebau um 1900....... 158

   5.2 Wissensformen als bedingende Faktoren
       der Stadtplanung um 1900....................... 166

   5.3 Wissenskultur der Rationalisierung:
       Zu sozialreformerisch einflussreichen Wissensbereichen
       im planerischen Zugang zum Städtebau ............. 174

       5.3.1 Stadtplanerische Wissensbereiche:
             Sozialstatistik, Stadt- und Bebauungspläne ...... 176

       5.3.2 Zum Experimentalwissen im 19. Jahrhundert.... 182

       5.3.3 Wissen als symbolische Ressource:
             Zum Topos der »nervösen« Großstadt ......... 193

   5.4 Orientierungswissen und Handlungsoptimismus:
       Zur Zirkularität von Wissen und pädagogischer
       Intervention in der Stadtraumgestaltung............. 203

# TEIL III
## Sozialreform in Städtebau und Architektur

6  Sozial ausgerichtete Planungspraxis mit ästhetisch-
   künstlerischen Mitteln: Internationaler und
   Zürcher Städtebau um 1900 ........................ 211

   6.1 Die Rolle der Ästhetik in der
       sozialreformerischen Planung der Stadt.............. 217

6.2 Soziale, ökonomische und sittliche Aspekte in der
ästhetischen Dimensionierung des planvollen Städtebaus   235
   6.2.1 Die Wohnungsfrage ....................... 238
   6.2.2 Die Bodenfrage........................... 242
   6.2.3 Sozialreform über Wohn- und Bodenreform:
        Zum Modell der Gartenstadt ................ 246
6.3 Zu den städtebaulichen Instrumenten und zur
Rolle öffentlicher Verwaltungen sozialreformerischer
Stadtraumgestaltung............................ 249
6.4 Reformorientierter Städtebau in Zürich unter besonderer
Berücksichtigung des Siedlungsbaus ................ 252
   6.4.1 Strukturelle Zusammenhänge im Kontext Zürichs   252
   6.4.2 Siedlungsbau mit sozialreformerischem Anliegen
        in Zürich ............................... 263
   6.4.3 Vignette: Siedlung Riedtli in Zürich-Oberstrass
        und Unterstrass.......................... 267
6.5 Städtebau im Zeichen gesellschaftlicher Steuerung als
Form gesellschaftlicher Erziehung in der Moderne ..... 272

7 Moralische Hebung durch ›wahre‹ Stilsprache:
Zur gesellschaftserzieherischen Auffassung in der
Reformarchitektur um 1900 ........................ 277
7.1 »Erziehliche« Ästhetik:
Zur moralischen Aufwertung der architektonischen
Ästhetik über die Stilisierung der Natur ............. 279
7.2 Akademische Kunstlehre, Stiltheorie und ihre Kritik im
ausgehenden 19. Jahrhundert ..................... 288
7.3 Kunstgewerbe, Design und die Erziehung
des Geschmacks ............................... 292
   7.3.1 Die Arts-and-Crafts-Bewegung als Vorreiter-
       bewegung sozialreformerischer Kunstauffassungen   293
   7.3.2 Internationale Reformbewegungen in Kunst und
       Kunsthandwerk unter besonderer Berücksich-
       tigung des deutschsprachigen Raums .......... 300
7.4 Architektur als »Agentur« gesellschaftlicher Erziehung
im Rahmen ihrer Positionierung als Kunstform ....... 306

8 Heimatschutz und Heimatstil:
Ästhetik als erzieherische Kommunikation. . . . . . . . . . . . . . . 311
  8.1 Heimatstil: Zum Begriff und zur Forschungslage . . . . . . 312
      8.1.1 Ästhetische Grundzüge des Heimatstils
und heimatschützerische Legitimationsmuster
der Gesellschaftsreform . . . . . . . . . . . . . . . . . . . 314
      8.1.2 Heimatschutzbewegungen und Heimatstil
unter besonderer Berücksichtigung der Situation
in Zürich . . . . . . . . . . . . . . . . . . . . . . . . . . . . . . . 321
  8.2 Ideologische Grundzüge der Heimatschutzbewegung . . . 326
  8.3 Die moralerzieherische Stoßrichtung im Heimatstil. . . . . 330

9 Schluss. . . . . . . . . . . . . . . . . . . . . . . . . . . . . . . . . . . . . . . . . 337

ANHANG

10 Anhang . . . . . . . . . . . . . . . . . . . . . . . . . . . . . . . . . . . . . . . . 347
  10.1 Quellenverzeichnis. . . . . . . . . . . . . . . . . . . . . . . . . . . . 347
      Archivalien . . . . . . . . . . . . . . . . . . . . . . . . . . . . . . . 347
      Gedruckte Quellen. . . . . . . . . . . . . . . . . . . . . . . . . . 347
  10.2 Literaturverzeichnis . . . . . . . . . . . . . . . . . . . . . . . . . . . 356
      Darstellungen und Sekundärliteratur . . . . . . . . . . . . . . 356
      Ressourcen und Datenbanken:
Lexika, Enzyklopädien, Bibliographien und
Biographien . . . . . . . . . . . . . . . . . . . . . . . . . . . . . . . 380
  10.3 Abkürzungen . . . . . . . . . . . . . . . . . . . . . . . . . . . . . . . 380
  10.4 Abbildungsnachweis . . . . . . . . . . . . . . . . . . . . . . . . . . 381

Danksagung . . . . . . . . . . . . . . . . . . . . . . . . . . . . . . . . . . . . . . 382

# 1 Einleitung: Städtebau und Architektur um 1900 als Gegenstand der Erziehungsgeschichte

Die Geschichte der europäischen Großstadt um 1900 ist untrennbar mit der verstärkten kritischen Auseinandersetzung mit ihrer Gestalt verbunden. »Unsere moderne *städtische Kultur* hat neben ihren vielgepriesenen Lichtseiten auch ihre Schattenseite.« Diese weit verbreitete Einschätzung stammt vom Zürcher Sozialpolitiker und Pfarrer Paul Pflüger,[1] der erkannte, dass sich in den großstädtischen Verhältnissen die Probleme der aufklaffenden ökonomischen und sozialen Ungleichheiten sowie der veränderten Lebensformen konzentrierten. Pflüger setzt fort: »Ich erinnere an die der städtischen Bevölkerung eigene fieberhafte Hast und Eile, an das Nachtleben, die Prostitution und vor allem an die Wohn- und Mietsverhältnisse.«[2] Die Gestalt der Stadt betraf nicht mehr nur ihre mehr oder weniger zufällig gewachsene Morphologie, in der ihre Bewohnerinnen und Bewohner die Umgebung für das tägliche Leben und Arbeiten vorfanden, sondern sie wurde als Spiegelbild und als Materialisierung der gesellschaftlichen Verhältnisse erkannt.[3] Die Feststellung ihrer »Schattenseite« bedingte die Frage nach ihrer Gestaltbarkeit sowie die Erkenntnis, dass ihre Gestaltung für das gesellschaftliche Wohl notwendig sei. »Das Ideal der weit in die Zukunft Schauenden ist eine Vermählung der städtischen und ländlichen Kultur, eine Vereinigung der Vorzüge städtischer Lebensweise mit den Vorzügen des Landlebens.«[4] Das Landleben, das die Ungleichheiten zwischen den Klassen und die Vielfalt der Lebensentwürfe nicht in der extremen Ausprägung wie die Stadt kannte, setzte Pflüger als den verloren gegangenen Bezugspunkt, an den eine neue ›Tradition‹ anknüpfen müsse.

1 Paul Pflüger (1865–1947) war ab 1898 Pfarrer an der Kirche St. Jakob in Zürich, später sozialdemokratischer Sozialpolitiker. 1900 kam er in den Kantonsrat, 1901 in den Zürcher Gemeinderat und 1910 in den Zürcher Stadtrat. Von 1911 bis 1917 wirkte er als Nationalrat und war von 1912 bis 1922 Vizepräsident der Sozialdemokratischen Partei.
2 Dieses und die folgenden Zitate stammen aus der Schrift mit dem Titel *Die Wohnungsfrage in ethischer und kultureller Beziehung*. Pflüger 1909, S. 10, Hervorhebung im Original.
3 Michel de Certeau spricht von der »Transformation der *Tatsache* Stadt in das *Konzept* der Stadt« in der Neuzeit. De Certeau 1988, S. 183.
4 Pflüger 1909, S. 10.

Der deutsche Nationalökonom Adolf Weber brachte diese Einsicht auf die Formel der »Reformierung der Menschen«.[5] Damit drückte er prägnant aus, unter welchem Zeichen die Frage der Gestaltbarkeit der Stadt um 1900 stand: der Strategie der »Umgestaltung der menschlichen Charaktere«.[6] – Webers Wendung von der »Reformierung der Menschen«, die er in seinem Buch *Die Großstadt und ihre sozialen Probleme* (1908) prägte, bezeichnet das neue *soziale* Kriterium, das den Städtebau und die Architektur um 1900 zunehmend durchdrang.

Diese Ausrichtung der Stadtraumgestaltung, die mit dem Aspekt der »Reformierung« des Menschen als ein Problem gesellschaftlicher Erziehung aufscheint, steht im Zentrum der vorliegenden Studie. Ihre Ausgangsüberlegung geht von dem Phänomen aus, dass unter dem Eindruck der »Schattenseite« der städtischen Kultur die Gestaltung des städtischen Raums als Technik der »Reformierung« der modernen Gesellschaft erkannt wurde, dass also im Rahmen der historischen Situation spezifisches Wissen und spezifisches Handeln zusammenspielten. Aus dieser wechselseitigen Dynamik formierte sich eine spezifisch moderne Form des Erziehungshandelns, das vor dem Hintergrund urbaner Ordnungen um 1900 auf die Gesellschaft als Ganzes über die ›Erziehung‹ der »Charaktere« abzielte.

Die Begriffe ›Gestaltung‹, ›Stadt‹ und ›Raum‹ werden eng und dynamisch aufeinander bezogen: Mit Gestaltung ist die planende und entwerfende Auseinandersetzung mit der Stadt gemeint, die ein verdichtetes Siedlungsgebiet bezeichnet, auf dem sich der Raum auf unterschiedlichen Ebenen materialisiert; Raum ist in diesem Zusammenhang ein Geflecht aus historisch gewachsenen und damit auch gestaltbaren materiellen Elementen (Gebäude, Freiflächen, Straßenzüge usw.), der natürlich-topographischen Situation, sozialer Verteilungen und Bewegungen sowie symbolischer Ordnungen. Die Stadt lässt sich somit als die räumliche Umgebung für die gesellschaftliche Praxis präzisieren.[7]

Um 1900 war es erstmals naheliegend, den Faktor selbst – die Stadt – als Mittel der »Reformierung« zu wählen, das als Ursache für die Probleme der modernen Gesellschaft erkannt wurde.[8] Über Stadtgestaltung sollte Abhilfe gegen die sittlich-moralischen »Mängel« organisiert wer-

---

5 Weber 1908, S. 134.
6 Ebd.
7 Zum Raumbegriff vgl. Kessl & Reutlinger 2010, hier insbesondere S. 33 ff. Für Martina Löw zeichnen sich Städte durch die Faktoren Grenzziehung und Verdichtung aus, die spezifisch städtische Vergesellschaftungsformen konstituieren. Die Raumperspektive bildet dabei die Grundkategorie. Löw 2008, S. 69 f.
8 Paul Rabinow verdeutlicht in seiner Studie *French Modern. Norms and Forms of the Social Environment* zum Städtebau im 19. Jahrhundert in Marokko, der von französischen Stadtplanern organisiert wurde, die gegenseitige Durchwirkung von

den, die schließlich als Folge der modernen Großstadt festgestellt wurden: »Il serait facile, en effet,« schreibt der Westschweizer Heimatschützer Philippe Godet, »de montrer le rapport intime qui existe entre les progrès de la laideur et l'affaiblissement du sens moral.«[9] Neu war in dieser Perspektive die Auffassung der Stadt als *Raum*: Die Raumkategorie etablierte sich in der architektur- und städtebautheoretischen Reflexion erst in der zweiten Hälfte des 19. Jahrhunderts, womit die historische Dynamik der Verflechtung von Gestaltung, Stadt und Raum zur Steuerung gesellschaftlicher Praxis in den Blick rückt.[10]

Die These lautet, dass die Steuerung gesellschaftlicher Verhältnisse über Städtebau und Architektur um 1900 über erzieherische Mechanismen in Gang gesetzt wurde. Der städtische Raum wurde so gestaltet, dass er zu Verhaltensweisen und Lebensauffassungen *erzog*, die die »Lichtseiten« städtischer Kultur stärkten. Indem die Gestaltung auf Handlungen und Einstellungen abzielte, war sie moralisierend angelegt; der Raum war gestaltet, um dem ›Volk‹ eine Moral ›anzuerziehen‹.[11] Das meinte in der großstädtischen Konstellation um 1900 insbesondere, heimatliche Werte in dem zunehmend als austauschbar erlebten gründerzeitlichen Stadtbild zu schaffen, die hygienischen Bedingungen im weitesten Sinn zu verbessern und die sozialen Probleme namentlich der unteren und mittleren sozialen Schichten über eine kommunal organisierte Siedlungsbaupolitik zu verbessern.

Michel Foucaults Analyse der Machtverhältnisse bietet einen Ansatzpunkt, um die Steuerung der Gesellschaft über die »Reformierung der Menschen« zu fassen.[12] Nach Foucault ist Macht der »Name, den man einer komplexen strategischen Situation in einer Gesellschaft gibt.«[13] Im vorliegenden Kontext bezeichnet die »strategische Situation« das sozialpolitische Handeln, das die Frage der Stadtraumgestaltung um 1900 im Rahmen der für das von Foucault so benannte »Sicherheitsdispositiv« typischen Machtmechanismen des Regierens im Verwaltungsstaat in Form gesellschaftlicher Steuerung in den Blick rückt.[14] In methodischer Hinsicht ist dabei der Begriff ›Strategie‹ ein zentraler Schlüssel für die vorliegende Studie, auf den noch genauer einzugehen ist. Er ermög-

Städtebau und Moralisierung unter den Vorzeichen der gesellschaftlichen Reform. Rabinow 1989.
9 Godet 1906, S. 25.
10 Moravánszky (Hg.) 2003, Kap. II, S. 121–146.
11 Dräger 2003.
12 Ich beziehe mich hauptsächlich auf Foucaults Arbeiten über das Dispositiv der Sexualität und die Sicherheit als Aspekt der Gouvernementalität. Foucault 1977; 2004. Vgl. auch Foucault 1978.
13 Foucault 1977.
14 Foucault 2004.

licht es, die Steuerung gesellschaftlicher Verhältnisse über den Raum in das Blickfeld zu rücken.

Daran anknüpfend werden die um 1900 entwickelten Zugänge zu Fragen der Gestaltung des städtischen Raums als Ausdruck von Machtstrategien betrachtet. Im Zeichen sozialpolitischer Reformen handelt es sich um Strategien der Machtentfaltung, die von subtilen, weil räumlich vermittelten erzieherischen Mechanismen getragen werden. Zugespitzt formuliert meint Erziehung das sozialreformerische Handeln in Form des gestalterischen Anordnens des Raums unter der Auffassung, dass die permanent erfahrene städtische Umgebung auf Verhaltensweisen einwirke und entsprechend steuernd auf moralische Ziele hin manipuliert werden könne; insofern war die Strategie, über Stadtraumgestaltung den Menschen zu »reformieren«, *moralerzieherisch* angelegt.

Wie im Begriff ›Gestaltung‹ anklingt, war die wichtigste Komponente in der erzieherischen Handhabung der Frage, wie der städtische Raum strukturiert sein solle, die Ästhetik. Sie spielt daher eine zentrale Rolle in der vorliegenden Untersuchung. Die Auseinandersetzung mit der Stadtraumästhetik ist im Zusammenhang der Siedlungsentwicklung des ausgehenden 19. Jahrhunderts zu sehen, was sowohl Veränderungen des Bildes der überlieferten Stadt als auch die damit einhergehenden Verschiebungen der gesellschaftlichen Verhältnisse betrifft. Im Zuge der von der Industrialisierung getragenen ökonomischen Prozesse dehnte sich die Stadt in den potentiell unbegrenzten, weil nicht länger von Befestigungsmauern vordefinierten Raum aus; sie war räumlich wie auch in die Zukunft hin offen.[15] Sie musste also für eine »nicht genau kontrollierte oder kontrollierbare, nicht genau bemessene oder meßbare Zukunft«[16] gestaltet werden. Stadtraumgestaltung bot dabei Techniken der Herstellung von »Sicherheit«, die Foucault auf der Ebene der gesamten Bevölkerung, nicht der einzelnen Person, ansiedelt.[17] Gleichwohl wurde die Ordnung der Gesellschaft, wie zu zeigen sein wird, über die angenommene Wirkung der gebauten Umgebung auf die einzelne Person organisiert: Der moralische Effekt ›schön‹ gebauter Umgebungen auf die einzelne Person sollte normalisierend auf die Gesellschaft zurückwirken.

Die Grundlage dieser Einsicht bildete spezifisches *Wissen* über die Ästhetik des Raums, die in städtebaulichen Theorien zunehmend im Zusammenhang psychisch-physiologischer Wirkmechanismen erklärt wurde. Über die nun dezidiert als ästhetisches Mittel verstandene Stadtraumgestaltung sollten sich – zumindest nach der sozialreformerischen Auffassung, die in der Gestaltung des städtischen Raums handlungswirksam

---

15 Zum Zusammenhang von Industrialisierung und Stadtentwicklung vgl. allgemein Kieß 1991.
16 Foucault 2004, S. 39.
17 Ebd., S. 27.

wurde – soziale Effekte erzielen lassen. Aus erziehungswissenschaftlicher Perspektive treten die zeitgenössischen sozialreformerischen Auseinandersetzungen und die stadträumlichen Materialisierungen in ihren moralerzieherischen Absichten hervor, die ihren Bezugspunkt in den sozialen und kulturellen Kontexten um 1900 haben. Dabei richtet die vorliegende Arbeit den Fragefokus auf die Umstände, die Bedingungen und die Faktoren, die zur Hervorbringung des sozialreformerischen Ansatzes beitrugen. Das besondere Augenmerk gilt dabei den Erfahrungen in der Stadt Zürich, wo nach einer ersten Eingemeindung im Jahr 1893 die kommunalen Instanzen eine expansive und sozialreformerisch grundierte Stadtentwicklungspolitik entwickelten. Diese Erfahrungen werden im Kontext internationaler Auseinandersetzungen erörtert.

Der Fokus auf diese und ähnliche Fragen beruht auf der Prämisse, dass Lösungen, bevor sie sich städtebaulich und architektonisch manifestieren konnten, zuallererst als Optionen in Betracht gezogen werden mussten. So bestand ein eigentümliches Charakteristikum des als akademisches Reflexionssystem neu etablierten Städtebaus um 1900 darin,[18] dass dem Bau ein planerischer Prozess vorausging, dass Städtebau also in einen bewussten Entscheidungsprozess eingebunden wurde, was spezifisches Wissen über den Gegenstand erforderte.[19] Planung bezog dabei nicht nur im weitesten Sinn technische, sondern auch – und dies war das eigentlich Neue – soziale Aspekte mit ein. Auch architektonische Ansätze, wie die mit dem Begriff ›Heimatstil‹ bezeichnete Strömung, die in der Zeit um 1900 Alternativen zu den dominierenden historistischen Stilen suchten, beruhten größtenteils auf sozialen Überlegungen. Das Beispiel des Heimatstils, der als Ausdruck einer sozialreformerischen Stadtraumgestaltung Betrachtung verdient, zeigt dies allein schon im Namen, der einen Wert postuliert, der vom Kriterium der Gemeinschaft ausgeht: die Verbundenheit zur Heimat. Die Ästhetik dieses und anderer Reformstile steht daher nicht ›für sich‹, sondern auch und oftmals in erster Linie im Zeichen sozialer Ideen. Präziser formuliert, lautet daher die Erwägung, dass sich in der Frage der Stadtraumgestaltung sozialreformerische Kriterien kristallisierten.

In dieser Perspektive treten die sozialen und kulturellen Kontexte von Städtebau und Architektur in den Vordergrund, was dem ›vernetzten‹ Zugriff des Architekturhistorikers Anthony Alofsin folgend als »contextual formalism«[20] bezeichnet werden kann. Dieser Zugriff erlaubt

18 Zur Entwicklung der akademischen Disziplin Städtebau vgl. Albers 1997.
19 Vgl. ebd.; Piccinato 1983; Schörteler-von Brandt 2008.
20 »[C]*ontext* includes the historical, political, social, and cultural factors that gave meaning to the buildings and designs observed, and *form* includes the color, textures, mass, materials, and structures, as well as the images and symbols incorporated into the exterior and interior of the building.« Alofsin 2006, S. 11f.

es, den Heimatstil oder den Siedlungsbau über engere architektur- oder städtebauhistorische Bezüge hinaus sozial- und kulturwissenschaftlich zu positionieren: »[T]he visual manifestation of architecture – its space, light, color, texture, pattern – and its social and historical context must be considered inseparable if we, as receptors, are to grasp the messages of buildings [...].«[21] Die vorliegende Studie verfolgt dabei nicht die Historiographie stadtraumgestalterischer Entwicklungen, sondern versucht, diese als Gegenstand erziehungsgeschichtlicher Forschung zu erschließen. Dazu werden epistemologische Voraussetzungen in den Blick genommen, um erzieherische Dimensionen in einem Material zu verdeutlichen, das nicht zum traditionellen Bestand bildungshistorischer Forschung zählt.[22] Stadtraumgestalterische Formen, insbesondere im Siedlungsbau und im Heimatstil, werden als bestimmte ›Techniken‹ in der Moderne untersucht, die als Mittel zur Schaffung von Ordnung in der Gesellschaft[23] gelesen werden. Das heißt in weiterer Linie, dass Stadtraumgestaltung als Steuerungsmittel im Rahmen der für sie typischen, erwähnten Strategie begriffen wird, als Folge des ästhetischen Erfahrens der ›schönen‹ Umgebung durch die einzelne Person auf die gesellschaftliche Ordnung gesamthaft zurückzuwirken. In dieser Konstellation lässt sich die ästhetische Gestaltung des Stadtraums als erzieherisches Mittel lesen – und zugleich lässt sich damit auf theoretischer Ebene ein Begriff von Erziehung entwickeln, der nicht von Settings abhängt, die formal als ›pädagogische‹ Zusammenhänge vordefiniert sind. Es kommen vielmehr Formen der indirekten Einflussnahme auf Individuen und – durch sie – auf die Gesellschaft in den Blick.[24]

In dieser Fokussierung wird Erziehungsgeschichte als ein Vorhaben begriffen, das jene Materialgruppen als relevant für die Analyse setzt, in denen in einem breiten Verständnis von pädagogischer Intervention moralische Auffassungen zutage treten, wie dies bei sozialreformerisch orientierten Formen des Städtebaus und der Architektur um 1900 der Fall ist. Denn sie waren von der zur objektiven Überzeugung gewordenen Idee getragen, dass die Reform des Sozialen notwendig sei. Dieses Wissen war die Grundlage für die erzieherische Form des historisch situierten Handelns in diesem Bereich.[25]

---

21 Ebd., S. 11.
22 Für Überlegungen zum theoretischen Verständnis der Analyse historischer Zusammenhänge bin ich dem Text »Über die Aktualität der Bildungsphilosophie« von Rita Casale verpflichtet. Casale 2011.
23 Zur Architektur als Ordnungstechnik vgl. Kuchenbuch 2010.
24 Vgl. Prange & Strobel-Eisele 2006, Kap. V.
25 Für Casale besteht das Verhältnis von Theorie und Geschichte in »der begrifflichen Erschließung historischer und gesellschaftlicher Transformationen«, für die

Die Eckpunkte des Forschungsvorhabens lassen sich wie folgt definieren: Die Studie analysiert die Bestrebungen der »Reformierung des Menschen« mit dem Mittel der Gestaltung des städtischen Raums und beschreibt sie in wissensbasierten Zusammenhängen um 1900. Im Zentrum steht der kritische Blick auf eine Strategie der gesellschaftlichen Steuerung, die Macht über erzieherische Mechanismen ausübt, das heißt über gestalterisches Anordnen des städtischen Raums unter der Maßgabe ethischer Überlegungen und moralischer Absichten. Um die stadtraumgestalterischen Bestrebungen kritisch herauszuarbeiten, setzt die vorliegende Studie an vier unterschiedlichen, miteinander verknüpften Aspekten an: erstens, dass Fragen der Stadtraumgestaltung auf dem politischen Feld der Sozialreform positioniert waren; zweitens, dass sie unter dem für die Moderne typischen Zeichen der Suche nach Ordnung standen; drittens, dass der Modus der Behandlung dieser Fragen ein rationalisierter war, in dem Wissenschaft, Expertise und Politik vielschichtig verwoben waren; und schließlich viertens, dass das Register, in dem die Fragen der Stadtraumgestaltung behandelt wurden, die Ästhetik war. Diese Aspekte werden koordinierend behandelt, weil sie gemeinsam die historische Konstellation ausmachten, in der die reformorientierten Bestrebungen in der Stadtraumgestaltung als moralerzieherische Strategie wirksam wurden. Ihre Beschreibung bildet eine interpretative Folie zur erziehungswissenschaftlichen Analyse des Gegenstands Stadtraumgestaltung. Damit soll gezeigt werden, dass Erziehungsphänomene eng an historische Situationen gekoppelt und in soziale Praktiken eingelagert sind, die im Wissen um allgemeine Problemlagen materielle Formen annehmen.

Nachfolgend werden zunächst die vier genannten Aspekte im Einzelnen erläutert mit dem Ziel, die Konturen des historischen Geflechts zu umreißen, nach denen die vorliegende Studie den Gegenstand behandelt. Anschließend wird der Begriff von Erziehung auf der Ebene gesellschaftlicher Machtbeziehungen geklärt, auf der im Hinblick auf Stadtraumgestaltung von ›Erziehung‹ gesprochen werden kann. Danach wird der methodische Zugriff der Wissensgeschichte ausgeführt, über den die moralerzieherische Strategie herausgearbeitet wird.

## 1.1 Sozialreform durch Stadtraumgestaltung

Der *erste* zu klärende Aspekt, der zugleich von übergreifender Bedeutung ist, besteht in der sozialreformerischen Behandlung der Frage der Stadtraumgestaltung. In der Stadt Zürich bewirkte der von Pflüger als

die Analyse des Wissens – die »Geschichte von Rationalitätsformen« – ein zentraler Ansatzpunkt ist. Ebd., Zitate S. 323 und 331.

»Schattenseite« bezeichnete Missstand der Lebens- und Arbeitsbedingungen der Arbeiterschaft erste Ansätze fürsorglicher Interventionen.[26] Mit Sozialreform war ein sozialpolitisches, das heißt auf die allgemeinverbindliche Einrichtung der Gesellschaft abzielendes Handlungsmuster[27] impliziert, das unter dem Eindruck der im 19. und zu Beginn des 20. Jahrhunderts dominanten Sozialen Frage interventive Maßnahmen umfasste, unter anderem in den städtebaulich relevanten Bereichen der Wohn- und Bodenpolitik.[28] Mit dem Stichwort ›Soziale Frage‹ war die Armutsproblematik in der Arbeiterschicht gemeint, die sich – bezogen auf die städtebaulichen Herausforderungen – in der sozialräumlichen Segregation zeigte, die meist in den Städten ausgeprägt war, und so auch in Zürich, wo sich die Arbeiterschicht hauptsächlich in den Stadtteilen Aussersihl und Wiedikon konzentrierte. Der Begriff ›Sozialreform‹ entstand aus dem politischen Kontext konservativer Strömungen heraus, die zur Abwehr der von der marxistischen Linken geforderten Revolution auf die Reform setzten. Er wurde dabei häufig im Kollektivsingular gebraucht. Die sozialreformerische Position in der Städtebaupolitik, die sich nach den Stadthistorikern Hartmut Häußermann und Walter Siebel aus einer »*konservative[n] Stadtkritik*«[29] ableitete, stand somit in Opposition zur »*progressiven Gesellschaftstheorie*«,[30] die eine revolutionäre Überwindung der kapitalistischen Gesellschaft verfolgte.[31] Mit Konzepten der Verbürgerlichung der Arbeiterschaft wie der Forderung nach dem Einfamilienhaus für alle, konnte sich die wertkonservativ-sozialreformerische Strategie durchsetzen, die die revolutionären Strömungen schließlich auch zurückdrängte.[32] Das durch den Begriff ›Sozialreform‹ eröffnete Feld politischer Ideen blieb aber nicht dem bürgerlichen Spektrum vorbehalten, sondern wurde von unterschiedlichen Seiten besetzt, namentlich der politischen Linken, die erkannte, dass sich mit sozialreformerischen Maßnahmen in Verbindung mit den wohlfahrtsstaatlichen Fürsorgeinstrumenten die Lebens- und Arbeitsbedingungen der Arbeiterschaft nachhaltig verbessern lassen. So konnte das Programm in der

26 Politisch war Zürich bis 1907 von der liberalen Partei geprägt, danach dominierte die Sozialdemokratische Partei (SP) den Großen Gemeinderat. Vgl. Behrens 2013.
27 Der Begriff ›Handlungsmuster‹ ist im Hinblick auf die weiter oben erwähnte und noch weiter auszuführende strategische Position konzeptioniert.
28 Zur Geschichte des Begriffs vgl. Dipper 1992. Ein zweiter bedeutsamer politischer Bereich der Sozialreform betraf die Einrichtung von Wohlfahrtssystemen.
29 Häußermann & Siebel 2004, S. 12, Hervorhebung im Original.
30 Ebd., Hervorhebung im Original.
31 Vgl. ebd. Maßgeblich für die revolutionäre Position war etwa Friedrich Engels' Analyse *Die Lage der arbeitenden Klasse in England* aus dem Jahr 1845.
32 Dipper 1992. Zur Frage von Revolution oder Reform in der Wohnbaupolitik vgl. Fritzsche 1990a.

sozialistischen bzw. sozialdemokratischen Position entfaltet werden, wie auch in der christlich-protestantischen Ethik und der katholischen Soziallehre.[33] Wie der Historiker Christof Dipper hervorhebt, eignete dem Begriff ein kämpferischer Gestus, denn egal, ob er auf die Verbesserung der Arbeits- und Wohnverhältnisse der Arbeiter, den Kampf gegen Kapitalismus mit Mitteln der Wohn- und Bodenreform oder eine diffuse gesamtgesellschaftliche Kulturreform ausgerichtet war – in jedem Fall fußte er auf breit anschlussfähigen Vorstellungen von Sittlichkeit und gesellschaftlicher Wohlfahrt, die jeweils in den politischen Strömungen argumentativ konkretisiert wurden.[34]

Der *zweite* Aspekt betrifft die Ebene des kulturellen Subtexts, der die sozialpolitischen Motive der Stadtraumgestaltung bestimmte. Der Begriff ›Moderne‹ ermöglicht einen interpretativen Rahmen für die Entschlüsselung der Organisationsmomente im stadtraumgestalterischen Entwerfen und Handeln. Was heißt Moderne im vorliegenden Kontext? Zur Klärung dieser Frage sind zunächst zwei Momente des Begriffs voneinander zu unterscheiden. Das Attribut ›modern‹ kann entweder als normative Folie zur Klassifizierung städtebaulicher Phänomene als ›modern‹ oder ›nicht modern‹ verwendet werden, für die das zentrale Kriterium das Maß seiner Neuerung gegenüber hergebrachten Formen ist.[35] Oder aber der Begriff wird als deskriptive Folie angewandt, die die Kriterien für die Bewertung eines Phänomens nicht festlegt, sondern nach ihnen fragt. In diesem letzteren Sinn wird das Aufkommen der sozialreformerischen Stadtraumgestaltung daraufhin untersucht, auf welche Weise sie sich als ›modern‹ manifestierte. Die ideologische Fundierung des Heimatstils für die architektonische Moderne in der Schweiz[36] etwa zeigt eine Ambivalenz, die in der Emphase sowohl der Tradition als auch der Moderne zum Ausdruck kam.[37] In Anlehnung an Hans Ulrich Josts Studie zur neuen Rechten in der Schweiz um 1900 kann der Heimatstil und umfassender die wertkonservativ-bürgerlichen Heimatschutzbewegungen

33 Das zeigt sich etwa in der weiter unten aufzugreifenden Arbeitsphysiologie. Nach den Ergebnissen von Anson Rabinbach hat die in der zweiten Hälfte des 19. Jahrhunderts erkannte Bedeutung der Ermüdung des menschlichen Körpers für die Grenzen der Produktivität – jeweils unter anderen Vorzeichen – sowohl liberalen als auch sozialistischen Denkern als Argument gedient, soziale Reformen zu legitimieren. Rabinbach 1990, S. 291.
34 Dipper 1992.
35 Békési 2009, S. 98.
36 Zum Heimatstil in der Schweiz vgl. Crettaz-Stürzel 2005a; 2005b. Zu einer relativ frühen Behandlung des Themas, fokussiert aber auf die Heimatschutzbewegung, vgl. Petsch 1979. Zuletzt lieferte die bereits erwähnte Studie von Marianne Helfenberger bezogen auf den Schulhausbau Ergebnisse zum Heimatstil in Zürich. Helfenberger 2013. Vgl. auch Kurz 2000a.
37 Zur Diskussion des Heimatstils zwischen Moderne und Tradition vgl. Békési 2009.

sowohl als reaktionär verstanden werden, weil in diesen Kontexten eines der wichtigsten Elemente die ästhetische Idealisierung der Zeit *vor* der Industrialisierung war, als auch als Avantgarde, weil diese Idealisierung zu einer modernen, auf die Bedürfnisse der Zeit abgestimmten und aus ihnen heraus entstammenden Stilsprache führte.[38] In diesem Spannungsfeld erstreckte sich die ethische Stoßrichtung des Heimatstils, in der sozialreformerische Ziele antikapitalistisch und zugleich probürgerlich waren.[39] Die auch in dieser Stiloption wirksamen Visionen der zukünftigen Gesellschaft zeigten ein für die Moderne charakteristisches Ringen nach Ordnung, das sich in der Vervielfältigung von kulturellen Sinnentwürfen und gesellschaftlichen Strukturen im 19. Jahrhundert widerspiegelte.[40] Die Sozialreform durch Stadtraumgestaltung stand somit auch im Zeichen eines Ringens nach Eindeutigkeit, das die die Moderne prägenden Techniken der Organisation von Ordnung hervorbrachte.[41]

Auf der Ebene der politischen Operationen betraf die Sozialreform vor allem das im Rahmen kommunaler Verwaltungen ermöglichte Handeln und seine ideologischen Grundlagen.[42] Damit ist der *dritte* Aspekt angesprochen, der den sozialreformerischen Modus betrifft, für den die rationalisierten Wissensformen im Zusammenspiel von Wissenschaft, Expertise und Politik maßgeblich waren. Das rationale Wissen spielte in der Interpretation der Sozialen Frage und im Entwurf der darauf bezogenen Handlungsfelder eine entscheidende Rolle: Die städtebaulichen und architektonischen Maßnahmen, die in sozialreformerischer Absicht getroffen wurden, konnten dank der rational-wissenschaftlichen Herleitung legitimiert werden. Das bedeutet auch, dass der politische Prozess in enger Kopplung mit Expertenmeinungen einherging. »Wissenschaft und Reform«, so Christof Dipper, »stellten die beiden Seiten ein und derselben Medaille dar«.[43]

Die Rationalisierung kristallisierte sich in den stadtraumgestalterischen Zugängen in Form eines planerischen Zugriffs. Planung ist *per se* in die Zukunft gerichtet, kann aber nicht ohne Analyse des Entstehens des Gegenwartszustandes auskommen.[44] So geschieht die Beurteilung

---

38 Vgl. Jost 1992; zum mentalen Umfeld des Heimatstils und Heimatschutzes vgl. Crettaz-Stürzel 2005a. Zur Ambivalenz von Traditions- und Zukunftsbezug vgl. Rucht 1994, S. 82.

39 Wohlleben 1994, S. 89.

40 Vgl. Bauman 2005.

41 Zum Moment der Organisierung von Ordnung vgl. Wagner 1995, insbesondere S. 44. In Bezug auf die Kategorie Ordnung in der Raumplanung vgl. Leendertz 2008.

42 Ash 2002, S. 32.

43 Dipper 1992, S. 335.

44 Als einer der ersten forderte dies in einem systematischen und umfassenden Sinn der britische Städtebauer Raymond Unwin in seinem einflussreichen Buch *Town*

dessen, wie sich die Zukunft gestalten wird bzw. sollte, auf der Grundlage der Erfahrungen mit der Vergangenheit und spezifischer auf der Grundlage der Form, in der diese Erfahrungen in Wissen überführt werden. Dabei war es kein Zufall, dass die im ausgehenden 19. Jahrhundert sozialpolitisch dimensionierte Stadtplanung mit der Entwicklung prognostischer Wissensformen einherging. Dies bezieht sich insbesondere auf die Statistik, die Wahrscheinlichkeitsrechnung und die Demographie. Die Zeitlinie des planerischen Zugriffs wurde in der Stadtplanung auf den Raum übertragen, indem der Raum der Zukunft bzw. präziser der zukünftigen Gesellschaft entworfen wurde. Diese Einsicht stand am Beginn des Städtebaus als Disziplin: Die genaue Bestandsaufnahme wurde zur Grundlage städtebaulichen Entwerfens.

Die Bedeutung, die das prognostische Denken um 1900 dabei annahm, beruhte zugleich auf einer Verunsicherung, die aufgrund der Gegenwartserfahrung die kommende Zukunft als problematisch antizipieren ließ. Daniel Wieczorek definiert den Städtebau entsprechend als »pratique particulière d'aménagement spatial par laquelle, au 19$^e$ siècle, les sociétés industrielles répondent à la transformation des modes de production et d'échange.«[45] Wieczorek stellt damit den Städtebau als eine in die Zukunft gerichtete Reaktion auf gesellschaftliche Transformationsprozesse im Zuge der Industrialisierung dar.

Tatsächlich lässt sich häufig die Vision der Gesellschaft der Zukunft als Topos ausmachen, um den stadtraumgestalterische Praxis um 1900 kreise, die so eine Brücke zwischen den historischen Wurzeln der europäischen Stadt und der Stadt der zukünftigen Gesellschaft schlagen wollte.[46] Gerade im Rahmen der massiven Verstädterung und der damit einhergehenden Migrationsbewegungen erschien die gesellschaftliche und kulturelle Weiterentwicklung im historischen Abschnitt der »Jahrhundertwende«[47] als polyvalente Angelegenheit. Die Stadtplanung befand sich entsprechend, wie die Städtebauhistoriker Gerhard Fehl und Juan Rodríguez-Lores darstellen, in der Phase der »Bemühungen um

---

*Planning in Practice*, wo er die »survey [...] of all existing conditions« als prinzipielle Voraussetzung des Planungsprozesses definiert. Unwin 1909, S. 140. Vgl. auch Albers 1997.

45 Wieczorek 1981, S. 53.

46 Benevolo 1971, S. 9. Der Städtebauhistoriker Leonardo Benevolo hat in seiner Studie *Die sozialen Ursprünge des modernen Städtebaus* die kontrollierenden Absichten im Städtebau innerhalb der ersten Generation (Robert Owen, Henri de Saint-Simon, Jean-Baptiste Godin, Étienne Cabet oder Charlest Fourier) mit sozialreformerischen Positionen im Städtebau herausgearbeitet. Diese Generation, die zunächst in England und Frankreich bedeutsam war, hatte bereits kurz nach 1800 soziale Visionen im Städtebau entworfen.

47 Vgl. Nitschke, Ritter, Peukert et al. (Hg.) 1990a; 1990b.

Reduktion von Unsicherheiten«.⁴⁸ Die Anfänge der Planungspraxis machen Fehl und Rodríguez-Lores am Beginn des 19. Jahrhunderts fest, als im Kontext der Industrialisierungs- und Tertiarisierungsprozesse unter wirtschaftsliberalen Vorzeichen die Ökonomisierung des Bodens zunehmend Bedeutung erlangte. Sie hatte für die Planungspraxis einen konstituierenden Charakter insofern, als die Probleme, Notwendigkeiten und Aufgaben einer öffentlichen, nach sozialen Kriterien strukturierten Städtebaupolitik allmählich vor Augen traten. Im Zuge der Etablierung von Instrumenten und Rahmenbedingungen, die der kommunalen Verwaltung einen Zugriff auf die Nutzung der Bodenreserven boten – dazu zählten insbesondere gesetzliche Instrumente zur Bodenenteignung samt Entschädigungsleistungen, Bauzonenpläne, die die Erschließung durch Straße und Bahn organisierten, und ganz generell der Ausbau und die Vernetzung des Verwaltungsapparats mitsamt Zuordnung von Zuständigkeitsbereichen –, im Zuge dieser Entwicklungen gerieten gestalterische Fragen mehr und mehr in den Blick. Diese Position grenzte sich bewusst gegenüber der Logik der ungeregelten Erschließung der Stadt ab, was mit der Entdeckung der Tradition der Stadt als ein räumlich begrenztes, architektonisches Ensemble einherging.⁴⁹

Die Bereiche Städtebau und Architektur eigneten sich in besonderer Weise, um der sozialen Misere in der Großstadt zu begegnen.⁵⁰ Die gegen Ende des 19. Jahrhunderts zunehmend gesellschaftlich perspektivierte Raumkategorie legte es nahe, Städtebau und Architektur aufeinander zu beziehen. Denn unter der Raumkategorie betrachtet ließen sich diese beiden Bereiche nicht mehr voneinander abgrenzen: Die Architektur wurde nicht mehr als isoliert aufgefasst, sondern in ihrem Effekt im Stadtraum sichtbar. Die integrierte Sicht auf diese beiden Bereiche war sozial motiviert und wurde dabei aber, wie erwähnt, in erster Linie als künstlerische bzw. ästhetische Aufgabe angegangen.⁵¹

Die Raumkategorie führt schließlich zum *vierten* Aspekt, das ist die Behandlung der stadtraumgestalterischen Aufgabe im Register der Ästhetik. Dieser Aspekt ist zentral für die erzieherische Positionierung der Stadtraumgestaltung, da die Ästhetik der Stadt ethisch aufgeladen und auf diese Weise sozialpolitisch instrumentalisiert wurde. In dieser für die Sozialreform bedeutsamen Logik war die nach ästhetischen Kriterien gestaltete Stadt in der Lage, eine gesellschaftsreformerische Kraft zu entfalten und – einem populären Schlagwort im Kontext des Schulhausbaus

48 Fehl & Rodríguez-Lores 1983, S. 18.
49 Vgl. Lampugnani & Noell 2005.
50 Vgl. Häußermann & Siebel 2004.
51 Marianne Helfenberger hat bezogen auf die Schulhausarchitektur im 19. und beginnenden 20. Jahrhundert ein solches Selbstverständnis von Architekten festgestellt. Helfenberger 2013, S. 265.

um 1900 folgend – als »geheimer Miterzieher« zu wirken.⁵² Der in dieser Positionierung zutage tretende enge Bezug zwischen Städtebau und Architektur ist es genau genommen, der es nahelegt, von *Stadtraumgestaltung* zu sprechen. Darunter ist das für die Zeit um 1900 in der europäischen Moderne charakteristische absichtsvolle, auf wissenschaftlich-rationalem Wissen basierende Entwerfen und Handeln gemeint, das in diesem Kontext im Rahmen ästhetischer Modelle verhandelt wurde und sich schließlich auch in den ästhetischen Formen kristallisierte, wie sie der Heimatstil und Siedlungsanordnungen verdeutlichen.⁵³

Die Gegenüberstellung zwischen einer ›charaktervollen‹ alten und einer ›herzlosen‹, ›austauschbaren‹ modernen Stadt war die Folie, auf der die ästhetischen und moralischen »Mängel« der gründerzeitlichen Stadterschließung diskutiert wurden. Die Entdeckung der Tradition – nach Eric Hobsbawm eine »erfundene« Fiktion⁵⁴ – bildete das klassifizierende Element, das städtebauliche Handlungsmuster unter dem Zeichen ästhetisch-gestalterischer Maßgaben wesentlich beeinflusste. Was bedeutete diese Entdeckung der Stadt als architektonisches Ensemble? Ein Rückgriff auf die Stadttheorie des italienischen Architekten und Architekturtheoretikers Aldo Rossi mag dies verdeutlichen. Nach Rossi ist für die Stadt, die er als Artefakt einer Dynamik betrachtet, die »Beziehung zwischen Ort, Mensch und Kunstwerk«⁵⁵ ausschlaggebend für die Charakteristik dieses Ganzen, das schließlich eine »Stadt« ausmacht.⁵⁶ Die Architektur ist dafür ein bedeutsames Element, aber nach Rossi nur in Beziehung zu ihrer Funktion als Teil des größeren Ganzen einer »Stadt« zu betrachten. Aus dieser auf die Stadt fokussierten Perspektive steht die prinzipielle Frage auf neuen Fundamenten, was Architektur eigentlich sei, oder mit anderen Worten, worin der Unterschied zwischen architektonischen und nicht-architektonischen Formen bestehe.⁵⁷ Im Kontext

---

52 Der Begriff stammt vom Pädagogen Jakob Loewenberg, mit dem er unbeabsichtigte und unkontrollierte Einwirkungen auf das Kind bezeichnet. Zum zeitgenössischen Gebrauch vgl. auch Wernly 1907, S. 55, der den Begriff für den Schulhausbau verwendet, sowie Tews 1911. Vgl. auch Wietschorke 2008. Der Begriff wurde unter anderem im Kontext der Sozialpädagogik wieder aufgegriffen. Vgl. hierzu Scarbath & Straub (Hg.) 1986. Helfenberger rekonstruiert den Begriff in der Diskussion um das Schulhaus im Kontext der Schweizer Heimatschutzbewegung. Helfenberger 2013, S. 222ff.
53 Vgl. Wieczorek 1981.
54 Vgl. Hobsbawm 2003.
55 Rossi 1973, S. 24.
56 Ebd. Nicht zufällig ist diese Einsicht, die Rossi in den 1960er Jahren in Form eines architektonischen Programms ausarbeitete, ein Rückgriff auf die kulturkritischen städtebaulichen Debatten um 1900.
57 Der Architekturhistoriker Nikolaus Pevsner fand eine berühmt gewordene Formulierung, in der er fragte, was der Unterschied zwischen einem Schuppen und der im

von Heimatschutzbewegungen wurde sie nach dem Kriterium des Traditionsbezugs beantwortet und nicht mehr immanent hergeleitet. Der Traditionsbezug meinte dabei nicht nur ästhetische Äußerungen, sondern – damit verknüpft – auch die moralischen Werte des Heimatbezugs, weshalb es der Anspruch einer ›schönen‹ Stadt war, eine ›schöne‹ und das heißt im heimatverbundenen Sinn ›gemütliche‹ Umgebung für das ›Volk‹ zu sein. Damit wurde in der architektonischen Ästhetik eine politische Sphäre begründet. ›Ästhetisch‹ und ›moralisch‹ wurden in einem gesellschaftspolitischen Sinn aufeinander bezogen. ›Gute‹ Architektur hatte dementsprechend Gebäude zu bezeichnen, die in ihren Erscheinungen und Funktionen moralische Bedeutungen kommunizierten. Das Kriterium ihrer Definition war damit die Fähigkeit, moralische Werte zu vermitteln.

In Anlehnung an Rossi bildet die Architektur daher ein Ensemble von Begebenheiten in der historisch gewachsenen Stadt (»*fatti urbani*«). Die Stadt als Konstrukt lässt sich nicht von den Architekturen trennen, die mehr ergeben, als die bloße Summe ihrer einzelnen Teile.[58] Rossi spricht deshalb von der »Stadt *als* Architektur«.[59] Die Realität der städtischen Form, so Rossi, hat eine historisch gewachsene Eigentümlichkeit, in der sich »Landschafts- und Architekturformen« gegenseitig »beeinflußten«.[60] – Hier geht es nicht um die genauere Analyse von Rossis These, die ein situatives Verhältnis von Architektur und Stadt besagt, sondern um die um 1900 neu herausgebildete Erkenntnis, dass dieses Verhältnis überhaupt bestehe. Nicht zufällig führt Rossi als Referenz den Wiener Städtebauer und Stadtbautheoretiker Camillo Sitte[61] an, der die lokale und historische Verwurzelung von Architektur in seinem einflussreichen Buch *Der Städtebau nach seinen künstlerischen Grundsätzen* aus dem Jahr 1889 postulierte und damit die Architektur als zentrales Element innerhalb der städtebaulichen Dimension einführte. Sittes Ansichten werden daher noch eine wichtige Rolle spielen. Seine zentrale Erkenntnis bestand darin, dass der Mensch über die Gestaltung der Umwelt beeinflusst werden

---

Jahr 1088 begonnenen Lincoln Cathedral sei. Pevsner 1985, S. 15.
58 Rossi ist der Auffassung, »daß das Ganze wichtiger ist als seine Teile und daß dieses Ganze aus allen städtebaulichen Phänomenen besteht, vom Straßensystem und der Stadttopographie bis zu den Dingen, die man erfährt, wenn man eine Straße auf- und abspaziert.« Rossi 1973, S. 25f. Dieses Ganze ergebe eine »Gesamtarchitektur«. Ebd., S. 26.
59 Ebd., S. 100, Hervorhebung M.V.
60 Ebd., S. 93.
61 Camillo Sitte (1849–1903) war ein gut vernetzter Wiener Architekt und Städtebautheoretiker. 1883 wurde er Direktor an der neu gegründeten Staatsgewerbeschule in Wien, die er bis zu seinem Tod leitete.

könne.⁶² Sie speiste sich zugleich aus der Überzeugung, dass das Leben in der Großstadt moralisch zersetzende Wirkung entfalte.

Die vier genannten Aspekte – Sozialreform, Moderne, Rationalisierung und Ästhetik – strukturieren den Untersuchungsgegenstand in seiner historischen Situierung um 1900, das heißt innerhalb einer sozialreformerischen Dynamik, für die Sittes städtebauliches Programm ein wirkmächtiger Ausdruck war. Er wird anhand der Darstellung breit angelegter städtebaulicher und architektonischer Entwicklungen hauptsächlich im europäisch-internationalen Umfeld und dabei mit besonderer Berücksichtigung der Entwicklungen in Zürich vertieft. Die Entwicklungen in der Stadt Zürich sind aus zwei Überlegungen aufschlussreich für das vorliegende Forschungsvorhaben: zum einen in Bezug auf die Qualität der lokalen Konkretisierung stadtraumgestalterischer Maßnahmen und zum anderen für die Frage nach der Periodisierung. In Zürich lagen die Anfänge einer ganzheitlich verstandenen und sozial motivierten Stadtplanung in den 1890er Jahren, was sich besonders in der Siedlungsbaupolitik niederschlug.⁶³ 1894, also unmittelbar nach der ersten Eingemeindung von insgesamt elf Vorortgemeinden, befasste sich der Zürcher Stadtrat erstmals mit der sogenannten Arbeiterwohnungsfrage, und im Jahr 1907 wurde die Wohnbauförderung als öffentliche Aufgabe konkretisiert, indem ein entsprechender Passus in die Gemeindeordnung aufgenommen wurde.⁶⁴ Im Siedlungsbau, aber auch in anderen Bauaufgaben wie dem Schulhausbau, setzte sich kurz nach 1900 in der architektonischen Gestaltung vermehrt der Heimatstil durch, der Zürich mehrere Jahre hindurch prägen sollte. Wenn in der vorliegenden Studie von der Zeit ›um 1900‹ die Rede ist, so sind damit im Hinblick auf die Entwicklungen in der Stadt Zürich im Kern die Jahre zwischen 1893, dem Zeitpunkt der ersten Eingemeindung, der eine Dynamisierung der politischen Handlungsmöglichkeiten vor allem im Bereich des sozialreformerischen Städtebaus markierte,⁶⁵ und ca. 1912 gemeint, als sich

---

62 Hier klingt bereits die Idee des sozialökologischen Ansatzes der Chicagoer Schule an, die besagt, dass man den Menschen verändern – also auch erziehen – könne, indem man die Umwelt verändert. Diese Position wurde etwa von Robert Ezra Park formuliert. Vgl. Luks 2010, S. 51f.

63 Vgl. Kurz 2008; Rebsamen, Bauer, Capol et al. 2001.

64 Koch, Somadin & Süsstrunk 1990, S. 10ff.

65 Nach der Eingemeindung kam es in der politischen Verwaltung zu einer Ausdehnung der Kompetenzen, die auch den städtebaulichen Bereich betraf. Diese politisch-institutionellen Voraussetzungen waren ein wesentlicher Motor der punkto gesellschaftlicher Veränderbarkeit optimistischen Stadtentwicklung, die sich in progressiven, konservativen oder reformerischen Ansätzen konkretisierte. Zugleich konnte sich gesellschaftliche Steuerung innerhalb des bürokratischen Betriebs der kommunalen Städtebaupolitik stabilisieren.

der Heimatstil auf breiter Basis durchsetzte.⁶⁶ Dafür stand beispielhaft die Siedlung Riedtli, in der das Konzept der Sozialreform durch einen kleinräumig, gartenstädtisch verstandenen Städtebau und anhand der architektonischen Sprache des Heimatstils umgesetzt wurde. Die zeitliche Markierung ›um 1900‹ bedeutet gleichzeitig eine weiter gefasste, nicht genau zu bestimmende Phase, die die spezifisch moderne Atmosphäre in gesellschaftlich-struktureller sowie kulturell-sinnstiftender Hinsicht bezeichnet und daher in Bezug auf Zürich als historischer Referenzrahmen interessiert. Die in den Blick zu nehmende Breite läuft zwar auf eine grobkörnige Fokussierung des Gegenstands hinaus, kann aber im Sinne eines koordinierenden Zugriffs Tendenzen in der Herausbildung des sozialreformerischen Zugangs zu Städtebau und Architektur auch in einem internationalen Kontext sichtbar machen. Ziel dieses Vorgehens ist es, die moralerzieherische Strategie in der Sozialreform durch Stadtbaugestaltung als Kristallisation darzustellen, die ihre Form unter den Bedingungen der vielfältigen und vielschichtigen, historisch situierten Konstellationen angenommen hat.

## 1.2 Die moralerzieherische Strategie in der Stadtraumgestaltung um 1900: Anmerkungen zum Verhältnis von Erziehungsgeschichte und Erziehungstheorie

In Anlehnung an Foucault bilden die vier vorgestellten Aspekte, in denen die wesentlichsten Bedingungen der historischen Konstellation um 1900 ausgedrückt werden, ein »Dispositiv«, das die Elemente bereitstellte, die das sozialreformerische Verständnis der Stadtraumgestaltung formierte. Unter diesem Begriff versteht Foucault ein »heterogenes Ensemble, das Diskurse, Institutionen, architekturale Einrichtungen, reglementierende Entscheidungen, Gesetze, administrative Maßnahmen, wissenschaftliche Aussagen, philosophische, moralische oder philanthropische Lehrsätze, kurz: Gesagtes ebensowohl wie Ungesagtes umfaßt.«⁶⁷ Das Zusammenwirken unterschiedlicher Elemente bildet einen Rahmen, in dem sich Phänomene in einer historischen Situation ›ereignen‹ können.⁶⁸

---

66 Crettaz-Stürzel 2005b, S. 393ff. Vgl. auch Kurz 2000b.
67 Foucault 1978, S. 119f. Die Relationen, die zwischen diesen Elementen entstehen, machen nach Foucault ein »Dispositiv« aus. Es bildet sich als Reaktion auf eine historische Situation, die sich durch einen »Notstand (urgence)« auszeichne: »Das Dispositiv hat also eine vorwiegend strategische Funktion.« Beide Zitate: Ebd., S. 120, Hervorhebung im Original.
68 Rabinow 2004, S. 71ff.

Die erziehungsgeschichtliche Bedeutung des sozialreformerischen »Dispositivs« liegt dabei in den Kristallisationen der *strategischen* Behandlung stadtraumgestalterischer Möglichkeiten. Im Fokus stehen Formen gesellschaftlicher Steuerung um 1900, die gesellschaftserzieherisch fundiert waren und sich im Rahmen spezifischer Wissenskonfigurationen etwa dahingehend herausbildeten, dass sozialpolitische Interventionen zunehmend nach rationalen Mustern legitimiert wurden.

Um die erziehungsgeschichtliche Perspektive auf Stadtraumgestaltung zu verdeutlichen, wird nachfolgend zunächst der Begriff ›Strategie‹ erläutert. Er klärt die zeitspezifischen Voraussetzungen für diese Form gesellschaftlicher Erziehung. Foucaults Wendung der »strategischen Situation« zielt auf absichtsvolles Handeln ab, das nicht in erster Linie aus den Absichten einzelner Personen resultiert. Machtbeziehungen sind gemäß Foucault »gleichzeitig intentional und nicht-subjektiv«[69] und konstituieren sich in einem Umfeld, das unter anderem von Wissenschaft, Politik, rationalisierter Expertise und Publizistik gebildet wird.[70] Auf die Stadtraumgestaltung um 1900 bezogen, waren die maßgeblichen Akteure Städtebaupolitiker, Vertreter des jungen akademischen Fachs Städtebau, Sozialexperten der ebenso jungen Sozialwissenschaften oder Publizisten von Interessensgruppen wie der Heimatschutzbewegung, die ihre Sache unter anderem in Vereinszeitschriften vorbrachten. In diesem Umfeld zirkulierte zugleich vielfältiges sozialpolitisches Wissen, das die optimistische Haltung ermöglichte, mit den Instrumenten des Städtebaus und der Architektur eine Handhabe gegen die unübersichtlichen, unkontrollierten Stadterweiterungen und ihre sozialen Folgeprobleme zu haben.

Allgemein betrachtet bezeichnet ein strategischer Zugriff[71] einen wissensbasierten Entwurf von Handlungen unter dem Eindruck ihrer erwünschten Folgen. Der Begriff ›Strategie‹ stammt vom Altgriechischen *strategós* (στρατηγός) und bedeutet Heerführer, Feldherr, Befehlshaber und geht somit auf eine militärische Geschichte zurück.[72] In Abgrenzung zur Taktik, die konkrete kriegerische, diplomatische, unternehmerische oder andere Aktionen meint, ist strategisches Handeln langfristig ausgerichtet. Strategie bezeichnet den ideellen Rahmen, auf den bestimmte Handlungsentwürfe bezogen sind. Indem eine Strategie zielgerichtet ist und damit auf der Vorstellung des Richtigen dieses Ziels basiert, sind Strategien *per se* normativ. In der militärischen Tradition des Begriffs wird die Strategie innerhalb eines politisch ausgerichteten Aktionsplans

---

69 Foucault 1977, S. 95.
70 Zum Begriff ›Milieu‹ vgl. Foucault 2004, S. 40f.
71 Vgl. im Folgenden Wohlrapp 1998.
72 Die Strategie wurde aus der militärischen Tradition heraus ein zentraler Begriff auch in anderen Bereichen, vor allem in der Politik oder in der Wirtschaft, etwa in der Unternehmensführung und im Marketing.

umgesetzt, dem es um die Durchsetzung von Machtinteressen geht. Die zu erreichenden Ziele sind auf diese Machtinteressen fokussiert, wobei die Mittel hierfür von der Taktik vorgegeben werden.

Der französische Philosoph und Kulturhistoriker Michel de Certeau geht in seinem Buch *Kunst des Handelns*, das die Praktiken des Alltags untersucht, an zentralen Stellen auf den Unterschied zwischen Strategie und Taktik ein.[73] Das unterscheidende Kriterium liegt für de Certeau im Handlungsspielraum, der die sozialen Bewegungen koordiniert.[74] Während Strategien Handlungsmuster der machtvollen Besetzung des Raums bezeichnen, meinen Taktiken die Aneignungen des bereits vorgegebenen Raums durch die »listige« Nutzung von Gelegenheiten, die sich aber zuerst bieten müssen.[75] Strategische Handlungen schaffen eine Position, die die Definition des Raums, seine Beherrschung und seine Steuerung ermöglicht: »Als *Strategie*«, so de Certeau,

> »bezeichne ich die Berechnung (oder Manipulation) von Kräfteverhältnissen, die in dem Moment möglich wird, wenn ein mit Willen und Macht versehenes Subjekt (ein Unternehmen, eine Armee, eine Stadt oder eine wissenschaftliche Institution) ausmachbar ist. Sie setzt *einen Ort* voraus, der als etwas *Eigenes* beschrieben werden kann und somit als Basis für die Organisierung von Beziehungen zu einer *Exteriorität* dienen kann, seien dies Stoßrichtungen oder Bedrohungen (Kunden oder Konkurrenten, das Umland der Stadt, Forschungsziele und -gegenstände etc.).«[76]

Das strategische Handeln ist nach de Certeau der Modus, in dem ein Ort auf machtvolle Weise »angeeignet« wird. Dabei streicht er drei, auch für die vorliegende Untersuchung wesentliche Momente heraus: erstens führt strategisches Handeln zur »Beherrschung der Zeit durch die Gründung eines autonomen Ortes«,[77] was die Gestaltung des Ortes unter der Maßgabe der Kontrolle zukünftiger Entwicklungen betrifft; zweitens etabliert es einen Standort der kontrollierenden Beobachtung, der den Blick auf ›feindliche‹ Manöver und die Antizipation der Zukunft ermöglicht; und drittens werden Orte durch Wissen definiert, wodurch strategisches Handeln einen Raum als »eigenen« Raum besetzen kann,

---

73 De Certeau 1988. Das Buch erschien erstmals 1980.
74 Unter Raum versteht de Certeau ein »Geflecht von beweglichen Elementen«, das heißt die spezifische Prägung eines Ortes – der die stabile Ordnung einer »momentanen Konstellation« bezeichnet – durch Aktivitäten, die dem Raum fortwährend veränderbare Qualitäten verleiht. Zitate: Ebd., S. 218.
75 Ebd., S. 89.
76 Ebd., S. 87, Hervorhebungen im Original.
77 Ebd., S. 88.

das heißt »*die Macht des Wissens* als die Fähigkeit [zu definieren], die Ungewißheiten der Geschichte in entzifferbare Räume zu verwandeln«.[78] Anhand von de Certeaus Ausführungen kann der strategische Zugriff auf die Gestaltung des Stadtraums im Hinblick auf vorläufig drei methodisch relevante Faktoren präzisiert werden: erstens geraten Handlungsmuster in den Blick, die Macht über die Beherrschung des Orts etablieren; zweitens werden diese von einer zirkulären Dynamik zwischen Wissen und Machtverfahren getragen: Das Wissen ermöglicht in seiner klassifizierenden Funktion, die erwünschte von unerwünschten Entwicklungen der Stadt zu trennen erlaubt, die Öffnung eines Handlungshorizonts; und drittens stehen die strategischen Handlungsmuster im Kontext der Organisation von Ordnung, das heißt normativer Handlungen, die auf die Konstituierung der Gesellschaft abzielen.

Diese Überlegung wirft die kritische Frage nach subtilen Formen der gesellschaftlichen Steuerung im strategischen ›Umsetzen‹ von spezifischem Wissen im Prozess des räumlichen Planens und Entwerfens auf. Das strategische Handeln im Feld der Stadtraumgestaltung war, so die These, von moralerzieherischen Mustern getragen oder, mit anderen Worten, der von ambivalent-reformerischen Gedanken getragenen Handlungsform Stadtraumgestaltung lag eine moralerzieherische Strategie zugrunde. Auf den Untersuchungsgegenstand gemünzt, bezieht sich ›moralerzieherisch‹ auf die Moral als den Bereich, der in der Wissensbildung um die großstädtische Gesellschaft besonders intensiv verhandelt wurde. Der eingangs bei Pflüger zitierte Befund der »Schattenseite« der Stadt – bei Pflüger meinte dies soziale Ungleichheiten und moralisch verwerfliche Lebensformen in der Stadt – verdeutlicht schlagwortartig das moralische Feld veränderter Normsysteme innerhalb der Großstadtgesellschaft um 1900. Ausgehend von der Wissensbildung, nach der die Probleme der Großstadt als moralische Probleme charakterisiert wurden, entwickelte sich ein entsprechend *pädagogisches* Handlungsmuster in den Interventionen im Stadtraum, das auf die Regulierung des Verhältnisses zwischen Individuum und Gesellschaft angelegt war.[79] Die strategische Position bestand darin, das gesellschaftliche Funktionieren über die Regulierung der Verhaltensweisen der einzelnen Person zu steuern, indem mit der erzieherischen Kraft des permanenten Erfahrens der räumlichen Umgebung *kalkuliert* wurde.

Auf der analytischen Ebene betrifft das Adjektiv ›moralerzieherisch‹ die historische Konstellation, bei der drei eng miteinander verbundene Aspekte eine Rolle spielen: erstens die das »Sicherheitsdispositiv« strukturierende Machtstrategie der Kontrolle und Normalisierung; zweitens die politisch-institutionellen Voraussetzungen, die zu gewandelten

78 Ebd.
79 Casale 2004a, S. 235.

Ansprüchen in der Legitimierung bezüglich der Organisierung gesellschaftlicher Ordnung führten; und drittens das Wissen um und die Hoffnung in das Funktionieren von Normalisierungstechniken, die über den ästhetisch-gestalterischen Zugang zu Städtebau und Architektur angewandt wurden.

Um das hier verfolgte Verständnis von Erziehung zu verdeutlichen, bieten sozialwissenschaftlich perspektivierte Forschungen zur Architektur- und Städtebaugeschichte eine Annäherung, worin gelegentlich auch von »Erziehung« die Rede ist. So diskutiert etwa Gerhard Fehl den Städtebau Camillo Sittes als »Volkserziehung«; der Historiker Bruno Fritzsche oder die Historikerin Barbara Koller stellen die Wohnungspolitik um 1900 als »Erziehung« der Arbeiterin und des Arbeiters zu bürgerlichen Werten dar;[80] der Architekturhistoriker Winfried Nerdinger weist auf das Phänomen hin, dass es seit dem ausgehenden 19. Jahrhundert bis in die Gegenwart die Position gab, Architektur als »Erzieherin« durch die Kunst im Sinne Schillers ästhetischer Theorie zu behaupten.[81] Besonders die Schulhausarchitektur wurde im Hinblick auf die erzieherische Qualität der baulichen Substanz diskutiert[82] – dieses Erklärungsmuster tritt in den Quellen bereits im Schlagwort des »stillen Miterziehers« auf.[83] Was kann in diesem Zusammenhang ›Erziehung‹ heißen? Wie Nerdinger schreibt, wurde »[d]ie Frage, ob durch Architektur überhaupt eine Erziehung möglich ist, oder allgemein, wie denn Architektur konkret auf den Menschen wirkt, [...] kaum gestellt und noch seltener wissenschaftlich untersucht.«[84] – Wenn auch in dieser Arbeit auf diese Frage keine Antwort angestrebt wird, so wird sie auf einer grundlegenden Ebene aufgegriffen, indem, ausgehend vom Gegenstand, danach gefragt wird, wie Erziehung durch Architektur oder spezifischer durch Stadtraumgestaltung gedacht werden müsste: Unter welchen begrifflichen Voraussetzungen kann von Erziehung durch Stadtraumgestaltung die Rede sein? Welche Möglichkeiten eröffnet eine analytische Annäherung an den Gegenstand sozialreformerischer Stadtraumgestaltung um 1900 für die Erziehungsgeschichtsschreibung, die den Fokus auf die moralerzieherische Strategie legt?

Diese Fragen schlagen den Bogen zur erziehungstheoretischen Erörterung der Konstellation ›Erziehung der Gesellschaft‹ durch Stadtraumgestaltung. Zwei Überlegungen sind dafür anzuführen. Zunächst ist Erziehung, wie John Deweys pragmatistischer Ansatz nahelegt, unabhängig

---

80 Fritzsche 1990a; Koller 1995.
81 Nerdinger 1995.
82 Helfenberger 2013.
83 So zum Beispiel bei den Vertretern der Heimatschutzbewegung Paul Ganz und Jules Coulin. Ganz 1911, S. 27; Coulin zit. nach Crettaz-Stürzel 2005a, S. 373.
84 Nerdinger 1995, S. 511.

vom direkten Kontakt zwischen Personen zu konzipieren.[85] Sie kann *auch* eine indirekte Form der erzieherischen Vermittlung bezeichnen. Das erzieherische Geschehen ist eine historisch situierte »soziale« Tatsache, das auf die Regulierung des Verhältnisses zwischen Individuum und Gesellschaft ausgerichtet ist.[86] In der Vermittlung geht es in dieser gesellschaftstheoretischen Sicht darum, dass Werte gegenüber größeren gesellschaftlichen Gruppierungen ›kommuniziert‹ werden.[87] Aufgrund ihrer semantischen Komponente eignet sich Architektur für moralische Codierungen[88] und mit ihrer kommunikativen Funktion somit als Instanz indirekter erzieherischer Vermittlung.[89] Die stilistische Formensprache eröffnet kommunikative Möglichkeiten, die aufgrund der Positionierung von Architektur im öffentlichen Raum zugleich massentauglich sind. Die Vermittlung gesellschaftlicher Anliegen über Architektur ist im Gestaltungsprozess eine Option, die die Geschichte architektonischen Schaffens mitbestimmte.[90] Der kommunikative Anspruch wurde um 1900 auf die Gestaltung des städtischen Raums ausgedehnt; um auf eine Wendung Deweys Bezug zu nehmen, die weiter unten genauer erläutert wird, stellt sich die Frage nach der Gestalt des Stadtraumes als erzieherische »Agentur«.

Die zweite Überlegung betrifft die Differenzierung des Erziehungsbegriffs im Hinblick auf das Erziehungsgeschehen, was eine Eingrenzung des Blickwinkels erlaubt. Nimmt man eine schematische Einteilung zu Hilfe, so können für den Erziehungsprozess drei Ebenen unterschieden werden: erstens die Ebene der Intentionen, die in der ›Machtposition‹ das erzieherische Geschehen prägen; zweitens die Ebene der Mittel und Verfahren, in denen sich die bewussten oder unbewussten, subjektiven oder nicht-subjektiven Intentionen und ganz allgemein moralische Botschaften materialisieren; und drittens die Ebene des ›Vollzugs‹ des erzieherischen Prozesses im Hinblick auf die Aneignung. Diese zuletzt genannte Ebene, die Nerdinger mit seiner Frage nach der Wirkung von

85 Dewey 1979, S. 303.
86 Vgl. Durkheim 1984.
87 Klaus Prange und Gabriele Strobel-Eisele sprechen von »Großformen« der Erziehung. Prange & Strobel-Eisele 2006.
88 Zur Analyse der Moral im Erziehungsprozess vgl. Oelkers 1992; 2001.
89 Heidemarie Kemnitz isoliert drei Kriterien für die Bestimmung von Räumen als »pädagogisch«, von denen neben den Intentionen, mit denen im Raum pädagogisch gehandelt wird, und den pädagogischen Wirkungen des Raums die pädagogische Funktion und der Zweck ein Kriterium bildet. Diese Kriterien, die nicht zwangsläufig zusammentreffen müssen für die Bestimmung des »pädagogischen Raums«, erweitern die Forschungsperspektiven zur Pädagogik des Raums. Kemnitz 2001, S. 47.
90 Achleitner 1999, S. 106.

Architektur im Sinn hat, soll hier nicht erarbeitet werden.[91] Um die Entstehung der spezifisch erzieherischen Form gesellschaftlicher Moralisierung über Stadtraumgestaltung im historischen Zusammenhang nachzuzeichnen, wird in dieser Studie hingegen nach den Intentionen, den Mitteln und den Verfahren gefragt.[92] Mit Blick auf erzieherische Intentionen sind nach Foucault die Machtbeziehungen innerhalb eines Dispositivs fraglich, die in strategischen Positionierungen zum Ausdruck kommen, weniger aber bewusst formulierte Absichten einzelner Akteure.[93] Die Fragen, die daran anschließen, lauten unter anderem: Unter welchen Voraussetzungen entwickelte sich die subtile Strategie der Organisation gesellschaftlicher Ordnung über Stadtraumgestaltung? Welche wahrgenommenen Notwendigkeiten führten zur Besetzung dieses strategischen Feldes? Auf welche Weise wurde die ästhetische Gestaltung als indirekter, aber permanent wirkender Faktor in der Steuerung der einzelnen Person und damit von gesellschaftlichen Gruppierungen verwendet? Inwiefern etablierte sich das Kalkül der Wirkung des Stadtraums als Faktor in der ästhetischen Gestaltung? Welche konkreten Formen zeigte es?

Im Zentrum der vorliegenden Studie steht daher die Strategie der Behandlung der städtebaulichen Gestaltungsaufgabe als Möglichkeit der Steuerung der einzelnen Person als Teil eines gesellschaftlichen Zusammenhangs. Die Strategie kristallisierte sich über moralische Erziehung und ihr Zweck war es, Macht zu stabilisieren, indem gesellschaftliche Risiken via stadtraumgestalterisch vermittelte Moralisierung minimiert wurden. Stadtraumgestaltung wird als Form des absichtlichen, und das meint auch »nicht-subjektiven«, Anordnens des städtischen Raums

---

91 Unabhängig von der hier verfolgten Fragestellung ist die Ebene der Effekte insbesondere aus zwei erziehungsphilosophischen Überlegungen heraus problematisch. Zum einen sind die Faktoren für die Feststellung des Vollzugs von Erziehung theoretisch unklar und die ursächlichen Faktoren des Erziehungsgeschehens lassen sich nur bedingt isolieren. Zu dieser Problematik des Erziehungsbegriffs vgl. Schäfer 2005. Zum anderen limitiert das Quellenproblem die Erkenntnismöglichkeit, erzieherische Effekte in ihren Manifestierungen in ›inneren‹ Dispositionen oder Gefühlen festzustellen. Diese Herausforderung verdeutlichen etwa methodische Überlegungen zur Gefühlsgeschichte. Vgl. hierzu Frevert 2009. Neben diesen Einschränkungen ist des Weiteren zu beachten, dass nicht alle städtebaulichen und architektonischen Phasen erziehungstheoretisch relevante Problembereiche darstellen. Die besonderen Umstände in unterschiedlichen gesellschaftlichen Bereichen formatierten im Laufe des 19. Jahrhunderts die spezifischen gesellschaftserzieherischen Optionen und Lösungen im Städtebau und in der Architektur. Zur Rekonstruktion des historisch situierten, kindlichen Erlebens von Wohnräumen und seiner Erinnerung vgl. aber Berg 2001.
92 Der Aspekt der Intentionalität markiert die Differenz des Erziehungsbegriffs zum Begriff der Sozialisation. Vgl. Tenorth 2000.
93 Foucault 1977, S. 95.

befragt, die über ästhetisch-gestalterische Mittel gesellschaftliche Anliegen moralisch kommunizierte und dabei am Erfahren des Raums durch die einzelne Person ansetzte. Die Gesellschaft war der Zielhorizont, weil sie – schematisch ausgedrückt – im historischen Moment ihrer Zersplitterung als prekäres Funktionssystem sichtbar wurde, in dessen Zentrum die Moral als kohärenzstiftende Eigenschaft lag; Emile Durkheim hat dahingehend Gesellschaft als Funktionssystem beschrieben und die Rolle der Moral als ›Bindemittel‹ herausgearbeitet.

Es geht somit nicht um die Frage, wie städtebauliche Gestaltungen moralerzieherisch wirken. Die Fragestellung der vorliegenden Untersuchung lautet hingegen, was um 1900 die Stellung der Einsicht in und des Kalküls mit der Eignung des Städtebaus und der Architektur als interventive Mittel zur moralischen Erziehung der Gesellschaft in stadtraumgestalterischen Kristallisationen war und inwiefern diese als Formen gesellschaftlicher Steuerung aufscheinen. Es ist in dieser Studie daher nicht die Rede von der moralerzieherischen Stadt, sondern von moralerzieherischen Strategien und Stoßrichtungen in der Modellierung der städtebaulichen Gestaltungsaufgabe, deren historische Kontextualisierungen in sozialer wie kultureller Hinsicht interessieren. Zugespitzt formuliert, geht es um die entsprechende Strategie, den städtischen Raum als ›Schule‹ einer zukünftigen, moralischen Gesellschaft zu begreifen.

Dieser Fragehorizont zielt auf die theoretischen Möglichkeiten des Erziehungsbegriffs in seinem Bezug zur Erziehungsgeschichte. Die Analyse historischen Materials verdeutlicht die Potentiale einer historischen Konstellation, die sich auch anders hätten kristallisieren können. Wie Rita Casale darlegt, steht das historisch Gegebene in Relation zum Möglichen[94] und die »begriffliche[...] Erschließung«[95] der historischen Kontingenz ist der Modus, innerhalb dessen ›Erziehung‹ theoretisch greifbar wird. Der Begriff der Erziehung wäre dann nicht *a priori* festgelegt, sondern das Ergebnis der Analyse des Fallmaterials.[96] Diese systematische Offenheit in Bezug auf die theoretische Positionierung bedeutet aber auch, dass für die erziehungswissenschaftliche Untersuchung Gegenstände in den Blick kommen, die ebenso wenig *a priori* festgelegt sind. Dabei geht es um eine Perspektive der Erziehungsgeschichte, die sich von eingeübten Konventionen löst, nach denen die Themen auf formale pädagogische Settings, auf Ideengeschichte oder auf pädagogisches Personal festgelegt sind.[97] Zu dieser Öffnung hin zu einer Geschichte der Erziehung

---

94 Casale 2011, S. 323.
95 Ebd.
96 Vgl. hierzu auch Tenorth 2000, S. 20: »Der allgemeine Begriff [der Erziehung, M.V.] verlangt [...] nach einer historischen Darstellung, um nicht leer zu bleiben.«
97 Zwar erfährt die historische Bildungsforschung eine Pluralisierung im Hinblick auf Themen und Methoden, aber laut Eckhardt Fuchs lässt sich auch

möchte die vorliegende Untersuchung beitragen, indem Stadtraumgestaltung als eine erzieherische Form im Bezug zur historischen Konstellation um 1900 befragt wird.

## 1.3 Methodische Überlegungen: Wissen als handlungsorientierende Ressource für pädagogische Interventionen im Stadtraum

Methodisch setzt die vorliegende Untersuchung an der Geschichte des Wissens an, um eine Perspektive auf den Erziehungsbegriff zu entwickeln, der das Aufkommen einer massentauglichen Form in der Situation diagnostizierter gesellschaftlicher Zersplitterung verdeutlicht. Das Wissen meint dabei eine Größe, die Handlungsspielräume ermöglicht, Handlungsformen strukturiert und materielle Gestaltungen prägt. Der Optimismus in der Behandlung der städtebaulichen Gestaltungsaufgabe als ein Bereich, der nach sozialreformerischen Überlegungen gezielt entworfen werden kann, war auf der Basis von Überzeugungen und somit von spezifischem Wissen wirksam.

Der Optimismus kam in einer verinnerlichten, erzieherischen Haltung zum Ausdruck. Die moralerzieherische Strategie in der Stadtraumgestaltung um 1900 formierte sich dabei als Option aus einer zirkulären Dynamik zwischen Wissen und Handeln heraus. Das Wissen ist als geschichtlich verfasste, handlungswirksame Ressource aufschlussreich, die unter spezifischen Umständen fruchtbar gemacht wurde.[98] Nach Philipp Sarasin kommen in der Dimension des Wissens tendenziell rationale Begründungsfiguren zum Tragen.[99] Diese Dimension stehe zugleich im zirkulären Austausch mit den zwei weiteren Dimensionen Glaube bzw. *belief systems*, die nicht oder kaum rational begründet werden oder begründbar sind,[100] und Kunst bzw. ästhetische Expression, wie sie etwa im Stil zum Ausdruck kommt. Diese drei Dimensionen

---

international betrachtet weiterhin eine »Dominanz der Schul-, Lehrer- und Personengeschichte« feststellen. Fuchs 2010, S. 715. Vgl. auch Schuch, Tenorth & Welter 2010.

98 Programmatisch zur Wissensgeschichte vgl. Sarasin 2011; Speich Chassé & Gugerli 2012.

99 Sarasin 2011.

100 Dazu zählt Sarasin Religionen, Normen, Gesetze, Deutungen, Moral als Funktion der Sicherung gesellschaftlicher Kohärenz usw.

beschreibt Sarasin als eng aufeinander bezogene »Provinzen« in einem nicht-hierarchischen Sinn.[101] Wissen wird hierbei als dynamische Größe aufgefasst, dessen Bedeutung nicht nur in den Inhalten, sondern auch in den Formen liegt, die bestimmte Weisen des handelnden Zugriffs nahe legen. Der so positionierte Begriff spitzt Wissen als Ressource für die Entzifferung gesellschaftlicher Realität zu, die auf bestimmte Weise fruchtbar gemacht wird. Dabei sind auch Sinnorientierungen und ästhetische Auffassungsweisen gesellschaftlicher Herausforderungen bedeutsame Ansatzpunkte, die für die ethische Dimensionierung der Vision der zukünftigen Gesellschaft eine regulierende Rolle einnehmen. Soziale Strukturen werden im Rahmen kultureller Sinnbezüge reflektiert, was Orientierung für pädagogische Intentionen und Handlungsformen bereitstellt.

Dabei werden in der vorliegenden Arbeit unter anderem materielle, institutionelle und personelle Faktoren betrachtet, die die Zirkulation des Wissens ermöglichen, stabilisieren und aufrechterhalten. Im Hinblick auf die sozialreformerische Stadtraumgestaltung wird dementsprechend gefragt, welche die allgemeinen Umstände der Herausbildung dieser neuen Ansätze um 1900 waren und inwiefern Wissen hierbei wirkmächtig wurde. Die Einbettung in die Verstädterungsdynamik im 19. Jahrhundert spielt in diesem Zusammenhang eine zentrale Rolle. Vor diesem Hintergrund wurden die Bedingungen geschaffen, unter denen die Überzeugung entstand, dass gesellschaftsveränderndes Handeln notwendig und mit stadtraumgestalterischen Mitteln angezeigt sei. Wissen ermöglichte somit die spezifisch sozialreformerische Erkenntnis und legitimierte wiederum Handlungen, die in der politischen Sphäre rationaler Entscheidungsprozesse der objektiven Nachvollziehbarkeit genügen mussten, in die die städtebauliche Praxis im ausgehenden 19. Jahrhundert eingebettet war.

Mit pädagogischen Interventionen im Stadtraum stehen Handlungsformen im Zentrum, die als historisch kontingente Optionen zu verstehen sind, deren Aufkommen daher fraglich ist. Wissen und Handeln, so der französische Wissenschaftshistoriker Alain Desrosières, sind »zwei verschiedene Aspekte, die einander bedingen«.[102] Das Wissen etabliert die ›Tatsachen‹, die die Grundlage für die strategische Besetzung eines Feldes und damit für Handlungen im Sinne von Interventionen oder administrativen Mechanismen sind. Sozialreformerische Bewegungen des

---

101 Sarasin diskutiert diese drei Dimensionen als Kritik an der Sozialgeschichte Bielefelder Prägung, die die Kulturgeschichte vernachlässigt habe. Ausgangspunkt dieser Kritik ist Jürgen Kockas Unterprivilegierung der Trias Kunst-Religion-Wissenschaft. Ebd., S. 162.
102 Desrosières 2005, S. 10. Desrosières befasst sich in seiner Studie mit der Geschichte der Statistik und Wahrscheinlichkeitsrechnung.

ausgehenden 19. Jahrhunderts wurden entsprechend von nationalökonomischen, soziologischen, kulturwissenschaftlichen oder hygienischen Analysen der großstädtischen Gesellschaft geprägt.[103] Auf der politischen Ebene waren Strukturdaten der im 19. Jahrhundert entwickelten Sozialstatistiken und demographische Prognosen die wichtigsten Elemente in der Definition des sozialpolitischen Handlungsbereichs,[104] aber auch Erkenntnisse zur Hygiene unter den großstädtischen Bedingungen prägten das strategische Feld.[105] Diese vornehmlich im politischen Entscheidungsprozess wichtigen wissenschaftlichen Wissensfundamente wurden auf der Ebene der architektonischen Entwürfe und städtebaulichen Planungsgrundlagen insbesondere im Rahmen von physiologisch-psychologischen Theorien der Wahrnehmung konkretisiert und auf diese Weise pädagogisch gemünzt.[106] In diesen Wissenskontexten wurde die Wirkung von Architektur und genereller des städtischen Raums auf den Menschen thematisiert, der sich darin bewegt. Das Wissen um die räumliche Logik der Straße oder des städtischen Platzes prägte sich in diesem Zusammenhang aus und bereitete die Kategorien, nach denen die Stadtraumgestaltung als Mittel gesellschaftlicher Erziehung entwickelt wurde.[107] Die Annahme und dann auch die in experimentellen Studien ausgearbeitete Theorie der Wirkung des Raumes erlaubte es im weiteren Schritt, die Aufgabe der Stadtraumgestaltung strategisch zu begreifen.

In der strategischen ›Besetzung‹ des Handlungsfeldes Stadtraumgestaltung flossen somit Wissensbestände ein, die auf vielen Ebenen gewonnen wurden. Die Kristallisationspunkte von Wissen sind dabei an Schnittstellen wie städtebaulichen und architektonischen Positionen festzumachen. An der Wissensgeschichte nach Lesart Sarasins scheint fraglich, dass das Wissen als hybride Form ohne klaren Ausgangspunkt, ohne klaren institutionellen oder gesellschaftlichen Ort, ohne soziale Zuordnung gedacht

---

103 Vgl. z.B. Koller 1995.

104 Zum politischen Einfluss der Statistik vgl. Desrosières 2005. Im angelsächsischen Raum wurden relativ früh, etwa ab den 1830er Jahren, die sozialen Auswirkungen von Großstädten in Form von breit angelegten Sozialenquêten erhoben. Zum Überblick vgl. Bulmer, Bales & Kish Sklar 1991.

105 So zeigt etwa Martin Illi, inwiefern die Versuche, die Entstehung und Verbreitung der Seuchen Typhus und Cholera zu erklären, die Entwicklung der Abwassertechnik in Zürich in der zweiten Hälfte des 19. Jahrhunderts beeinflussten. Illi 1987, S. 75ff.

106 Für die Architekturtheorie vgl. Moravánszky (Hg.) 2003. In Bezug auf den einflussreichen Städtebauer Camillo Sitte, auf den ich weiter unten genauer eingehen werde, vgl. die Detailstudie Reiterer 2003.

107 Zur Kategorie Raum in der Architektur vgl. Moravánszky (Hg.) 2003.

wird.¹⁰⁸ In dieser Bestimmung zeigt sich die Vieldeutigkeit des Wissensbegriffs. Lässt sich Wissen zwar positiv als System von Sätzen definieren, so ist für den vorliegenden Kontext eine eher implizite Bedeutungsebene von Belang. Die epistemologische Relevanz besteht darin, dass Wissen die Möglichkeiten des Erkennens und Handelns überhaupt erst ›formatiert‹.¹⁰⁹ Sarasin definiert Wissen als eine propositionale Form, die die Einsicht ermöglicht, dass etwas gewiss und objektiv richtig sei.¹¹⁰ In Anlehnung an Ludwik Flecks Arbeit über »Denkstile« und »Denkkollektive« ist die Möglichkeit von Wissen an die stilistische Eigenheit des Denkens gebunden, die den Modus des Wahrnehmens und Handelns determiniert.¹¹¹ Wie Fleck schreibt, ist der »Denkstil« die charakteristische Art erkennender Subjekte, die er als Teil von Kollektiven betrachtet. In den »Denkkollektiven« ist das Erkennen auf eine bestimmte Weise möglich, die eine »Bereitschaft für selektives Empfinden und für entsprechend gerichtetes Handeln«¹¹² ausdrückt. Damit betont Fleck, dass (wissenschaftliche) Erkenntnis voraussetzungsreich ist, dass Wissen als relative Größe aufgefasst werden müsse, dass aber Wissen als regulatives System paradoxerweise dennoch an eine Idee von Wahrheit gebunden ist. Wissen als ›wahr‹ aufzufassen, ermöglicht somit planvolles Handeln aufgrund eines »gerichtete[n] Wahrnehmen[s]«¹¹³ und ist gleichzeitig Voraussetzung für die Legitimation bestimmter Handlungen. Diese müssen aber in der öffentlichen Sphäre zunehmend demokratischer Verfahren, in denen politische Maßnahmen und Handlungen durch das bürokratische Getriebe von Verwaltungen laufen, wohl begründet und notwendig erscheinen. Das gilt tendenziell auch für die Stadtentwicklung um 1900. Sie sind der Beglaubigung durch die Öffentlichkeit ausgesetzt, weshalb der Bezug auf Wissen, häufig in Form des Expertise-Wissens als Legitimationsfaktor an Bedeutung gewinnt. Es ist deshalb kein Zufall, dass sich im 19. Jahrhundert verstärkt rationale und wissenschaftliche Wissensformen durchsetzten, die nach Max Weber eine wesentliche Rolle in der Untermauerung legitimer Herrschaftsform spielten.¹¹⁴ Die »Objektivität« des rationalen

---

108 Vgl. hierzu die Kritiken von Achim Geisenhanslüke und Holger Dainat auf Sarasins Beitrag. Geisenhanslüke 2011; Dainat 2011.
109 Vgl. Rheinberger 2007.
110 Es sei nochmals erwähnt, dass Wissen unabhängig von seiner Bewertung im vorliegenden Zusammenhang als historisch kontingentes Phänomen betrachtet wird.
111 Flecks Studie zur *Entstehung und Entwicklung einer wissenschaftlichen Tatsache* wurde erstmals 1935 veröffentlicht. Fleck 1980.
112 Ebd., S. 130.
113 Ebd., S. 121.
114 Zur Bedeutung wissenschaftlichen Wissens im 19. Jahrhundert vgl. Raphael 1996.

Experten-Wissens war zunehmend die notwendige Voraussetzung für die Legitimierung politischer Maßnahmen. Dabei war es kein Widerspruch, dass außer- oder vorwissenschaftliche Wissenselemente in der wissenschaftlichen Wissensbildung wirkmächtig wurden oder sich in populärwissenschaftlichen und/oder kulturkritischen Debatten entfalteten, wo sie Sinn herstellten und – dabei häufig in einem Zug – Werte verhandelten. Nach Fleck oder Sarasin lassen sich »rationales« und »wissenschaftliches« Wissen nicht eindeutig von vor-, populär- oder außerwissenschaftlichem Wissen abgrenzen. Vielmehr prägen solche Wissenselemente als »Präideen« den wissenschaftlichen Blick und bleiben auch in verwissenschaftlichter Form bestehen. Gleichermaßen erlauben Flecks Analysen die Einsicht, dass sich die ›Wahrheit‹ eines Wissens in historisch kontingenten Settings und insbesondere den »Denkkollektiven« stabilisiert.[115] Mit dem methodischen Ansatz der Wissensgeschichte wird daher die Entwicklung des Problembewusstseins von Stadtplanern, Architekten und politischen Verantwortungsträgern erklärt, die die Aufträge besorgten und mitunter, wie im Fall des Zürcher Stadtbaumeisters Friedrich Wilhelm Fissler,[116] auf den noch einzugehen ist, in einer Doppelfunktion ausführten.[117]

Die Quellen zur Bearbeitung der Fragestellung werden unter zwei Gesichtspunkten ausgewählt. Einerseits interessieren solche Quellen, die das propositionale Wissen aufzeigen, das auf implizite Weise die strategische Besetzung des Handlungsfeldes Stadtraumgestaltung strukturierte.[118] Andererseits sind Quellen von Belang, die den Argumentationszusammenhang und die Legitimationsmuster verdeutlichen. Um den ›Untergrund‹[119] der heterogenen Elemente zu verdeutlichen, auf dem eine

115 Fleck 1980 sowie Speich Chassé & Gugerli 2012, S. 91.
116 Friedrich Wilhelm Fissler (1875–1964) war Architekt und Stadtbaumeister in Zürich. Von 1907 bis 1919 war er Zürcher Stadtbaumeister in der Nachfolge Arnold Geisers, der ein Schüler Gottfried Sempers war. Fissler setzte zahlreiche Bauaufgaben im öffentlichen Bereich des Wohlfahrtsstaates um, beispielsweise Schulen, Waisenhäuser, Siedlungen und Bäder. Er gilt als Vertreter des Heimatstils in Anlehnung an die malerische Ästhetik des Stuttgarter Architekten Theodor Fischer.
117 Vgl. Kurz 2000a.
118 In Foucaults Terminologie sind diejenigen Quellen relevant, die die »großen anonymen Strategien [aufzeigen], die, nahezu stumm, geschwätzige Taktiken koordinieren, deren ›Erfinder‹ oder Verantwortliche oft ohne Heuchelei auskommen.« Foucault 1977, S. 95.
119 Die Formulierung ist in einem weiten Sinn angelehnt an Heinrich Wölfflins Formulierung der »untere[n] Schicht von Begriffen«. Wölfflin 1923, S. 13. Wölfflins Anmerkung steht im Kontext seiner methodischen Überlegungen zur Stilgeschichte. Stile, so Wölfflins genealogische Position, seien ein Zusammentreffen von Zeit, Mentalität und dem individuellen Stil des Künstlers, die im Nachhinein betrachtet die Kohärenz eines Stiles ausmacht. Im 19. Jahrhundert sei die

Pädagogik über die Gestaltung des städtischen Raums Form annahm, werden Quellen in den Blick genommen, die die Wissensbezüge von international zirkulierenden städtebaulichen Debatten bis zu Diskussionen im lokalen Kontext abbilden, wie sie etwa in Kommissionen oder im öffentlichen Raum geführt wurden. Ziel ist es, diesen viel- und weitschichtigen ›Untergrund‹ des sozialreformerischen Dispositivs über die Rekonstruktion der Bedeutungen der Quellen und Archivalien darzustellen. Dabei werden Spuren verfolgt, die im Hinblick auf die erwähnten Gesichtspunkte aus den Quellen und aus der Forschungsliteratur gelegt werden. Auf diese Weise wird das Problem behandelt, wie erzieherische Phänomene aus der Situation historischer Gegebenheit und ihrer Interpretation heraus erschlossen werden können. Diese Form der Erziehungsgeschichte strebt keine Erzählung mit Anfangs- und Endpunkt an, sondern die Geschichte der Kristallisation einer Figur der Erziehung via Stadtraumgestaltung unter den mannigfaltigen Voraussetzungen der Zeit um 1900.

Zur Identifikation der oftmals impliziten moralischen Wissenskonfigurationen dient das Konzept der »Spur« als Inspiration.[120] Sibylle Krämer beschreibt Spuren als unmotivierte »Fußabdrücke«, die unreflektierte Muster auf der materiellen Ebene »präsentieren«.[121] Im Modus der Entzifferung, d. h. in der Arbeit des »Spurenlesens«, machen sie diese Ebene sichtbar. Am stadtraumgestalterischen Untersuchungsmaterial werden Spuren aufgegriffen, die auf implizite propositionale Wissensformen verweisen. Diese Spuren sind in Argumentationsfiguren, Konzepten, städtebaulichen Modellen, architektonischen Lösungen oder in stilistischen Formensprachen enthalten. Da eine Spur erst im Modus des »Spurenlesens« konstituiert wird, verweist Krämer auf die Bedeutung der koordinierenden Einbettung innerhalb eines »Netzwerks« von Spuren.[122] So dargestellt, sollen die Elemente unterschiedlicher Spuren das Aufkommen der pädagogisierten Form der Stadtraumgestaltung in Erscheinung treten lassen.

Besonderes Augenmerk verdienen Quellen, die eine klassifizierende Wissensform dokumentieren. Sie bildete den epistemologischen ›Untergrund‹ der strategischen Position, Sozialreform durch Moralerziehung zu bewerkstelligen. Entsprechend stehen Texte und Daten im Vordergrund, die klassifizierendes Wissen zum Zustand der Großstadt lieferten

---

Kohärenz einer maßgeblichen »unteren Schicht der Begriffe«, also die »Stilgemeinsamkeit«, abhandengekommen. Beide Zitate: Ebd., S. 17

120 Zum Konzept vgl. Krämer 2007.

121 Ebd., S. 16. An gleicher Stelle schreibt Krämer: »Wie alle Dinge zeigen sie nur und reden nicht.«

122 »Wir können die im Spurenlesen erzeugte Ordnung auch als ›Netzwerk‹ charakterisieren: Es ist meist mehreres, das sich zur Spur (zusammen)fügt.« Ebd., S. 19.

und in erster Linie programmatische Texte zum Städtebau und zur Architektur betreffen. Zeitschriften spielten eine herausgehobene Rolle in der normativen Vermittlung reformerischer Positionen, insbesondere zum Städtebau (zum Beispiel *Schweizerische Bauzeitung*), oder solche, die einzelnen Reformbewegungen bzw. reformorientierten Vereinigungen zugeordnet werden können (zum Beispiel *Heimatschutz, Schweizerische Baukunst, Das Werk* usw.). Kulturkritische Sinnbezüge unter anderem in Form von Abhandlungen, Essays oder gedruckt publizierten Reden schufen Orientierungswissen und bereiteten den Boden für Handlungsformen, die in der politischen Sphäre einer durch ›objektive‹ Expertise legitimierten Rede vornehmlich wissenschaftlich ausgerichtet waren und unter anderem aus den Bereichen Ästhetik, Städtebautheorie, Architektur- und Kunsttheorie, Nationalökonomie, Physiologie, Psychologie stammten. Für die Fallvignetten aus dem Zürcher Kontext wird auf Archivmaterial zurückgegriffen, das, wie im Beispiel der kommunal finanzierten Siedlung Riedtli, die politischen Diskussionen in der Entwurfs- und Umsetzungsphase des Projekts aufzeigt. Protokolle und Weisungen des Zürcher Stadtrats werden hierbei analysiert, um die Spuren auf der Ebene des kommunalen Handelns nachzuverfolgen.

Der thematische Aufriss verdeutlicht bereits, dass in dieser Studie unterschiedliche disziplinäre Bereiche berücksichtigt werden, die schematisch einerseits erziehungswissenschaftlich und andererseits architektur- und städtebaugeschichtlich eingebettet sind. Den disziplinären Ankerpunkt bildet die erziehungswissenschaftliche Perspektive an der Schnittstelle zwischen Erziehungstheorie und Erziehungsgeschichte. Im Folgenden verdeutlichen dominierende Linien den Stand der Forschung in diesen Bereichen. Die erziehungswissenschaftliche Perspektive auf den Gegenstandsbereich der Architektur, weniger aber auf denjenigen des Städtebaus,[123] wurde in den letzten zehn bis fünfzehn Jahren hauptsächlich auf der Grundlage der Kategorie des Raums erschlossen.[124] Christian Reutlinger benennt dabei drei allgemeine thematische Ansätze des

---

123 Zur Thematisierung städtischer Siedlungen, insbesondere Gartenstadtsiedlungen, als »moralische Räume« vgl. Dräger 2003. Zum Beispiel eines antiurbanen lebensreformerischen Siedlungsbaus vgl. Scholz 2003.

124 Die Bandbreite des »pädagogischen Raums« in seinen historischen Formen verdeutlichen die Beiträge im Sammelband *Die pädagogische Gestaltung des Raums. Geschichte und Modernität* aus bildungshistorischer Perspektive, herausgegeben von Franz-Josef Jelich und Heidemarie Kemnitz. Jelich & Kemnitz (Hg.) 2003. Vgl. auch Liebau, Miller-Kipp & Wulf (Hg.) 1999. Das Raumkonzept geriet in den letzten Jahren zunehmend in den Fokus erziehungswissenschaftlicher Forschung. Zu einem Überblick über erziehungswissenschaftliche Raumdiskurse vgl. Nugel 2014. Vgl. auch Ecarius & Löw (Hg.) 1997; Trofer 2006. Programmatisch in Bezug auf ein bildungssoziologisch orientiertes Raumkonzept vgl. Robertson 2010.

Raumkonzepts: erstens der räumliche Bezug pädagogischen Handelns; zweitens Raum als Umgebung, die wirkt und erfahren wird; und drittens Raum als Metapher für die Entwicklung von Handlungsfähigkeit des Subjekts.[125] Insgesamt stehen dabei die räumlichen Bedingungen pädagogischer Prozesse oder Handlungen im Vordergrund.[126] Wie vor allem die Arbeiten Reutlingers sowie Fabian Kessls zeigen, betrifft dies die Sozialraumorientierung in der Sozialpädagogik und in der Sozialen Arbeit.[127] Für die vorliegende Untersuchung scheinen insbesondere solche Ansätze produktiv, die den Raum als zu gestaltende Umgebung begreifen, in denen implizit oder explizit die Hoffnung enthalten ist, über den Raum das pädagogische Geschehen oder – umfassender gedacht – das Soziale zu steuern. Diese Ansätze werden in neueren Forschungen vor allem auf die Analyse von Schularchitektur gemünzt,[128] wobei die mit dem Raum verknüpften pädagogischen Ziele teilweise auch aus der Perspektive der Baukunst behandelt werden.[129] Als Untersuchungsgegenstände dominieren hier formalisierte pädagogische Settings. Die Beziehung zwischen Erziehung bzw. Bildung und Urbanistik ist im deutschsprachigen Kontext erst ansatzweise in den Blick gerückt (sofern unter Urbanistik auch städtebauliche Fragen fallen),[130] während sie im angelsächsischen Raum unter der Bezeichnung *Urban Education* thematisiert wird, bei der die Verteilung von Bildungschancen im sozial segregierten städtischen Raum im Fokus steht.[131] Die Stadtperspektive ist daneben in der

---

125 Reutlinger 2009, S. 93ff.

126 Vgl. dazu auch Kessl & Reutlinger 2010. In Bezug auf das räumliche Arrangement von Bildungs- und Erziehungsverhältnissen vgl. Dirks & Kessl 2012. Die Arbeiten der Raumsoziologin Martina Löw haben in den letzten Jahren eine verstärkte Auseinandersetzung mit der Relationalität des Raums in der erziehungswissenschaftlichen Forschung bewirkt. Im Vordergrund stehen dabei die materiellen, sozialen und symbolischen Verknüpfungen. Löw 2001.

127 Kessl & Reutlinger 2010, S. 9. Aus der historischen Perspektive vgl. Wietschorke 2008. Zur Geschichte der sozialraumorientierten Stadtforschung vgl. Lindner 2004.

128 Zur raumwissenschaftlichen Fundierung der Schul- und Bildungsforschung vgl. Böhme (Hg.) 2013; programmatisch in Bezug auf Machtdimensionen des Raums Rieger-Ladich & Ricken 2009; in phänomenologischer Hinsicht z.B. Rittelmeyer 1995. In Bezug auf die Disziplinierung durch den Schulraum vgl. Kost 1985, der in seiner Studie auf Foucault Bezug nimmt, der in *Überwachen und Strafen* unter anderem Schulen als Disziplinierungsanstalten beschrieben hat. Foucault 1976.

129 Zu historischen Rekonstruktionen vgl. Helfenberger 2013; Casutt 1994; Gruhn-Zimmermann 1995.

130 Vgl. z.B. Kessl & Reutlinger (Hg.) 2013.

131 Für einen Überblick vgl. Noblit & Pink 2007.

(historischen) Sozialisationsforschung verankert, in der die Stadt als Lebenswelt des Kindes untersucht wird.[132] Kessls und Reutlingers Analysen der strategischen Besetzung des Raums in der post-wohlfahrtsstaatlichen Kontrollgesellschaft bieten vielfach Anknüpfungspunkte, um nach den politischen Strategien zur gesellschaftlichen Normalisierung für das ausgehende 19. Jahrhundert zu fragen. In diesem Rahmen etablierten sich sowohl der Städtebau als Disziplin als auch der Wohlfahrtsstaat.[133] Hier rückt die engere Einbettung des Gegenstands in die architektur- und städtebaugeschichtliche Forschung in den Vordergrund. Zum Aspekt der gesellschaftlichen Steuerung mit städtebaulichen Mitteln sind Arbeiten ein Ansatzpunkt, die die Rolle deterministischer Konzepte untersuchen.[134] Stadtgeschichte unter dem Aspekt der Stadtraumgestaltung zu betrachten, bedeutet, die Entwicklung des urbanen Raums mit den sozialen Strukturen der städtischen Gesellschaft und zugleich mit den kulturellen Sinnsystemen in Verbindung zu bringen.[135] Arbeiten zur Kategorie der Ordnung als strukturierende Größe städtebaulicher Maßnahmen um 1900 bieten weitere Anknüpfungspunkte,[136] sowie Arbeiten zum Konzept *social engineering*, die Stadtplanung als Technik zur Ordnung des Sozialen rekonstruieren.[137] Horst Drägers Skizze über die »Siedlung als moralischer Raum« enthält etwa Hinweise über das sozialpolitische Mittel der »Le-

---

132 Vgl. beispielhaft den vielzitierten Aufsatz von Jürgen Zinnecker. Zinnecker 1979. Eine bahnbrechende Studie legten 1935 Martha und Hans Heinrich Muchow zum *Lebensraum des Großstadtkindes* vor, woran 1955 die Stadtsoziologin Elisabet Pfeil anknüpfte. Muchow & Muchow 1998; Pfeil 1955.
133 Vgl. Kessl & Reutlinger 2010, S. 114ff.; Kessl & Krasmann 2005.
134 Fehl 1980a; 1980b. Kritisch zu Fehls Einschätzung des Determinismus bei Camillo Sitte: Wilhelm & Jessen-Klingenberg 2006. Zur umfangreichen Literatur zur Geschichte des Städtebaus, worin sich auch Angaben zur Formierung der akademischen Disziplin finden, vgl. z.B. Albers 1997; Reinborn 1996; Rudež 1988; Piccinato 1983; Benevolo 1971; 1983.
135 Vgl. z.B. Fritzsche & Lemmenmeier 1994. Spezifisch zur Architektur vgl. Schöttker 2011.
136 Leendertz 2008. Leendertz geht auf die Formierungsphase von 1880 bis 1935 zwar ein, aber ihr Fokus liegt in der Entwicklung der Raumplanung im 20. Jahrhundert, speziell im Nationalsozialismus und danach in der Bundesrepublik Deutschland bis in die 1980er Jahre. Ungeachtet dieser Fokussierung, die die Formierungsphase zwar anerkennt, aber nicht detailliert ausführt, weist Leendertz die für die Raumplanung charakteristische enge Verquickung von »intervenierende[m] Zugriff der kommunalen und staatlichen Verwaltung in immer mehr Bereiche des Gesellschaftlichen«, von »wissenschaftliche[r] Behandlung sozialer Probleme« und schließlich von »Verflechtung von Wissenschaft, Verwaltung und Politik« nach. Alle Zitate: ebd., S. 10.
137 Kuchenbuch 2010; Etzemüller 2009.

bensraumgestaltung« in Form des Siedlungsbaus.[138] Dräger beschreibt darin den fürsorglichen Zugriff auf die Soziale Frage, der sich in der Zuversicht ausgedrückt habe, die Arbeiterschaft über Bereitstellung ›schöner‹ Wohnumgebungen gesellschaftlich zu integrieren. Bezogen auf Zürich liegt von Daniel Kurz eine historische Rekonstruktion vor, in der die Siedlungsentwicklung unter Einbezug des kulturell-gesellschaftlichen Blickwinkels als »Disziplinierung der Stadt« verstanden und diese in den Kontext der Reformdebatten gestellt wird.[139]

Die städtischen Wohnbedingungen im Schweizer Kontext sind Gegenstand von Studien wie der von Bruno Fritzsche herausgearbeiteten Bedeutung der Architektur zur Kontrolle und Steuerung der Verhaltensweisen der Arbeiterschaft,[140] die Barbara Koller in ihrer Studie auf das »gesunde Wohnen« münzt. Koller legt mit Blick auf die Deutschschweiz das Augenmerk auf die Bedeutung wissenschaftlichen Wissens für sozialpolitisches Handeln und weist die Wissenschaftszweige der Hygiene und der Nationalökonomie als die wesentlichen Zusammenhänge nach, aus denen heraus Maßnahmen zur »Verbürgerlichung« der Arbeiterschaft im Bereich der Wohnungspolitik getroffen wurden.[141] Der Mechanismus der »Übernahme bürgerlicher Verhaltensweisen durch weite Teile der unterbürgerlichen Schichten«[142] bildet die Grundlage ihrer These der »Integration der schweizerischen Arbeiterschaft in den bürgerlichen Staat«[143] zwischen 1880 und 1940.

Was die Architektur anbelangt, hat sich der Forschungsstand zum Heimatstil und Heimatschutz erst in den letzten zehn bis 15 Jahren ausdifferenziert. Sofern die nationalromantisch gefärbte Reformarchitektur vor 1914 von der Architekturgeschichte beachtet wurde, tendierte die Bewertung dazu, ihr eindimensional eine reaktionäre und gegenüber modernem Fortschritt sowie der Großstadt ablehnende Haltung zu unterstellen.[144] Der Heimatstil wurde in der Forschung tendenziell als ›antimodern‹ klassifiziert, was einerseits unter dem ästhetischen Bruch des Neuen Bauens nach dem Ersten Weltkrieg zustande kam und andererseits durch die rückwärtsgewandte Projektion der Forschung, die den frühen Heimatstil mit Blick auf die reaktionären, mitunter faschistoiden Heimatschutzideale der 1920er und 30er Jahre betrachtete. Wie der His-

---

138 Dräger 2003.
139 Kurz 2008. Zu Zürich vgl. auch Rebsamen, Bauer, Capol et al. 2001; Rebsamen 1984.
140 Vgl. Fritzsche 1990a; 1990b.
141 Koller 1995. Zur öffentlichen Gesundheitspflege über den Städtebau vgl. auch Rodríguez-Lores 1985.
142 Koller 1995, S. 16.
143 Ebd., S. 18.
144 Zu einer ersten Kritik dieser Bewertung vgl. Petsch 1979.

toriker Sándor Békési aufzeigt, kam die Zuschreibung des Heimatstils als ›antimodern‹ unter einem normativen Verständnis zustande, das dem Phänomen auf der deskriptiven Ebene nicht entsprach.[145] In neueren Forschungsansätzen wird dementsprechend zunehmend für eine differenzierte Bewertung der Frühphase des Heimatstils und der Heimatschutzbewegungen plädiert, die der These der »anderen Moderne« folgt.[146] Ein Beispiel für diese Position ist die breit angelegte Übersichtsstudie über den Heimatstil in der Schweiz von Elisabeth Crettaz-Stürzel.[147] Abgesehen davon bilden Gesamtdarstellungen weiterhin ein Desiderat.[148] Unter dem umfassenderen Begriff ›Reformarchitektur‹ sind allerdings Studien greifbar, die architektonische Entwicklungen um 1900 thematisieren[149] und das reformerische Element im Sinne der Kritik am Historismus herausarbeiten. Diese Kritik habe in der zeitgenössischen Argumentation der Reformer eine von künstlerischen Kriterien abgewandte, ökonomischen Interessen dienende Architektur hervorgebracht und das Ästhetische auf die Gefälligkeit ausgerichtet. Reformarchitektonische Strömungen zeichneten sich vor dem Hintergrund dieser Kritik *grosso modo* als Erneuerungsbewegungen aus, die auf die lokale Tradition unter künstlerischen Gesichtspunkten zurückgriffen und an diese anknüpfen wollten. Sigrid Hofers Arbeit über die Reformarchitektur von 1900 bis 1918 liefert eine Synthese der kulturhistorischen Einflüsse reformarchitektonischer Bewegungen.[150] Zahlreiche Studien über die englische Arts-and-Crafts-Bewegung, die international große Bedeutung entfaltete, betten die Erfahrungen in der Schweiz in den internationalen Kontext ein.[151] Sie sind auch aufschlussreich, weil die in England erstmals formulierten Konzepte des kunstgewerblichen Handwerks sowie die Gartenstadtidee modellhaften Charakter in den deutschsprachigen Diskussionen annahmen. Einen vertieften Einblick geben lokal fokussierte Studien, wie etwa Antje Senarclens de Grancys Studie über Entwicklungen in Graz,[152] oder auf bestimmte Bauaufgaben bezogene Studien, wie beispielsweise Andrea Richters Arbeit über den reformarchitektonischen Schulhausbau in

---

145 Békési 2009.

146 Vgl. zuletzt Tschofen 2013; Békési 2009; Senarclens de Grancy 2001. Für den Heimatstil vgl. Crettaz-Stürzel 2005a; 2005b; 2006.

147 Crettaz-Stürzel 2005a; 2005b. Vgl. auch das Schwerpunktheft der *Österreichischen Zeitschrift für Kunst und Denkmalschutz* aus dem Jahr 1989, in dem der Heimatstil aus kunst- bzw. architekturhistorischer Sicht im Zentrum steht.

148 Einen Überblick über den Heimatschutz in der Schweiz liefert auch der Artikel von Stefan Bachmann im *Historischen Lexikon der Schweiz*. Bachmann 2012.

149 Vgl. Hofer 2005.

150 Ebd. Zur Reformarchitektur vgl. auch Aschenbeck 1997.

151 Vgl. Muthesius 1974; Davey 1995.

152 Vgl. Senarclens de Grancy 2001.

Württemberg und Bayerisch-Schwaben.[153] Hinzu kommen historische Studien, die sich mit den geistesgeschichtlichen und gesellschaftlichen Kontexten befassen, die zum Aufkommen des Heimatstils beigetragen haben.[154] Diese werden als konservative gesellschaftliche Umfelder beschrieben, wobei die Heimatschutzbewegung als ideologischer Ankerpunkt besonders hervortritt.

Die Studie ist in drei Teile gegliedert. Im *ersten Teil* stehen die *Erzieherischen Kalküle in der Stadtraumgestaltung* im Zentrum. Zunächst behandelt Kapitel 2 die Formierung des Städtebaus als Bereich, der mit gesellschaftserzieherischen Zielen verknüpft wurde. Den Ausgangspunkt bildet das Konzept des künstlerischen Städtebaus von Camillo Sitte, der die Reformbestrebungen über die Stadtraumgestaltung auf eine für die zeitgenössische Debatte prägende Weise auf den Punkt brachte. Die Theorie der Stadt als Gefüge, die aus der Perspektive des im Stadtraum situierten Menschen gedacht wurde und die den Stadtraum aus der ästhetisch vermittelten Erfahrung verstand, spielte dabei eine zentrale Rolle. Auf dieser Grundlage treten die Voraussetzungen in den Blick, die es erlaubten, mit der Aufgabe der Gestaltung der Stadt erzieherisch zu kalkulieren. Dieses Kalkül bezog sich auf die politisch motivierte ethische Ausrichtung von Ästhetik, auf die Fokussierung der Erziehung auf die Vermittlung von Werten und auf die Gesellschaft als Funktionssystem. In allen diesen Bereichen war das zentrale Thema die Verhandlung von Moral, die sich in der Positionierung von Städtebau und Architektur als »Agentur« der Erziehung kristallisierte. In Kapitel 3 werden epistemologische Voraussetzungen in den Blick genommen, die es ermöglichten, die ästhetische Gestaltung des Stadtraums im Rahmen der erzieherischen Wirkung zu behandeln. Insbesondere mit Deweys Theorie der Erziehung als Erfahrung werden Modi und Register der erzieherischen Wirkung dargestellt, die den Rahmen des erzieherischen Kalküls bildeten: Umgebungen so zu denken, dass sie sich über Gewohnheiten in den Verhaltensweisen im Register der Gefühle über die Konstanz der Erfahrungen ›einprägen‹. Die Ebene, die in diesem Teil behandelt wird, betrifft in erster Linie die begriffliche Auseinandersetzung im Hinblick auf das, was Erziehung im Zusammenhang der großstädtischen Konstellation um 1900 bezeichnen kann, wie also die »Reformierung des Menschen« durch Stadtraumgestaltung begrifflich zu denken ist.

Im *zweiten Teil* steht der Gegenstand im Zeichen der strategischen Besetzung des Feldes und damit der Ebene der zirkulären Logik von Wissen und Handeln. Es geht um die *Organisation von Ordnung*. Dieser Teil umfasst wiederum zwei Kapitel. In Kapitel 4 wird die im großstädtischen Kontext als prekär erkannte gesellschaftliche »Ordnung« als die

---

153 Vgl. Richter 2004.
154 Vgl. Brückler 1989; Jost 1992.

EINLEITUNG

Kategorie des Wissens herausgearbeitet, die die Position der Notwendigkeit politischen Handelns im Bereich der Stadtraumgestaltung ermöglichte. Vorstellungen von Ordnung waren maßgebliche Faktoren in der Etablierung der sozialreformerischen Ansätze in Städtebau und Architektur und folglich ihrer Etablierung als »Agenturen« der Erziehung, die sich aber erst in dem historischen Moment herausbilden konnten, in dem die »Unordnung« der Gesellschaft erkannt wurde. Die Grundlage dieser Erkenntnis waren die sozialen und kulturellen Auswirkungen der Verstädterung des 19. Jahrhunderts. In Kapitel 5 werden Wissensbereiche aufgegriffen, die in der zirkulären Logik Bemühungen zur Organisation von Ordnung mittrugen. Im Mittelpunkt stehen der zentrale Stellenwert des planerischen Zugangs zu den sozialreformerischen Handlungsmustern und seine epistemologischen Voraussetzungen in unterschiedlichen Wissensbereichen. Statistisches Wissen, rational-experimentelles Wissen oder Wissen als kulturell-sinnstiftende Ressource bilden die wichtigsten Bereiche, die hier dargestellt werden.

Der *dritte Teil* schließlich ist der Rekonstruktion der *Sozialreform in Städtebau und Architektur* gewidmet. Hier wird der Gegenstand enger am Material behandelt. Die Stadtraumgestaltung wurde in erster Linie als ästhetisch und nicht als technisch zu bewerkstelligende Aufgabe betrachtet. Dementsprechend spielt der Stellenwert der Ästhetik eine wichtige Rolle in allen Kapiteln dieses Teils. Kapitel 6 nimmt den Städtebau in den Blick und fragt nach den sozialen Dimensionen in der ethisch-ästhetischen Ausrichtung des Städtebaus. In diesem Rahmen wird der Städtebau in Zürich und die Fallvignette der Siedlung Riedtli in Zürich Oberstrass und Unterstrass behandelt. Kapitel 7 rückt den Fokus auf die Architektur und spezifisch auf die Stildebatte um 1900, in der die Reform des Stils vor dem Hintergrund der historistischen Stilvielfalt[155] stand. Der Historismus wurde zunehmend als ›falsch‹ kritisiert, was in der Architektur in eine Suche nach der Kunstwahrheit mündete, die die ethisch aufgeladene Ästhetik begründete. Die stilistische Erneuerung, die als die notwendige Grundlage für die sozialreformerische Ausgestaltung der Stadtraumgestaltung gesehen wurde, wird daher im Zentrum der Ausführungen in diesem Kapitel stehen. In Kapitel 8 werden diese Grundlagen im Hinblick auf den Heimatstil konkretisiert, indem seine ideologische Verankerung in der Heimatschutzbewegung behandelt wird. Der Heimatstil war der für Zürich maßgebliche Reformstil

---

155 Im 19. Jahrhundert wurde die Auseinandersetzung zwischen Verbindlichkeit der Antike und Notwendigkeit der Moderne erneuert. Die dabei aufgeworfene Infragestellung der klassischen Norm führte im Historismus – hier als gestalterische Epoche verstanden – zu einer Suche nach dem richtigen Stil, deren Lösung gemäß dem historistischen Denken in einem Stilpluralismus bestand. Vgl. Nerdinger 1984.

## METHODISCHE ÜBERLEGUNGEN

der integrierten Umsetzung von Architektur in Verbindung mit der städtebaulichen Gestaltung im Rahmen sozialreformerischer Ziele. Inwiefern dieser gesamtkünstlerische Ansatz die moralerzieherische Strategie in Städtebau und Architektur um 1900 ausmachte, wird im Schlusskapitel einer abschließenden Erörterung zugeführt.

# TEIL I

# Erzieherische Kalküle in der Stadtraumgestaltung

# 2 Vermittlung von Werten über Ästhetik: Stadtraumgestaltung als »Agentur« gesellschaftlicher Erziehung

Im ausgehenden 19. Jahrhundert standen die Gründerzeitstädte des industrialisierten Westens im Zeichen massiven Wachstums, das Ausdruck eines allgemeinen gesellschaftlichen Strukturwandels war. Als Industriestandorte, an denen sich die Arbeitsmigration konzentrierte, waren die Städte die zentralen Triebkräfte dieser Transformationsprozesse. In der Folge veränderten sich die Ansprüche an die Stadt, etwa was Wohnen, Verkehr oder Hygiene anbelangte. Neben ›technischen‹ Aspekten der Stadterweiterung bewirkten die Veränderungen des Bildes der zuvor kleinräumlichen und vom handwerklichen Gewerbe geprägten Stadt, dass auch ästhetische Belange in das Zentrum der Auseinandersetzung rückten. Die Frage nach der ›schönen‹ Stadt zielte zunehmend auf die gesellschaftliche Bedeutung der baulichen Umgebung ab, wonach das Erscheinungsbild der Stadt einen Einfluss auf den gesellschaftlichen Zusammenhalt habe. Dieser Einsicht folgend wurde der Städtebau in zunehmendem Maß als Möglichkeit betrachtet, gesellschaftliche Werte zu vermitteln. Die Auffassung, dass die Stadt die räumliche Umgebung bilde, die auf die Bewohnerinnen und Bewohner täglich einwirke, war die Grundlage dafür, dass das steuernde Potential des Städtebaus erkannt wurde. Auf dieser Wissensgrundlage wurde die Stadtraumgestaltung ein Gegenstand sozialreformerischen Kalkulierens.

Die Auseinandersetzung um die ›schöne‹ Stadt in einem gesamtgesellschaftlichen Sinn führte als einer der ersten der Wiener Architekt und Städtebautheoretiker Camillo Sitte. Im Jahr 1889 legte er eine Abhandlung mit dem Titel *Der Städtebau nach seinen künstlerischen Grundsätzen* vor, in der er das Bild der Stadt als zentralen Angelpunkt städtebaulicher Gestaltungsfragen herausarbeitete. Mit diesem Zugang reagierte Sitte auf die Veränderungen der Städte, insbesondere ihrer Ortsbilder, und formulierte eine Alternative, die an traditionelle Formen der Stadtbebauung anknüpfte.[1] Er setzte damit neue Maßstäbe in

---

1 Diese Publikation war Teil eines auf zwei Bände angelegten Projekts. Für den zweiten Teil beabsichtigte Sitte die Bearbeitung des Themas der wirtschaftlichen und sozialen Grundsätze des Städtebaus. Wie er dieses Projekt ausgestalten wollte, bleibt allerdings offen. Jedenfalls spielten sozialgeschichtliche Aspekte keine nennenswerte Rolle in *Städtebau nach seinen künstlerischen Grundsätzen*. Vgl. Wurzer 1972.

der städtebaulichen Diskussion im ausgehenden 19. Jahrhundert.[2] Sein Buch machte Sitte schlagartig bekannt und zu einer international wahrgenommenen Größe im Bereich des Städtebaus.[3] Die herausgehobene Bedeutung von Sittes Buch für die Entwicklung des Städtebaus bis ins 20. Jahrhundert hinein[4] beruhte auf mehreren Faktoren. Zunächst artikulierte Sitte auf systematische Weise das Unbehagen am modernen Erscheinungsbild der Gründerzeitstadt. Die Verdichtung durch Blockrandbebauung und ›anonyme‹, geometrische Straßenraster schienen die lokale und geschichtliche Verwurzelung der Stadt, das Verständnis der Stadt als Raum der zivilen Öffentlichkeit und schließlich ihre ästhetischen und mentalen Besonderheiten vergessen zu machen. Sitte zeigte dieses Problem umfassend auf und unterzog es einer Analyse. Mit der Beschreibung der entfremdeten »modernen Systeme« traf er einen wunden Punkt. Gleichzeitig war Sittes Buch nicht einzig auf eine rückwärtsgewandte Weise kulturpessimistisch, sondern als programmatische Schrift dezidert produktiv und promodern. Die Analysen des Status quo fanden ihre Auflösung in Entwürfen innovativer Alternativen. Damit zeichnete sich das Buch durch ein hohes Maß an Orientierungsfunktion aus.

2  Vgl. Semsroth 2003. Dort findet sich auch ein Überblick über die Forschung zu Sittes Buch.

3  Zur Rezeptionsgeschichte vgl. Collins & Crasemann Collins 1965; Wurzer 1972; Mönninger 1998; Posch 2010; Reiterer 2003. Im Jahr 1900 wurde sein Buch bereits zum dritten Mal aufgelegt, 1902 wurde es ins Französische und später in zahlreiche andere Sprachen übersetzt. Die französische Übersetzung weist größere Änderungen sowohl im Text als auch im Bildmaterial auf. – Sittes Tätigkeiten waren nach der Veröffentlichung von der anhaltenden Resonanz geprägt und seine weiteren Aktivitäten konzentrierten sich hauptsächlich auf die Publizistik neben wenigen konkreten Planungsprojekten für Kleinstädte, wie etwa für Priwoz oder Olmütz (heute Tschechische Republik). In Wien, dessen Ringstraßenerbauung ein wichtiger Ausgangspunkt seiner städtebaulichen Interessen war, konnte Sitte keine städtebaulichen Projekte realisieren. In Bezug auf architektonische Projekte ist die Mechitaristenkirche (erbaut 1874) im 7. Wiener Gemeindebezirk hervorzuheben. Als Sitte 1903 unerwartet starb, stand er inmitten den Vorbereitungen für die Zeitschrift *Der Städtebau*, die er gemeinsam mit dem Architekten und Stadtplaner Theodor Goecke in Berlin herauszugeben plante.

4  Sittes Grundsätze bildeten aber nur bis etwa 1920 den Bezugspunkt der Stadtplanung. Wie Reiterer zeigt, waren in der Zeit des Neuen Bauens vor allem Sittes geschichtliche Maßgaben nicht mehr aktuell. Reiterer 2000. Es war unter anderen Le Corbusier, der Sittes Programm ablehnte. Erst im letzten Drittel des 20. Jahrhunderts wurde Sitte wieder zunehmend beachtet und in das Blickfeld der Forschung gerückt. Seine Ansichten spielen etwa eine Rolle in Kevin Lynchs Stadtbild- bzw. »mental-map«-Ansatz. Lynch 1960. Aldo Rossi verweist in seinem erstmals 1966 publizierten Werk *L'architettura della città* anerkennend auf Sitte. Rossi 1973. Vgl. auch Posch 2010; Wilhelm & Jessen-Klingenberg 2006.

Für eine erste ›Spurensicherung‹ des gesellschaftserzieherischen Ansatzes in der Stadtraumgestaltung ist Sittes Konzept von paradigmatischer Bedeutung für reformorientierte Auffassungen zur städtebaulichen Gestaltung. Sein Programm des »künstlerischen Städtebaus« soll daher nachfolgend in einem ersten Schritt dargestellt werden. Paradigmatisch war es insofern, als Sitte einen ethischen Ansatz entwickelte, der ideologisch-kulturkritisch gefärbt und auf der Grundlage einer räumlichen Theorie der Stadt gleichzeitig pragmatisch orientiert war. Mit dieser gesellschaftlichen Rahmung stadtraumgestalterischer Fragen lässt sich in einem weiteren Schritt die neue Wertorientierung in der städtebaulichen Praxis um 1900 in den Blick nehmen. Das ethische Verständnis drückte sich in einem gesellschaftserzieherischen Kalkül in der Stadtraumgestaltung aus, das unter dem Zeichen der gesellschaftlichen Moralisierung stand. Diese Klärung soll es erlauben, anschließend die Bedeutung der moralerzieherischen Strategie in Städtebau und Architektur zu verdeutlichen, die die Bemühungen um die ›schöne‹ Stadt mitstrukturierte.

## 2.1 Der ethische Ansatz im Programm des »künstlerischen Städtebaus« bei Camillo Sitte

Für seine städtebaulichen Überlegungen setzte Sitte an der Analyse zeitgenössischer Stadtbilder an, um mit Hilfe einer genauen Beweisführung moderner Systeme die Misere der zeitgenössischen Großstadtentwicklung nachzuweisen. Er kritisierte vor allem die Rationalität und in weiterer Folge den Verlust des Sinns für organische Formen. Ausgehend von dieser Kritik entwickelte er eine räumliche Auffassung der Stadt, die er als morphologischen Strukturzusammenhang beschrieb. Damit rückte er das Problem des Raums und der Ästhetik und allgemein der Sinnhaftigkeit im stadträumlichen Gestalten in den Blickpunkt. Zugleich entwickelte er in einem lösungsorientierten Zugang Formeln für die irrationale Logik historisch gewachsener Stadträume, was sein Projekt zu einem greifbaren und inspirierenden Anliegen machte.

Was die raumtheoretischen Grundannahmen anbelangt, bildete Sittes Auffassung der Stadt als räumliches Gefüge eine entscheidende Neuakzentuierung. Daran anschließend geriet die gesellschaftliche Bedeutung der Stadt zunehmend in den Blick. Diese Auffassung entfaltete Sitte gegen die insbesondere in ästhetischen Belangen als krisenhaft eingeschätzte Gegenwart. Seiner Ansicht nach zeichne sich die Moderne durch eine technische[5] Ausrichtung und künstlerische Armut aus: »Die

---

5 »Um den Stadtbau als Kunstwerk«, schreibt Sitte, »kümmert sich eben heute fast Niemand mehr, sondern nur als technisches Problem.« Sitte 1901, S. 90.

schnurgerade Häuserflucht, der würfelförmige ›Baublock‹ ist Alles, was er [der Städtebauer, M.V.] dem Reichthume der Vergangenheit entgegenzusetzen vermag.«[6] Zwar habe sie in dieser Hinsicht überzeugt, aber in Bezug auf den künstlerischen Aspekt, der in erster Linie das Interesse des Städtebauers verdiene, habe sie versagt. Im Vorwort seines Buches stellte Sitte fest, »dass einer einhelligen ehrenvollen Anerkennung dessen, was in technischer Richtung in Bezug auf den Verkehr, auf günstige Bauplatzverwerthung und besonders in Bezug auf hygienische Verbesserungen Grosses geleistet wurde, eine fast ebenso einhellige, bis zu Spott und Geringschätzung gehende Verwerfung der künstlerischen Misserfolge des modernen Städtebaues entgegensteht.«[7] Sitte bezog den »künstlerischen Misserfolg« auf den modernen Städtebau und nicht in erster Linie auf die historistisch geprägte Architektur der Gründerzeitstädte. Diese sah er weniger kritisch, auch wenn der eklektizistische Ansatz der für das 19. Jahrhundert charakteristischen Architektur[8] bereits eine allgemeine Kritik provozierte, die besonders das als ›unecht‹ empfundene Streben nach Repräsentation hervorhob. Spätestens mit Adolf Loos' berühmtem Schlagwort vom Ornament als »Verbrechen«[9] war diese Kritik etabliert, die zur Konsequenz hatte, dass historistisches Bauen nach 1900 zunehmend diskreditiert und der Weg in die architektonische Moderne angebahnt wurde.[10] Entgegen dieser dominanten Linie standen im Zentrum von Sittes Kritik in erster Linie die Auswirkungen der modernen Stadterweiterung auf das ›Bild‹ der Stadt im Sinne einer größeren architektonischen und städtebaulichen Einheit oder, mit anderen Worten, im Sinne eines räumlichen Gefüges. Die Architektur des einzelnen Gebäudes nahm Sitte dabei zwar auch in den Blick, aber sie spielte in Bezug auf den Stadtraum nur eine untergeordnete Rolle.[11] Dies war der Grund, weshalb sich für Sitte die Frage der Architektur nicht vom Städtebau trennen ließ.

---

6 Ebd., S. 89.

7 Sitte 1901, S. III.

8 Architektonische Innovation bestand in Neuinterpretationen in Form von Neo-Stilen von Neugotik bis Neubarock und Klassizismus und oft auch Mischformen. Zum Historismus vgl. Nerdinger 1984.

9 Dies geht auf einen berühmten Vortrag unter dem Titel »Ornament und Verbrechen« zurück, den Loos 1908 im Wiener Architektenverein hielt. Loos 2010, S. 363–374. Loos machte das Repräsentationsstreben in erster Linie an der sorgsamen ornamentalen Fassadengestaltung fest.

10 Vgl. Frampton 1985.

11 Was die Architektur anbelangt, lobte er ausdrücklich den ästhetischen Wert der neuen gründerzeitlichen Gebäude, insbesondere deren Monumentalität. Vgl. z.B. Sitte 1901, S. 155.

Diese Einsicht, die die Architektur als Teil des städtischen Ensembles und als eine Frage der ästhetischen Anordnung bzw., wie Sitte es bezeichnete, der »Composition« verstand, war in einer raumtheoretischen Hinsicht neuartig.[12] Sie nahm damit die Auswirkungen der Verstädterung auf die Qualität des Stadtbildes in den Blick, die gegen Ende des 19. Jahrhunderts zunehmend »in der Luft«[13] lag, wie Sitte im Vorwort zur dritten Auflage seines Buches feststellte. Unter den Bedingungen einer kapitalistischen Bauspekulation führten die ausgedehnten Stadterweiterungen zu einem unkoordinierten Wachstum, das die hier kritisierten, von Baublöcken und geraden Straßenzügen charakterisierten Stadtbilder erzeugte. Unter dem Eindruck dieser Stadtbilder wurden die ästhetischen Fragen der Stadterweiterung virulent, die Sitte nun unter dem Schlagwort des »künstlerischen Städtebaus« fruchtbar zu machen versuchte.

In seinem Buch arbeitete Sitte die allgemeine Erkenntnis aus, dass die Stadtentwicklung von einer reflektierten Bebauungspraxis ausgehen müsse. Reflektiert meint, dass die historischen und lokalen Gegebenheiten einer konkreten örtlichen Umgebung mit zu berücksichtigen seien. Damit stellte Sitte die morphologischen Aspekte der Stadträume ins Zentrum und konzipierte die Stadt als eine Anordnung von Gebäuden, Straßen, Plätzen, Rauminseln, Begrenzungen, Öffnungen, Grünflächen usw. Ausgangspunkt waren dabei stets kleine räumliche Einheiten, die er als »Beziehung zwischen Bauten, Monumenten und Plätzen«[14] fasste, deren Wert er nach ästhetischen Kriterien festlegte.

Um die Qualität der Stadt als Gefüge ästhetischer Anordnungen zu bestimmen, analysierte Sitte eine Vielzahl historischer Plätze oder Straßenzüge, die er jeweils auf stadtmorphologische Strukturmerkmale hin untersuchte. Ihre kompositorische Qualität erklärte sich für Sitte generell aus der geschichtlichen Entwicklung von bestimmten Anordnungen heraus.[15] Ein Beispiel, das Sitte hierfür anführte, war der Nürnberger Marktplatz und die Stellung des Brunnens auf diesem Platz (Abb. 1). Der Brunnen komme, so Sitte, nicht in der Mitte zu stehen, sondern an der Seite, da zum Zeitpunkt seiner Errichtung die Mitte für Verkehr und Geschäft benötigt wurde. An solchen Beispielen argumentierte Sitte den Sinn von bestimmten Stadtanordnungen, die sich aus der historischen Genese legitimierten.[16] Die Morphologie des Nürnberger Marktplatzes

---

12 Ebd., S. 2.
13 Sitte zit. nach Wurzer 1972, S. XIV. Sitte machte damit deutlich, dass das Programm, das er in Worte fasste, gewisse – in Anlehnung an Ludwik Fleck – »Präideen« zur Kristallisation bringt. Vgl. Fleck 1980.
14 Sitte 1901, S. 10.
15 Ebd., S. 24.
16 Die Qualität von Stadträumen erklärt Sitte mit dem diffusen Argument des »Volksgeistes«, der sich allgemein in der Evolution von »bedeutenden« Stadträumen

verdeutliche die Bedeutung des auf das Gefüge gerichteten, städtebaulichen Blicks, wonach die Stadt *räumlich* zu konzipieren sei. Sitte rückte mit anderen Worten die Verhältnisse von Strukturelementen in der städtischen Umgebung ins Zentrum.[17]

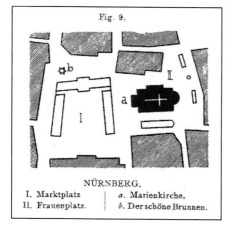

Abbildung 1:
Sittes morphologische Konzeption des Stadtraums: Positionen von Raumelementen am Beispiel des Nürnberger Marktplatzes

Aus der Analyse historischer Stadträume leitete Sitte eine Reihe von ästhetischen Kriterien für die gestalterischen Zugänge des künstlerischen Städtebaus ab. Das wichtigste Kriterium bezog Sitte aus dem Prinzip der Unregelmäßigkeit, das den Kern der ästhetischen Vorgaben für den Städtebau bildete. Dieses Prinzip betraf in erster Linie das Primat der gewordenen Struktur, das in Abgrenzung zur symmetrischen Geometrie die organischen Formen betonte. Das Prinzip der Unregelmäßigkeit stehe somit entgegen der Logik der ›Reißbrettstädte‹, die Sitte im 8. Kapitel seines Buches unter der Überschrift »Motivenarmuth und Nüchternheit moderner Stadtanlagen« einer Kritik unterzog. Die Bestimmung des »organischen« Wachstums bezog Sitte auf die Genese von Stadträumen »*in natura*«,[18] was besagte, dass die Stadt als Ausdruck einer allmählichen Entstehung von räumlichen Gestalten aufzufassen war.

Sitte untermauerte das Primat des Organischen auch anhand der Kritik des »modernen« Städtebaus, als dessen spezifisches Charakteristikum er die erwähnte, von der Architektur abgekoppelte, technische oder

---

materialisiere. Ebd., S. 11. Bei Sitte nahm diese Argumentation keine prominente Stellung ein. Im Nationalsozialismus wurde Sitte aber als Vorbild stilisiert, indem dieses Argument hervorgehoben wurde. Vgl. Fehl 1980a.

17 Zum Verhältnis von Bauwerken zur Umgebung, in der sie platziert sind, vgl. Baumberger 2010, S. 36ff.

18 Sitte 1901, S. 58, Hervorhebung im Original.

repräsentative Konzeption herausstrich.[19] Auch wenn, so Sitte, die Architektur des einzelnen Gebäudes reich an künstlerischer Gestaltung war, so zeichneten sich die Straßen und Plätze durch eine von den symmetrischen Anlagen ausgelöste Monotonie aus: »Je grössere Mannigfaltigkeit, je grösserer Reichthum von Motiven aber zulässig, vorhanden, erwünscht ist, desto verwerflicher wird hier die geschraubte Regelmässigkeit, zwecklose Symmetrie und Einförmigkeit moderner Anlagen.«[20] Einen Grund für das Auseinanderfallen von Städtebau und Architektur sah Sitte in der für die Gründerzeitstädte typischen Bodenpolitik, nach der die Grundstücke als Parzellen abgegeben wurden, was zusätzlich die Bauspekulation begünstigte.[21]

Die Kritik der »modernen« Art des Bauens machte Sitte zum Antagonisten der rational-technischen Ausrichtung, die in erster Linie von den prominenten Städtebauern Reinhard Baumeister[22] und Josef Stübben[23] vertreten wurde. Baumeister wie auch Stübben publizierten erste Handbücher der damals jungen Disziplin des Städtebaus.[24] Am Aspekt des stadträumlichen Gepräges setzte Sitte die generelle Kritik dieser Systeme mit der ihnen typischen Blockrandbebauung[25] an, das er in drei Hauptsysteme und mehrere Unterarten unterteilt sah:

19 Ebd., S. 89.
20 Ebd., S. 59.
21 Ebd., S. 93.
22 Reinhard Baumeister (1833–1917) war Bauingenieur und Professor am Polytechnikum in Karlsruhe. Er war einer der ersten, die Vorlesungen zum Thema Städtebau hielten. Sein Buch *Stadterweiterungen in technischer, wirtschaftlicher und polizeilicher Hinsicht* aus dem Jahr 1876 begründete den Städtebau als wissenschaftliche Disziplin. Baumeister initiierte auch den Dachverband *Verband Deutscher Architekten- und Ingenieurvereine*, der 1871 gegründet wurde.
23 Josef Stübben (1845–1936) war neben Baumeister der einflussreichste Städtebauer und Stadtbautheoretiker im Deutschland des ausgehenden 19. Jahrhunderts. Sein Grundlagenbuch *Der Städtebau* erschien erstmals 1890. Stübben wirkte als Stadtbaumeister in Köln, wo er unterschiedliche Stadterweiterungsprojekte gestaltete, darunter den Ring und die Neustadt. Stübben wurde darüber hinaus als angesehener Experte gerne zu Rate gezogen.
24 Vgl. Baumeister 1876; Stübben 1907. Baumeister und Stübben werden im Laufe der Untersuchung an unterschiedlichen Stellen noch zur Sprache kommen.
25 Diese Art des gründerzeitlichen Städtebaus wurde in amerikanischen Städten besonders konsequent angewendet, was Sitte allerdings nicht thematisierte. In Amerika wurde das geometrische Straßenraster vor allem im New Yorker Stadtteil Manhattan auf der Grundlage des *Commissioners' Plan* aus dem Jahr 1811 umgesetzt. In der Schweiz weisen etwa La Chaux-de-Fonds oder die Stadt Glarus ansatzweise geometrische Straßenraster auf.

»Die Hauptsysteme sind: das *Rechtecksystem*, das *Radialsystem* und das *Dreiecksystem*. Die Unterarten sind meist Bastarde dieser drei. Vom künstlerischen Standpunkte aus geht uns die ganze Sippe gar nichts an, in deren Adern nicht ein einziger Blutstropfen von Kunst mehr enthalten ist. Das Ziel, welches bei allen dreien ausschliesslich in's Auge gefasst wird, ist die Regulirung des *Strassennetzes*. Die Absicht ist daher von vorneherein eine rein technische. Ein Strassennetz dient immer nur der Communication, niemals der Kunst, weil es niemals sinnlich aufgefasst, niemals überschaut werden kann, ausser am Plan. Daher konnte in allen bisherigen Erörterungen auch von Strassennetzen nicht die Rede sein; weder von dem des alten Athen oder Rom, noch von dem Strassennetz Nürnbergs oder Venedigs. Das ist eben künstlerisch gleichgiltig, weil unauffassbar.«[26]

Die Kritik »moderner« Systeme führte Sitte zur zentralen Herausforderung des Städtebaus: Es gehe darum, die Stadt wieder vom Erleben des sich im Stadtraum bewegenden Menschen aus zu denken. »Künstlerisch wichtig«, so Sitte, »ist nur Dasjenige, was überschaut, was gesehen werden kann; also die einzelne Strasse, der einzelne Platz.«[27] Die Herausforderung bestehe darin, an Stelle der reißbrettartigen, zentralperspektivischen Geometrie mit ihrer Ausrichtung auf die vollkommene Proportion den Ansatz der stimmigen Proportion zu stellen, deren Bemessungsgrundlage die einzelne Person innerhalb des städtischen Gefüges sei.

Sitte analysierte entsprechend Bewegungsabläufe von Fußgängern, um die Defizite moderner Städtebausysteme darzustellen.[28] Ausgehend von den situierten Bewegungen fokussierte er die ästhetisch-perzeptiv konzeptualisierte Wirkung von Plätzen oder Straßen auf die einzelne Person und entwickelte damit einen Zugang zur stadträumlichen Umgebung, die sich von der im Historismus des 19. Jahrhunderts wirkmächtigen negativen Bestimmung der Umgebung abhob.[29]

Sitte etablierte so das an der Person festgemachte Erfahren des Stadtraums als Angelpunkt in der städtebaulichen Diskussion und als Kriterium für die Bewertung der Ästhetik städtischer Gefüge. Dieses Kriterium verdeutlicht zugleich den ethischen Ansatz, den Sitte verfolgte. Die Stadt habe ihren Zweck darin, »die Menschen sicher und *zugleich glücklich*

26 Sitte 1901, S. 97, Hervorhebung im Original.
27 Ebd.
28 Ebd., S. 102.
29 Diese war insofern negativ, als sie die Monumentalität eines Gebäudes durch das Freilassen der umliegenden Flächen hervorhob, weshalb Freilegungen von verbauten Stadträumen entsprechend häufige Maßnahmen der »Befreiung« monumentaler Bauwerke wie beispielsweise Kathedralen waren, womit der ikonische Objektstatus betont wurde. Die Freilegungen der Pariser Kathedrale Notre Dame oder des Kölner Doms sind hierfür Beispiele. Kemp 2009, S. 370.

zu machen«.³⁰ Damit richtete Sitte den Städtebau, der mit der Figur der moralischen Ästhetik eine andere als bloß hygienische, technische oder repräsentative Behandlung der städtebaulichen Aufgabe erforderte, neu aus. Die Ästhetik der Stadt war auf das Erleben gerichtet, das Sitte in Form eines ausgeklügelten Systems von Wirkmechanismen der städtischen Umgebung auf den Menschen konzipierte.³¹ Wenn Sitte also die Ästhetik der Stadt betonte, war damit spezifisch ein ästhetisches Erfahren des Stadtraums gemeint. Dabei griff er auf Wissensbestände zurück, die auf empirischer Grundlage einen Zusammenhang zwischen Ästhetik, Psychologie und Wahrnehmung herstellten.³² Zugleich bildete diese epistemologische Zuspitzung die Grundlage, den Städtebau als Möglichkeit für die Vermittlung gesellschaftlicher Werte zu begreifen.

Diese Perspektive nimmt Mechanismen in den Blick, durch die ein städtischer Raum auf die Person einwirkt. Die Frage nach der »Einwirkung der äusseren Umgebung auf das menschliche Gemüth«³³ verdeutlichte Sitte etwa anhand seines Besuchs der Ruinen von Pompeji, den er auf suggestive Weise beschrieb: »Wer hier nach täglicher ernster Arbeit Abends über das blosgelegte Forum seine Schritte heimwärts lenkt, der fühlt sich mächtig hinangezogen über die Freitreppe des Jupiter-Tempels, um von dessen Plattform immer wieder die herrliche Anlage zu überschauen, aus der uns eine Fülle von Harmonie entgegenströmt, wie die schönste Musik in vollen, reinen Klängen.«³⁴ Im Vergleich mit der Musik ließ Sitte erkennen, dass die Wirkung von Umgebungen mit der ästhetisch-künstlerischen Qualität des Stadtraums zusammenhängt und innerhalb der Dimension des Gefühls wirksam wird. Wie Gabriele Reiterer in ihrer Studie zu den wissensgeschichtlichen Fundamenten von Sittes Städtebau-Konzept zeigt, fand er in dieser Positionierung zu einer Synthese von philosophisch-physiologischem, empfindungstheoretischem und wahrnehmungspsychologischem Wissen.³⁵ Alle diese

---

30 Sitte 1901, S. 2, Hervorhebung im Original.
31 Fehl 1980a. Vgl. hierzu auch Viehhauser 2015b.
32 Michael Mönninger beschreibt Sitte als eine »charakteristische[...] Figur des ausgehenden 19. Jahrhunderts«, der sich durch die Integration vielfältiger Wissensbezüge auszeichne. Mönninger 1998, S. 12. So beschäftigte Sitte ebenso das Wagnersche Gesamtkunstwerk und die Landschaftsmalerei, wie auch die Evolutionsbiologie und Wahrnehmungstheorien. Zu Sittes Wissensbezügen vgl. auch Fehl 1980a; Reiterer 2003; Moravánszky 2012.
33 Sitte 1901, S. 1.
34 Ebd., S. 1f.
35 Vgl. Reiterer 2003. Verschiedene theoretische Einflüsse in Sittes *Städtebau* diskutiert auch Mönninger, der in Sittes Theoriegebäude die vier »Zentralfiguren« Richard Wagner, Gottfried Semper, Charles Darwin und Hermann von Helmholtz nachweist. Mönninger 1998.

Wissensbereiche, so Reiterer, standen im Zentrum von Sittes Konzept des Stadtraums als Umgebung, die von der Erfahrung von Personen aus gedacht wurde. Entsprechend wurde der »künstlerische Städtebau« auf der Grundlage des Theorems der Raumwahrnehmung entwickelt,[36] für die etwa Ernst Machs erkenntnistheoretische Schrift *Beiträge zur Analyse der Empfindungen* aus dem Jahr 1886, die Arbeiten des Physiologen Ernst Brücke, zu dem Sitte auch einen engen persönlichen Kontakt pflegte,[37] sowie Gustav Theodor Fechners Studien zur Ästhetik wichtige Bezugspunkte waren.

Die Raumwahrnehmung erfolge, so Sitte, in Empfindungen, die auf einem natürlich gegebenen, inneren Sinn beruhten. Sitte beschrieb Wahrnehmungsvorgänge folgendermaßen: »Der gute Geschmack, das Auge, der künstlerische Instinkt, oder wie immer man diese Kraft nennen will, welche hier unmittelbar, ohne lange Erwägung oder Beweisführung ihr Urteil spricht, fordert sichtlich, daß das Verhältnis der inneren Fläche gleich sei dem Verhältnis der Gesamtfläche.«[38] Die Frage der ästhetischen Anordnung des Stadtraums behandelte Sitte damit in Abhängigkeit zu den Gesetzen, nach denen ein Raum unbewusst erfahren wird. Das bestimmende Element in der Wirkung von Räumen sah er in der perspektivischen Wahrnehmung, die »vom Standpunkte des Beschauers«[39] ausgehe: »[N]ämlich das, was man zu gleicher Zeit überschauen kann, soll zusammenpassen, und um das, was man nicht sehen kann, braucht man sich nicht zu kümmern.«[40] Indem Sitte den ›menschlichen‹ Maßstab betonte, stand er für eine Konstruktionslogik, die von optischen Mechanismen ausging.[41]

Dieses Kriterium implizierte eine qualitative Bewertung stadträumlicher Umgebungen und baute auf der genauen Beschreibung des optischen Sehapparats auf, die erstmals der Physiker und Physiologe Hermann von Helmholtz im *Handbuch der physiologischen Optik* zugänglich machte (die drei Teile des Handbuchs sind zwischen 1856 und 1866 erschienen).

36 Ebd., S. 78f.
37 Reiterer 2003, S. 20.
38 Sitte zit. nach ebd., S. 43.
39 Sitte 1901, S. 52. An anderer Stelle verweist Sitte auf »den Act des Sehens überhaupt, an die physiologische Form […], unter der die Raumwahrnehmungen, auf welchen alle architektonischen Effecte beruhen, zu Stande kommen. Das Auge befindet sich im Mittelpunkte der Sehpyramide; die zu betrachtenden Objecte sind kreisförmig um dasselbe herum gelagert oder nähern sich mehr weniger dieser gegen den Beschauer concaven Aufstellung.« Ebd. S. 145. Dieses Prinzip, so Sitte, sei in barocken Raumgestaltungen anzutreffen, die er als gefühlsmäßig vorbildhaft herausstreicht.
40 Ebd., S. 163.
41 Vgl. Moravánszky 2012.

Diese Erkenntnis war wirkmächtig für die optisch fundierte Raumtheorie. Die zentrale Einsicht lieferte Helmholtz mit der Regel, dass das menschliche Sehfeld immer nur einen kleinen Ausschnitt genau fokussieren könne.[42] Auf der Grundlage zahlreicher Experimente konstruierte Helmholtz eine Matrix der Wahrnehmung.[43] Wenn einer Person etwa das Bild einer Landschaft vor Augen geführt werde, so gehöre zu dieser Wahrnehmungsleistung die Dimensionierung der gesehenen Objekte auf der Fläche, bei der die binokular, das heißt von den Sehkanälen des linken und rechten Auges aufgenommenen, optischen Reize zu einem flächigen und auf Punkte konzentrierten Bild zusammengeführt werden. Allein die Tatsache, dass die Wahrnehmung durch zwei Augen und somit nicht von einem Punkt aus erfolge, sondern die Zusammenführung von zwei im Raum unterschiedlich platzierten Stellen bilde (auch wenn die Sehlinien der beiden Augen aufeinander bezogen sind), weise den Sehvorgang nach Helmholtz' Experimenten als relativen Akt aus.

Neben dem Aspekt der flächigen Relativität war für die künstlerische Auffassung im Städtebau des Weiteren die Erkenntnis bedeutsam, dass die räumliche Szene in der Tiefe angelegt sei. Objekte platzierten sich der Helmholtzschen Wahrnehmungsmatrix entsprechend in einem Gefüge von Abständen, deren realistische Einschätzung durch den Betrachter erst der Abgleich mit der Erfahrung ähnlicher Objekte und seinen Formen ermögliche, die in der Erinnerung gespeichert seien. Ist etwa ein Mensch in der Landschaft als optisches Objekt auf der Netzhaut in einer bestimmten Größe abgebildet, so erlaubt der Abgleich mit der Erinnerung an die Erfahrung der ›tatsächlichen‹ Größe eines Menschen, die aktuelle Wahrnehmung der Größe des optisch abgebildeten Menschen auf der Netzhaut in der räumlichen Tiefe der Landschaftssituation zu bestimmen.

Zu diesen Aspekten kam die Dimension der Bewegung der Objekte hinzu, wonach sich nach Helmholtz' Erkenntnissen Objekte in der Nähe schneller und in der Ferne langsamer bewegten.[44] Er erkannte damit die komplexe zeiträumliche Verknüpfung von Objekten, die in der Zeitachse dank des Abgleichs des Betrachters mit den unmittelbar zuvor gespeicherten Bildern zustande komme.

Ohne an dieser Stelle im Detail auf die Helmholtzsche Matrix der psycho-physiologischen Abläufe des optischen Apparats einzugehen, bestand die für den neuen städtebaulichen Ansatz bedeutsame Erkenntnis darin, dass es innerhalb einer komplexen und im relativen

---

42 Ebd., S. 657.
43 Ich beziehe mich im Folgenden hauptsächlich auf Helmholtz' Ausführungen im dritten Abschnitt seiner Studie, die der »Lehre von den Gesichtswahrnehmungen« gewidmet ist. Helmholtz 1867.
44 Ebd., S. 635f.

Beziehungsgeflecht der optischen Matrix kein Zentrum des Sehens gibt. Diese Erkenntnis erlaubte es, ebenso den Raum im Rahmen der Theorie komplexer Wahrnehmungsperspektiven zu betrachten, welche die einzelne Person in das Zentrum rückte.

Der deutsche Architekt Hermann Maertens[45] wandte diese Theorie erstmals explizit auf den Stadtraum an.[46] Anhand Helmholtz' Ausführungen machte Maertens die optische Physik zum Ausgangspunkt der Architekturtheorie, was bei ihm und in Folge dann bei Sitte (der sich in seinem Buch zum Städtebau nicht explizit auf Maertens bezog) als Theorie der »ästhetischen Wahrnehmung«[47] manifest wurde.[48] Maertens rekonstruierte den Stadtraum als Anordnung von Objekten, die perspektivisch in bestimmten Blickachsen wahrgenommen werden, womit er eine Stadtraumtheorie entwickelte, die von der Betrachterin bzw. dem Betrachter aus entfaltet wurde. Maertens übernahm dabei Helmholtz' Erkenntnis, dass das genaue Sehen nur in bestimmten Winkeln möglich sei.[49] Die Perspektivierung beinhaltete beispielsweise die Feststellung, dass die Weite, in der ein Mensch klar sehen könne, in einem Winkel von 27 Grad optimal sei, während ein Winkel von 45 Grad der beste Standpunkt zum Erkennen von Details sei (Abb. 2).[50] »Klar sehen« meint dabei für Maertens das ausgewogene Verhältnis zwischen Überblick über die Situation und das Erkennen von Details. Mit diesem Wissen machte Maertens den idealen Standpunkt des Betrachters eines Gebäudes auf der Straße fest.

Stellte Maertens die Optik in seiner Auseinandersetzung mit den Helmholtzschen Lehren statisch dar, so bestand der nächste Schritt darin, die Bewegungen der Person im Raum und die psychischen Erinnerungsgehalte in dieser Matrix mit zu berücksichtigen. In der architekturtheoretischen Reflexion des ausgehenden 19. Jahrhunderts wurde ein entsprechendes Verständnis des Raums entwickelt,[51] indem er als dreidimensionales Gebilde beschrieben wurde, das den Menschen in einem Gebäude, auf Plätzen oder Straßen umgibt, das von ihm als leiblicher Akteur und als beweglicher Punkt im Raum durchmessen werde. Wie

---

45 Zu Maertens liegen kaum Studien vor. Hinweise zu ihm finden sich in Collins & Crasemann Collins 1965, S. 30ff. Vgl. auch Morvánszky 2012.
46 Vgl. Maertens 1877.
47 Ákos Moravánszky spricht in diesem Zusammenhang von »aesthetic perception«. Moravánszky 2012.
48 Zu Maertens' Einfluss auf die Städtebautheorie im ausgehenden 19. Jahrhundert vgl. Collins & Crasemann Collins 1965, S. 30ff. Vgl. auch Ladd 1990.
49 Maertens 1877, S. 1.
50 Ebd., S. 14 sowie 32. Vgl. Moravánszky 2012, S. 657.
51 Vgl. Moravánszky (Hg.) 2003.

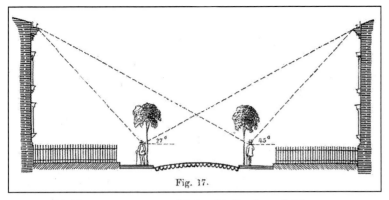

*Abbildung 2: Der ›menschliche‹ Maßstab nach Maertens: Der ideale Standpunkt beim Betrachten eines Gebäudes*

Helmholtz feststellte, sei »unser eigener Körper mit seinen Organen das Messwerkzeug, welches wir im Raume herumtragen«.[52] In diesem empirisch-erfahrungsbezogenen Rahmen akzentuierte sich innerhalb der Architekturtheorie generell ein neues Raumverständnis. Für den Städtebau fasste Sitte die Standpunkte der ästhetischen Wahrnehmung dynamisch auf, die Maertens noch als fix auf Plätzen oder in Straßen verankert festlegte. Er bezog sie auf die Stadt als größeres räumliches Gefüge, indem er durch die Bewegungsmatrix auch die Zeit als konstitutives Kriterium einführte. Sitte ging es um fein austarierte Konstellationen, in denen die künstlerische Qualität des Stadtraums von Verkehrsflüssen und beweglichen Beobachterstandpunkten abhing. Die Regelhaftigkeit in einer dynamisch aufgefassten räumlichen Morphologie zeige sich etwa in der Anordnung von Zu- und Abfahrtswegen, deren Qualität von der Gesamtwirkung auf die Betrachterin bzw. den Betrachter abhänge. Aus seinem Anschauungsmaterial, das er an unterschiedlichen Beispielen darlegte, leitete Sitte etwa die Regel ab, »nämlich an den Strassenecken womöglich nur je eine Strasse münden zu lassen, während die zweite Richtung erst tiefer in dieser Strasse abzweigte, wo dies vom Platz aus nicht mehr gesehen werden kann.«[53]

Was bei Maertens nur angedeutet war und was Sitte dann für den Städtebau zuspitzte, bestand also darin, die Person als in eine Situation eingebunden zu betrachten. Mit der Situation war, wie Maertens' Blickachsenschema und Sittes stadtmorphologische Analysen verdeutlichen, diese Einbindung in eine komplexe Konstellation aus Bewegungen innerhalb eines stadträumlichen Gefüges gemeint, das Ausdruck einer

---

52 Helmholtz 1876, S. 43.
53 Sitte 1901, S. 37.

ästhetischen Anordnung von städtebaulichen Strukturelementen war, wie zum Beispiel Gebäudearchitekturen, Straßen, Leerflächen, Monumente, Verkehrsinseln, Zufahrtswege usw. Von der städtebaulichen Situation gelangte Sitte zur ethischen Konzeptualisierung des künstlerischen Städtebaus. Wiederum unter Anspielung auf die Ruinen Pompejis schrieb er: »Schwerlich wird Jemand dieser Annahme einer so starken Einwirkung der äusseren Umgebung auf das menschliche Gemüth widersprechen, der selbst einmal die Schönheit einer antiken Stadt sich lebhaft versinnlicht hat.«[54] Die in der städtischen Umgebung situierte Person ›erfahre‹ den Stadtraum, und zwar im Idealfall »harmonisch« und »glücklich« machend. Sitte führte damit auf der Grundlage einer Theorie der perspektivischen Wahrnehmung aus, auf welche Weise die städtische Umgebung die Erfahrungen von Personen ›mitkonfiguriere‹, inwiefern also die Umweltgestaltung als Mittel der Einwirkung auf Personen zu denken sei. Damit betonte Sitte die deterministische Wirkung von Baukunst,[55] wobei das Erfahren des städtischen Raums die Wahrnehmung der gebauten Umgebung in einer zeiträumlichen Situation beinhaltete.[56]

Helmholtz' Theorie der Wahrnehmung als psychische Aneignung von optischen Reizen verdeutlicht Sittes Einsicht in die Art, wie ein städtisches Raumgefüge wirken könne. Auf der Grundlage des entsprechenden Wissens wurden die städtischen Räume als Umgebungen aufgefasst, die erfahren werden, indem sie in psycho-physiologischen Prozessen angeeignet werden. Indem Sitte das Erfahren des Raums als Ausgangspunkt wählte und die Einwirkung der Umgebung auf das »Gemüth« der Person betonte, situierte er das Individuum als ›archimedischen‹ Punkt der künstlerischen Bewertung des städtischen Raums. Vor diesem Hintergrund analysierte Sitte Beispiele von Stadtumgebungen, was die Grundlage für sein ethisches Verständnis städtebaulicher Ästhetik bildete. Dabei ließ er, wie angedeutet, die Kritik an modernen Systemen nicht für sich stehen, sondern formulierte Prinzipien eines »praktisch-künstlerische[n] Programm[s]«.[57] Indem Sitte das analytische mit dem kritischen Vorgehen koppelte, schaffte er gedankliche Voraussetzungen für praktikable Wege, bei denen er darauf bedacht war, die in der baulichen Tradition einer konkreten Umgebung wurzelnde Ästhetik mit den Ansprüchen der Zeit zu versöhnen.[58] Er wollte für seine Zeit darlegen, wie »auch heute noch«, so Sitte in einem der ersten Absätze

54 Ebd., S. 1.
55 Zum Determinismus in Bezug auf Sitte vgl. Fehl 1980a.
56 Mit Wahrnehmung ist bei Helmholtz genauer die psychische Verarbeitung des Sehvorgangs gemeint.
57 Vgl. Sitte 1901, S. 4.
58 Ebd., S. 2.

seiner Abhandlung, »Gutes und Schönes« geschaffen werden könne.[59] Der Ausgangspunkt war zwar die Kritik »moderner Systeme«, das Ziel aber ein programmatisches, das er im dialektischen Verfahren von Kritik der Moderne und Analyse klassischer Vorbilder erstellte, wobei er gelungene von nicht gelungenen Lösungen auf suggestive Weise unterschied. Sitte ging es darum, »die Motive der Composition bloszulegen, auf denen dort: Harmonie und sinnberückende Wirkung, hier: Zerfahrenheit und Langweiligkeit beruhen; und das ganze zu dem Zweck, womöglich einen Ausweg zu finden [...]«.[60] Sittes Beispiele von städtischen Raumensembles stammten aus unterschiedlichen Epochen von der Antike bis zur Moderne. Dabei sprach Sitte namentlich den »Anlagen der Alten«[61] Vorbildlichkeit zu. In seinem Buch bildete er Grundrissskizzen von Plätzen oder Straßenzügen sowohl aus dem Norden als auch aus dem Süden Europas ab, insbesondere aus italienischen Städten. Sitte analysierte sie nach »rein kunsttechnisch[er]«[62] Methode, womit er zum Ausdruck brachte, dass es ihm nicht um eine Utopie der Stadt ging, sondern um eine pragmatische Auseinandersetzung. So verknüpfte er die exakte, empirische Darstellung mit der Beschreibung des unbestimmbaren und allein irrational fassbaren künstlerischen Wertes, den er für den modernen Städtebau wieder fruchtbar machen wollte. Darin sah er einen Wert, der in »dem Räthsel«, wie Sitte schrieb, »des natürlichen unbewussten Kunstgefühles [bestehe, M.V.], das bei den alten Meistern sichtbar Wunder wirkte ohne Aesthetik-Paragraphen und Regelkram«.[63] Sein Programm bestand somit aus der Verknüpfung regelgeleiteter Rationalität mit Irrationalität, worin ein wesentlicher Faktor seiner Bedeutung für den internationalen Städtebau liegen dürfte.[64]

Ein Indiz für qualitativ hochwertige Gestaltung bestand gemäß Sitte in der Belebtheit von Stadträumen. Im Unterschied zur »modernen« Stadtstruktur sah er in älteren Beispielen »*noch eine lebhafte praktische Verwerthung der Stadtplätze für öffentliches Leben*«.[65] Die Belebtheit war auch Sittes stärkstes Argument, um die Vergangenheit, besonders

---

59 Ebd. Die historisch gewachsene Stadt bildet den Bezugspunkt in Sittes Buch; Sitte verfährt darin deduktiv, indem er gelungene Beispiele aus der Geschichte darstellt und daraus Schlussfolgerungen für den modernen Städtebau zieht. In diesem Sinn verstand Sitte sein Buch als einen theoretischen Beitrag, wie er im Vorwort der ersten Auflage schreibt. Vgl. dazu auch Reiterer 2003, S. 18.
60 Sitte 1901, S. 2 und 4.
61 Ebd., S. 135.
62 Ebd., S. 2.
63 Ebd., S. 22.
64 Fehl 1980a, S. 180.
65 Sitte 1901, S. 16, Hervorhebung im Original.

diejenige des Mittelalters und der Renaissance, als Vorbild für den künstlerischen Städtebau zu behaupten. In der Konsequenz definierte er den Städtebau als Aufgabe, die mit der Wirkung auf den Menschen zu kalkulieren habe.

Für die pädagogische Auffassung im Städtebau, die darauf abzielte, Stadtplätze als wirkmächtige Umgebungen für eine zivile Öffentlichkeit zu bauen, war der experimentelle Blick eine wichtige Triebfeder. Damit war eine epistemologische Haltung impliziert, die auf der Grundlage von Bestandaufnahme, Beobachtungen und Analysen Annahmen generierte und unter spezifischen Annahmen Handlungen vorbereitete. In seinem Programm setzte Sitte etwa die bauliche Erschließung und Entwicklung eines Gebietes als zusammenhängendes Ganzes voraus, wofür er in der praktischen Umsetzung die zwei Schritte einer umfassenden Erhebung und programmatischen Auslegung als notwendig erachtete. Zunächst war die Erhebung durch ein Bauamt oder eine Baukommission vorzunehmen, welche unter anderem die demographische Entwicklung und die erwartete Bevölkerungsstruktur eines Erschließungsgebietes zu erfassen habe.[66] Die im zweiten Schritt folgende Auslegeordnung bildete eine Systematik der öffentlichen Infrastruktur ab, die »Zahl und Grösse der Kirchen, Schulen, Amtsgebäude, Markthallen, öffentlichen Gärten und vielleicht sogar eines Theaters«[67] berücksichtigte. Auf dieser Grundlage sollte das Programm umgesetzt und räumliche Gruppierungen von Bauten »in die geeignetste Verbindung untereinander und an die passendste Stelle«[68] gebracht werden.

Die Rede von einem städtebaulichen »Programm« meint eine normative Ausrichtung, die Sitte anhand von Regeln erläuterte, wie etwa dem erwähnten Prinzip der Unregelmäßigkeit in der Anordnung von Stadträumen. Die normative Stoßrichtung impliziert das pädagogische Anliegen, mit dem Mittel des Städtebaus eine städtische Öffentlichkeit zu bewerkstelligen. Die räumlichen Verhältnisse betrachtete Sitte dabei auf eine Art, die keine grundsätzliche Trennung zwischen Innen- und Außenräumen vornahm. Der Architekturtheoretiker Fritz Neumeyer beschreibt diese Position mit dem Schlagwort der Stadträume als »›Wohnzimmer‹ der Stadt«:[69] Indem Sitte den städtischen Raum als ›Wohnumgebung‹ konzipierte, brachte er einen gesellschaftlichen Bezugsrahmen ins Spiel. Die Stadt war für ihn ein sozialer Organismus und als solcher

---

66 Ebd., S. 137.
67 Ebd., S. 140.
68 Ebd.
69 Neumeyer (Hg.) 2002, S. 300. Sitte verglich etwa das römische Forum mit dem Wohnzimmer eines Hauses: »[D]as Forum ist für die ganze Stadt dasselbe, was für ein einzelnes Familienhaus das Atrium ist, der wohleingerichtete, gleichsam reich möblirte Hauptsaal.« Sitte 1901, S. 10.

die ›Wohnumgebung‹ des zivilen Lebens. Als Sinnbilder für diese gesellschaftliche Funktion der Stadt galten Sitte die griechische Agora, das Forum in Pompeji oder der mittelalterliche Marktplatz.

Vor dem Hintergrund dieser Idealvorstellung verfolgte Sitte mit seinem Städtebau, wie Gerhard Fehl darstellt,[70] zwei Zwecke: die Baukunst sollte einerseits einen Kunstgenuss für das Bildungsbürgertum vermitteln, indem die Architektur die aus klassischen Anlagen geschöpfte, gesellschaftliche Funktion versinnbildlichte, die gebildete Bürgerinnen und Bürger verinnerlicht hätten.[71] Auf der anderen Seite sollte Baukunst im Hinblick auf die »grosse Menge der Bevölkerung«[72] das Mittel einer umfassenden »Volkserziehung« sein.[73] Bezogen auf die Mehrheit der Bevölkerung rechnete Sitte nicht mit den intellektuellen Ressourcen, die im Erleben künstlerischer Stadtgefüge abgerufen würden, was dem Bildungsbürgertum vorbehalten sei. Stadtbaukunst wirke vielmehr aufgrund des konstanten Erlebens der städtischen Umgebung, womit sie Sitte als ein subtiles, aber umso wirksameres Mittel der »Volkserziehung« postulierte:

»[D]enn die erhebenden Eindrücke, welche künstlerische Formvollendung unablässig ausströmt, können auch in unserem vielgeschäftigen Alltagsleben nicht entbehrt werden. Man sollte meinen, dass gerade bei Städteanlagen die Kunst voll und ganz am Platze sei, denn dieses Kunstwerk ist es vor Allem, das bildend auf die grosse Menge der Bevölkerung täglich und stündlich einwirkt, während Theater und Concerte doch nur den bemittelteren Classen zugänglich sind.«[74]

Innerhalb einer, nach Fehls Einschätzung, wertkonservativ-bürgerlichen Auffassung schlug Sitte eine Stadtbaukunst vor, die ihre Kraft aus dem Vorbildcharakter klassischer Anlagen schöpfte. Aus der Textpassage wird ersichtlich, dass Sitte seinem Programm eine erzieherische Stoßrichtung verlieh, die er mit dem Mechanismus der Wirkung von Stadträumen legitimierte. Die einzelne Person dachte er hierbei als Teil eines größeren gesellschaftlichen Ganzen. Wie gesehen, spielte hierfür das ästhetisch-künstlerische Element eine wesentliche Rolle, indem Sitte im Mittel

---

70 Fehl 1980a, S. 181f.
71 Karin Wilhelm und Detlef Jessen-Klingenberg weisen darauf hin, dass Fehls Diskussion von Sittes *Städtebau*-Buch, die »von einseitig negativer Nachhaltigkeit« sei, kritisch zu hinterfragen ist. Wilhelm & Jessen-Klingenberg 2006, S. 8. So kontextualisiere Fehl Sitte nicht innerhalb der gesellschaftlichen und kulturellen Verhältnisse der Habsburgermonarchie, sondern gehe vom wilhelminischen Bildungsbürgertum aus. Sittes Bezugspunkt sei der städtische und kulturpolitische Kontext im Wien der Jahrhundertwende gewesen.
72 Sitte 1901, S. 120.
73 Vgl. hierzu auch Viehhauser 2015b.
74 Ebd.

der Ästhetik bzw. der künstlerischen Gestaltung die erhebende Wirkung städtischer Raumensembles auf die einzelne Person und über sie hinaus auf die Gesellschaft als Ganzes zum Zug kommen sah. Dabei ging es im Kern um die erwähnte deterministische Sicht, die eine künstlerisch gehaltvoll gestaltete Umgebung als »erhebende«[75] Kraft konzipierte.

Die gesellschaftliche Vision war es somit, die das übergeordnete Ziel von Sittes städtebaulichem Programm bildete und seine normative Ausrichtung begründete. Dafür formulierte er verbindliche Eckpfeiler, die auf der moralischen Bestimmung der Stadt als »Wohnumgebung« der Stadtbewohner beruhten. Nach Fehl speiste sich diese baukünstlerische Position zunächst allerdings nur aus »gesellschaftlichen *Hoffnungen* in Kunst und Wissenschaft«.[76] Sittes Programm war in dieser Hinsicht idealistisch angelegt, hatte aber den Vorteil, dass der Städtebau von bestehenden Strukturen ausgehen konnte.[77] Sitte erkannte die Relativität des historisch gewachsenen Gefüges als Kriterium, das die Qualität von konkreten Stadträumen bestimmte. Sein Konzept führte damit in eine für die räumlichen Kontexte und die Verwendungsgeschichte eines Ortes sensible Bebauungspraxis, die den im 19. Jahrhundert populären Entwurf am Reißbrett überwand. Genau diese Orts- und Geschichtsvergessenheit sollte Sitte am monumentalen historistischen Städtebau nach dem Muster der Wiener Ringstraße vermissen, die ein wichtiger Ausgangspunkt für seine programmatischen Vorstöße war.

Mit dem Prinzip der Unregelmäßigkeit konnte Sitte zwar keine allgemeingültige Regel formulieren, aber er lieferte ein ästhetisch-wahrnehmungstheoretisch fundiertes Konzept für die Wirkung von nicht zu rationalisierenden, unregelmäßigen Stadträumen. Als ausschlaggebend sah er hierfür, nebst der sorgfältigen Bestandaufnahme lokaler Gegebenheiten, das »Naturgefühl«[78] an. Dem »technischen« Städtebau setzte Sitte so einen Städtebau nach »natürlichem Gefühl« entgegen.[79] Wie der Architekt und Städtebauer Theodor Fischer[80] in seinem Nachruf

---

75 Ebd.
76 Fehl 1980a, S. 186, Hervorhebung M.V.
77 Zur Kritik an Fehls Analyse von Sittes Städtebau vgl. wiederum Wilhelm & Jessen-Klingenberg 2006.
78 Sitte 1901, S. 91.
79 Fischer zit. nach Fehl 1980a, S. 175.
80 Theodor Fischer (1862–1938) war eine einflussreiche Figur im reformorientierten Städtebau der Jahrhundertwende. Er begann seine berufliche Tätigkeit als Architekt in München. Dort wurde er 1893 Vorstand des Stadterweiterungsamtes und 1901 Honorarprofessor an der Technischen Hochschule. Im selben Jahr wechselte er an die Technische Hochschule in Stuttgart, wo er Lehr- und Bautätigkeit verknüpfte. Fischer engagierte sich in der Architektenausbildung und prägte die

auf Sitte 1904 feststellte, stand sein Name denn auch für das »Herz«[81] im Städtebau, wonach regelgeleitete Intuition für »natürliche« Schönheit an die Stelle ›kühler‹ akademisch-technischer Verfahren trat.

Mit seinem Programm, das durch seine gesamthafte Anlage ansatzweise an das Ideal eines Wagnerschen Gesamtkunstwerk anschloss,[82] war Sitte eine der zentralen Figuren zu Beginn der städtebaulichen Erneuerung *gegen* die »Herrschaft der Hässlichkeit«,[83] wie es der belgische Architekt und Designer Henry van de Velde[84] ausdrückte. Bei Sitte bezog sich diese Ablehnung auf die Straßen- und Platzsysteme moderner Stadtanlagen. Im Kontext ästhetischer Reformbewegungen, von denen van de Velde ein meinungsbildender Vertreter war, stand zunächst die Überwindung historistischer Stile im Vordergrund. Bei diesen Reformbewegungen handelte es sich um breit aufgestellte, internationale Erneuerungsbewegungen, die die Bestimmung der Architektur aus einem objektbezogenen, akademisch verstandenen Kunstzusammenhang lösten.[85]

Bei Sitte stand nicht, wie in diesen Bewegungen, die Neuerfindung des Stils im Vordergrund, sondern die aus wertkonservativ-bürgerlichen Motiven gespeiste Anknüpfung an das historische Beispiel. Nicht das isolierte architektonische Kunstobjekt und auch nicht die Ausrichtung des Städtebaus auf technische Leistungen waren die wegweisenden Optionen, sondern die Alternative des unregelmäßigen Städtebaus. Das Wissen um die Mechanismen der ästhetisch gesteuerten Wahrnehmung führte zur Auffassung, den gestalteten Raum als Situation in den Blick zu nehmen, die auf die einzelne Person wirke. Sitte, der für diese Position wegweisend wirkte, unterlegte seinem städtebaulichen Programm eine Theorie des ästhetischen Erfahrens, indem er die wahrnehmungspsychologischen Wissensbezüge auf den Städtebau übertrug. Basierend auf einer ausgeklügelten Theorie der ästhetischen Wahrnehmung war damit das Gefüge des städtischen Raums als die entscheidende Kategorie des baukünstlerischen Schaffens gesetzt.[86] Unter diesem Wissensbe-

---

Stuttgarter Architekturschule, die für eine antiformalistische, aus einem lokal und traditional geprägten Innerlichen schöpfende Architekturauffassung stand.
81 Fischer zit. nach Fehl 1980a, S. 175. Wie Fehl darlegt, beriefen sich die Nationalsozialisten gerade deshalb auf Sitte, weil er das »Gefühl« und das »Gemüth« als städtebauliche Kategorien einführte.
82 Zum Einfluss Wagners auf Sitte vgl. Mönninger 1998.
83 Van de Velde zit. nach Neumeyer 2002, S. 58.
84 Henry van de Velde (1863–1957) war ein maßgeblicher Gestalter in der Architektur und im Kunstgewerbe und Vertreter des Jugendstils. 1902 wurde van de Velde an die Kunstgewerbeschule in Weimar berufen, im Jahr 1907 trat er dem *Deutschen Werkbund* bei.
85 Ebd.
86 Zur Kategorie Raum in der Architekturtheorie vgl. Moravánszky (Hg.) 2003.

zug konnte Sitte auf programmatische Weise die Reform des Städtebaus formulieren und den Städtebauer als Künstler stilisieren, der den Wirkmechanismus des städtischen Raums gezielt zur Erziehung der städtischen Gesellschaft hin zu einer, wenn auch vage formulierten, Zivilgesellschaft einzusetzen vermochte.

## 2.2 Moralisierung durch Stadtraumgestaltung: Städtebau als »Agentur« gesellschaftserzieherischer Maßnahmen

In einer Phase des massiven Wachstums der Städte etablierte Sittes Programm eine spezifische Ausgestaltung der städtebaulichen Aufgabe, die sensibel für die Gestaltung des städtischen Raums war. Sitte ließ in seinem Buch die tatsächlichen sozialen Herausforderungen wie Wohnungsnot oder verkehrstechnische Erschließung von Stadtteilen weitgehend ausgeklammert.[87] Auf der Grundlage einer experimentell-empirischen Epistemologie, die die ästhetische Wahrnehmung der einzelnen Person ins Zentrum rückte, wies Sitte dem Städtebauer eine soziale Verantwortung in einem eher kunsterzieherischen Sinn zu, die auf der Hoffnung eines »volkserzieherischen« Mehrwerts durch ästhetische Wirkmechanismen beruhte. Nicht zuletzt dank dieser Betonung des *künstlerischen* Städtebaus wurde Sittes Programm von einer Reihe von zeitgenössischen, reformorientierten Städtebauern aufgegriffen, darunter der erwähnte Theodor Fischer oder der Aachener Städtebauer und Stadtbautheoretiker Karl Henrici.[88] Nur in der Umsetzung eines künstlerischen Programms könne, so die Position, die Anordnung des Stadtraums in ethischer Weise erfolgen. Der Zweck von Ästhetik war in diesem Zusammenhang nicht *per se* gegeben, sondern lag in der Moralisierung der Stadtbewohnerinnen und Stadtbewohner und in weiterer Linie der Gesellschaft als Ganzes begründet. Diese moralisierte Auffassung des »künstlerischen« Programms des Städtebaus war in der Hoffnung der Erhebung der einzelnen Person und durch sie des Kollektivs der zivilen Öffentlichkeit begründet. Die Stadt solle so gestaltet sein, dass sie die

---

87 Wie weiter oben erwähnt, arbeitete Sitte an einem Buch zu den wirtschaftlichen, gesundheitlichen und sozialen Grundsätzen des Städtebaus, die aber zum Zeitpunkt seines Todes Fragment blieben.
88 Karl Henrici (1842–1927) war ein deutscher Architekt und Professor an der Technischen Hochschule in Aachen. Henrici wurde stark von Sittes künstlerisch-städtebaulichen Anschauungen beeinflusst. Dementsprechend hoch gewichtete Henrici die Ästhetik mittelalterlicher Städte und von »malerischen« Stadtplätzen.

»Wohnumgebung« für eine zivile Öffentlichkeit bilde; sie habe die Funktion einer »Agentur« zur Vermittlung moralischer Werte.

Die städtebauliche Gestaltung ist in dieser Zuspitzung eine eher ›stille‹ gesellschaftserzieherische Maßnahme. Zum einen wird der Wirkmechanismus, der von der dauerhaften und unscheinbaren Präsenz der Umgebung ausgeht, als konstant verstanden und zum anderen wird das irrationale Register der Gefühle und nicht der Verstand angesprochen. Die städtebauliche Ästhetik könne auf moralisierende Weise wirken, nachdem die Raumtheorie die Gesetze psycho-physiologischer Wahrnehmungsleistungen aufzeige.

Die Hoffnung in die ästhetischen Wirkmechanismen basierte auf epistemologischen Verschiebungen im Verhältnis von Ethik und Ästhetik im 19. Jahrhundert. Sie ermöglichte eine ›Politisierung‹ der ästhetischen Gestaltung des Stadtraums, die in Sittes Programm paradigmatisch angelegt war, und sie öffnete die Möglichkeit für die politische Strategie, Gesellschaft über die Erziehung durch Umweltgestaltung zu ›reformieren‹. Nachfolgend wird zunächst auf diese diskursive Neuorientierung eingegangen, die der Ästhetik eine ethische Komponente verlieh. Die Konfliktlinie, aus der sich eine ›moderne‹ Position entwickelte, verlief in Abgrenzung zum Historismus, der die Gesetze der ›Schönheit‹ in den Regelwerken vergangener Epochen suchte. Die ästhetische Moderne hingegen suchte nach Lösungen, die den Ausdrucksmöglichkeiten der Zeit entsprachen, was auf der Basis des ethischen Verständnisses eine Reaktion auf die sozialen Probleme der Großstadtentwicklung beinhaltete. Die Klärung dieser epistemologischen Neuorientierung erlaubt im weiteren Schritt, Stadtraumgestaltung als eine Form von Erziehung in der Moderne zu diskutieren.

### 2.2.1 Gestaltung als ›stille‹ erzieherische Größe: Ethik und Ästhetik in der Moderne

Die Voraussetzungen für das Verhältnis von Ethik und Ästhetik wandelten sich im Laufe des 19. Jahrhunderts grundlegend. Kulturhistorisch betrachtet waren dafür die fortschreitenden Pluralisierungsprozesse in den kulturellen Sinnsystemen ausschlaggebend, die zur Konsequenz hatten, dass ethische sowie ästhetische Fragen nicht mehr *a priori* von idealistischen Kategorien bestimmt wurden.[89] Diese Entwicklungen führten

---

89 Dies zeigte sich in vielfältigen Bereichen wie der Theorie der Ästhetik, der Kunst oder den neuen Phänomenen gesellschaftlicher Subkulturen oder unterschiedlicher Lebensformen, in denen die Ethik zu einer Frage stilistischer Optionen wurde. Ein Beispiel wäre die Geschichte der Figur des Dandys. Vgl. Hörner 2008.

zunehmend zur Auffassung, Ethik und Ästhetik als eigenständige Bereiche zu betrachten.[90] Die Trennung dieser Bereiche bildete zugleich die Voraussetzung, sie unter neuen, politischen Vorzeichen wieder aufeinander zu beziehen.

Besonders das für den philosophischen Idealismus charakteristische Motiv, das Gute mit dem Schönen ideell gleichzusetzen, wurde im 19. Jahrhundert bereits in der Kunst des Historismus dahingehend relativiert, dass der Begriff des Schönen einen eigenen Rang erhielt und aus dem Rückgriff auf historische Stile entwickelt wurde. Im Kunstschaffen drückte sich dies in einer Pluralisierung der Stile aus.[91] ›Schönheit‹ wurde zu einer Frage des gestalterischen Ringens, das die als relativ, das heißt nicht als idealistisch verstandene Angemessenheit in den Blick nahm und das von unterschiedlichen Kriterien abhing. In historistischen Zugängen galt etwa die begründete Angemessenheit des architektonischen Stils mit der Bauaufgabe als Voraussetzung für die Bestimmung als ›schön‹.[92]

Während im Historismus Ästhetik und Ethik entkoppelt wurden, suchten reformästhetische Strömungen eine Loslösung von den Paradigmen historischer Stile, insbesondere indem das Ästhetische und das Ethische erneut aufeinander bezogen wurden. Die Relativität der historistischen Position erschien bald als problematisch und als ›schön‹ wurde nunmehr ein ästhetischer Ausdruck betrachtet, der auf der Höhe der Zeit angesiedelt war. In ästhetischen Erneuerungsbewegungen wurden Werte wie ›Echtheit‹ oder ›Authentizität‹ in Abgrenzung zur ›Falschheit‹ des historistischen ›Fassadenkults‹, wie er etwa vom weiter oben erwähnten Adolf Loos entlarvt wurde, zu bestimmenden Kriterien des ästhetischen Gestaltens.

Der Ausgangspunkt für die skizzierte Entkoppelung war zunächst die Loslösung vom Ideal der Klassik, in der die Schönheit als in der Vergangenheit abschließend entfaltet verstanden wurde. Die Überlegung, dass das Schöne als etwas Neues in der Zukunft und nicht in der Vergangenheit liege, bedeutete zugleich eine Loslösung vom moralischen Impetus der Kunst, nachdem der klassische, und das bedeutet: der bereits etablierte ästhetische Wert angestrebt wurde.

Ein Blick auf Friedrich Schillers Auseinandersetzung mit Ästhetik verdeutlicht, vor welchem gedanklichen Hintergrund diese Entkoppelung

---

90 Zur allgemeinen Darstellung des Problemkontexts vgl. den Eintrag »Moralisch – amoralisch« in ÄGB, Bd. 4. Vgl. auch Früchtl 1996. Zur Skizze des Verhältnisses zwischen Ethik und Ästhetik im Rahmen der Genealogie des Geschmacks in der Neuzeit vgl. Casale 2004a; 2005.

91 Vgl. Landwehr 2012.

92 Die Wahl des Barockstils für Theaterbauten oder des Flamboyantstils für Rathäuser, wie an der Wiener Ringstraße beispielhaft zu sehen ist, brachte eine solche Angemessenheit zum Ausdruck.

stattfand. Schillers ästhetische Theorie lag zwar im klassischen Ideal begründet, zugleich aber nahm sie die empirische Pluralität des Schönen bereits vorweg. Schiller bezog das Schöne und das Gute kategorial aufeinander, indem er das ›Schöne‹ als das ›Gute‹ konzipierte. Die Frage der Ästhetik behandelte er im Kontext der praktischen Philosophie, was er in seinem Text *Ueber die ästhetische Erziehung* (1794/95) ausarbeitete.[93] Das Schöne bestimmte Schiller als das objektive Ideal einer moralischen Gesellschaft, das einen Begriff der Schönheit voraussetzte, der »eine andere Quelle hat, als die Erfahrung, weil durch denselben erkannt werden soll, ob das, was in der Erfahrung schön heißt, mit Recht diesen Namen führe.«[94] Das Schöne existiere demnach *vor* jeder Erfahrung als eine Idee – »[d]ie Schönheit in der Idee ist also ewig nur eine untheilbare einzige, weil es nur ein einziges Gleichgewicht geben kann«[95] –, welche sodann regulativ auf die Harmonisierung des Menschen als Gattung wirke. Im Bereich des Ästhetischen sah Schiller die Möglichkeit der Veredlung des Menschen, indem das Medium des Schönen diesen »zu einem in sich selbst vollkommenen Ganzen macht«,[96] was Schiller schließlich als Voraussetzung dafür betrachtete, dass die Gesellschaft zu einem moralischen und zivilisierten Zustand emporsteige: »[D]er ästhetische Staat allein kann sie [die Gesellschaft, M.V.] wirklich machen, weil er den Willen des Ganzen durch die Natur des Individuums vollzieht. [...] Der Geschmack allein bringt Harmonie in die Gesellschaft, weil er Harmonie in dem Individuum stiftet.«[97] Der moralisch ›guten‹ Gesellschaft liege somit ein ästhetischer Zustand zugrunde.

Schillers Position verdeutlicht den Entkoppelungsprozess insofern, als sie zwar eine übergeordnete Idee der Schönheit postulierte, diese aber notwendigerweise in den historischen Erscheinungen materialisiert sah. Damit nahm Schiller die Konturen vorweg, die im 19. Jahrhundert zunehmend dahin tendierten, die Ästhetik nicht als Lehre vom Absolut-Schönen, sondern als Lehre vom Gefallen oder Missfallen zu begreifen.[98] Diese Konturen waren zunächst, wie im historistischen Stilleklektizismus, nicht eindeutig ausdifferenziert. In den Akademien für Kunst und Architektur war der idealistische Ansatz als enge Ausrichtung an der Formensprache der klassischen, abendländischen Architekturepochen präsent, aber durch die eklektische Wahlmöglichkeit für unterschiedliche Stile bereits aufgeweicht. Die Perpetuierung des ästhetischen Kanons

---

93 Diesen Text verfasste Schiller in Form von Briefen.
94 Schiller 2000, S. 42.
95 Ebd., S. 64.
96 Ebd., S. 68.
97 Ebd., S. 120f.
98 So etwa Gustav Theodor Fechner in seiner Studie *Vorschule der Ästhetik*. Fechner 1876.

vergangener Epochen manifestierte sich in den Stilen, für die, wie angedeutet, die abgestufte Logik der Angemessenheit mit der Bauaufgabe maßgeblich war. Die Verschiebungen in der Konturierung des ästhetischen Sinnsystems kamen zugleich in den verschärften Auseinandersetzungen zum Tragen, die in Frankreich seit dem Ende des 17. Jahrhunderts unter dem Schlagwort der *querelle des anciens et des modernes* geführt wurden. Diese Auseinandersetzungen nahmen 1687 mit einer Sitzung der Académie Française ihren Anfang und bezogen sich auf die Polemik, ob die in den neuzeitlichen Wissenschaften bereits als selbstverständlich empfundene Ausrichtung an der Gegenwart auch auf die Kunst zu übertragen sei oder ob die Orientierung der Kunst am Vorbild der Antike erhalten bleiben solle.[99] Sie mündeten im 19. Jahrhundert in die Frage, nach welchen Kriterien eine jeweilige Epoche zu bemessen sei. Dabei trat zunehmend die Erkenntnis hervor, dass die einer Epoche und Kultur je *eigenen* Sitten, Geschmäcker und Besonderheiten maßgeblich seien. Die Frage nach der Bemessung für das, was als ›schön‹ gelte, war somit eine Frage, welche die Geschichtlichkeit – und damit auch die lokalen und zeitlichen Besonderheiten – als zentrales Kriterium der Definition von ›schön‹ postulierte.

Charles Baudelaires Abhandlung *Der Maler des modernen Lebens* (*Le Peintre de la vie moderne*) aus dem Jahr 1863 war grundlegend für diese historisierende Sicht der Moderne. Darin legte Baudelaire die Theorie einer Ästhetik dar, die den ewigen Geist der Kunst (»die Seele«[100]) im vergänglichen Gewand der Gegenwart (»ihr Körper«[101]) gekleidet sah – und die Einsicht ermöglichte, dass alles Alte einmal modern war: »Die Modernität ist das Vergängliche, das Flüchtige, das Zufällige [...].«[102] Das Schöne, wie es sich in der Kunst manifestiere, fasste Baudelaire entsprechend als »Zweiheit der Kunst«[103] auf und richtete die Bemessung der Moral an relativen und epochenspezifischen Parametern aus:

> »Das Schöne besteht aus einem ewigen, unveränderlichen Element, dessen Anteil äußerst schwierig zu bestimmen ist, und einem relativen, von den Umständen abhängigen Element, das, wenn man so will, eins ums andere oder insgesamt, die Epoche, die Mode, die Moral, die Leidenschaft sein will.«[104]

Baudelaire stellte die Zeit als wesentliche Dimension der Moderne heraus. Sie wurde zu einem Topos auch dank der beschleunigten Erfahrung

---

99 Gumbrecht 1978, S. 100.
100 Baudelaire 1989, S. 216.
101 Ebd.
102 Ebd., S. 695.
103 Ebd., S. 216.
104 Ebd., S. 215.

in der zweiten Hälfte des 19. Jahrhunderts[105] und prägte die Grundstimmung des als dekadent empfundenen *Fin-de-siècle*.[106] Die Zeitperspektive wurde für die Diagnose der flüchtig empfundenen Gegenwart virulent und ließ von dort aus den Blick in die Vergangenheit wie auch in die Zukunft richten. Wie Sittes »restauratives«[107] Städtebauprogramm verdeutlicht, konnte dieser Blick beide Zeitebenen zugleich einfangen. In ästhetischen Erneuerungsbewegungen fokussierte er insbesondere die Sehnsucht nach einem *neuen* Zeitalter, die sich in utopischen Verheißungen manifestierte und die die aus zeitgenössischer Perspektive als bedrohlich empfundene, zukünftige Verstädterungsdynamik zu beherrschen strebte,[108] was nicht zuletzt in städtebaulichen Entwürfen zu Beginn des 20. Jahrhunderts eine wichtige Rolle spielte.[109]

Mit der Historisierung des Schönen legte Baudelaire die Grundsteine einer Theorie der Ästhetik der Moderne. Der Schwerpunkt lag nicht mehr auf der ideellen Ausrichtung auf die Vergangenheit, wie es die Position der *anciens* verlangte und wie es die Stile des Historismus bestimmte, sondern auf der Suche nach einer neuen Formensprache, die der Gegenwart entsprach und die in die Zukunft wies. Der Jugendstil nahm diese Haltung auf: Der Publizist Ludwig Hevesi prägte für die künstlerische Gruppierung der Wiener Secession den leitmotivischen Wahlspruch: »Der Zeit ihre Kunst [/] Der Kunst ihre Freiheit«, der am Gebäude angebracht wurde, das der Wiener Architekt Josef Maria Olbrich zwischen 1897 und 1898 erbauen ließ.

Das Auseinanderbrechen der Kategorien ›schön‹ und ›gut‹ und die Entstehung ästhetizistischer Positionen in Kunst und Gesellschaft bewirkten, dass das Etikett ›modern‹ in die Nähe von ›modisch‹ gerückt wurde. Damit war implizit das Wissen verbunden, dass auch das ›Moderne‹ dereinst veraltet sein würde.[110] Dieses Wissen begleitete die Moderne des 19. Jahrhunderts gleichsam als Schatten, der in den reformerischen Sozialutopien der Jahrhundertwende mit spezifischen Metaphern überleuchtet[111] oder verdrängt wurde.[112]

---

105 Vgl. Blom 2009.
106 Zum Narrativ der Dekadenz vgl. Pross 2013.
107 Vgl. Fehl 1980a.
108 Zur Überlagerung der Zeitebenen vgl. Koselleck 1979.
109 Vgl. Schumpp 1972.
110 So hat dies der *ancien* Jean de La Bruyère gegen die *modernes* argumentiert. Gumbrecht 1978, S. 101.
111 Nicht zufällig wurden sozialreformerische Argumente häufig mit Metaphern des Lichts versehen.
112 Die absolute Position wird von postmoderner Seite denn auch am Modernismus der funktionellen Architekturtradition kritisiert. Vgl. Venturi 1978.

Unter politischen Leitideen konnten ›schön‹ und ›gut‹ als nunmehr entkoppelte Sphären wieder aufeinander bezogen werden. Darin spiegelte sich ein gewandeltes Verständnis von Kunst wider. Gemäß Walter Benjamin lag das Wesen der Kunst im Kontext der Moderne in ihrer zunehmenden Reproduzierbarkeit. Benjamin bezog sich unter anderem auf die Fotographie und den Film, um zu veranschaulichen, dass Kunst in der Moderne nicht mehr der Versinnbildlichung einer bestimmten Aura für rituelle Zwecke diente, sondern auf die Wahrnehmung in der breiten Masse des Kollektivs ausgerichtet war. In dieser modernen Einbettung hatte Architektur nun, so Benjamin, eine besondere und ursprüngliche Rolle inne, weil sie nicht nur optisch, sondern auch taktil rezipiert wurde. Architektonische Ensembles würden, so Benjamins Analyse, nicht nur kontemplativ wahrgenommen, sondern immer auch ›gebraucht‹, das heißt benutzt oder – wie weiter oben in Bezug auf Sitte erwähnt wurde – ›bewohnt‹.[113]

Vor diesem Hintergrund lässt sich Sittes Postulat, »dass Gutes und Schönes auch heute noch geschaffen werden kann«,[114] als Ausdruck einer ästhetischen Position verstehen, die ›schön‹ und ›gut‹ als getrennte Sphären voraussetzt, um sie in einem politischen Handlungsrahmen zusammenzuführen. Wie gesehen, zielte Sittes Städtebaukunst auf die ›gute‹ Gesellschaft ab; nur begründete sie Sitte nicht, wie Schiller, mit der Ästhetik, sondern die Ästhetik erschien ihm als ein Mittel zu ihrer Herstellung. An dieser Position ist ersichtlich, dass die Entkoppelung die Voraussetzung dafür bildete, die Kunst strategisch unter dem politischen Zeichen gesellschaftlicher Erziehung zu behandeln. Das bedeutet zugleich, dass der Stellenwert einer auf die ethische Gesellschaft hinführenden Ästhetik als ein eigenständiger betrachtet wurde. Ästhetik und Moral standen somit als autonome Größen in Beziehung zueinander.

Die ästhetische Gestaltung des Stadtraums erwies sich in Sittes System als politisches Mittel zur Steuerung der gesellschaftlichen Moral, das von der indirekten und ›stillen‹ Weise seiner Wirkung ausging.[115] Schillers Ästhetik hing noch von einem Begriff ab, nach dem die Urteile *vor* der Erfahrung zu bilden waren, während bei Sitte die Erfahrung zum Ausgangspunkt der moralisch verstandenen Vermittlung gesellschaftlicher Werte wurde. Das ästhetische Erfahren rückte in Sittes planerischem Kalkül somit ins Zentrum, um eine gesellschaftliche Moralisierung zu bewerkstelligen. Auf dieser gedanklichen Grundlage konnte die ästhetische Stadtraumgestaltung mit gesellschaftspolitischen Interessen verknüpft werden. Der Architekturkritiker Charles Jencks spricht in Bezug auf die

---

113 Benjamin 1974, S. 465f.
114 Sitte 1901, S. 2.
115 Dass die Umgebungen auf eine »stille« Weise erziehen, war eine Erkenntnis, die um die Jahrhundertwende zunehmend auftauchte. Vgl. Wietschorke 2008.

Architektur in der Moderne entsprechend von einem »call to morality«, den er in den 1850er Jahren in der Phase seiner Formierung sieht und der in den 1920er Jahren am Höhepunkt angelangt sei – »its Heroic period«, wie Jencks schreibt.[116] Diesen, der Architektur unterlegten »call«, diskutiert er »as a call to social transformation«.[117] Er schreibt dazu: »These architects wished to give up their subservient role as ›tailors‹ to society and what they regarded as ›a corrupt ruling taste‹, and become instead ›doctors‹, leaders, prophets, or at least midwives, to a new social order.«[118] Diese Rollen des Architekten beschreibt Jencks weiter darin, dass er sich und seine Aufgabe so verstehe, »to cure the disease of modern cities, no matter how distasteful the medicine.«[119] In dieser zugespitzten Beschreibung verdeutlicht Jencks die sozialreformerische Position um 1900, nach der sich Architekten und Stadtplaner als Instanzen stilisierten, um die Bevölkerung mit dem Mittel der Stadtraumgestaltung zu Ordnung zu ›erziehen‹, was bedeutet, dass die darin aufgehobene Ästhetik auf den Transport moralischer Werte ausgerichtet war.[120]

### 2.2.2 Erziehung als Kommunikation – Kommunikation in der Architektur

Vor dem Hintergrund der Erkenntnis ihres Potentials zur Vermittlung gesellschaftlicher Werte wurde die Aufgabe Stadtraumgestaltung zunehmend als Herausforderung sozialpolitischer Steuerung modelliert.[121] Dieser Zusammenhang verweist auf eine Rolle von Architektur, die in Anlehnung an Dewey als »*educational agencies*« beschrieben werden kann. Dewey verwendet diesen Begriff, um die Pragmatik des Erziehungsgeschehens zu charakterisieren, das alle, das heißt auch die indirekten und ›stillen‹ Einflüsse miteinschließt, die auf die Person wirken.

---

116 Jencks 1991, S. 34. Zur Moralisierung der Architektur in der zweiten Hälfte des 19. Jahrhunderts vgl. auch Giedion 1967, S. 292ff.
117 Jencks 1991, S. 34.
118 Ebd.
119 Ebd., S. 35. Zur Metapher des Stadtplaners als Arzt hält Gerd Albers fest: »Die Stadt war krank und bedurfte des Arztes: in einer derartigen Expertenrolle fand sich der Stadtplaner gern wieder.« Albers 1997, S. 237 und zum Berufsprofil des Stadtplaners S. 261ff.
120 Zur Ästhetik der alltäglichen Umgebung als Mittel der Moralisierung vgl. Dräger 2003, insbesondere S. 73ff.
121 Vgl. z.B. Albers 1997; Lampugnani 2010.

Der Begriff »*agency*« steht im Zusammenhang von Deweys philosophischer Bestimmung des Erziehungsbegriffs.[122] Dewey verweist auf die Kontexte, die Erfahrungen formen und damit Erziehung ermöglichen. Erziehung passiere durch Umgebungen, die verändernde Erfahrungen bewirkten:

»If we consent to extend the term education beyond its narrow limitation to schooling, we shall find that we cannot stop short in this extension till we have broadened it to cover all the agencies and influences that shape disposition.«[123]

Der Erziehungsbegriff bezeichnet nach Dewey unterschiedliche Einflussbereiche, die als Umgebungen, in denen die einzelne Person Erfahrungen macht, innere Dispositionen lenken und formen. Diese Umgebungen also bezeichnet Dewey als erzieherische »*agencies*«. Zu ihnen zählt er »condition[s], arrangement[s], and institution[s] that form[...] the emotional and imaginative bent of mind«.[124]

In dieser Deweyschen Perspektive ist der Erziehungsbegriff weit gefasst und beschränkt sich weder auf den Austausch zwischen Personen, noch einzig auf die einzelne Person als Adressatin von erzieherischen Bemühungen.[125] Es sind sämtliche Bereiche gemeint, die auf die Ausübung einer erzieherischen Einwirkung hin angelegt sind. Ausgehend von dieser breiten Sicht ist der Begriff, nun bezogen auf die strategische Besetzung des Feldes der Stadtraumgestaltung, begrenzt auf erzieherische Absichten und ihre städtebaulichen Materialisierungen. In dieser Hinsicht meint Erziehung zunächst eine Vermittlungsbemühung, für die die Formel der »moralische[n] Kommunikation«[126] eine Annäherung ermöglicht. Den Begriff ›Erziehung‹ kennzeichne, gemäß Jürgen Oelkers' Analyse der pädagogischen Ethik, eine »asymmetrische Kommunikation«,[127] wobei Moral das generelle Thema sei, von dem Erziehung abhänge. Mit Blick auf die im Rahmen historischer Kontexte gebildeten Komponenten, etwa was soziale Folgeerscheinungen der Verstädterung anbelangt, sind mit dem Thema der Moral in erster Linie funktionale Aspekte der Sicherung gesellschaftlicher Risiken impliziert. Der Erziehungsbegriff

---

122 Ich beziehe mich auf Deweys Zusammenfassung im Lexikonbeitrag »Philosophy of Education« für Paul Monroes *Cyclopedia of Education* (1912–1913). Dewey 1979.

123 Ebd., S. 303.

124 Ebd., S. 304. Vgl. auch Hansen (Hg.) 2006; Oelkers 2001.

125 Vgl. hierzu auch Oelkers 1992, S. 21.

126 Ebd., S. 21.

127 Ebd., S. 14. Oelkers diskutiert die »asymmetrische Kommunikation« unter Bezug auf Jan Masscheleins These, dass Intersubjektivität auch in Situationen festgestellt werden kann, in denen Subjekte nicht direkt aufeinander treffen. Vgl. hierzu ebd., S. 23 (Fußnote 5). Vgl. auch Thyssen 2011, S. 20.

schließt so Konstellationen mit ein, in denen die ›Erziehung‹ der einzelnen Person zugleich mit der Aufrechterhaltung des gesellschaftlichen Funktionierens mit dem Ziel der Sicherung für die Zukunft verknüpft ist, wofür Sittes Hoffnungen in die zivilisierende Wirkung des städtischen Raums durch städtebauliche Gestaltung ein Ausdruck ist. Dieser für mögliche »Agenturen« der Erziehung offene Begriff ist darauf angelegt, nach den Formen zu fragen, die Erziehung den historischen Gegebenheiten entsprechend annimmt. Die Frage, was ›Erziehung‹ ist, ist somit der Ausgangspunkt, um eine Reihe an Akteuren oder auch räumlichen Anordnungen und Artefakten als ›Träger‹ des kommunikativen Vorgangs der Vermittlung von Bedeutungen in den Blick zu nehmen.[128] Als Stadträume sind Umgebungen pädagogisch codiert, wenn sie zur Vermittlung gesellschaftlicher Anliegen *geplant* und *gestaltet* werden.[129] Unter der Brille des Erziehungsbegriffs betrachtet, lassen sie sich als kommunikative »Agenturen« mit moralischer Stoßrichtung verstehen und als Träger der Kommunikation analysieren, die moralische Werte transportieren und zu gesellschaftlicher Erziehung eingesetzt werden.

Diese Bestimmung von ›Erziehung‹ wirft die Frage auf, was Kommunikation umfasst und inwiefern sie namentlich auf die Architektur bezogen werden kann. Die moralische Kommunikation lässt sich dabei im Spiegel des Verständnisses der Architektur als Sprache[130] herausarbeiten.

Kommunikation findet allgemein betrachtet innerhalb eines sinnhaften Mediums statt, das heißt innerhalb eines auf Codes aufbauenden Zeichensystems, das so beschaffen ist, dass die Grundlage eines gemeinsamen Verstehens potentiell gegeben ist. Es bildet, der wissenssoziologischen Perspektive nach Peter L. Berger und Thomas Luckmann folgend, eine »Bedeutungs- und Sinnstruktur, ohne die es keine menschliche Gesellschaft gäbe«,[131] die also Menschen aneinander sinnhaft ›bindet‹. Jan Assmann nennt dies die »*konnektive Struktur*«[132] in der Kultur. Kommunikation ist folglich bedeutungsvoll und intersubjektiv, wobei sie mittelbar zwischen zwei oder mehreren Parteien (nicht unbedingt Personen) stattfindet, die in einem kommunikativen Vorgang involviert sind. Damit sich Kommunikation ›vollzieht‹, bildet die Existenz eines Mediums die Voraussetzung, das von Sprache, Schriftsystemen oder Bildern eine

---

128 Zur Ausdehnung einer an Materialität orientierten Erziehungsgeschichte vgl. Priem, König & Casale (Hg.) 2012.
129 Zur Frage, was »pädagogische« Gestaltung von Raum bedeutet, vgl. Kemnitz 2001.
130 Das Schlagwort der »Sprache der Architektur« etablierte sich vor allem in postmodernen Auseinandersetzungen. Vgl. z.B. Jencks 1991.
131 Berger & Luckmann 1970, S. 16.
132 Assmann 1992, S. 16, Hervorhebung im Original.

Reihe von Trägern umfassen kann, die in der Lage sind, Bedeutungen symbolisch zu vermitteln.

In kommunikativen Situationen findet gemäß Dewey potentiell immer Erziehung statt.[133] Eine Umgebung ›erzieht‹ demnach aufgrund ihrer kommunikativen Anlage, weil sie auf Vermittlung angelegt ist. Für die Sprache der Architektur gilt das besonders dort, wo sie sozialpolitische Anliegen transportiert.[134] Nach Dewey erstreckt sich der Erziehungsprozess im Medium der Kommunikation, womit zwischen dem Sozialen und dem Individuum eine Möglichkeit der Vermittlung geschaffen sei. »[E]ducation«, schreibt Dewey in *Democracy and Education* (1916), »consists primarily in transmission through communication.«[135]

Die Entwurfspraxis im Städtebau und in der Architektur erlaubt ein absichtsvolles Handlungsmuster, das Elemente stadträumlicher Ästhetik als Codes anlegt, die gezielt Bedeutungen transportieren und auf diese Weise gesellschaftlich ›einflussreich‹ sein ›wollen‹. Dazu muss Architektur zunächst unter einer gesellschaftlichen Folie ›lesbar‹ werden, um den Zielhorizont der Kommunikation zu verdeutlichen, der bei John Dewey in der demokratischen Gesellschaft begründet liegt.[136]

Gottfried Sempers[137] Stiltheorie ist ein Anhaltspunkt für die sozialpolitische Folie, auf der Architektur im 19. Jahrhundert zunehmend entfaltet wurde. Darin entwickelte Semper das Verständnis, dass Architektur stets auch politisch sei und – mehr als nur Form zu sein – gesellschaftliche Zustände zum Ausdruck bringe. »[A]ls mächtigste Faktoren des Stils in der Baukunst«, so Semper, »[treten] die sozialen Zustände der Gesellschaft und der Verhältnisse der Zeiten hinzu, deren künstlerisch-monumentaler

---

133 Vgl. Biesta 2006. Dewey legte seine Theorie der Erziehung als kommunikativen Prozess unter anderem in *Experience and Nature* (1925) dar. Dewey 1983, insbesondere Kap. 5.

134 Zur ethischen Bestimmung von Architektur vgl. Harries 1997, der die orientierende Funktion der Architektur herausarbeitet.

135 Dewey 1980, S. 12.

136 Vgl. Oelkers 2007.

137 Der Architekt und Architekturtheoretiker Gottfried Semper (1803–1879) war eine der einflussreichsten Figuren in der Architektur des 19. Jahrhunderts. Zwischen 1834 und 1849 war Semper Professor an der Königlichen Akademie der bildenden Künste zu Dresden. Im Zuge der Revolutionswirren flüchtete Semper zunächst über Paris nach London und ging 1855 nach Zürich, wo er Professor für Architektur am neu gegründeten Eidgenössischen Polytechnikum (heute Eidgenössische Technische Hochschule, ETH) wurde. Den Hauptsitz des Polytechnikums entwarf Semper. 1871 wechselte er nach Wien, wo er im Rahmen der Ringstraßengestaltung bereits eine Reihe von Aufträgen ausführte. Semper galt als Vertreter des Historismus, setzte aber mit der sogenannten Bekleidungstheorie Impulse in der Architekturtheorie, die die Neuerungen der Reformarchitektur der Jahrhundertwende anbahnten.

Ausdruck stets die Architektur war.«[138] Im sozialreformerisch motivierten Zugang zum Städtebau wurde die ästhetische Gestaltung absichtsvoll eingesetzt, um Werte zu vermitteln.[139] Unter diesen Vorzeichen war die städtebauliche Gestaltung *ein* Medium der erzieherischen Kommunikation. Was bedeutet diese Positionierung in Bezug auf die Kommunikation in der Architektur als eine auf moralisierende Weise erzieherische Kommunikationsform? Inwiefern wurde das kommunikative Potential von städtebaulichen und architektonischen Gestaltungsformen im öffentlichen Raum fruchtbar gemacht? Die Entwicklung der ›Sprache‹ der Architektur mag diese Fragen erläutern. Dabei etablierte die in der Renaissance erfolgte Aneignung der antiken Architekturtheorie den Rahmen für das symbolische Verständnis von Architektur in der Moderne.

Die Rede von der ›Sprache‹ der Architektur ist zwiespältig, wenn auch – besonders im Kontext postmoderner Architekturtheorien – weit verbreitet.[140] Sie steht im Verdacht, eine Metapher für die Komposition und Form der architektonischen Ästhetik zu sein.[141] Die theoretische Frage, ob Architektur ›sprechen‹ kann, wird an dieser Stelle beiseitegelassen, um vielmehr die aus wissensgeschichtlicher Perspektive bedeutsame Auffassung zu fokussieren, nach der die Architektur als sprachliches Medium zur Vermittlung von gesellschaftlichen Werten behandelt wurde.

Die Annäherung an die Architektur als sprachliches Medium ergab sich in der Renaissance aus dem Bezug der Architekturtheorie auf antike bauliche Ordnungen. Der Architekturkritiker John Summerson schält eine »klassische Sprache der Architektur« (*classical language of architecture*) heraus, die er als symbolisches Referenzsystem beschreibt. Maßgebend für die »klassische Sprache« war nach Summerson die Aneignung des in der Antike verbreiteten Systems der architektonischen Säulenordnung, womit die weitere Entwicklung der Architektur als Form mit kommunikativer Funktion geprägt wurde.[142] Der Darstellung Summersons folgend, war die römische Antike unter Rückgriff auf die Beschreibung

138 Semper zit. nach Quitzsch 1981, S. 31.
139 Die gebaute Umgebung erschien als Möglichkeit der Vermittlung von Bedeutungen, was in der reformorientierten Architektur fruchtbar gemacht wurde, aber, so könnte argumentiert werden, erst die postmoderne Architekturtheorie in ein Programm fasste. Vgl. Jencks 1991.
140 Alofsin 2006. Zur postmodernen Auffassung vgl. Jencks 1991; 2002. Auch Robert Venturi sieht die Architektur als symbolisches System. Vgl. Venturi, Scott Brown & Izenour 1977. Jencks und Venturi sind jeweils sowohl Architekten und Architekturtheoretiker, die die Postmoderne auf jeweils unterschiedliche Weise vertreten.
141 Diese Überlegung verdanke ich dem Vortrag von Noël Carroll unter dem Titel »The Language of Architecture: A Mixed Metaphor« vom 8. Februar 2012 am Center for Architecture des American Institute of Architects in New York.
142 Vgl. Summerson 1963.

der ionischen, dorischen und korinthischen Säulenordnung des römischen Architekten und Architekturtheoretikers Vitruv[143] das direkte Vorbild, das in der Renaissance hauptsächlich von den Architekten Leon Battista Alberti,[144] Sebastiano Serlio,[145] Giacomo Barozzi da Vignola,[146] Andrea Palladio[147] oder Vincenzo Scamozzi[148] angeeignet und zu einem symbolischen System mit kanonischem Charakter erweitert wurde. Seit diesen Anstrengungen galten die fünf Säulenordnungen – neben der ionischen, dorischen und korinthischen kam in der Renaissance die toskanische und die komposite[149] Ordnung hinzu – als maßgebendes System für die architektonische Entwurfspraxis.[150]

[143] Vitruv lebte im ersten Jahrhundert v.u.Z.; über seine Person sind wenige gesicherte Informationen verfügbar. Von Vitruv stammen die *Zehn Bücher der Architektur*, die erste theoretische Abhandlung der Architektur. Zu Vitruv und das historische Umfeld seiner Architekturtheorie vgl. Fritz 1995.

[144] Leon Battista Alberti (1404–1472) war Schriftsteller, Architekturtheoretiker und Architekt. Er wirkte in mehreren Städten Italiens, unter anderem in Rom und Florenz. Seine architektonischen Entwürfe waren stilprägend für die Renaissance.

[145] Sebastiano Serlio (1475–1554), ein italienischer Architekt, Theoretiker und Maler, war hauptsächlich in Venedig tätig. Sein architektonisches Werk war unter anderem deshalb einflussreich, weil es praxisnah geschrieben war.

[146] Giacomo Barozzi da Vignola (1507–1573) wirkte als Architekt hauptsächlich in Rom, wo er unter anderen mit Michelangelo an der Errichtung des Petersdoms beteiligt war. Von Vignola stammte unter anderem auch die Kirche Il Gesù in Rom (Baubeginn 1568, eingeweiht 1584). Wie bei Serlio zeichnete sich Vignolas architekturtheoretisches Werk durch Praxisnähe aus.

[147] Andrea Palladios (1508–1580) architektonisches Schaffen wurde stilprägend im sogenannten Palladianismus, der große Wirkmacht auf die architektonische und architekturtheoretische Entwicklung in Italien und Europa genommen hat (vor allem in der Vorbereitung des Klassizismus). Ein ausgeprägtes Maß an Symmetrie und Proportionalität bildeten die bedeutsamsten Kennzeichen der Architektur Palladios, wie beispielsweise die Villa Rotonda in Vicenza demonstriert.

[148] Vincenzo Scamozzi (1552–1616) war ein Architekt und Architekturtheoretiker der späten Renaissance und zeigte in seinem praktischen wie theoretischen Werk manieristische Züge. Dabei perfektionierte er den Palladianismus mit umfassender Gelehrsamkeit.

[149] Das ist eine Kombination von ionischen Voluten (schneckenförmigen Spiralen) und korinthischen Akanthusblättern.

[150] Die wichtigsten architekturtheoretischen Abhandlungen dieser Autoren sind: *De re aedificatoria* (zuerst 1485 in Florenz gedruckt) von Alberti; die *Sieben Bücher* von Serlio; *Regola delli Cinque Ordini d'Architettura* (1562) von Vignola; *I Quattro Libri dell'Architettura* (zuerst 1570 in Venedig gedruckt) von Palladio; *Dell'Idea dell'Architettura Universale* (zuerst 1615 in Venedig gedruckt) von Scamozzi.

Summersons Argument für die Sprache der Architektur ist historisch begründet. Er sieht sie in der Aneignung eines symbolischen Systems, die zur Entwicklung einer architektonischen Grammatik führte, die das antike Vorbild von der Kontingenz befreite, es perfektionierte und in einen fest gefügten Kanon überführte.[151] Die Sprache der Architektur war nach Summerson auf die Vermittlung von diesen klassischen Werten ausgerichtet. Ihm zufolge dienten die Säulenordnungen häufiger einem expressiven und seltener einem funktionellen Zweck:

»they conduct the building, with sense and ceremony and often with great elegance, into the mind of the beholder. Visually, they dominate and control the buildings to which they are attached.«[152]

In der architektonischen Gestaltung wurde damit in der Renaissance, so Summerson, eine Aussage zum Ausdruck gebracht, die die Architektur bis in die Moderne hinein beeinflusst habe.[153] Diese Argumentation unterstützt auch der Architekt und Architekturtheoretiker Robert M. Stern. Er sieht die klassische Sprache in die moderne Architektur ›hinübergerettet‹, die vom Klassizismus beeinflusst gewesen sei. Stern bezeichnet unter diesen Vorzeichen die Architektur als »Sprache der Form« (*language of form*).[154] An zahlreichen Beispielen postmoderner Architektur diskutiert er moderne Interpretationen des Klassizismus als eines von drei ästhetischen Paradigmen, die die Architektur im 19. Jahrhundert hervorgebracht habe.[155] Aus der Perspektive, die zurück in die klassische Vergangenheit führte, zeigte sich das klassizistische Paradigma dabei als Suche nach »grammar, vocabulary, and rhetoric of the Classical language«.[156]

Die ›Sprache‹ der Architektur baute dieser knappen Schilderung zufolge auf einer Grammatik auf, die in der Renaissance im Prozess der Aneignung der antiken Architektur in Form der Definition von fünf fundamentalen Säulenordnungen entwickelt wurde. Die architektonischen Ordnungen wurden in Italien kanonisiert und zuerst von Filippo Brunelleschi[157] im Florentiner Findelhaus *Ospedale degli Innocenti* (begonnen 1421) umgesetzt.[158] Im Zuge dieses Aneignungsprozesses wurde die ›Sprache‹ der Architektur als ein symbolisches System etabliert, das auf

151 Summerson 1963, S. 10. Vgl. dazu Fritz 1995.
152 Summerson 1963, S. 14.
153 Ebd., S. 40ff.
154 Stern 1988, S. 7.
155 Ebd., S. 8. Neben dem klassizistischen Paradigma benennt Stern das vernakuläre und prozess- oder produktbasierte Paradigma.
156 Ebd.
157 Filippo Brunelleschi (1377–1446) war ein einflussreicher Florentiner Architekt der Frührenaissance. Von ihm stammt etwa die Kuppel des Doms in Florenz.
158 Pevsner 1985, S. 177. Vgl. auch Giedion 1967, S. 32ff.

einer Grammatik der ästhetischen Ordnung beruhte. Auf der Grundlage des kanonisierten, ästhetisch-symbolischen Referenzsystems der tradierten architektonischen Ordnungsformen wurden Bedeutungen mit ästhetischen Mitteln zum Ausdruck gebracht.[159] Die Aneignung antiker Ordnungen war dabei ein Aspekt der Sprache der Architektur, zu der eine für diese Ausdrucksform eigene Spezifik hinzukam, und zwar die Funktionalität des Gebäudes. Sie stellte den symbolischen Ausdruck in den Kontext des Gebrauchswerts einer gebauten Umgebung. Umberto Eco beschreibt die funktionelle Dimension in seiner Theorie der Semiotik als Denotation. Ein Dach hat beispielsweise die Funktion, das Gebäudeinnere von äußeren Wettereinflüssen abzuschirmen.[160] In dieser Hinsicht entfalte sich die Kommunikation im »architektonischen Zeichen«, indem es die Funktion des Gebäudes bzw. des Bauelements ›Dach‹ zum Ausdruck bringe. Eco beschreibt das Gebäude oder eines seiner Elemente als »*vehicles*« architektonischer Zeichen.[161] Die Kommunikation über architektonische Zeichen entfalte sich aber nicht nur in der denotativen Dimension, sondern gleichzeitig über Konnotationen, die sich im kulturellen Kontext erschließen. Deshalb unterscheidet Eco von den denotativen »*vehicles*« die konnotativen »*meanings*«, die in der ›Lektüre‹ der architektonischen Zeichen zutage treten. »*Meanings*« beziehen sich auf die qualitative Ebene, die darüber entscheidet, *wie* Funktionen von Personen, die ein Gebäude bewohnen und benutzen, praktisch umgesetzt und gebraucht werden. Deshalb könne es weder eine rein symbolische, noch eine rein funktionelle Architektur geben, außer in solchen Fällen, in denen architektonische Symbole auch als Funktion verstanden würden.[162]

In der Architektur findet Kommunikation unter Aktivierung ästhetischer Codes statt.[163] Sie sind in Formen, Stilen und Designs enthalten, die im Entwurfsprozess Gestalt annehmen.[164] Das Medium der Übertragung von Bedeutung ist eine ästhetische Zeichensprache, die in archi-

---

159 Auch moderne und postmoderne Architektur muss im Rahmen dieses Referenzsystems ›gelesen‹ werden. Unabhängig davon hat Sigfried Giedion in seinem Buch *Space, Time and Architecture* die Tradition in der Entwicklung der Architektur betont. Ebd.

160 Vgl. Eco 1997.

161 Ebd., S. 184.

162 Eco bringt deshalb die Unterscheidung zwischen »primary« und »secondary functions« ins Spiel. Ebd., S. 187f.

163 Thyssen 2011, S. 259ff.

164 Unter semiotischem Blickwinkel erscheint die architektonische Position, dass die Form der Funktion folge, womit diese den architektonischen Symbolismus für sich ablehnt, als Attitüde. Robert Venturi, Denise Scott Brown und Steven Izenour entlarven in ihrer postmodernen Kritik in *Learning from Las Vegas* (1972) diesen

tektonischen Elementen wie dem architektonischen Stil, den Ornamenten, Reliefs oder der Gliederung der Baumassen zum Ausdruck kommt. Die Entwurfsarbeit in der Architektur entspricht der Herstellung einer Ordnung, die sich in ästhetischen Codes kristallisiert. Nach Ansicht des Architektur- und Städtebauhistorikers Vittorio Magnago Lampugnani sind Entwürfe grundsätzlich auf Ordnen ausgerichtet: »Der bestmögliche Ausdruck für die Form einer Stadt, einer Architektur, einer Inneneinrichtung oder eines Gebrauchsgegenstands«, schreibt Lampugnani in einem allgemeinen Sinn über die Entwurfspraxis,

»umfasst immer eine Dialektik von Ordnung und Unordnung: Diese entsteht im Aufeinandertreffen von Entwurf und Leben. Dabei stellt der Entwurf die möglichst umfassende und absolute Ordnung dar, welche die Unordnung des Lebens vorsichtig umgibt.«[165]

Der ordnende Versuch des städtebaulich-architektonischen Entwurfs kann auf die Vermittlung moralischer Ideale abzielen, wie in Sittes städtebaulichem Programm, wonach der gestaltete Raum das Erleben des Menschen lenken sollte, der sich in diesen Ensembles bewegt.[166] Die Kontrolle, wie die Bedeutung, die die architektonische Form nach den Entwurfsabsichten transportieren soll, aufgenommen wird, ist dabei nicht gegeben – die Aneignung ist einer eigenwilligen Dynamik unterworfen, auch wenn der Entwurf mit erwünschten Effekten kalkuliert.[167]

Aus einer postmodernen Perspektive unterteilt der Architekt und Architekturtheoretiker Robert Venturi gemeinsam mit seiner Co-Autorin Denise Scott Brown und seinem Co-Autor Steven Izenour im Buch *Learning from Las Vegas* die Architektur in zwei mögliche Kategorien. In Venturis Begrifflichkeit bestehe sie einerseits in der Kategorie »*duck*« – den Begriff bildet er in Anlehnung an ein Gebäude in Entenform, das 1931 auf Long Island im Bundesstaat New York zum Verkauf von Geflügelprodukten errichtet wurde – und andererseits in der Kategorie »*decorated shed*«. Beide Kategorien zeichneten sich durch einen kommunikativen Charakter aus und seien letztlich symbolische Formen. Als »*vehicles*« der Kommunikation und mit »*meanings*« ausgestattet entsprächen sie allerdings zwei unterschiedlichen Formen: Architektur nach dem Muster »*duck*« sei eher der Logik einer Skulptur zuzuordnen, die die denotativen und konnotativen Bedeutungen in der Gebäudeform, also in einem skulpturalen Sinn zum Ausdruck bringe, denn das Gebäude in Entenform signalisiere zugleich seine Funktion; das »*decorated shed*«,

»refusal to acknowledge symbolism«. Venturi, Scott Brown & Izenour 1977, S. 137f.
165 Lampugnani 2011, S. 70.
166 Zur räumlichen Sprechweise der Architektur vgl. auch Scruton 1979.
167 In de Certeaus Gegenüberstellung zur Strategie ist die Aneignung das Feld der »listigen« Taktiken. De Certeau 1988, S. 89.

dessen Ausprägungen Venturi hauptsächlich an der Architektur am *Strip* von Las Vegas veranschaulicht, kommuniziere hingegen die Funktion des Gebäudes durch die Applikation von Symbolen (Beschriftungen, Leuchten, Piktogrammen usw.). Ungeachtet der Ironie, die in dieser Theorie eine gewisse Rolle spielt, lässt sich aus Venturis Unterscheidung ableiten, dass architektonische »Dekorationen« wie Fassadenbilder, Reliefs, Ornamente oder an die Fassade applizierte Skulpturen gesellschaftliche Werte kommunizieren. Sie sind ästhetisch codierte *»vehicles«*, die konnotativ zugänglich sind, weil sie mit moralisch aufgeladenen *»meanings«* verknüpft werden. Jan Capol zeigt dies etwa in seiner Studie über Fassadenbilder an Gebäuden der Baugenossenschaft Zürich in den 1920er und 30er Jahren, die häufig eine moralische Stoßrichtung aus der Verklärung des bäuerlich-ländlichen Lebens in einer Zeit der wirtschaftlichen Not entfalteten, in der – im Sinne einer »erfundenen« Tradition[168] – die Großstadt besonders empfänglich war für das vermeintliche Bild der Einfachheit eines sich selbst versorgenden Lebens auf dem Land.[169] Gleichzeitig kam in diesen Bildern die Tugendhaftigkeit eines naturverbundenen und arbeitsamen Lebens zum Ausdruck.[170]

Als *»vehicles«* der Kommunikation von *»meanings«* fungieren in der Architektur auch Gebäudeeingänge. Sie illustrieren beispielhaft die Vermittlung moralischer Botschaften durch die Wahl bestimmter Formensprachen für architektonische Elemente. Um die Jahrhundertwende wurden in Zürich bei der Gestaltung von Schulhauseingängen etwa unterschiedliche kommunikative Programme verfolgt. In den 1890er Jahren entstand in Zürich-Wiedikon eine Gruppe von städtischen Schulhäusern am Areal »auf dem Bühl« (erbaut 1899–1901), deren Errichtung im Zeichen der Aufwertung dieses Arbeiterquartiers stand.[171] Im historistischen Stil erbaut, setzten sie einen bildungsbürgerlich codierten Gegenpunkt, indem der Eingang zentral angeordnet war und eine selbstbewusste und zugleich zurückhaltende Präsenz vermittelte. Die Bildung, die Kinder in diesen Gebäuden erlangten, wurde mit architektonischen Mitteln als ›bedeutungsvoll‹ kommuniziert. Diese gestalterische Auffassung

---

168 Vgl. Hobsbawm 2003.
169 Vgl. Capol 2000.
170 Dies ist eine weit verbreitete Konnotation, die beispielsweise auch die Reliefs am Zürcher Amtshaus (erbaut 1911–1914, Architekt Gustav Gull) hervorrufen.
171 Diese Schulhäuser wurden unter dem Zürcher Stadtbaumeister Arnold Geiser errichtet. Geiser (1844–1909) wurde 1875 Stadtbaumeister in Zürich. Er studierte in Zürich am Eidgenössischen Polytechnikum bei Gottfried Semper Architektur. In seiner Amtszeit entstand eine Reihe von Neubauten und Stadtumgestaltungen (zum Beispiel die Neugestaltung des Kratzquartiers), die stilistisch im Zeichen des Historismus standen.

änderte sich unter gewandelten ideologischen Voraussetzungen nach 1900, wie am heute so benannten Schulhaus Hans Asper in Zürich-Wollishofen gezeigt werden kann, das zwischen 1910 und 1912 erbaut wurde.[172] Das architektonische Prinzip dieses Schulhauses folgte gesamthaft und insbesondere in der Gestaltung des Eingangsbereichs einer Ästhetik, die eher die Botschaft zum Ausdruck bringen sollte, wonach der Eingang in seiner Unscheinbarkeit den Zutritt in eine behütende, abgeschlossene Welt vermittelte. Der allgemeine ästhetische Gestus war am kollektiven Wert der Bescheidenheit ausgerichtet.

Der kursorische Blick auf diese Beispiele zeigt, dass sich die Ansicht, dass Architektur der Kommunikation von Werten dienen könne und auch müsse, im Umfeld architektonisch-künstlerischer Neuerungsbewegungen und dort besonders in vernakulären Strömungen, wie den mit der Idealisierung der Heimat verbundenen Stilrichtungen, zunehmend verbreitete.[173] In dieser Grundstimmung entwickelte sich als Reaktion auf die stilistische Pluralität des 19. Jahrhunderts eine emphatische Position, die in Ecos Terminologie in der Architektur ein progressives, moralisierendes »*vehicle*« von »*meanings*« sah.

Vor allem die Neuentdeckung der Gotik im 19. Jahrhundert stand in diesem Zusammenhang. Sie war Ausdruck einer Hinwendung an vernakuläre Traditionen, die zuerst in Großbritannien und danach in ganz Europa einflussreich wurden. Der Architekturkritiker und Kunsttheoretiker John Ruskin[174] diskutierte in diesem Sinn die moralischen Aufgaben

---

172 Der Architekt dieses Schulhauses war Friedrich Fissler. 1905 startete aufgrund der gewachsenen Bevölkerung ein groß angelegtes Bauprogramm zur Errichtung städtischer Schulhäuser. Das Schulhaus Hans Asper verkörperte den neuen Heimatstil, der den Schulhausbau um 1910 charakterisierte. Weitere Beispiele sind: Schulhaus Riedtli, erbaut 1907–1908, Architekten Bischoff & Weideli; Schulhaus Sihlfeld in Zürich-Aussersihl, erbaut 1914–1916, Architekt Friedrich W. Fissler; Schulhaus an der Limmatstrasse im Kreis 5, erbaut 1908–1910, Architekten Gebrüder Pfister. Kurz 2000b, S. 12ff. Des Weiteren ist das Waisenhaus an der Butzenstrasse in Zürich-Wollishofen zu nennen, erbaut 1909, Architekt Friedrich W. Fissler (vgl. Abb. 11). Zum Schulhausbau in der Schweiz mit Angaben zu Zürich vgl. Helfenberger 2013.

173 Vgl. Aigner 2010. Zur Schweiz vgl. Crettaz-Stürzel 2005a.

174 John Ruskin (1819–1900) war Kunstkritiker und Publizist und ab 1869 Professor für Kunst an der Universität Oxford. Ruskins frühe Schriften standen für die neu entdeckte Wertschätzung der Romanik und Gotik, womit er die Entwicklung der viktorianischen Architektur in Großbritannien beeinflusste. Ab den 1850er Jahren wurde Ruskin zunehmend zu einer öffentlichen Figur und publizierte Kritiken über die zeitgenössische Kunst. Er stand der präraphaelitischen Bruderschaft nahe und unterstützte soziale und ästhetische Reformen. Ruskin unternahm zahlreiche Reisen, unter anderem auch in die Schweiz. Er war mit dem Sozialreformer Thomas Carlyle befreundet.

der Architektur und legte damit die ideologischen Grundlagen der, wie weiter unten genauer dargestellt wird, einflussreichen Arts-and-Crafts-Bewegung. Ein Charakteristikum dieser Bewegung war die Idealisierung des Handwerks, das die Sehnsucht nach vorindustriellen Fabrikationsweisen stillte. Die Arts-and-Crafts-Bewegung wirkte in erster Linie, aber nicht nur, auf das Kunsthandwerk und die Architektur. Auch der Städtebau wurde von dieser Bewegung beeinflusst, wofür auch Camillo Sittes Konzept stand. Im *gothic revival* bündelten sich Kräfte einer ästhetischen Wertegemeinschaft, die ihre Aufgabe in der handwerklichen Genauigkeit und im arbeitsamen, nach ästhetischen und nicht nach ökonomischen oder repräsentativen Prinzipen ausgerichteten Streben sah. Die Anhänger dieser Strömungen lehnten die repräsentative Ästhetik des Historismus gesamthaft ab. Zu ihnen zählten neben Ruskin vor allem Augustus Welby Pugin[175] und William Morris.[176] Als Muster diente die gotische Kathedrale, deren ästhetisches Prinzip von der Vorstellung der alles, das heißt auch kleinste Details überblickenden Perspektive bestimmt wurde. Die gotische Kathedrale verkörperte einen Wert, der auf die Einbildungsfähigkeit des Betrachters in dieses Prinzip abzielte, das durch die schiere Arbeitsamkeit überwältigte. Dieses wiederentdeckte Prinzip hob sich insbesondere gegenüber der Architektur der Renaissance ab, deren Prinzip vom imaginären Standpunkt der harmonischen Stellung des Menschen aus der Zentralperspektive heraus bestimmt wurde.

In seinem mehrbändigen Werk *The Stones of Venice* (1869) lieferte Ruskin neben einer ausführlichen Dokumentation des baulichen Erbes der Stadt Venedig eine Beschreibung der Werte der Architektur, womit er eine Sicht zum Ausdruck brachte, welche die Architektur in eine

---

175 Augustus Welby Pugin (1812–1852) war ein englischer Architekt und Architekturkritiker. Er war eine der treibenden Kräfte in der Etablierung des *gothic revival* in England und strebte eine christlich-religiöse Erneuerung der Gesellschaft an. Er baute zahlreiche Kirchen, entwarf Möbel im gotisierenden Stil und wirkte als Bühnenausstatter.

176 William Morris (1834–1896) war ein englischer Designer, Schriftsteller und sozialistischer Aktivist. Morris war Mitglied der präraphaelitischen Bruderschaft und ein enger Freund des Malers Edward Burne-Jones. Von John Ruskin übernahm Morris die Wertschätzung für die Gotik. Seine gestalterischen Arbeiten umfassten beispielsweise Tapeten- und Stoffmuster. Sein schriftstellerisches Werk schloss Erzählungen, Sagen und Gedichte mit ein, die häufig mittelalterliche und nordische Stoffe verarbeiteten. Ab den 1870er Jahren engagierte er sich zunehmend im politischen Feld, zunächst mit der Gründung der Society for the Protection of Ancient Buildings (gemeinsam mit Philip Webb), später mit der Mitgliedschaft in sozialistischen Gruppierungen und der Teilnahme an Demonstrationen und Aufständen. Er verfasste auch Abhandlungen zum Sozialismus. In den 1890er Jahren nahm er Vorsitzpositionen in der Arts and Crafts Exhibition Society und der Art Workers' Guild ein. 1891 gründete er die Kelmscott Press.

kommunikativ-moralische Dimension rückte. Ruskin wies dem Gebäude drei Aufgaben zu:

»1. That it act well, and do the things it was intended to do in the best way. [/] 2. That it speak well, and say the things it was intended to say in the best words. [/] 3. That it look well, and please us by its presence, whatever it has to do or say.«[177]

Diese drei Aufgaben erinnern an Vitruvs Anforderungskatalog an die Architektur: *utilitas* (Nützlichkeit), *firmitas* (Festigkeit) und *venustas* (Schönheit und Anmut). Sie wurden von Ruskin explizit mit moralischen Ansprüchen verknüpft –»act well«, »speak well« und »look well« –, womit er die Architektur als ein Medium definierte, das Werte bedeutungsvoll vermitteln könne und solle.

### 2.2.3 Moral und das ›Funktionieren‹ der Gesellschaft

Unter Maßgabe von Vitruvs System kam der Architektur eine kommunikative Rolle zu, die im 19. Jahrhundert in Strömungen wie dem *gothic revival* in einem explizit moralischen Zusammenhang fruchtbar gemacht wurde. Jencks Analyse des »call to morality« verdeutlicht diese Auffassung, die bereits Ruskins Forderung danach enthielt, die architektonische Gestaltung zu einem »guten« Ergebnis kommen zu lassen: Die Architektur habe eine kommunikative Eigenschaft und daher Werte in den baulichen Formen ästhetisch zur Sprache kommen zu lassen. Zugleich wird die Architektur auf diese ethische Position verpflichtet und als ein Bereich gesellschaftlicher Praxis gesetzt, deren Ausgangspunkt in der Formulierung ethischer Intentionen besteht.

Diese strategische Positionierung der Architektur lenkt den Blick auf die Frage, inwiefern Architektur als Mittel *moralischer* Kommunikation zu verstehen ist. Die moralische Aufladung der Architektur erfolgte in der sozialreformerischen Auslegung (und auch bereits bei Ruskin) in einem Kontext, in dem die großstädtische Gesellschaft als dekadent und moralisch mangelhaft erlebt wurde. Sie stand daher im Rahmen des Ringens um eine moralische Gesellschaft, was in einer normativen Sicht das Sicherstellen des Funktionierens der Gesellschaft im Hinblick auf die sozialen und kulturellen »Risiken« der Moderne bedeutete.

Für die Analyse von Erziehung ist der Moralbegriff, wie bereits erläutert, zentral.[178] Als Versuch der Steuerung von Einstellungen, Werten und Verhaltensweisen über kommunikative Konstellationen ist das Erziehungsgeschehen unweigerlich im Feld der Moral angesiedelt. In

---

177 Ruskin 1869a, S. 39f.
178 Zum Überblick über Moral in der ethischen Reflexion vgl. Düwell, Hübenthal & Werner 2006.

Anlehnung an Foucault zielt die Steuerung gesellschaftlicher Moralität im »Sicherheitsdispositv« auf die Minimierung der Risiken durch Abweichungen von der gesellschaftlichen »Normalität« ab mit dem Ziel, dass die einzelne Person »gut funktioniert[...] als Element jener Sache, die man auf die bestmögliche Art verwalten will, nämlich der Bevölkerung.«[179] Diese Strategie konstituierte auch den Handlungsrahmen für die sozialreformerische Stadtraumgestaltung.

Die zur Jahrhundertwende erfolgte Neuausrichtung der städtebaulichen Gestaltung auf moralische Ziele erhielt einen wesentlichen Antrieb aus der Pluralisierung gesellschaftlicher Moralvorstellungen und von Vorstellungen von Normalität.[180] Der »call to morality« (Ch. Jencks) entwickelte seine Dynamik auf der Folie eines Ordnungsstrebens, das im Kontext der »ambivalenten« Moderne Bedeutung erlangte. Die großstädtischen Verhältnisse offenbarten zunehmend die einleitend erwähnte »Schattenseite«, die sich sowohl ästhetisch als auch sozial niederschlug. Der Ausgangspunkt für die Etablierung einer intentionalen Position war zunächst die intuitive Erfassung der Krise und dann das zunehmend ausdifferenzierte Problembewusstsein um die großstädtischen Verhältnisse. Unterschiedliche Möglichkeiten der Erhebung und Analyse kreierten eine als objektiv wahrgenommene Wirklichkeit eines umfassenden gesellschaftlichen »Risikos«.[181] In der Entdeckung der städtebaulichen Gestaltung als moralerzieherisches Feld waren solche Wissenskonfigurationen wesentliche Aspekte. Das diagnostische Wissen zum moralischen Zustand der Gesellschaft etablierte die strategische Position, von der aus interventive Maßnahmen erfolgten. Der ›moralische‹ Zustand der Gesellschaft wurde als zentrale Eigenschaft einer ›gut‹ funktionierenden Gesellschaft betrachtet, was die Ausrichtung architektonischen und städtebaulichen Gestaltens an ethischen Prinzipien erleichterte.[182]

Ohne an dieser Stelle auszuführen, was ›gute‹ Ordnung implizierte, interessiert zunächst, dass um 1900 moralische Ziele zur Legitimation von Maßnahmen in der Gestaltung des städtischen Raums formulierbar

179 Foucault 2004, S. 71.
180 Vgl. Bauman 2005.
181 Zu den relevanten Wissensbereichen vgl. Kap. 5.
182 Zur Diskussion der Moralität als Bereich des sozialen Systems vgl. Gert 2005. Bernard Gert vertritt eine universalistische Sicht der Moralität, indem er betont, dass Moral (im Sinne von Werten und Urteilen) einer Zwecklogik folgt: »every feature of morality must serve a purpose«. Ebd., S. 5. Dank dieser Anbindung an einen Zweck ist es möglich, den Grad der Konsistenz von moralischen Urteilen zu diskutieren, aber nicht, die Moralität als Bereich in Frage zu stellen, in welchem moralische Urteilsfindung und Handlung stattfindet. Die Unterschiedlichkeit von Moralsystemen, die im Vergleich von Gesellschaften und ihren Teilsystemen zutage tritt, sei demnach auf Variationen zurückzuführen. Ebd., S. 363f.

wurden und dass die Krisendiagnosen zentrale Argumente für die Moralisierung der Gesellschaft bereitstellten, die zur Sicherstellung des ›Funktionierens‹ der Gesellschaft als erforderlich angesehen wurden. Aus der Wechselwirkung von Erfahrung und narrativen Sinnbildungen wurden so Dynamiken angestoßen, die nach de Certeaus Begrifflichkeit der strategischen Besetzung des Feldes der Stadtraumgestaltung über erzieherische Mechanismen zugrunde lagen.

Emile Durkheims Moraltheorie verdeutlicht die für das strategische Handeln um 1900 wirkmächtige Wissenskonfiguration, nach der die Gesellschaft als Funktionssystem beschrieben wird. Durkheim betrachtet darin die Moral als ›Bindemittel‹ des gesellschaftlichen Funktionssystems, das die Transponierung zwischen gesellschaftlicher und individueller Sphäre erklärt. Zugleich betrifft die Moral als empirische »Tatsache« ein historisch wandelbares, kontingentes System.[183] Diese theoretische Zuspitzung ermöglicht eine begriffliche Annäherung an die massenkommunikative Ausprägung der Erziehung durch Umweltgestaltung, indem die gesellschaftliche Dimension im Zentrum steht. Durkheims Moraltheorie wird nachfolgend hauptsächlich anhand seines Textes *Erziehung, Moral und Gesellschaft* diskutiert, worin er insgesamt als Hauptzweck der Pädagogik die Vermittlung von Moral zur Sicherstellung des Funktionierens des gesellschaftlichen Regelsystems beschreibt. Auf der Folie dieser Auseinandersetzung mit Durkheim wird die Geschichte der Stadtraumgestaltung als eine Form von Erziehung in der Moderne greifbar, die sich im Hinblick auf die Krise des gesellschaftlichen Funktionszusammenhangs kristallisierte. Durkheims Theorie schärft zugleich den Blick für die epistemologischen Vorzeichen einer erfahrungsbezogenen, theoretischen Wissenskonfiguration und somit den zeitlichen Zusammenhang des wechselseitigen Bezugs theoretischer Auseinandersetzungen mit den geschichtlichen Äußerungsformen erzieherischen Handelns.

In einer von der historischen Materialität ausgehenden Perspektive auf Theorie interessiert, dass Durkheim das Funktionieren der Gesellschaft gleichermaßen als verbindlich und als erstrebenswert für die einzelne Person definiert. Es lässt sich in vier Schritten darlegen, die zugleich die strategische Position erschließen, in der das Kalkül des Funktionierens der Gesellschaft einen zentralen Stellenwert aufweist: erstens die methodologische Erklärung der Moral als eigenständiger Bereich des Sozialen; zweitens die Erklärung der Eigenständigkeit der Moral anhand ihrer historischen Etablierung; drittens die Ansiedlung des moralischen Feldes an der Schnittstelle zwischen Individuum und Gesellschaft; und viertens die aus den vorhergehenden Schritten zu ziehende Erkenntnis, dass die Voraussetzung für das Funktionieren der Gesellschaft die gesellschaftliche Regulierung nach moralerzieherischem Muster bildet.

183 Zu Durkheims Moraltheorie vgl. auch Isambert 2013.

In prinzipieller Hinsicht beschreibt Durkheim *erstens* die Eigenschaft der Moral als »*fait social*«.[184] Das Soziale nehme einen eigenständigen Rang ein und gebe sich in Form von Tatsachen (»*faits sociaux*«) zu erkennen, die Durkheim als soziale Dinge (»*choses*«) beschreibt. Wie Durkheim in *Les règles de la méthode sociologique* (1895) festhält,[185] sind sie Tatsachen, die aus dem sozialen Zusammenhang heraus entstehen[186] und empirisch erfahrbar sind. Er nennt als Beispiele Rechtsnormen oder die Statistik, die ihn als Wissenssysteme interessieren, die Bewegungen des Alltags darstellen. Als soziale Tatsachen beschäftigen ihn aber auch Denkmäler, Umgangsformen oder ästhetische Vorlieben, was Durkheim in Kunstwerken veranschaulicht sieht.[187] Sein methodologisches Interesse besteht darin, Verhaltensnormen zu beschreiben und materiell festzumachen. In der Eigenschaft als Dinge seien diese, so Durkheims Zugang, erfahrbare und damit messbare Realitäten, die sich in unterschiedlichen Bereichen jeweils zum Ausdruck bringen[188] und die durch die wissenschaftliche Methode dargestellt werden können. Moral lasse sich als ein empirisch fassbares Phänomen beschreiben, das sich in der ökonomischen, rechtlichen oder sittlichen Wirklichkeit und Reglementierung abbilde.[189] In dieser Lesart bezeichnet Moral die empirische Gesamtheit von Normen, Sitten, Gepflogenheiten, Anschauungen und gesetzlichen Reglementierungen innerhalb einer Gesellschaft. Sie ist als Funktion bestimmt, die Richtwerte, Regelwerke und den Referenzrahmen für die Wahl einer Handlungsoption aus einer Vielzahl von Möglichkeiten in konkreten Situationen liefert. Sie bilde den Bezugspunkt für die Bewertung von eigenen und fremden Handlungen und bestimme Handlungsmöglichkeiten.[190] Nach Durkheim liegt die Funktion der Moral somit im Feld der Handlungen, die in konkreten Kontexten stehen

---

184 »Est fait social toute manière de faire, fixée ou non, susceptible d'exercer sur l'individu une contrainte extérieure; ou bien encore, qui est générale dans l'étendue d'une société donnée tout en ayant une existence propre, indépendante de ses manifestations individuelles[...].« Durkheim 1919, S. 19, Hervorhebung im Original.

185 Ebd., S. 35.

186 Ebd., S. 24.

187 Ebd., S. 39.

188 »Le droit existe dans les codes, les mouvements de la vie quotidienne s'inscrivent dans les chiffres de la statistique, dans les monuments de l'histoire, les modes dans les costumes, les goûts dans les œuvres d'art.« Ebd.

189 Durkheim 1984, S. 143.

190 Durkheim räumt in der Frage, worauf solche Überzeugungen des sozialen Handelns fußen, der Religion eine bestimmende Rolle ein. Durkheim 1960, S. 13.

und das ›Soziale‹ hervorbringen.[191] Die soziale Bedeutung der Moral liege darin, »dass der Bereich der Moral dort beginnt, wo der soziale Bereich beginnt.«[192] *Zweitens* wird nach Durkheims Auffassung Moral als »*fait social*« zwar sozial konstruiert, aber dabei nicht ständig neu etabliert. Die Moral verdanke sich einer Genese, die ihre Dynamik aus kulturellen und sozialen Traditionen heraus beziehe. Da der Mensch als soziales Wesen moralisch bestimmt sei, legt Durkheim den Angelpunkt der Moral in der gesellschaftlichen Bestimmung der Natur des Menschen fest, die er als geschichtlich eingebettet betrachtet.[193] Moralität liege im sozialen Leben, das sich auf bereits erreichten Stufen jeweils neu aktualisieren müsse: Sie sei die Eigenschaft einer »fortschreitende[n] Verwirklichung der Idee der Menschheit«.[194] Moral setze sich aus kollektiven Bedeutungen zusammen, die in vielfältigen Formen gespeichert und tradiert werden.[195] Die Funktion tradierter Bedeutungen, die als ein symbolisches Netz verstanden werden können, werde in konkreten Handlungssituationen jeweils aktualisiert. Ein in diversen medialen Systemen manifest gewordenes Repertoire an moralischen Vorstellungen lässt die konkreten Situationen in einem bestimmten Licht erscheinen, das die Möglichkeiten von moralischen Bewertungen und Handlungen vorbestimme. Moral spiele demnach eine wesentliche Rolle in der gesellschaftlichen Konstitution, die sich in den intersubjektiven, konkreten Situationen auf einer zeitlichen Achse etabliert, die von der Vergangenheit in die Gegenwart reicht und auf die Zukunft ausgerichtet ist.[196] Moral sei sowohl durch die kulturelle Tradition determiniert und zugleich dynamisch, veränderbar und anpassungsfähig.[197] Sie beruhe auf einer symbolischen Ordnung, die trotz (oder gerade wegen) pluraler Ordnungen in der Realität bestehe und

191 Moralische Urteile müssen dabei nicht einzig in Form von sprachlichen, rationalen Äußerungen zum Ausdruck kommen. Vgl. hierzu Kap. 3.
192 Durkheim 1984, S. 111.
193 Ebd., S. 122. Zur historischen Anthropologie vgl. Tanner 2004, S. 98: »Historische Anthropologie plädiert für eine erfahrungszentrierte Geschichte des konkreten Menschen, dessen Körperlichkeit, mentale Dispositionen und soziale Praktiken in den Mittelpunkt des Erkenntnisinteresses gerückt werden.«
194 Durkheim 1984, S. 128.
195 Als Speichermedien könnten etwa das auf breiter Ebene wirkende Medium Schriftsystem oder speziellere Mechanismen wie administrative Abläufe genannt werden. Zum kollektiven Gedächtnis vgl. Assmann 1992; Assmann 2006.
196 Reinhart Koselleck bezieht deshalb »Erfahrung« und »Erwartung« bzw. Vergangenheit und Zukunft als Begriffspaare aufeinander. Koselleck 1979.
197 »Die Natur der Gesellschaft entwickelt sich ständig weiter: die Moral selbst muß also genügend biegsam sein, um sich, wenn nötig, verändern zu können.« Durkheim 1984, S. 104f. Weiter unten werde ich auf das Problem der Geltung von Moral und von sozialen Normen eingehen, die ein Kollektiv konstituieren.

als Bedeutung stiftender Bezugspunkt den Bewegungsspielraum der einzelnen Person innerhalb der Gesellschaft definiere: Sie präge die Handlungsmöglichkeiten durch tradierte Normen.[198] Eine gesellschaftliche Ordnung ist gemäß Durkheim demnach immer bereits ›vorfindlich‹: »Wenn wir in das Leben treten, finden wir schon rund um uns eine Summe von Ideen, Glaubenssätzen, Gebräuchen, die andere angenommen und vor uns geübt haben, die das Erbe unserer Vorfahren sind und die sich selbst im Lauf unserer individuellen Existenz kaum ändern. Damit sind wir nicht nur an unsere Zeitgenossen, sondern an unsere Vorgänger angeschlossen.«[199]

Durkheim nennt kollektive Formen, die jeweils das »häusliche, professionelle und bürgerliche Leben« sichern.[200] Im Rahmen einer energetischen Argumentation beschreibt Durkheim die Moral als ein System von Verboten, das die gesellschaftlichen Energien begrenze. In der Moral werde eine Kraft wirksam, die die Ausdehnung der Energien beschneide und regele. Sie fungiere nach Durkheim als »Schutzwall«, der die »menschlichen Leidenschaften brechen«[201] soll. Wirksam sei diese Kraft, weil sie den kollektiven Meinungen entstamme, die wiederum das »Gefühl einer Gruppe«[202] bildeten. Bedenkt man Durkheims Prinzip, dass moralische Fragen soziale Fragen sind, müssen moralische Begrenzungen gesellschaftlich und nicht aus den individuellen Bedürfnissen gesetzt werden. Was aber ist die Gesellschaft? Durkheim fasst das Soziale im Zusammenhang des wissenschaftlich-rationalen Zeitalters, das die Abhängigkeit ihrer Konstitution von der Religion überwunden habe, als eigenständig auf, denn nur so könne die verbindliche Kraft der Moral für die einzelnen Mitglieder der Gesellschaft erklärt werden.[203] Diese Eigenständigkeit des Sozialen bestehe aus mehr als der Summe der einzelnen Mitglieder einer Gesellschaft.

Wie in diesen beiden Aspekten – Moral als methodologisch erfassbares Phänomen des Sozialen und als Ausdruck einer historisch fundierten

---

198 »Voilà donc un ordre de faits qui présentent des caractères très spéciaux: ils consistent en des manières d'agir, de penser et de sentir, extérieures à l'individu, et qui sont douées d'un pouvoir de coercition en vertu duquel ils s'imposent à lui.« Durkheim 1919, S. 8. Zum normenregulierten Handeln vgl. auch Habermas 1981a, S. 123ff.

199 Durkheim 1984, S. 281.

200 Ebd., S. 91.

201 Ebd., S. 95.

202 Ebd., S. 138.

203 Ebd., S. 112. Durkheim erklärt das Zustandekommen dieser Eigenständigkeit des sozialen Wesens in einer Analogie anhand der chemischen Reaktion, die nach der Verschmelzung zweier Elemente ein neues Element mit neuen Eigenschaften hervorbringt.

symbolischen Ordnung – bereits anklingt, klärt der Moralbegriff *drittens* die Schnittstelle zwischen Individuum und Gesellschaft. Nach Durkheim prägen kollektive Erfahrungen das Innere der einzelnen Person.[204] Moral sei individuell, weil sie individuelle Verhaltensweisen bestimme, aber auch gesellschaftlich, weil sich das Verhalten in einem sozialen und intersubjektiven Raum erstrecke. Diese wechselseitigen Komponenten bilden gemäß Durkheim den Rahmen, in dem die individuellen moralischen Bewertungen und Handlungsweisen in eine Kohärenz mit gesellschaftlichen Geläufigkeiten und Normen gebracht werden. Sie ermöglichten und perpetuierten die Gesellschaft in ihrem öffentlichen wie auch privaten Bereich.

Daraus erschließt sich *viertens* die von Durkheim soziologisch verstandene Aufgabe von Moral, die Formen des gesellschaftlichen Zusammenlebens zu regeln. Die Moral entfalte sich innerhalb der Dimension des Kollektivs. Sie sei ein Thema von Normen und Verbindlichkeiten, die die Vergesellschaftung von Individuen sichere. Dabei werden Aspekte wirkmächtig, die etwa Fragen betreffen, wie diejenige, in welchem Verhältnis individuelle Einstellungen, Haltungen, Wertvorstellungen und Verhaltensweisen zu denjenigen stehen, die eine größere Gruppe von Mitgliedern einer Gesellschaft teilt; oder inwiefern sich in individuellen moralischen Mustern kollektiv wirksame Vorstellungen kristallisieren. Moral versteht Durkheim dabei nicht als statisch, sondern als dynamisch in die gesellschaftliche Entwicklung eingebunden.[205] Durkheim betont, dass ein moralischer Zustand nicht bei Ergebnissen stehen bleiben dürfe, also niemals abgeschlossen sei. Eine Gesellschaft müsse sich als Ganzes ein Ideal setzen und von dem Ziel geprägt sein, dass sie »wirklich moralisch gesund sei«.[206] Gemäß Durkheim bestehe der Lauf der Geschichte im kontinuierlichen Fortschritt, der es verbiete, auf eine Stufe zurückzugehen, die vor den Errungenschaften der Vätergeneration liege.[207] So ergibt sich für Durkheim die Feststellung, dass keine Kultur ohne Moral auskomme, dass aber Kulturen unterschiedliche Entwicklungsgrade der Moral aufwiesen: »Da in den niedrigen Gesellschaften die soziale Organisation sehr einfach ist, ist die Moral ebenfalls sehr einfach [...]«.[208]

---

204 Die Voraussetzung für diese Prägung des Individuums durch das Kollektiv bildet für Durkheim die These der zweifachen inneren Ausrichtung des Menschen, die neben dem egoistischen Standpunkt auch die innere Prägung durch das Kollektiv erklärt, was er in seiner Theorie des Menschen als »*homo duplex*« ausarbeitet. Durkheim 1973, S. 152; vgl. auch Shilling and Mellor 1998, S. 195. Ich werde weiter unten darauf zurückkommen.
205 Durkheim 1984, S. 61.
206 Ebd., S. 68.
207 Ebd., S. 104.
208 Ebd.

Mit dem Komplexitätsgrad der Gesellschaft steige gleichzeitig auch der Komplexitätsgrad der Moral und somit derjenige des sozialen Lebens.[209] Im Lichte der unter den großstädtischen Verhältnissen verschärften Sozialen Frage[210] sowie im Hinblick auf die als grundlegend verunsichernd empfundene Erfahrung gewandelter gesellschaftlicher, politischer, ökonomischer und kultureller Ordnungen führt die Ungewissheit und Krise die Gefährdung des gesellschaftlichen Funktionszusammenhangs und die Bedeutung der moralischen Regel zur Sicherung der »Bevölkerung« vor Augen.[211] Nicht zufällig bezog Durkheim seine argumentativen Muster auch aus der Erfahrung der moralischen Krise zu Beginn des 20. Jahrhunderts.[212] Daher ermöglichen Durkheims soziologische Analysen nicht nur, den Begriff der Moral im Hinblick auf die Gesellschaft als Funktionssystem zu verdeutlichen, das den epistemologischen Rahmen für die sozialreformerische Städtebaupolitik um 1900 bildete, sondern sie verweisen auch auf den historischen Kontext, der den Subtext im Aufkommen dieser Position bildet und der die Vorstellung zum Ausdruck bringt, die Gesellschaft via die »Reformierung« des Menschen auf neue moralische Fundamente stellen zu müssen. Wie Durkheims Theorie zeigt, setzte diese Strategie an der einzelnen Person als Trägerin einer umfassend gedachten, sozialen Moral an, um die Gesellschaft ›funktionsfähig‹ zu halten.

## 2.3 Städtebau und Architektur als »Agenturen« der Erziehung

Zusammenfassend betrachtet war die Aufgabe der Stadtraumgestaltung ein empfängliches Feld für politische Vorstellungen der Steuerung von Gesellschaft, weil der entwerfende Zugang die Hoffnung der Herstellung von Ordnung des öffentlichen und privaten Raums auf einer konzeptuellen Ebene nährte. Zahlreiche der groß angelegten städtebaulichen Maßnahmen in der zweiten Hälfte des 19. Jahrhunderts waren von einer gesellschaftsordnenden Idee getragen, wie es beispielsweise die

---

209 Die Komplexität moderner Gesellschaften zeigt Durkheim zum Beispiel anhand der Analyse der Gesellschaft im Zeichen der Arbeitsteilung. Durkheim 1893.
210 Als einer der ersten griff der in Wien tätige Ökonom und Rechtswissenschaftler Lorenz von Stein die sogenannte Soziale Frage aus soziologischer Perspektive auf. Vgl. dazu Jonas 1980a, S. 300.
211 Isambert 2013, S. 12f.; Foucault 2004.
212 Prange 2009, S. 120f.

Pariser Stadtsanierungen von Georges-Eugène Haussmann,[213] die Anlage der Wiener Ringstraße oder Daniel H. Burnhams[214] Stadtplan für Chicago verdeutlichen.[215] Der in diesen und anderen Beispielen sichtbare Ordnungsoptimismus[216] bildete die gedankliche Grundlage für moralerzieherische Strategien in sozialreformerisch ausgerichteten Zugängen zur städtebaulichen Gestaltung. Der städtebauliche Entwurf positionierte die zukünftige Gesellschaft als bearbeitbar und herstellbar; im Rahmen der zunehmend bedeutsamen kommunalen Verwaltungen – was weiter unten genauer dargestellt wird – war Stadtraumgestaltung ein neues strategisches Feld.[217] Der strukturierende Faktor für die Etablierung des Städtebaus und der Architektur als »Agenturen« der Erziehung bestand dabei in der sozialen Funktion von Moral, die im gedanklichen Rahmen des Ordnungsoptimismus darin gesehen wurde, Regeln und Normen, nach denen das Verhalten ausgerichtet und beurteilt wurde, implizit zu organisieren.[218] Auf diese Weise stellte die moralische Verfassung, oder genauer: das moralische Handeln der einzelnen Person, das ›Funktionieren‹ der Gesellschaft sicher.[219]

Der sozialreformerische Zugang zu Städtebau und Architektur entstand als Reaktion auf die Unsicherheiten der historischen Umstände der Jahrhundertwende, der in einem moralischen Optimismus lag, der unter Rückgriff auf ›wahre‹ Ideale – bei Sitte waren es die vorbildlichen

213 Georges-Eugène Haussmann (1809–1891) war Präfekt des Département Seine von 1853 bis 1870. In dieser Funktion baute er große Teile der Stadt Paris um und prägte ihr großbürgerliches Erscheinungsbild.
214 Daniel H. Burnham (1846–1912) war ein amerikanischer Architekt und Unternehmer. Gemeinsam mit John W. Root gründete er eine Firma, die in Chicago die ersten Wolkenkratzer errichtete, darunter das Montauk Building (erbaut 1881 bis 1882; später abgerissen) oder das Monadnock Building (erbaut 1889 bis 1890). Damit begründeten Burnham & Root die Chicago School in der Architektur, die später in den städtebaulichen Projekten nach Prinzipien des Beaux-Arts-Klassizismus im City Beautiful mündete, wie er für Stadtpläne für die Weltausstellung in Chicago (1893), für Washington DC, und für den berühmten Stadtplan für Chicago (erbaut 1906 bis 1909) maßgeblich war.
215 Frampton 1985, S. 23.
216 Der Ordnungsoptimismus im Städtebau zeigte sich auch auf Städtebauausstellungen wie derjenigen von Berlin im Jahr 1910. Vgl. Bodenschatz, Gräwe, Kegler, Nägelke & Sonne (Hg.) 2010.
217 Zur Stadt Zürich vgl. allgemein Kurz 2008. Zur Geschichte der Verwaltung im Kanton Zürich vgl. Illi 2008.
218 Kettner 2006, S. 427. Mit Bezug auf implizite soziale Normen betont Bernard Gerts Theorie der Moral einen Konsequentialismus, der die Vermeidung von Schaden (*harm*) als zentrale Funktion der Moral betrachtet. Gert 2005.
219 Vgl. Durkheim 1984.

»Anlagen der Alten«[220] – legitimiert wurde und daraus Optionen für die gesellschaftliche Reform schöpfte. Sittes Städtebau bezog seine Wirkmacht aus der Kritik der zeitgenössischen städtebaulichen Praxis, den »modernen Systemen«, wie er sie nannte, die auf die Verstädterung reagierte und von der allgemeinen großstadtkritischen Stimmungslage profitierte. Sitte legte damit eine prägende konzeptuelle Grundlage für die Erweiterung der städtebaulichen Frage auf gesellschaftliche Anliegen, indem er auf der Grundlage spezifischen Wissens das ästhetische Erfahren des Menschen als Maß des städtebaulichen Entwurfs stilisierte. Der moralische Horizont war daher bestimmend für sozialreformerische Konzeptionen des Städtebaus und der Architektur, die von sozialen Ordnungsideen getragen waren. Die Moralisierung, die das Funktionieren der Gesellschaft und die gesellschaftliche Kohäsion gewährleisten sollte, war der entsprechende epistemologische Bezugspunkt.

In der Perspektive von Durkheims Moraltheorie und am Beispiel von Sittes künstlerischem Städtebau lässt sich die wissensbezogene Charakteristik des sozialreformerischen Zugangs zu städtebaulichen und architektonischen Überzeugungen ablesen. Die Qualität dieser Positionierung ist in erster Linie darin zu sehen, dass die Moral der einzelnen Person in der Frage der Gestaltung des städtischen Raumgefüges ins Zentrum rückte. Sitte konzipierte in seinem Programm die ästhetische Gestaltung im Rahmen des Wissens um Wirkmechanismen. Unter anderem waren hierfür die Theorien der optischen Wahrnehmung prägend: Vor diesem Wissenshintergrund ging Sitte von der Wirksamkeit von Stadträumen aus und sprach von der »grosse[n] Menge der Bevölkerung«, auf die die künstlerische Stadt »täglich und stündlich einwirkt«.[221] In seiner autoritären Position als Künstler und Experte lag es am Städtebauer, so Sitte, die ›wahre‹ Ästhetik des städtischen Raums zu bestimmen. Diese war zugleich einer gesellschaftlichen Ethik verpflichtet. Sitte sah die ästhetische Gestaltung als ein subtiles Mittel politischer Steuerung, die der moralerzieherischen Strategie der Disziplinierung verpflichtet war. Die Konstellation des 19. Jahrhunderts, in der sich die Sphären Ästhetik und Ethik verselbständigten, ermöglichte diese politische ›Indienstnahme‹ der Ästhetik. Die Einsicht in die Wirkung des Stadtgefüges war eine Art Wissensrahmen, in dem der »Stadtbaukünstler« das Erleben der einzelnen Person in das Zentrum seiner Konzeption rückte und dabei die Moralisierung der Gesellschaft als größeres Ganzes anvisierte. In diesem Modus war städtebauliche Gestaltung strategisch auf die moralische Erziehung ausgerichtet, die sowohl die einzelne Person als auch die Gesellschaft im Blick hatte. Vor diesem Hintergrund wurde Stadtraumgestaltung als erzieherische »Agentur« dahingehend verstanden, dass sie eine Instanz der

---

220 Sitte 1901, S. 135.
221 Ebd., S. 120.

Vermittlung von Werten bildete, die über das räumliche Stadtgefüge in Form ästhetischer Codes kommuniziert wurden.

Mit der Annäherung an die moralerzieherische Strategie in der Stadtraumgestaltung über Sittes künstlerischen Städtebau als moralerzieherisches Feld liegt eine erste Folie vor, auf der die sozialreformerischen Zugänge zu Städtebau und Architektur im historischen Kontext als subtile Machtfaktoren sichtbar werden. Diese Annäherung wird im Folgenden dahingehend vertieft, dass das Register in den Fokus rückt, in dem die Moralerziehung durch städtebauliche Gestaltung greifen sollte. Es interessiert die Frage, mit welchen wissensbezogenen Kalkülen die Gestaltung des Stadtraums als »Erziehungsagentur« wirken konnte. Hierzu wird die bei Sitte aufgegriffene Spur weiter verfolgt, dass die Figur der Erziehung durch unscheinbare, aber permanente Erfahrung eine zentrale Bedeutung einnimmt. Der Blick auf die erzieherische Erfahrung ist daher aufschlussreich, weil er klärt, wie gebaute Umgebung als auf eine Person wirkend gedacht werden kann: Das in dieser Überlegung zentrale Register ist das der Gefühle im Sinne angeeigneter, verinnerlichter ›Sets‹, die das Verhalten »navigieren«.[222] Der Blick auf die Prägung des Verhaltens durch Erfahrung und Gewohnheiten eröffnet dabei eine Schlüsselperspektive auf die Facette der Moralerziehung durch Stadtraumgestaltung, nach der Gewohnheiten und Dispositionen in den in Raum und Zeit angelegten Erfahrungen gefestigt werden.

---

222 Der Begriff stammt vom Historiker William Reddy, der damit auf der Basis von John Austins Sprechakttheorie Gefühle als kulturell geformte und dennoch nicht festgelegte Aktionspotentiale für Handlungen beschreibt. Reddy 2001.

# 3 Erzieherische Erfahrung: Steuerung des Verhaltens durch ästhetische Anordnungen

Die ›Entdeckung‹ der ästhetischen Gestaltung des Stadtraums ging mit seiner strategischen Positionierung als Mittel gesellschaftlicher Moralisierung einher. Der ›menschliche‹ Maßstab, der dabei zur Anwendung kam, verdankte sich hauptsächlich einer Epistemologie, die sich aus empirisch-experimentellen Zugängen heraus entwickelte, welche von den Erfahrungen des Menschen im konkreten Stadtraum ausgingen. Diesem Verständnis entsprechend wurde Ästhetik zunehmend auf empirische Zusammenhänge bezogen, die als Faktoren erkannt wurden, die Wirkkräfte auf einzelne Personen entfalteten und damit Erfahrungen konstituierten. Die ›Ästhetik‹ der Stadt meinte im Kontext des künstlerischen Städtebaus somit weniger eine Idee, als eine pragmatische Komponente: die Komponente, welche die Stadt als Umgebung fasste, in der Menschen leben und Erfahrungen machen.[1] Der Philosoph und experimentelle Psychologe Gustav Theodor Fechner entwickelte in seiner Abhandlung *Vorschule der Ästhetik* aus dem Jahr 1876 eine entsprechend empirische Sicht auf die Ästhetik, die er unter dem Aspekt der psychologischen Wirkung auf den Menschen entfaltete.[2] Seine Theorie markiert die Verschiebung in der Auffassung der Ästhetik von einem ideellen zu einem empirisch-experimentellen Problem, dessen Bezugspunkt dem ›menschlichen‹ Maßstab folgend die Erfahrung des Menschen war.

Fechner unterschied zwischen einer Ästhetik »von Oben« und einer Ästhetik »von Unten«.[3] Während der Ästhetik »von Oben« ein ideelles Verständnis eignete, das absolut gesetzt wurde und das nach dem allgemein Guten und Wahren fragte, suchte der Blick auf die Ästhetik »von Unten« nach den ästhetischen ›Tatsachen‹, die in konkreten Erfahrungen zu liegen kamen: »*Hier*«, schreibt Fechner über den empirischen Ästhetik-Begriff, »geht man von Erfahrungen über das, was gefällt und missfällt, aus, stützt hierauf alle Begriffe und Gesetze, die in

1 Vgl. Wietschorke 2008.
2 Vgl. Fechner 1876. Gustav Theodor Fechner (1801–1887) war ein Philosoph und Psychophysiker in Leipzig. Experimentelle Studien in den Bereichen der Physik und Optik prägten seine wissenschaftlichen Arbeiten und waren Grundlagen für seine engeren Arbeitsgebiete der Psychophysik und der ästhetischen Psychologie, die er begründete. Fechner war beeinflusst von einer romantisch-religiös ausgerichteten Naturphilosophie.
3 Ebd., S. 1.

der Aesthetik Platz zu greifen haben, sucht sie unter Mitrücksicht auf die allgemeinen Gesetze des Sollens, denen die des Gefallens immer untergeordnet bleiben müssen, mehr und mehr zu verallgemeinern und dadurch zu einem System möglichst allgemeinster Begriffe und Gesetze zu gelangen.«[4] Die allgemeinen Begriffe bzw. die »Gesetze des Sollens« bildeten nach Fechner zwar nach wie vor den Horizont, an dem sich Urteile der Ästhetik ausrichteten, aber ihr Ausgangspunkt verschob sich. Er rückte die Empirie der Ästhetik in den Vordergrund.

Damit war eine Verschiebung verknüpft, mit der Fechner ein neues Element in der Behandlung der Ästhetik einführte. Indem er den empirischen Standpunkt auf die konkreten Kontexte des Erlebens ummünzte, verstand er deren Ästhetik als Anlässe, in denen Erfahrungen gemacht werden, wobei Fechner die Erfahrung als psychische Komponente auffasste. In diesem Register sah Fechner die Ästhetik als einen Mechanismus an, den er als psychologisch zu beeinflussende Instanz begriff. Die Sichtweise legte Fechner deterministisch an, nach der er das Schöne als moralische Kraft im Hinblick auf seine psychologische Wirkung definierte, die sich auf Empfindungs- und Sinnesprozesse erstreckte.[5]

In diesem empirisch-experimentellen Kontext stand beispielhaft Fechners Untersuchung des Geschmacks, dem er einen Teil seiner Abhandlung widmete. Ähnlich wie die Ästhetik diskutierte Fechner den Geschmack ausgehend von seiner empirischen Beschaffenheit, ohne ihn von der ethischen Dimension loszukoppeln.[6] Der Geschmack, den Fechner als Vermögen verstand, zwischen Gefallen und Missfallen zu unterscheiden, sei aus diesem Grund eine erzieherische Frage. »[D]er Geschmack«, so Fechner, »[ist] das Produkt der ursprünglichen Anlage und erziehender Einflüsse, und nach der Verschiedenheit beider fällt der Geschmack verschieden aus.«[7] Die Anlage des Geschmacks sei der Ausgangspunkt,[8] von dem aus die erzieherischen Einflüsse die Ausprägungen des Geschmacks bestimmten. Fechner unterschied mehrere »Erziehungsmittel des Geschmacks«, wobei im vorliegenden Kontext die Gewöhnung und damit

---

4 Ebd., Hervorhebung im Original.
5 Ebd., S. 94.
6 Fechner argumentierte die Prinzipien, die über ›guten‹ und ›schlechten‹ Geschmack entscheiden, über das Sittliche, das er in einer allgemeinen Ordnung begründet sah: »Der Mensch soll seinen Geschmack nicht so bilden, dass daraus Nachtheile für die gesunde und zweckmässige Führung, seines Lebens und vollends für die Moralität daraus hervorgehen; und er kann ihn so bilden, dass es nicht der Fall ist.« Ebd., S. 258.
7 Ebd., S. 249.
8 Diesen Ausgangspunkt wertete Fechner allerdings abgestuft nach den Kriterien Geschlecht und Ethnie. Ebd.

zusammenhängend die Erfahrung relevant sind.⁹ Gemäß Fechners Systematik war das von ihm so benannte »Assoziationsprinzip« ein zentraler Aspekt der Geschmackserziehung. Es besagte, dass die Wirkung von aktuellen Eindrücken auf der Grundlage von den in der Vergangenheit gemachten Eindrücken erfolgte.¹⁰ Die längerfristig wirksamen Erfahrungen vermochten dabei nach Fechners Ansicht die Geschmacksqualitäten zu steuern.¹¹ Auf diese Weise erklärte er zum Beispiel Moden, die zeitlich oder kulturell unterschiedlich waren, aber in Gruppen gehäuft auftraten.

Diese knappen Andeutungen verdeutlichen Fechners psychologisch gedachten und empirisch-praktisch ausgerichteten Begriff der Ästhetik. Mit der Betonung der Ästhetik »von Unten« rückte er sie in eine Dimension, die eine Perspektive auf die Verschiebungen in der Frage der architektonischen und in weiterer Folge der städtebaulichen Gestaltung eröffnet. Unter der neuen Akzentuierung trat die Wahrnehmung der einzelnen Person ins Zentrum, die ästhetische Erfahrungen in räumlichen Situationen macht. Die räumliche Ästhetik wurde so als eine auf den Menschen ausgerichtete Komponente gefasst, wobei die Wirkung des städtischen Gefüges auch als Mittel der Einflussnahme verstanden wurde. Die Einsicht in die deterministische Wirkung des städtischen Raumgefüges bildete die Wissensgrundlage für die gesellschaftspolitische Dimensionierung des ›schönen‹ Bauens, indem das Wissen um Wirkmechanismen das sozialpolitische Kalkül bestimmte.¹² Diesem Wissen entsprechend nahm die politische Steuerung in der Städtebaupolitik im letzten Drittel des 19. Jahrhunderts kontinuierlich zu. Im Rahmen der empirisch-experimentellen Epistemologie, wie in Fechners Theorie der Ästhetik, war die ästhetische Gestaltung des städtischen Raums ein »Erziehungsmittel des Geschmacks«, das über das ›Machen‹ von Erfahrungen funktionierte, die über die einzelne Person die Grundlage bildete, kollektive Erfahrungen politisch zu steuern.

Nach John Dewey sind Erfahrungen räumlich sowie zeitlich angelegt. Mit der Brille von Deweys Theorie gelesen, lässt sich – auf den vorliegenden Kontext übertragen – der städtische Raum als Umgebung begreifen, in der die einzelne Person über die Zeit Gewohnheiten ausbildet, indem sie fortwährend Erfahrungen ›macht‹. Der Bezug auf Deweys Theorie soll in diesem Kapitel dazu dienen, ›Spuren‹ für eine erziehungstheoretische Einordnung der Stadtraumgestaltung zu legen, welche um 1900

---

9 Ebd., S. 250ff. Zur Gewöhnung zählte Fechner auch die Abstumpfung. Die weiteren der insgesamt fünf »Erziehungsmittel des Geschmacks« waren in Fechners System: »Uebertragung von Andern«, »Eigene Ueberlegung«, »Uebung« und »Association«.
10 Ebd., S. 94.
11 Ebd., 254.
12 Fehl 1980a, S. 192.

eine »Reformierung« des Menschen anstrebte. Dewey fasst den Begriff ›Umgebung‹ vielfältig. Unter anderem bezieht er sich auf Institutionen, in denen Menschen sich bewegen, aber auch auf soziale und kulturelle Umgebungen, nationale Kontexte oder, was für den vorliegenden Kontext den Ansatzpunkt bildet, auf bauliche Umgebungen. Die Betonung der Stadt als Umfeld zur Ausbildung von Gewohnheiten impliziert, das Handeln auf alltägliche Routinen und unbewusste Verhaltensweisen zu beziehen. In gesellschaftskritischer Perspektive wiederum erlaubt die mit Deweys pragmatischer Theorie gelegte ›Spur‹ einen Begriff für die moralisierende Instrumentalisierung der Gestaltung städtischer Räume unter dem erzieherischen Kalkül der Wirkungen zu entwickeln.

## 3.1 Stadträume als Umgebungen für erzieherische Erfahrungen

Mit seinem Erfahrungsbegriff entwickelt Dewey ein Verständnis des Menschen als »lebendiges Wesen« (*live creature*), das sich in Umgebungen bewegt. Das Konzept der Erfahrung ist zentral in seiner philosophisch-pragmatisch orientierten Theorie der Ästhetik, in der sich Dewey unter anderem mit Kunst auseinandersetzt.[13] Er konzipiert in diesem thematischen Zusammenhang die Erfahrung zeitlich und betrachtet das künstlerische Produkt (zu denen Dewey auch Gebäude zählt) von den menschlichen Bedingungen aus, aus denen es entstand und im Hier und Jetzt Bedeutung nicht für sich, sondern im Hinblick auf die Erfahrung der einzelnen Person erlangt, die dem künstlerischem Produkt ausgesetzt ist. Dewey betont die konkreten Situationen, in denen Erfahrungen ihren Ursprung haben.[14] Das ›Machen‹ von Erfahrung ist somit in Deweys Konzeption ein offener Prozess, der abhängig ist vom konkreten Kontext der jeweiligen Umgebung.[15] Sein Begriff der Erfahrung geht somit vom Erleben der einzelnen Person aus, das unbewusste Ebenen des Erfahrens miteinschließt. Dabei legt er die Palette von Aspekten und Inhalten breit an, die die Realität für die einzelne Person bedeutungsvoll macht.[16]

Für den sozialreformerischen Städtebau ist an Deweys Erfahrungskonzept in erster Linie diese pragmatisch verstandene Auffassung der

---

13 Zu Deweys Erfahrungsbegriff vgl. Alexander 1987; Eames 2003. Zu Deweys Theorie der Ästhetik vgl. Leddy 2011.
14 Alexander 1987, S. 61.
15 »For humans,« schreibt hierzu Tom Leddy, »space is not just a void filled with dangers and opportunities. It is a scene for their doings and undergoings.« Leddy 2011, o.S.
16 Eames 2003, S. 15.

Erfahrung aufschlussreich, die diese auf konkrete Situationen bezieht. Es ermöglicht einen Begriff für den Ankerpunkt des moralerzieherischen Kalküls, das den gesellschaftspolitischen Planungen implizit im Rahmen der Epistemologie einer Ästhetik »von Unten« unterlegt war. Die folgenden Ausführungen sind hauptsächlich auf Deweys Buch *Art as Experience* (1934) bezogen, worin er die ästhetische Komponente der Erfahrung ausarbeitet.[17]

Mit Erfahrung sind darin allgemein Erlebnisse gemeint, die Veränderungen oder Verschiebungen in den inneren Einstellungen bewirken, die die Handlungsmodi einer Person bestimmen. Sie markieren einen qualitativen Unterschied, den Dewey signalisiert, indem er von »*an* experience« spricht, die sich vom bloßen Erleben unterscheidet:

> »[W]e have *an* experience when the material experienced runs its course to fulfillment. Then and then only is it integrated within and demarcated in the general stream of experience from other experiences. A piece of work is finished in a way that is satisfactory; a problem receives its solution; a game is played through; a situation, whether that of eating a meal, playing a game of chess, carrying on a conversation, writing a book, or taking part in a political campaign, is so rounded out that its close is a consummation and not a cessation. Such an experience is a whole and carries with it its own individualizing quality and self-sufficiency. It is *an* experience.«[18]

Dewey charakterisiert Erfahrungen insofern als qualitativ eigenständige Kategorie, als er sie als Prozesse auffasst, die zu einem Abschluss kommen. Die Erlebnisse und Veränderungen, die sie bewirken, müssten dabei nicht notwendigerweise bewusst wahrgenommen werden. Sie beruhen nach Dewey einerseits darauf, dass in einer Situation des Erlebens etwas gemacht oder versucht wird, und andererseits mit der Person etwas geschieht.[19] In einem Erlebnis seien also aktive und passive Elemente kombiniert. Um von einer Erfahrung und nicht bloß von einer Veränderung oder Verschiebung sprechen zu können, brauche es nach Dewey einen reflexiven Akt der Bedeutungszuschreibung,[20] wodurch sich die Erfahrung im Inneren einer Person ›sedimentiert‹.

Deweys Begriff der Erfahrung betont die Bewegung und Kontinuität von Prozessen. Erfahrung bedeutet dabei immer Handeln: Eine Erfahrung hat man nicht nur, man *macht* sie auch. Sie zu machen heißt,

---

17 Vgl. Leddy 2011; Alexander 1987; Kim 2009.
18 Dewey 1987, S. 42, Hervorhebung im Original.
19 Dewey 1980, S. 146.
20 Dewey beschreibt diesen Prozess der Bedeutungszuschreibung als Lernprozess: »When an activity is continued *into* the undergoing of consequences, when the change made by action is reflected back into a change made in us, the mere flux is loaded with significance.« Ebd.

einen Prozess zum Abschluss zu bringen.[21] Sie ist beständige Rekonstruktion und nicht einfach Hinzufügung, was impliziert, dass Erfahrungen lustvoll sowie schmerzhaft sind.[22] Eine Erfahrung beinhalte aktive Elemente des Handelns und Elemente des mentalen Durcharbeitens, aber auch das passive Moment der Widerfahrnis. Diese Elemente seien in der Erfahrung als Beziehung oder, wie Dewey es ausdrückt, »intimate union«[23] zwischen »doing« und »undergoing« verbunden. Unter diesem Blickwinkel behandelt Deweys Erfahrungsbegriff transformatorische Prozesse im Hinblick auf die Konstituierung innerer Dispositionen. Die diesbezüglichen Rekonstruktionsarbeiten versteht Dewey als erziehende Prozesse, weshalb das Konzept der Erfahrung mit seinem Konzept der Erziehung eng verknüpft ist.

Die von Dewey behauptete Geschlossenheit einer Erfahrung wird mitunter kritisiert, weil die innere Sedimentierung des kontinuierlichen Erlebens von Umgebungen über eine lange Dauer passiere, was, wie Dewey ausführt, dem Kontinuum des Lebens entspräche. So hat Noël Carroll Deweys Position präzisiert, indem er Erfahrungen postuliert, die nicht unbedingt eine »closure« aufweisen, was einen Abschluss mitsamt kompletter Integration impliziert, und dennoch das qualitative Niveau von Erfahrungen im Sinne Deweys haben.[24]

Deweys Problemformulierung zielt auf einen Erziehungsbegriff ab, der als rekonstruktiver Prozess im Rahmen von Erfahrung aufgefasst wird. Dewey weist die Erfahrung dabei als ästhetischen Vorgang aus, der wiederum mit der Ethik verknüpft ist. Dazu ist zunächst die Spezifik der ästhetischen Erfahrung von künstlerischen Objekten wie unterschiedlichen Arten von Kunstwerken vor Augen zu führen, auf die die ästhetische Erfahrung aber nicht beschränkt ist, die Dewey zufolge unter anderem auch in der wissenschaftlichen Arbeit und im Denken wirksam ist. Dewey begrenzt seinen Kunstbegriff auch nicht auf Kunst in abgeschlossenen Sphären wie dem Museum. Die Einrichtung solcher Räume entspräche historischen Konstellationen, die Dewey insbesondere mit dem Nationalismus der Staaten und dem kapitalistisch geprägten Distinktionsstreben erklärt.[25] Sein Anliegen besteht hingegen darin, die Kunst als im Alltagsleben eingebettet zu betrachten und aus diesem Bezug heraus zu verstehen.[26]

---

21 Dewey 1987, S. 47.
22 Ebd., S. 48.
23 Dewey 1980, S. 147.
24 Carroll 2001, S. 50f. Carroll bezieht sich hier auf die ästhetische Erfahrung von Kunst.
25 Dewey 1987, S. 14.
26 Ebd., S. 12.

Mit Blick auf den Prozess des ästhetischen Erfahrens führt Dewey aus, dass das Erkennen des Schönen von einem bereits etablierten ›Set‹ früherer Erfahrungen abhängt. Ein Objekt entfalte seine ästhetische Ausdruckskraft nie allein durch die sinnliche Beschaffenheit seines Materials. Die Ästhetik eines Objekts sei von der Beurteilung seiner Betrachterin bzw. seines Betrachters abhängig, die bzw. der aufgrund früherer Erfahrungen in der aktuellen ästhetischen Erfahrung des Objekts involviert sei. Im Unterschied zu Theorien der Ästhetik, die das Ästhetische von der Kontingenz der historischen Gegenwart entheben, indem sie die Kriterien der Beurteilung idealistisch begründen, betont Dewey das ästhetische Wesen *im* Prozess der Auseinandersetzung *mit* dem ästhetischen Objekt. Durch aktive Beteiligung durchlebe die Person im Moment des Involviertseins eine Reorganisation der früheren Erfahrungen, die sie im Lichte der aktuellen Erfahrung vollzieht. »The expressiveness of the object of art«, so Dewey, »is due to the fact that it presents a thorough and complete interpenetration of the materials of undergoing and of action, the latter including a reorganization of matter brought with us from past experiences.«[27]

Das ethische Moment in der ästhetischen Erfahrung hänge, Dewey folgend, mit der Einbettung der menschlichen Erfahrung in Raum und Zeit zusammen. Erfahrungen werden kontinuierlich gemacht und sie seien dabei immer von einer Umgebung getragen, aus der heraus diese Erfahrungen vollzogen würden. »[T]he process of living«, schreibt Dewey,

»is continuous; it possesses continuity because it is an everlastingly renewed process of acting upon the environment and being acted upon by it, together with institution of relations between what is done and what is undergone. Hence experience is necessarily cumulative and its subject matter gains expressiveness because of cumulative continuity. The world we have experienced becomes an integral part of the self that acts and is acted upon in further experience. In their physical occurrence, things and events experienced pass and are gone. But something of their meaning and value is retained as an integral part of the self. Through habits formed in intercourse with the world, we also in-habit the world. It becomes a home and the home is part of our every experience.«[28]

Die Kontinuität von Erfahrungen und die Rekonstruktion von Erfahrungen begreift Dewey gleichzeitig als beständige Auseinandersetzung mit der Umgebung.[29] Das Äussere und das Innere flössen ineinander über, weil diese Sphären ein Kontinuum bildeten. Auch eine ästhetische Erfahrung schlage sich ihre Bahn aus der Einbettung in einen gegenwärtigen Lebenskontext und bilde eine in die Zukunft gerichtete, offe-

27 Ebd., S. 108.
28 Ebd., S. 109.
29 Hansen 2009, S. 130.

ne, aber kontinuierliche Reorganisation. Diese Reorganisationsprozesse vereinten nach Dewey die äussere Welt zu einem »integral part of the self«.³⁰ Umgebungen bildeten die Parameter des Handelns, indem sie den Rahmen des möglichen Handelns vorgäben. Das Individuum stehe in kontinuierlicher Auseinandersetzung mit dieser Umgebung, in der es lebt, und könne als tätiges Wesen diese Horizonte verschieben, begrenzen und überschreiten. Es wird, so Dewey, in seinen Handlungen, seinem Verhalten und seinen Gewohnheiten von den Umgebungen geprägt, ebenso wie die ›Realisierung‹ des Lebens eine kontinuierliche Reorganisation der Horizonte des Handelns bedeute.

Unter den Vorzeichen dieser pragmatisch orientierten Philosophie zeigt sich, dass der Begriff der Ästhetik, wie Dewey ihn anhand der Kunst beschreibt, vom Hier und Jetzt der Kunsterfahrung nicht zu trennen ist.³¹ Indem Dewey die Gegenwart von Ästhetik betont, hebt er im selben Moment ihre Zeitlosigkeit hervor. Texte, Gemälde oder Gebäude übermittelten immer, so Dewey, eine aktuelle Bedeutung und wirkten entsprechend ›gegenwärtig‹, auch wenn sie als klassisch oder antik eingestuft würden.³² Die Kunstbetrachterin bzw. der Kunstbetrachter arbeite aus ihrer bzw. seiner Gegenwart heraus ihre Ästhetik jeweils durch, um eine ästhetische Erfahrung ›haben‹ und ›machen‹ zu können. Dewey schreibt unter Zuhilfenahme des Beispiels des Athener Parthenon, das ihn deshalb interessiert, weil es ein Paradebeispiel eines kunst- und kulturgeschichtlich ikonischen Gebäudes darstellt: »Yet it has esthetic standing only as the work becomes an experience for the human being.«³³ Kunst, so Dewey, sei in einem Werk nur dann enthalten, »when it lives in some individualized experience.«³⁴ Sie sei einer kontinuierlichen »recreation« unterworfen, und zwar immer, wenn »esthetically experienced«.³⁵ Da Kunst Bedeutungen kommuniziere, sei sie nicht ahistorisch oder aus ihren Kontexten enthoben. Nach Dewey sind es immer »human conditions under which it [das Kunstwerk, M.V.] was brought into being«.³⁶ Die Bedeutungen, die das Kunstwerk transportiert, seien somit nur unter

---

30 In *Reconstruction in Philosophy* (1920) schreibt Dewey unter anderem über die Rolle von sozialen Regulierungsinstrumenten und Institutionen (»social arrangements, laws, institutions«) als Mittel, das Individuum (gemeint als soziales und moralisches Individuum) zu ›kreieren‹: »They are means *of creating* individuals.« Dewey 1982, S. 191, Hervorhebung im Original.
31 Vgl. hierzu das erste Kapitel in Dewey 1987 (»The Live Creature«).
32 Das bedeutet auch, dass Kunstgeschichte das Kunstwerk in seinem kulturellen Kontext analysieren muss.
33 Ebd., S. 10.
34 Ebd., S. 113.
35 Ebd.
36 Ebd., S. 9.

Berücksichtigung dieser Entstehungsbedingungen zugänglich. Zugleich aber würden Bedeutungen nur unter der Voraussetzung eines lebendigen Interesses am Kunstwerk erschlossen; die Erfahrung von Kunst ist Dewey zufolge an die situationsabhängige Aktualität der Betrachterin bzw. des Betrachters gebunden. Kunsterfahrung sei damit zugleich zeitlos *und* gegenwärtig.

Vor diesem Hintergrund erschließt sich Deweys ethische Einbettung von Ästhetik. Er schlägt vor, die ästhetische Erfahrung als Kommunikation zu verstehen, die sich im täglichen Leben ereigne und beständige Neugestaltung der inneren Dispositionen bewirke. In dieser Hinsicht sei eine ästhetische Erfahrung innerhalb eines moralischen Zusammenhangs zu begreifen. Sie hänge stets von der Materialität des konkreten Objektes ab. »[T]here can be no esthetic experience apart from an *object*, and that for an object to be the content of esthetic appreciation it must satisfy those *objective* conditions without which cumulation, conservation, reenforcement, transition into something more complete, are impossible.«[37] Das ästhetische Objekt enthalte aufgrund zweier Faktoren seine Bedeutung: aufgrund der historischen Kontextualisierung und dem Interesse der Rezipientin bzw. des Rezipienten, das sie bzw. er dem Kunstwerk entgegenbringe. Das Zentrum der Kommunikation im Erfahren künstlerischer Objekte bilde somit das Zusammentreffen der historischen Einbettung und das Engagement der Kunstbetrachterin bzw. des Kunstbetrachters. Hinzu komme die »expressive« Natur der künstlerischen Objekte: »Because the objects of art are expressive, they communicate.«[38] *In* der Kommunikation entfalteten sich Erfahrungen mit ästhetischen Objekten wie beispielsweise Kunstwerken. Dies bezieht sich Dewey folgend auch auf gestaltete Umgebungen, die erzieherisch wirksam sind, weil er sie als Ursachen von inneren Veränderungen begreift.[39] Deweys Ausgangspunkt ist zunächst der Mensch in der Umgebung, aber die erzieherische Fundierung seines Erfahrungsbegriffs weist nicht nur dem Menschen, sondern auch der Umgebung eine aktive Rolle zu.

Räumliche Umgebungen wurden und werden in der Pädagogik immer wieder als die Kontexte betrachtet, in denen Erfahrungen gemacht werden, woraus die Schlussfolgerung entstand, dass sie entsprechend pädagogisch zu gestalten seien.[40] Dabei wurde auch das Design des räumlichen Settings als maßgeblicher, wenngleich häufig ›stiller‹ Faktor der erzieherischen Einwirkung konzipiert und eingesetzt. Es bestand etwa in der Form des pädagogischen Arrangements, das unter anderem, wie

---

37 Ebd., S. 151, Hervorhebung im Original.
38 Ebd., S. 110.
39 Dewey 1980, S. 9.
40 Aus der Perspektive der Raumtheorie vgl. Reutlinger 2009, S. 98ff.

bei Johann Heinrich Pestalozzi, als häusliches oder, wie bei Jean-Jacques Rousseau, als natürliches Arrangement gedacht wurde. Reformpädagogische Entwürfe bauten mitunter auf dem Kalkül des Einflusses der Umgebungen auf die kindliche Entwicklung auf. Diese mussten etwa im Maßstab und in der Ausstattung »kindgerecht« angeordnet sein. Im Kontext des Schulhausbaus wurde um die Jahrhundertwende explizit der Einfluss von Umgebungen als ›stille‹ Größen der Erziehung diskutiert und die Architektur des Schulgebäudes wurde als »stiller Miterzieher« entdeckt.[41]

### 3.1.1 Das Kalkül der Steuerung von Gewohnheiten und des Verhaltens

Deweys Erfahrungskonzept ermöglicht eine Annäherung an die unterschwelligen Kalküle sozialreformerischer Stadtraumgestaltung, die auf einer berechnenden Epistemologie beruhten. Der Zugang, wie städtische Räume zum Zweck der Sozialreform gestaltet wurden, wurde von der Auffassung bestimmt, dass Räume als »Agenturen« gesellschaftlicher Erziehung im Sinne einer ›stillen‹ Form der Steuerung von Gewohnheiten und Verhaltensweisen fungieren können. Der Begriff des Kalküls soll dabei auf den verwissenschaftlichten Modus hindeuten.

Die Grundlage dieses Kalküls bildete ein Verständnis der Wirkmacht des kontinuierlichen Erlebens ästhetischer Objekte in dem Sinne, dass Verhaltensweisen über die Gewohnheiten eingeprägt und in einem kontinuierlichen Prozess gebildet werden. Demnach werden das Begehren und die Wünsche des Menschen an den Umgebungen geformt oder beschränkt.[42] Sie seien nicht gegeben, sondern hätten einen kontextuellen Ort. Die kontinuierlichen Auseinandersetzungen in Umgebungen mit Traditionen, Überlieferungen, Umgangsformen und nicht zuletzt auch ästhetischen Formen[43] brächten die Prozesse zur Entfaltung, die zu Gewohnheiten führten, in denen sich fortwährende Erfahrungen manifestierten.[44]

Dewey beschreibt Gewohnheiten (»habits«) als »sole agents of observation, recollection, foresight and judgment«.[45] Er begreift sie als Handlungsgeber (»agents«), die sich im Erleben konkreter Situationen

---

41 So z.B. in Ganz 1911. Zum Thema vgl. auch Casutt 1994; Helfenberger 2013. Ich werde in Kapitel 8 darauf zurückkommen.
42 Vgl. hierzu auch Welchman 2010, S. 170.
43 Vgl. Kim 2009.
44 Dewey stellt die Bedeutung von Gewohnheiten insbesondere in seinem Buch *Human Nature and Conduct* aus dem Jahr 1922 dar. Dewey 2002.
45 Ebd., S. 123.

konstituieren. Gewohnheiten nähmen daher ihre Form innerhalb von Prozessen an und entfalteten sich im Zuge von Auseinandersetzungen in konkreten Situationen, in denen die Person als körperliches Wesen mit Neigungen, Leidenschaften und Interessen involviert ist: »[H]abits [are] formed in process of exercising biological aptitudes [...]«.[46] In den Gewohnheiten manifestierten sich die vielfältigen Einflüsse, die den Menschen als soziales Wesen in einer stets situierten Welt ausmachten.

Dewey fasst Gewohnheiten als innere ›Sets‹ des Handelns auf. Sie seien zugleich Zweck und Ziel von Aktivität[47] und stellten die Kontinuität des Individuums sicher und bildeten damit das Material, aus dem sich der Charakter einer Person forme. »Character«, schreibt Dewey, »is the interpenetration of habits.«[48] Als Aspekt des Charakters weisen Gewohnheiten Qualitäten auf:

>»The essence of habit is an acquired predisposition to *ways* or modes of response, not to particular acts except as, under special conditions, these express a way of behaving. Habit means special sensitiveness or accessibility to certain classes of stimuli, standing predilections and aversions, rather than bare recurrence of specific acts. It means will.«[49]

Gewohnheiten entsprächen Dispositionen, die deshalb zäh und beständig seien, weil sie sich mitunter unbewusst bildeten und verankerten. Sie seien »*ways*« innerer Konzepte, die in Situationen angewendet würden. Sie bauten auf bereits bestehenden Gewohnheiten auf oder modifizierten diese; dadurch seien sie fest verankert und ließen sich nur schwer ändern.[50] Dewey weist Gewohnheiten als »sensitiveness« aus und stellt sie damit in die Dimension der Gefühle.

An dieser Stelle rückt als weiterer Aspekt zum Verständnis des erzieherischen Kalküls in der Stadtraumgestaltung um 1900 das Verhalten als Zieldimension sozialreformerischer Steuerung in den Vordergrund. Gewohnheiten kristallisierten sich in den Verhaltensweisen auf der Basis angeeigneter Dispositionen, denn im Verhalten werden Gewohnheiten jeweils aktualisiert. In diesen Momenten der Aktualisierung handle der Mensch nach Dewey auf moralische Weise, da Handlungen im Rahmen der von Umgebungsfaktoren abhängigen moralischen Codes gesetzt und die Handlungen anderer Personen moralisch eingeordnet würden.

Das Verhalten beruht laut Dewey auf unbewussten Gewohnheiten. Entscheidend sei, dass diese sich in Abhängigkeit von Konventionen und Sitten entfalteten. Dispositionen würden über die Zeit angeeignet und

46 Ebd.
47 Ebd., S. 25ff.
48 Ebd., S. 38.
49 Ebd., S. 32, Hervorhebung im Original.
50 Die psychische Genese als kumulativer Prozess bildet auch eine Grundeinsicht der Psychoanalyse.

bildeten Gewohnheiten, die aufgrund ihrer Einübung träge seien. Moralische Urteile müssten daher nicht bewusst reflektiert werden, um wirksam zu sein.[51] Gewohnheiten und das Verhalten einer Person gehörten daher zusammen. Für die Formung des Verhaltens spielten die bewussten oder die von der Vernunft gesteuerten Abwägungen eine eher untergeordnete Rolle. Das Verhalten wie auch die Gewohnheiten seien soziale Mechanismen und wiesen eine moralische Eigenschaft auf.[52]

Deweys Erfahrungsbegriff vom Standpunkt des Individuums aus impliziert damit eine soziale Dimensionierung. Die Rolle von Gewohnheiten in der Etablierung eines moralischen Sinnes weise eine kulturelle und gesellschaftliche Komponente auf, die sich im Verhalten der einzelnen Person manifestiere, das im Lichte gesellschaftlicher Konventionen erscheine. Von hier aus eröffnet sich eine Perspektive auf die moralerzieherische Stoßrichtung im Städtebau und in der Architektur um 1900, in der das Kalkül der Wirkung räumlicher Umgebungen auf die einzelne Person und damit auf das gesellschaftliche Ganze tragfähig wurde. Es ging von der Aneignung der städtischen Umgebungsräume durch gewohnheitsmäßiges Erfahren aus, das sich in den Verhaltensweisen manifestierte. Dewey interessiert sich für die Logik der tätigen Auseinandersetzung des Individuums in der sozialen und materiellen Welt und sieht in den inneren Dispositionen, die sich in der tätigen Auseinandersetzung entwickelten, den Effekt des Austauschs zwischen individueller und gesellschaftlicher Sphäre.

Ähnlich wie Dewey setzt auch – wie oben angedeutet – Durkheims funktionell gedachte Theorie der Moral an der Schnittfläche zwischen Individuum und Gesellschaft an. Durkheim akzentuiert sie allerdings insofern anders, als er das Soziale als die maßgebliche Komponente für die Moral als ›Bindemittel‹ zwischen Kollektiv und Individuum hervorhebt. In dieser Lesart bildet die Gesellschaft den Rahmen, der die symbolische Ordnung konstituiert, die die Bewegungsspielräume des Verhaltens determinierten: »Sie existieren,« schreibt Durkheim über die das Soziale regulierenden Regeln, »sie sind vorgefertigt, sie leben und funktionieren rund um uns. Sie sind die moralische Wirklichkeit unter ihrer konkreten Form.«[53] Gemäß Durkheim ist moralisch das, was den Egoismus des Menschen begrenzt. Das Moralsystem weist in seinem System einen Zwangscharakter auf, wobei Durkheim zugleich betont, dass die Leidenschaften die soziale Einstellung des Menschen garantierten, was den Erhalt der Gesellschaft ermögliche.[54] Funktionalistisch ist Durkheims The-

---

51 In Bezug auf das Verhalten unterscheidet Dewey zwischen erworbenen Gewohnheiten, instinktiven Impulsen und reflexiv gesteuerten Handlungen.
52 Chambliss 1987, S. 126.
53 Durkheim 1984, S. 81.
54 Vgl. Isambert 2013.

orie insofern, als sie das Verhalten hervorhebt, das die Gesellschaft als System funktionaler Teilbereiche aufrechterhält.

An dieser Stelle sei erneut Durkheims Theorie aufgegriffen, um die Komponente der moralischen Erziehung unter den Vorzeichen der dynamischen Beziehung zwischen Umgebung, Gewohnheiten und Verhalten zu verdeutlichen. Das Verhalten hängt für Durkheim von Regeln ab, die die Handlungen vorgeben, damit Gesellschaft ›funktionieren‹ kann. Durkheim stellt fest, »daß die Moral ein System von Handlungsregeln ist, die das Verhalten bestimmen.«[55] An anderer Stelle schreibt er, dass es auch darum gehe, das Verhalten »der individuellen Willkürlichkeit zu entziehen.«[56] Und: Die Handlungsregeln »bestimmen, wie man sich in bestimmten Fällen verhalten muß: Gut handeln heißt, gut gehorchen.«[57] Damit zeigt Durkheim, dass die Moral das Innere einer Person bestimmt, indem es ihre Verhaltensmodi reguliert. Dabei bildeten sich Dispositionen oder »innere Kräfte«, die es dem Individuum erlauben, ohne bewusste Prüfung zu Handlungsentscheidungen zu gelangen. Über die Moral sei das Individuum an das gesellschaftliche Regelsystem gebunden:

»Die äußere Welt ist im Gegenteil ein Echo in uns, sie verlängert sich in uns, so wie wir uns in ihr verlängern. Die Dinge, die Wesen von draußen dringen in unser Bewußtsein, und vermischen sich mit unserer inneren Existenz, während wir unsererseits unsere Existenz mit der ihren vermischen.«[58]

Durkheim hebt hier die allgemeine Wirkmacht der Umgebung hervor und schränkt damit die Bedeutung der aus dem Inneren stammenden, vernunftbasierten Willensbildung ein. Bei allen epistemologischen Unterschieden, die zwischen Durkheim und Dewey bestehen, teilen sie damit eine gemeinsame Sicht.[59] Die Motivationen, die das Verhalten einer Person bestimmen, lassen sich vom Einfluss der Gesellschaft, ihren Sitten und kulturellen Überlieferungen, nicht trennen. Bei Durkheim folgt aus dieser Einsicht eine pädagogische Konsequenz, indem er Erziehung als Antwort auf gesellschaftliche Herausforderungen setzt, weil sie Durkheim und auch Dewey – dieser aber unter den Vorzeichen einer demokratischen Gesellschaft – moralisch als Mechanismus der gesellschaftlichen und kulturellen Transmission deutet.[60]

---

55 Durkheim 1984, S. 78.
56 Ebd., S. 81.
57 Ebd., S. 78.
58 Ebd., S. 253.
59 Vgl. Dill 2007.
60 Ebd., S. 222.

### 3.1.2 Erziehung im Register der Gefühle

Durkheims Verständnis des Verhaltens betont Handlungsimpulse, die von den Regeln der gesellschaftlich wirksamen Moral abhängen. Die gesellschaftliche Moral werde so in das Innere einer Person ›transponiert‹. Die moralische Erziehung versteht Durkheim dieser These entsprechend als Übertragung moralischer Codes, die auch indirekt und implizit stattfindet. Stadtraum als erzieherische Erfahrung zu begreifen, hieße mit Durkheim, die Ebene des unbewussten Gefühls hervorzuheben und diese Ebene im Rahmen gesellschaftlicher Moral zu positionieren. Durkheims Theorie verdeutlicht daher eine Theorie der Moralerziehung, die dem Prinzip der Sicherstellung der gesellschaftlichen Funktion folgend auf die Steuerung der Gefühle abzielt.

An diesem Punkt tritt die Frage nach dem Register in den Vordergrund, auf das das Kalkül der moralerzieherischen Strategie ausgerichtet war. Dieses Register meint die Dimension der Gefühle als Bereich, der die Verhaltensweisen strukturiert. Mit diesem Fokus ist die präreflexive Dimension des Verhaltens ins Zentrum gerückt, in der die moralerzieherische Strategie in den sozialreformerischen Maßnahmen der Stadtraumgestaltung um 1900 steuernd Wirkmacht entfalten wollte.

In aktuellen Forschungszugängen, die die Historizität der Gefühle hervorheben, werden Gefühle als unterdeterminierte ›Sets‹ von Einstellungen beschrieben, die Handlungsimpulse abgekoppelt von kognitiven Entscheidungen geben.[61] In Anlehnung an eine Wendung der Historikerin Daniela Saxer geht es um die Sicht darauf, inwiefern »*mit*« Gefühl gehandelt wird und wie dies historiographisch zu begreifen wäre.[62] Gefühle seien im gesellschaftlichen und kulturellen Resonanzraum geformt und somit geschichtlich.[63] Diese Forschungsrichtung interessiert sich dabei, wie die Historikerin Ute Frevert schreibt, nicht nur für »*das* Gefühl«, sondern auch für »*die* Gefühle« im Sinne eines »ganze[n] Konvolut[s] von einfachen und komplexen Gefühlen«,[64] die in ihren sozialen und kulturellen Einbettungen historiographisch zu rekonstruieren seien. Wissensgeschichtlich betrachtet rückt eine solcherart akzentuierte Gefühlsgeschichte die historisch situierten Strategien der Steuerung von Gefühlen in den Blickpunkt. Gefühlserziehung bedeutet in dieser Perspektive nicht Instruktion, sondern eine unscheinbare Regulierung der »Lebens*führung*«,[65] die etwa durch die Strukturierung von Umgebungen

---

61 Vgl. Tanner 2006.
62 Saxer 2007.
63 Vgl. Frevert 2009.
64 Ebd., S. 195, Hervorhebung im Original.
65 Etzemüller 2009, S. 37, Hervorhebung im Original.

– so auch des städtischen Raums – gesteuert werden könne. Die Erziehung durch Umweltgestaltung solle die Menschen dazu bringen, wie Thomas Etzemüller schreibt, »*sich selbst in Form* zu bringen: ihre Ernährung, ihre Körper, ihr Sozialverhalten.«[66] Die Gefühlserziehung bedeutet eine Modellierung der inneren Dispositionen mit Auswirkung auf das Verhalten. Die inneren Dispositionen, die sich über die Gewöhnung formen lassen, stellen die Prinzipien bereit, nach denen eine Person konkrete Situationen unbewusst einordnet und – auf inneren ›Sets‹ aufbauend – entsprechend moralisch urteilt und handelt. Das Register der Gefühle ist in dieser Perspektive ein auf Handeln ausgerichteter moralischer Bereich. Wiederum mit Durkheim betrachtet, setzt »[d]ie Moralität [...] also eine gewisse Fähigkeit voraus, unter den gleichen Umständen die gleichen Handlungen zu vollziehen; sie setzt folglich ein gewisses Vermögen voraus, Gewohnheiten anzunehmen und ein gewisses Bedürfnis nach Regelmäßigkeit.«[67] Moralisches Verhalten ist für Durkheim eine regelgeleitete Form der Bewertung von Situationen und von Handlungen. Das moralische Verhalten sieht er der Autorität der kollektiv wirksamen Moralregeln unterworfen, für die die einzelne Person ein Gefühl habe, dass diese höherwertig und übergeordnet sei; ansonsten sei nicht erklärlich, weshalb sich das ›Subjekt‹ Moralregeln unterwerfen würde.[68]

Die gesellschaftliche Modellierung der inneren Gefühlsrepertoires lässt sich anhand Durkheims Ausführungen zur Frage verdeutlichen, wie die Unterwerfung des Individuums unter die moralische Regel vonstatten geht. Durkheim betont, dass sich auf der einen Seite Moral von Autorität und Herrschaft nicht trennen lässt. Die Begriffe ›Herrschaft‹, ›Autorität‹, ›Zwang‹ oder ›Disziplin‹ begreift er als hierarchische Elemente in der Gesellschaft, die als Mechanismen wirksam sind, denen sich eine Person nicht entziehen könne.[69] Moralische Regeln prägen Durkheim zufolge die persönlichen Eigenschaften, indem sie diese ›disziplinieren‹.[70] Sie ließen sich nicht auf die Reglementierung des Umgangs begrenzen; vielmehr bauten auch die Umgangsformen auf verinnerlichten Gefühlsrepertoires auf.[71] Die Gesellschaft lebe und wirke »in uns«, so Durkheim, ohne dass zwischen Individuum und Gesellschaft ein Antagonismus bestehe.[72]

66 Ebd., S. 21, Hervorhebung im Original.
67 Durkheim 1984, S. 81.
68 Ebd., S. 88.
69 Diese Begriffe sind funktional und wertneutral gemeint.
70 Ebd., S. 98.
71 In der neueren Forschung zur Geschichte der Gefühle spielt – wie oben erwähnt – die soziale und kulturelle Prägung der Gefühle eine zunehmend wichtigere Rolle. Vgl. Saxer 2007; Frevert 2009.
72 Durkheim 1984, S. 121 und 138.

Die von den Moralregeln vorgegebenen normativen Begrenzungen übten eine Herrschaft aus, indem sie verinnerlicht seien und so das Verhalten prägten.[73] Auf der anderen Seite postuliert Durkheim eine anthropologische Konstante, nach der der Mensch als Gattung das Glück nur im Gemeinwesen findet: »Um mit Freude *wir* zu sagen, darf man nicht zu oft *ich* sagen.«[74] Durkheims Theorie der Moralerziehung führt die disziplinierende Kraft der Moral zwischen Gesellschaft und dem einzelnen Menschen in einer funktionalistischen Perspektive aus. Ihn interessiert die Frage, wie Gesellschaft als umfassend gedachtes Kollektiv im Menschen wirksam werden kann. Eine zentrale Rolle misst er der dominanten Eigenschaft der Welt der Dinge bei.[75] Moralische Erziehung habe, sofern sie Wirkung generieren sollte, immer den Bezug zur materiellen Realität: »Nötig jedoch ist, dass man das Kind in Kontakt mit den Dingen, mit den konkreten und lebendigen Wirklichkeiten bringt, deren abstrakte Ausdrücke nur die allgemeinsten Charakteristika wiedergeben.«[76] Moralerziehung sei an sinnliche Erfahrung gebunden, womit Durkheim ausdrückt, dass sich der Erziehungsprozess nicht (ausschließlich) im Register der Vernunft vollziehen könne. Durkheim formuliert diese Überlegung in Auseinandersetzung mit Kant,[77] der in seiner Moralphilosophie die Autonomie des Willens und der Vernunft als das Prinzip moralischen Handelns betont.[78] Durkheim stellt dieser Festlegung das Argument entgegen, dass der Ort der Moral, der immer in erster Linie im autonomen Bereich des gesellschaftlichen Interesses liege, dem Menschen übergeordnet sei. Gleichzeitig knüpft Durkheim an Kants Unterscheidung von Pflicht und Neigung an, indem er festhält, dass sich die einzelne Person in einem Akt der Disziplin den Moralregeln unterwirft. Gesellschaft bedeute somit auch Zwang. Dennoch handelt auch nach Durkheim ein Individuum nur dann vollumfänglich moralisch, wenn es dies aus freien Stücken tut.[79] Diese Paradoxie erklärt Durkheim damit, dass Disziplinierung durch äu-

---

73 Vgl. Shilling & Mellor 1998.
74 Durkheim 1984, S. 276, Hervorhebung im Original.
75 Es sei daran erinnert, dass nach Durkheim methodologisch betrachtet auch das Soziale einen Dingcharakter aufweist. Vgl. Durkheim 1919.
76 Durkheim 1984, S. 142.
77 Vgl. hierzu Habermas 1981b, S. 77f.
78 »Diese Analytik thut dar«, so Kant in der *Kritik der praktischen Vernunft* (1788), »daß reine Vernunft praktisch sein, d.i. für sich, unabhängig von allem Empirischen, den Willen bestimmen könne – und dieses zwar durch ein Factum, worin sich reine Vernunft bei uns in der That praktisch beweiset, nämlich die Autonomie in dem Grundsatze der Sittlichkeit, wodurch sie den Willen zur That bestimmt.« Kant 1968, S. 42.
79 Vgl. Durkheim 1984, S. 157f.

ßere Regeln eine Form der Aneignung darstellt. Im Unterschied zu Kant sieht er das moralische Handeln als eine innere Eigenschaft des Gefühls, das sich deshalb mit der vernunftbezogenen Urteilskraft nicht immer vereinbaren lasse. Somit verankerten sich Durkheim zufolge die Effekte moralischer Erziehung in erster Linie im Register der Gefühle. Durkheim beschreibt dafür den Menschen als »*homo duplex*«. Die Moral eines Individuums sei sowohl eine ›innere‹ Eigenschaft als auch Ausdruck des Sozialen: »our inner life has something that is like a double center of gravity. On the one hand is our individuality – and, more particularly, our body in which it is based; on the other is everything in us that expresses something other than ourselves.«[80] Die psychische Disposition einer Person ist in Durkheims Anthropologie zweifach aufgeteilt: einerseits sei der Mensch als ein egoistisches Wesen zu begreifen, was er mit seiner Körperlichkeit erklärt, die ihn als sensuelles Wesen auszeichne. Andererseits wirke im Menschen eine Anlage, nach der er den Egoismus zugunsten einer gesellschaftlich geteilten Sache überwinde.[81] Der Mensch könne also nach Durkheim den Standpunkt des Kollektivs einnehmen und die Grenzen des von den körperlichen Empfindungen geprägten Egoismus abstreifen: Das »Heilige« des Sozialen, so Durkheims Vorstellung der laizistischen Moral,[82] nehme eine Übermacht über das »Profane« der Individualität ein.[83] Diese Form von Moralisierung beschreibt auch die Aufgabe von Erziehung, die im Wesentlichen darin bestehe, das Aufkommen eines kollektiven Bewusstseins in den emotionalen Repertoires des Individuums sicherzustellen. Darin liegt für Durkheim die Möglichkeit der sozialen Ordnung und des gesellschaftlichen Zusammenhalts, die er als Schlüsselfaktor für das Funktionieren einer Gesellschaft begreift.[84]

Eine moralische Norm weist nach Durkheim daher einen Grad von Verbindlichkeit auf, der über die gesetzesmäßige Reglementierung hinausgeht.[85] Moral sei nicht einzig aus jenen Gründen wirksam, nach denen der Verstoß gegen moralische Regeln Sanktionen erwarten ließen. Ihre Verbindlichkeit beruhe auf einem kollektiven Bewusstsein im ›Subjekt‹, das seine Einordnung unter das moralische Regelsystem als wünschenswert erscheinen lässt.[86] Durkheim vertritt damit eine Ansicht, wel-

---

80 Durkheim 1973, S. 152. Zur Theorie des »*homo duplex*« bei Durkheim vgl. Shilling & Mellor 1998.
81 Durkheim 1973, S. 151f.
82 Vgl. hierzu Isambert 2013.
83 Jonas 1980a, S. 39; Shilling & Mellor 1998, S. 196.
84 Durkheim stellte diesen Zusammenhang besonders in der Studie *Die elementaren Formen des religiösen Lebens* von 1912 dar. Durkheim 1960.
85 Vgl. Durkheim 1906.
86 Ebd., S. 5.

che die gesellschaftliche Ordnung nicht nur aus den Funktionen erklärt, sondern als System interpretiert, das durch Normen zusammengehalten wird. Sie regelt das Zusammenleben auf einer kollektiven Ebene, das für sein Gelingen auf Normen aufbaut, auf die die Mitglieder eines Kollektivs verpflichtet seien.

## 3.2 ›Stille‹ Moralisierung durch das Erfahren stadträumlicher Umgebungen

Blickt man aus Sicht der Gefühlsgeschichte und damit verbunden aus historisch-anthropologischem Blickwinkel auf die von Durkheim vorgelegte gesellschaftliche Perspektivierung der Erziehung und die Frage, wie sich eine kollektive Moral im Verhalten des Subjekts niederschlägt, so ist die Bestimmung des menschlichen Handelns zwischen den Polen der Freiheit der einzelnen Person zu rationalen Entscheidungen und Handlungen auf der einen Seite und den Vorgaben durch gesellschaftliche Strukturen auf der anderen Seite angelegt.[87] Von diesem Standpunkt betrachtet entfaltet die Gesellschaft eine prägende Kraft auf die einzelne Person, in deren Zentrum moralische Regeln in Form von Werten, Konventionen und Stilen stehen, die in einer Gesellschaft aufgrund der kulturellen Tradierung wirksam sind. Nach Ansicht des Soziologen Michel Maffesoli kann ein so verstandenes Kraftfeld als »presence of a specific aura« beschrieben werden, »which in a process of feedback comes out of the social body and determines it in return.«[88] Die Fragen der Moral seien dabei »*stille*« Fragen,[89] weil die Wirkmächtigkeit der Moral von den Handlungsimpulsen, welche von eingeübten Gewohnheiten im Register der durch permanente Erfahrungen erworbenen Gefühle ausgehen, stärker abhängen, als von bewusst getroffenen, vernunftgeleiteten Abwägungen. Die gesellschaftliche Moral kann demzufolge als Netz betrachtet werden, das jene Semantiken enthält, nach denen sich eine Person bewegen und entwickeln kann, nach denen sie, mit anderen Worten, die Bezugspunkte findet, die für die Prozesse der Identitätsbildung notwendig sind. Die ›verinnerlichte‹ Moral ist über lange Dauer etabliert und definiert den Handlungsspielraum einer Person in den jeweiligen Augenblicken konkreter Situationen – und konstituiert aus dem Inneren heraus damit auch das äußerliche Soziale.[90]

---

87 Tanner 2004, S. 103.
88 Maffesoli 1996, S. 18.
89 Nietzsche 1968, S. 276.
90 Damit ist auch ein Deutungsrahmen gemeint, der das kollektive Imaginäre einer Gesellschaft betrifft. Christina von Braun beispielsweise zeigt die Etablierung eines

Vor diesem epistemologischen Hintergrund ist der Stadtraum als Umgebung positioniert, dessen Gestaltung mit dem erzieherischen Kalkül operiert, dass der Raum auf die einzelne Person über die sinnliche Erfahrung gewohnheitsmäßig einwirke, wobei die solcherart gemachten, permanenten Erfahrungen die Gefühlsdispositionen konfigurierten. Dies macht, wie gesehen, Durkheims Theorie des Entstehens des kollektiven Bewusstseins einsichtig, die postuliert, dass das Kollektive über den Weg der moralischen Erziehung in das Innere übergehe und so Teil des Gefühlsrepertoires einer Person wird.[91] Auch für Dewey lässt sich die ästhetische Dimension einer Erfahrung nicht von ihrer sinnlichen Komponente trennen: »Qualities of sense, those of touch and taste as well as of sight and hearing, have esthetic quality. But they have it not in isolation but in their connections; as interacting, not as simple and separate entities.«[92] Das Postulat einer ästhetischen Ausrichtung des Städtebaus im Sinne Camillo Sittes ist vor dem Hintergrund des Deweyschen und Durkheimschen Theorieangebots zur Wechselbeziehung von gesellschaftlicher Moral und inneren Dispositionen der einzelnen Person das Postulat für einen Städtebau, der mit künstlerischer Qualität eine erzieherische Erfahrung ermöglichen soll, die durch die einzelne Person im Register des Gefühls angeeignet wird. Der dabei wirksame Mechanismus betrifft die Prägung des ästhetischen Geschmacks über kontinuierliche Erfahrung.

Die Rede von der Notwendigkeit, den ›natürlichen‹ Sinn für die ursprüngliche und ›wahre‹, von der großstädtischen Umgebung entstellte Natur- und Kulturschönheit zu stärken, war charakteristisch für den sozialreformerischen Städtebau um 1900. Camillo Sitte legitimierte seine städtebaulichen Überlegungen mit dem Sinn für die ›wahre‹ Schönheit, die nur über das Gefühl zugänglich sei. Indem er sein Programm von den komplexen Mechanismen der Wahrnehmung des städtischen Raums herleitete, betonte er zugleich die präreflexiv ablaufende Wirkung des Stadtraums. Die »Volkserziehung«, die er anstrebte, beruhte auf der Erziehung der Gefühle, die, abgeleitet von einer gesellschaftlichen Vision, eine moralische Zielperspektive implizierte.

Das Motiv der intuitiven Erfassung von Schönheit spielte in ästhetischen Programmen von Erneuerungsbewegungen wie dem *gothic revival*, der Arts-and-Crafts-Bewegung oder der Heimatschutzbewegung häufig eine zentrale argumentative Rolle. Diese Bewegungen waren von der Überzeugung einer ursprünglichen und ›echten‹ Schönheit getragen, die sich von der ›falsch‹ verstandenen Schönheit des historistischen

solchen imaginär wirksamen Deutungsrahmens anhand der Dynamiken, die das griechische Alphabet zur Entfaltung brachte. Braun 2001.
91 Shilling & Mellor S. 96.
92 Dewey 1987, S. 126.

Repräsentationsstrebens abhob. Der ›natürliche‹ Geschmack wurde als entstellt betrachtet, weshalb die Erziehung im Register des Gefühls mit einer Erziehung des ästhetischen Geschmacks verknüpft wurde. Der bereits erwähnte Kulturphilosoph John Ruskin war einer der ideellen Wegbereiter der Erneuerungsbewegungen, in denen sich die ästhetischen Überlegungen gestalterisch materialisierten. Er brachte ein allgemein geteiltes Verständnis der unterschiedlichen reformorientierten künstlerischen Ansätze zum Ausdruck, das darin bestand, die Architektur – wenn ›echt‹ und ›wahr‹ – instinktiv mit dem Guten zu verknüpfen: »Understand the laws of structure, and you will feel the special difficulty in every new building which you approach; and you will know also, or feel instinctively,[...] whether it has been wisely met or otherwise.«[93] Auch Sitte betonte die intuitive Erfassung von ästhetisch ansprechenden Ensembles: »Schwerlich wird Jemand dieser Annahme einer so starken Einwirkung der äusseren Umgebung auf das menschliche Gemüth widersprechen, der selbst einmal die Schönheit einer antiken Stadt sich lebhaft versinnbildlicht hat.«[94] In dieser Atmosphäre trat ein Muster hervor, das die Bedeutung des Gefühls für die moralische Erziehung im Sinne des Erkennens des Schönen als dem Guten hervorhob. Dieses Muster wurde in dem Moment wirkmächtig, in dem der Sinn, das Schöne erkennen und als gut wertschätzen zu können, als verloren geglaubt wurde.

Die Möglichkeit, Gesellschaft über die räumliche Umgebung zu steuern, bildete die Folie sozialreformerischer Gestaltungsweisen des Stadtraums. Unter Verweis auf Dewey und Durkheim kristallisiert sich das darin enthaltene erzieherische Kalkül insofern heraus, als Erfahrungen, die in Umgebungen praktisch gemacht werden, als Faktoren der Etablierung von Gewohnheiten und inneren Gefühlsdispositionen greifbar werden. Da sich Individuen – Durkheims Blick gilt im Besonderen den Kindern – an bestimmte Abläufe, Rituale oder Umgebungen gewöhnten, bilde die Gewöhnung durch Regelmäßigkeit die Konstante für Erziehung.[95] Durkheim begreift diesen Erziehungsprozess als eine »spontane und sozusagen automatische Erziehung«.[96] Sie finde durch den Einfluss der sozialen Welt statt, die den Menschen etwa in den Dingen umgebe und allein durch ihre Existenz erzöge. »Diese Erziehung der Dinge«, so Durkheim, »geht weit über die Kindheit und die Jugend hinaus. Sie dauert das ganze Leben an.«[97] Für die gesellschaftliche Integration benötige das Kind eine Vorstellung der Gesellschaft, die es nur durch ausdauernde Wiederholung ausformen könne. Nur auf diese Weise würde

93 Ruskin 1869a, S. 48.
94 Sitte 1901, S. 1.
95 Durkheim 1984, S. 185.
96 Ebd., S. 216.
97 Ebd.

die Vorstellung der Gesellschaft im Kind »ein integrierender Bestandteil seiner selbst [...], den es nicht mehr entbehren kann.«[98] Diese Erziehung des Gefühls geschehe innerhalb von Gelegenheiten des Handelns, das in konkreten Situationen stattfinde.[99] Durkheim erklärt diesen Mechanismus zwar mit der Psychologie des Kindes, was bei ihm mit der Bindungsbedürftigkeit und dem generellen psychologischen Hang des Menschen zusammen hängt, Gewohnheiten auszubilden. Voraussetzung für die erzieherische Wirkung ist Durkheim zufolge aber die Stetigkeit, in der die Umwelt praktisch erfahren wird.[100]

Die Auffassung, der städtische Raum nehme auf ›stille‹ Weise subtil Einfluss auf die Verhaltensweisen der einzelnen Person, beruhte nicht nur auf der sozialisatorischen Bedeutung der gebauten Umgebung.[101] Mit den sozialpolitischen Absichten der gestalterischen Entwurfspraxis wurde der Stadtraum als ein lenkendes Mittel verstanden, das, angelehnt an Dewey, mit dem ›Machen‹ von Erfahrungen kalkulierte. Die Stadt als Komponente, die eine Wirkkraft auf den Menschen ausübt, war das bedingende Kalkül in der strategischen Behandlung der stadtraumgestalterischen Aufgabe: Städtebauliche und architektonische Lösungen sollen durch ihre Ästhetik auf das Gefühlsleben der einzelnen Person wirken bzw. durch die Kontinuität, mit der sie jene Momente bereitstellten, welche zu Ursprüngen von Erfahrungen wurden. Ihre Wirkmacht entfalteten sie aufgrund der Gewohnheiten in den Verhaltensweisen, die sich im permanenten ›Machen‹ von Erfahrungen ausbildeten.

Dewey hebt die konkreten Situationen hervor, die den Menschen im Alltag umgeben. Die ›Welt‹ im Sinne solcher Umgebungen ist historisch situiert; sie ist dynamisch und veränderbar und zugleich konstant und langlebig. In seiner Erziehungstheorie geht es damit auch um die ›Erziehung‹ des Sozialen, das – auf das vorliegende Thema bezogen – in der Etablierung von Situationen stattfindet, in denen innerhalb von räumlich geordneten, architektonischen und städtebaulichen Umgebungen Erfahrungen gesteuert werden. Die Gestaltung des öffentlichen Raums ist so als Medium begreifbar, in dem Gewohnheiten geprägt werden. Dazu zählt die Ästhetik des öffentlichen Raums gleichermaßen wie die Steuerung der Bewegungen der einzelnen Person durch planvoll angelegte und entsprechend gestaltete Plätze.

---

98 Ebd., S. 265.
99 Vgl. Scheve 2011; Shilling & Mellor 1998.
100 Durkheim 1984, S. 269.
101 Zur Akkulturation der Arbeiterinnen und Arbeiter in Arbeiterwohnquartieren in der zweiten Hälfte des 19. Jahrhunderts vgl. z.B. Saldern 1995.

# TEIL II

## Organisation von Ordnung

# 4 Die Suche nach Ordnung der Gesellschaft: Symbolische Wissensressourcen sozialreformerischen stadtraumgestalterischen Handelns

Unter welchen Voraussetzungen kristallisierte sich die strategische Position im Feld der Stadtraumgestaltung heraus, Gesellschaft über moralerzieherische Mechanismen zu steuern? Diese Frage steht im Zentrum dieses zweiten Teils. Dabei wird der Blick auf die zirkuläre Logik von Wissen und Handeln gelenkt, der zunächst fraglich erscheinen lässt, innerhalb welcher historischer Dynamiken die strategische Besetzung der Stadtraumgestaltung mit gesellschaftserzieherischen Absichten möglich wurde und als notwendig erschien. Dieser Aspekt wird in einem ersten Schritt anhand der Vorstellungen von Ordnung auf der kulturell-sinnstiftenden Ebene behandelt. Anschließend wird in Kapitel 5 das Augenmerk in einem engeren Sinn auf Wissenskontexte und die epistemologischen Bedingungen gelenkt, die diese Position ermöglichten.

Auf der kulturellen Ebene war die zentrale Kategorie, nach der interventive Maßnahmen im sozialreformerischen Städtebau um 1900 gesetzt wurden, die Suche nach Ordnung.[1] Die Bedeutung dieser Kategorie setzte ihre ›Entdeckung‹ voraus, die sich im ausgehenden 19. Jahrhundert aus der Erkenntnis speiste, dass die Gesellschaft in Unordnung geraten sei. Der eingangs erwähnte Zürcher Sozialreformer Paul Pflüger machte für diese Zeit eine allgemeine »Kalamität«[2] fest, die diese Erkenntnis schlagwortartig ausdrückt. Sie betraf nach Pflügers Ansicht zwar alle sozialen Schichten, aber alle in unterschiedlichem Maße und in unterschiedlicher Hinsicht: Mal sei es die Steuerlast, mal der Kapitalzins und für die größere Menge der Bevölkerung der hohe Mietzins oder der niedrige Lohn, was zur »ungeordneten« Lage der gesellschaftlichen Verfasstheit führte.

Zu diesem Aspekt, den Pflüger als Soziale Frage klassifizierte, kamen umfangreiche Veränderungen der Lebenswelt hinzu. Diese Entwicklungen manifestierten sich nicht zuletzt in der örtlichen Umgebung, vor allem in den wirtschaftlichen Zentren, die in Bezug auf die Siedlungsentwicklung einer Verstädterung und in Bezug auf das Alltagsleben einer Urbanisierung der Lebensverhältnisse im Wirtschafts- und Sittenleben

---

1 Vgl. grundlegend zur Kategorie Ordnung in der Raumplanung Leendertz 2008. Zur Ordnung des Sozialen über den Siedlungsbau vgl. Dräger 2003.
2 Pflüger 1910, S. 3.

unterworfen waren.³ Quartiere und Städte wie auch ganze Landschaften veränderten ihr Erscheinungsbild innerhalb kürzester Zeitspannen. Die Dimensionen dieser Veränderungen bestanden unter anderem im Bevölkerungswachstum aufgrund der verbesserten Lebenserwartung, in tiefgreifenden Umwälzungen der Arbeitswelt und im Ausmaß der Migrationsbewegungen. Mit diesen Dynamiken waren zahlreiche spezifische Herausforderungen verknüpft, etwa die räumliche Erschließung von Quartieren durch Verkehr oder die Verbesserung der öffentlichen Infrastruktur, die vor dem Hintergrund der gestiegenen hygienischen Vorstellungen getroffen wurden. Gesellschaftliche Massenphänomene oder die Entwicklung einer öffentlichen Sphäre nach demokratischem Anspruch, wie sie sich in der Emanzipation der Arbeiterschaft oder der zunehmenden Liberalisierung der politischen Ökonomie manifestierte, waren Aspekte der gesellschaftlichen Dynamik um 1900.

Diese Entwicklungen geben einen Einblick in die für die modernen, industrialisierten Gesellschaften charakteristischen Basisprozesse des ausgehenden 19. Jahrhunderts. Neu war das Maß der Reflexion, die das Problem der gesellschaftlichen Ordnung zutage förderte und zugleich die Ordnung als gestaltbar begreiflich machte.⁴ Der Begriff ›Ordnung‹ fasst in aggregierter Weise die konfliktreichen Machtstrukturen und Verteilungsmuster zwischen den sozialen Schichten, die sich im städtischen Raum insbesondere in Form von sozial segregierter Quartierbildung manifestierten.⁵

Die analytischen Möglichkeiten des Ordnungsbegriffs liegen – bezogen auf den vorliegenden Kontext – nicht darin, die in den angedeuteten Machtstrukturen und Verteilungsmustern eingelagerten Herrschaftsverhältnisse innerhalb der gesellschaftlichen Konfliktfelder zu beschreiben. Hingegen erlaubt er, die aus wissensgeschichtlicher Perspektive relevante zirkuläre Logik in der Entwicklung eines politisch getragenen Handlungsoptimismus zu erfassen, der in der kommunalen Verankerung des Städtebaus zu Beginn des 19. Jahrhunderts eine wirkmächtige Grundlage fand.⁶ Die Erfahrung von Unordnung ging Hand in Hand

---

3 Der soziologische Begriff ›Urbanisierung‹ bezeichnet die Auswirkungen der Verstädterung auf die Lebensweise. Häußermann & Siebel 2004, S. 19.

4 »Das Projekt der Moderne ruht auf den beiden grundlegenden Annahmen von der Verstehbarkeit und der Gestaltbarkeit (oder Steuerbarkeit) der sozialen Welt.« Wagner 1995, S. 254. Vgl. auch Rucht 1994, S. 517.

5 Horst Dräger sieht den »Kern der Arbeiterfrage« in der »Lebensraum- und Lebensformgestaltung des Standes der Standeslosen und damit zugleich seine gesellschafts- und ordnungspolitische Integration in den gesellschaftlichen Gesamtzusammenhang«. Dräger 2003, S. 69.

6 Neben dem Städtebau ist vor allem das Gesundheitswesen zu nennen. Für den Zürcher Kontext vgl. Erismann (Hg.) 1909.

mit Auseinandersetzungen wie in erster Linie derjenigen um soziale Konfliktlagen, die aus gesellschaftlichen Herrschaftsverhältnissen resultierten. Hierfür stand die Soziale Frage, die Pflüger als die missliche Lage im gesellschaftlichen Funktionssystem darstellte.

In Zürich manifestierte sie sich am prägnantesten im Arbeiterquartier Aussersihl, dessen Lebenswelt um 1900 der Historiker Daniel Künzli folgendermaßen charakterisiert: »Aussersihl war mit Sicherheit beides: ein anonymes, beengendes, lärmiges Stadtviertel, dessen Hauptcharakteristik eine wenig stabile, ständig umherziehende Bevölkerung war und aus dem die Arbeiterfamilien im Falle eines sozialen Aufstiegs möglichst rasch zu entkommen trachteten. Und zum anderen war Aussersihl ein prägendes räumlich-soziales Lebens- und Spannungsfeld für Menschen, die sich aufgrund ihrer gemeinsamen unsicheren Lage trotz meist individuellem Handeln als proletarisches Kollektiv verstanden und sporadisch gegenüber der restlichen Stadt auch so auftraten.«[7] Die Soziale Frage gewann ihre Kontur in der Spiegelung der Verhältnisse im Arbeiterquartier mit denen in den reicheren, bürgerlichen Quartieren. Darin traten die sozialen Spannungen zutage, die die Unordnung der großstädtischen Gesellschaft erkennbar machte: Die Beschreibung der Probleme im Rahmen der Sozialen Frage rückte das Problem der gesellschaftlichen Ordnung in das allgemeine Bewusstsein.

Die Erfassung der Erfahrung von Unordnung im Rahmen von Auseinandersetzungen wie der hier unter dem Stichwort Soziale Frage beschriebenen ermöglichte die strategische Position, in der ein Optimismus entwickelt wurde, pro-aktiv Lösungen zu entwerfen, die auf dem Hintergrund der Problemdiagnosen legitim und notwendig erschienen. Das Erkennen des Ausmaßes von Anonymität und Entwurzelung im gedrängten Leben des Arbeiterquartiers war ein Aspekt für die Entwicklung der sozialpolitischen Position, die aus sozialistischer Perspektive die materielle Verbesserung für Arbeiter und aus bürgerlicher Perspektive die Vermittlung von konservativen Werten zur Bannung der »Gefahr« der Emanzipation der Arbeiter und allgemeiner die Bekämpfung des gesellschaftlichen »Risikos« der räumlich manifesten sozialen Ungleichheit betraf.[8] Die spezifische Art des Wissens ist daher geeignet, um die Genese des gesellschaftserzieherischen Ansatzes und der entsprechenden Instrumentalisierung der Stadtraumgestaltung als »Agenturen« der Erziehung zu erklären. In dem zirkulären Prozess bedingte die Reflexion von Ordnung und Unordnung die Etablierung des strategischen Feldes von Lösungen, die weiter unten anhand des Siedlungsbaus und des Heimatstils im Einzelnen dargestellt werden.

---

7 Künzli 1990, S. 58.
8 Vgl. Fritzsche 1990a.

Bei Pflüger kam die zirkuläre Logik darin zum Ausdruck, dass er seine Abhandlung *Einführung in die soziale Frage* aus dem Jahr 1910 in zwei Teile gliederte. Der erste Teil analysierte Probleme und der zweite Teil präsentierte Lösungen.[9] Zu den Problemen zählte Pflüger die Auswirkungen des Wirtschaftslebens unter den Bedingungen des Kapitalismus. Er zeichnete sie für zahlreiche Bereiche nach, wobei die Entkoppelung von Arbeit und Besitz der Produktionsmittel, zu denen hauptsächlich Grund und Werkzeuge gehörten, in der industrialisierten Produktionsweise die folgenreichste Auswirkung darstellte: »Die tiefste Wurzel der sozialen Verlegenheit«, schreibt Pflüger, »liegt in der *Trennung der Arbeit vom Eigentum.* Jeder Mensch braucht nämlich, um Arbeit zu verrichten und Produkte zu schaffen, einen gewissen Anteil sowohl an Erdboden als an Werkzeugen, ohne die er keine Arbeit verrichten kann.«[10] Das soziale Übel zeige sich in der Schere, die zwischen den wenigen Wohlhabenden und den vielen Armen weit aufklaffe – was entsprechend mit unverschuldeten, weil sozialisatorisch bedingten, negativen Auswirkungen auf das sittliche Leben, etwa im Familienleben, einhergehe.[11] »Die soziale Frage hat ihren Grund nicht in der Armut der Faulen und Trunksüchtigen, sondern in der Not und Sorge der Arbeitswilligen und Arbeitsfähigen, die überall die große Mehrheit bilden.«[12] Den Lösungsansatz fand Pflüger in der »Kraftzunahme des genossenschaftlichen Prinzips«,[13] das er als Gegenmodell zu den Machtstrukturen im Kapitalismus setzte. Damit meinte er, »den Einzelnen aus seiner Vereinzelung [die das Prinzip des Liberalismus kennzeichne, M.V.], in der er schwach und haltlos ist, herauszuretten und ihn zum Glied einer gegliederten und innig verbundenen Gemeinschaft zu machen.«[14] Aus dieser Idee entwickelte Pflüger den Optimismus einer Neuordnung der Gesellschaft in Richtung einer sozialen Gesellschaftsordnung: »Eine Neuordnung, in der die unheilvollen Gegensätze von Proletariat und Geldfürstentum dahinfallen und alle Schichten der Bevölkerung ein menschenwürdiges Dasein führen können.«[15]

Neben der Verstaatlichung von Betrieben und der staatlichen Organisation des Versicherungswesens setzte Pflüger an der Bodenpolitik an. Er plädierte für eine Kommunalisierung des Bodens und für ein ausgedehntes Bauprogramm und Vermietung (nicht für den subventionierten

9 Pflüger 1910.
10 Ebd., S. 6, Hervorhebung im Original.
11 Z.B. ebd., S. 55.
12 Ebd., S. 5.
13 Ebd., S. 80.
14 Ebd., S. 80f.
15 Ebd., S. 82f.

Verkauf¹⁶) von Wohnungen durch die Gemeinde, was die Spekulation in diesem Bereich beheben könne.¹⁷ Ein Argument, das Pflüger zur Legitimierung dieser Vision vorbrachte, betraf das Bauen, das die hygienischen sowie ästhetischen Interessen einzelner Bewohnerinnen und Bewohner und genereller betrachtet des Gemeinwohls zu berücksichtigen hätte. Die private Bautätigkeit im Zuschnitt der bis zu fünfgeschossigen »Mietskasernen« in der geschlossenen Blockrandbebauung habe diese beiden Interessen jeweils nicht verfolgt. Pflüger plädierte hierbei für eine Position, die die städtebauliche Dimension unter Maßgabe der vom Heimatschutz vorgegebenen künstlerisch-ästhetischen Prinzipien stark machte, besonders was gartenstädtische Systeme anbelangte.¹⁸

Pflügers Einsatz für die an sich wertkonservative ästhetische Formensprache im Sinne des Heimatschutzgedankens verdeutlicht den für die Moderne charakteristischen Widerspruch zwischen Aufklärung bzw. Rationalisierung und Romantik bzw. Traditionsbezug.¹⁹ Wie noch zu zeigen sein wird, war der Heimatschutzgedanke in Zürich nach 1900 der Schlüsselfaktor für Innovationen im Städtebau und in der Architektur, die dezidiert an den modernen Bedürfnissen der gegenwärtigen und imaginierten zukünftigen Gesellschaft – was in erster Linie die »Volksgesundheit« anbelangte – ansetzten. In diesem Sinn war die reformorientierte Stadtraumgestaltung auf rationelle Weise aufgeklärt; sie speiste sich aus Wissenssystemen, die moderne Bedürfnisse erkennbar machten. Zugleich fanden die sozialreformerischen Interventionen in Abgrenzung einerseits zum technisch-ingenieursmäßigen Zugang und andererseits zu der als austauschbar angesehenen historistischen Ästhetik eine materielle Grundlage in einer national und/oder lokal inspirierten romantisierenden Ästhetik. Sie beruhten in diesem Sinn auf einem modernisierungskritischen Fundament, das den »Fortschritt« in einem wirtschaftsliberalen Sinn zugunsten eines Traditionsbezugs ablehnte. Die Tatsache, dass die sozialreformerischen Maßnahmen bei durchaus unterschiedlicher ideologischer Herleitung von den beiden großen politischen Lagern der sozialistischen Arbeiterbewegung und dem wertkonservativen Bürgertum getragen wurden,²⁰ verdeutlicht, dass es um die grundlegendere Bekämpfung der Ungleichheit zwischen den sozialen Schichten ging: Sie betraf etwa die massiven Einkommensunterschiede zwischen einer reichen Minderheit und der armen Masse. Hinzu kamen die desaströsen

16 Zur kontrovers diskutierten Frage von Verkauf oder Vermietung vgl. Fritzsche 1990b, S. 392.
17 Pflüger 1910, S. 111ff.
18 Ebd., S. 113.
19 Békési 2009, S. 96.
20 Vgl. Dipper 1992.

Bedingungen der Arbeiterschicht bei generell hoher Arbeitslosigkeit, besonders unter Jugendlichen.[21]

Wie Pflügers Mahnungen verdeutlichen, stand auf der Ebene der kulturellen Sinnsysteme der gesellschaftliche Zusammenhalt gesamthaft zur Debatte. Dabei ging es auch um symbolische Auseinandersetzungen. Im Folgenden stehen die als prekär erkannten gesellschaftlichen Ordnungen im Zentrum. Die hier zu verfolgende Frage lautet, inwiefern die Vervielfältigung gesellschaftlicher Sinnentwürfe, in der sich die sozialen Probleme der Verstädterungsdynamiken spiegelten, die Idee der Herstellbarkeit von gesellschaftlicher Ordnung anhand von Interventionen im Stadtraum bedingte. Damit ist die Palette an reformorientierten Maßnahmen in den Blick gerückt, die im dritten Teil genauer behandelt werden. Sie betrafen in erster Linie die kommunale Bodenpolitik, die zur Verankerung gartenstädtischer Prinzipien im Siedlungsbau führte, sowie die Anwendung der normativen Ästhetik des Heimatstils für Wohnbauten oder öffentliche Gebäude, darunter auch Schulhäuser und Verwaltungsbauten.

Der Blick zunächst auf die kulturellen Sinnsysteme erschließt einen interpretativen Rahmen für die sozialreformerischen Maßnahmen. In diesem Rahmen ist die Aufgabe der Stadtraumgestaltung als Mittel zur Wiederherstellung von Ordnung in der Moderne zu verstehen.[22] Die in der Sozialpolitik entwickelte Strategie, die stadträumliche Gestaltung als gezielt zu nutzendes Handlungsfeld zu begreifen, entfaltete sich in der Suche nach Ordnung. Pflüger sah die »Unordnung« der Gesellschaft als eine Form der »Störung in den Funktionen unseres gesellschaftlichen Organismus«.[23] Nachfolgend wird zuerst die Kategorie Ordnung behandelt, welche die gleichzeitig erkannte »Unordnung« implizierte und die Phase des Umbruchs um 1900 auf der Ebene der kulturellen Sinnsysteme charakterisierte. Hierbei geht es um die zirkuläre Logik in der Auseinandersetzung darum, was Gesellschaft symbolisch betrachtet ist, worin sie sich repräsentiert und dass die Gesellschaft angesichts der aufbrechenden Ordnungen zu organisieren sei, dass also gehandelt werden müsse. Was dies für Städtebau und in der Architektur bedeutete, wird anschließend aufgezeigt. Die Analyse der strategischen Besetzung des stadtraumgestalterischen Bereichs hat dabei zwei Voraussetzungen zu berücksichtigen: erstens die Rekonstruktion der Ordnung als allgemeines strukturieren-

---

21 Pflüger 1897, S. 4f.
22 Der Soziologe Peter Wagner spricht von der »organisierte[n] Moderne« für die Zeitspanne des ausgehenden 19. Jahrhunderts bis in die 1970er Jahre, für die Ordnungspraktiken – aus soziologischer Perspektive stehen für Wagner soziale Institutionen im Zentrum – charakteristisch seien. Wagner 1995, S. 44, Hervorhebung im Original. Vgl. auch Leendertz 2008.
23 Pflüger 1910, S. 4.

des Prinzip der Formensprache der Architektur und zweitens die Bedingungen der spezifischen Ausprägung des Ordnungsprinzips in der Architektur um 1900, die unter der weiter oben beschriebenen Raumkategorie auf die Stadtraumgestaltung ausgeweitet wurde und deren zentrales Merkmal das Wissen um die Wirkung von Architektur und/oder des Stadtraums bildete. Diese Bedingungen standen in Zusammenhang mit der Pluralisierung der ästhetischen Normen, die die Politisierung der Ästhetik im strategischen Feld der Sozialreform mit städtebaulich-architektonischen Mitteln vorbereitete und stadträumliche Gestaltungsfragen als gesellschaftliche Gestaltungsfragen zu definieren ermöglichte. Schließlich wird die sozialpolitische Handlungsstrategie auf die neu erkannte Notwendigkeit der Erziehung der Gesellschaft zugespitzt und ihre spezifisch moralerzieherische Stoßrichtung herausgeschält. Die Ausführungen in diesem Kapitel rekonstruieren nicht die strategische Besetzung der kulturellen Sinnsysteme, die die stadträumliche Gestaltung strukturierten, sondern zeigen sie soweit auf, dass die Eckpfeiler für den erwähnten interpretativen Rahmen abgesteckt werden können.

## 4.1 Erfahrung von Ambivalenz und Organisation von Ordnung

Die Jahrhundertwende zeichnete sich nach der Deutung von Zygmunt Bauman[24] durch die Erfahrung von Ambivalenz aus, die die Einsicht mit einschloss, dass die »Zivilisation« der Moderne auch dekadente »Barbarei« bedingte.[25] Die Historikerin Adelheid von Saldern beschreibt sie als eine Periode, »when the mood varied between a euphoric belief in progress and the melancholy conviction that the world was bound to collapse«.[26] Der Soziologe Shmuel Noah Eisenstadt analysiert die moderne Gesellschaft anhand des Theorems »multiple modernities«.[27] Damit meint Eisenstadt plurale Gesellschaftsformen, die er als »continual constitution and reconstitution of a multiplicity of cultural programs« versteht. Besonders in der Moderne, so Eisenstadts Analyse, habe sich die innere Differenzierung der Gesellschaft in Bezug auf kulturelle Programme vervielfältigt und in der Gesellschaft entstanden zunehmend

---

24 Vgl. Bauman 2005.
25 So der Titel eines Detlev Peukert gewidmeten Herausgeberbandes. Bajohr, Johe & Lohalm (Hg.) 1991.
26 Saldern 2002, S. 2.
27 Eisenstadt 2000.

Randpositionen und Parallelordnungen.²⁸ Mit dem Fokus auf Prozesse der kontinuierlichen Konstitution und Rekonstitution hebt Eisenstadt die Reaktionsmuster auf diese »Multiplizität« hervor.²⁹ An diese Überlegungen anknüpfend, impliziert die Möglichkeit der Reaktion nicht nur die Erfahrung von Ambivalenz, sondern auch die Erkenntnis dieses Zustands. Einige methodologische Bemerkungen mögen diese Perspektive verdeutlichen. In Anlehnung an Ludwik Flecks Theorie der »Denkstile« und »Denkkollektive« bedeutet Erkenntnis, wie eingangs in dieser Studie erwähnt, eine gelenkte Wahrnehmung. Fleck definiert »Denkstil« als »die Gesamtheit geistiger Bereitschaften, das Bereitsein für solches und nicht anderes Sehen und Handeln.«³⁰ Die Erkenntnis ist politisch insofern, als das Wissen nach Fleck die Bedingung für die Strukturierung von Handlungsmustern darstellt. In dieser Perspektivierung des Wissens lautet die Frage, welche Faktoren die zirkuläre Logik von Erfahrung, Erkenntnis und Handeln strukturieren. Bezogen auf die Kategorie der Ordnung im Städtebau und in der Architektur lautet die Frage, welche Muster die Organisation von Ordnung über städtebauliche Gestaltung bestimmten. Vor dem Hintergrund der ambivalenten Konstellation der Moderne ist die Auseinandersetzung um Ordnung ein Ausdruck des Ringens um Eindeutigkeit. Im interpretativen Rahmen des Begriffs ›Ordnung‹ sammeln sich Idealvorstellungen der Gesellschaft, nach denen sich Handlungsmuster strukturieren.³¹ Dies kann eine Reihe von Maßnahmen betreffen, von denen im städtebaupolitischen Feld die Erstellung von gesetzlichen Bauordnungen ein Beispiel ist. Die Auseinandersetzung mit ›Ordnung‹ meint als weitere Dimension das Ringen um Klassifizierung, das Sinn über Gegebenheiten, wie etwa der gesellschaftlichen Konstitution, herstellt. Nach Ansicht des Historikers Lutz Raphael bildet die »Veränderung der historischen Semantik, die Umstellungen in der Selbstbeschreibung von Gesellschaften«³² die Folie in

---

28 Dies spiegelt sich auch im Verständnis der ›objektiven‹ Welt wider. Die Entdeckung im Impressionismus bestand darin, dass es neben der ›realen‹ Welt der Dinge auch eine eigenständige Welt der Wahrnehmung gebe. Die Welt der Objekte musste nicht mit dem Sichtbaren übereinstimmen. Nach Meinung des Kunsthistorikers Heinrich Wölfflin sei das Charakteristikum dieser »Kunst von heute« die »Vielfältigkeit der Sehformen«. Wölfflin 1923, S. IX.

29 Eisenstadt 2000, S. 8f. Eisenstadt hat zeitgenössische Gesellschaftsformen (Eisenstadts Aufsatz stammt aus dem Jahr 2000) im Blick, deren Ursprünge er speziell im 19. und in der ersten Hälfte des 20. Jahrhunderts sieht: In diversen Bewegungen, die auf die Realisierung utopischer Visionen drängten – Eisenstadt denkt dabei auch an Faschismus und Nationalsozialismus –, sieht er Reaktionsmuster der Moderne.

30 Fleck 1980, S. 85.

31 Vgl. Raphael 2008. Vgl. auch Doering-Manteuffel 2009.

32 Raphael 2008, S. 76.

der Entzifferung von Ordnungsmustern in der Moderne. Kategorien wie der Ordnungsbegriff ›lenken‹ die Wahrnehmung, die das »Bereitsein für solches und nicht anderes Sehen« in der Selbstbeschreibung von Gesellschaften bestimmt.

Wesentliche Bestandteile des Erschließens von Erfahrungen durch Wissen sind auch Metaphern, die sich auf vielfältige Weise mit dem Ordnungsbegriff verknüpften. Im Zuge der Erkenntnis der Ambivalenz spielte etwa die Metapher der Gesellschaft als organische Funktionseinheit eine herausragende Rolle. Hans Blumenberg beschreibt Metaphern als Medien, die den Gegenstand in eine Form übertragen, in der er reflektiert werden kann.[33]

»Ihr [bezogen auf die Metapher, M.V.] Gehalt bestimmt als Anhalt von Orientierungen ein Verhalten, sie geben einer Welt Struktur, repräsentieren das nie erfahrbare, nie übersehbare Ganze der Realität. Dem historisch verstehenden Blick indizieren sie also die fundamentalen, tragenden Gewißheiten, Vermutungen, Wertungen, aus denen sich die Haltungen, Erwartungen, Tätigkeiten und Untätigkeiten, Sehnsüchte und Enttäuschungen, Interessen und Gleichgültigkeiten einer Epoche regulierten.«[34]

Metaphern sei eine politische Komponente eigen, weshalb sie Blumenberg als pragmatische Elemente der Erkenntnis auffasst.[35] Die Beschreibung der Ambivalenz und eine an organischer Ganzheit angelehnte Vorstellung von Gesellschaft prägten die Handlungsstrategien in der Legitimierung sozialreformerischer Maßnahmen im Städtebau. Die Voraussetzung dafür bildete die symbolische Sicht auf Gesellschaft, die diese als mehr als die Summe ihrer Mitglieder verstand. In den soziologischen Theorien um 1900 wurde nach den Arbeiten von Soziologen der ersten Generation wie Max Weber, Emile Durkheim, Ferdinand Tönnies oder Georg Simmel Gesellschaft *grosso modo* als ein Phänomen mit einem symbolischen Überschuss beschrieben und so als eine Kollektivform fassbar. Sie wurde in dieser Form als metaphorisches Gebilde beschrieben und gleichzeitig als spannungsgeladen erkannt.[36]

Unter dem Eindruck des angedeuteten Strukturwandels im 19. Jahrhundert und seiner Auswirkung auf die Pluralisierung der Gesellschaftsformen wiesen soziologische Theorien zwar eine tendenziell

---

33 Blumenberg spricht in diesem Sinne von einer »*Regel der Reflexion*«. Blumenberg 1997, S. 12.
34 Ebd., S. 25.
35 Ebd.
36 Zu einer kulturwissenschaftlichen Perspektive auf die Gesellschaft als Kollektivform vgl. Braun 2001.

pessimistische Stoßrichtung auf,[37] ihre Formulierung stand aber zugleich im Kontext des Aufbaus eines gesellschaftlichen Spannungsfelds, zu dem eine Vielzahl an Entwicklungen beitrugen. Die Bedeutung der Metapher der Gesellschaft als Organismus spielte dabei eine bedeutsame Rolle, die an einigen Beispielen verdeutlicht sei.[38] Die Institutionalisierung von Gesetzeswerken beispielsweise stand im Kontext der Gründung von Nationalstaaten im Europa des 18. und 19. Jahrhunderts, wofür gesetzliche Ordnungssysteme die Institutionen schufen, welche den Staat als funktionelles Gebilde etablierten, das nicht mehr nach dem von einem souveränen Herrscher definierten gesetzlichen Code strukturiert war.[39] Gesetzliche Ordnungen stellten ein grundlegendes Instrument des staatlichen Gebildes dar, dessen Bedeutung für die Machtbeziehungen sich nun allerdings verschob: In Bezug auf Gesetze, die politisches Handeln in der öffentlichen Sphäre regulierten, waren sie auf die Definition von Handlungsspielräumen angelegt. In Bezug auf Bauordnungen bedeutete dies, dass sie Handlungsspielräume für städtebaupolitische Verwaltungen absteckten. In dieser Konstellation stabilisierten in Anlehnung an Foucault Gesetze die Machtverhältnisse über die »Technik« der Normalisierung, deren Augenmerk beispielsweise auf dem Aspekt der öffentlichen Hygiene lag, welche die gesundheitlichen Risiken des Lebens in Großstädten auf ein Mindestmaß reduzieren sollte.[40] Bauordnungen waren in diesem Sinn strategische Mittel zur Etablierung gesellschaftlicher Ordnung, in der das Verhältnis von Freiheit und Disziplin reguliert wurde. Die Basis dieser Organisationsmuster bildete – wie weiter unten genauer zu sehen sein wird – zu einem wesentlichen Teil das statistische Wissen um Normalverteilungen in der Bevölkerung, deren bestmögliche Stabilität durch Maßnahmen wie Bauordnungen angestrebt wurde, um das Funktionieren der Gesellschaft zu gewährleisten.[41]

Gesetzgebungen spielten daher eine wichtige Rolle in Prozessen der Verbürgerlichung von Gesellschaft. Sie strukturierten das Verhältnis von Freiheit und Zwang, das der Soziologe Peter Wagner für die Moderne innerhalb von drei Dimensionen angesiedelt sieht: »in der Beziehung

---

37 Habermas 1981a, S. 19. Zum Kontext der Entwicklung soziologischer Theorien im 19. Jahrhundert vgl. Jonas 1980a; 1980b.

38 Zur Organismus-Metapher als Modell für die Strukturierung von Handlungsstrategien im Städtebau vgl. die Studie von Wolfgang Sonne zur Planung von Hauptstädten. Sonne 2003.

39 Vgl. Anderson 2005.

40 Foucault 1977, S. 90.

41 Zur Bedeutung des statistischen Wissens für die Etablierung des Bildes der »Bevölkerung« und in weiterer Folge für die Organisation von Machtbeziehungen nach dem Muster der Normalisierung vgl. Foucault 2004, insbesondere S. 38f. im Hinblick auf Raumordnungen.

zwischen individueller Freiheit und sozialem Zusammenleben, in der Beziehung zwischen menschlicher Handlungsfähigkeit und struktureller Beschränkung und in der Beziehung zwischen immer lokal situiertem menschlichem Leben und weit ausgedehnten sozialen Regeln.«[42] Mit Blick auf diese Konstellationen entwickelt Wagner ein Verständnis dafür, wie Handlungsspielräume den Raum für »taktische« Aneignungen öffnen:[43] Die Gesetzesordnung definiert Handlungsspielräume für die einzelne Person, die im Hinblick auf die Grenzen abgesteckt sind, die bei Überschreitung Sanktionen nach sich ziehen. Viel mehr aber reguliert sie nun die Vorstellungen von legitimen Verhaltensformen in der Sphäre der bürgerlichen Gesellschaft.

In den für die zweite Hälfte des 19. Jahrhunderts dominanten politisch-liberalen Strömungen waren Normen als Bezugspunkte für die bürgerliche Gesellschaftsordnung gesetzt, die auch die Demokratisierungsprozesse in der Verhandlung des Verhältnisses zwischen Freiheit und Disziplin strukturierten, welche das Maß zwischen Freiheit des Bürgers und der Kohärenz des »Gesellschaftskörpers« betrafen.[44] In Form von allgemein verbindlichen und dabei legitimen Gesetzeswerken nahmen die Herrschaftsformen unter den neuen politischen Voraussetzungen die subtilen Züge an, die charakteristisch waren für die auf Normalisierung und Kontrolle abzielenden Machtstrukturen in modernen Gesellschaften. Im Sinne Max Webers bezeichnet der Begriff ›Herrschaft‹ die Durchsetzung von Macht, die auf einer Autorität beruht, die auf der Basis unterschiedlicher Begründungsformen (zum Beispiel ökonomisch, sittlich oder ideell) legitim erscheint.[45] Die subtile Funktion der Legitimierung wurde dabei zunehmend in das Feld der wissenschaftlichen Expertise ›ausgelagert‹, was dank der Aura der Objektivität möglich war. Dafür ist ein Ausdruck, dass der Aufbau der Verwaltungen mit dem Aufbau eines genauen Berichtswesens einherging. Gesetzliche Regelwerke konnten dabei ihre Legitimität aufgrund von Mechanismen entwickeln, die ihre bindende Kraft auf der metaphorischen Ebene ausbildeten.

42 Wagner 1995, S. 13.
43 Zur »Taktik« vgl. de Certeau 1988, S. 89.
44 Vgl. Hettling 1999.
45 Vgl. Weber 1922. Die Entwicklungen der verwaltungstechnischen Organisation verdeutlichen beispielsweise für Zürich die gewandelten Anforderungen an die Legitimität anhand der Abschaffung der Gemeindeversammlung im Jahr 1891, die infolge des Wachstums der Bevölkerung nicht mehr praktikabel erschien. Die Gemeindeversammlung war das oberste politische Organ der Gemeinde mit legislativen Kompetenzen, an dem alle mit vollem Bürgerrecht ausgestatteten Personen teilnahme- und stimmberechtigt waren. Vgl. Würgler 2005. An ihre Stelle trat das kommunale Initiativ- und Referendumsrecht, während die politische Steuerung des Gemeinwesens zunehmend in den Verwaltungen organisiert wurde. Vgl. Behrens 2013.

Die Tragfähigkeit der Organismus-Metapher in der politischen Organisierung der Gesellschaften des ausgehenden 19. Jahrhunderts beruhte auf imaginären Bildern, die der Gesellschaft Sinn und Kohärenz verliehen. Die Ästhetisierung der Nationen war dafür ein Ausdruck, was die im 19. Jahrhundert populären Weltausstellungen illustrieren, die erstmals 1851 in London stattfand.[46] Sie boten eine Bühne für Nationen, um in den jeweiligen Länderpavillons Errungenschaften auf diversen Gebieten auszustellen, die Modernität demonstrierten und einzelne Länder dem Vergleich mit anderen Nationen aussetzten. Als ein weiteres Gebiet der Ästhetisierung der Nationen war aber auch die Form des statistischen Wissens wirkmächtig, das ca. seit der Mitte des 19. Jahrhunderts ein ›Bild‹ der Bevölkerung zeichnete.[47]

Wirksam war und ist die Organismus-Metapher in der Darstellung gesellschaftlicher Institutionen innerhalb ihrer Konzeption als Körperschaften. Sie wurden häufig in direkter Analogie mit dem biologischen Körper gedacht.[48] Dieser Vergleich spielte auch in der Bildung der Nationalstaaten eine wichtige Rolle und war ein Ankerpunkt für die sinnhafte Legitimierung der rechtsstaatlichen Institutionen. Der deutsche Staatsrechtler Carl Friedrich von Gerber[49] fasste den Staat »als einen belebten und nach eigener Idee sich fortentwickelnden Naturkörper auf«[50] und betonte, dass »die zur Realisirung der inneren Lebenskraft nothwendigen, zur elementaren Anlage des Staates gehörenden, mithin konstitutionellen Medien durch die bildliche Bezeichnung als Organe«[51] bewerkstelligt werden solle. Die Körpermetapher wurde ebenso auf das Bild der Stadt angewandt, was, wie Richard Sennett in seinem Buch *Flesh and Stone* zeigt, seit der Antike ein dominantes Muster ihrer mentalen Erfassung bildete.[52] Ab ca. 1900 etablierte sich in diesem Bereich ein Prinzip, das auch die erwähnten Weltausstellungen prägte: In zahlreichen Städtebauausstellungen wurde anhand von Plänen und Modellen mit oft großflächigen Maßstäben das Bild der Stadt als spezifische Physiognomie

---

46 Zur Geschichte der Weltausstellungen vgl. Kretschmer 1999.

47 Vgl. Nikolow 2006. Zur zeitgenössischen Diskussion der Möglichkeiten der graphischen Darstellung vgl. Roesle 1913.

48 Zur Geschichte der Kultur der körperschaftlichen Konstitution politischer Institutionen vgl. Krawietz 1976. Vgl. auch die Studie zur politischen Organisationsform von Dynastien von Kantorowicz 1997.

49 Gerbers 1865 erstmals erschienene Schrift *Grundzüge des deutschen Staatsrechts* ist ein herausragendes Beispiel für die deutsche Rechtswissenschaft im 19. Jahrhundert. Gerber 1880. Carl Friedrich von Gerber (1823–1891) war ein einflussreicher Jurist und ab 1871 Kultusminister in Sachsen.

50 Ebd., S. 220.

51 Ebd.

52 Sennett 1994.

präsentiert mit dem Effekt, dass die Stadt als greifbarer Gegenstand der Planung stilisiert wurde.[53] So stand auch der Städtebau mithin im Zeichen der Repräsentation der Gesellschaft.[54] Monumentale Stadtanalagen versinnbildlichten etwa die Größe der Nation, wofür die groß angelegten Stadterweiterungen aus dem 19. Jahrhundert prominente Beispiele sind. In Zürich war die Anlage der Bahnhofstraße oder des Seequais in der zweiten Hälfte des 19. Jahrhunderts ein entsprechendes Beispiel des repräsentativen Bauens. Über diese Stadterweiterungsprojekte hinaus wurden häufig einzelne Gebäude nach Maßgabe nationaler Symbolkraft errichtet.[55]

Mit dem Muster, die gesellschaftlichen Institutionen in Analogie zum Organismus zu denken, wurden sie zugleich als eine Naturgegebenheit konstruiert, womit Ordnungsbestrebungen argumentiert und moralisch »legitimiert« werden konnten. Um nochmals Gerber zu zitieren, kam die Kraft dieser organischen Formel auf die »Erscheinungen des sittlichen Lebens«[56] im Staat zum Ausdruck: »gegenüber einer bloss mechanischen Staatsauffassung [sei es möglich,] die lebendige Wechselbeziehung der in ihm [dem Staat, M.V.] vereinten Culturkreise, sowie die Triebkraft der gesellschaftlichen Verbindungen des Volks zur Geltung zu bringen, und im Gegensatze zu der atomistischen Anschauung den selbständigen Lebensgrund des Staates zu betonen.«[57] Die Verwendung solcher Sinnbilder war für Gerber eine der Legitimationsstrategien von Ordnungsbestrebungen, die in Anlehnung an Weber ein generelleres Herrschaftskontinuum aufbauten. Im Rückgriff auf das nicht näher zu begründende Argument der Naturgegebenheit konnten Maßnahmen als zwangsläufig legitimiert werden und eine Ordnung, die als organischer Zusammenhang des »Volkes« gedacht wurde, ließ sich als unausweichlicher bestimmen als eine vertragsbasierte Ordnung. Diese Logik verdeutlicht ein Beispiel aus Zürich: Als in den 1880er Jahren die Fusion der Kernstadt Zürich mit den Vororten debattiert wurde, argumentierte der Gemeinderat der Arbeitergemeinde Aussersihl in seinem Petitionstext mit einer differenzierten statistischen Analyse, die er anhand der Metapher des Organismus folgendermaßen zuspitzte: »Zürich und seine Ausgemeinden bilden faktisch einen Körper oder drängen dazu hin. Dieser Körper kann

---

53 Zu den Städtebauausstellungen vgl. Bodenschatz, Gräwe, Kegler, Nägelke & Sonne (Hg.) 2010.
54 Sonne 2003.
55 In Zürich illustrierten diese Funktion beispielhaft die Gebäude bundesstaatlicher Institutionen wie das Eidgenössische Polytechnikum (erbaut 1853–1864, Architekt G. Semper) oder das Landesmuseum (erbaut 1892–1898, Architekt G. Gull). Vgl. Kurz 2008.
56 Gerber 1880, S. 219.
57 Ebd., S. 220.

nur dann richtig gedeihen, wenn die Einheit vollständig durchgeführt ist. Das Blut muss ungehindert vom Herzen in die Extremitäten und von da wiederum ungehindert ins Herz zurückströmen; nur dann gedeiht jedes Glied nach seiner Anlage und Bestimmung.«[58] Die Auseinandersetzung mit der Ordnung der Gesellschaft war, soweit lässt sich festhalten, ein zentrales Moment der politischen Kultur um 1900, die sich auf unterschiedliche Ebenen erstreckte. Im legislativen Kontext meinte Ordnung die Etablierung und Durchsetzung von Normen zur Organisierung dessen, was als ›Gesellschaft‹ mehr war als die Summe ihrer einzelnen Mitglieder. Sie meinte eine imaginäre Kohärenz, die die Disziplin der einzelnen Person und ihre Verpflichtung auf das Kollektiv voraussetzte, die zugleich den Rahmen für die Freiheit festlegte.[59] Die Rede um die Gesellschaft und die Stadt als Organismus war dabei eine auf lenkende Weise wirkmächtige Metapher zur Legitimierung ordnender Maßnahmen. Im Hinblick auf die Soziale Frage, wie sie Pflüger ausführte, spiegelte die Auseinandersetzung mit Ordnung nicht nur den Konflikt auf der symbolischen, mit imaginären Bildern durchsetzten Ebene wider, sondern betraf auch die materielle Ebene im Sinne des gesellschaftlichen »Risikos« der sozialen Segregation. Auch auf dieser Ebene strukturierte die Suche nach Ordnung das Feld der Auseinandersetzung, das aus den aufklaffenden Klassengegensätzen entstand und das seine Spannkraft aus der Verhandlung von Freiheit und Disziplin unter gewandelten politischen Voraussetzungen bezog, die zunehmend auch die Interessen der Arbeiterklassen zu berücksichtigen hatten. In diesem Zusammenhang stand das ›Funktionieren‹ der Gesellschaft unter dem Aspekt der Normalisierung und damit einhergehend der Minimierung gesellschaftlicher »Risiken« im Zentrum.

Weiter auf die symbolische Ebene der Legitimationsmuster auf Basis metaphorischer Reflexionsformen bezogen, war die Beschwörung von Ordnung ein strategisches Mittel zur Besetzung eines Handlungsfeldes. Diese Form der Stabilisierung von gesellschaftlichen Machtverhältnissen verdeutlichen Michel de Certeaus Ausführungen zum strategischen Handeln. De Certeau schreibt in *Die Kunst des Handelns,* dass die Wirkmacht strategischen Handelns die Besetzung von Feldern voraussetzt, durch die sich die Vormacht in der Definition dessen sichern lässt, was legitime Ordnung sei.[60] Wie mit Blumenberg oder Fleck gesehen, ist damit eine Form von Erkenntnispolitik gemeint, die in Bezug auf die Suche nach Ordnung über die Stadtraumgestaltung ihre Grundlage in der Erfahrung von Ambivalenz hatte. Die Erfahrung der »*multiplicity*« im

58 Petition des Gemeinderats Aussersihl an den Zürcher Kantonsrat vom 1. November 1885 zit. nach Müller 1919, S. 92.
59 Wagner 1995.
60 De Certeau 1988, S. 87f.

ausgehenden 19. Jahrhundert bedeutete, dass der Bezug auf eine singuläre Ordnung die Denkvoraussetzung bildete, um die plurale und letztlich auch verunsichernde Ordnung politisch bearbeiten zu können.[61] Die Interpretation des Zustandes der gesellschaftlichen Ordnung bedeutete zugleich ein Orientierungswissen, das in den sozialpolitischen Reformen wirksam wurde, die eine wie auch immer konzipierte Verbesserung der gesellschaftlichen Ordnung anstrebten. Gerade *weil* um 1900 die normativen Bezugspunkte von Ordnung pluralisiert wurden, erschien die gesellschaftliche Ordnung als prekär. »Die Entdeckung, daß Ordnung *nicht natürlich* ist,« schreibt Bauman, »war die Entdeckung der *Ordnung als solcher*. Der *Begriff* der Ordnung trat gleichzeitig mit dem *Problem* der Ordnung ins Bewußtsein, der Ordnung als einer Sache von *Entwurf und Handlung*.«[62] Dort also, wo die Ordnung der Gesellschaft als instabil und inkonstant erlebt wurde, wurde sie besonders beschworen. Mit »*Entwurf und Handlung*« deutet Bauman die beiden, miteinander verbundenen normativen Konstanten des Ordnungsbegriffs – Ordnung einerseits als Kategorie der Sinnstiftung und andererseits als Ziel von Interventionen – an, die den Bezug auf eine singuläre Ordnung charakterisieren. Interventionen seien nach Bauman auf eine regulative Ordnungsidee ausgerichtet, die zugleich auf Sinnwissen aufbauten, um die Erkenntnis auszubilden, dass Interventionen angezeigt seien. Der Begriff ›Ordnung‹ im Singular verdeutlicht diesen Zusammenhang zwischen historischer Erfahrung von Vieldeutigkeit, ihre Interpretation und die daraus gewonnenen Orientierungen für interventive Handlungen. Der Singular des Begriffs impliziert in dieser Hinsicht die Pluralität gesellschaftlicher Ordnungen.[63]

61 In seiner Diskussion des Universalismus betont Jürgen Habermas, dass Lebensformen in einer Gesellschaft im Plural auftreten wie auch Sprachen oder Weltbilder. Vgl. Habermas 1981a, S. 91. Habermas bezieht sich dabei auf die Kulturanthropologie. »Andererseits«, so Habermas in seiner Analyse, »beziehen sie [die Begriffe ›Sprache‹, ›sprachlich artikuliertes Weltbild‹ und ›Lebensform‹, M.V.] sich auf Totalitäten: für die Angehörigen derselben Kultur sind die Grenzen ihrer Sprache die Grenzen ihrer Welt. Sie können den Horizont ihrer Lebenswelt beliebig ausdehnen, aber nicht aus ihm heraustreten; insofern ist jede Interpretation auch ein Vorgang der Assimilation.« Ebd., S. 91f.
62 Bauman 2005, S. 19, Hervorhebung im Original.
63 Als Ausgangspunkt für »Entwurf« und »Handlung« lässt sich die Pluralität beispielsweise in den Auseinandersetzungen um den Stil in der Kunst – die Architektur miteingeschlossen – ablesen, was in Kapitel 7 genauer behandelt wird. Vgl. hierzu Weston 1996. So zielten die reformorientierten Bestrebungen auf die Schaffung der *einen* stilistischen Ausdruckssprache ab. Damit wollten sie die Beliebigkeit der eklektizistisch verstandenen Stiloptionen des Historismus und ihre häufig als ›falsch‹ verstandene Ästhetik überwinden. Vgl. Gay 2008. Aus dieser Suchbewegung nach

Der Begriff ›Moderne‹ bezeichnet vor diesem Hintergrund einen gesellschaftlichen Zustand, dem nach Baumans Analyse eine »Ambivalenz« eigen ist, die auf der kulturell-sinnstiftenden Ebene als ein sprachliches Problem erscheint. In der Moderne, so Bauman, versage die Strukturierung der Welt mit den Mitteln der Sprache: In den Ordnungsbemühungen bleibe ein Rest der Uneindeutigkeit bestehen.[64] »Ambivalenz« bezieht sich auf das Wissen, das die Erfahrungen von sozialen Spannungen oder Veränderungen von Lebenswelten symbolisch behandelt. Das Bewusstsein, dass Ordnung eine »Sache von *Entwurf und Handlung*«[65] sei, beruht nach Bauman auf der Ambivalenz der historischen Erfahrung, die die interpretativen Grenzen ihrer sprachlichen Sinnerschließung aufwirft. Daraus lässt sich ableiten, dass die Strukturierung der Welt ein konstantes Problem darstellt, weil Ordnung nicht als feste Größe gesetzt werden könne, zugleich aber die Denkvoraussetzung für Handlungsentwürfe bilde.

Auf den vorliegenden Kontext bezogen, bedeutete die Vervielfältigung legitimer gesellschaftlicher Partikularitäten sowie die zunehmende Durchsetzung demokratischer Strukturen eine Intensivierung der Bestrebungen, Gesellschaft im Bereich des Moralischen zu steuern. Diese Charakteristik der Moderne, die im vorhergehenden Teil als eine Geschichte der Erziehung im Register der Gefühle dargestellt wurde, fasst der Historiker Lutz Raphael im Konzept der »Erfahrungsgeschichte«:[66] »Die soziale und moralische Gegenwart wird in allen ihren Aspekten zur Arena neu zu definierender Zukunftserwartungen angesichts von Veränderungsdynamiken, welche die Vergangenheit für die Akteure immer weiter wegrücken.«[67] Eine imaginäre Zukunft bilde den Bezugspunkt von Interventionen, welche die Gesellschaft ordnen und die verstörende Vieldeutigkeit in eine moralisch eindeutige Verfassung überführen sollen.[68] Wie Raphael festhält, kennzeichne die Gesellschaft im 19. Jahrhundert die »Vielfalt der Ordnungsentwürfe«, die auf der Erfahrung von Basisprozessen, namentlich Industrialisierung, Urbanisierung und Bürokratisierung der Institutionen, beruhte.[69] In diesen Bereichen waren nach Raphael die europäischen Gesellschaften ab den 1880er Jahren zunehmend

---

einer neuen ›Ordnung‹ des Stils heraus resultierte der Ruf nach einer stilistischen und in einem umfassenderen Sinn künstlerischen Neugründung.

64 Bauman 2005, S. 11ff.
65 Ebd., S. 19, Hervorhebung im Original.
66 Raphael lehnt sich mit diesem Begriff seinerseits an Reinhart Koselleck an.
67 Raphael 2008, S. 80.
68 Vgl. Levine 1985.
69 Raphael 2008, S. 86.

»Experimentierfelder unterschiedlicher Optionen für die Weiterentwicklung der Moderne«.[70] Der Begriff der Ordnung drückt die Wechselwirkungen zwischen sozial-moralischen Verhältnissen, historisch angelegten Transformationsprozessen, ihren Deutungen und den daran anknüpfenden Interventionsbestrebungen aus. Es ist daher die Folge einer wechselseitigen Konstellation, dass in der Zeit der »ambivalenten« Jahrhundertwende ein spezifischer Ordnungsdiskurs einsetzte.[71] Eine herausragende Rolle für sozialreformerische Interventionen zur Herstellung von gesellschaftlicher Ordnung spielte das Wissen über das Soziale, etwa, wie angedeutet, die Sozialstatistik, die einen Modus der »Selbstbeobachtung aller europäischen Gesellschaften«[72] schuf. Die Sozialstatistik machte die »Ordnung« anhand von Verteilkurven, Modellen und Größenordnungen bildhaft zugänglich.[73] In diesem strategischen Feld waren die Modi der Organisation von Ordnung weniger von der Logik der Sanktion bestimmt, als von dem von Raphael als soziale und moralische »Arena« bezeichneten Feld der Erziehung auf gesellschaftlicher Ebene.

## 4.2 Städtebau und Architektur als Mittel der Organisation von Ordnung

Im Städtebau und in der Architektur wurden um 1900 Handlungsbereiche zur Bekämpfung der Uneindeutigkeit der historischen Situation erkannt.[74] Die Voraussetzungen für die Positionierung der Stadtraumgestaltung als »Experimentierfeld« zur Organisation von Ordnung waren die zwei miteinander verknüpften Einsichten, dass städtebauliche bzw. architektonische Ästhetik einerseits Ordnung kommunizieren könne und dass diese Form der Kommunikation andererseits auf die einzelne Person wirke.

Der Städtebau entwickelte sich dabei zunehmend in Richtung einer planerischen Praxis. Dieser Zugang ermöglichte es, den städtebaulichen Entwürfen Ideen von Ordnung zu unterlegen, die sich sozialpolitisch auf die Verbesserung der Gesellschaft als Ganzes durch Gestaltung der Lebensumgebungen der einzelnen Person ausrichteten.[75] Die Suche nach

70 Ebd., S. 87.
71 Vgl. Etzemüller 2009.
72 Raphael 2008, S. 90.
73 Zur darstellerischen Funktion von Sozialstatistik vgl. z.B. Desrosières 2007; Nikolow 2006.
74 Zur Ambiguität als Thema der Soziologie vgl. Levine 1985.
75 Vgl. Leendertz 2008.

dem neuen Stil in der Architektur beruhte um 1900 hauptsächlich auf sozialutopischen und moralischen Vorstellungen und nicht allein auf ästhetischen Überlegungen, auch wenn die entsprechenden stilistischen Programme ästhetisch waren. Städtebau und Architektur gerieten zunehmend in die Sphäre des (sozial-)politischen Handlungsbereichs. So waren beispielsweise die erwähnten Stadtsanierungen nicht nur Maßnahmen, um die hygienischen Bedingungen im überbevölkerten Stadtkern zu verbessern[76] oder mit Prachtboulevards eine Bühne für die ›Größe‹ der Nation zu schaffen, sondern auch Herrschaftsinstrumente, die mit breiten Straßenschneisen eine rationalere Ordnung in das mittelalterliche Straßennetz brachten und damit die Kontrollmöglichkeiten der staatlichen Behörden verbesserten.[77] Klassenkämpfe und revolutionäre Bewegungen sollten damit vermieden werden, was etwa für Haussmanns Stadtsanierungsmaßnahmen nach Erfahrungen wie dem Sturm der Bastille oder der Revolution von 1848 einen wichtigen Aspekt darstellte und zu einem gewissen Grad den Umfang seiner Befugnisse als Stadtplaner von Paris erklärt.[78]

Als sozialpolitisches Steuerungsinstrument wurde der Städtebau subtil eingesetzt und im Zuge der Expansion von Verwaltungen als politische Domäne besetzt. Die Subtilität ergab sich daraus, dass die sozialreformerische Stadtraumgestaltung in ihrem Programm die Steuerung im Sinne einer moralischen ›Unterwanderung‹ der Lebensbereiche mit ästhetischen Mitteln verfolgte. In der Begrifflichkeit Max Webers zeigten diese Entwicklungen, inwieweit die Legalität der politischen Steuerung formalisiert und ihre Autorität untermauert wurde.[79]

Die Politik konnte dabei das ordnende Element von Städtebau und Architektur fruchtbar machen, das diesen baukünstlerischen Formen eigen ist. In der Architekturtheorie wurde die Baukunst im Laufe ihrer Geschichte als Kunstform – das heißt dort, wo die Bauaufgabe in erster Linie ästhetisch angegangen wurde[80] – auf bestimmte Ordnungsprinzipien

---

76 Das betrifft die allgemeinen hygienischen Voraussetzungen in den engen, mittelalterlichen Gassen ohne Kanalisation, aber insbesondere auch Ereignisse wie Cholera-Epidemien, die in Paris in den Jahren 1832 und 1849 grassierten. Auch Zürich war im Jahr 1856 von einer Cholera-Epidemie betroffen. Zur Geschichte der Seuchen in Europa vgl. Vasold 2008.
77 Vgl. z.B. Lampugnani 2013; de Moncan & Mahout 1991. Zur Anordnung von Raum, die eine Ökonomie des kontrollierenden Blicks ermöglicht, vgl. Foucault 1976, S. 221. Zum Aspekt, dass Raumordnungen unter dem Muster des »Sicherheitsdispositivs« für flexible Verwendungsarten gestaltet werden, vgl. Foucault 2004, S. 38f.
78 Jordan 1995, S. 91ff.
79 Weber 1922, S. 124f.
80 Zu dieser Spezifizierung vgl. Pevsner 1985; Scruton 1979.

verpflichtet. Der öffentliche Charakter der Kunstform Architektur war auch ausschlaggebend für die Einschätzung, dass sie die Ordnung privilegiert kommunizieren könne. Das lässt sich an der Transformation der architektonischen Prinzipien in der Renaissance nachverfolgen, mit denen eine Voraussetzung für die strategische Besetzung des Feldes der stadträumlichen Gestaltung erfolgte. Eine weitere Voraussetzung betrifft, wie eingangs in diesem Kapitel erwähnt, die subjektivistische Position im 19. Jahrhundert, nach der die Architektur ausgehend von der Rezeption durch die Betrachterin bzw. den Betrachter gedacht wurde.

Die in der Renaissance entwickelten architektonischen Prinzipien grenzten sich scharf von denen der Gotik ab, die sich durch eine potentiell unendliche und nicht abschließbare Raumordnung auszeichneten. Der architektonische Kanon der Renaissance formulierte dagegen eine präzise Ordnung, die eine Harmonie des Grundrisses und der Raumhöhe nach humanistisch orientierter Rationalität anstrebte.[81] Im 15. Jahrhundert übersetzten Architekten wie die bereits erwähnten Filippo Brunelleschi oder Leon Battista Alberti das Beispiel klassischer antiker Bauordnungen in ihre Zeit.[82] Der Rückgriff auf Vitruvs Bücher der Architektur und die darin beschriebenen, ebenso bereits erwähnten architektonischen Grundprinzipien *firmitas* (Festigkeit), *utilitas* (Nützlichkeit) und *venustas* (Schönheit und Anmut) spielte dabei eine wichtige Rolle[83] und diese wurden zu Leitideen in der Architektur erhoben. Die antik-klassischen Proportionen und Säulenordnungen wurden beispielsweise in der Fassadengestaltung des von Alberti gestalteten Palazzo Rucellai (erbaut ca. 1455–1460) in Florenz angeeignet. Hier strukturierte Alberti die Proportionen des Gebäudes (zum Beispiel die Gestaltung der Geschosse) und seine Fassade (zum Beispiel den Rhythmus der horizontalen und vertikalen Gliederung) gemäß den klassischen Vorbildern. Er folgte einer »Einteilung«, wie er in *De re aedificatoria* schreibt, »die Zweck, Würde und Annehmlichkeit zum Grundsatze hat« und sich »Zusammenhang und Zusammenklang aller Linien und Winkel zu einer Wirkung« unterordnet.[84] Darin kam ein für die Renaissance charakteristisches Streben nach einem harmonischen Kanon zum Ausdruck, worin das »Ganze [eines Gebäudes, M.V.] eher als ein einheitlicher Körper als eine verzettelte

---

81 Giedion 1967, S. 31.

82 Nach Manfredo Tafuri lässt sich an diesem Moment die erste Übersetzungsleistung historischer Systeme und symbolischer Codes in einen aktuellen Kontext festmachen. Tafuri 1976, S. 14ff. Zum Abriss über die Bedeutung Brunelleschis, Albertis und weiterer Vertreter der Frührenaissance vgl. auch Pevsner 1985, S. 177ff.

83 Für eine aktuelle Diskussion dieser Prinzipien vgl. Spector 2001.

84 Alberti 2002, S. 94 (die Übersetzung der hier zitierten Textstellen stammt von Max Theuer, 1912).

und zerstreute Zahl von Gliedern erscheint«[85] – ohne dass Alberti freilich die genauere Beschaffenheit der harmonischen Regel bestimmte. Mit den Mitteln der theoretisch-philologischen Rekonstruktion klassischer Ästhetik ›übersetzte‹ Alberti somit die Antike in die Neuzeit.[86] Wie er anhand der Fassade des Palazzo Rucellai verdeutlichte, war die Aneignung der klassischen Ordnung durchaus symbolisch gemeint, denn Pilaster strukturierten das Gebäude reliefartig als Wandelemente, während Säulen als plastische Ausschmückungen fehlten. Als schmückende Elemente seien sie gemäß Alberti zwar »*Schimmer*«,[87] aber zur Verwirklichung der Regel der ebenmäßigen Schönheit nötig.

Diese Aneignung zielte auf eine *zivile* gesellschaftliche Ordnung ab. Die Neuerungen in der Architektur der Renaissance waren in erster Linie dadurch gekennzeichnet, dass sie den Menschen in den Mittelpunkt der Ordnung setzten, während das strukturierende Prinzip der Gotik vom imaginären Blick des ›himmlischen‹ Auges abhing.[88] Der Architekturhistoriker Manfredo Tafuri spricht im Hinblick auf die architektonischen Prinzipien der Renaissance von einem neuen »linguistic code and a symbolic system based on a superhistorical comparison with the great example of antiquity«,[89] was einen »humanistic linguistic code«[90] einführte, der eine am Organismus festgemachte Rationalität als Norm akzeptiere. Tafuri entfaltet die Geschichte der Architektur auf der Grundlage der These, dass der Wechsel zwischen Historizität und Ahistorizität den Kern dieser Referenz darstelle. In der ›Neugeburt‹ liege eine Neuaneignung der Tradition, die deshalb wieder aufgegriffen werden könne, weil sie unterbrochen war. Zugleich gehe jede Rückbesinnung und in diesem Sinn jede »Renaissance« mit einer Adaptation einher. Im Hinblick auf die italienische Renaissance beschreibt Tafuri die Architektur als eine auf einer bewussten Ordnung basierende Baukunst, die in diesem Sinne ideologisch und gleichzeitig moralisch codiert sei. Tafuri bezieht sich unter anderem auf die Architektur Brunelleschis, der in Florenz im 15. Jahrhundert unter dem Rückgriff auf die klassisch-antike Architektur eine neue Bautradition begründete. Darüber hinaus zeichne sich die

---

85 Ebd., S. 95. »Schönheit [sei]«, so Albertis Definition, »eine bestimmte gesetzmäßige Übereinstimmung aller Teile, was immer für einer Sache, [...] die darin besteht, daß man weder etwas hinzufügen noch hinwegnehmen oder verändern könnte, ohne sie weniger gefällig zu machen.« Ebd., S. 100, Hervorhebung im Original.

86 In *De re aedificatoria* (fertig gestellt ca. 1452, publiziert 1485) hielt Alberti seine Analyse von Vitruv und der klassischen Architektur fest. Vgl. hierzu auch Davies & Hemsoll 2010.

87 Alberti 2002, S. 101, Hervorhebung im Original.

88 De Certeau 1988, S. 181.

89 Tafuri 1976, S. 14.

90 Ebd., S. 16.

Renaissance durch eine urbanistische Sensibilität aus, die die Umgebung eines Gebäudes grundsätzlich mitberücksichtige.[91] Ordnungsvorstellungen bildeten die Folien auch für die Neuerungen in der Architektur um 1900.[92] Die Auseinandersetzung mit der Gestaltung des Raums war dabei eines der wesentlichen Merkmale reformorientierter Ansätze, was sich nicht mehr nur auf den Grundriss und die Raumdimensionen des Gebäudes bezog, sondern was nun dezidiert um die städtebauliche Komponente erweitert wurde, und zwar insofern, als die Ordnung auf die Morphologie der Gesellschaft übertragen und nach gewissen rationalen Codes entworfen wurde.[93] Dabei bezogen sich auf der Ebene der zeitlichen Ordnung Vorstellungen auf die zukünftige Gesellschaft, die auf moralische Weise gefasst wurde. Der Fortschrittsoptimismus[94] von Stadtplanern und Architekten hatte die Strukturierung zukünftiger Entwicklung als Zieldimension, die das »Risiko« einer offenen Entwicklung minimieren sollte.[95]

Richtet man den Blick auf die Frage, weshalb sich um die Jahrhundertwende im Städtebau und in der Architektur im Sinne Baumans neue, auf soziale Intentionen abzielende Entwurfs- und Handlungsmuster formierten, so bietet das weiter oben im Kontext der Verselbständigung des ästhetischen gegenüber des ethischen Bereichs erläuterte Phänomen der

---

91 Gemäß Alberti hängt die Baukunst von der Berücksichtigung von insgesamt sechs Elementen ab, von denen die Gegend und der Grund (Baustelle) die ersten beiden sind (es folgen: Einteilung bzw. Grundriss, Mauer, Decke und Öffnung). Alberti 2002, S. 93. Die Gegend betrifft gemäß Alberti »den ganzen weiten, sichtbaren Erdboden, auf dem man bauen will«. Ebd., S. 93. Der Grund sei wiederum »ein bestimmter räumlich begrenzter Teil des Ortes [...], der von einer Mauer zu unser Nutz und Frommen umgeben ist«. Ebd., S. 93f.

92 Zur Ideengeschichte des mathematischen Maßes in der architektonischen Ordnung am Beispiel Le Corbusiers vgl. Tavernor 2002.

93 Die Morphologie der Gesellschaft bezieht sich auf die materielle Repräsentation des Sozialen. Vgl. Schroer 2009. Der Begriff »soziale Morphologie« stammt von Maurice Halbwachs.

94 Nach Stephen Spender zeichnete sich die zweite Hälfte des 19. Jahrhunderts durch ein »pattern of hope« aus. Spender 1967, S. 51ff.

95 Das ahistorische Denken im 19. Jahrhundert ging mit der Etablierung der Geschichte als wissenschaftliches Fach einher. Vgl. dazu Oexle 1996. Anselm Doering-Manteuffel spricht in Bezug auf die Zeit nach dem Ende des Liberalismus ca. von 1880 bis 1914/18 von einem »antihistorische[n] Subtext«, der mit der Kritik an Liberalismus und bürgerlicher Ordnung und einer Zuwendung zu einem emphatischen Volksbegriff einhergehe, der eine Überzeitlichkeit impliziere. Doering-Manteuffel 2009, S. 43. Einen Überblick über Stadtutopien um 1900 bietet Eaton 2001, insbesondere in Kap. 6. Die Bearbeitung der Zukunft wird von Foucault als Element des »Sicherheitsdispositivs« bestimmt, das darauf abziele, zufällige Entwicklungen zu steuern. Foucault 2004, S. 39.

Politisierung der Ästhetik einen Erklärungsansatz. Was bedeutet dies für den vorliegenden Zusammenhang? Walter Benjamin beschreibt in seinem Essay *Das Kunstwerk im Zeitalter seiner technischen Reproduzierbarkeit*[96] unter anderem die Entwicklung der Kunst zu einem Wert, der zunehmend im Kollektiv konsumiert wird. Dies verdankte sich im 19. Jahrhundert etwa den veränderten medialen Voraussetzungen der Kunst, was Benjamin hauptsächlich an der Fotographie und am Film zeigt. Mit der kollektiven Erschließbarkeit von Kunst, so Benjamin, ging auch eine Verschiebung ihrer Funktion einher, die nun nicht mehr am Ritual- und Kultcharakter der Kunst festgemacht war, dem sie seit ihren Anfängen diente.[97] Durch die vereinfachte Reproduzierbarkeit in den neuen Kunstformen und durch die Tatsache, dass sie von breiteren Massen konsumiert wurden, kam nach Benjamin eine neue, politische »Fundierung« der Kunst zum Ausdruck.[98] Diese Entwicklungen macht er unter anderem an der Architektur als Kunstform fest. »Die Architektur«, schreibt Benjamin, »bot von jeher den Prototyp eines Kunstwerks, dessen Rezeption in der Zerstreuung und durch das Kollektivum erfolgt.«[99] Sie wirke als Kunstform politisch, weil sie in der Öffentlichkeit platziert sei und die Öffentlichkeit adressiere. Sie sei dazu geradezu auch prädestiniert. Im Vergleich zu anderen Kunstformen zeichne sie sich zudem deshalb besonders aus, weil sie, so Benjamin weiter, in zweifacher Weise »rezipiert« werde: »durch Gebrauch und durch Wahrnehmung«.[100] Neben dem Aspekt der kollektiven Reichweite eigne sich Architektur somit besonders auch in dieser Hinsicht als politische Kunstform.

Dies war eine Erkenntnis, die im Laufe des 19. Jahrhunderts auch – das ist die zweite Voraussetzung für die strategische Besetzung des Feldes der Stadtraumgestaltung – durch psychologische Wissensbereiche zugänglich wurde, die einen Subjektivismus in der Kunst- bzw. Architekturtheorie etablierten. Den archimedischen Punkt des ästhetischen Genusses bilde, so Benjamins Einschätzung, die psychische Disposition des Subjekts und nicht die Eigenschaft des Kunstobjekts. In der Architekturtheorie wurde sie vom Kunsthistoriker Heinrich Wölfflin in der Schrift *Prolegomena zu einer Psychologie der Architektur* aus dem Jahr 1886

---

96 Ich beziehe mich auf die erste Fassung aus dem Jahr 1935. Vgl. Benjamin 1974.
97 Diese Verschiebung beschrieb übrigens auch Marcel Proust in seinem Essay *Der Tod der Kathedralen* von 1906, worin er im Kontext der Laizismusdebatte in Frankreich die Auswirkungen diskutierte, wenn Kunst von ihrem kultischen Zweck (*but*) gelöst werde. Proust bezog diese Frage auf die Kathedralen, deren künstlerischer Sinn sich auch aus den Messen ergebe, die darin gefeiert werden. Vgl. Proust 1921, S. 200.
98 Benjamin 1974, S. 442.
99 Ebd., S. 465.
100 Ebd.

eingeführt, worin Wölfflin die psychologische Wirkung der Architektur beschreibt. So wirke die architektonische Form der Baumassen nur im Medium der eigenen, leiblichen Erfahrung. Wölfflin hält fest, »daß die Grundelemente der Architektur: Stoff und Form, Schwere und Kraft sich bestimmen nach den Erfahrungen, die wir an uns gemacht haben; daß die Gesetze der formalen Ästhetik nichts andres sind als die Bedingungen, unter denen uns allein ein organisches Wohlbefinden möglich scheint, daß endlich der Ausdruck, der in der horizontalen und vertikalen Gliederung liegt, nach menschlichen (organischen) Prinzipien gegeben ist.«[101]

Mit diesen architekturtheoretischen Prämissen – vor allem die Betonung der leiblichen Empfindung, das heißt der unbewusst-gefühlsbezogenen Rezeption von Gebäuden, und die Anthropomorphisierung der architektonischen Formen – hebt Wölfflin Aspekte hervor, die auf die Muster in der sozialreformerischen Stadtplanung und Architektur, wie etwa bei Camillo Sitte, bezogen werden konnten. Gleichzeitig schreibt Wölfflin, dass architektonische Formen nicht nur subjektiv empfunden werden, sondern dass sie auch mit Bedeutungen versehen werden, indem die Rezipientin bzw. der Rezipient im Erfahren des architektonischen Raums den subjektiven Willen eines entwerfenden Schöpfers annehme.[102] Wenige Jahre nach dem Erscheinen von Wölfflins Schrift unternahm der Kunsthistoriker Wilhelm Worringer den in eine ähnliche Richtung gehenden Versuch, die Kunst (also nicht in erster Linie die Architektur) aus der Perspektive der Wirkung auf die Betrachterin bzw. den Betrachter zu erklären. In seiner 1908 erstmals veröffentlichten Abhandlung *Abstraktion und Einfühlung*[103] begründet er die Ästhetik als Charakteristikum der Einfühlung, indem er, ähnlich wie Wölfflin, darlegt, dass die leibliche Beschaffenheit der Betrachterin bzw. des Betrachters im Prozess der Kunstbetrachtung involviert sei.

Städtebau und Architektur wurden unter den epistemologischen Voraussetzungen, die diese subjektorientierten Theorien über Architektur und Kunst von Wölfflin und Worringer widerspiegeln,[104] als auf die einzelne Person wirkende Umgebungsfaktoren erkannt und in diesem Sinn als »Agenturen« greifbar, welche die kollektive Moral im Individuum

---

101 Wölfflin 1999, S. 15.
102 Ebd., S. 11.
103 Worringer 1911.
104 Neben Wölfflin und Worringer wären weitere Autoren zu nennen, die Architektur und Kunst von der Wahrnehmung her beschrieben, zum Beispiel Rudolf Adamy, Adolf Göller, Adolf von Hildebrand oder August Schmarsow, oder die die Empfindung hervorhoben, zum Beispiel Robert Vischer, Hermann Lotze, Johannes Volkelt oder Theodor Lipps. Vgl. hierzu das Nachwort von Jasper Cepl in Wölfflin 1999.

zu steuern vermochten. Benjamin betont neben der optischen Verarbeitung der Architektur als Kunstform ihre taktile Bedeutung: »Es besteht nämlich auf der taktilen Seite keinerlei Gegenstück zu dem, was auf der optischen die Kontemplation ist. Die taktile Rezeption erfolgt nicht sowohl auf dem Wege der Aufmerksamkeit als auf dem der Gewohnheit. Der Architektur gegenüber bestimmt diese letztere weitgehend sogar die optische Rezeption.«[105] Mit der zerstreuenden Wirkung der Architektur im wiederholten Erfahren ihrer räumlichen Gestalt beschreibt Benjamin Potentiale, die mit Michael Polanyi als »implizite« (»*tacit*«) Dimensionen beschrieben werden können.[106] Daran angelehnt, wurde in der sozialreformerischen Position die Ästhetik von gestalteten Stadträumen dahingehend verstanden, dass sie *implizit* wirke. Darin lag zugleich die Politisierung der ästhetischen Ausdrucksformen im Bereich der Stadtraumgestaltung, die zunehmend auf einem Muster beruhte, das die moralische Erziehung durch städtebauliche und architektonische Mittel auf die Möglichkeit der Organisation von Ordnung in der Gesellschaft festlegte.

## 4.3 Die moralerzieherische Strategie in Städtebau und Architektur auf der Folie gesellschaftlicher Ordnung

In den Jahren um 1900 war eine Konstellation wirksam, in der die Moderne durch »ambivalente« Pluralismen und zugleich durch die Suche nach Ordnung charakterisiert war. In dieser Situation kamen die moralerzieherischen Formen der Stadtraumgestaltung innerhalb einer Entwurfspraxis zum Tragen, die auf die Ordnung der Gesellschaft abzielte. Der Reformgedanke strukturierte dabei das strategische Feld der Herstellung gesellschaftlicher Ordnung. Dieser Gedanke wies selbst ein ambivalentes Einstellungsmuster auf,[107] und zwar insofern, als er im Unterschied zu pro- und antimodernen Bewegungen bestimmte Bereiche der Modernisierung befürwortet und andere ablehnt.[108]

Was die steuernden Kalküle der sozialreformerischen Position anbelangt, lief die Idee der Reform auf ein ambivalentes Programm hinaus, das von der Spannung zwischen Fortschritt und Besinnung auf

---

105 Benjamin 1974, S. 465f.
106 Polanyi 2009.
107 Dies folgt einer Einteilung des Historikers Dieter Rucht, der soziale Bewegungen in drei Einstellungsmuster unterscheidet: promodern, antimodern und ambivalent. Rucht 1994, S. 82.
108 Hierzu auch Békési 2009, S. 97.

die Tradition getragen war.[109] Der weiter unten zu besprechende Heimatschutzgedanke ist ein Ausdruck solcher ambivalenter Bewegungen, der im Rahmen der Pluralisierung der Idee des Schönen stand und eine moralisch inspirierte, ästhetische Position entwickelte. Hier wurde die Moral nicht nur als ein soziales und kulturelles, sondern darin eingelagert[110] auch als ein ästhetisches Phänomen verstanden. Generell entstanden im 19. Jahrhundert, wie der Architekturhistoriker Nikolaus Pevsner darlegt,[111] zuerst romantisierende Strömungen[112] – darunter auch der vom Heimatschutzgedanken getragene Heimatstil[113] –, die sich durch das ambivalente Muster auszeichneten, dass neuartige ästhetische Optionen in erster Linie *gegen* den aktuellen Zustand entworfen wurden. Unter den aufkommenden gesellschaftlichen, ökonomischen und produktionstechnischen Voraussetzungen bildete sich in der Architektur eine neue stilistische Vielfalt aus, die den Kontext dafür lieferte, dass sich im Rahmen einer Abgrenzungsbewegung die romantisierenden Strömungen entfalteten. Diese nahmen nicht zufällig in England ihren Anfang, wo die Industrialisierung zuerst einsetzte.[114] Diesen Wechselbewegungen lag eine Dynamik zugrunde, die die erwähnte politisch fundierte Moralisierung der Ästhetik in der Moderne bewirkte.

Das im Historismus wachsende Bewusstsein um die geschichtliche Entwicklung der Kultur war ein wesentliches Moment dieser Dynamik. Die Positionierung der Kunstgeschichte als die Geschichtsschreibung von Stilen war ein Ausdruck der Situation, dass die Zeit der klassischen Abfolge von systematisch beschreibbaren Epochen, die sich in kohärenten Stilsprachen manifestierten, zu Ende war. In der Kunstgeschichtsschreibung spiegelte sich darin ein Interesse für das Studium einzelner Epochen wider, das ihrerseits zur Relativierung einer geschichtlichen Entwicklung beitrug, indem es ihre Besonderheiten zutage förderte und in ihren eigenständigen Merkmalen fassbar machte.[115] Die vergleichenden Arbeiten

109 Dieser Zusammenhang wurde aus der Perspektive der Städtebau- und Architekturgeschichte unter anderen in folgenden Studien thematisiert: Albers 1997; Giedion 1967; Pevsner 1985. Zur Zürcher Stadtentwicklung vgl. Kurz 2008.
110 Benjamin 1974. Zur Übersicht über die Rolle der Künste in der Moderne vgl. Gay 2008; Poggioli 1968; Everdell 1997.
111 Pevsner 1985, S. 350ff. Vgl. auch Everdell 1997, S. 5.
112 Zur Modernität vernakulärer Ästhetik vgl. Aigner 2010.
113 Der Heimatstil, der in seiner ästhetischen Form den Bezug zu den regionalen und lokalen Traditionen zum Ausdruck brachte, wird noch zur Sprache kommen. Zum Heimatstil in der Schweiz vgl. Crettaz-Stürzel 2005a.
114 Das *gothic revival* unter federführendem Einfluss von Augustus Welby Pugin und John Ruskin setzte in England etwa ab den 1840er Jahren ein. Später entwickelte sich daraus die Arts-and-Crafts-Bewegung.
115 Allgemein zum Historismus vgl. Jaeger & Rüsen 1992.

von Kunsthistorikern wie Jacob Burckhardt, Alois Riegl oder Heinrich Wölfflin waren in dieser Hinsicht prägend.[116] Der Historismus übernahm im 19. Jahrhunderts überlieferte Stile, die in den Kunstakademien unterrichtet wurden,[117] was bald zur erwähnten Ablehnung führte.[118] Baudelaire griff im erwähnten Essay *Der Maler des modernen Lebens* diese Konstellation auf und legte die Notwendigkeit der ästhetischen Öffnung dar, welche die Überwindung der klassischen[119] Ausrichtung der Kunst an den Standards der vergangenen Epochen zum Ziel hatte.[120] Die Neuerfindung der architektonischen Stilsprache sollte erst mit dem Neuen Bauen ab den 1920er Jahren ihren Durchbruch haben. Das Neue Bauen hob sich ästhetisch wie auch ideell von den romantisierenden Strömungen ab. Gleichzeitig baute auch das Neue Bauen auf den Fundamenten auf, die die romantisch inspirierten ästhetischen Reformbewegungen in der Architektur etablierten, die sich selbst wiederum von den historistischen Neo-Stilen abgrenzten.[121]

Die Relativierung des Universalismus, die Historisierung und die Politisierung der Kunst – dies waren Aspekte der gesellschaftlichen Ordnung um 1900, die strukturell betrachtet auch die Rolle der Moral im 19. Jahrhundert als heikel positionierten. Im Zuge der Industrialisierungsprozesse zeigten sich die Probleme des bis dahin beispiellosen Wachstums der Städte, die zum Gegenstand von Krisendiagnosen wurden, welche die Moral der großstädtischen Gesellschaft betrafen – und zugleich die Frage aufwarfen, was ›Gesellschaft‹ in einem umfassenden Sinn bedeute. Die Anknüpfung an die ›bessere‹ Vergangenheit vor der Industrialisierung beschwor eine Tradition, die hochgradig fiktiv und für die aktuellen ideologischen Zwecke aufbereitet war. Dieses gedankliche Muster

116 Die Bedeutung Burckhardts lag in erster Linie darin, dass er die kulturgeschichtliche Besonderheit einer Epoche am Beispiel der Renaissance in Italien thematisierte. Vgl. Burckhardt 1989. Riegl und Wölfflin stellten die Kunstgeschichtsschreibung auf neue methodische Fundamente, indem sie einen Formalismus entwickelten, der die Besonderheiten des Stils einer Epoche fokussierte. Vgl. z.B. Riegl 1893; Wölfflin 1923.
117 Die Kritik an dieser Entwicklung ließ auch das Prinzip des Denkmalschutzes entstehen. Die historistische Atmosphäre im 19. Jahrhundert führte vielfach dazu, dass historische Gebäude purifiziert und »perfektioniert« wurden, wogegen Alois Riegl ankämpfte, indem er als einer der ersten Vertreter des Denkmalschutzes den Gebäuden einen schützenswerten Alterswert zusprach. Riegl 1903.
118 Allgemein hierzu Gay 2008; Everdell 1997.
119 Pevsner benützt »*classical*« als Begriff von Architektur, die den antiken Stil kopiere oder davon inspiriert sei. Davon grenzt er den Begriff »*classic*« ab, der die perfekte Balance in einem Stil bezeichne. Pevsner 1985, S. 208 und 452, Fußnote 15.
120 Baudelaire 1989.
121 Vgl. Pevsner 1985, S. 404.

etablierte zugleich auch den Boden für subtile, erzieherische Formen des Umgangs mit gesellschaftlichen Risiken.[122] Paul Pflüger, der einflussreiche Sozialreformer in Zürich, propagierte die Wohnungspolitik als einen Lösungsansatz zur Bekämpfung der sozialen »Kalamität«. Das eigentlich bürgerliche Modell des Einfamilienhauses schien ihm als der probatere Weg, die durch das Auseinanderklaffen der sozialen Schichten entstandene »Unordnung« in der Gesellschaft zu bekämpfen, als der Weg der Revolution durch die Unterdrückten. In der ideologischen Herleitung hatte er zwar die Arbeiterschicht vor Augen, aber das Repertoire seiner Argumente war bürgerlich und auf die Heimat bezogen:

> »Uebrigens schliesst der Sozialismus den Individualismus nicht aus, sondern ein. Jede Familie ist eine Zelle, die für ihr Gedeihen wie des Austausches mit den andern Zellen, so auch der ›Zellenhaut‹, eines gewissen Abschlusses nach außen, des Fürsichseins, worin eben das Heimatliche und Heimelige des Familienkreises liegt, bedarf. Das Einfamilienhaus entspricht ebenso einem berechtigten Individualismus, wie einem richtig verstanden Sozialismus. Die Wohnung der Mietskaserne aber wirkt zerstörend auf das soziale Empfinden, wie auf die Individualität der Bewohner.«[123]

Mit dieser Zellentheorie bediente Pflüger ein Argumentationsmuster, das seine Stichhaltigkeit aus dem symbolischen Überschuss des Bildes der Gesellschaft unter Bezug auf die organische Metapher, hier derjenigen der Zelle, generierte. Das genossenschaftliche Prinzip stand so im Einklang mit dem Konzept des Einfamilienhauses. Auf einer grundlegenden Ebene implizierte das Wissen um die soziale »Kalamität« einer Existenz in der Mietskaserne den Entwurf einer Alternative, nach der sich eine ›andere‹ soziale Ordnung organisieren ließ.

---

122 Vgl. hierzu das Konzept des »Erfindens von Traditionen« (»*inventing traditions*«) von Eric J. Hobsbawm: Den »erfundenen« setzt er die »genuinen« Traditionen gegenüber, die lebendig sind und daher nicht beschworen werden müssen. Hobsbawm 2003.
123 Pflüger 1909, S. 12.

# 5 Wissensgrundlagen zur Anordnung des Sozialen: Sozialreform durch planerischen Zugang zum Städtebau

Im zirkulären Prozess zwischen Wissen und Handeln spielte der planerische Zugang für die Suche nach einer moralischen gesellschaftlichen Ordnung eine Schlüsselrolle. Über Planung wurden im Städtebau um 1900 neue Handlungsmuster zur Herstellung von Ordnung entwickelt, die mit Blick auf gesellschaftliche Parameter auf rationalen Argumenten beruhten. Die städtebauliche Gestaltung ermöglichte im Modus der Planung die Vorstellung, dass soziale Effekte erzielt und dass der Städtebau als gesellschaftspolitisches Instrument auch ›eingesetzt‹ werden könne. Die Bedeutung der Planung für die Möglichkeit gesellschaftlicher Steuerung beruhte dabei auf Wissensgrundlagen, die in der Auseinandersetzung mit politischen, wirtschaftlichen und kulturellen Entwicklungen der industrialisierten Gesellschaft etabliert wurden und die die Notwendigkeit, politisch steuernd in die Stadterweiterung einzugreifen, als unausweichlich erscheinen ließ. Die politischen Voraussetzungen waren im Zuge dieser Auseinandersetzungen zugleich grundlegenden Wandlungen unterworfen. Gegenüber den traditionellen Möglichkeiten der feudalen Machtdurchsetzung trat zunehmend die strategische Position in den Vordergrund, städtebauliche Maßnahmen auf rationalem Wissen abzustützen. Legitimationen, die auf solchem Wissen fundiert waren, waren wesentlich, um Autorität für Handlungen im öffentlichen Raum herzustellen. Die Bedeutung rationaler Wissensformen lag somit im Eröffnen politischer Handlungsräume, wobei der planerische Zugriff einen adäquaten Rahmen etablierte, im gesellschaftlichen Raum legitim politisch zu handeln.

Zugleich ›formatierten‹ spezifische Wissensbestände die Absichten, die mit der städtebaulichen Gestaltung verfolgt wurden. Das Wissen um die Notwendigkeit von Maßnahmen machte Handlungsfelder sichtbar. Wie dies weiter oben unter Bezug auf Baumans Analyse dargestellt wurde, schuf die Entdeckung der Ordnung das Problem, das Interventionen nahelegte. Die Expertise über das Soziale wurde unter den politischen Voraussetzungen der legitimen Steuerung zum handlungsbestimmenden Bezugspunkt für stadtraumgestalterische Maßnahmen, wobei insbesondere die Soziologie und die Nationalökonomie die Aufgabe der Deckung des

»Informationsbedarfs der Verwaltungen«[1] übernahmen und damit die Verwissenschaftlichung der Gesellschaft prägten.[2] Städteplaner und Architekten positionierten sich als Expertenfiguren in der politischen Aufgabe der Steuerung des städtischen Wachstums zur Organisation der gesellschaftlichen Ordnung. Rationale Wissensformen einerseits und Handlungsoptimismus andererseits waren die zwei zentralen Merkmale dieses planerischen Zugriffs. Die Ordnungsbestrebungen waren dabei in eine Situation der zunehmenden Rationalisierung sämtlicher Alltagsbereiche eingebettet; in gleicher Weise führte der verwissenschaftlichte Blick zur Beschreibung sozialer Problemlagen, die eine wissenschaftliche Behandlung von gesellschaftlichen Herausforderungen nahelegten. Die sozialen Problemlagen manifestierten sich in erster Linie im Alltagsleben und hierbei in zahlreichen Bereichen, wie einige Beispiele schlaglichtartig verdeutlichen, die von der Verstädterung beeinflusst und damit auch von besonderer städtebaulicher Relevanz waren. So waren etwa technische Neuerungen wirkmächtige Momente und treibende Kräfte gesellschaftlicher Transformationsprozesse, was die Elektrifizierung, die verkehrstechnische Erschließung des öffentlichen Raums durch Eisenbahn,[3] Straße und das öffentliche Transportwesen anbelangte oder was auch die Maßnahmen zur Steigerung der Effizienz der Arbeit in Fabriken durch Maschinentechnologie und automatisierte Verwaltungsabläufe betraf.[4] Ein weiteres Beispiel, nach der die Kultur der Rationalisierung den Städtebau beeinflusste, betrifft die Durchsetzung hygienischer Standards. Dies schlug sich unter anderem im Bau des Kanalisationsnetzes oder in der Anlage von Parks oder Badeanstalten nieder, die mit dem rationalen Argument der Förderung der »Volksgesundheit« legitimiert wurden. Ein Beispiel wiederum für neue Alltagsformen und neue Arten der Lebensgestaltung für große Teile der Arbeiterschaft bezieht sich auf die Bedingungen des Arbeitens in den Fabriken, die sich hauptsächlich in der neuartigen Trennung von Arbeits- und Wohnort manifestierten.

Die Verstädterung bewirkte insgesamt eine ganze Reihe neuer Erfahrungsräume in den täglichen Wohn- und Arbeitsformen sowie im Erfahren des städtischen Raums. Als Herausforderung stach allem voran das Bevölkerungswachstum hervor.[5] Durch den massiven Zuzug von Ar-

1 Häußermann & Siebel 2004, S. 13.
2 Vgl. Raphael 1996.
3 Die erste Bahnlinie in Zürich wurde 1847 nach Baden eröffnet, 1855 folgte die Verbindung nach Romanshorn.
4 Zur Elektrifizierung der Schweiz vgl. Gugerli 1996. Allgemein zu Verwissenschaftlichungsphänomenen im Kontext der Industrialisierung vgl. z.B. Sarasin & Tanner 1998.
5 Vgl. Veyrassat 2008.

beiterinnen und Arbeitern in die Städte, wo sich die Industriestandorte konzentrierten, wandelten sich die gesellschaftlichen Beziehungen von Grund auf, die sich räumlich hauptsächlich in sozial segregierten Stadtteilen manifestierten. Damit waren auch Wohlstand und der Zugang zu Bildungsressourcen nach räumlichen Mustern verteilt.[6] Die soziale Segregation war zugleich ein wesentlicher Faktor für die Organisierung der Arbeiterbewegungen und für ihre zunehmende Bedeutung als politische Größe. Die Arbeiterschaft formierte sich in den Städten als eine Schicht, die sich gegenüber dem Bürgertum als eigenständiges Lager konturierte.

Vor dem Hintergrund des politischen Ideals der Gleichheit der Bürger konnten die Lebensbedingungen der Arbeiterschicht sowohl in der Arbeit als auch im privaten Wohnumfeld nicht mehr nur hingenommen werden.[7] Die Notwendigkeit, korrigierend einzugreifen, prägte vor diesem Hintergrund die politischen Debatten. Dabei wuchs die Skepsis gegenüber der modernen Großstadt als Fortschrittsmotor einer zivilisatorischen Kulturentwicklung; sie wurde zunehmend als eine Lebensumgebung betrachtet, die den Zerfall der Sitten begünstigte und die überlieferten Sinnordnungen aufhob, an deren Stelle die im vorhergegangenen Kapitel herausgearbeiteten Ambivalenzen traten.[8] Eine Folge des Industrialisierungsprozesses bestand bekanntlich in der Entwicklung der Gesellschaft zu einer Massengesellschaft. Auch dieser Kontext konturierte dank rationaler Wissensbildung die Erkenntnis, dass interventive Handlungen notwendig seien. Produktionsabläufe, Kunst oder Bildung – alle diese Bereiche wandelten sich unter dem Eindruck der Massen, sei es in Bezug auf neue maschinelle Produktionsformen in Fabriken, die das Massenprodukt schufen, oder die Entwicklung massentauglicher Kunstformen wie Fotografie und Film, wie sie Walter Benjamin beschrieb.[9] In diesem Zusammenhang bestand eine soziologische Erkenntnis darin, dass sich die Gesellschaft in einzelne, anonyme und voneinander unabhängige Teile aufsplitterte. Die Soziologie beschrieb

---

6 Zu Arbeiterquartieren vgl. Saldern 1995. Zu den strukturellen Bedingungen des Quartiers Aussersihl vgl. Künzli 1990.

7 Vgl. Degen 2012.

8 Ein Aspekt in der Reaktion auf die Auswirkungen der Verstädterung in der Architektur- und Städtebaudebatte war daher, wie weiter unten noch zu sehen sein wird, das Naturprinzip in den künstlerischen Konzepten der städtebaulichen Gestaltung zu verankern.

9 Die Zeitdiagnose der Massengesellschaft spiegelt sich auch in den zahlreichen Vereinsbildungen im 19. Jahrhundert wider. Hinzu kommen wissenschaftliche Theoriebildungen zum Phänomen der Masse wie in Gustave Le Bons *Psychologie des foules* (1895), wo die Masse von Menschen als Bedrohungsszenario geschildert wird. Die allmähliche Öffnung gesellschaftlicher Bereiche für Frauen etwa in Bezug auf das Wahlrecht oder den Zugang zum Studium ist eine weitere Entwicklung in diesem Kontext.

die modernen Städte mitunter als Faktor für neue Typologien des Sozialen. Großstädtische ›Typen‹ wären, so etwa Georg Simmel in seinem Beitrag zur deutschen Städteausstellung im Jahr 1903 in Dresden, stärker durch das Nervenleben und weniger, wie dies auf dem Land der Fall sei, durch das Gefühlsleben bestimmt.[10] Der Sammelband, in dem Simmels Beitrag erschien, fragte als einer der ersten dieser Art nach einer genauen Zustandsbeschreibung der Gesellschaft in der Großstadt.[11] Nach Simmel basiere die Logik der großstädtischen Gesellschaft eher auf Berechenbarkeit und Sachlichkeit und weniger auf dem Zusammenhalt innerhalb einer Gruppe, was er als Folge der Geldwirtschaft unter den Bedingungen der unternehmerisch-liberalen Marktmechanismen darlegte, deren Handelszentren die Ballungsräume waren.[12] Der Großstädter lebe, so Simmels Analyse, anonymer und freier, gerade weil er innerhalb einer Masse von Menschen wohne. Gleichzeitig war die Großstadtgesellschaft nach seiner Ansicht ohne inneren Zusammenhalt ›atomisiert‹.[13]

Sozialwissenschaftliche Analysen fanden in den häufig handlungsorientierten nationalökonomischen Interpretationen eine Spiegelung. Die in der Einleitung erwähnte Schrift *Die Großstadt und ihre sozialen Probleme* des deutschen Nationalökonomen Adolf Weber aus dem Jahr 1908 leitete dieser Charakteristik folgend aus der rationalen Analyse gesellschaftlicher Herausforderungen Handlungsnotwendigkeiten und Handlungsansätze ab. Weber ging es in seiner Schrift darum, einzelne Bereiche der sozialen Probleme der Großstadt zu isolieren, um Maßnahmen zu formulieren, die eine Handhabe zur Bewältigung der Herausforderungen bieten sollten. Weber fächerte zunächst die sozialen, wirtschaftlichen und kulturellen Facetten der Großstadtumgebung auf.[14] Dabei beschrieb er die Vorzüge der Modernisierung, wie sie sich insbesondere im Wirtschaftsleben ausdrückten. Er legte aber auch die Kehrseite dieser Entwicklung dar, die er an der Korrumpierung der gesellschaftlichen Moral festmachte. So hielt er fest, dass der Verfeinerung des Kulturlebens, das zwischen Kosmopolitismus und Müßiggang zirkulierte, die Realität einer Großstadtumgebung gegenüber stand, die von Anonymität, Krankheit und Verlust von Natur- und Heimatbezug geprägt war. Die Ansatzpunkte für die Verbesserung der großstädtischen Bedingungen bestanden für Weber dann in der Stärkung der Institution Familie, das heißt im Fernhalten der Mütter von Erwerbsarbeit, und im Ausbau der Fürsorgeerziehung, damit Kinder unter pädagogischer Obhut

10 Simmel 1903.
11 Bücher, Ratzel, Mayr et al. (Hg.) 1903.
12 Simmel 1903.
13 Zur Anonymität in der Großstadt vgl. auch Pfeil 1972, S. 238ff.
14 Weber 1908.

aufwachsen konnten.¹⁵ Weber unterstützte auch die Volksbildung, die nach seiner Ansicht eine sittliche Kraft entfalten könne, wenn sie anschaulich angelegt wäre und nicht nur intellektuelles »Bücherwissen« beträfe.¹⁶ Ein Zurück in die vorindustrielle, ländliche Gesellschaft kam für Weber indes nicht in Frage, aber die Option des Gegenwartszustands genauso wenig: »Ich weiß nicht,« so Weber, »was für das Volkswohl verderblicher ist, die naive Unkultur der ländlichen Bevölkerung, oder die raffinierte Überkultur der Großstadt.«¹⁷ Die Perspektive, die er entwarf, war die einer pro-aktiven Strategie, die er in der Formel »Reformierung der Menschen, Umgestaltung der menschlichen Charaktere«¹⁸ im Kontext der nationalstaatlich gedachten gesellschaftlichen Ordnung zusammenfasste.

Die Ausführungen auf den knapp 130 Seiten, welche auf die Schlussfolgerung der »Reformierung der Menschen« hinausliefen, breiteten das Wissen zur Diagnose des großstädtischen Zustandes in einer Weise aus, welche diese Schlussfolgerung legitim, plausibel und auch angezeigt erscheinen ließ. Die Position, von der aus Weber diese Perspektive entwarf, war die eines Experten, der die Analysen bewerkstelligte und damit zugleich einen Begriff dafür schuf, in welchen Bereichen Interventionen angezeigt waren. In diesem Zugriff scheint die von Philipp Sarasin beschriebene Konstellation einer Epistemologie auf, in der Evidenz über den Zugriff auf rationales Wissen hergestellt wird,¹⁹ woraus dann politische Konsequenzen folgen konnten. Diese Epistemologie verdeutlicht den Blick, der auf die konkreten Erfahrungen angewandt wurde und der die optimistische Überzeugung mittrug, durch gezielte Maßnahmen das gesellschaftliche Gefüge steuern zu können.

Der optimistische, steuernde Zugriff der Stadtplanung um 1900 ist somit im Kontext der Analyse der großstädtischen Situation zu sehen. Der planerische Zugriff entfaltete sich unter dem Einfluss entsprechender Wissensgrundlagen, auf denen die von einem Machbarkeitsoptimismus getragene Überzeugung beruhte, dass Reformen auf einer gesamtgesellschaftlichen Ebene notwendig und möglich seien.²⁰ Der moderne Städtebau entwickelte sich unter diesen Voraussetzungen zu einem sozialpolitischen Feld und einer öffentliche Angelegenheit. Adolf Webers pro-aktive

15 Ebd., S. 32ff.
16 Ebd., S. 115ff.
17 Ebd., S. 134.
18 Ebd.
19 Sarasin 2011, S. 167.
20 Zum Zusammenhang von Wissen und Sozialpolitik im Kontext des Wohlfahrtsstaats vgl. Kessl & Krasmann 2005, S. 228ff. In diesem Beitrag führen Fabian Kessl und Susanne Krasmann das Konzept der Programmierung des Sozialen zur Untersuchung gesellschaftlicher Steuerung ein.

Strategie der »Reformierung des Menschen« konnte als öffentliche Aufgabe angegangen werden, wofür das Expertenwissen die zirkuläre Bewegung zwischen rationalem Wissen und politischem Handeln ermöglichte. Die Figur des Experten trat im ausgehenden 19. Jahrhundert hervor und war eng mit den Bedingungen des politischen Handelns in der öffentlichen Sphäre verbunden. Ein Experte ist allgemein betrachtet eine Figur, die über Wissen in einem bestimmten Bereich verfügt, das ›beglaubigt‹ ist, beispielsweise durch ein Zertifikat oder ein Amt, das diese Person ausübt.[21] Die Expertenrolle ist von öffentlichen Institutionen abhängig und die Expertise trägt das Zeichen objektiven Wissens über einen Sachverhalt, das in der Regel öffentlich geäußert wird bzw. Öffentlichkeit herstellt. Expertisen tragen dieser geforderten Objektivität als öffentlicher Anspruch sprachlich Rechnung, indem nicht die Äußerung der Expertin bzw. des Experten als Person relevant ist, sondern die Objektivität dessen, *was* und *wie* es geäußert wird.[22] Die Expertenrolle ist in diesem Sinne eine Rolle zur Herstellung einer spezifischen Wirklichkeit in einer auf komplexen Wissensstrukturen aufbauenden Gesellschaft.[23] Da das Wissen dieser Logik zufolge ›objektiv‹ ist, muss es sozial bestätigt und anerkannt werden. Die Kultur der Expertise ist deshalb eingebettet in politische Rahmenbedingungen, in denen Maßnahmen im öffentlichen Raum legitimiert werden müssen. Dieser Prozess ist durchaus paradox, denn das Fachwissen der Expertise wird gegenüber Laien,[24] die den Experten ›konsultieren‹,[25] kommuniziert und bestätigt, wozu aber nur die Expertin bzw. der Experte qua ihres bzw. seines Fachwissens kompetent ist. Deshalb stellt sich aber die Frage nach der sozialen und diskursiven Rolle von Expertise.

Nach einer Charakterisierung des Historikers Thomas Broman bildete sich im 19. Jahrhundert eine umfassende »Experten-Sphäre«[26] heraus. Auch für die Idee der sozialpolitischen Steuerung der Gesellschaft war diese Sphäre eine zentrale Triebfeder, nach der das politische Handeln vom Expertenwissen als dem »objektiven« Wissen nicht mehr zu trennen war. Was das Wissen anbelangt, trugen unterschiedliche Bereiche zur Konstitution der Epistemologie rationaler Wissensordnungen bei, die sich durch bestimmte Modi der Erzeugung und Darstellung von Wissen

21 Vgl. hier und im Folgenden Hitzler 1994.
22 Ebd., S. 15. Dazu auch Desrosières 2005, S. 7f.
23 Zur Bedeutung komplexer Wissensformen in modernen Gesellschaften vgl. Pfiffner & Stadelmann 1994.
24 Nach Hitzler ist die Rolle des Experten im Verhältnis zum Laien bestimmt, während sich Spezialisten im Verhältnis zu Dilettanten oder Generalisten konstituieren. Hitzler 1994, S. 25.
25 Ebd., S. 26.
26 Broman 2005.

in bestimmter Weise figurierten und in diesen Gestaltungen wiederum in die erzieherische Dimensionierung der Stadtplanung zurückwirkten. Sowohl die Naturwissenschaften und die exakten, experimentellen Methoden, wie etwa im erwähnten Bereich der Wahrnehmungspsychologie, als auch die Wahrscheinlichkeitsrechnung und die Statistik lieferten wirkmächtige Modelle für die Bestrebungen, das Soziale zu »verwissenschaftlichen«.

Im Folgenden werden Wissensbereiche aufgegriffen, die in Adolf Webers Abhandlung zum Teil bereits anklangen und anhand derer die Konstellation der modernen Stadtplanung herausgearbeitet wird. Die ›Anordenbarkeit‹ des Sozialen wurde durch das Wissen über das Soziale denkmöglich und erschien vor dem Hintergrund der zeitdiagnostischen, kulturellen Sinndeutungen sowie dem »objektiven« Wissen, das durch mannigfaltige Erhebungen und wissenschaftliche Analysen zugänglich wurde, auch als notwendig. Die modernen Sozialwissenschaften spielten in ihren positivistischen und mitunter nationalökonomischen oder sozialtechnologischen Ausrichtungen[27] eine wichtige Rolle in der Konstruktion des Gegenstands des »Sozialen«, das als Tatsache isoliert bearbeitbar wurde: Nach Durkheims Definition handelt es sich beim Sozialen um ein »Ding« erfahrbarer Tatsachen. Diese objektivierte Sicht auf das Soziale setzte sich um 1900 außerhalb der universitären Wissenschaft zunehmend auch in öffentlichen Ämtern und Verwaltungen durch und drückte sich etwa in Form umfangreicher statistischer Erhebungen zu unterschiedlichen Aspekten der Bewegungen in der Bevölkerung aus. Das sozialwissenschaftliche Wissen prägte durch seine objektiv-positivistische Epistemologie die Sicht auf das Soziale als eine Tatsache, die eine Ordnung enthalte und die in weiterer Folge mit Hilfe bestimmter Mittel ausgelegt, hergestellt, angepasst und verändert werden konnte.[28] In einem ersten Schritt wird das Planungsparadigma im Städtebau diskutiert, das vor dem Hintergrund der beschriebenen Epistemologie zu betrachten ist. Anschließend wird dargelegt, inwiefern aus wissensgeschichtlicher Perspektive die skizzierte Epistemologie mit Wissen und seiner Medialität zusammenhängt. Danach werden Wissensbereiche analysiert, die die historische Konstellation des sozialreformerischen Zugangs verdeutlichen. Schließlich wird der planerische Zugriff unter der normativen Wirkmacht des Orientierungswissens einer Diskussion zugeführt, das die Voraussetzung der Positionierung der Stadtraumgestaltung als strategisches Feld zur gesellschaftlichen Steuerung bildete.

27 Vgl. Dipper 1992. In Bezug auf die Ursprüngen der modernen Stadtplanung vgl. Benevolo 1971.
28 Auch in Bezug auf die Bedeutung dieser Traditionslinie für die Ausbildung des modernen Städtebaus vgl. ebd.

## 5.1 Das Planungsparadigma im Städtebau um 1900

Der planerische Zugriff war, wie erwähnt, eine zentrale Voraussetzung dafür, dass sich die Strategie, auf moralerzieherische Weise mit städtebaulichen Mitteln Gesellschaft zu reformieren, entfalten konnte. Im Bezugsrahmen einer offenen Zukunft ermöglichte die Planung Handlungsspielräume, die eine strategische Dimensionierung politischer Steuerung durch die Gestaltung der Stadt erlaubte. Wissensgrundlagen wurden dabei in Handlungsoptionen umgesetzt.[29] Die Planung stellte die städtebaulichen Maßnahmen in den Horizont der zukünftigen Entwicklungen des Verstädterungsprozesses, der so einer politischen Steuerung unterzogen werden konnte. Die Raumentwicklung wurde über die Planung in einer zeitlichen Dimension gesehen. Wissen, Planung und gestalterisches Handeln waren dabei in einem zirkulären Verhältnis aufeinander bezogen, das eine Dynamik bewirkte, wonach im Planungsprozess ein Informationsbedarf entstand, um auf rationaler Grundlage, die eine moderne, sozial ausgerichtete und demokratisch legitimierte Städtebaupraxis erforderlich machte, Einschätzungen vornehmen und die effizienteste Strategie identifizieren zu können. Die Parameter des Planungsparadigmas wurden dabei in erster Linie vom Wissen um die Verstädterung bestimmt. Die Dynamik des Verstädterungsprozesses bildete auch den Kontext des Planungsparadigmas, das von der Auseinandersetzung mit dem ungeordneten Wachstum gekennzeichnet war, das einen steuernden Zugriff durch die Verwaltungen zunehmend dringlich erscheinen ließ. Eines der neuen Phänomene in diesem Zusammenhang war die Erweiterung der Stadtgrenzen in den potentiell unabgeschlossenen Raum. Die mittelalterliche Stadt war als abgeschlossene Einheit konzipiert, deren Grenzen durch die Befestigungsanlagen vorgegeben waren,[30] während die räumlichen Dimensionen der Stadt in der Zeit der Industrialisierung mit ihrem weitgehend ungeregelten Erschließungsmuster, das im Rahmen der kapitalistischen Bodenverwertungspraxis des 19. Jahrhunderts wirkmächtig wurde, grundsätzlich offen waren.[31] Die Notwendigkeit,

29 Zum Aspekt der geplanten Gestaltung der Stadt vgl. Foucault 2004, S. 38f.
30 Vgl. Stercken 2006.
31 Nach Gerhard Fehl und Juan Rodríguez-Lores bildet die Bodenfrage den wichtigsten Faktor in der Verstädterungsgeschichte des 19. Jahrhunderts, durch den weitere Faktoren – die Autoren nennen »Industrialisierung, Tertiarisierung, Bevölkerungsbewegungen und -wachstum, Massenbedürfnisse, Technologien, Traditionen usw.« – »›vermittelt‹« bzw. in konkreten Formen auch »›bestimmt‹« wurden. Fehl & Rodríguez-Lores (Hg.) 1983, S. 14. Ein flüchtiger Blick in die Quellen wie städtebauliche Zeitschriften (zum Beispiel die *Schweizerische Bauzeitung*) zeigt, dass die Bodenfrage eine herausragende Rolle spielte, weil die Struktur der

die Stadtentwicklung zu planen, drängte sich angesichts dieser Erschließungsmuster auf. Planung betraf im Rahmen dieser Konstellation die Ausarbeitung von Visionen auf der Grundlage der bestehenden Strukturen, was sich anhand zahlreicher Stadtsanierungsmaßnahmen zeigte.[32] Sie richtete sich aber auch auf die Auslegeordnung für die Stadt, die sich in das noch dünn besiedelte Umland auszudehnen begann. Als in Zürich beispielsweise 1871 der Hauptbahnhof errichtet wurde, kam er auf einem mehr oder weniger offenen Feld zu stehen und seine Dimensionen übertrafen bei weitem die damalige Bevölkerungsgröße von ca. 60.000 Einwohnerinnen und Einwohnern.[33] Sie erklärten sich vielmehr anhand der Prognose der zukünftigen demographischen Entwicklung und der entsprechenden Haltung, Zürich nach großstädtischem Maßstab zu entwickeln.[34]

Der Begriff ›Planung‹ bezeichnet im Hinblick auf Städtebau und Architektur das Feld der pragmatischen Auseinandersetzung mit bestehenden Stadtstrukturen und den idealistisch-visionären Auslegeordnungen für die zu erschließenden oder zu ersetzenden städtischen Räume, die bei Stadtumbauten, für die im 19. Jahrhundert mitunter ganze Stadtensembles zerstört wurden,[35] frei wurden.[36] Planung bedeutete in der Gründerzeit der Großstädte zunächst eine Form von innovativer, wenngleich unkoordinierter Planung. Die sozial motivierte Stadtplanung war hingegen an der Herstellung eines ›anderen‹ sozialen Zustands anhand

---

Bodenverwertung die Parameter der Verstädterung absteckte. Nur scheint die Bodenverwertungspraxis umgekehrt auch von Phänomenen wie dem Bevölkerungswachstum und dem sich daraus ergebenden Bedarf an Wohnräumen wechselseitig ›bestimmt‹ zu sein.

32 Vgl. ebd.; Fehl & Rodríguez-Lores (Hg.) 1995.

33 Diese Zahl bezieht sich auf das Siedlungsgebiet nach der Gemeindefusion von 1893. Die Stadt Zürich (heute Altstadt) umfasste 1870 eine Einwohnerzahl von ca. 21.200.

34 Vgl. Kurz 2008. Der Philosoph Hermann Lotze brachte diesen in den westlichen Industriegesellschaften verbreiteten Willen zur Großstadt folgendermaßen auf den Punkt: »Große Städte wollen als große Städte schön sein. Sie sind es niemals, wenn ihre einzelnen schönen Bestandteile so ineinander verwirrt sind, daß es nirgends in ihnen einen orientierenden Mittelpunkt und klare Aussichten über die Massen gibt. [...] An einzelnen wohlverteilten Brennpunkten müßten die monumentalen Bauwerke stehen [...]; diese Plätze würden zu verbinden sein durch Gebäudereihen und Straßen, [...] die in ihrer uniformen Erscheinung die massenhaft zusammengefaßte Lebenskraft und Regsamkeit der Bevölkerung versinnlichten [...]«. Das Zitat stammt aus dem Buch *Geschichte der deutschen Ästhetik*, das 1868 erschienen ist. Lotze zit. nach Albers 1997, S. 300.

35 Ebd., S. 171ff. In Zürich ist das Kratzquartier ein Beispiel.

36 Zum Aspekt, dass unter den Bedingungen des »Sicherheitsdispositivs« geplante Gestaltung die Bearbeitung von Gegebenheiten bedeutet, vgl. Foucault 2004, S. 38.

von Maßnahmen interessiert, deren Auswirkungen im planerischen Kalkül erwartet wurden.[37] Das sozialpolitische Interesse wurde bestimmend für die modernen Stadtverwaltungen und die Städtebaupolitik, wobei die Mittel dieser Politik erst entwickelt werden mussten. Unter anderem wurden die Instrumente über Baugesetzordnungen, Bodenankauf und Bodenenteignung, Plangrundlagen für Hauptverkehrslinien, Bauaufträge usw. etabliert, die in Kapitel 6 genauer diskutiert werden.

Der Politikwissenschaftler Dror Yehezkel beschreibt Planung als »process of preparing a set of decisions for action in the future, directed at achieving goals by optimal means«.[38] Die Planung ist Yehezkel zufolge ein Mittel zur Entscheidungsfindung, wobei die Entscheidungen von Vorstellungen eines in der Zukunft einzulösenden Ziels abhängen.[39] Die Planung bedarf in dieser Sicht einer handlungsleitenden Perspektive, welche eine Option aus der potentiellen Vielfalt von Optionen identifiziert und die Maßnahmen für die Durchsetzung dieser Option entwirft. Planung begreift Yehezkel als einen evaluativen Prozess, der darauf ausgerichtet ist, die »optimalen« Mittel zu identifizieren. In diesem Punkt ist sie zugleich ein rationaler Prozess,[40] womit erklärt werden kann, weshalb in einer von planerischen Prozessen bestimmten Verwaltungskultur ein Informationsbedarf besteht. Er ist somit abhängig vom Wissen, das die Problemlagen in spezifischer Form ›kreiert‹. Auf die Stadtplanung zugeschnitten, lässt diese sich nach Ansicht Gerd Albers' als »systematische Einflußnahme des Gemeinwesens auf die räumliche Verteilung menschlicher Tätigkeiten«[41] bestimmen. Der Planungsvorgang erstrecke sich in den drei Schritten »Situationsanalyse, Planentwurf, Durchführung«,[42] womit auch Albers das Wissen als bestimmenden Aspekt der Planung beschreibt. Der Planungsvorgang impliziere des Weiteren, dass ein Handlungsbedarf aufgrund der Analyse einer Situation oder eines Zustandes definiert und die zukünftige Entwicklung antizipiert wird. Auf die Analyse folgen die Schritte der Planung und des Entwurfs. Dieser Vorgang wird mit der Realisierung des Planungsprojektes abgeschlossen. Albers vertritt damit einen erweiterten Begriff der Planung, indem er die

---

37 »Innovationsplanung versucht,« schreibt John Friedmann, »neue gesellschaftliche Ziele einzuführen und sie zu legitimieren. Sie konzentriert sich deshalb auf kritische Bereiche des gesamten Wertspektrums der Gesellschaft, in die die Innovation eingeführt werden soll.« Friedmann 1972, S. 231.
38 Yehezkel 1963, S. 50.
39 Yehezkel versteht die Planung als einen Prozess, was sie vom konkreten Plan unterscheidet.
40 Ebd., S. 51.
41 Albers 1983, S. 2.
42 Ebd.

Durchführung miteinbezieht, während Yehezkel mit der Realisierung des Planentwurfs den Planungsprozess als abgeschlossen betrachtet.

Der Hintergrund der modernen Stadtplanung, der sich insbesondere auf den gesellschaftlichen und räumlichen Strukturwandel bezog, wurde in erster Linie von den demographischen Entwicklungen bestimmt, die im 19. Jahrhundert eine neue Qualität erreichten. Sie spiegelten sich allein im Umfang des Wachstums der Großstadt wider. Hatte etwa Berlin, das als Beispiel für extreme Ausmaße des Großstadtwachstums genannt sei, im Jahr 1800 noch 172.132 Einwohner, so waren es 1910 bereits 2.064.153.[43] Damit war Berlin 1910 die größte der 46 deutschen Großstädte mit über 100.000 Einwohnern,[44] in denen ca. 20 Prozent der Gesamtbevölkerung wohnten. 1871 gab es erst 8 solcher Großstädte, in denen 4,8 Prozent der Gesamtbevölkerung wohnten. Die demographische Entwicklung Berlins war freilich besonders prägnant, an ihr lassen sich aber Verhältnisse ablesen, die prinzipiell für Städte in den Zonen der Industrialisierung galten. So betrug die Einwohnerzahl in Zürich im Jahr 1850 ca. 17.000 und im Jahr 1910 ca. 215.000.[45] Dabei ging mit dem Bevölkerungswachstum die räumliche Verdichtung einher. Die Bevölkerung sammelte sich zunehmend in Ballungszentren und verteilte sich auf kleinerem Raum. In Berlin lebten im Jahr 1910 331 Personen auf einem Hektar, was neben Paris, wo 354 Personen auf einem Hektar wohnten, einen Spitzenwert darstellte.

Vor dem Hintergrund solcher Dynamiken waren die demographischen Prognosen um 1900 entsprechend offen. Umso notwendiger erschien das lenkende Eingreifen, um das Bevölkerungswachstum und dessen Effekte in Form des unkoordinierten städtischen Wachstums in den Griff zu bekommen. Mit Blick auf die sozialen und wirtschaftlichen Entwicklungen versprach der planerische Zugang zum Städtebau das Werkzeug zur Begrenzung der negativen Folgen des großstädtischen Wachstums bereitzustellen.[46]

Das Planungsparadigma war damit der maßgebliche Modus im sozialreformerischen Zugriff auf Städtebau und Architektur. Nach der Phase, in der der Umgang mit den neuen großstädtischen Ordnungen erst erlernt werden musste, traten in diesen Bewegungen die Auseinandersetzungen

---

43 Diese und folgende Zahlen stammen aus Gemünd 1911, S. 8ff.
44 Diese Zahlen beziehen sich auf Berlin ohne die erst später eingemeindeten Vororte. Groß-Berlin zählte 1910 3.702.962 Einwohner.
45 Dieser Anstieg der Einwohnerzahl ist zu einem gewissen Grad auf die Eingemeindung von 11 Vorortgemeinden im Jahr 1893 zurückzuführen. Nimmt man die gleiche Fläche als Grundlage des Vergleichs, so war der Unterschied immer noch bedeutend: Das Gebiet der späteren Stadt Zürich (aber noch vor der zweiten Eingemeindung im Jahr 1934) hatte 1850 etwa 42.000 Einwohner. Illi 2008, S. 109.
46 Zur Entwicklung der Stadtplanung vgl. Albers 1997; Ward 2002.

um die »Reduktion von Unsicherheit«⁴⁷ im Verstädterungsprozess zunehmend in den Vordergrund. Die Stadtplanung war als Reaktion auf diese Kräfte Ausdruck einer Strategie der Anpassung an die Auswirkungen der Verstädterung. Der planerische Zugang musste zugleich erst etabliert werden, wobei es insbesondere darum ging, einen Modus zu entwerfen, der Legitimität herstellte und eine verbindliche Handhabe in der Steuerung der Stadterweiterung anhand von städteplanerischen Mechanismen gewährte. Der Planungstheoretiker John Friedmann betont dieses Moment der Planung, indem er sie als ein »System[...] mit Eigensteuerung«⁴⁸ auffasst. Das gilt auch für die Phase der Etablierung der Stadtplanung. Die Städtebauhistoriker Gerhard Fehl und Juan Rodríguez-Lores beschreiben den Stadtplaner in der Moderne als eine Figur mit einem »widersprüchlichen Beruf«, der »hin und her gerissen [war] zwischen der politischen Aufgabe der Vermittlung und dem Drang zur technischen Vernunft, zwischen der Aufforderung zum sozialen Engagement und der Verpflichtung zur Sicherstellung ständischer Interessen«.⁴⁹ Die Arbeitsteilung zwischen politischen, städtebaulichen, wissenschaftlichen und öffentlich-meinungsbildenden »Akteurssphären« charakterisierte die angedeutete Komplexität des Planungsparadigmas. Es stand dabei aber im Zeichen einer ganzheitlichen Aufgabe. Planerische Entscheidungen hingen von der Zusammenarbeit zumindest von Politikern, Stadtplanern und Experten ab, wobei für die Planungspraxis im 19. Jahrhundert eine Bündelung der Arbeitsaufgaben in ein und derselben Person nicht untypisch war. Das wesentliche Kriterium für den planerischen Zugriff war die Form, dass politische Entscheidungsfindung von rationalem Expertenwissen getragen wurde und dass umgekehrt das städteplanerische Wissen aus den Bedingungen der politischen Sphäre entstand.⁵⁰

Stadtplaner und Architekten wurden unter diesen Vorzeichen tendenziell als Sozialexperten stilisiert, die einem, wie weiter oben mit Bezug auf Charles Jencks festgehalten wurde, »call to morality« folgten. Die Ganzheitlichkeit der Aufgabe zeigte sich darin, dass ihr Profil nach der im Historismus praktizierten Arbeitsteilung zwischen Ingenieurs- und Architektentätigkeit als eine Aufgabe zur Meisterung weitreichender gesellschaftlicher Herausforderungen erfasst wurde. Stadtplanung musste daher auf einer rationalen Expertise über das Soziale beruhen. Das, was unter »rationalem« Wissen jeweils verstanden wurde, entsprach dabei nicht immer wissenschaftlichen Kriterien, sondern hing zunächst von

---

47 Fehl & Rodríguez-Lores 1983, S. 18.
48 Friedmann 1972, S. 214. Vgl. auch Friedmann 1987.
49 Fehl & Rodríguez-Lores 1983, S. 19.
50 Mitchell Ash beschreibt generell die Beziehung von Wissenschaft und Politik als gegenseitige »Ressourcenensembles«. Ash 2002.

den Strategien der Planer ab, die teilweise eigene Begriffsverständnisse entwickelten. So waren utopische oder ideologische Ausrichtungen der Planung (die die Planungslogik *per se* definieren) durchaus ›rational‹, weil sie »auch«, wie Friedmann schreibt, auf »konkrete[n] Abbildungen abstrakter gesellschaftlicher Werte wie Gleichheit, Freiheit und soziale Gerechtigkeit«[51] aufbauten. Der Prozess der Wissensgenerierung war hierbei zirkulär zwischen Populärwissen, Alltagswissen und wissenschaftlichem Wissen strukturiert, das zusätzlich von politischen und damit auch ideologischen Zielvorstellungen getragen wurde.[52]

Für Albers bildete die Stadtplanung aus der gesellschaftlichen Bedingtheit heraus »langfristige Tendenzen«[53] aus, die er anhand von drei Aspekten festmacht, welche die Entwicklung des Städteplaners als Sozialexperten veranschaulichen: erstens stellt er eine »nahezu kontinuierlich[e]«[54] Ausdehnung der Einflussnahme von Gemeinden und später Städten auf die räumliche Entwicklung fest; zweitens sieht er das Maß dieser Einflussnahme zunehmend (gesellschafts-)politisch motiviert; und drittens beobachtet Albers eine Erweiterung der wissenschaftlichen Bezugspunkte der Stadtplanung, die »ausgehend von den technischen Disziplinen über Fragen der Hygiene und der Ökonomie bis zu soziologischen und psychologischen Aspekten«[55] reicht. In der Stadtplanung um 1900 ging es dieser Einschätzung folgend neben der Reaktion auf das städtische Wachstum also um die planvolle Gestaltung des gesellschaftlichen Wandels.[56]

Wie angedeutet, nahm dabei soziologisches und nationalökonomisches Wissen eine wichtige Funktion ein. Sie lieferten Erkenntnisgrundlagen in der Ausbildung von Handlungsstrategien im Prozess der Planung der Stadt, der von der Vision einer besseren Stadt getragen war.[57] Simmel beschrieb in seiner Analyse des Lebens in der Großstadt, wie der Raum, in dem sich Menschen bewegen, die Formen ihres Zusammenlebens und ihrer Verhaltensweisen beeinflusst und wie Umgebungen auf Personen wirken, die sich in diesen Umgebungen bewegen.[58] Im oben erwähnten Aufsatz »Die Großstädte und ihr Geistesleben« konstatierte er

51 Friedmann 1972, S. 223.
52 Fleck 1980.
53 Albers 1983, S. 7.
54 Ebd.
55 Ebd.
56 Friedmann 1972, S. 216.
57 Vgl. Hall 1988.
58 Simmel griff etwa die öffentlichen Verkehrsmittel heraus, um darzustellen, wie sich in den »wechselseitigen Beziehungen der Menschen in den Großstädten [...] ein ausgesprochenes Übergewicht der Aktivität des Auges über die des Gehörs« entwickelte. Simmel zit. nach Benjamin 1974, S. 540.

eine »Steigerung des Nervenlebens« des Großstädters gegenüber den Bewohnerinnen und Bewohnern am Land, die er vom »raschen und ununterbrochenen Wechsel äußerer und innerer Eindrücke«[59] in der urbanen Umgebung ableitete. Umgebungen wie die Stadt oder das Land boten solchen Analysen folgend die Anlässe für Erfahrungen, welche den Menschen in seinen Beziehungen zu anderen Menschen prägten. Das Erkennen des Einflusses von Erfahrungen, die in bestimmten Umgebungen auf bestimmte Weise gemacht würden, rückte die Wirkung von Umgebungen in den Blick, die die Stadtplanungstheorie der Jahrhundertwende, wie weiter oben am Beispiel von Sittes wahrnehmungspsychologischer Fundierung des Städtebaus gesehen, beeinflusste. Der Kölner Städtebauer Josef Stübben, der eine einflussreiche Stellung in der ersten Generation des akademischen Städtebaus im deutschsprachigen Raum genoss, schrieb: »Wir erblicken im Städtebau eine Betätigung der ausgleichenden Gerechtigkeit, eine Mitwirkung an der Beseitigung sozialer Mißstände und somit eine einflußreiche Mitarbeit an der sozialen Beruhigung und Wohlfahrt.«[60] Diese Einsicht bildete sich unter einem genauen Begriff der Qualität und Reichweite der »sozialen Missstände« aus. Im Hinblick auf die spezifische Beschreibung der städtebaulichen Herausforderung war die Stadtsoziologie[61] und mehr noch die statistische Erhebung der sozialen Strukturen und Bewegungen in der Stadt zentral, um den Bedarf der Stadtverwaltungen an Information zu decken, die dann die Formierung der Handlungsoptionen ermöglichte.[62]

In der zweiten Hälfte des 19. Jahrhunderts wurde der Städtebau zunächst noch meist unter dem Stichwort der Sanierung der Stadt besprochen und als Anpassung an demographische und strukturelle Entwicklungen verstanden.[63] Dieser partikulare Zugriff spiegelte sich in Reinhard Baumeisters Handbuch zum Städtebau mit dem Titel *Stadt-Erweiterungen in technischer, baupolizeilicher und wirtschaftlicher Beziehung* aus dem Jahr 1876 wider. Zwei Aufgaben stellte Baumeister seinen Ausführungen voran: »neue *Wohnungen* zu schaffen und den *Verkehr* zu erleichtern.«[64] Mit einem »geordneten« Ansatz der Stadterweiterung gelte es, »den *Nachteilen* ihres [der Stadt, M.V.] Anwachsens möglichst zuvorzukommen«.[65] Wie weiter unten zu sehen sein wird, meinte Baumeister damit die Wohnungsnot der Arbeiterklasse und ihre

---

59 Simmel 1903, S. 188.
60 Stübben zit. nach Albers 1997, S. 232. Stübbens Handbuch zum Städtebau wurde 1890 veröffentlicht. Stübben 1907.
61 Albers 1997, S. 236; vgl. auch Pfeil 1972; Lindner 2004.
62 Häußermann & Siebel 2004, S. 13.
63 Albers 1983, S. 17.
64 Baumeister 1876, S. 1, Hervorhebung im Original.
65 Ebd., S. 12, Hervorhebung im Original.

## ANORDNUNG DES SOZIALEN: SOZIALREFORM DURCH PLANUNG

gesundheitlichen und hygienischen Auswirkungen.[66] In Abgrenzung dazu wurde die Planung der Stadt unter den sozialen Kriterien nicht mehr ausschließlich auf technische, verkehrsbezogene oder hygienische Aspekte beschränkt. Diese Ausrichtung weitete den Kompetenzbereich dem Orientierungsbedürfnis der »ambivalenten« Moderne folgend auf die Ordnung der Gesellschaft aus. Albers nennt diese neue Phase der Stadtplanung die »Auffangsplanung«. Sie zeichne sich dadurch aus, dass sie »vorsorgend räumliche Dispositionen traf, um den erwarteten Entwicklungen in Gesellschaft und Wirtschaft möglichst reibungslos Rechnung zu tragen.«[67] In dieser Entwicklung zeigten sich die zwei Aspekte, dass zunächst das gesellschaftspolitische Anliegen auf die Planung des Raums bezogen und in einem weiteren Schritt diese Definition der Raumplanung als ästhetisches Problem der industrialisierten Großstadt begriffen wurde. Die Fragen der Ästhetik wurden häufig im Kontext des Verlusts des geschichtlichen und lokalen Bezugs im Siedlungsprozess behandelt, womit nicht zuletzt die Entstehung eines denkmalpflegerischen Bewusstseins und eines kontextualisierenden Zugangs zum Städtebau und zur Architektur einherging, der die Genese des räumlichen Erscheinungsbildes als Wert nicht nur im kunstgeschichtlichen, sondern auch im gesellschaftlichen Sinn ausdrücklich erkannte.[68]

Der britische Städtebauer Patrick Abercrombie[69] fand in seiner Publikation über die Stadt- und Landschaftsplanung, die erstmals 1933 erschien, für die Aufgabe des Städtebaus den Ausdruck »guiding hand«, womit er diesem entwicklungsgeschichtlichen Verständnis der Historizität einer besiedelten Umgebung Rechnung trug: »Town and Country planning seeks to proffer a guiding hand to the trend of natural evolution, as a result of careful study of the place itself and its external relationships. The result is to be more than a piece of skilful engineering, or satisfactory hygiene or successful economics: it should be a social organism and a work of art.«[70] Die Umgebung, so Abercrombie, dürfe in der Stadtplanung nicht umgangen werden, sondern solle vielmehr Voraussetzung für planerische Entscheidungen sein, die deshalb erforscht werden müsse. Diese Einschätzung bezog Abercrombie nicht nur auf die natürliche

---

66 Ebd., S. 15f.
67 Albers 1983, S. 18.
68 Die Heimatschutzbewegungen gingen von diesen Prämissen aus. Zur Entdeckung des historischen Werts durch die Denkmalpflege vgl. Riegl 1903.
69 Patrick Abercrombie (1879–1957) war ein englischer Städteplaner und Stadtbautheoretiker am University College in London, dessen Publikationen zur Stadtplanung die urbanen Entwicklungen in England beeinflussten. Mit seinem *Greater London Plan* (1944) versuchte Abercrombie, gegen den *urban sprawl* anzukämpfen.
70 Abercrombie 1943, S. 27. Vgl. auch Albers 1997, S. 236.

topographische Umgebung, sondern auch auf die sozialen Strukturen einer Stadt. Die Erkenntnis, dass die sozialen Auswirkungen des Raumes nicht sich selbst überlassen werden dürften, führte auch Abercrombie zur Einsicht, dass es eine Planung der Stadt anstatt einer *laissez-faire*-Entwicklung brauche. Seinen Wissensbezug bildete die »natural evolution« und in weiterer Konsequenz die Vorstellung des »social organism«. Die Metapher der »lenkenden Hand« verweist auf eine zurückgenommene, aber dennoch aktive, weil formatierende Rolle der gebauten Umgebung.

## 5.2 Wissensformen als bedingende Faktoren der Stadtplanung um 1900

Der planerische Zugriff der sozialreformerischen Stadtraumgestaltung bildet eine Art und Weise des Begreifens der städtebaulichen Aufgabe, die sich aus Wissensformen speiste. Der Begriff ›Wissensform‹ soll im Folgenden von den einzelnen Wissensbereichen unterschieden werden, um den Modus darzulegen, der die Bedingung für die politische Option einer Sozialreform über die Erziehung durch stadträumliche Arrangements bildete. Er meint im vorliegenden Zusammenhang eine stilistische Eigenheit, die die Wahrnehmung, um die Formulierung Flecks aufzugreifen, in bestimmte Richtungen lenkt und auf diese Weise eine strategische Positionierung ermöglicht.[71] Innerhalb von Wissensformen werden in einzelnen Wissensbereichen die argumentativen Muster für die Legitimität des stadtraumgestalterischen Handelns etabliert. Zu den relevanten Wissensbereichen zählen, wie weiter unten im Einzelnen dargestellt wird, hygienische, moralisch-ästhetische oder soziale Aspekte, die sich aus unterschiedlichen Zusammenhängen wie der Darwinistischen Evolutionstheorie oder den experimentell verfahrenden Naturwissenschaften speisten. In der Konturierung dieser Bereiche spielte dabei nicht nur technisches, sondern auch kulturelles Sinnwissen eine zentrale Rolle, das etwa in kulturkritischen Beschreibungen der großstädtischen »Nervosität« – eines der häufig verwendeten Wörter in den Kulturen des *Fin-de-siècle*[72] – zum Ausdruck kam.

In bestimmten historischen Situationen werden bestimmte Wissensformen ›favorisiert‹. Nach Foucault ermöglichen die Bedingungen einer

---

71 Fleck 1980, S. 130.
72 Wie Margit Szöllösi-Janze zeigt, stützten sich die Verwissenschaftlichungsprozesse im Laufe des 19. Jahrhunderts – das heißt der Ausdehnungen der Kompetenzen des wissenschaftlichen Wissens auf das Verständnis und die Steuerung gesellschaftlicher Funktionen – nicht nur auf naturwissenschaftliches Wissen, sondern auch auf geistes- und sozialwissenschaftliches Wissen. Szöllösi-Janze 2004, S. 280.

historischen Situation eine bestimmte Gestaltung des Wissens.[73] Sie bilden die impliziten Voraussetzungen, nach denen das Wissen, wie im vorliegenden Kontext das rationale Wissen, strukturell tragfähig wird und im Zusammenspiel mit anderen Faktoren des historischen Kontextes eine Ordnung begründet. Foucault spricht von »Formationsregeln«,[74] die er als »Existenzbedingungen«[75] des Wissens begreift. Nachfolgend wird die Frage behandelt, inwiefern stilistische Aspekte des Wissens ihrerseits die Bedingungen für das Planungsparadigma bildeten. Die Annäherung an diese Frage erfolgt in zwei Bewegungen. Zunächst wird nachgezeichnet, inwiefern Wissensformen als ›bedingend‹ zu verstehen sind. Mit solchen Wissensformen sind Darstellungsformen des städtebaulich relevanten Wissens gemeint und damit Modelle, mit denen die Aufgaben schematisch gefasst wurden. Strukturell betrachtet bestehen die Formen des Wissens in der Art und Weise des Zugriffs auf Herausforderungen, die nicht nur ›entdeckt‹, sondern auch spezifisch ›konfiguriert‹ werden. Diese Sichtweise auf Wissen ermöglicht ein Verständnis, inwiefern Erziehung mit dem planerischen Zugang in der Auseinandersetzung um die Gestaltung des städtischen Raums um 1900 eine spezifische Form annahm. Anschließend werden historische Kontexte herangezogen, die zusätzlich die ›modernen‹ Arten und Weisen des Begreifens gesellschaftlicher Herausforderung prägten. Dabei treten in erster Linie die Rolle der Statistik in der wissensbasierten Konstruktion der Gesellschaft als soziale »Tatsache« und die Popularisierung des Wissens zur Legitimierung sozialpolitischen Handelns hervor. Beide Aspekte standen in Zusammenhang mit einer neuen Form von Öffentlichkeit, die neue Legitimierungsmuster innerhalb der strategischen Position erforderte.

Die »formativen« Bedingungen des Wissens für die Formierung des Planungsparadigmas hängen von inhaltlichen Aspekten und zugleich von der ästhetischen Dimension ab. Das Wissen um Sachverhalte wird innerhalb konkreter Darstellungsweisen repräsentiert und ist somit an stilistische Faktoren gebunden. Die Medien der Wissensvermittlung bestimmen dabei die Muster, nach denen Evidenz hergestellt wird.[76] Der planerische Zugriff auf die Stadtgestaltung erfolgte etwa auf der Grundlage diverser Sorten von Plänen, die anhand der visualisierenden Darstellungsweise der städtebaulichen Aufgabe eine gesamtgesellschaftliche Kontur verliehen.[77] Zonen- oder Bebauungspläne ›formatierten‹ das Verständnis der städtebaulichen Aufgabe, die bald als notwendige Voraus-

---

73 Foucault 1973, S. 43.
74 Ebd., S. 58, Hervorhebung im Original.
75 Ebd.
76 Sarasin 2011, S. 168.
77 Zur Bedeutung von Plänen für den Städtebau nach 1900 vgl. Kuchenbuch 2010; Bodenschatz, Gräwe, Kegler et al. (Hg.) 2010.

setzungen für gestalterisches Handeln erkannt wurden. So war 1899 in der *Zeitschrift für Architektur und Ingenieurswesen* zu lesen, dass unter dem Eindruck des massiven Bevölkerungswachstums der »Mangel richtiger Planunterlagen bei Aufstellung der Bebauungspläne erkannt [sei]«.[78] Pläne boten, so die Erkenntnis, den Vorteil, die Gesamtlage in den Blick zu bekommen. Zudem ermöglichten Pläne, Experten unterschiedlicher Bereiche in einen gemeinsamen Prozess zu integrieren. Eine breit gefächerte Expertengruppe, die von Architekten über Ingenieuren bis hin zu Hygienikern und Sozialpolitikern reichten, entwickelten dabei zumindest dem Ideal nach ganzheitliche Lösungen.[79] Den Stadtplänen, die den Gegenstand in Form von zwei- oder auch, wie insbesondere im Wettbewerbswesen, dreidimensionalen Modellen darstellten, lag dabei die Vogelperspektive zugrunde, die einen distanzierte Blickwinkel konstituierte, der für den Expertenblick charakteristisch war.

Ein Blick auf solche Formen verdeutlicht die Weisen der Repräsentation von Wissen, die die Muster des Begreifens eines Gegenstands beeinflussen und die so die Wirklichkeit zugleich spezifisch hervorbringen. Bei der Abbildung der Stadt in Form des Stadtplans steht nicht die exakte Wiedergabe im Vordergrund, sondern die anschauliche Darstellung, für die Schematisierungen in Kauf genommen werden.[80] Sie sind auf diese Weise didaktische Modelle, die Sachverhalte in eine begreifliche Form bringen.[81] Als Arbeitsgrundlage des Städtebaus sind Pläne – als Wissensformen betrachtet – ästhetische Anordnungen, die den Gegenstand fassbar machen. Sie bestimmen den Modus, mit dem der Gegenstand »Stadt« begriffen wird – und stellen so die Bedingungen für die Möglichkeit seiner Bearbeitung.[82] Figurationen des Wissens, wie in Form von Plänen, sind auf pragmatische Weise ›bedingend‹, wobei sie nicht zuletzt deshalb wirkmächtig sind, weil sie eine imaginäre Qualität besitzen und Ähnlichkeitsbeziehungen zwischen dem Wissensgegenstand und der Wissensform herstellen. Sie fassen jeweilige Aspekte der realen Welt nicht nur in eine verständliche Darstellung, sondern bereiten diese didaktisch für Bearbeitungsmöglichkeiten auf.[83]

Anhand des Begriffs ›Modell‹ wird die bedingende Rolle des Wissens deutlich. Nach Ansicht des Wissenschaftsphilosophen Ronald N. Giere kommt den Darstellungsformen, die symbolischen Systemen entstammen und beispielsweise Diagramme, Verteilungskurven, Abbildungen,

---

78 Gerke 1899, S. 27.
79 So etwa Nussbaum 1898, S. 202f.
80 Fleck 1980, S. 48.
81 In Bezug auf chemische Modelle vgl. Meinel 2008.
82 Bailer-Jones 2002, S. 109.
83 Vgl. z.B. die Studie zur Wirkmacht der Piktogramme von Otto Neurath von Sophie Hochhäusl. Hochhäusl 2011.

Metaphern oder Pläne betreffen, eine nicht nur repräsentierende[84] und das Wissen über Aspekte der realen Welt vermittelnde Rolle zu, sondern auch eine pragmatische. Giere fasst diese Darstellungsformen unter dem Begriff des Modells zusammen. Modelle lenken Giere zufolge die Blickrichtungen und Verwendungsmöglichkeiten und sind auf diese Weise ›bedingend‹, wofür er die Formel »$S$ uses $X$ to represent $W$ for purpose $P$«[85] anbietet. »$S$« steht in Gieres Konzeption für die Wissenschaftlerin bzw. den Wissenschaftler oder, wie man in Anlehnung an Ludwik Fleck auch sagen könnte, für ein wissenschaftliches »Denkkollektiv«;[86] »$X$« steht für die Darstellungsformen; »$W$« für Aspekte der realen Welt; und »$P$« schließlich steht für die Absichten. Die Variable »$X$« wird nach Giere strategisch eingesetzt, das heißt – bei Giere auf die wissenschaftliche Theoriebildung bezogen – um herauszufinden, »what something is like«.[87] Die Wahl der Modelle und die Art, wie sie von »$S$« verwendet werden, erklären sich, wie in Gieres Formel mit den Wendungen »uses« und »for purpose« zum Ausdruck kommt, aus den spezifischen wissenschaftlichen Erkenntnisinteressen. Gemäß Giere wird die Materialisierung des Wissens im Modell nach unterschiedlichen Absichten strukturiert.[88]

Giere entwickelt damit eine Sicht, die den Prozess der wissenschaftlichen Erkenntnisgewinnung aus dem historischen Kontext heraus als eine interessengeleitete Handlungsform versteht. Von daher erklärt sich das strategische Moment des Einsatzes von Modellen als ein bedingendes Moment, das auf der epistemologischen Ebene liegt, wie es für die städtebauliche und architektonische Praxis Modelle wie der Stadtplan, die Luftbildaufnahme oder das architektonische Miniaturmodell verdeutlichen. Innerhalb einer epistemologischen Praxis werden über die Repräsentationsleistung Probleme ›hergestellt‹, die eine Notwendigkeit zum Handeln implizieren. Gieres wissenschaftsphilosophische Darstellung der Wissensgenerierung zeigt, dass die Wahl der Modelle, in denen sich Wissensformen materialisieren, mit spezifischen Interessen zusammenhängt, indem die im Modell eingelagerte Wissensgrundlage die Zugriffsweisen in der Bearbeitung der spezifischen Herausforderungen prägt. Das Modell organisiert den Blick auf Aspekte der Welt und bringt sie damit auch hervor, indem die Aspekte der Welt über das Modell auf eine bestimmte Art entschlüsselt und interpretiert werden.

---

84 Genauer genommen, so Giere, ›repräsentiert‹ die Wissenschaftlerin bzw. der Wissenschaftler Aspekte der Welt, indem das Modell, das sie bzw. er verwendet, eine Ähnlichkeit zu Aspekten der realen Welt herstellt. Giere 2004, S. 747.
85 Ebd., S. 743, Hervorhebung im Original.
86 Fleck 1980.
87 Giere 2004, S. 749.
88 Ebd., S. 752.

Modelle geben somit die Art vor, wie Probleme begriffen werden. Die Wissenschaftsphilosophinnen Margaret Morrison und Mary S. Morgan beschreiben in diesem Sinn Modelle als Instrumente,[89] die ihre Wirkmacht aus ihrer Konstruktionslogik heraus bezögen. Modelle bildeten nie gänzlich die Theorie bzw. die Daten, die Aufschluss über Aspekte der realen Welt geben, ab, weil sie im Medium des Imaginären eine »Analogie« (M. Hesse) herstellen.[90] Sie sind aber auch nicht vollständig losgelöst von der Theorie und den Daten. Der Vorgang der Konstruktion eines wissenschaftlichen Modells entspräche einer durchaus kunstvollen und kreativen ›Collage‹ von unterschiedlichen Elementen und Quellen, die vielfach implizit miteinfließen. Der Herstellungsprozess eines Modells, wie Morrison und Morgan mit Blick auf Modelle aus der Chemie, Biologie, Physik oder Ökonomie schreiben,[91] »involve[s] elements of theories and empirical evidence, as well as stories and objects which could form the basis for modelling decisions«.[92] Dies führe dann dazu, dass Modelle eigenständig und zumindest teilweise unabhängig von Theorie und den Daten seien.

Auf die Planungsgrundlagen des Städtebaus übertragen, vermitteln Modelle, wie beispielsweise statistische Angaben über die Entwicklung und Zusammensetzung der Bevölkerung oder die Zonen- und Bebauungspläne, zwar zwischen Theorie und Welt, gleichzeitig sind sie eigenständig und bringen die städtebauliche Theorie überhaupt erst hervor.[93] Der international viel beachtete Plan der Gartenstadt von Ebenezer Howard prägte etwa die Auslegeordnung der Stadtentwicklung, aber vielmehr noch die Blickperspektive, die bei der Planung von Stadtteilen in reformerischer Absicht angewandt wurde (Abb. 3). Dieser Plan kann als Beispiel eines »design instrument«[94] betrachtet werden, das auf Handlungen bzw. Interventionen im öffentlichen Raum ausgerichtet war. »Models«, schreiben Morrison und Morgan, »are not passive instruments, they must be put to work, used, or manipulated.«[95] Die Wissensformen werden im planerischen Zugang zur Städtebaupolitik nicht nur genutzt. In einer kokreativen Dynamik wird dieser Zugang hervorgebracht, der dann wiederum auf die Wissensbildung zurückwirkt.

89 Vgl. Morrison & Morgan 1999.
90 Vgl. Hesse 1966.
91 Dabei kann es sich um »physical objects, mathematical structures, diagrams, computer programs« usw. handeln. Morrison & Morgan 1999, S. 32.
92 Ebd., S. 15.
93 Ebd., S. 17f.
94 Ebd., S. 23.
95 Ebd., S. 32.

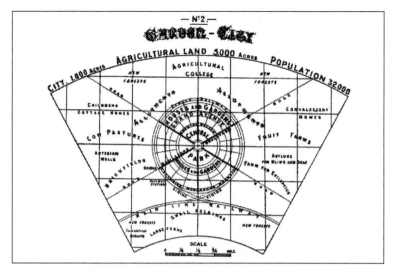

*Abbildung 3: Anschaulichkeit der städtebaulichen Aufgabe: Plan von Howards Garden City*

Die statistischen Wissensformen gehörten zu den wesentlichen Triebfedern in der Herausbildung einer optimistisch gestimmten, sozialreformerischen Position. Die Statistik ermöglichte es, die Gesellschaft als Gegenstand zu verstehen, was wiederum die Grundlage dafür bildete, die Gesellschaft mit sozialpolitischen Mitteln zu ›bearbeiten‹. In Bezug auf die statistischen Sozialwissenschaften spricht die Historikerin Margit Szöllösi-Lanze vom »›Theorieeffekt‹ der Expertentätigkeit«, was sie beispielhaft an der Konstruktion der Figur des Rentners durch die Experten der Rentenversicherung um 1900 veranschaulicht.[96] Umgemünzt auf den Städtebau wirkten im Planungsprozess die unterschwelligen Wissensaspekte bereits darauf, wie planerische Herausforderungen modelliert wurden. Dass beispielsweise Probleme der Verstädterungsdynamik in statistische Größen übersetzt wurden, war eine Frage der Wissensfiguration. Die Darstellungsformen des Wissens über Phänomene der realen Welt nahmen gleichzeitig eine ordnende Rolle ein und legten die Spuren, wie die Welt zu deuten war. So wurde dem Massenphänomen der modernen Gesellschaft mit Hilfe der statistischen Erhebung begegnet, worin sich eine Art Standardisierungs- und Homogenisierungsstrategie zeigte,[97] die wiederum die spezifische Informationsgrundlage bildete, welche die

---

96 Szöllösi-Lanze 2004, S. 287.
97 Middendorf 2012, S. 148.

Planungsstrategien der Stadtentwicklung beeinflusste.[98] Die Wissensformen bedingten somit Zugriffsweisen und waren selber den Bedingungen gesellschaftlicher Konstellationen unterworfen.[99] So war die statistische Methode strukturell betrachtet als eine Art des Zugriffs angelegt, die den Durchschnitt einer heterogenen Masse fassbar machte und so einen spezifischen Blick auf die Masse als eine Verteilmenge entwickelte, die ein ›normales‹ Mittelmaß aufwies. Die Statistik trug zur Strukturierung der gesellschaftlichen Zusammenhänge bei, indem sie Wissen zum Zweck der Kategorisierung, Normalisierung, Klassifizierung und Durchschnittsermittlung zugänglich machte und den Blick daraufhin ›formatierte‹, die Normalität von ›anormalen‹ Ausreißern zu unterscheiden.[100] Gleichzeitig entstand der statistische Blick in einem historischen Kontext, in dem er mit Blick auf die politischen Konstituierungsprozesse der Nationalstaaten und speziell der Wohlfahrtsstaaten, die zum Aufbau der Versicherungssysteme verlässliche quantitative Angaben über die Zusammensetzung der Bevölkerung benötigten, eine zeittypische Funktion erfüllen konnte.

Im Rahmen einer politischen Sphäre, in der die bürgerliche Öffentlichkeit ein Interesse an der Gestaltung des öffentlichen Raums entwickelte, nahm die Notwendigkeit der Rechenschaftspflicht ihr gegenüber zu. In der Stadtplanung führte dies zu einer Legitimationspraxis, die auf Expertenwissen beruhte und einen Großteil der Argumente unter Rückgriff auf statistisches Wissen bezog. Wie der Historiker Arne Schirrmacher darstellt, handelte es sich um eine Dynamik der Wissensvermittlung, die auf die Legitimierung des wissenschaftlich angezeigten Handelns hinauslief.[101] In dieser Anlage war die Trennung der wissenschaftlichen von der öffentlichen Sphäre vorausgesetzt. »Bei dieser Kokreation von Wissenschaft und Öffentlichkeit«, schreibt Schirrmacher über die Arbeitsteilung in der frühen Phase der Wissensgesellschaft, »wies die Wissenschaft der Öffentlichkeit zugleich ihre Rolle zu, die im Beipflichten, Unterstützen und Legitimieren lag.«[102]

Die »Kokreation« zwischen Wissenschaft und Öffentlichkeit verdeutlicht neben der Bedeutung des statistischen Wissens zugleich das Phänomen der Popularisierung wissenschaftlichen Wissens, das für die Öffentlichkeit aufbereitet wurde.[103] Sie kam im Aufkommen publizistischer

98 Zu Wissensbezügen am Beispiel der Gesundheitspolitik durch Städtebau vgl. Rodríguez-Lores 1985.
99 Szöllösi-Janze 2004, S. 281.
100 Foucault 1976, S. 245.
101 Vgl. Schirrmacher 2008.
102 Ebd., S. 77.
103 Zur Popularisierung des Wissens und zur Kritik des Begriffs vgl. ebd., S. 79ff. Unter anderem wird dort die Kritik aufgeführt, der Begriff ›Popularisierung‹ könne

Organe zum Ausdruck, die nicht nur für ein Fachpublikum bestimmt waren. Des Weiteren verfolgten zahlreiche Vereine und Interessensgruppierungen eine Politik der Popularisierung des Wissens, häufig in Form von Volksbildung, wie dies etwa Volksbildungsinstitutionen betraf, in denen zahlreich Vorträge gehalten wurden, darunter auch zum Thema Stadt und Wohnen. Die popularisierte Wissensvermittlung geschah in diesen Kontexten häufig in Form von eingängigen Lichtbildvorträgen, wie sie in Zürich etwa der langjährige Kantonsbaumeisters Hermann Fietz[104] zu halten pflegte.[105] Die Volksbildung war dabei insbesondere auf die Arbeiterschicht ausgerichtet und stand häufig im Interesse der (gesteuerten) Emanzipation. Der Zürcher Grütliverein, der die Bildung der Arbeiter zur Aufgabe hatte, war einer der Vereine, in denen Wissen popularisiert vermittelt wurde, was zugleich eine Ausdehnung der öffentlichen Sphäre auf die Arbeiterschicht implizierte. Der Grütliverein wurde 1838 als Handwerkerbildungsverein gegründet und sollte von Beginn an eine Plattform sein, um die Notwendigkeit gesellschaftlicher Reformen durch Bildungsbestrebungen wie Vorträge oder Publizistik zu kommunizieren.[106]

Neben den Volksbildungsinstitutionen bildete aber, wie angedeutet, die Publizistik das breitenwirksame Medium der Popularisierung des Wissens. Das zeigt ein Blick auf die publizistische Tätigkeit im Umfeld der Heimatschutzbewegung, die diese Popularisierung als Orientierungsaufgabe wahrnahm. Der Schweizer Heimatschutz-Vertreter und Kunsthistoriker Paul Ganz schreibt beispielsweise über den Kampf für die Durchsetzung der Prinzipien des Heimatschutzes: »Zwei Mittel stehen dafür zu Gebot: der Zwang des Gesetzes und die Überzeugung durch Belehrung.«[107] Von der Vereinsgründung im Jahr 1905 an wurde von der Schweizerischen Vereinigung für Heimatschutz die Zeitschrift *Heimatschutz* herausgegeben, um in der Öffentlichkeit Überzeugungsarbeit

die Rückwirkung popularisierten Wissens zurück in die Wissenschaft nicht aufgreifen oder die Rolle von Alltagswissen im Prozess der Etablierung wissenschaftlicher Prinzipien erklären. Die These der Arbeitsteilung zwischen den Sphären Wissenschaft und Öffentlichkeit, die diese Bereiche als voneinander abgetrennt postuliert, sei damit zu relativieren. Im Rahmen der vorliegenden Studie wird der Begriff der Popularisierung aufgrund des Selbstverständnisses der Experten verwendet, das von der wissenschaftshistorischen Rekonstruktion zu unterscheiden ist.

104 Hermann Fietz (1869–1931) war Zürcher Kantonsbaumeister von 1896 bis 1931 und Vertreter der Heimatschutzbewegung.
105 Vgl. den Beitrag »Zürcher Landschulhäuser im Zeichen des Heimatstils« von Thomas Müller in Crettaz-Stürzel 2005b, S. 373.
106 Die Zürcher Sektion des Grütlivereins entstand 1848. Vgl. Müller 1918; Müller 2010.
107 Ganz 1911, S. 29.

für ihre Anliegen zu leisten und auf die politische Meinungsbildung orientierend zu wirken. Der französischsprachige Titel der Zeitschrift – sie druckte deutsch- und französischsprachige Beiträge ab – lautete dementsprechend *Ligue pour la beauté*. In dieser Zeitschrift wurden unter Zuhilfenahme zahlreicher Abbildungen die Ideale der Bewegung kommuniziert. Als populäres Mittel erwies sich dabei, Fotographien gelungener Beispiele mit Gegenbeispielen, also mit als ›schlecht‹ klassifizierten Beispielen, zu kontrastieren.[108]

Das Planungsparadigma im Städtebau entstand in einer historischen Phase, in der die politischen und wirtschaftlichen Entwicklungen mit einem Interesse am planerischen Zugriff auf die Verstädterungsdynamik einhergingen. Zugleich erlangte es zu einer Zeit Bedeutung, in der Wissensformen die Verstädterungsdynamik in eine Linie der historischen Genese und der zukünftigen Entwicklung einzubetten erlaubten. Unabhängig von den inhaltlich konkreten, städtebaulich relevanten Wissensbereichen, die im Folgenden in den Blick genommen werden, war diese Konstellation des Wissensbezugs der in der öffentlichen Sphäre zu legitimierenden Praxis ›bedingend‹, was sich in der Strategie manifestierte, die zu Interventionen herausfordernden Verstädterungsdynamiken im Rahmen von Modellen zu behandeln. Diese repräsentierten die Problemlagen, vereinfachten ihre Komplexität und bereiteten sie so für sozialpolitische Interventionen auf.

## 5.3 Wissenskultur der Rationalisierung: Zu sozialreformerisch einflussreichen Wissensbereichen im planerischen Zugang zum Städtebau

Die Ausrichtung des sozialreformerischen Städtebaus an rationale Wissenschaftlichkeit hing eng mit der beschriebenen Notwendigkeit der Legitimation zusammen, der politisches Handeln in der öffentlichen Sphäre zunehmend ausgesetzt war. Dies führte zu einer Verwissenschaftlichung der Stadtplanung, die sich zunächst in einer zunehmenden Verankerung als Fach in akademischen Institutionen zeigte und die im Zuge dieser Entwicklung eine eigenständige Theoriebildung generierte.[109] Das erwähnte Handbuch zum Städtebau von Reinhard Baumeister stand in

---

108 Die »Belehrung«, die Paul Ganz forderte, kannte neben der Vermittlung durch Zeitschriftenartikel und Vorträge einen weiteren Kanal, der nach seiner Meinung auf der Sensibilisierung des Lehrpersonals für die Vermittlung von Heimatwerten im Unterricht beruhte, insbesondere im Geschichte-, Geographie-, Heimatkunde-, Naturkunde- und Zeichenunterricht. Ebd., S. 29f.
109 Vgl. Albers 1997.

diesem Prozess am Beginn des professionellen modernen Städtebaus, auch mit Blick auf internationale Entwicklungen. 1890 folgte Josef Stübbens Handbuch *Der Städtebau* und ab 1904 wurde mit demselben Titel eine Fachzeitschrift herausgegeben, die explizit städtebaulichen Themen gewidmet war.[110] In der Schweiz war die *Schweizerische Bauzeitung*[111] bereits im 19. Jahrhundert das publizistische Organ, das städtebauliche und architektonische Anliegen neben technischen Themen aus dem Bauingenieurswesen behandelte. Darin wurden auch die Anliegen der Planungspraxis zur Bekämpfung der sozialen Probleme der Verstädterung und ihre Umsetzungen aufgegriffen.

Die städtebauliche Debatte wurde im 19. Jahrhundert zunächst von Maßnahmen zur Steuerung der Verstädterungsdynamik geprägt, wie sie beispielsweise in der Erstellung von Bauverordnungen zum Ausdruck kamen, die immer umfangreicher erlassen wurden. So wurde in Zürich die erste Bauordnung 1863 und eine weitere nach der Eingemeindung von 1893 aufgestellt. Solche Erlasse waren Ausdruck dafür, dass aufgrund der unkoordinierten Siedlungsentwicklung die Notwendigkeit von politischen Ordnungsmaßnahmen erkannt wurde. Dazu etablierten die Bauordnungen Instrumente, die von Debatten über die Ziele begleitet wurden, die schließlich die Interventionen im öffentlichen Raum legitimierten. Diese Debatten wurden unter anderem in den genannten Zeitschriften geführt, die dort eine Plattform für diverse Expertengruppen bildeten, in erster Linie für Architekten, Ingenieure, Akademiker, Publizisten und Politiker.

Im Folgenden werden zentrale Wissensbereiche für die argumentativen Muster nachgezeichnet, die Grundlagen für das Aufkommen der moralerzieherischen Stoßrichtung der Stadtraumgestaltung um 1900 bildeten. Dazu zählen in erster Linie drei Bereiche, in denen unterschiedliche Teilaspekte zum Tragen kamen. Mit der Statistik und dem ›Wissenssystem‹ des Stadtplans sind erstens Zusammenhänge angesprochen, welche die stadtplanerische Epistemologie auf einer grundlegenden Ebene prägten; sie sind im vorhergehenden Unterkapitel im Hinblick auf ihre bedingende Form bereits thematisiert worden und werden im vorliegenden Kontext auf städtebauliche Anordnungsmuster bezogen. Der zweite Wissensbereich betrifft Wissenszusammenhänge, in denen das Soziale im

---

110 Die Zeitschrift *Der Städtebau* erschien bis 1919.

111 Die Wochenzeitschrift *Schweizerische Bauzeitung* war das Organ des 1837 gegründeten Schweizerischen Ingenieurs- und Architektenvereins (SIA) sowie der Gesellschaft ehemaliger Studierender des eidgenössischen Polytechnikums in Zürich. Sie erschien von 1883 bis 1978, ihre Vorgängerzeitschrift war *Die Eisenbahn* (1874 bis 1882); ab 1979 bis 2000 erschien sie unter dem Titel *Schweizer Ingenieur und Architekt*, ab 2001 wiederum unter *TEC21: Fachzeitschrift für Architektur, Ingenieurswesen und Umwelt*.

Modus des rationalen Wissens als empirisch fassbarer Gegenstand stilisiert wurde. Der dritte Wissensbereich betrifft das kulturelle Sinnwissen, das sich insbesondere in den kulturkritischen Einschätzungen der Großstadt kristallisierte.

### 5.3.1 Stadtplanerische Wissensbereiche: Sozialstatistik, Stadt- und Bebauungspläne

Die Statistik bildete die Grundlage für ein kalkulierendes Denken der Stadtplaner, das die in die Zukunft gerichtete Planungspraxis innerhalb einer gesellschaftlichen Dimensionierung prägte. Der Bezug auf statistisches Wissen zum Sozialen ermöglichte so, den Prozess des Städtebaus im Feld des politischen Kalküls zu positionieren.

Im ausgehenden 19. Jahrhundert wurden sozialstatistische Daten zu zahlreichen Aspekten des sozialen und wirtschaftlichen Lebens erhoben, und sie gehörten daher zu den bedeutsamsten Wissensinstrumenten zur Beschreibung und Formung der Realität.[112] In Bezug auf den Verstädterungsprozess wurden umfassend Zahlen zu Zusammensetzung und Bewegung der Bevölkerung gesammelt. Dieser Wissenszugriff spiegelte sich in Durkheims Regel der soziologischen Methode wider, die soziale Tatbestände als »Dinge« auffasste.[113] »[L]es mouvements de la vie quotidienne«, schreibt Durkheim, »s'inscrivent dans les chiffres de la statistique«.[114] Die Erkenntnis, dass sich das Soziale anhand statistischer Erhebung festmachen ließ, implizierte die Objektivierbarkeit sozialer Zusammenhänge und Praktiken. Diese traten in ihrer Gesetzmäßigkeit unabhängig vom einzelnen Individuum hervor und erlaubten so ein Verständnis von Normalität, das aus der Erfahrung abgeleitet wurde. Die Frage nach der Gesetzmäßigkeit des Sozialen wurde entsprechend empirisch gelöst, was die »sozialen Tatsachen« hervorbrachte. Innerhalb dieser ›Zurichtung‹ des Sozialen wurde dann auch die Frage der Optimierung des gesellschaftlichen Funktionszusammenhangs behandelt.

Wie der Historiker Alain Desrosières aufzeigt, ging der Bedeutungszuwachs der Statistik mit der Entwicklung des Staates einher.[115] Damit sind Normalisierungsbestrebungen impliziert, die in Form der statistischen Beschreibung der Normalverteilung Einzelfälle zu Klassen zuordnete und so den Staat rechtlich und verwaltungstechnisch funktionsfähig

---

112 Desrosières 2005.
113 Durkheim 1919. Dazu auch Desrosières 2005, S. 2,
114 Durkheim 1919, S. 39.
115 Dieser Zusammenhang kommt auch in der Etymologie des Begriffs ›Statistik‹ zum Ausdruck, die mit dem Begriff des ›Staates‹ zusammenhängt.

machte.[116] Die Statistik wurde somit nicht nur als wissenschaftliche Methode zur Gewinnung von Erkenntnissen wirkmächtig, sondern auch für die administrativen Abläufe der staatlichen Verwaltungsapparate bedeutsam. Die idealtypische Figur des »homme moyen«, die der belgische Pionier der Statistik, Adolphe Quetelet, in den 1830er Jahren beschrieb, war eine Verbindung von Wahrscheinlichkeitsrechnung und Statistik und konnte als Richtgröße für politische Zwecke eingesetzt werden.[117] Die Statistik ermöglichte die objektive Erfassung von Verstädterungsdynamiken. Sie etablierte so eine von der Realität abgeleitete Norm, was etwa der Blick auf die Debatte um die hygienischen Bedingungen in der Großstadt verdeutlicht. Anhand der Statistik konnten die hygienischen Mängel als soziale Probleme überhaupt erst erkannt werden, nachdem die Häufung von Krankheitserregern bestimmten Soziotopen zugeordnet wurde.[118] Die Kategorisierung des Hygieneproblems erfolgte in der allgemeinen Statistik in der Regel über Bevölkerungs- und Wohndichte. So machten etwa die Sterblichkeitszahlen signifikante Unterschiede zwischen Stadt und Land ersichtlich und formten die Erkenntnis der qualitativen Mängel städtischer Lebensbedingungen.[119] Die exakte Erhebung der Zusammensetzung und der Bewegungen der Bevölkerung wurde für Stadtverwaltungen erforderlich, um Verbesserungsmaßnahmen im Bereich der Hygiene zu setzen. Die Kommunen etablierten daher für die Aufrechterhaltung der Handlungsfähigkeit häufig statistische Ämter, wie etwa in Zürich aus Anlass der ersten Eingemeindung.[120] Dank der Erhebungen wurden die sozialen Unterschiede innerhalb einer Stadt anhand von Zahlen dargestellt, begreifbar gemacht und so in den Fokus der Sozialpolitik gerückt. Dazu ein Beispiel: In der *Deutschen Bauzeitung* wurde 1877 von der statistischen Erhebung der durchschnittlichen Lebensdauer in der damals noch eigenständigen Stadt Pest[121] berichtet, die anhand der durchschnittlichen Bewohnerzahl pro Zimmer einer Wohnung eine Differenzierung nach sozialer Klasse vornahm. Das Ergebnis

116 Desrosières 2005, S. 9.
117 Quetelet 1869a; 1869b. Vgl. Desrosières 2005, S. 11. Eine weitere wichtige Figur in der Entwicklung der auf Statistik aufbauenden Wissensform war der englische Mathematiker und Astronom John Herschel mit seinem Buch *A Preliminary Discourse to the Study of Natural Sciences* (1830).
118 Im umfangreichen *Handbuch der Hygiene*, das vom Chemiker Theodor Weyl ab 1893 in zehn Bänden und mehreren Unterabteilungen herausgegeben wurde, behandelt der vierte Band die Bau- und Wohnungshygiene. Statistische Zahlen, Tabellen, Berechnungen und Erläuterungen zu Erhebungsverfahren spielten darin eine zentrale Rolle in der Thematisierung des Gegenstands. Weyl (Hg.) 1896.
119 Oldendorff 1896.
120 Das Eidgenössische Statistische Büro nahm 1860 seine Tätigkeit auf.
121 Buda und Pest wurden 1873 unter dem neuen Namen Budapest zusammengelegt.

dieser Untersuchung besagte, dass in den als »reich« definierten Klassen die durchschnittliche Lebensdauer bei ca. 51 Jahren lag, während sie sich in der »nothleidenden« Klasse auf ca. 40 Jahre belief.[122] Anhand solcher für soziale Differenzierungen sensibler Wissensbildung ließen sich soziale Probleme und damit auch die Soziale Frage konturieren. Das Wissen über die hygienischen Zustände formierte die Denkfigur einer arbeitsamen und gesunden Gesellschaft.[123] Die wissenschaftlichen Erhebungen der hygienischen Bedingungen in der Stadt lieferten dazu die Daten zur Gesundheitslage der Bevölkerung. Die im 19. Jahrhundert besonders in den Großstädten grassierenden Epidemien wie Cholera – Zürich wurde 1856 von einer Cholera-Epidemie heimgesucht – wurden nach der geltenden Lehrmeinung des Hygienikers Max von Pettenkofer auf eine miasmatische Verursachung zurückgeführt, nach der die Ansteckung in einer verunreinigten Umgebung erfolgte.[124] Dieser Erklärungsansatz besagte, dass Krankheiten nicht übertragen würden, sondern aufgrund mangelnder Umweltbedingungen entstünden. Aufgrund der Entdeckung und Beschreibung der Mikroorganismen führten Biologen wie Louis Pasteur oder Robert Koch die Cholera auf eine bakterielle Verursachung zurück.[125] An die Stelle der Cholera als Referenz in der Argumentationslogik, dass sozialpolitisches Handeln zur Verbesserung der hygienischen Bedingungen in der Stadt erforderlich sei, trat dann die Bekämpfung der Tuberkulose.[126] Solcherart Wissen prägte die Motivation, das Instrument der Wohnungserhebungen und Wohnungsinspektionen zum Einsatz zu bringen, die in deutschen Städten ab den 1860er Jahren entwickelt wurden und sich in Schweizer Städten in den 1890er Jahren etablierten.[127] Öffentlich eingesetzte Kommissionen sammelten statistische Daten, wie in Großbritannien die sogenannten *Royal commissions for formal public inquiry*, die in diesem Land, in dem sich die sozialen Folgen der Industrialisierung früh niederschlugen, erstmals bereits in der ersten Hälfte des 19. Jahrhunderts eingesetzt wurden.[128] Daneben spielten Vereine eine gewisse Rolle in der Generierung empirischen Wissens zu bestimmten Bereichen, etwa auch in Bezug auf die

---

122 [o.A.] 1877, S. 484.
123 Schott 2002, S. 101. Dort findet sich auch weiterführende Literatur.
124 Fritzsche 1990b, S. 390.
125 Koch entdeckte 1883 das Cholerabakterium.
126 Fritzsche 1990b, S. 390.
127 Koller 1995, S. 51ff.
128 Für die Diskussion des Berichts der Royal Commission von 1885 vgl. Hall 1988, S. 19ff. Diese Kommission erhob unter dem Vorsitz von Sir Charles Wentworth Dilke unter anderem die Wohnverhältnisse der Arbeiterklasse in London.

Hygiene.[129] An diesen Zusammenhängen lässt sich ablesen, dass die von der Statistik geprägten Wissensfigurationen mit der Formierung eines Problembewusstseins von gesellschaftlicher Unordnung in einem staatlich verwalteten Gemeinwesen sowie mit politischen Strategien zur Bekämpfung der Unordnung eng verknüpft waren.[130] Die Statistik war, gemeinsam mit der Wahrscheinlichkeitsrechnung insbesondere im Bereich der Demographie, die verbindliche argumentative Grundlage in Wissenschaft, Wissenspopularisierung und Politik, weshalb kaum ein städteplanerisches Werk der Zeit um 1900 ohne statistische Daten zu Bevölkerungsentwicklung und Hygiene unter den Bedingungen großstädtischer Lebensweisen auskam.[131]

An dieser Themenstellung ist auch erkenntlich, dass die Statistik ein treibender Motor in der Entwicklung der Nationalstaaten hin zu Sozialstaaten war, was wiederum die Voraussetzung der sozialpolitischen Positionierung der Stadtraumgestaltung bildete.[132] Die Wahrscheinlichkeitsrechnung erlaubte es, abgestützt auf genauen Daten zur Bevölkerungsentwicklung, Prognosen über zukünftige Entwicklungen in bestimmten Gesellschaftsbereichen zu erstellen und damit die Planung mit Zielperspektiven auszustatten. Für die Stadtplanung im Sinne Baumeisters oder Stübbens war die demographische Prognose der zentrale Bezugspunkt, um die Planung der Stadt anhand einer geographischen Auslegeordnung zu realisieren, wie sie durch Zoneneinteilungen und Straßennetze bewerkstelligt wurde. Statistik und Wahrscheinlichkeit waren Instrumente, die das serielle Verständnis unterstützten, das die Kategorie der Berechenbarkeit in Form verwaltungsmäßiger Auslegung und Organisation des Sozialstaates ermöglichte, indem auf ihrer Grundlage ein linearer Geschichtsverlauf angenommen wurde.[133] Freilich trafen die demographischen Prognosen nur bedingt zu, weil sie tendenziell von einer kontinuierlichen Progression ausgingen. Fehl und Rodríguez-Lores stellen diesbezüglich die These auf, dass das propositionale Wissen, wie es Prognosen anboten, spekulativ war und dank der Aussicht auf Wertsteigerung auch die Bodenspekulation anheizte.[134]

Städtebaupolitik betraf um 1900 in erster Linie die Bodenpolitik. Diese war mit der Wohnungsnot verknüpft, womit die Knappheit von Wohnraum gemeint ist, die Vermieter in eine Lage systematischer Bevorteilung setzte. Als im 18. Jahrhundert der Boden – wie auch Arbeit und

129 Für Deutschland wäre etwa der Deutsche Verein für öffentliche Gesundheitspflege zu nennen. Vgl. hierzu Rodríguez-Lores 1985.
130 Als ein Beispiel vgl. Gemünd 1911.
131 Albers 1997, S. 277.
132 Szöllösi-Janze 2004, S. 287.
133 Foucault 1973, S. 9.
134 Fehl & Rodríguez-Lores 1983, S. 17.

Geld – in den auf der industriellen Produktion beruhenden Marktmechanismus eingebunden wurde, war er, wie Karl Polanyi schreibt, als Wirtschaftsgut (»*commodity*«) konstruiert.[135] Dies war nach Polanyi eine fiktionale Konstruktion – eine »commodity fiction«[136] –, die die treibende Kraft für die Etablierung der liberalen Marktwirtschaft bildete und jene Folgen zeitigte, welche die Spekulationsgeschäfte in der Verstädterung im 19. Jahrhundert charakterisierten.[137] Die Etablierung des Bodens als Wirtschaftsgut ermöglichte Bodenbesitzern ein Einkommen ohne Arbeit.

Die Entwicklung von Wissensfigurationen in Form von Stadtplänen und Bebauungsplänen passierte auf dieser Grundlage liberaler Bodenwirtschaft.[138] Die Parzellierung der Stadtstruktur ermöglichte eine Vogelperspektive auf das Land, die das Wissen über die Bodenaufteilung in Form von Plänen oder anderen Modellierungen prägte. Die »Kernfrage«, wie Gerd Albers in diesem Zusammenhang schreibt, war dabei die »nach der flächenhaften Ordnung der Stadt«.[139]

Die modellhaften Gestaltungen zur Steuerung des städtischen Wachstums in der Fläche waren zahlreich. Sie reichten von Begrenzungen durch Grüngürtel, was der Idee der Howardschen Gartenstadt nahe stand, der Bandstadt, in der sich entlang von Verkehrsachsen die Stadt linear entwickelte, das sternenförmige Modell, das das Bandmodell gewissermaßen radial umdeutete, oder das Flächenraster mit einer gleichmäßigen Auslegung durch rasterartige Straßennetze.[140] Die ersten großen Stadterweiterungspläne stammten von den Architekten Eduard van der Nüll und August Sicard von Sicardsburg für die Wiener Ringstraße aus dem Jahr 1858, von Ildefonso Cerdà für Barcelona aus dem Jahr 1859 und James Hobrecht für Berlin aus den Jahren 1858 bis 1862. In den 1870er Jahren folgte eine Reihe von europäischen Großprojekten, wie die erwähnten Umgestaltungen der Pariser Boulevards unter Haussmann oder, in Zürich, der Plan von Arnold Bürkli[141] für den Stadtbereich zwischen

---

135 Polanyi 1957, S. 72.
136 Ebd., S. 73. Zur Bewertung dieser Konstruktion schreibt Polanyi: »What we call land is an element of nature inextricably interwoven with man's institutions. To isolate it and form a market out of it was perhaps the weirdest of all undertakings of our ancestors.« Ebd., S. 178.
137 Polanyi macht den Beginn dieses Prozesses der Kommerzialisierung von Land im schleichenden Verfall des Feudalismus fest, der in den westeuropäischen Städten im 14. Jahrhundert einsetzte und sich im Zuge der Revolutionen im 18. und 19. Jahrhunderten zuspitzte. Ebd., S. 179.
138 Vgl. Bodenschatz, Gräwe, Kegler, Nägelke & Sonne (Hg.) 2010.
139 Albers 1997, S. 285.
140 Ebd., S. 285ff.
141 Arnold Bürkli (1833–1894) war zunächst Bauingenieur bei der Nordostbahn und später bei den Vereinigten Schweizer Bahnen. Von 1860 bis 1882 arbeitete er als

ANORDNUNG DES SOZIALEN: SOZIALREFORM DURCH PLANUNG

Bahnhof, Seequai und Stadelhofen aus dem Jahr 1861. Dies sind Beispiele für den engen Zusammenhang der Entwicklung der modernen Stadtplanung mit der Entwicklung des Stadtplans. Modelle ermöglichten es, die Siedlungsentwicklung räumlich zu klassifizieren und unterschiedliche Nutzungskategorien wie Geschäfts-, Wohn- oder Industriegebiete zu definieren, wie der Bebauungs- und Zonenplan von Zürich aus dem Jahr 1912 verdeutlicht (Abb. 4).[142]

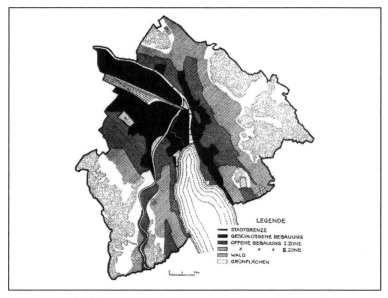

Abbildung 4: Das Wissen um Bodenaufteilung als
städteplanerische Arbeitsgrundlage:
Bebauungs- und Zonenplan der Stadt Zürich von 1912

Stadtingenieur in Zürich. Seine zahlreichen städtebaulichen Projekte umfassten die Bahnhofbrücke, die Bahnhofstraße und verschiedene Quartiersneugestaltungen. Unter seiner Leitung entstanden des Weiteren Kanalisations- und Wasserversorgungsnetze. Außerdem wirkte Bürkli federführend in der Neugestaltung der Quaianlage in Zürich.

142 Der deutsche Publizist Theodor Fritsch, der antisemitisch motivierte Statistiken zu den Siedlungsmustern der jüdischen Bevölkerung in den Städten veröffentlichte, etablierte in seinem Buch *Die Stadt der Zukunft* (1896) ein »System der Zonen-Einteilung«, das auf eine funktionale Abgrenzung hinauslief, die Fritsch kreisförmig anlegte, wie dies auch Howard für sein Gartenstadtmodel vorsah. Fritsch 1896, S. 5. Fritsch argumentierte seine Städtevision mit Hinweis auf das Mittelalter, das auf »deutsche Lebenslust und kunstgestaltetes Leben« hinauslaufen und eine »gute und reinliche Lebensführung« ermöglichen solle. Ebd., S. 7 und 12.

Die Bedeutung der Plangrundlagen erreichte um 1900 den Status eines »Kult[s] des großen Plans«.[143] Präzise Messtechniken und Messinstrumente ermöglichten eine Vermessung der Landschaft, was wiederum einen ordnenden Blick auf die Stadt als Einheit ermöglichte.[144] Die vom Historiker David Gugerli vorgelegte Rekonstruktion der Entwicklung präziser Messinstrumentarien in der Landschaftsvermessung der Schweizer Alpen durch den Astronomen Johannes Eschmann in den 1830er Jahren zeigt dabei, dass die Wissensfiguration, welche die Landschaft in Form einer zunehmend genauen Kartographie begreiflich machte, die Ordnungsvorstellungen durch die Rasterung des Raums konkretisierte.[145]

Die Konfiguration der statistisch ermöglichten Erkenntnis der räumlichen Verteilung sozialer Schichten, die Kartographierung von Landschaft und die Einteilung der Stadt in Zonen sowie die Behandlung von Boden als Wirtschaftsfaktor bildeten Arbeitsgrundlagen einer auf Bebauungsplänen aufbauenden Stadtplanung. Die Beobachtung des Stadtraums aus der Vogelperspektive bestimmte den Standpunkt, von dem aus die Planung der Stadt ausging.[146] Nach der Analyse des Historikers David Kuchenbuch begründete der »Fliegerblick«[147] eine übergeordnete Perspektive, die Objektivierung unabhängig von der Beobachterperson ermöglichte und die Ordnung bzw. Unordnung der Großstadt sichtbar machte. Der ›Stadtorganismus‹ wurde in ›lesbare‹ Stadtpläne übersetzt, die präzise und dennoch ausreichend abstrakt waren, damit der Blick nicht durch die undurchsichtige Komplexität der Stadtstruktur verstellt wurde.[148]

### 5.3.2 Zum Experimentalwissen im 19. Jahrhundert

Die Verwissenschaftlichungsprozesse standen im Zeichen einer naturwissenschaftlich inspirierten Epistemologie, die darauf hinauslief, die Gesetzmäßigkeiten von gesellschaftlichen Abläufen auf empirischer Grundlage zu bestimmen.[149] Die für die Wissenszusammenhänge der Stadtplanung wirkmächtigen Methoden beruhten in erster Linie auf

---

143 Bodenschatz, Gräwe, Kegler, Nägelke & Sonne (Hg.) 2010.
144 Vgl. Gugerli 1999.
145 Zur Geschichte der Landesvermessung in der Schweiz vgl. auch Feldmann 1999.
146 Zum sozialwissenschaftlichen »Blick von oben« vgl. Haffner 2013.
147 Kuchenbuch 2010, S. 251. Von Eduard Spelterini stammen etwa Aufnahmen aus dem Luftballon, die Zürich aus der Vogelperspektive zeigen.
148 Scott 1998, S. 87.
149 Vgl. Hübinger 2002.

experimenteller Forschung, in denen, zugespitzt formuliert, Konzepte der Energie und der Kräfteverhältnisse verhandelt wurden.

Die Ermüdungsforschung und die Arbeitsphysiologie sind entsprechend wirkmächtige Wissenszusammenhänge. Ihre Bedeutung stand im Zusammenhang der aufstrebenden Relevanz von Industrie und Dienstleistung, die sich vielfach, beispielsweise in der zunehmenden Bürokratisierung der neuen Großbetriebe niederschlug, in der physiologisches Wissen auf die Arbeitsabläufe gemünzt wurde.[150] Vor dem Hintergrund solcher Entwicklungen wurde die Physiologie, die Emil du Bois-Raymond als »Königin der Naturwissenschaften«[151] bezeichnete, im 19. Jahrhundert zu einer Art Universalwissenschaft. Den Kern der Auseinandersetzung bildete dabei die Verhandlung von Energie und Kräfteverhältnissen, die auch das Verständnis gesellschaftlicher und wirtschaftlicher Wirkzusammenhänge prägte.[152]

Den Stellenwert einer breit ausgelegten, psychologisch und volkswirtschaftlich verstandenen Physiologie verdeutlicht die diskursive Einbettung der Sozialreform über Stadtraumgestaltung. Städtebauliche Maßnahmen wie die Förderung der Volksgesundheit, etwa über die Bereitstellung öffentlicher Parkanlagen, standen nicht zuletzt unter dem Einfluss von Überlegungen, die Effizienz in der Gesellschaft zu verbessern. In der experimentellen Psychologie[153] versuchten Pioniere wie der Physiologe und Psychologe Wilhelm Wundt in seinem Labor an der Universität Leipzig ab 1875, psychische Vorgänge zu messen und ihre kausalen Ursachen zu beschreiben. Wundt ging es darum, die gegenseitige Abhängigkeit von physiologischen Aktionen und psychologischen Vorgängen zu beschreiben.[154] Die empirische Methode, auf die Wundt zurückgriff, wurde später von seinen Schülern Emil Kraeplin im Bereich der Psychiatrie und Willy Hellpach im Bereich der Sozialpsychologie aufgegriffen. Innerhalb dieser Richtung der psychologischen Forschung wurden, zugespitzt formuliert, äußere Faktoren – zu denen auch die Erfahrungen der Großstadt gezählt wurden, insbesondere, wie weiter unten zu sehen sein wird, die Ermüdungserscheinungen als Folge der großstädtischen Lebensweise – für psychische Zustände hinterfragt. In einem ähnlichen naturwissenschaftlichen Zugang bearbeiteten Vertreter der Degenerationslehre die physischen und psychischen Mechanismen als

150 Vgl. hierzu Luks 2010.
151 Du Bois-Reymond 1887, S. 375.
152 Der Physiologe Ernst Wilhelm Brücke, der in Wien lehrte, verknüpfte etwa die Ästhetik, die bildende Kunst und das Kunstgewerbe mit der Physiologie. Vgl. z.B. Brücke 1877.
153 Ich beziehe mich im Folgenden auf einen Aufsatz Eric J. Engstroms zur Sozialpsychologie. Engstrom 1997.
154 Ebd., S. 166.

Merkmale der Genetik sowie der Umwelteinflüsse, so etwa der italienische Kriminologe Cesare Lambroso in seinem Buch *L'uomo delinquente* (1876) oder der österreichisch-französische Psychiater Bénédict Augustin Morel in seinem Werk *Traité des dégénerescences* (1857). In diesen Forschungen trat an die Stelle der Willensfreiheit als Erklärungsmuster von Kriminalität oder »sittlicher Minderwertigkeit«[155] das Prinzip der Kausalität. Demnach wurde der überindividuelle Gesellschaftszustand als zentraler Einflussfaktor im Verhalten postuliert.[156] Bei Hellpach betraf dieses Wissen die Einsicht in die »*Lenksamkeit*«[157] des Individuums, die eine Synthese aus Wundts psychophysischer Verursachung durch äußere Reize und der Reizsamkeitsthese des Historikers Karl Lamprecht darstellte. Wie der Historiker Eric J. Engstrom schreibt, verstand Hellpach die Lenksamkeit als »Disposition«,[158] die zwingend sei zur Erklärung menschlichen Verhaltens und die die Idee des steuernden Einflusses von räumlichen Umgebungen mit Wissen unterfütterte.

Vom Wissen um die Lenksamkeit war der Schritt zur Einsicht in die Erziehbarkeit des Individuums durch Umweltgestaltung[159] nicht weit, der den sozialreformerischen Städtebau als epistemologische Konstante bestimmte. Der Determinismus[160] wurde um 1900 zu einem Leitkonzept in der Beschreibung der Stadt, das in unterschiedlichen Akzentuierungen den Kultur- und Gesellschaftszustand und seine geschichtliche Genese als Einflussfaktoren des individuellen Verhaltens auffasste und wissenschaftlich untermauerte. Die vom städtischen Raum ausgehenden determinierenden Wirkungen wurden dabei, wie bei Sitte, etwa im Rahmen der optischen Mechanik gedacht.[161] Eine Voraussetzung für die Einsicht in die Lenksamkeit durch die Umwelt war daher das Verständnis der Ästhetik unter dem Aspekt ihrer Wirkung. Dabei wurde mit der Beschreibung von Wirkmechanismen, wie in Kapitel 2 dargestellt, die Idee der Lenkung des Individuums durch die Ästhetik der alltäglich erlebten baulichen Umwelt entwickelt. Hier soll der Wissensbereich der Ästhetik nochmals aufgegriffen und unter dem Aspekt der empirisch-rationalen

---

155 Kraeplin zit. nach ebd., S. 177.
156 Ebd., S. 174ff.
157 Hellpach zit. nach ebd., S. 184, Hervorhebung im Original.
158 Ebd., S. 185.
159 Hellpach selbst schlussfolgerte aus seiner Sozialpsychologie die Therapie durch Kulturpolitik und Pädagogik. Ebd., S. 187f.
160 Vgl. Fehl 1980a.
161 Vgl. auch Moravánszky 2012. Hermann Maertens betonte das Ideell-Schöne, das der Bildungsbürger, namentlich der mit mittelalterlicher Literatur vertraute Bürger, in denjenigen Momenten als Werte wieder abrufen könne, in denen er mit Architekturen konfrontiert werde, die in diesen Traditionen verwurzelt seien.

Wissensform zugespitzt werden, die einen Teilaspekt des rationalen Experimentalwissens darstellte.
Die in Wundts experimentalpsychologischen Untersuchungen zutage geförderte Parallele zwischen psychischen und physischen Aktionen wurde in unterschiedlichen Kontexten auf Ästhetik und Wahrnehmung angewandt. Diese Wissensfiguration wurde aus der Perspektive der Sinnesphysiologie entwickelt, aber es war vor allem die Kunstgeschichte, die um 1900 ein Interesse an psychologischen Wahrnehmungstheorien entwickelte, die auf Ästhetik, Architektur und Raum gemünzt wurden.[162] Dieser für die moralerzieherische Positionierung der Stadtraumgestaltung bedeutsame Kontext der kunstwissenschaftlichen Sicht bestand in der konsequenten Verknüpfung von sinnesphysiologischem Wissen und Ästhetik, die anhand der Raumkategorie angestellt wurde. Sie sollte, wie gesehen, Sitte in der Ausarbeitung seines städtebaulichen Konzepts beeinflussen.[163] Zunächst ermöglichte die empirische Analyse des Sehvorgangs die »Entdeckung« des Raums. »Die Diskussionen über den gültigen Raumbegriff«, schreibt die Historikerin Gabriele Reiterer, »bildeten einen Beitrag zu einem der großen wissenschaftlich-philosophischen Themen des 19. Jahrhunderts.«[164] Herman von Helmholtz machte, wie ebenso bereits dargestellt, ein psychologisches Verständnis des Raums auf der Grundlage der genauen Beschreibung des optischen Apparats und seiner Funktionsweise zugänglich.[165] Er beschrieb die sinnliche Wahrnehmung als physiologische Funktion, das heißt als Empfindung, die eine Wahrnehmungsleistung unter Aktivierung der bisherigen Erfahrungen komplettiere. Die Qualität der Wahrnehmung entstehe nach Helmholtz aus den »Momenten der Erinnerung und Erfahrung«,[166] die sich mit gegenwärtigen sinnlichen Wahrnehmungen verbündeten, sodass die Wahrnehmung als ein »Product der Erfahrung und Einübung«[167] aufzufassen sei.

Die Anwendung der Wahrnehmungstheorien auf die Theorien der psychologischen Wirkung der Ästhetik im räumlichen Erfahren von Architektur wurde in einer Reihe von monographischen Abhandlungen ausgearbeitet.[168] Die Kategorie des Gefühls bildete in diesen Abhandlungen

162 Moravánszky (Hg.) 2003, S. 122.
163 Vgl. Reiterer 2003.
164 Ebd., S. 65f.
165 Von Einfluss war Helmholtz' *Handbuch der physiologischen Optik*. Helmholtz 1867. Zur »Entdeckung« der Raumkategorie in der Architektur vgl. Moravánszky (Hg.) 2003, S. 122.
166 Helmholtz 1867, S. 436.
167 Ebd., S. 438.
168 Unter diesen Veröffentlichungen stechen folgende hervor: Robert Vischer, *Über das optische Formgefühl* (1873); Hermann Maertens, *Der Optische-Maassstab oder Die Theorie und Praxis des ästhetischen Sehens in den bildenden Künsten.*

einen wichtigen Ansatzpunkt für das Verständnis der Raumwirkung.[169] Für Vischer oder Lipps stellte das Gefühl die Korrelation zwischen dem Objekt und dem Subjekt der Wahrnehmung her, indem, wie Vischer festhielt, die äußeren Formen in einem Prozess des auf Einfühlung beruhenden »Verinnern[s]«[170] angeeignet würden. Dementsprechend bedeutsam waren für Vischer die »Ideenassociationen«, die die optische Wahrnehmung der Form festlegten und ästhetisch auswiesen.[171]

August Schmarsow betonte die Raumkategorie als Bezugspunkt der Architektur gegenüber anderen Kategorien, insbesondere das von Semper auf Stil und Ornament der Fassade bezogene Moment, der damit nicht den Raum selbst, sondern seine Begrenzung thematisierte.[172] In seiner Auseinandersetzung mit dem Raum rückte Schmarsow die Position der einzelnen Person innerhalb des Raumgefüges ins Zentrum. Diese Einschätzung des Raums trug Schmarsow in seiner Antrittsvorlesung 1893 in Leipzig vor.[173] Dabei fasste er Architektur als »Raumgestalterin«, die ihren Bezugspunkt in der »menschlichen Raumanschauung«[174] habe. Schmarsow dimensionierte dabei den Raum nach dem Maß der Sinneswahrnehmung der einzelnen Person, was er so formulierte:

»Die Architektur als unsere Raumgestalterin schafft als ihr Eigenstes, das keine andre Kunst zu leisten vermag, Umschließungen unserer selbst, in denen die senkrechte Mittelaxe nicht körperlich hingestellt wird, sondern leer bleibt, nur idealiter wirkt und bestimmt ist als Ort des Subjektes. [...] Das Raumgebilde ist eine Ausstrahlung gleichsam des gegenwärtigen Menschen, eine Projektion aus dem Innern des Subjekts, gleichviel ob es leibhaftig darinnen ist oder sich geistig hineinversetzt, also auch gleichviel ob eine Statue nach dem Ebenbilde des Menschen

*Auf Grund der Lehre der physiologischen Optik* (1877); Theodor Lipps, *Raumästhetik und geometrisch-optische Täuschungen* (1893–1897) und *Aesthetik: Psychologie des Schönen und der Kunst* (1903–1906); Johannes Volkelt, *System der Ästhetik* (1905–1914); Heinrich Wölfflin, *Prolegomena zu einer Psychologie der Architektur* (1886); Adolf von Hildebrand, *Das Problem der Form in der bildenden Kunst* (1893); August Schmarsow, *Das Wesen der architektonischen Schöpfung* (1894); Walter Curt Behrendt, *Die einheitliche Blockfront als Raumelement im Stadtbau. Ein Beitrag zur Stadtbaukunst der Gegenwart* (1911); Wilhelm Worringer, *Abstraktion und Einfühlung. Ein Beitrag zur Stilpsychologie* (1908). Vgl. hierzu Mallgrave & Ikonomou 1994; sowie Moravánszky (Hg.) 2003, S. 124ff.

169 Ebd., S. 124.
170 Vischer 1873, S. 16.
171 Ebd., S. 28.
172 Moravánszky (Hg.) 2003, S. 126ff.
173 Schmarsow 1893.
174 Schmarsow zit. nach Moravánsky (Hg.) 2003, S. 155.

seine Stelle einnimmt oder der Schatten eines Abgeschiedenen hineingedacht wird.«[175] Der Ort des Subjekts wurde bestimmt als derjenige eines Subjekts, das sich in der räumlichen Tiefendimension bewegt und Räume konstant durchmisst. Auf dieser Erkenntnisgrundlage skizzierte Schmarsow zugleich Grundzüge der phänomenologischen Kunstwissenschaft,[176] während Helmholtz ein Verständnis der Raumwahrnehmung vorlegte, das die Koordination des Menschen im Raum als erlernt auswies.[177] Die so von der Positionierung des Menschen ausgehende Raumkategorie konnte sich im Städtebau und in der Architektur im Wissenskontext von psychologisch-physiologischen Wahrnehmungstheorien etablieren, die in Verbindung mit der Zeitachse zu einer »one continuous space-time experience«[178] wurde, wie sie das Assoziationsprinzip der Bewertung gegenwärtiger Wahrnehmung im Licht der in der Psyche sedimentierten Erfahrungen in der Vergangenheit einführte.

Das Wissen zur Wirkung von Raumästhetik, das auf dem Assoziationsprinzip aufbaute, hatte eine gewisse Entsprechung zur genetischen Betrachtungsweise in den Evolutionstheorien. Dieser Bereich bildet einen weiteren Teilaspekt des Experimentalwissens. Der Zoologe Ernst Haeckel entwickelte die Rekapitulationstheorie, in der er Onto- und Phylogenese gleichsetzte, wonach die Individualentwicklung eines Lebewesens frühere Stufen der Stammesgeschichte wiederhole.[179] Diese Theorie beeinflusste umgekehrt auch das Konzept des Kollektiven, das besagt, dass die Aussagen über die Natur und die Entwicklungsgesetze nicht nur auf einzelne Individuen bzw. Organismen zuträfen, sondern auch auf gesamte Arten.

Diese Sicht der Evolution wurde auf das Verständnis der Baugeschichte übertragen. Der Typenbegriff bildete die Grundlage, um die Entwicklung des Bauens innerhalb eines Klassifizierungsschemas aufzuschlüsseln, wobei diesem Schema einige wenige Urtypen bzw. Grundformen unterstellt wurden, von denen die Evolution ausging. Wie Ákos Moravánszky darstellt, zog Gottfried Semper die ausschlaggebende Anregung für seine Theorie der architektonischen Stilentwicklung aus dem System der Botanik von Georges Cuvier.[180] Die biogenetische Entwicklung von Architektur stand auch im Kontext der Erneuerung des Stils unter dem Eindruck der Entfremdung durch den Historismus. Das Naturprinzip erschien in diesen reformorientierten Positionen als Schlüssel

175 Schmarsow zit. nach ebd.
176 Vgl. hierzu Mallgrave & Ikonomou 1994.
177 Helmholtz 1876, S.35; vgl. hierzu auch Stromberg 1989, S. 375.
178 Frampton 1995, S. 2.
179 Mönninger 1998, S. 13.
180 Nerdinger 2003, S. 10; Moravánszky (Hg.) 2003, S. 265.

für den architektonischen Entwurf, wie er den Jugend- oder auch den Heimatstil antrieb, in denen eine Traditionslinie der architektonischen Nachahmung organischer Morphologien begründet wurde.[181] So leitete der einflussreiche französische Architekturtheoretiker Eugène-Emmanuel Viollet-le-Duc[182] die Geometrie der architektonischen Formen aus der Natur ab: »Geometry is part of everything, and is met everywhere, and is the great mistress of nature: therefore one must learn it, if one wishes to observe and comprehend the works of creation«.[183] Auf dem Nährboden des genetischen Denkens setzte dabei bald auch die Auseinandersetzung um den »nationalen« Stil ein. Der zeitgenössische Architekturhistoriker Hermann Pfeifer wies auf die Entwicklungsgeschichte des Bauens hin, um einen neuen Zugang zu postulieren, der darin bestehen müsse, wieder »in nationalem Stolze [...] deutsch zu bauen«.[184] Die Entwicklungsgeschichte der Baukunst in Deutschland weise Pfeifer zufolge gleichzeitig auch den Weg zur Erkenntnis des »Brauchbare[n]«,[185] nachdem der Stilentwicklung in einem naturwissenschaftlichen Sinne »das Ueberleben des Tauglichsten«[186] als Entwicklungsgrundsatz eigne. In dieser Entwicklung zeige sich als »einigendes Band ein *eigenartiges deutsches Empfinden*«.[187] Mit der Suche nach dem Wahren und nach »schlichter Wahrhaftigkeit«[188] benannte Pfeifer das Hauptmerkmal des »deutschen Empfindens«, ferner den Hang zum Originellen, das dieses »Empfinden« charakterisiere, anstatt dem formal Schönen und Harmonischen nachzuhängen. Darin zeige sich, ihm zufolge, das Naturgefühl, das in der »deutschen« Art zu bauen den Hang zu asymmetrischen Formen stärke.[189]

181 Ebd., S. 266.
182 Eugène-Emmanuel Viollet-le-Duc (1814–1879) war ein französischer Architekt und Architekturtheoretiker, der unter anderem mit Restaurationsarbeiten (zum Beispiel der Kathedrale Notre Dame in Paris) betraut war. Viollet-le-Duc war eine Autorität im Bereich der mittelalterlichen Architektur, an der er die strukturelle Ganzheit schätzte im Unterschied zur regelgeleiteten Architektur. Von der Gotik leitete er Prinzipien für moderne Gebäude ab. 1863 veröffentlicht er zwei Bände unter dem Titel *Entretiens sur l'architecture*, worin er die Geschichte der Architektur nachzeichnete und seinen architektonischen Rationalismus begründete. Zwischen 1854 und 1868 erschien sein zehnbändiges *Dictionnaire raisonné de l'architecture française du XIe au XVIe siècle*.
183 Viollet-le-Duc 1990, S. 134.
184 Pfeifer 1899, S. 57.
185 Ebd., S. 52.
186 Ebd.
187 Ebd., S. 57, Hervorhebung im Original.
188 Ebd.
189 Ebd.

Geometrie und Natur wurden in diesen Architekturtheorien aufeinander bezogen. Es galt, die »organische« Proportionsregel herauszuarbeiten, die etwa die Lehre vom »goldenen Schnitt« aufspürte, welche der Psychologe und Schriftsteller Adolf Zeising auf die Festlegung des ästhetisch Schönen anwandte. Hierbei ging es darum, das proportionale Verhältnis zwischen ungleichen Teilen, das eine harmonische und »schöne« Konstruktion bewerkstelligt, mathematisch in Form eines »Proportionalgesetzes« zu bestimmen.[190] »[D]enn die Mathematik allein«, schreibt Zeising, »ist im Stande, mit wirklich überzeugender Kraft nachzuweisen, dass die in Raum und Zeit herrschenden Gesetze mit den reinen Vernunftgesetzen übereinstimmen.«[191] Zeisings Bestreben zielte darauf ab, den »innigsten und nothwendigsten Zusammenhange«[192] von »allgemeinen Schönheitsgesetzen [...] [und] den einzelnen schönen Erscheinungen«[193] in eine verbindliche, das heißt auch praktisch anwendbare Formel zu überführen.[194] Das Gesetz der Proportionalität unterzog dann Gustav Theodor Fechner in seiner experimentellen Ästhetik einer Prüfung, ohne die Proportionalität uneingeschränkt bestätigen zu können.[195] Allerdings bildete sie eine Wissenskonstante, um die ästhetischen Grundsätze auf eine empirische Grundlage zu stellen, was wiederum Sitte in seinen städtebaulichen Überlegungen aufgriff.[196]

Schließlich führte ein Zweig aus der experimentellen Tradition in die Anwendung des physiologisch-psychologischen Wissens auf die Produktionsabläufe in kapitalistisch geprägten Produktionszusammenhängen. Diese ursprünglich im Rahmen der Betriebsführung entwickelte Wissensart prägte die gesellschaftliche Steuerung via Stadtraumgestaltung insofern, als die Stadt als Umgebung zur Unterstützung des für das volkswirtschaftliche Gedeihen notwendigen energetischen Äquilibriums erkannt und entsprechend daraufhin gestaltet wurde. Der Ansatzpunkt war wiederum die Steuerung der Verhaltensweisen, die innerhalb der

---

190 Zeising 1854, S. 157. Zur Anwendung in der Baukunst Camillo Sittes vgl. Reiterer 2003, S. 40f.
191 Zeising 1854, S. 173. Dieses Gesetz führt Zeising folgendermaßen aus: »Wenn die Eintheilung eines Ganzen in ungleiche Theile als proportional erscheinen soll: so muss sich der kleinere Theil zum grösseren rücksichtlich seines Maasses ebenso verhalten, wie der grössere zum Ganzen; oder in umgekehrter Ordnung: das Ganze muss zum grösseren Theil in demselben Verhältniss stehen, wie der grössere Theil zum Kleineren.« Ebd., S. 159, Hervorhebung im Original.
192 Ebd., S. 157f.
193 Ebd., S. 157.
194 Im Bereich der Künste nennt Zeising: Baukunst, Bildhauerkunst und Malerei, sowie Musik und Poesie. Ebd., S. 174.
195 Fechner 1876, S. 192.
196 Vgl. hierzu Reiterer 2003.

Form einer energetisch-mechanistischen Auffassung begriffen wurden. Die Zeichen, unter denen diese Anwendung stand, waren, wie weiter oben auch für den Bereich der Energetik diskutiert wurde, die Optimierung und die Effizienzsteigerung. Der Wissensbereich, der hierbei auch auf die Definition der Gestaltungsaufgaben der Stadt wirkte, war das auf wissenschaftlichem Wissen beruhende »Management« der Gesellschaft unter dem Einfluss betriebswirtschaftlichen Wissens. In diesem Bereich trat einerseits das in Amerika in erster Linie vom Ingenieur und Unternehmensberater Frederick W. Taylor sowie dem Ingenieur und Erfinder Frank B. Gilbreth entwickelte »Scientific Management« hervor, andererseits die in Frankreich insbesondere von Jean-Mary Lahy ausgearbeitete Arbeitsphysiologie, die das »europäische[...] Pendant«[197] des Taylorismus darstellte.[198]

Indem sie Arbeitsprozesse und Technik aufeinander bezogen, definierten Taylor wie auch Gilbreth das menschliche Handeln als Gesetzmäßigkeit, das empirisch rekonstruiert werden könne.[199] Auf der Grundlage dieser Erkenntnis versuchten sie – mit unterschiedlichen Akzentuierungen – ein System der rationalen und effizienten Betriebsführung zu entwickeln. In seinen beiden Werken *Shop Management* (1903) und *The Principles of Scientific Management* (1911) versuchte Taylor die Grundlagen eines neuen Betriebsführungskonzepts zu definieren, das die zwei Faktoren der Höhe des Lohns des Arbeiters und des Umfangs der Arbeitskosten für den Arbeitgeber miteinander in Korrelation setzte.[200] Taylors Ziel bestand in der Maximierung von Effizienz und Produktivität, die er als zentrale Faktoren des allgemeinen gesellschaftlichen Wohlstands auffasste.[201] Taylor interessierte sich dafür, den Verschleiß von Arbeitskraft durch Ineffizienz im Arbeitsprozess auf Seiten der Arbeiterin und des Arbeiters zu bekämpfen. Seine Aufmerksamkeit richtete sich dabei auf die Leistung der einzelnen Person im Arbeitsprozess, nicht auf die Effizienz der gesamten Produktion.[202] Auch hier zeigt sich die Bedeutung des ›menschlichen‹ Maßstabs, wie er ebenso den Wissensblick in der kunstwissenschaftlichen Raumtheorie lenkte. Der Arbeitsprozess müsse einem Management unterliegen, das die wissenschaftlichen Erkenntnisse zur optimalen Ausführung der Arbeitsschritte gezielt nutze, und zwar in

---

197 Sarasin 2003, S. 66.
198 Zum *Scientific Management* vgl. Nelson 1980. Zum Einfluss amerikanisch geprägter betriebswirtschaftlicher Konzepte auf die Rationalisierung der Arbeitsverhältnisse in der Schweiz vgl. Jaun 1986; 1990.
199 Szöllösi-Janze 2004, S. 290.
200 Taylor 1911a; 1911b.
201 Ebd., S. 12.
202 Vgl. Nelson 1980.

Form einer »Normierung der Bewegungen zur Steigerung der produktiven körperlichen Leistungen«.[203] Taylor beschränkte seine Analysen auf die Arbeitsprozesse innerhalb eines Unternehmens. Anders ging die europäische Arbeitsphysiologie vor, die unter dem Einfluss von französischsprachigen Wissenschaftlerinnen und Wissenschaftlern, insbesondere dem belgischen Chemiker Ernest Solvay, der Medizinerin und Psychologin Josefa Ioteyko und Lahy – im deutschsprachigen Raum wären der Psychiater Emil Kraeplin oder der Psychologe Hugo Münsterberg zu nennen –, die Effizienzsteigerung von Arbeitsprozessen auf das Soziale übertrug.[204] Die Frage war in diesem Zusammenhang, wie beispielsweise – bezogen auf die Verstädterung – eine Stadt optimal strukturiert werden könne, um die Voraussetzungen für eine möglichst produktive Volkswirtschaft und gleichzeitig für eine moralische Gesellschaft zu schaffen. In der Übertragung der Energetik auf das Soziale erschien die Stadt gleichsam als Kraftzentrum von Wirtschaft, Verkehr, geistiger und industrieller Arbeit sowie von Innovation, was wiederum die experimentalpsychologisch zu beantwortende Frage nach der Steigerung von Produktivität aufwarf. Ein ausgewogenes Privatleben, so Lahys Analyse, sei die Voraussetzung, um Effizienz im Arbeitsleben sicherstellen zu können: »Die Aufgabe des Psycho-Physiologen besteht daher darin, neben dem guten Funktionieren des Individuums in seinem beruflichen Leben die Ausübung seiner für das soziale Leben notwendigen Aktivitäten sicherzustellen: Familienleben, Politik etc. und die Erholung nach der täglichen Arbeit«.[205]

Physiologie und Technik wurden im Taylorismus wie in der Arbeitswissenschaft somit nicht nur auf die Maschine bezogen, sondern auch auf den Menschen und sogar auf die Gesellschaft. Sie waren somit auch als Sozialtechnik konzipiert.[206] Die Grundlage dieser Deutung war die Beschreibung einer rationalisierten Unternehmensführung, wie dies Tolman in seinem Buch *Social Engineering* aus dem Jahr 1909 vornahm, und zwar unter der Einsicht, »that improved men for improved machines have economic value«.[207] Die Verlagerung auf die Gesellschaft erfolgte im Kontext der Arbeitsphysiologie und des Taylorismus durch Forschungsbemühungen wie der Ermüdungsforschung oder der Forschung im Bereich der Energetik.[208] Damit war unter anderem präventiv die Vermeidung von Ermüdungserscheinungen bei Arbeiterinnen und Arbeitern gemeint, die auf der empirischen Erforschung von Arbeitsprozessen

---

203 Sarasin 2003, S. 66.
204 Zu Solvay vgl. Rabinbach 1990, S. 179ff.
205 Lahy zit. nach Sarasin 2003, S. 91.
206 Ebd., S. 69. Vgl. hierzu auch Rabinbach1990.
207 Tolman 1909, S. 2.
208 Vgl. Rabinbach 1990.

aufbaute. Dabei wurde die optimierte Anpassung des Individuums an die industrialisierte, urbane Umgebung gesucht.

Die holistische Sicht auf das Soziale und seine Ordnung wurde wiederum nicht nur funktional, sondern auch moralisch codiert. Die Werte wurden dabei von Begriffen wie Vernunft, Familie oder Erholung bestimmt, die von der Semantik der Gesundheit geprägt waren. Die körperliche Gesundheit war der Angelpunkt, der gerade im städtischen Leben als prekär angesehen wurde. So sah der Hygieniker Wilhelm Gemünd, wie weiter oben angedeutet, die Notwendigkeit, in Städten vermehrt Parks, Volksgärten und Spielplätze anzulegen, darin, die Gesundheit von Kindern und Jugendlichen zu fördern: »Vor allem aber muß man annehmen, daß sich bei der jetzt heranwachsenden Generation der städtischen Bevölkerung, wenn auch zunächst aus angeführten Gründen [welche mit der Verbesserung der hygienischen Bedingungen zusammenhängen, M.V.] ihre Gesundheitsverhältnisse gegen früher bessere zu sein scheinen, über kurz oder lang die Folgen der mangelhaften körperlichen Entwicklung bemerkbar machen müssen und daß die betreffenden, wenn sie auch von akuten Infektionskrankheiten verschont bleiben, doch schließlich frühzeitig den mannigfachen Schädlichkeiten des städtischen Lebens erliegen oder zum mindesten der natürliche Tod an Altersschwäche früher als sonst eintritt.«[209]

Die Deutung der modernen Zivilisation vor dem Hintergrund der Ermüdung der Gesellschaft bildete bekanntlich einen etablierten Topos im *Fin-de-siècle*.[210] Was in der Literatur oder in der Kunst verhandelt wurde, spiegelte sich auch in positivistischen Wissensformen wider. Die Ermüdung wurde zunehmend unter ökonomischem Gesichtspunkt betrachtet und zum Gegenstand von neuen wissenschaftlichen Strömungen gemacht. Die Erschöpfung von Fabrikarbeiterinnen und -arbeitern wurde zur Forschungsfrage, die Ergebnisse zur Optimierung der Arbeitsprozesse liefern sollte. Der Turiner Physiologe Angelo Mosso berichtete in seinem Buch mit dem Titel *Die Ermüdung* (1891) über den Zusammenhang von Ermüdung der Muskeln und der Qualität des Arbeitsprozesses bzw. wieweit und zu welchen Graden die Ausreizung der Muskelkraft periodisiert werden soll, um eine größtmögliche Produktivität zu gewährleisten.[211]

Die sozialtechnischen Wissensbereiche im Umfeld von Betriebsführung und Gesellschaftsorganisation kreisen somit um das Zentralproblem der Energie, das einem physikalisch-mechanischen Wissenskomplex

209 Gemünd 1911, S. 43f.
210 Vgl. Rabinbach 1990.
211 Mosso 1892.

entstammte.[212] Die Kulturentwicklung, der Gesellschaftszustand und der Wohlstand – der gängigen Auslegung zufolge beruhten diese Aspekte auf Ausschöpfung der Energie und der Arbeitskräfte. Wie nachfolgend zu sehen sein wird, traf die vom Konzept der Energie geprägte Wissensfiguration auch auf die Charakterisierung des Kulturzustandes zu.

### 5.3.3 Wissen als symbolische Ressource: Zum Topos der »nervösen« Großstadt

Innerhalb rationalisierter Erklärungsmuster bildeten kulturell-sinnstiftende Wissensformen wichtige Ressourcen für Gegenwartsdiagnosen. In diesem Kontext meint ›Rationalisierung‹ die Bearbeitung kultureller und häufig irrational anmutender Phänomene mit wissenschaftlichen Erklärungsmustern, wozu um 1900 in besonderer Weise die Geisteswissenschaften beitrugen. Dabei war das Muster bedeutsam, kulturelle Ordnungen und Unordnung zu deuten, die häufig in einem kulturkritischen Modus bemängelt wurden. Im gleichen Zug boten besonders die Geisteswissenschaften mittels Sinnstiftung Orientierung an.[213] In der kulturkritischen Beschreibung der großstädtischen Entwicklung erwies sich wissenschaftliches Wissen entsprechend als eine symbolische Ressource, die im intellektuellen Umgang mit den Verstädterungs- und Urbanisierungsprozessen[214] aktiviert wurde.[215] Diese Erweiterung betraf besonders die geisteswissenschaftlichen Beschreibungsmuster und berührte zunächst den Umstand, dass die Erfahrungen auf kollektiver Ebene nach Maßgabe wissenschaftlicher Deutungen bearbeitet wurden. »Philosophie, Theologie, Staatswissenschaften, Geschichte und Pädagogik«, schreibt die Historikerin Margit Szöllösi-Janze, »fühlten sich dazu berufen, den Bedarf der verunsicherten bürgerlichen Gesellschaft an verbindlichen

---

212 Rabinbach 1990, S. 182. Für den deutschsprachigen Raum verdeutlichen die Publikationen des Chemikers Wilhelm Ostwald die Konjunktur dieser Thematik, die Titel trugen wie zum Beispiel *Die Energie* (1908), *Die energetischen Grundlagen der Kulturwissenschaft* (1909) oder *Der energetische Imperativ* (1912).
213 Vgl. Hübinger 2002.
214 Zur Unterscheidung von Verstädterung und Urbanisierung vgl. Häußermann & Siebel 2004, S. 19.
215 Max Weber schreibt dem Begriff der Kultur die Bedeutung zu, »ein vom Standpunkt des *Menschen* aus mit Sinn und Bedeutung bedachter endlicher Ausschnitt aus der sinnlosen Unendlichkeit des Weltgeschehens« zu sein. Die Bedeutung der Kulturwissenschaften gründete, so Weber, wiederum auf der Eigenschaft des Menschen als »Kultur*menschen*«, und er spricht ihnen unter dieser Voraussetzung die Aufgabe zu, »bewußt zur Welt *Stellung* zu nehmen und ihr einen *Sinn* zu verleihen«. Weber 1922, S. 180, Hervorhebung im Original.

Werten und Deutungsmustern zu decken.«[216] Angesichts des prekären Status der Moralität in der plural konstituierten Moderne des *Fin-de-siècle* – Industrialisierung, Massenphänomene und Wandel der Sozialstrukturen, wie beispielsweise die Krise der Bürgerlichkeit oder das Erstarken der Arbeiterbewegung, sind entsprechende Stichworte – wurde die Beschreibung von Begründungsfiguren einer sozial wie politisch einheitlichen »Gemeinschaft« als zentrales Anliegen erachtet. Im Bereich der Pädagogik war Julius Langbehns breit rezipiertes, kulturkritisches Buch *Rembrandt als Erzieher* (1890) ein anschauliches Beispiel, das eine Verbindlichkeit dafür herzustellen versuchte, was der Kulturwissenschaftler Julius Goldstein in einer zeitgenössischen Analyse folgendermaßen umschrieb: »Die Kultur hörte auf eine Selbstverständlichkeit zu sein; sie wurde zum Problem.«[217] Das kulturkritisch herausgearbeitete Wissen trug vielfach die Züge eines »für alle Gruppen verbindliche[n] Orientierungswissen[s]«.[218] Es ging also um die Formulierung orientierenden Wissens über die Werte, die eine Kultur ausmachten.

Das Spannungsverhältnis zwischen Idealismus und Positivismus strukturierte den Wissensbereich der Großstadtkritik in prägnanter Weise, nachdem gerade die Verstädterung das Verhältnis von »Zivilisation« und »Kultur« als zwei voneinander zu unterscheidender Sphären wahrnehmbar machte.[219] Wie 1901 in der kulturpädagogischen Zeitschrift *Der Kunstwart* zu lesen war, wurden die Linien so abgesteckt: »Erhaltung und Erleichterung des Lebens sind die letzten Absichten der Zivilisation; aber an der Erhöhung und Veredlung des Lebens schafft die Kultur.«[220] Die Erfahrungen der Entwicklung hin zur modernen Stadt bewirkten ein ambivalentes Bild, das in der zeitgenössischen Wahrnehmung in der Gleichzeitigkeit von technischem Fortschritt, kapitalistischer Wirtschaftsform und Sittenzerfall in der anonymen großstädtischen Gesellschaft bestand. Dieses Bild kristallisierte sich in der Entwicklung der Stadt und im Phänomen der Urbanisierung besonders deutlich. Die Sehnsucht nach Anknüpfung an die Geschichte und Tradition wurde zu einem Thema der Raumgestaltung, das etwa mit den Veränderungen des Landschaftsbildes durch verkehrstechnische Erschließung – für die schweizerische Heimatschutzbewegung spielte besonders die Erschließung der alpinen Regionen eine wichtige Rolle – oder den großflächigen Überbauungen in

---

216 Szöllösi-Janze 2004, S. 297.
217 Goldstein 1899, S. 2. Goldstein bezog sich dabei auf Rousseau, um die Loslösung des Gesellschaftsmenschen aus dem Naturzustand zu thematisieren.
218 Szöllösi-Janze 2004, S. 297.
219 Gangolf Hübinger, Rüdiger vom Bruch und Friedrich Wilhelm Graf sprechen von zwei »Denkstilen«, zwischen denen auch vielfältige Verknüpfungen hergestellt wurden. Vgl. Hübinger, vom Bruch & Graf 1997.
220 Zit. nach ebd., S. 12.

den im Entstehen begriffenen Agglomerationen verknüpft war. Im Zuge dieser Entwicklungen rückte für die Stadtplanung die Frage nach der Typologie der Stadt ins Zentrum,[221] wie sie in den Zugängen im Heimatstil oder in dem von der Gartenstadtbewegung inspirierten öffentlichen bzw. von der öffentlichen Hand geförderten Siedlungsbau verhandelt wurde. Die Stadt müsse, so die moralisierte Diskussion dieser Frage, nach den Erfahrungen des unkoordinierten Wachstums ihre historische Form wieder zurückgewinnen. Geschichtlichkeit und Tradition wurden zu den Bruchstellen für die Suche nach der gesellschaftlichen Moral, die sich in den urbanen Formen verfestigen sollten.

In Zürich war der bereits öfters zitierte Pfarrer und spätere Nationalrat Paul Pflüger eine einflussreiche Figur in der moralisch aufgeladenen Debatte über die Großstadt. Im Umfeld des Grütlivereins thematisierte Pflüger in zahlreichen Reden insbesondere die Wohnungsnot unter dem populären Stichwort der Mietskaserne.[222] Damit waren Wohnungen gemeint, die überfüllt und gesundheitsschädlich waren und in Quartieren standen, die laut Pflüger für die »da und dort grell aufbrechenden Eiterbeulen der Unmoralität«[223] verantwortlich waren. Aus seinen Analysen zog Pflüger die folgende, um 1900 populäre Schlussfolgerung:

»In hygienischer, moralischer und ästhetischer Beziehung ist die bessere und wünschenswertere Wohnform die Einzelwohnung im einzelnen Hause. Die Mietskaserne mit ihrer gemeinsamen Treppe und gemeinsamen Hausfluren ist ein Ansteckungsherd für Infektionskrankheiten, während das Ein-Familienhaus von selbst als Isolierbaracke wirkt. Bewahrung der Kinder vor üblen Einflüssen schlecht erzogener Kinder aus demselben Haus ist ein Ding der Unmöglichkeit. [...] Daß sich an die Stockwerkswohnung kein Heimatgefühl knüpfen kann, ist klar.«[224]

Pflügers Thematisierung der Wohnungsfrage war, wie diese Passage zeigt, dahingehend moralisiert, dass auch die Frage der hygienischen und baulichen Entwicklung mit einem generellen moralischen Diskurs unterlegt war. Der bis in die 1890er Jahre vorherrschende »sozialpolitische Diskurs«, wie die Historiker Rüdiger vom Bruch, Friedrich Wilhelm Graf und Gangolf Hübinger schreiben, wurde »zunehmend von einem neuen, kulturkritischen Diskurs überlagert und weitgehend abgelöst [...]«.[225] Das traf auch auf das Gesundheits- und Hygieneproblem in den Großstädten zu, die eine sinnstiftende Funktion erfüllten, weil über Fragen der

221 Vgl. hierzu Lathouri 2011.
222 Der Städtebauer James Hobrecht prägte den Begriff der »Mietskaserne«. Er sah darin eine erstrebenswerte Option für die Berliner Arbeiterquartiere. Saldern 1995, S. 62f.
223 Pflüger 1899, S. 8.
224 Ebd., S. 10.
225 Vom Bruch, Graf & Hübinger 1989, S. 11.

Sauberkeit symbolische Reinheitsvorstellungen verknüpft waren, über die die Grenzen der Gemeinschaft verhandelt wurden.

Wie vielschichtig die ›Sittenbilder‹ der Großstadt waren, verdeutlicht der Wissensbereich zur Nervosität, der sich zunehmend etablierte und auf die städtischen Gesellschaften in der zweiten Hälfte des 19. Jahrhunderts gemünzt wurde, sodass ›Nervosität‹ und ›Großstadt‹ zwei aufeinander bezogene Begriffe bildeten.[226] Diesem Wissen zufolge, das hier kursorisch wiedergegeben wird,[227] wurde die ›Nervosität‹ in der Kultur – Nervosität war ein Begriff, der in der medizinisch-psychiatrischen wie auch kulturkritischen Sprache um 1900 in hoher Frequenz auftauchte – meist negativ konnotiert. Die beharrliche Verwendung dieses Begriffs zur Deutung des Kulturzustands spiegelte sich empirisch in der Häufung nervöser Krankheitsbilder wider und wuchs sich wiederum auf kultureller Ebene, wie Joachim Radkau darstellt,[228] zu einem generellen »Kulturzustand« aus.

Der Begriff der Nervosität wurde daher ein tragfähiges Konzept in der Generierung kulturellen Sinnwissens. Auch der Medizinhistoriker Volker Roelcke geht in seiner Untersuchung des Begriffs ›Zivilisationskrankheit‹ – dieser Begriff stand dem der Nervosität als kulturelle Kategorie nahe und etablierte sich in den 1880er Jahren[229] – von einer engen Verknüpfung des medizinisch-psychiatrischen Deutungsmodells mit der bürgerlichen Selbst- und Fremdwahrnehmung aus.[230] Die Zivilisationskrankheit war die Krankheit des »nervösen« Individuums, das Teil einer ›überfeinerten‹ und beschleunigten städtischen Gesellschaft war. Der Begriff ›Nervosität‹ wurde sowohl als Krankheitsbild als auch als Kulturdiagnose verstanden. Die »nervöse« Disposition bestand dabei in einer Empfindsamkeit, die durch den konstanten Reizeinfluss bewirkt wurde, für den die Großstadt stand.[231] Sie beschäftigte zahlreiche Psychiater bzw. Neurologen der Jahrhundertwende, von denen Richard Freiherr von Krafft-Ebing,[232] Ludwig Binswanger,[233]

---

226 Vgl. Radkau 1998.
227 Vgl. auch Roelcke 1999.
228 Radkau 1998.
229 Zur Geschichte des Begriffs vgl. Roelcke 1999, S. 11ff.
230 Vgl. ebd.
231 Eckart 1997, S. 209.
232 Entsprechende Buchtitel lauten *Nervosität und Neurasthenische Zustände* (1895) und *Über gesunde und kranke Nerven* (1885).
233 Ein entsprechender Buchtitel lautet *Die Pathologie und Therapie der Neurasthenie* (1896).

Wilhelm Erb,[234] Willy Hellpach[235] oder schließlich Sigmund Freud herausragten.[236] In Amerika prägte der Arzt George M. Beard, der 1869 den Begriff der Neurasthenie erfand,[237] die Debatte zur Nervosität, die er sowohl als Krankheitsbild als auch als Kulturzustand begriff. Sein 1880 erstmals erschienenes Hauptwerk nannte Beard *American Nervousness*. Darin stellte er die Neurasthenie in direkten Zusammenhang mit der Entwicklung der modernen Zivilisation, die Beard allerdings nicht kulturpessimistisch deutete, wie es in der deutschsprachigen Diskussion meistens der Fall war, sondern sie pragmatisch den Bedingungen der Zivilisation zuordnete. Er erklärte dieses Krankheitsbild mit der quantitativen Häufung und Ausprägung der urbanen Lebensweise, die in den Zentren im Nordosten der USA am verbreitetsten war, wo die Bevölkerung im Laufe des 19. Jahrhunderts enorm wuchs und der Grad der Verstädterung dementsprechend hoch war. Daher sprach Beard von einer spezifisch *amerikanischen* Krankheit.[238] »[D]iseases of this kind«, schreibt Beard über die Neurasthenie, »are any more common in America than in any other country«.[239]

Die Nervosität beschrieb Beard aufgrund der Verursachung durch den Einfluss der Zivilisation als eine Krankheit ohne körperliche Ursache. In dieser Sicht der psychischen Verursachung durch äußere Einflüsse offenbarte die Nervosität allgemein die Anomalien der großstädtischen Gesellschaft. Zu den entsprechenden ›nervösen Typen‹ zählten etwa der »nervöse« Mann,[240] die Hysterikerin, die politisierte und akademische Frau, der Intellektuelle oder der Dandy.[241] Das Stichwort zur Charakterisierung des Kulturzustandes, der diese Typen zutage förderte, lautete »Überkultur«, womit die vom Grad der Zivilisierung überfeinerte Gesellschaft gemeint war. Die städtische Umgebung wurde dabei als psychisch wirksamer Einflussfaktor erkannt.

234 Ein entsprechender Buchtitel lautet *Über die wachsende Nervosität unserer Zeit* (1893).
235 Hellpach publizierte einen Artikel mit dem Titel »Soziale Ursachen und Wirkungen der Nervosität«, der 1902 in der Zeitschrift *Politisch-anthropologische Revue. Monatsschrift für das soziale und geistige Leben der Völker* erschien.
236 In Italien sticht Paolo Mantegazza mit dem Buchtitel *Il secolo nevrosico* (1887) hervor.
237 Beard 1869. Beard beschrieb die Neurasthenie als nervliche Erschöpfung. Die umfangreiche Liste von möglichen Symptomen beinhaltet Schlaflosigkeit, Platzangst, Entscheidungsschwäche oder körperliche Erschlaffung. Beard 1881, S. 7.
238 Ebd., S. 20.
239 Ebd., S. 15.
240 Erb 1893, S. 17.
241 Zum ›nervösen Typ‹ vgl. Braun 2001.

Die Diagnose einer tendenziellen Degeneration der großstädtischen Gesellschaft verdeutlicht die Sichtweise, dass sich die »nervöse« Kultur insbesondere in den Geschlechterbildern artikulierte: Der ›nervöse Typ‹ ist davon ein Ausdruck. Geschlechterbilder verdeutlichen daher exemplarisch den Diskurs über die verfeinerte, »nervöse« großstädtische Kultur.

Eine Voraussetzung in diesem Diskurs bildete die Erfassung der Sexualität und Fortpflanzung als zwei voneinander unabhängige Sphären ab dem letzten Drittel des 19. Jahrhunderts. Sexualität, so Freuds These in den *Drei Abhandlungen zur Sexualtheorie* aus dem Jahr 1905, diene in erster Linie dem Lustgewinn und nicht einzig der Fortpflanzung. Diese im 19. Jahrhundert neuartige Sicht der Sexualität wurde auf der Grundlage biologischer Erkenntnisse entwickelt, die etwa der Jenenser Zoologe und Anatom Oskar Hertwig mittels der 1875 dank präziser Mikroskopiertechnik erstmals ermöglichten Beobachtung der Verschmelzung von Samenzelle und Eikern beim Seeigel zutage förderte. Dank dieser Erkenntnis kam Hertwig zum Schluss, Sexualität und Fortpflanzung als getrennte Sphären zu betrachten. Er beschrieb, mit anderen Worten, die Fortpflanzung als abgekoppelten Bereich einer körperlichen Funktion, zu dem die Sexualität hinzukomme, die aber mit dem Lustgewinn in erster Linie einen anderen Zweck verfolge. In diesem Wissenszusammenhang konnte beispielsweise eine kindliche Sexualität, wie sie von der Psychoanalyse beschrieben wurde, ›entdeckt‹ werden. Vor dem Hintergrund dieser Erkenntnis war es nunmehr in Bezug auf die Sexualität der Erwachsenen schlüssig, die körperliche Fortpflanzung als vom Liebesleben abgekoppelt zu betrachten. Dies verdeutlicht die Konzeption der Homosexualität, deren Begriff 1869 geprägt wurde, und den der ungarische Schriftsteller Károly Mária Kertbeny in einem Schreiben an den Preußischen Staats- und Justizminister aus Anlass eines Neuentwurfs des Preußischen Strafgesetzbuches einführte.[242] In diesem Schreiben entfaltete Kertbeny das liberale Argument, dass »widernatürliche Unzucht« als Privatangelegenheit unbestraft bleiben solle, außer sie verletze die Rechte anderer. Dieses Argument stützte er mit dem Hinweis darauf, dass Triebneigungen *angeboren* seien. Das wesentliche Ergebnis dieser Neudeutung bestand darin, dass Kertbeny eine Sexualität annahm, die ihren Zweck nicht allein in der Fortpflanzung hatte. Er entfaltete mit der Idee der angeborenen Homosexualität zwar ein biologisches Modell der homosexuellen Orientierung, allerdings war es möglich, das Sexuelle als eine kulturelle Kategorie zu denken. Gerade die genetische Zuordnung verdeutlichte die Eigenständigkeit der Sphäre des Sexuellen.[243]

242 Kertbeny 1905.
243 Dies war in weiterer Folge eine der Grundlagen für sexualwissenschaftliche Expertisen, wie sie zum Beispiel Karl Heinrich Ulrichs über das »dritte Geschlecht«

Die Geschlechterbilder zeigen an dieser Stelle eine epistemologische Position, nach der die Kultur als bestimmender und damit auch potentiell schädigender Einfluss auf den Menschen aufgefasst wurde, unter anderem auf die Sexualmoral. Freud führte denn auch die »moderne Nervosität«, wie er den Kulturzustand festhielt, auf die Erziehung zurück, die von der kulturell tradierten bürgerlichen Sexualmoral getragen war:[244] Im 19. Jahrhundert wurde im Bürgertum die Kultivierung des Gefühls zu einem gleichmütigen Umgang als Erziehungsziel formuliert,[245] wobei es wesentlich war, das ›richtige‹, aber dennoch nicht genau bestimmbare Maß von vernunftgeleiteter Ordnung und Irrationalität zu finden, um im gesellschaftlichen Umgang zu reüssieren – eine Forderung, die sich insbesondere an Frauen richtete. Die Moral wurde in diesem bürgerlich-gesellschaftlichen Zusammenhang über das Verhalten und den geselligen Umgang reguliert und auf die unterschiedlichen sozialen Kontexte abgestimmt. Das Bürgertum näherte sich so über Erziehungsanstrengungen an die imaginären Vorstellungen des bürgerlichen Lebensstils an. Die so organisierten Vergesellschaftungsprozesse beruhten auf einer Sittlichkeit, die in den Formen des sozialen Umgangs bestand, die sich im Verhalten und in den Gefühlsdispositionen verankerten und die verbindlich waren für die Teilhabe an der sozialen Formation des Bürgertums.

Dieser innerhalb der Lehre der Sittlichkeit im sozialen Umgang verfeinerten Formation der bürgerlichen Gesellschaft stand eine Diversifizierung der sozialen Milieus gegenüber, die sich wiederum in den großstädtischen Verhältnissen ausgeprägt zeigte. Im Zuge der sozialen Ausdifferenzierung vermehrten sich die Gelegenheiten zu »Lasterhaftigkeit« in der anonymen Großstadt, wie es etwa die Prostitution, die gesellschaftlichen Subkulturen oder auch der in den Arbeiterschichten als Problem betrachtete Alkoholismus vor Augen führten.[246] Nach Moebius lagen in diesen Erfahrungen die Anzeichen der »Überkultur«, die den kulturellen Zerfall bewirkten.[247] Nach Hellpach erregte »[d]ie Großstadt [...] mit ihren Eindrücken zum weitaus größten Teile den sexuellen Kitzel, und das geschlechtliche Empfinden verdrängt dann alle anderen Interessen.«[248]

---

oder Magnus Hirschfeld über die »sexuellen Zwischenstufen« entfalteten. Zur Geschichte der Sexualwissenschaft vgl. Sigusch 2008.

244 Er hat dies im Artikel »Die ›kulturelle‹ Sexualmoral und die moderne Nervosität« aus dem Jahr 1908 dargelegt. Freud 1999.
245 Kessel 2000.
246 Pfeil 1972, S. 238f.
247 Moebius zit. nach Hellpach 1902, S. 45.
248 Ebd., S. 127.

Dieser Umwelteinfluss wirke insbesondere auf Pubertierende, so Hellpach, nervositätsstiftend.[249] Andererseits boten die technischen Entwicklungen, die Elektrifizierung, die Temposteigerung durch Verkehr und Rationalisierung des Arbeitsablaufs die Möglichkeit, die gesellschaftlichen Entwicklungen in Analogie zum Nervensystem zu denken und die nervöse Reizbarkeit des Menschen auf diese Einflüsse zurückzuführen.[250] Die experimentelle Reflexlehre – sie wurde etwa von Luigi Galvani in Experimenten mit Froschschenkeln im 18. Jahrhundert ausgearbeitet – lieferte modellhaft Anstöße, um den Zustand der Gesellschaft zu beschreiben. So führte beispielsweise der Sozialpsychologe Gustave Le Bon die moralische Enthemmung der Masse auf die psychologischen Reiz- und Hemmfunktionen zurück.[251]

Das biologisch-funktionelle Modell des Nervensystems als System von Reizleitungen im Gehirn und Rückenmark fungierte als Denkmodell für den Kulturzustand, dessen ›Reizleitungen‹ in Form von Dampfschifffahrt, Eisenbahn, Telefonie, industriellen Maschinen usw. gesehen wurden.[252] George Beard verglich den menschlichen »Nervenhaushalt« mit dem Wirtschaftssystem, konkret dem Finanzsystem. Die Nervenleiden beschrieb er als »nervous bankruptcy«, die daraus entstünde, dass die Ressourcen an Nerven überdehnt würden.[253] Hellpach schrieb die Nervenleiden der Erkrankung in den »freien Kulturen, der liberalen im ökonomisch-sozialen Sinne«[254] zu, also den Lebensbedingungen in komplexen und kulturell mehrdeutigen wirtschaftlichen und sozialen Strukturen.[255] Der Neurologe Wilhelm Erb wiederum stellte nicht zufällig die zahlenmäßig gestiegenen funktionellen Störungen des Nervensystems – das »Nervenleiden« – in Zusammenhang mit den technischen Fortschritten und der von ihm ausdrücklich so benannten »*Nervosität unserer Zeit*«.[256] Diese Richtung hatte Beard bereits definiert, indem er für die

---

249 Dies allerdings wirke sich nur in den bürgerlichen Schichten aus, während die »Pubertätsnervosität« bei Arbeitern nicht vorkomme: »Die Onanie kommt fast gar nicht oder nur für ganz kurze Zeit in Betrachte, da der junge Proletarier fast immer mit der Vollendung der Geschlechtsreife, oft sogar mit deren Eintritt, Gelegenheit zum heterosexuellen Verkehr findet.« Ebd., S. 129.

250 Vgl. Blom 2009; Radkau 1998.

251 Schott 2002, S. 101f.

252 Vgl. Blom 2009.

253 Beard 1881, S. 9f.

254 Hellpach 1902, S. 46. Aus diesem Grund war die Nervosität für Hellpach ein Zeichen der individualisierten bürgerlichen Kultur. Vgl. auch ebd., S. 52.

255 Ebd., S. 134.

256 Erb 1893, S. 7, Hervorhebung im Original. Ähnlich stellte dies auch Krafft-Ebing dar: »Unbedingt findet die Nervosität der Massen auch theilweisen Ausdruck in

Kulturkrankheit der »*American Nervousness*« fünf Elemente nannte, die unter der Bedingung der Zivilisation zum angeblich nervösen Zeitalter führten: »steam power, the periodical press, the telegraph, the sciences, and the mental activity of women«.[257] Der ›nervöse Typ‹ erschien insgesamt als die essentielle Figur der Großstadt und der urbanisierten Lebensweise. »Modern nervousness«, schreibt Beard, »is the cry of the system struggling with its environment«.[258] Deshalb konstruierte Beard das Modell der Neurasthenie unter dem Eindruck der neuartigen Elemente, die erst in der urbanisierten Gesellschaft erfahren werden konnten und die etwa, neben vielen anderen Charakteristika des modernen großstädtischen Lebens, in der Arbeitsteilung, der Bedeutung der Pünktlichkeit durch massenhaft verbreitete Uhren oder der Taktung der öffentlichen Mobilität bestand, sowie in der Telegraphie und Telefonie, im hohen Geräuschpegel der Stadt, in der Innovationskultur der entstehenden Wissensgesellschaft[259] oder den neuen Angewohnheiten, Vorsorgen zu treffen.[260] Die Urbanisierung verschaffte dem ›nervösen Typen‹ die Lebenswelt, aus deren Anregungen sich die entsprechenden Dispositionen ausprägten. Die Nervosität bzw. die Neurasthenie, wie Erb feststellte, war denn auch in allen Bevölkerungsgruppen verbreitet, auch wenn sie in erster Linie Personen mit geistigen Arbeitsprofilen traf, also Vertreter und zunehmend auch Vertreterinnen der schreibenden Zunft.[261]

Das Konzept des Reizes fasste modellhaft das Phänomen des konstanten Erschöpfungszustands des von Sinneseindrücken überfluteten Großstadtmenschen. Aus der Perspektive des menschlichen Energiehaushaltes betrachtet, bildete dabei die Ernährung einen Ansatzpunkt für die Frage nach dem energetischen ›Ausgleich‹. So entwickelte der Zürcher Arzt und Ernährungspionier Maximilian Bircher-Benner eine

> gewissen Erscheinungen unseres modernen gesellschaftlichen Lebens, in dem Bedürfniss nach Sensationellem, stark Gewürztem, in den Leistungen der Belletristik, dramatischen Kunst, der Tagespresse, in dem Pessimismus, der Unzufriedenheit der Massen, dem hochgesteigerten politischen Leben, der ins Ungemessene sich erstreckenden Vereins- und Versammlungsthätigkeit, der Hast, Unruhe und Ungemüthlichkeit des gesellschaftlichen Daseins, dem Classen- und Rassenhass, dem Drang nach Aenderung der wirthschaftlichen und socialen Zustände um jeden Preis u.a.m.« Krafft-Ebing 1895, S. 10.

257 Beard 1881, S. 96. Zur Debatte um die wissenschaftliche Arbeit von Frauen vgl. die von Arthur Kirchhoff gesammelten Gutachten zur »Befähigung der Frau zum wissenschaftlichen Studium und Berufe«. Kirchhoff (Hg.) 1897.

258 Beard 1881, S. 138.

259 Zur Diskussion der Einschränkungen, in Bezug auf das 19. Jahrhundert von einer Wissensgesellschaft zu sprechen, vgl. Szöllösi-Janze 2004.

260 Die Ursachen bespricht Beard in Kapitel III seines Buches. Beard 1881, S. 96ff.

261 Erb 1893, S. 17.

Lehre der Ernährung, die den Kulturzustand systematisch mitberücksichtigte, und daran anschließend eine Ernährungstherapie. Die epistemologische Grundlage bildeten die Energetik und die physikalischen und chemischen Aussagen zur Wärmeregulation.[262] Bircher-Benner ging davon aus, dass »der menschliche Organismus ein stationäres Energiegebilde sei«.[263] Auf dieser Ernährungslehre beruhend entwickelte er Ansätze einer Lebensreform, die auf die energiespendende Wirkung von Licht, Sonne, frischer Luft und Natur setzte. Dazu gehörte etwa der anhand komplexer Berechnungen erbrachte Nachweis, dass sonnengereifte Nahrungsmittel die besseren Energieträger seien. Aber insbesondere die Erziehung zu einem der Energiebilanz zuträglichen Lebenswandel war nach seiner Ansicht die Voraussetzung für Gesundheit, die eine ›effiziente‹ Lebensführung beinhaltete. Bircher-Benner argumentierte die Ernährung als die zentrale Grundlage, die das Gleichgewicht von Arbeit, Verbrauch, Erholung und Schlaf garantiere. Beruhte der Lebenswandel auf einem Ungleichgewicht, wie es falsche Ernährung (zum Beispiel im Hinblick auf Art, Zubereitung und Menge der Lebensmittel) oder ein übermäßig schnell getakteter Arbeitsrhythmus bewirkte, so gerate nach Bircher-Benner die Regulierung in eine Schieflage und die Leistungsfähigkeit sowie Arbeitsbilanz würden geschädigt.[264] Somit beziehe sich Ernährung auf die Vorgänge nicht nur im Organismus, »sondern [auf] Organismus, Nahrung und Lebensraum«.[265] Der Lebensraum umfasste dabei »sämtliche physikalische Kräfte in dem Masse, als sie auf das Leben einwirken, und die beruflichen, sozialen und psychischen Wechselbeziehungen, soweit sie den Verbrauch beeinflussen.«[266] Am Zürichberg ließ Bircher-Benner eine Art Sanatorium mit dem Namen »Lebendige Kraft« errichten, wo etwa das Sonnenbad, das Bircher-Benner als einen Ernährungsvorgang interpretierte, popularisiert wurde und wo die Besucherinnen und Besucher luftige Kleider anstatt von Korsett und Stützkragen trugen. Die Ernährung wurde so auf der Grundlage eines popularisierten Wissens rationalisiert und spiegelte die Bedeutung des Wissens um Licht, Luft und Erholung wider, das auch in die städteplanerischen Theorien eingeflossen ist, wie dies etwa in der Gartenstadt-Literatur thematisiert wurde.

Bircher-Benners Ernährungstherapie verdeutlicht nicht nur die zirkuläre Logik des Wissens zwischen unterschiedlichen Bereichen, in der konkret das Wissen um die nervös machende Großstadt mit physikalisch-energetischen Modellen verknüpft wurde, sondern auch die »gerichtete« Wahrnehmung, dass in den großstädtischen Bedingungen ein

---

262 Vgl. Bircher-Benner 1906.
263 Ebd., S. 142.
264 Ebd., S. 142ff.
265 Ebd., S. 151.
266 Ebd.

moralisches Problem vorliege, das das Funktionieren der Gesellschaft gefährde und dass entsprechend bei der Pädagogisierung der Lebenswelt des Großstadtmenschen anzusetzen sei, um den Kulturzustand auf eine ›gesunde‹, nicht-degenerierte Stufe zu heben. Das Denkmodell der »Reizsamkeit« des Menschen spielte dabei eine zentrale Rolle dahingehend, dass die Gestaltung der urbanen Lebenswelt nicht nur innerhalb der Funktion der bürgerlichen Erbauung gesehen wurde, sondern vielmehr noch darin, dass sie zur Herbeiführung eines moralischen Zustandes pro-aktiv beitragen könne. Bircher-Benners Ansicht war es, dass die Umgebung ›einverleibt‹ werde; er verstand das Leben in der Umgebung normativ als Ernährungsvorgang, dessen gedankliche Fluchtlinie im gesellschaftlichen Funktionieren im volkswirtschaftlichen Sinne bestand.

## 5.4 Orientierungswissen und Handlungsoptimismus: Zur Zirkularität von Wissen und pädagogischer Intervention in der Stadtraumgestaltung

Im 19. Jahrhundert multiplizierten sich die Wissensbereiche, zu denen Wissen über die Großstadtgesellschaft angesammelt wurde. In diesem quantitativen Zuwachs entwickelte zugleich die Form des Wissens neue Qualitäten. Dabei dominierten statistische und experimentelle Wissensformen, der demographische Blick, der die zukünftige Entwicklung denkbar machte, oder kulturkritisches Sinnwissen. Erzieherische Intentionen, die in der Stadtraumgestaltung im Rahmen des Planungsprozesses zu entsprechenden pädagogischen Interventionsformen fanden, wurden von solchen Wissensressourcen gespeist. Mit dem Fokus auf die Form des Wissens tritt dabei die Unterscheidung zwischen wissenschaftlichem oder populärwissenschaftlichem Wissen sowie dem Alltagswissen in den Hintergrund. Um den Handlungsoptimismus zu verdeutlichen, spielt der Wahrheitsgehalt des Wissens eine untergeordnete Rolle; von Interesse ist vielmehr die Frage, innerhalb welcher Dynamiken das Wissen zur Formierung von Handlungsoptionen beitrug.

In Form wissenschaftlich-rationaler Fundierung wurde das Wissen im Kontext gewandelter Voraussetzungen politischer Praxis wirkmächtig, die objektiv nachvollziehbare Legitimationen über Maßnahmen in der öffentlichen Sphäre ablegen musste. Das Wissen zirkulierte dabei, wie Daniel Speich Chassé und David Gugerli feststellen, zwischen »akademischer Erkenntnisproduktion und gesellschaftlicher Resonanz«.[267] Die Pädagogisierung der Stadtraumgestaltung entwickelte sich, so die Heuristik, aus der »gerichteten Wahrnehmung«, die insbesondere von

267 Speich Chassé & Gugerli 2012, S. 90.

Mustern der Rationalisierung gelenkt wurde, welche den optimistischen und progressiven Zugriff auf die Planung des Sozialen mit städtebaulichen Instrumenten ermöglichten. Durch »Verwissenschaftlichung des Sozialen«,[268] die zu rationalisierten Auffassungen führten, welche die Gesellschaft etwa im Kontext von Energie- und Kräfteverhältnissen als Funktionszusammenhang betrachtete, wurden die »Tatsachen« geschaffen, die die ›Arbeitsgrundlage‹ sozialreformerischer Interventionen im Stadtraum bildeten. Der Historiker Lutz Raphael bezeichnet mit »Verwissenschaftlichung des Sozialen« den Prozess der zunehmenden Rationalisierung von Arbeits-, Lebens- und Organisationsformen, die für ihn in der Erfassung und der politischen bzw. verwaltungstechnischen Bearbeitung sozialer Verhältnisse mit wissenschaftlichen Mitteln besteht und bis heute in unterschiedlichen Ausprägungen maßgeblich sei.[269] Die »›Verwissenschaftlichung‹ des Sozialen«, so Raphael, »bezeichnet [...] konkret die dauerhafte Präsenz humanwissenschaftlicher Experten, ihrer Argumente und Forschungsergebnisse in Verwaltungen und Betrieben, in Parteien und Parlamenten, bis hin zu den alltäglichen Sinnwelten sozialer Gruppen, Klassen oder Milieus.«[270] Das Augenmerk innerhalb dieser Wissensform lag im ausgehenden 19. Jahrhundert auf dem Bestreben, die Gesellschaft als Objekt zu begreifen und damit politisch und verwaltungstechnisch bearbeitbar zu machen. Nachdem die sozialen Auswirkungen der Verstädterungsprozesse als problematisch erkannt wurden – in diesem Zusammenhang wurde die klassifizierende Funktion des Wissens bedeutsam, das erwünschte von nicht erwünschten Entwicklungen trennte[271] – und gleichzeitig politische Entscheidungen zunehmend von objektiver Legitimation abhingen, war die Abstützung auf die »objektive« Expertenmeinung ein wichtiges Element in der Durchsetzung politischer Maßnahmen. Die moralerzieherische Ausrichtung im Städtebau war unter diesen Voraussetzungen ein Machtmittel zur gesellschaftlichen Steuerung, das sich in der Subtilität nicht zu erkennen gab.

Nach einer ersten Phase der Konstitution der empirischen Sozialforschung im Kontext der Bildung von Nationalstaaten, die Raphael in den Jahrzehnten zwischen 1830 und 1860 festmacht,[272] meint die

---

268 Raphael 1996.
269 Vgl. dazu auch Sarasin & Tanner (Hg.) 1998.
270 Raphael 1996, S. 166.
271 De Certeau 1988, S. 88.
272 In diese Phase fallen unter anderem Adolphe Quetelets Ausarbeitung der statistischen Methode zur Erfassung von Bevölkerungsstrukturen, die Sozialdatenerhebung und die Etablierung der amtlichen Statistik. In diesen Entwicklungen ließen sich nach Raphael die Anfänge des Wohlfahrtsstaats rekonstruieren. Ebd., S. 171f.

»Verwissenschaftlichung des Sozialen« in der Zeit um 1900[273] die »Etablierung der Wissenschaften in den Handlungs- und Arbeitsfeldern der Wohlfahrtsstaaten«,[274] die sich zu dieser Zeit formierten. In dieser Phase entwickelte sich ein Optimismus der politischen Steuerung, der sich aus der beschriebenen Zirkularität der ›Wissensarbeit‹ von Diagnose, Sinnwissen und Handlungsorientierung heraus insbesondere auf kommunaler Ebene materialisierte. De Certeau spricht vom »Modus einer kollektiven Verwaltung«, in dem sich das strategische Handeln manifestierte. In den städtischen Verwaltungen wurden entsprechende Verwaltungsabläufe auf der Basis von sozialwissenschaftlichem Wissen ›eingeübt‹, was es ermöglichte, Maßnahmen zu setzen, die in dieser »gerichteten« Form legitim und notwendig erschienen. Die erste Eingemeindung von Vororten in Zürich 1893 – darauf wird weiter unten eingegangen – war dabei eine wesentliche Voraussetzung der Kompetenzausweitung der kommunalen Verwaltung und Ausarbeitung entsprechender juristischer Rahmenbedingungen; die zwei darauffolgenden Jahrzehnte bildeten eine Phase der Etablierung, die im Siedlungsbau in der Realisierung erster kommunal organisierter Projekte gipfelte: In der Stadt Zürich wurde im Jahr 1908 mit der Siedlung an der Limmatstraße die erste kommunal finanzierte Wohnsiedlung realisiert.

Im Modus der objektiven Herstellung von Tatsachen übernahm Wissen eine handlungsleitende und kulturell sinnstiftende Funktion.[275] Diese epistemologische Konstellation bewirkte die Haltung eines Handlungsoptimismus, wobei die kulturell-sinnstiftende Beschreibung einer unter den großstädtischen Lebensbedingungen verloren geglaubten Substanz, die etwa in der Stilisierung der vorindustriellen Wirtschaftsform oder der Naturverbundenheit bestand, einen Handlungsimpuls freisetzte. Was dieses orientierende Sinnwissen anbelangt, kreiste das rationale Wissen vielfach um das Anliegen, Sein und Schein voneinander zu trennen, was sich in einer erzieherischen Haltung niederschlug, die

273 Nach Raphaels Einteilung erstreckt sich diese Phase unter Berücksichtigung der Entwicklungen in Deutschland ca. zwischen 1880 und 1930, wobei die Zeit bis zum Ersten Weltkrieg – also die für die vorliegende Studie maßgebliche Periode – eine Übergangsphase zwischen Konstitution empirischer Sozialforschung und Etablierung in Verwaltungen darstelle.
274 Ebd., S. 173. Gemäß Raphael lassen sich nach dieser zweiten Phase zwei weitere Phasen festmachen: die Zeit der Meinungsforschung im Zeichen staatlicher Sozialplanung, die sich ab den 1940er Jahren zuerst in den USA anbahnte, und ab den 1970er und -80er Jahren die Phase des therapeutischen Interventionsmodells.
275 Die weiter oben beschriebene, von Simmel vorgebrachte Diagnose der Anonymität der Großstadtbevölkerung war eine der sozialwissenschaftlichen Anregungen, die nach Einschätzung des deutschen Nationalökonomen Karl Bücher als »nützlich« und »fruchtbar« angesehen wurde, um »die Aufstellung von Grundsätzen für zielbewußtes Handeln« zu fördern. Bücher 1903, S. 3.

die gesellschaftliche Moralisierung daraufhin anlegte, den Sinn für das ›wahrhaft‹ Schöne und Wesentliche zu vermitteln. Eingebettet war diese Strategie in Normalisierungsbestrebungen, die angesichts gesellschaftlicher Vielfältigkeit und »nervöser« Dekadenz die großstädtischen »Risiken« bearbeiteten.[276] Einige Schlaglichter mögen verdeutlichen, worin sich diese Auseinandersetzung um das ›Wahre‹ und das ›Falsche‹ manifestierte, die uns bereits im ersten Teil im Zusammenhang der Ablehnung des Historismus begegnete. Adolf Weber, der zu Beginn dieses Kapitels zitiert wurde, nahm es in Anbetracht der ›moralischen‹ Lage in den Großstädten nicht Wunder, dass »allenthalben der Schein das Sein verdrängt«[277] habe. Er sprach von einem »›Maskenzug moderner Scheinkultur‹ in dem keine echte, verinnerlichte Kunst aufkommen kann.«[278] Max Nordau sah die »Kulturmenschheit« im Zustand der Lüge: Religion, Monarchie, Politik, Wirtschaft, (Sexual-) Moral seien allesamt Bereiche, die nicht rational fundiert seien, wie es die neue Weltanschauung im 19. Jahrhundert erforderte, sondern verformt von überkommenen Institutionen, Abläufen und Überzeugungen.[279] Nordau sah darin zugleich die Ursache der Zerrissenheit der Kultur, wo »alles, was uns umgibt, Lüge und Heuchelei ist«.[280] Weitere klassifizierende Analysen steuerte der Publizist Paul Schultze-Naumburg bei, der die »Kultur des Sichtbaren«[281] geißelte, die er von der Scheinhaftigkeit befreien wollte. Aus diesen Positionierungen, die einem eher kulturpessimistischen Modus folgten, entwarf Schultze-Naumburg ein Handlungsmuster in Form eines Erziehungsprogramms, welches darauf ausgerichtet war, das ›wirklich‹ Wahre sehen zu lehren. Er arbeitete dieses Programm unter anderem in den Bänden der Buchserie *Kulturarbeiten*[282] aus. Dazu postulierte Schultze-Naumburg die Sphären von ›Außen‹ und ›Innen‹, wobei sich der innere Wert gegenüber dem äußeren Schein abhob, und zwar in einer volkstümelnden Art, mit der Schultze-Naumburg den ›deutschen‹ Charakter hervorhob. Dieses ›Erziehungsprogramm‹ stützte sich auf die Intuition, und der Ansatz bestand dementsprechend darin, auf suggestive Weise die Unterschiede zwischen dem Gegenwartszustand und der ästhetisch und ethisch besseren Vergangenheit zu betonen. Diejenigen, die dieser Argumentationslinie nicht folgten, wurden als ›verblendet‹ diffamiert, weil sie oberflächlich mit den nur für das Gefällige offenen Augen

---

276 Zum Streben nach Normalisierung, die in rationalen Wissensproduktionen enthalten sei, vgl. Szöllösi-Janze 2004, S. 305.
277 Weber 1908, S. 17.
278 Ebd.
279 Nordau 1889.
280 Ebd., S. 338.
281 Schultze-Naumburg 1912, S. 22.
282 Der erste Band erschien 1901, der neunte und letzte dieser Serie 1917.

sehen würden, nicht aber mit dem Verstand.[283] Das didaktische Element, das Schultze-Naumburg dabei einsetzte, war wiederum das plakative Zeigen von Bildern von Gebäuden oder Landschaften aus früherer Zeit, die mit aktuellen Beispielen, den sogenannten »Gegenbeispielen«, kontrastiert wurden.

Die Schlussfolgerungen aus dem kulturellen Sinnwissen über die »reizsame« Großstadt und ihre »nervöse« Kultur setzten an einem Handlungsprogramm an, das pädagogisch war. Maßgeblich waren Aspekte wie die Verbesserung der Hygiene, die oft durch die Schlagworte ›Licht‹ und ›Luft‹ beschworen wurde, oder die Abgleichung von Arbeits- und Erholungsphasen im Kontext des betriebswirtschaftlichen Effizienzdiskurses, die in der Stadt durch Schaffung von Orten unterstützt werden sollte, deren Bestimmung in weitester Hinsicht der Freizeitgestaltung galt; ein Beispiel sind die neu errichteten ›Volks‹-Gärten. Das Wissen um die Nervosität in der großstädtischen Umgebung definierte auch die Argumentationslinien in den pädagogischen Reformbewegungen, welche die als ›gut‹ und ›rein‹ empfundene Natürlichkeit des Landes betonten, indem sie sich von der als Moloch gesehenen Großstadt abgrenzten.[284]

Unter dem Einfluss des rationalisierten Wissens entwickelte sich die Stadt zu einem »Experimentierfeld« des Sozialen, das von Wissen etwa zur strukturellen Zusammensetzung der Gesellschaft, zu gesellschaftlichen Beziehungen im Stadtraum oder zu den Kulturproblemen getragen war. Im folgenden dritten Teil wird die Gestaltung der Stadt als Handlungsfeld zur Erziehung der Gesellschaft fokussiert. In seinem Werk *Town Planning in Practice* (1909) postulierte der englische Architekt und Städteplaner Raymond Unwin[285] einen normativen Effekt der Stadt als bauliches Ensemble, den er als »expression of the life of the community«[286] sah. Stadtplanung habe diesen Effekt als Ziel des Städtebaus zu etablieren, das an der Idee des Wohls des gesellschaftlichen Ganzen ausgerichtet werden müsse, »for which«, so Unwin, »a

283 Ebd., S. 23ff.
284 Zur Ablehnung der Großstadt in der Reformpädagogik vgl. Oelkers 2005. Im Bereich der Erziehung von Kindern und Jugendlichen nannte Erb als Maßgaben »die Anregung des Willens, Uebung in der Selbstbeherrschung, Bekämpfung der sinnlichen Regungen und der schon in der Jugend mehr und mehr überhandnehmenden Genusssucht, Fernhalten derselben von der verfrühten Antheilnahme an den Vergnügungen Erwachsener und von Verführungen der grossen Städte«. Erb 1893, S. 35.
285 Raymond Unwin (1863–1940) war ein englischer Stadtplaner und Architekt. Unwin war beeinflusst von den Ideen John Ruskins und William Morris' und war Mitglied der Socialist League. Unwin arbeitete gemeinsam mit seinem Geschäftspartner Barry Parker an den Entwürfen für die Gartenstadt-Siedlungen in Letchworth und Hampstead.
286 Unwin 1909, S. 10.

form of expression is needed«.²⁸⁷ Diese Formulierung veranschaulicht das moralerzieherische Postulat des sozialpolitisch motivierten Städtebaus. Das Wissen als bedingende Voraussetzung des strategischen Zugriffs auf die Stadtraumgestaltung etablierte den Modus des Planens und Entwerfens. Die genauen Erhebungen zu Strukturen und Entwicklungen der Stadt orientierten über moralische Probleme und über den Zustand der gesellschaftlichen Ordnung. Städtebaupolitik musste sich auf wissenschaftliche Expertise abstützen und eine »survey [...] of all existing conditions«²⁸⁸ vornehmen, wie Unwin festhielt, um in der öffentlichen Sphäre planen und städtebauliche Konzepte umsetzen zu können.²⁸⁹ »Modern conditions require,« schreibt Unwin, »undoubtedly, that the new districts of our towns should be built as a definite plan. They must lose the unconscious and accidental character and come under the rules of conscious and ordered design.«²⁹⁰

287 Ebd., S. 140.
288 Ebd., S. 141. Dies betrifft sämtliche Bereiche wie Infrastruktur, Bodenverteilung oder geographische und klimatische Voraussetzungen der Lokalität.
289 Zur Bedeutung von wissenschaftlicher Analyse für politische Machtlegitimierung vgl. Wildavsky 1979. Zur Planung im öffentlichen Raum vgl. Friedman 1987.
290 Unwin 1909, S. 14.

# TEIL III
Sozialreform in Städtebau und Architektur

# 6 Sozial ausgerichtete Planungspraxis mit ästhetisch-künstlerischen Mitteln: Internationaler und Zürcher Städtebau um 1900

Mit Bezug auf Wissensdynamiken rückte die in den zwei vorhergehenden Teilen entwickelte Sicht auf Stadtraumgestaltung um 1900 die Sozialreform als ein *pädagogisches* Problem in den Vordergrund. Die mit Unwin formulierte Einsicht, dass die problematischen Zustände der modernen Großstadt eine bewusste und geordnete Gestaltung benötigten, verpflichtete den modernen Städtebau auf eine gesellschaftliche Ethik und positionierte diesen, über technische Belange hinausgehend, als ein Problem, das in einem gesellschaftlichen und kulturkritischen Zusammenhang gedacht wurde. Zugänge zur Stadtraumgestaltung, die auf Planung und Entwurf basierten, ermöglichten es, die städtebauliche Aufgabe unter dem Aspekt der gesellschaftlichen Moralisierung und damit als Ausdruck eines pädagogischen Zugriffs zu betrachten. In dieser Perspektive stellt sie sich als ein erziehungsgeschichtliches Problem, das die sozialpolitisch-strategische Gestaltung des städtischen Raums als »Agentur« gesellschaftlicher Erziehung der Gesellschaft im Zentrum des Interesses hat. An dieser Problemstellung des Gegenstands knüpft der vorliegende dritte Teil an. Zunächst werden im vorliegenden Kapitel Positionierungen aufgegriffen, die den Städtebau als *soziales* Problem begreifen; anschließend werden reformarchitektonische Bestrebungen dargestellt, die wiederum eine ethische Fundierung ästhetisch-stilistischer Gestaltungen forderten.

Was zunächst den Städtebau anbelangt, zeigte sich ein Muster, das bereits bei Camillo Sitte anklang: Es ging um die Behandlung des Städtebaus als ästhetisch-künstlerische Herausforderung unter sozialpolitischen Vorzeichen. Im Jahr 1893 erschien in der *Schweizerischen Bauzeitung* ein Artikel mit dem Titel »Praktische und ästhetische Grundsätze für die Anlage von Städten«, in dem programmatische Überlegungen präsentiert wurden. Der Artikel war die gekürzte Version eines Vortrags, den Josef Stübben 1893 auf dem Internationalen Ingenieur-Kongress in Chicago hielt.[1] Um die Grundsätze zu vermitteln, präsentierte Stübben

---

1 Das Vortragsmanuskript ist in der *Zeitschrift des österreichischen Ingenieur- und Architekten-Vereines* abgedruckt. Die *Schweizerische Bauzeitung* publizierte eine gekürzte Version mit Hinweis auf Stübben als Verfasser. Stübben arbeitete die darin formulierten Grundsätze in seinem Handbuch *Der Städtebau* aus dem Jahr 1890 aus. Stübben 1907.

zwei Arten des Städtebaus. Die erste Art stellte er als bruchstückhafte und fragmentarische Logik der Stadterweiterung nach Maßgabe der bestehenden Strukturen vor. Stübben bezeichnete sie als »*willkürliche*«[2] Art, die für eine überholte Art des Städtebaus stehe. In Abgrenzung dazu postulierte er zweitens den »*planmäßige[n]*«[3] Städtebau. Er stehe nunmehr für die zukunftsweisende Art, die eine geordnete Bebauung der Stadt auf der Grundlage eines Bebauungsplans und nach Maßgabe vordefinierter Grundsätze darstelle.

Die Aufgabe des modernen Städtebauers betrachtete Stübben im Rahmen dieser zweiten Auffassung. Dieses Postulat markierte die Zäsur, die im vorhergehenden Kapitel als Planungsparadigma im Städtebau herausgearbeitet wurde und die eine soziale Ausrichtung des Städtebaus um 1900 entfaltete. Im Folgenden werden die Aspekte dieser Ausrichtung dargestellt, die in erster Linie der Sozialen Frage zugeordnet waren, was insbesondere die Versorgung der Arbeiterschicht mit Wohnraum und die damit zusammenhängende Bekämpfung der Bodenverwertung nach kapitalistischen Mustern durch kommunalpolitische Steuerungsinstrumente betraf. Der Blick wird sowohl auf internationale Entwicklungen als auch auf die Erfahrungen in Zürich gerichtet. Die Internationalität zeichnete den Städtebau um 1900 aus und spielte als Denkhorizont in die Entscheidungen auf lokaler Ebene hinein.

Unter der Prämisse des planerischen Zugriffs entfaltete Stübben die soziale Ausrichtung des Städtebaus im Rahmen einer *ästhetischen* Gestaltungsweise. Die Ästhetik betrachtete er als den zentralen Ansatzpunkt, um die sozial motivierte Planungspraxis inhaltlich anzugehen. »Der Stadtbauplan oder der Straßenplan im engeren Sinne«, so Stübben, »soll nicht blos die praktischen Bedürfnisse des Verkehrs, der Bebauung und der Gesundheit befriedigen, er soll auch nach ästhetischen Grundsätzen, d.h. in solcher Weise angelegt sein, daß er in allen seinen Theilen den Eindruck des Schönen macht oder, was dasselbe ist, in dem Beschauer ein uneigennütziges Wohlgefallen erweckt.«[4] Wie die Konjunktur der Wahrnehmungstheorien im 19. Jahrhundert verdeutlicht, wurde der Stellenwert der Ästhetik mit der Wirksamkeit des Schönen begründet, die, auf die Gestaltung des Stadtraums angewandt, das breite Volk erreichen sollte. Stübben sprach von einer »Kunst für das Volk«[5] und leitete die Bedeutung des ästhetischen Grundsatzes im Städtebau von seinem erzieherischen Einfluss her: »Ist mit der Pflege des Schönen stets ein erziehlicher Einfluss auf Herz und Gemüth verbunden, so darf man auch von der ästhetischen Durchbildung des Stadtbauplanes eine segensreiche Ein-

---

2 Stübben 1893b, S. 441, Hervorhebung im Original.
3 Ebd., S. 441, Hervorhebung im Original.
4 Ebd., S. 444.
5 Ebd.

wirkung auf die zur Rohheit neigenden Schichten der städtischen Bevölkerung erwarten.«[6] Der ästhetische Grundsatz stand in Stübbens als zeitgemäß betrachtetem, geordnetem und planmäßigem Städtebau gleichberechtigt neben dem praktischen Grundsatz. Unter praktischen Gesichtspunkten subsummierte er technische und ingenieursbezogene Fragen, die um die genannten Aspekte Verkehr, Bebauung und Gesundheit gruppiert waren. Gemeint waren damit zum Beispiel verkehrstechnische Lösungen und die Frage des Straßenplans, die Gestaltung von Gebäudeblöcken oder hygienische Maßnahmen wie Ausbau des Kanalisationsnetzes, Gewährleistung ausreichender Durchflutung der Stadt mit Licht, Sonnenstrahlen und frischer Luft, Feuerschutzfragen oder die Anlage von Grünflächen. Die ästhetischen Grundsätze wiederum erforderten die »künstlerische« Gestaltung der Straßen und Plätze, wofür in dem Beitrag ähnlich, wie es Sitte darlegte, Regeln formuliert wurden, die unter anderem darauf abzielten, Straßen und Plätze in ein »schönes« Verhältnis zu den Bauwerken zu bringen. So dürfe etwa, wie es einige Forderungen vorgaben, die Straßenbreite nicht geringer sein als die Gebäudehöhe; vor wichtigen Gebäuden müssten Vorplätze angelegt werden; oder die Anordnung von Denkmälern auf Plätzen müsse in einem »künstlerische[n] Gleichgewicht«[7] erfolgen, da mitunter nur unregelmäßige Platzierungen von Denkmälern »im Gesammtbilde zur malerischen Wirkung des Ganzen«[8] führen könnten.

Die Arbeitsgrundlage für den planmäßigen Städtebau sah Stübben in der Festlegung der Straßenachsen und Plätze, das heißt in der Ausarbeitung eines Straßenplans. Diese Aufgabe verknüpfe die technischen mit den ästhetischen Grundsätzen. Zugleich formulierte Stübben damit die neue Ansicht des Ästhetischen im Städtebau:

»Der künstlerische Schmuck besteht nicht blos aus Denkmälern, Ziersäulen, Springbrunnen, Laufbrunnen, Thorbauten, Bogenhallen und sonstigen Werken der Architektur und Bildhauerkunst, sondern auch aus der geschmackvollen und formgerechten Ausbildung der auf den Stadtstraßen erforderlichen Nützlichkeitsanlagen, wie Verkehrsbuden, Wartehallen für Straßenbahnen, Bedürfnisanstalten, Anschlagsäulen, Feuermelder, Brunnenständer, Lichtmaste, Candelaber, Laternen, Straßenweiser, Warnungstafeln, Kehrichtbehälter, Einfriedungen und Baumschutzvorrichtungen. Dem künstlerischen Sinne und der künstlerischen Formgebung ist bei allen diesen zum Theil sehr untergeordneten

6 Ebd.
7 Ebd., S. 446.
8 Ebd.

Gegenständen Gelegenheit zu geben, sich zu bethätigen und dadurch zur angenehmen, freundlichen Erscheinung des Straßenbildes beizutragen.«[9] Die »erziehliche« Wirkung des Stadtraums verknüpfte Stübben mit der Funktion der Ästhetik im Sinne der Anordnung von Elementen im Stadtraum. Das ästhetisch-künstlerische Verständnis entwickelte er im angedeuteten Spannungsfeld zum praktisch-technischen Verständnis, das die Arbeitsteilung von Ingenieurkunst und Architektur im Historismus des 19. Jahrhunderts widerspiegelte. In diesem Spannungsfeld formierte sich in den 1880er- und 1890er-Jahren zugleich der Städtebau als wissenschaftliche Disziplin.[10]

Stübben brachte in seinem Artikel das Spannungsfeld von Technik und Ästhetik zum Ausdruck, das mit der Betonung der sozialen Komponente und der gesellschaftlichen Dimensionierung auf ein neues Selbstverständnis des Berufsstandes des Städtebauers hinführte. Mit den Adjektiven »planmäßig« und »geordnet« wurde das entsprechende neue wissenschaftliche Selbstverständnis markiert. Von Anfang an stand der moderne Städtebau *auch* unter dem Zeichen der Sozialen Frage.[11] Bereits Baumeister hatte den Zweck des Städtebaus in den Bereich der sozialen Reform gerückt, womit er vor allem eine Möglichkeit sah, die Dynamik der demographischen Entwicklung zu kanalisieren.[12] Dieser Prozess spiegelte sich in der zunehmenden Organisierung des Siedlungsbaus als öffentliche oder genossenschaftliche Aufgabe wider und er zeigte, dass sich die Stadtplanung zu einem Wissens- und Handlungsfeld entwickelte, das die eigene Aufgabe unter der sozialen Maßgabe als normative Aufgabe verstand. Die Pädagogisierung des Städtebaus manifestierte sich in Vorstellungen von öffentlicher Ordnung, die städtebaulich gezielt herzustellen aus den diversen Wissenszusammenhängen heraus angezeigt schien. Wesentlich für diesen Prozess war die Entwicklung der städtebaulichen Aufgabe aus ästhetischen Grundsätzen heraus, die eine der Voraussetzungen dafür bildete, dass der Beruf des Städteplaners in das Feld der Sozialexpertise eingebettet wurde.[13]

9 Ebd., S. 445.
10 Zur internationalen Entwicklung in Europa vgl. Albers 1997. Einen allgemeinen Überblick zur Geschichte des Städtebaus in Deutschland liefert unter anderen Piccinato 1983; Reinborn 1996. Für England vgl. Hall 1988. Für einen internationalen Überblick vgl. auch Ward 2002. In Zürich war zwar seit der Gründung des Eidgenössischen Polytechnikums die Bauabteilung bedeutsam, aber eine eigene Professur für Städtebau wurde erst 1913 eingerichtet. Diese Professur übernahm der Architekt Hans Bernoulli. Rebsamen 1984, S. 57.
11 Vgl. Benevolo 1971.
12 Baumeister 1876, S. 15.
13 Vgl. Kuchenbuch 2010.

Das Arbeitsfeld Städtebau war in seiner Formierungsphase um 1900 nicht klar abgesteckt. Gerhard Fehl identifiziert drei Strategien, die teilweise sehr unterschiedliche Aspekte fokussierten: eine geometrisch-technische, eine ästhetisch-erzieherische und eine wohnkulturelle Richtung.[14] Die prägenden Figuren des eher technischen Zugangs waren die Städtebauer Reinhard Baumeister und ebenso Stübben. Beide, Baumeister und Stübben, publizierten, wie erwähnt, umfangreiche städtebauliche Handbücher.[15] Die ästhetisch-erzieherische Richtung stimmte mit dem künstlerischen Städtebau nach der Auslegung Camillo Sittes überein, der in der Praxis von Architekten wie Karl Henrici oder Theodor Fischer vorangetrieben wurde, die jeweils Sittes Konzepte aufgriffen und in den Stadt- und Architekturtheorien bzw. städtebaulichen Entwürfen umsetzten. In den wohnkulturellen Strömungen lag die Konzentration auf dem sozialpolitischen Feld des Wohnungsbaus, das in erster Linie die Verbesserung der Lebensbedingungen der Arbeiterklasse vor Augen hatte.[16] Diese Richtung fokussierte mit den drängenden Problemen der Wohnungsnot Inhalte, die teilweise quer lagen zu den technischen und künstlerischen Prioritäten. Die zentralen Figuren in der Bearbeitung der Wohnungsfrage waren der Berliner Volkswirt Rudolf Eberstadt, der bereits genannte Städtebauer Theodor Goecke und Alfred Messel.

Mit dieser Differenzierung zwischen technischen, künstlerischen und sozialpolitischen Zugangsweisen sind die städtebaulichen Schwerpunkte abgesteckt, die teilweise nicht trennscharf voneinander abgetrennt waren. Die Unterscheidung betraf in erster Linie Prioritäten, Motivationen und Auffassungen, nicht aber prinzipielle Fragen.[17] Die Strategien zeigten sich – auch Fehl betont dies für die städtebaulichen Debatten – als Schwerpunkte und Tendenzen. Die Planung des Straßennetzes spielte etwa eine zentrale Rolle auch in ästhetisch-erzieherischen Strategien, während in der Frage der Wohnungsnot und der Bekämpfung der sogenannten Mietskaserne wiederum nicht einzig soziale Fürsorge und hygienische Verbesserungen der Lebensbedingungen im Zentrum standen, sondern auch die Moral und die Reform der Familie als Gesellschafts-

---

14 Fehl 1980b.

15 Baumeisters Handbuch wurde 1876 unter dem Titel *Stadt-Erweiterungen in technischer, baupolizeilicher und wirtschaftlicher Beziehung* veröffentlicht. Baumeister 1876; Stübben 1907. Es ist übrigens kein Zufall, dass hauptsächlich deutschsprachige Autoren genannt werden, da sich der Städtebau als Aufgabe der Planung in erster Linie im deutschsprachigen Raum entwickelte. So hob etwa der italienische Städtebauer Gustavo Giovannoni die Bedeutung Deutschlands hervor. Giovannoni 1913, S. 458. Vgl. hierzu auch die Darstellung von Gerd Albers zu den Ursprüngen des planerischen Städtebaus. Albers 1997, insbesondere S. 140.

16 Curdes 1981, S. 10f.

17 Ebd., S. 11.

institution. Ungeachtet solcher Diffundierungen entwickelten sich die Programme des Städtebaus im ausgehenden 19. Jahrhundert entlang der genannten Konfliktlinien.[18]

Mit Blick auf den vorliegenden Kontext der moralerzieherischen Strategie in der Stadtraumgestaltung um 1900 ist in erster Linie der ästhetisch-künstlerische Ansatz von Interesse, der sich in Abhängigkeit zu sozial-technischen und wohnkulturellen Belangen entwickelte. Die konkreten Probleme was Wohnungsmisere oder Bodenspekulation anbelangt blieben in ästhetisch-erzieherischen Programmschriften allerdings häufig ausgeklammert. Wie ausgeführt, stand in diesen Zugängen die wahrnehmungstheoretisch fundierte Argumentation in der Frage nach der ästhetischen Anordnung von Gebäuden und Freiflächen unter dem Prinzip der Proportionalität im Vordergrund, womit die Ästhetik der Stadt als Erfahrungsraum aufgefasst wurde, der auf die einzelne Person identitätsstiftend wirke. Wie im Hinblick auf den Heimatstil noch zu sehen sein wird, war dies einer der Aspekte für die städtebauliche Anknüpfung an die Tradition und den Heimatgedanken. Ästhetische Visionen waren dabei von einer ganzheitlichen Sicht getragen, häufig im Unterschied zu technisch orientierten Zugängen. Sie rückten moralische und sozialreformerische Dimensionen ins Zentrum, die in den partikularen Zugängen nicht in den Blick gerieten, die eher konkrete Probleme meist technischer oder hygienischer Art behandelten.[19]

Im Folgenden werden zunächst die Grundzüge der ästhetischen Auffassung des Planungsparadigmas und seine soziale Dimensionierung im internationalen Kontext fokussiert. Die dran anschließenden Teile behandeln die für die sozialreformerische Planungspraxis wirkmächtigen sozialen Konfliktbereiche in Bezug einerseits auf die Wohnungsfrage und andererseits auf die Bodenfrage. Im Modell der Gartenstadt wurde ein Ansatz entwickelt, um diese beiden Problembereiche einer sozialreformerischen Lösung zuzuführen. Die Darstellung praxiswirksamer Reaktionen in Form von städtebaulichen Instrumentarien bildet den Hintergrund, um anschließend die Erfahrung mit dem sozial ausgerichteten Städtebau in Zürich darzustellen. Den Abschluss dieses Kapitels bilden zusammenfassende Betrachtungen zur moralerzieherischen Form des Städtebaus um 1900.

18 Vgl. Fehl 1980b.
19 Benevolo 1971, S. 10.

## 6.1 Die Rolle der Ästhetik in der sozialreformerischen Planung der Stadt

Wie anhand von Stübbens Beitrag ersichtlich ist, war die Straßen- und Platzgestaltung die zentrale Frage im Spannungsfeld von technischen und ästhetisch-künstlerischen Zugangsweisen, nachdem die Stadterweiterung vor allem von der Erschließung durch Verkehrswege abhing.[20] Das Begreifen der städtebaulichen Aufgabe als Frage der Gestaltung des städtischen Raums, wofür das Wissen um die Wirkmechanismen der Ästhetik maßgeblich war, hob den ästhetischen Ansatz von der verkehrstechnisch orientierten Sichtweise ab und betonte den bei Stübben herausgestellten Aspekt, dass die »erziehliche« Wirkung des Stadtraums von seinem Wohlgefallen abhänge. Baumeister hatte den Städtebau noch in erster Linie als technische Herausforderung behandelt: Die Anlage von Straßen, so seine Ansicht, müsse dem Wesen des Verkehrs folgen, das er mit den mechanischen Aspekten der Kraft (»Bewegung der Einzelnen«[21]), Zeit (zum Beispiel Häufung des Verkehrs zu bestimmten Tageszeiten) und Richtungen der Bewegungen erfasste. Baumeister verglich diese Bewegungen mitunter mit fließendem Wasser oder der Bewegung von Ebbe und Flut.[22] Die Straßengestaltung stand zwar auch bei künstlerisch orientierten Städtebauern häufig unter dem Zeichen des Verkehrs und der Bewegung, allerdings wurden aus dem Standpunkt, der dem gestalterischen Blickwinkel Priorität einräumte, die geraden Straßenführungen kritisiert. Karl Henrici sprach etwa in einem Vortrag aus dem Jahr 1891 von einem »Begradigungswahn«,[23] den er als eine »Krankheit« sah, die, wie Henrici weiter ausführte, »auf dem Vergessen alles dessen [beruht], was die malerische Schönheit der älteren Stadtanlagen ausmacht.«[24]

Der malerische Zugang zur Stadtraumgestaltung – dies wurde bereits bei Sittes Programm des künstlerischen Städtebaus deutlich – war der wichtigste Hebel in der Positionierung des Stadtraums als moralisierende »Wohnumgebung« der Gesellschaft. Stübben bezeichnete in seinem Handbuch die öffentliche Platzgestaltung sogar als »künstlerisch

---

20 Zur ästhetischen Ausrichtung der Stadtplanung ab den 1890er Jahren, hauptsächlich für Deutschland, vgl. Ladd 1990, insbesondere Kap. 4.

21 Baumeister 1876, S. 33.

22 Z.B. ebd., S. 43. Diese Metapher griff auch Unwin auf, um das Wesen des Straßenverkehrs zu beschreiben (»ebb and flow of particular tides of traffic«). Unwin 1994, S. 235.

23 Henrici 1981a, S. 68, Hervorhebung im Original.

24 Ebd. Henrici berief sich zur Untermauerung seiner Kritik an der symmetrischen Gestaltungsweise auf vorbildliche Beispiele aus der Vergangenheit.

wichtigste Aufgabe des Städtebaues«[25] und machte diese Einschätzung vor dem Hintergrund der Erkenntnis, dass das 19. Jahrhundert gerade auf diesem Gebiet »wenig Künstlerisches geleistet [habe]«.[26] Jene Zeit also, die ihre künstlerischen Maßstäbe an den Stilen früherer Kunstepochen ausrichtete, habe im Bereich der Anlage öffentlicher Plätze keine ästhetisch zufriedenstellende Ausdrucksweise gefunden. Bei der Platzgestaltung sah Stübben die unter ästhetischem Gesichtspunkt problematische Entwicklung, dass die Vermessungspraxis einerseits zu einem technisch geleiteten Ordnungsprinzip geführt habe, das die Verkehrsflüsse übermäßig priorisierte. Andererseits sei die ökonomische Ausrichtung in der Praxis der Flächenaufteilung den künstlerisch orientierten Lösungen abträglich. Diese Entwicklung sah Stübben auch unter dem Zeichen der Raumwirkung, und zwar in Bezug auf die sogenannte Platzscheu,[27] der die offene Platzgestaltung Vorschub leiste. »Im allgemeinen«, schreibt er, »ist der von vielen Seiten geöffnete, von Wagen und Fußgängern nach allen Richtungen gekreuzte Verkehrsplatz etwas künstlerisch Unbefriedigendes, etwas Unruhiges und Unbehagliches; die Warnung, solche Plätze – welche die Ursache der mit dem Namen ›Platzscheu‹ belegten neuen Krankheit sein mögen –, besonders die Sternplätze, allzu oft dem Stadtplane einzufügen, wird daher wiederholt gerechtfertigt sein.«[28]

Was verstand Stübben unter künstlerisch ansprechenden Lösungen? Er stellte unter anderem die Umrahmung von Plätzen als Gestaltungsmerkmal heraus und zeigte an Plätzen wie der Place Vendôme in Paris oder dem Markusplatz in Venedig die ästhetischen Vorzüge einer harmonischen Symmetrie. Hier zeigt sich der Unterschied von Stübbens Positionierung zu den Ansichten, welche den malerischen Städtebau im Sinne Sittes oder Henricis favorisierten. Trotz Betonung des ästhetischen Städtebaus blieb Stübbens Auffassung, was die Form der Anordnung von Raumelementen anbelangt, dem technisch-ingenieursbezogenen Städtebau verhaftet.[29] Gleichzeitig empfahl auch Stübben, an mittelalterlichen Plätzen den künstlerischen Wert des malerisch-anmutigen Elements zu studieren, was allerdings eine gewachsene Asymmetrie zeige, die willkürlich im modernen Städtebau, so Stübben, nicht herbeigeführt werden könne.[30]

---

25 Stübben 1907, S. 200.
26 Ebd., S. 203.
27 Der Berliner Neurologe Carl Otto Friedrich Westphal beschrieb 1872 die von ihm so benannte »Platzfurcht« bzw. Agoraphobie als »Furcht *vor dem Durchschreiten von Plätzen resp. Strassen*«. Westphal 1872, S. 138, Hervorhebung im Original.
28 Stübben 1907, S. 204.
29 Ebd., S. 208.
30 Ebd., S. 209. Ähnlich wie Sitte sah auch Stübben das Modell für Platzgestaltungen in der turbinenartigen Anordnung. Sitte 1901, S. 37.

An diesen Debatten lassen sich die oben erwähnten Überschneidungen einzelner Auffassungen festmachen, unabhängig von den Lösungen, die sich im Einzelfall trotz unterschiedlicher ideologischer Herleitungen nicht unbedingt unterschieden. Künstlerische und technisch-wissenschaftliche Ansprüche standen in einem Spannungsverhältnis zueinander, weshalb Fehl die Herausbildung des modernen Städtebaus als Geschichte von Konflikten beschreibt.[31] Für die Vertreter des ästhetisch-künstlerischen Städtebaus ging der Weg über die Überwindung der technisch-ingenieursbezogenen Auffassung, was die Formulierung allgemeingültiger städtebaulicher Grundsätze beinhaltete. Hermann Maertens stellte den Versuch an, künstlerische Prinzipien anhand der empirischen Vermessung von Plätzen zu gewinnen, und auch Stübben entwickelte ein mathematisches System von Maßstäben, Abständen und Höhen- und Tiefenverhältnissen, das in seinem Handbuch die Grundzüge charakterisierte, die eine künstlerische Wirkung garantierten.[32]

Für die Position des ästhetisch-künstlerischen Städtebaus waren die stimmige Proportion sowie die Wahrnehmung aus der Perspektive der einzelnen Betrachterin bzw. des einzelnen Betrachters maßgeblich, der bzw. die sich auf einem Platz oder in einer Straße bewegte. Wie Karin Wilhelm und Detlef Jessen-Klingenberg schreiben, ist hier, namentlich bei Sitte, »der technisch-funktionalen Aufrüstung städtischer Räume [...] die Berücksichtigung individueller und sozialer Raumproduktionen zur Seite [gestellt]«[33] und der Städtebau entsprechend in die soziale Dimension gerückt. Den Rahmen für die Gestaltung künstlerisch ansprechender Platzanlagen setzte Sitte mit den drei wichtigsten Prinzipien des Freihaltens der Mitte, der Geschlossenheit des Platzes und der Sorge um die künstlerisch zu lösenden Platzproportionen. Was diese Platzproportionen anbelangt, beklagte Sitte, dass kaum mehr Kunstwerke und Skulpturen für Plätze errichtet würden, die stattdessen an Gebäuden in Form von Friesen oder Wandskulpturen zahlreich aufgesetzt würden (er bezog sich hauptsächlich auf Gebäude an der neu errichteten Ringstraße in Wien).[34] Sitte kritisierte die Kunstkommissionen, die ein einseitiges Augenmerk auf das einzelne architektonische Objekt legten, und kritisierte daneben die akademische Regelmäßigkeit, die meist den Effekt durch Symmetrie suchte.[35] Die Symmetrie nämlich habe, so Sitte, zur Folge, dass die Platzmitten häufig mit Bauelementen wie Denkmälern oder Monumenten verstellt seien, was dem Prinzip des Freihaltens der Mitte

31 Vgl. Fehl 1980b.
32 Stübben 1907, S. 210.
33 Wilhelm & Jessen-Klingenberg 2006, S. 11f.
34 Sitte 1901, S. 18.
35 Sitte sprach von »symmetrischen Schablonen«. Ebd., S. 25.

widerspreche.³⁶ Schließlich zog Sitte aus dem Material antiker, mittelalterlicher und neuzeitlicher Platzanlagen die Erkenntnis, dass Plätze ihre künstlerische Wirkung dann am besten entfalteten, wenn sie in ihrer räumlichen Erscheinung geschlossen seien.³⁷ Die ›richtige‹ Proportion war im ästhetisch-künstlerischen Ansatz der Schlüssel für Platzgestaltungen, ohne dass sie klar definiert werden konnte. Proportion könne nur mit »Augenmaß« und »Gefühl« annähernd erfasst werden, weshalb der Städtebau einen künstlerischen Zugang durch den Stadtbaukünstler erforderte, der diese unbestimmte Proportionalität bestimmen könne. Auch Raymond Unwin postulierte: »Proportion in town planning, as in architecture, is a matter that cannot be reduced to figures, but must be judged of in each case according to the circumstances[...]«.³⁸ Es wurden damit zwar Regeln benannt, die zugleich jedoch nicht genau festgelegt werden konnten.

Wahrnehmung und Umgebung – diese zwei für die Positionierung der Stadtraumgestaltung als erzieherische »Agentur« zentralen Aspekte waren aufeinander unter ästhetischen Vorzeichen bezogen. Der belgische Städtebauer Charles Buls, auf den weiter unten noch einzugehen ist, betonte etwa das Prinzip, dass ein Gebäude je nach Platzgestaltung in einer bestimmten Weise erscheinen könne, *weil* seine Wirkung *in* der Betrachterin bzw. *im* Betrachter zustande käme.³⁹ Die Erscheinung begriff Buls als eine gefühlsmäßige Aneignung. An solche Auffassungen anknüpfend stellte auch Henrici seine städtebaulichen Überzeugungen auf ein wahrnehmungstheoretisches Fundament:⁴⁰

»Alle Gegenstände wachsen scheinbar, wenn sie dem Auge näher rücken, und erscheinen kleiner, wenn man sich von ihnen entfernt. Der kleinste Gegenstand wird, dicht vor das Auge gehalten, zu einem Ungeheuer, und der mächtigste Dom oder der höchste Berg wird winzig klein in grosser Ferne. Nur der Vergleich mit der Umgebung – und namentlich mit dem, was vor ihm steht – und was er überragt – lässt den grossen Körper, auch aus der Ferne gesehen, relativ gross zur Wirkung kommen.«⁴¹

Mit dem individualistischen Standpunkt rückte Henrici die Wirkung aus der Sicht der einzelnen Person ins Zentrum der Definition ästhetischer Grundsätze. So unterschied Henrici in Bezug auf die Straßengestaltung zwischen »kurzweiligen«, »langweiligen« und »normalen«

36 Ebd., S. 22ff.
37 Ebd., S. 55ff.
38 Unwin 1994, S. 208.
39 Buls 1894, S. 21.
40 Zu Henrici vgl. Curdes 1981.
41 Henrici 1981a, S. 70.

Straßen.[42] Die Bemessung dieser Attribute, von denen die Kurzweiligkeit den größten anzustrebenden Wert besitze, entwickelte Henrici auf Grund des angenommenen Wissens um die Wirkung ihrer Länge oder Kürze, die die Person erführe, wenn sie in der Straße stehe und diese von ihrem wahrnehmbaren Ende her betrachte. Vor diesem Hintergrund diskutierte Henrici Krümmungsgrade von Straßen und deklarierte etwa die konkave »Wandung« von Straßen als vorbildlich.

An solchen Debatten um die ästhetische Gestaltung von Straßen und Plätzen lassen sich die Felder ablesen, in denen die zunehmende Sensibilität für die ›schöne‹ Gestaltung der Stadt ihre Umsetzung fand. Zunächst ging es um eine eher unspezifische Parteinahme für die Ästhetik, die sich der Ablehnung der Massenarchitektur der Gründerzeitjahre verdankte. Unter dem Eindruck des unkoordinierten städtischen Wachstums wurden dann ästhetische Belange im Städtebau zunehmend innerhalb des sozialen Rahmens betrachtet. Theodor Goecke beschrieb in einem Artikel aus dem Jahr 1893 das soziale Anliegen dahingehend, dass er vor Baugesetzordnungen warnte, welche die architektonische Kreativität beschneiden würden, wobei sein Kriterium in der sozialen Verträglichkeit lag. Die Gestaltung habe sich nach Kontexten auszurichten, von denen nach Goeckes sozialen Überlegungen die individuellen Wohnbedürfnisse am wichtigsten waren.[43] Der Bebauungsplan sei dementsprechend zu individualisieren und Baugesetze müssten die Möglichkeit für eine individuelle Bauästhetik offen halten. Gleichzeitig aber forderte Goecke, mit gesetzlichen Instrumentarien die profitorientierte Spekulation im Baugewerbe durch Baugesetze soweit zu regulieren, dass eine sozial verträgliche Umsetzung von Bauprojekten zwingend sei. Nur über den Weg eines weitreichenden städtischen Bebauungsplans, so Goecke, ließe sich unter dieser Maßgabe die Wohnungsfrage in den großen Städten lösen, die er somit im Kern als eine sozialpolitische Frage auffasste.[44]

Ähnlich äußerte sich der Berliner Publizist Hans Schmidkunz 1901 in der kunsthandwerklich ausgerichteten Zeitschrift *Berliner Architekturwelt*, wo er in einem Beitrag kritisierte, dass die Stadtbauliteratur bislang nur eine »juristische und sozialpolitische«[45] gewesen war. Er monierte, dass sich die Reform des Städtebaus darauf beschränkt habe, das Gewinnstreben der privaten Bauauftraggeber durch gesetzliche Verordnungen unter Maßgabe sozialpolitischer Ziele zu begrenzen. Die Sorge um die städtebauliche Ästhetik war in dieser Kritik einerseits durch den Faktor der »Gewinnsucht des Bauherrn« und andererseits durch

---

42 Henrici 1981b. Ich stütze mich auf den Artikel »Langweilige und kurzweilige Strassen«, der 1893 in der *Deutschen Bauzeitung* erschienen ist.
43 Goecke 1893, S. 545.
44 Ebd., S. 546.
45 Schmidkunz 1901, S. 73.

die »behördlichen Bestimmungen über das Bauen« im Hintertreffen.[46] Der ästhetische Sinn »unabhängig von behördlichen Bestimmungen« sei im Rahmen einer allgemeinen »intellektuelle[n], ethische[n] und ästhetische[n] Erziehung des bauenden, wohnenden und verkehrenden Publikums«[47] noch ausstehend.

Die Einsicht in die Notwendigkeit, in einer sozialpolitisch motivierten städtebaulichen Planungspraxis einen ästhetischen Standpunkt zu entwickeln, wurde, wie gesehen, von deterministischen Argumentationen vorangetrieben.[48] Ähnlich wie Sitte schrieb auch Stübben: »Das Museum besucht der Bürger wenige Male im Jahre oder – noch seltener. Den öffentlichen Platz überschreitet und sieht er absichtslos wöchentlich oder täglich.«[49] Deshalb wirke auf »den Geschmack und das Gemüt des Volkes die Kleinarchitektur [...] der Strassen und Plätze.«[50] Aus diesem Grund, so Stübben, sei den Fragen der Anordnung, der Gruppierung und der Einteilung von Straßen und Plätzen unter Einbezug von Sichtachsen besondere Aufmerksamkeit zu widmen. Diese Bemühungen müssten zu Lösungen führen, die »zweckmässig und gefällig, geregelt, aber ungezwungen das Auge erfreuen.«[51] Im Unterschied zu Sitte und den Vertretern seines Programms stand für Stübben eine pragmatische Position im Vordergrund, wonach die Rolle des Städtebauers als begnadeter Künstler abgelehnt wurde. Vielmehr gehe es nach seiner Ansicht in der städtebaupolitischen Regulierung um die Herausforderung, private und öffentliche Interessen unter einem allgemeinen sozialpolitischen Anliegen auszutarieren.[52] In dieser Frage stand Stübben in Opposition etwa auch zu Karl Henrici.[53]

Camillo Sitte forderte bekanntlich eine auf die Wahrnehmung des Stadtbewohners abzielende, räumlich-ästhetische Gestaltungspraxis. In seinem Buch *Städte-Bau nach seinen künstlerischen Grundsätzen* beschrieb er vor allem die ideellen Bezugspunkte des reformorientierten Städtebaus zu Beginn des 20. Jahrhunderts und steckte damit

46 Ebd.
47 Ebd., S. 76.
48 Fehl 1980a.
49 Stübben 1907, S. 223.
50 Ebd.
51 Stübben 1907, S. 224.
52 Vgl. Stübben 1893a, S. 415ff.
53 Die Kontroverse zwischen Josef Stübben und Karl Henrici ist in folgenden Artikeln dokumentiert: Henrici 1981b; Stübben 1893a. In der Tradition Baumeisters stehend fokussierte Stübben die technischen und pragmatischen Probleme des Städtebaus. In Sittes *Städtebau* blieben, wie erwähnt, die drängenden Probleme von der Wohnungsfrage, über die städtische Hygiene bis zum Verkehrsproblem zugunsten einer ästhetisch-moralischen Betrachtungsweise weitgehend ausgespart.

den Diskussionsrahmen der ästhetischen Planungspraxis ab. Seine Leitvorstellungen bildeten einen zentralen Bezugspunkt für städtebauliche Debatten im internationalen Kontext.[54] Sein Programm erwies sich als fruchtbar, nachdem es dezidiert in die Zukunft gerichtet war und beispielsweise die hygienischen Notwendigkeiten des modernen Lebens aufgriff, die nach Sittes Meinung die künstlerischen Ansprüche des Städtebaus, wenn nötig, sogar begrenzten.[55] Er bot damit Anknüpfungspunkte für zukünftige Gestaltungsfragen und unterstellte diese nicht der beengenden Verpflichtung auf eine vergangene Epoche, selbst wenn sie die vernakuläre Ästhetik aufgriff, die für Mebes' Ästhetik bestimmend war, die am Zeitpunkt unmittelbar vor der Industrialisierung um 1800 ansetzte.[56]

Der internationale Einfluss von Sitte hing insbesondere damit zusammen, dass sein Buch die Notwendigkeit einer ästhetisch sensiblen Stadtplanung artikulierte. Diese Forderung wurde in unterschiedlichen Ländern aufgegriffen und regte die Debatte um eine künstlerische Stadt an, wie sie unter den Schlagwörtern *Civic Art, Art public, Art Urbain, Art civique* oder *Arte di costruire la città* in unterschiedlichen nationalen Kontexten verhandelt wurde.[57] Die internationalen Verflechtungen werden im Folgenden anhand der exemplarischen Darstellung stadtplanerischer Positionen aus unterschiedlichen nationalen Kontexten nachgezeichnet. Sie sollen beispielhaft mit den Ansichten der Städtebauer und Städtebautheoretiker Raymond Unwin, Thomas H. Mawson, Patrick Geddes, Giuseppe Giovannoni, Charles Buls, Albrecht Erich Brinckmann und Theodor Fischer verdeutlicht werden. Sie alle gehören zur ersten Generation des modernen, ästhetisch-künstlerisch verfahrenden Städtebaus.[58] Dieser Zusammenhang, der eine internationale städtebauliche Debatte pflegte, überschritt die nationalstaatliche Fokussierung. Auf Kongressen oder Städtebauausstellungen kam es beispielsweise zum Austausch der Ansichten, die sich so in internationalen »Denkkollektiven« entwickel-

54 Vgl. Calabi 2009.

55 »Es ist nicht vorgefasste Tendenz dieser Untersuchung, jede sogenannte malerische Schönheit alter Städteanlagen für moderne Zwecke neuerdings zu empfehlen, denn besonders auf diesem Gebiete gilt das Sprichwort: Noth bricht Eisen. Was sich aus hygienischen oder anderen zwingenden Rücksichten als nothwendig herausgestellt hat, das muss geschehen und sollen darüber noch so viele malerische Motive über Bord geworfen werden müssen.« Sitte 1901, S. 16. Ausführlich äußerte sich Sitte dazu im zehnten Kapitel seines Buches. Fehls Charakterisierung von Sitte als Opponent Baumeisters erscheint unter Berücksichtigung von Sittes Aufgeschlossenheit gegenüber modernen hygienischen und technischen Anforderungen als einseitig. Vgl. Fehl 1980b.

56 Mebes (Hg.) 1908.

57 Calabi 2009, S. 161.

58 Vgl. Collins & Crasemann Collins 1965; Albers 1997.

ten.⁵⁹ Die Positionen, die zur Sprache kommen, zeigen die programmatischen Spuren dieser Internationalisierung und verdeutlichen im Sinne eines kursorischen Überblicks die Tendenzen im künstlerischen Verständnis des Städtebaus, die in diesen Kontexten jeweils gesellschaftspolitische Ansätze zutage förderten.⁶⁰

In England wirkte Raymond Unwin mit dem erwähnten Buch *Town Planning in Practice* (1909) als einflussreiche Größe in der Entwicklung des Städtebaus als Disziplin mit sozialwissenschaftlichem Fundament. In dieser Abhandlung bezog er sich auch auf Sittes Buch, das er in der französischen Übersetzung des Genfer Architekten Camille Martin rezipierte, der mit seiner freien Übertragung Sittes lebendig-offene Betrachtung von Stadtensembles und städtebaulicher Gestaltung in eine eher starre ›Baufibel‹ übersetzte.⁶¹ Unwin übernahm von Sittes ästhetischem Zugang vor allem das Konzept der geschlossenen Platzanlage,⁶² trat aber prononcierter als Sitte für die soziale Gleichheit und den demokratischen Gedanken ein.⁶³ Unwin äußerte diese Kritik in einer Linie mit den sozialistischen Positionen im Sinne John Ruskins, vor allem aber William Morris' oder auch des Schriftstellers Edward Carpenter.

Unwin gelangte zur Feststellung, dass der Städtebau in hygienischen und technischen Belangen einen hohen Standard erreicht habe. »[A]nd yet«, so Unwin weiter, »the remarkable fact remains that there are growing up around all our big towns vast districts, under these very byelaws, which for dreariness and sheer ugliness it is difficult to match anywhere, and compared with which many of the old unhealthy slums are, from the point of view of picturesqueness and beauty, infinitely more attractive.«⁶⁴ Die Forderung nach einem ästhetischen Bewusstsein legitimierte sich nach Unwin aus der Überlegung, durch Straßengestaltung oder Parkanlagen das Gemeinschaftsleben zu stärken.⁶⁵ Den im Kontext der Öffentlichkeit diskutierten Städtebau sah Unwin also nicht als Selbstzweck, sondern als Ausdruck des »civic life«.⁶⁶ Somit wäre die

59 Schott 2009, insbesondere S. 214ff.
60 Hierzu genauer Albers 1997 und insbesondere S. 348ff. für den Überblick über die Planungsliteratur.
61 Posch 2010, S. 55ff.
62 Unwin 1994, S. 194ff.
63 Unwin kritisierte strikt ausgelegte Prinzipien wie Sittes Bevorzugung von unregelmäßigen Straßen und Plätzen, wobei in dieser Kritik, wie erwähnt, die selektive Übersetzung Martins mitberücksichtigt werden muss. Ebd., S. 112.
64 Ebd., S. 4.
65 Hinter diesen Forderungen stand die Gartenstadt-Idee von Ebenezer Howard.
66 Unter Verweis auf den Arts-and-Crafts-Architekten William Lethaby schreibt Unwin »that art is expression and that civic art must be the expression of the life of the community«. Ebd., S. 9.

Aufgabe des Städtebaus folgendermaßen zu definieren: »to satisfy in a straightforward and orderly manner the obvious requirements of the community.«[67] Dies implizierte für Unwin, dass Stadtplanung auf soziologischen Erhebungen beruhen müsse.[68] Kurz nach der Veröffentlichung von Unwins Buch erschien Thomas H. Mawsons[69] monumentales Werk *Civic Art* (1911). Darin spitzte Mawson den Zweck der ästhetischen Gestaltung der Stadt als Voraussetzung für die Herstellung von Öffentlichkeit über Raumgestaltung zu. Ähnlich wie Unwin betonte er die Bedeutung des Studiums lokaler Voraussetzungen von städtischen Räumen im Sinne einer umfassenden Bestandsaufnahme. Auch Mawson sah den Zweck der Stadt im funktionierenden Leben der zivilen Öffentlichkeit, indem er von einer »collective view« ausging, welche den Blick auf Stadtplanung leiten müsse.[70]

*Civic Art* ist in vier Teile untergliedert und präsentiert das Ideal der Stadt, die Umsetzung des künstlerischen Städtebaus (was Mawson unter »*civic art*« verstand), sowie städtebauliche Beispiele und solche von Parkanlagen. Mawson, der als Landschaftsarchitekt ursprünglich ein Buch über städtische Grünflächen schreiben wollte, sah sich im Laufe des Verfassens seines Buches angehalten, sein Vorhaben auf die Stadtplanung gesamthaft auszudehnen, weil er nur so die Stadtentwicklung in seiner ganzen Dimension in den Blick bekommen könne.[71] Das bedeutet, dass Mawson von einem Ideal ausging. Stadtplanung sei, so Mawson, in erster Linie eine Angelegenheit von Prinzipien und müsse sich dennoch zunächst praktischen Fragen unterordnen: »the town built up on false principles has degraded morals and a low destiny, while that founded on right principles is certain of ultimate success.«[72] Dieses Ideal richtete er an der Idee des zivilen Lebens aus. Das Ideal definierte auch Mawson ästhetisch, das sich durch Schönheit auszuzeichnen habe. Die Idealität dieses Konzepts implizierte in weiterer Folge die ästhetische Erziehung der Massen.[73]

Es war dieses gesellschaftserzieherische Programm, das für Mawson den Blick für die großen Zusammenhänge notwendig machte.[74] »The

---

67 Ebd., S. 13.
68 Ebd., S. 141.
69 Thomas H. Mawson (1861–1933) war ein britischer Landschaftsarchitekt und Stadtplaner. Er unterrichtete an der Liverpool University. In seinen landschaftsarchitektonischen Ansichten entwickelte Mawson eine städtebauliche Dimension.
70 Mawson 1911, S. 10.
71 So Mawson in der Einleitung. Ebd., S. 1f.
72 Ebd., S. 4.
73 »[T]o educate the masses in beauty and form and other kindred subjects«, wie Mawson schreibt. Ebd., S. 6.
74 Ebd., S. 10.

true ideal is reached in the perfectly planned city, where each dirtless and dustless factory has grouped around it the homes of the workers, who are given an amplitude of breathing space, with every inducement to mental and physical culture.«[75] Die perfekt geplante Stadt entsprach freilich auch für Mawson nicht dem rationalen Muster einer schachbrettartig gerasterten Stadt. Vielmehr war es gerade der malerische Charme des ungeplanten, zufälligen und irregulären »old-world village«,[76] von dem die Städtebauer nach Mawsons Ansicht ihre Planungsprinzipien herleiten müssten.[77] So findet sich auch bei Mawson die Ambivalenz, eine antiformalistische Formel für einen malerischen Städtebau aufzustellen, der systematisch eine zufällig wirkende Anordnung herstellen sollte und der von der wahrnehmungsgesteuerten Wirkung ausgeht. Ambivalent war diese Position auch deshalb, weil der entsprechende städtebauliche Zugang *gegen* die Scheinarchitektur des Historismus entworfen wurde.[78]

Das Feld, in dem Mawsons Vorstellungen des Ideals zur Entfaltung kamen, war das von ihm so benannte »*civic design*«. »[D]esign«, schreibt Mawson, »is the end to which technique is the means.«[79] Zunächst entwickelte er, ähnlich wie Unwin, eine kontextuelle Herangehensweise, die auf der wissenschaftlichen Analyse der vorherrschenden Strukturen ansetzte, wobei er unter anderem hygienische Aspekte berücksichtigte. Die historisch gewachsene Tradition war dabei der zentrale Pfeiler, weshalb Mawson generelle Lösungen auf dem Reißbrett ablehnte, die in der akademischen Tradition der historistisch orientierten Bauschulen in mehr oder weniger ausgeprägter Form Standard waren.[80] Diesem Ansatz setzte Mawson die Sicht der Stadt als eine »Individualität« entgegen. Sie habe »its own civic character or individuality«,[81] die eine eigene, wie Mawson an anderer Stelle schreibt, »anatomy of a town«[82] ausbilde.

Mawson erklärte die Natur zur Lehrmeisterin und baute zur Untermauerung dieser Sicht eine Traditionslinie auf, in der er unter anderem auf Giotto und Masaccio zurückgriff, da diese in seinen Augen das Sublime direkt aus der Inspiration durch die Natur zur Entfaltung

---

75 Ebd., S. 18.
76 Ebd., S. 21.
77 »Rustic beauty which the country teaches has a naïve character of its own, attaining with swift intuition just the precise grouping to voice the theme without arrangement or classification.« Ebd., S. 23.
78 Mawson nennt das »show-card ornamentation« und »feeble imitations of the super-refined architecture«. Ebd., S. 27.
79 Ebd., S. 11.
80 Ebd.
81 Ebd., S. 16.
82 Ebd., S. 11.

brachten.[83] Schönheit sei zwar das bestimmende Kriterium des Städtebaus, aber nicht eindeutig definierbar. Mawson wich deshalb auf einen relativen Schönheitsbegriff aus, der Proportionen und Relationen von Gebäuden und Freiflächen betonte.[84] Von hier aus gelangte er zur Position, den künstlerischen Städtebau als eine Frage der Anordnung des Raums zu betrachten.

Aus sozialpolitischer Sicht hatte der gesellschaftsutopisch orientierte schottische Städtebauer Patrick Geddes[85] noch vor Unwin oder Mawson umfassende »civic surveys« gefordert und damit eine Basis für die Frage der ästhetischen Gestaltung im Städtebau gelegt, die den reißbrettartigen Raster obsolet machen sollte. Geddes betonte die Bedeutung der regionalen Voraussetzungen für städtebauliche Maßnahmen, womit er einen regionalplanerischen Zugang ermöglichte.[86] Geddes war insofern eine wichtige Figur in der Stadtplanungsgeschichte, als er die Einsicht formulierte, dass jede Planung auf einer umfassenden Erhebung verschiedenster Aspekte aufbauen müsse, die von geographischen bis sozialen Voraussetzungen reichten.[87] In Büchern wie *Civics: As Applied Sociology* (1905) oder *Cities in Evolution* (1915) führte er diesen wissenschaftlichen Anspruch der Stadtplanung aus, der auf Systematisierung hinauslief. In der Praxis im und der Reflexion von Städtebau war bis dahin die pragmatische Erfahrung ausschlaggebend, die noch keinen planerischen Vorgriff kannte.[88]

---

83 Ebd., S. 23.

84 »Whether in the Civic centre, the expanding town, or suburbs, the value of broad masses of buildings, their relative scale to surrounding open spaces, claim our first care. The value of axial lines and focal points, the proportionate length of streets to width, and height of roof lines, of road widths to side paths, and the correct spacing of trees are but a few of the additional aesthetic considerations which claim our deepest study and which should influence the civic architect's designs.« Ebd., S. 45.

85 Patrick Geddes (1854–1934) war ein soziologisch geschulter Städtebauer und Biologe. Er war Professor am University College Dundee von 1888 bis 1919 und an der Universität Bombay von 1919 bis 1924. Einer seiner wichtigsten Beiträge im Bereich des Städtebaus war das Konzept der Regionalplanung, das auf geographischen und soziologischen Faktoren aufbaute.

86 Hall 1988, S. 137ff.

87 Ebd., S. 142.

88 Dies zeigten die Zugänge von früh wirksamen Städtebautheoretikern wie Baumeister, Stübben oder auch Sitte, die in erster Linie Beispiele fokussierten, aber noch keine Generalpläne präsentierten. Albers 1997, S. 277.

In Italien setzte sich Gustavo Giovannoni[89] für die künstlerische Herangehensweise zum Städtebau ein. Im Aufsatz »Vecchie città ed edilizia nuova« aus dem Jahr 1913 hob er die Vorrangstellung des deutschsprachigen Raums in der Entwicklung des Städtebaus hervor und verwies dabei insbesondere auf Sitte und Stübben.[90] Mit Blick auf Rom und die städtebauliche Modernisierung bildete die Frage des Erhalts alter Bausubstanzen und Ensembles das Zentrum seiner Auseinandersetzung. Die vorfindlichen Strukturen sah Giovannoni in einem krassen Gegensatz zu dem, wie er schreibt, gänzlich unorganischen Konzept der Stadterweiterung, die er in Rom seit den 1870er Jahren ausmachte: »allora una concezione megalomane di una grande città futura che doveva essere incanalata nelle nuove strade, ora un vivere giorno per giorno tenendo tardamente appresso allo sviluppo della fabbricazione, senza un ampio criterio edilizio, senza un meditato pensiero d'arte, senza un previgente indirizzo dello sviluppo economico e del movimento cittadino.«[91] Im Spannungsfeld von gegenwärtigen Anforderungen und historischen Strukturen erkannte Giovannoni als die zwei zentralen Bezugspunkte der Stadtmorphologie einerseits die zeitgenössische Erfordernis der Stadt als Kommunikations- und Bewegungsgefüge[92] und andererseits die Umgebung als gewachsene und immer auch vorfindliche Struktur. Bei Giovannoni trat damit neben dem Aspekt der umfassenden Erhebung die Denkmalpflege in der Frage der ästhetischen Gestaltung in den Vordergrund.

Im Hinblick auf den denkmalpflegerischen Aspekt verwies Giovannoni in seinem städtebaulichen Aufriss auch auf den bereits erwähnten belgischen Städtebauer Charles Buls,[93] der im französischsprachigen Raum bedeutsame Impulse in der Diskussion um den Städtebau lieferte.[94] In seiner kleinen Schrift mit dem Titel *Esthétique des Villes*, die erstmals 1893 erschien und bereits 1894 zum zweiten Mal aufgelegt wurde, ent-

89 Gustavo Giovannoni (1873–1947) war Architekt und Architekturhistoriker in Rom. Giovannonis Interessensgebiet betraf hauptsächlich die Verbindung von Denkmalpflege und modernem Städtebau.
90 Giovannoni 1913.
91 Ebd., S. 465. Übersetzung M.V.: »eben noch eine größenwahnsinnige Konzeption einer großen Stadt der Zukunft, die von den neuen Straßen geleitet war, jetzt ein Leben von Tag zu Tag, das dem Tempo der Fabrikation hinterherhinkt, ohne ein umfassendes städtebauliches Konzept, ohne ein wohlüberlegtes Verständnis von Kunst, ohne einen vorausblickenden Sinn für die wirtschaftliche Entwicklung und die städtische Bewegung.«
92 Giovannoini nannte diesen Aspekt »elemento *cinematico*«. Ebd., S. 456, Hervorhebung im Original.
93 Charles Buls (1837–1914) war Bürgermeister von Brüssel von 1881 bis 1898. In dieser Funktion setzte er sich gegen die Stadterneuerungspläne von König Leopold II und für die Erhaltung alter Stadtteile Brüssels ein.
94 Zum Schaffen von Charles Buls vgl. Smets 1995.

wickelte Buls seine Vorstellung vom künstlerischen Städtebau, den er als Harmonie zwischen Form und Funktion verstand.[95] Buls hatte dabei die Situation in Belgien vor Augen und sah jeweils für Wallonien und Flandern unterschiedliche Maßstäbe für das, was die »malerische« (»*pittoresque*«) Stadt ausmache. Er führte diese Frage in erster Linie auf die alte Bausubstanz einer Stadt zurück. »On conserve à la ville«, schreibt Buls über die städtebaulichen Prinzipien, »son caractère local et national, on ne détruit les souvenirs du passé que dans la stricte mesure des exigences de la vie moderne, on obtient des effets pittoresques, on ménage les finances communales, et l'on jette moins de perturbation dans les habitudes et les intérêts de la population.«[96] Buls setzte Interessen einer Bevölkerung voraus, die aus ihrer Geschichte sowie den nationalen und lokalen Eigenheiten entstammten[97] und stellte den Städtebau auf das Fundament dieser Interessen. Dies definierte er mitunter ästhetisch, für das die Kunsttradition ein Ausdruck war und das deshalb auch ästhetische Prinzipien der Stadterweiterung vorgab. Wie Giovannoni beschäftigte auch Buls die Problematik, wie die Pflege des historisch gewachsenen Stadtraums mit den Anforderungen des modernen Lebens verknüpft werden solle. Buls' städtebauliches Plädoyer bestand in einem historisch fundierten Regionalismus, den er aus einer evolutionär abgeleiteten nationalen Eigenheit begründete, wozu er, um ein Beispiel zu nennen, die Anpassung an die klimatischen Voraussetzungen zählte, die sich in der Ästhetik einer architektonischen Tradition ausdrücke. »[I]nspirez-vous«, fordert Buls von Städtebauern und Architekten (er hatte dabei die Situation in Brüssel vor Augen), »des souvenirs historiques que conserve l'emplacement qui vous est assigné; respectez les irrégularités des contours de la colline, tirez-en parti pour donner des aspects pittoresques à votre édifice.«[98]

Nachdem sich in der zweiten Hälfte des 19. Jahrhunderts die Bedürfnisse an die Stadtinfrastruktur unter anderem in Bezug auf Verkehr, Repräsentation oder Gesundheitspflege durch Gebäude- und Quartierssanierungen zunehmend wandelten, bedeuteten Stadterneuerungsmaßnahmen häufig eine weitgehende oder sogar komplette Veränderung von Straßenzügen oder ganzen Quartieren. Das Kratzquartier in Zürich war hierfür ein Beispiel, das an der Stelle eines mittelalterlich geprägten Quartiers neu errichtet wurde. Buls' stadtplanerische Bestrebungen standen vor dem Hintergrund solcher Erfahrungen, die sich generell in einer

---

95 Buls spricht von der »parfaite harmonie entre la forme et la destination des objets«. Buls 1894, S. 14.
96 Ebd., S. 15.
97 Buls verwendete Ausdrücke wie »mœurs locales«, »goût public«, »esprit national« oder »art national«.
98 Ebd., S. 43.

wachsenden Sensibilität für Denkmalpflege niederschlugen. Der Wiener Kunsthistoriker Alois Riegl legte mit seinem Buch *Der moderne Denkmalkultus* (1903) die entsprechenden Grundsteine einer systematischen Denkmalpflege.[99]

Der Blick auf die Geschichte der Stadtentwicklung stand auch im Zentrum der städtebaulichen Arbeiten des Kunsthistorikers Albrecht Erich Brinckmann.[100] Brinckmann allerdings kritisierte sowohl den historisch-romantisierenden Zugriff nach dem Muster Sittes, den er allerdings verkürzt rezipierte, indem er ihm die schlichte Idealisierung eines ›malerischen‹ Mittelalters unterstellte, als auch den historistischen Formalismus des akademischen Städtebaus, der »zu einer dekorativen Stadtbaukunst geführt«[101] habe. Brinckmann, ein Schüler Wölfflins, versuchte vielmehr, Gesetzlichkeiten aus den bestehenden architektonischen Formen abzuleiten, wobei auch bei ihm ihre Wirkung das wesentliche Kriterium der historischen Analyse bildete. Um eine historisch fundierte Architekturlehre zu argumentieren, die jeweils beide dieser als fehlgeleitet klassifizierten Richtungen vermied, betonte Brinckmann zunächst die »Individualität« einer jeweiligen Stadt, die sich durch die bestehenden Formen ihres architektonischen Erbes auszeichnete. Er sprach diesbezüglich von »Gesamtwirkung und [...] Zusammenhang einer architektonischen Situation«.[102] Diese Individualität begriff er »als eine den besonderen Lebensenergien der einzelnen Stadt entspringende, subjektive«[103] Eigenheit. So wirke die Architektur einer Stadt auf besondere Weise, weil es ihr »Zusammenhang« erfordere. Aus den besonderen Zusammenhängen ließen sich dabei allgemeine Gesetzmäßigkeiten ableiten.

Indem er die Eigenheit der Stadt hervorhob, betonte Brinckmann ihr Gesamtgefüge und rückte damit wiederum die Komposition des Stadtraums ins Blickfeld. »Nicht einzelnes allein zu sehen,« so Brinckmann, »sondern Relationen zu geben, dies ist das erste Bemühen des

---

99 In der deutschsprachigen Diskussion wirkte in dieser Hinsicht auch der Architekt und Kunsthistoriker Cornelius Gurlitt, indem er sich für die Erhaltung der Altstadt einsetzte.

100 Albrecht Erich Brinckmann (1881–1958) war ein deutscher Kunsthistoriker, der den Städtebau als Thema der Kunstgeschichte etablieren wollte. Brinckmann war Professor an unterschiedlichen Universitäten in Deutschland, unter anderem an der TH Karlsruhe und den Universitäten Köln und Frankfurt a. M., wo er als Ordinarius für Kunstgeschichte stärker kunsthistorische Fragestellungen im engeren Sinn bearbeitete. Brinckmann war Herausgeber des *Handbuchs der Kunstwissenschaft*. 1933 trat Brinckmann der NSDAP bei. Seinen philosophischen Idealismus verband Brinckmann mit dem Konzept der Nation. Zu Brinckmann vgl. die Einleitung von Werner Oechslin in Brinckmann 1985.

101 Brinckmann 1985, S. 3.

102 Ebd., S. 5.

103 Ebd., S. 4.

historischen Stadtbaues.«[104] Das leitende Kriterium sei die Wahrnehmung und Empfindung der einzelnen Person, die sich in einem Raumgefüge bewegt, was Brinckmann konkret körperlich dachte.[105] Einzelne Gebäude stünden untereinander in Beziehung und genau diese Beziehung – also die gebaute Umgebung als Ganzes und nicht das einzelne Gebäude, was ebenso in der in der Einleitung erwähnten Setzung der Stadt »als« Architektur durch Aldo Rossi anklingt – machte für Brinckmann den Eindruck einer Stadt aus. Das, worauf der Eindruck einer Stadt beruhe, sei ihre Form. Brinckmann bemühte sich aus dieser Einsicht heraus um eine ›Erziehung‹ des Architekten, welche er als eine Erziehung der instinktiven Wertschätzung für die Gesetzmäßigkeit der Stadtform beschrieb. Er bezeichnete dies als »ästhetisches Gefühl« bzw. als »architektonischen Instinkt«,[106] was wiederum einen Städtebau ermöglichen solle, der das ästhetische Empfinden in der allgemeinen Bevölkerung stärkte. Denn dank der Wirkung der räumlichen Gesamtsituation könne die Moral der Gesellschaft als Ganzes gesteigert werden: »Wie wir von einer heroischen Landschaftsmalerei reden, könnten wir von einer heroischen Stadtbaukunst sprechen, welche die Vitalität steigert und ein städtisches Geschlecht mit großen Gesinnungen und starken Handlungen erzeugt.«[107]

Brinckmanns Argumentationslinien waren kunsthistorisch angelegt und konzentrierten sich auf das ästhetische Erscheinungsbild der Stadt und ihre Wirkung auf die einzelne Person. Für ihn war, wie für Sitte, die Ausdehnung der Stadt im 19. Jahrhundert ausschlaggebend für seine städtebaulichen Prinzipien.[108] Brinckmann sah Sittes Zugang letztlich in der historischen Architektur verankert, und zwar im Sinne eines Gegenentwurfs zum stilistischen Eklektizismus.[109] Brinckmann knüpfte an die Tradition um 1800 an, um von dort aus die Phase des Historismus zu überblenden und die praktischen sowie ästhetischen Anforderungen nach zeitgemäßem Ausdruck neu zu denken. Anders als Mebes definierte er so Ausgangspunkte, an die nach der Zeit des »fehlgeleiteten«

---

104 Ebd., S. 20. Nicht zufällig verwies Brinckmann auf zahlreiche Beispiele aus der Barockzeit.
105 Ebd., S. 64
106 Ebd., S. 21.
107 Ebd., S. 78.
108 Zur Entwicklung im 19. Jahrhundert schreibt Brinckmann: »Mit dem Beginn des neunzehnten Jahrhunderts verflüchtigt sich der architektonische Esprit. Man möchte von einem allmählichen Erkalten sprechen, das zu einer Eiszeit führt, in der alles architektonisch-räumliche Empfinden erstarrt.« Ebd., S. 11.
109 Zur Zeit, als Brinckmanns *Deutsche Städtebaukunst* im Jahr 1911 veröffentlicht wurde, kam Sittes Konzept erst vereinzelt in der Praxis zur Anwendung.

Historismus die städtebauliche und architektonische Entwicklung neu ansetzen müsse.

Brinckmann schöpfte als Kunsthistoriker seine Vision der Stadt hauptsächlich aus ästhetischen Anschauungen, die er anhand von Beispielen an Plätzen, Straßen, Baublöcken und Fassaden demonstrierte. ›Moralerziehung‹ bedeutete bei Brinckmann die Erziehung zur ästhetischen Erkenntnis- und Urteilsfähigkeit. Konkrete gesellschaftliche Herausforderungen, die den Wohnungsbau, die verkehrstechnische Erschließung neuer Stadtbezirke oder die Maßnahmen zur Verbesserung der hygienischen Gesamtsituation in der Großstadt anbelangten, klammerte er hingegen aus.

Der Stuttgarter Architekt und Städtebauer Theodor Fischer[110] begriff den künstlerischen Städtebau sowie die Architektur wiederum unter dem Zeichen des Heimatschutzgedankens. Er übte vor allem im südwestdeutschen Raum Einfluss auf den reformorientierten Städtebau aus, der sich in einer romantisierenden ästhetischen Auffassung manifestierte. Dank der geographischen Nähe und personeller Netzwerke war sein Einfluss auch auf die Schweiz maßgeblich[111] – Fischer wird daher weiter unten im Zusammenhang der architektonischen Entwicklungen zur Sprache kommen, während nachfolgend seine städtebaulichen Ausführungen skizziert werden.

Fischer äußerte sich zu Städtebaufragen mitunter prononciert und polemisch, was meist dem Format des Vortrags geschuldet war, in dem er seine Anliegen ausführte.[112] Im Jahr 1903 erschien etwa die Druckfassung eines Vortrags, den er in Stuttgart aus Anlass seiner Berufung auf die Professur für Baukunde an die Technische Hochschule vor Vertretern der Architekturszene hielt. Darin entfaltete er seine Ausführungen auf der Basis des einprägsamen Argumentationsschemas, das den Kontrast zwischen der ästhetisch wertvollen früheren Zeit und des Verfalls durch

---

110 Theodor Fischer (1862–1938) begann seine berufliche Tätigkeit als Architekt in München. Dort wurde er 1893 Vorstand des Stadterweiterungsamtes und 1901 Honorarprofessor an der Technischen Hochschule. Im selben Jahr wechselte er an die Technische Hochschule in Stuttgart und später, 1908, wieder nach München. Fischer verknüpfte Lehr- und Bautätigkeit und engagierte sich in der Architektenausbildung. Er prägte damit die Stuttgarter Architekturschule, die für eine antiformalistische, aus einem lokal und traditional geprägten Innerlichen schöpfende Architekturauffassung stand. Fischer führte zahlreiche Bauten aus und entwarf Bebauungspläne für mehrere Städte.

111 Fischer vertrat zwar bis in die 1930er Jahre eine zunehmend antiquiert wirkende romantisch-heimatliche Architekturauffassung, wandte sich allerdings nicht gegen moderne Architektur wie das Bauhaus. Nerdinger 1988, S. 21. Winfried Nerdinger bietet einen umfassenden Überblick über Biographie und Schaffen Fischers.

112 Fischer hat kein größeres Buchprojekt realisiert. Ich stütze mich auf die publizierten Vortragstexte. Ebd., S. 9.

die Moderne bediente. Die Kunst im zeitgenössischen Städtebau, so stellte Fischer fest, sei »gedankenlos und papierern«[113] geworden, bestenfalls Mittelmaß, aber häufiger noch habe sie sich als bloße Fassadenarchitektur niedergeschlagen. Allein der Ausdruck »Fassade« reichte in den kulturkritischen Kreisen oft, um Frontlinien zwischen den alten, überholten und den neuen Konzepten im Städtebau aufzuziehen.[114] Die Vorwürfe gegenüber der historistischen Architektur waren, wie bereits an unterschiedlichen Stellen gesehen, nach 1900 keineswegs neu. Fischer allerdings trug sie effektvoll vor, um so seinen ästhetischen Einfluss auf die Architektur und die Städtebaupolitik zur Entfaltung zu bringen.

Fischer sah sich ähnlich wie schon Sitte zum Zeitpunkt der Veröffentlichung seines Buches noch 1903 vor die Notwendigkeit gestellt, die ästhetisch-künstlerische Sichtweise zu rechtfertigen. In seinem Vortrag betonte er, dass der ästhetische Standpunkt weder zulasten der ökonomischen, hygienischen oder technisch-praktischen Anforderungen gehe, noch eine zu vernachlässigende Konstante darstelle, sondern sich alle diese Gesichtspunkte durch eine künstlerisch-ästhetische Herangehensweise optimieren ließen.[115] Fischer koppelte den künstlerischen Wert an die Natur. Die Anpassung an die Umgebung und die Steigerung ihrer Charakteristika[116] führte er als eines der städtebaulichen Prinzipien auf, womit er zeigen wollte, dass der künstlerische Zugang nicht bloßer Zusatz im Städtebau war, sondern – etwa im Straßenbau, wo er insbesondere den Hang zu gerader Straßenführung kritisierte – zur optimalen Ausführung beitragen könne und »eine ganz erhebliche Ersparung die Folge naturgemässer Pläne wäre.«[117] Damit meinte Fischer, dass die Natur die Bauformen vorgebe, was beispielsweise krumme Straßenführung in einer hügeligen Stadtgeographie erfordere.

Fischers Ausführungen waren darauf angelegt, über die intuitive Erfassung durch die Rezipientinnen und Rezipienten zu überzeugen, indem er an das nicht fest zu umreißende »*natürliche Empfinden*«[118] appellierte. Die Kunst definierte er als das gemeinsame Fundament für die praktische, schöne und gesunde Stadterweiterung, wobei er von der Kunst eine ganzheitliche Auffassung vertrat: Kunst sei, wie er mit Blick auf die durch die industrielle Moderne verloren gegangen geglaubte Tradition feststellte, »wie ehedem, eine Steigerung und Veredelung des menschlichen Tuns überhaupt, die das ganze Leben in aller Vielgestaltigkeit durchflutet, die

113 Fischer 1903, S. 27.
114 Ebd., S. 31.
115 Ebd., S. 37.
116 Ebd., S. 22.
117 Ebd., S. 37.
118 Ebd., S. 5 bzw. 42, Hervorhebung im Original. Fischer berief sich dabei auf Rousseau.

alles Streben und Wünschen einigen kann und deren reinste Quelle das dem Menschen eingeborene *natürliche Empfinden* ist«.[119] Fischer wählte somit die Kulturkritik als Grundlage, um die städtebaulichen Prinzipien zu legitimieren. Den Kontrast zwischen der Stadtbaukunst in der früheren Zeit und dem Bruch mit dieser Tradition durch den modernen Städtebau veranschaulichte er anhand zahlreicher Abbildungen; Lichtbilder waren fester Bestandteil seiner Vorträge. Dabei unterstützte Fischer nicht die Abkehr von der Gegenwart, sondern plädierte für eine pragmatische Anpassung an die praktisch gegebenen Umstände.[120]

Der Blick auf die referierten internationalen Positionen des reformorientierten Städtebaus zeigt zahlreiche Parallelen. Ein zentrales Merkmal liegt im Wissen um die Kontextualität des Stadtraums und das Bewusstsein um seine historische Genese. Zugleich zeigt sich, dass reformorientierte Zugänge mit der Forderung nach ästhetischer Erziehung des Architekten und des Städtebauers verknüpft waren, und schließlich fand Sittes Verständnis Eingang in die internationale Debatte, dass der Stadtraum durch die Art seiner Gestaltung eine Wirkung entfalte. Unter Foucaults Begriff des »Sicherheitsdispositivs« betrachtet, verdeutlicht die internationale Debatte, dass Städtebau nicht die Kreation der Stadt auf dem Reißbrett oder durch radikale Stadtumgestaltungen bedeutete, sondern dass an den bestehenden Strukturen angesetzt und dass entsprechend auch eher kleinräumige Einheiten wie Plätze oder Straßen fokussiert wurden. Foucault macht für den Umgang mit dem städtischen Raum unter den Bedingungen der Sicherheit vier Aspekte der »geplanten Gestaltung«[121] fest. Erstens sei, wie erwähnt, das Gegebene zu bearbeiten; die Auseinandersetzungen um die historische Stadt und die Denkmalpflege waren dafür Beispiele. Zweitens gehe es darum, »die positiven Elemente zu maximieren«,[122] was sich im typischen Modus der auf Erhebung fußenden Planung ausdrücke. Drittens schreibt Foucault, dass die »geplante Gestaltung« die Multifunktionalität der Stadt zulassen müsse, was dem malerischen Ansatz dahingehend entsprach, als das ›mittelalterliche‹ Modell hybride Stadträume favorisierte, in denen ›gearbeitet‹, ›gewirtschaftet‹ und ›gelebt‹ wurde. Schließlich hebt Foucault viertens den Aspekt hervor, dass »die Zukunft bearbeitet wird, das heißt, daß die Stadt nicht im Zusammenhang einer statischen Wahrnehmung aufgefaßt oder gestaltet wird, die für den Augenblick die Vollkommenheit der Funktion gewährleisten würde [...].«[123] »[G]ute Stadtgestaltung« sei Foucaults Analyse des »Sicherheitsdispositivs« folgend

119 Ebd., S. 42, Hervorhebung im Original.
120 Nerdinger 1988, S. 35.
121 Foucault 2004, S. 38.
122 Ebd.
123 Ebd., S. 39.

hingegen als Modus bestimmt,»dem Rechnung [zu] tragen, was geschehen kann.«[124] Die moralisierende Wirkung ästhetischer Stadträume war entsprechend der Ansatz, die Gesellschaft der Zukunft zu formen, um sie nicht dem Zufall zu überlassen. Dieser Ansatz drückt sich in der englischen Bezeichnung *Civic Design* aus, die die erwähnten Positionen der Stadtraumgestaltung als ein im sozialreformerischen Sinn gesellschaftssteuerndes Mittel unter den Bedingungen des »Sicherheitsdispositivs« verdeutlicht. Die Bedeutung des Städtebaus und der Architektur als Repräsentationsräume der zivilen Öffentlichkeit hob der amerikanische Architekt Charles M. Robinson[125] mit dem Ausdruck des Städtebaus als ›*civic art*‹ hervor.»[C]ivic art«, so Robinson,

»properly stands for more than beauty in the city. It represents a moral, intellectual, and administrative progress as surely as it does the purely physical. It stands for conscientous officials of public spirit, and where the officials are elective it is evidence of an aroused and intelligent populace.«[126]

Robinson verknüpfte die Stadtbaukunst mit der Vision der politischen Öffentlichkeit – nicht zufällig realisierte er als Architekt zahlreiche Schul- und Universitätsgebäude. In seinem 1901 erschienen Buch *The Improvement of Towns and Cities* behandelte er zahlreiche Aspekte, die zur Herstellung der »schönen« Stadt beitragen.[127] Die Zielperspektive war dabei, wie in der sozialreformerischen städteplanerischen Mentalität, das Gepräge der Stadt als Umgebung des öffentlichen Lebens von Bürgerinnen und Bürgern zu gestalten.

## 6.2 Soziale, ökonomische und sittliche Aspekte in der ästhetischen Dimensionierung des planvollen Städtebaus

An diese Überlegungen zum »Sicherheitsdispositiv« anknüpfend verlagerten sich die Herausforderungen des Städtebaus zu Fragen, die Daniel Wieczorek als »plus englobants et généralement plus politisées«[128] beschreibt, und die unter den Aspekt der »Regierung« des Sozialen fielen. Diese Fragen behandelten die untereinander vielfach verknüpften Aspekte der Auseinandersetzung um leistbare Wohnungen für die in die Städ-

---

124 Ebd.
125 Charles M. Robinson (1867–1932) war insbesondere bekannt für seine Gebäude von Bildungsinstitutionen (College-, Universitäts- und öffentliche Schulgebäude).
126 Robinson 1970, S. 17.
127 Robinson 1906.
128 Wieczorek 1981, S. 53.

te strömenden Massen vor allem von Arbeiterinnen und Arbeitern, die Veränderungen des Landschaftsbildes und die Folgen des Spekulationsgeschäfts mit Bauland und Wohnungsbau. Heruntergebrochen auf die Bereiche politischer Maßnahmen bestanden die beiden miteinander verknüpften Schwerpunkte zum einen in der Wohnungsfrage und zum anderen in der Bodenpolitik. Die Diskussionen und Maßnahmen im Bereich der Wohnungsfrage[129] verdankten sich den Erfahrungen mit der städtischen Verdichtung, etwa im Hinblick auf Seuchen, die nicht mehr länger umgangen werden konnten.[130] Wie die Historikerin Barbara Koller darstellt, stand dabei die Wohnungsfrage im Zentrum der Sozialen Frage.[131] Indem diese Diskussionen auch mit moralischen und gesellschaftsreformerischen Argumenten geführt wurden, kam zum Zuge, was die Städtebauhistorikerin Adelheid von Saldern als »Motivgeflecht« bezeichnet.[132] Sie bezieht sich dabei auf deutsche Sozialreformer aus dem bürgerlichen Milieu und weist nach, dass in den Maßnahmen im Siedlungsbau ein »Motivgeflecht« in Form der Absicht vorlag, die Arbeitsmoral zu steigern, die Sittlichkeit in der Arbeiterbevölkerung zu verbessern und diese in den bürgerlichen Staat zu integrieren.[133] Die bürgerlichen Familienwerte lieferten die zentralen Leitbilder, wobei das Einfamilienhaus für jede Familie die utopische Idealvorstellung bildete. Auf diese Weise, so die sozialreformerische Überlegung, könne ein nachhaltiger Beitrag zur sittlichen Stärkung des Familiensinns geleistet werden. Die politischen Forderungen nach »gesundem Wohnen« dimensionierten die Wohnungsfrage nach gesellschaftlichen und sozialen Maßgaben: »Die Abwendung dieser Bedrohung«, schreibt Koller über hygienisch unzulängliche Wohnverhältnisse der Arbeiterschaft, »stand im Mittelpunkt der zeitgenössischen Konzeption der Wohnungsproblematik, und Eingriffe in den elementaren Lebensbereich des Wohnens fanden stets im Ziel der Schaffung gesunder Wohnverhältnisse, der Förderung der Gesundheit ihre Begründung.«[134] Anders als in den Unternehmersiedlungen, wo der Wohnraum von den Unternehmen im Rahmen des Anstellungsverhältnisses als Teil der Lohnkosten zur Verfügung gestellt wurde, stand die Wohnungsfrage unter einem sozialpolitischen Zeichen. Die Themen Gesundheit und Hygiene markierten dabei die argumentativen Bezugspunkte.

129 Vgl. hierzu Koller 1995.
130 Benevolo 1971, S. 35.
131 Koller 1995, S. 17.
132 Saldern 1988.
133 Ebd., S. 81; Koller 1995.
134 Ebd., S. 17. Allgemein vgl. auch Zimmermann 1991. Für den Arbeiterwohnbau in Arbeiterquartieren in Deutschland vgl. Saldern 1995.

Bezogen auf städtebauliche Handlungsbereiche wurden die hygienisch mangelhaften Zustände des Wohnens als Ursache des diagnostizierten Sittenzerfalls gesehen, »denn der Degeneration des Leibes«, so etwa Reinhard Baumeister, »folgt die Entartung der Sitten auf dem Fusse und umgekehrt, beide Uebel steigern sich gegenseitig.«[135] Mit der Ablehnung der Mietskaserne und der unkoordinierten Stadterweiterung war nicht nur die Absicht verbunden, die finanzielle Belastung für die Arbeiterschicht erträglicher zu machen, sondern auch die Vision einer besseren Gesellschaft. Diese Vision beinhaltete die Arbeit an einem idealen Gemeinschaftsleben, dem sich der Städtebauer zu widmen habe. Die »sittlichen Missstände«, zum Beispiel das Laster des häufigen Wirtshausbesuchs anstatt »eines häuslichen, ordentlichen, reinlichen Familienlebens«,[136] waren wesentliche Aspekte der Sozialen Frage, die wiederum im Zusammenhang mit den Wohnbedingungen gesehen und somit als Aufgaben des Städtebauers erkannt wurden.[137]

Der Verweis auf die Lebensbedingungen in den Arbeiterquartieren und Mietskasernen führte den sozialen Missstand in der Großstadt vor Augen. Unter dem Eindruck des Sittenzerfalls, der aus dem Leben in den überfüllten Stockwerkswohnungen der mehrgeschossigen, in Blockrandbebauung errichteten Wohnhäuser erwuchs, erschien das Einfamilienhaus das anzustrebende, aber nicht zu realisierende Ideal, wie dies auch Baumeister festhielt. Er sah daher für die Wohnform von Stockwerkswohnungen die genossenschaftliche Organisation als Lösungsansatz, für die er die gemeinsame Nutzung gewisser Einrichtungen wie Bäder oder Hausärzte vorsah. Für diese Form hob er sowohl die finanziellen als auch die sittlichen Vorteile hervor.[138]

Baumeister formulierte seine Vision der räumlichen Ausdehnung der Stadt folgendermaßen: »Man kann hoffen, dass in einer wohlgestalteten grossen Zukunftsstadt das Innere mehr mit Miethkasernen von mässigem Umfang, das Aeussere hauptsächlich mit Familienhäusern besetzt sein werde [...].«[139] Die Bauzonentopographie der Stadt stand hiermit zur Disposition und Baumeister beschrieb Mittel, um eine politische Handhabe zur Begrenzung der Auswirkungen einer liberalen Bodenbebauungsordnung zu gewinnen. Dazu gehörten unter anderem Bauzoneneinteilungen, Bauordnungen, Enteignungsmechanismen, Anlage von Fonds zur Finanzierung des Ankaufs von Bodenreserven und gegebenenfalls auch zum öffentlich organisierten Bauen, Ausbau des Verkehrsnetzes und Überführung privater Bahngesellschaften in die öffentliche

135 Baumeister 1876, S. 19.
136 Ebd.
137 Reinborn 1996, S. 44ff.
138 Baumeister 1876, S. 31.
139 Ebd., S. 32.

Hand usw.[140] Für Theodor Goecke bestand die Herausforderung darin, eine Regulierungsgrundlage zu entwickeln, die die Stadtplanung nicht zu einem bürokratischen Mechanismus verkommen ließ, damit die künstlerische Kreativität gewährleistet blieb, die sich aus der Einschätzung der konkreten Situation heraus kristallisieren müsse. Die Stadtplanung definierte er unter dieser Maßgabe als Aufgabe des Architekten, nicht des Ingenieurs.[141]

### 6.2.1 Die Wohnungsfrage

Die Dynamik der modernen Stadtplanung verdankte sich nicht zuletzt den prekären Verhältnissen am Wohnungsmarkt, die wegen der massiven Zuwanderung in die Städte angespannt waren. Die Wohnungsreform, die in den letzten zwei Jahrzehnten des 19. Jahrhunderts von Seiten der kommunalen Politik zunehmend entschlossen angegangen wurde, wurde in enger Beziehung zum Städtebau konzipiert.[142] Sie fand eine erste Zuspitzung in Form des kommunal organisierten Siedlungsbaus, der in Zürich ab den 1910er Jahren realisiert wurde.

Der Siedlungsbau war teilweise genossenschaftlich oder gemeinnützig oder auch komplett durch die öffentliche Hand finanziert.[143] In Zürich beispielsweise erwarb die Kommune erstmals 1896 größere Landflächen, um darauf Siedlungsbauten zu errichten. Die Grundlagen für diese Bauprojekte beruhten auf städtebaupolitischen Entscheidungen, die im Hinblick auf die Wohnverhältnisse von Arbeiterinnen und Arbeitern vor allem zwei Herausforderungen zu meistern hatten: die Verbesserung der hygienischen Zustände und die Bekämpfung der Bodenspekulation. Beide Aspekte ließen sich als gesellschaftliche Fragen instrumentalisieren und wurden häufig im Zeichen des moralischen Zustands der Gesellschaft verhandelt.

An der Wohnungsfrage entzündeten sich die Auseinandersetzungen um die Gestaltung der Stadt unter sozialer Maßgabe, die auch vor dem Hintergrund der erwähnten Dynamik in der Bevölkerungsentwicklung

---

140 Vgl. Goecke 1893.
141 Ebd., S. 546.
142 Vgl. die Einleitung in Rodrígez-Lores & Fehl (Hg.) 1988. Zum Anfang der sozialen Stadtplanung, die in der ersten Hälfte des 19. Jahrhunderts in England und Frankreich einsetzte, vgl. Benevolo 1971. Als Quelle vgl. den *Bericht über den I. Allgemeinen Deutschen Wohnungskongreß in Frankfurt a.M., 16.-19. Oktober 1904*. [o.A.] 1905.
143 Rodrígez-Lores & Fehl (Hg.) 1988, S. 17. Vgl. hierzu auch Goecke 1893, worin unterschiedliche Positionen zum finanziellen Engagement der öffentlichen Hand und von gemeinnützigen Vereinen im Wohnbauwesen referiert werden.

Bedeutung erlangte. Unter diesem Eindruck waren sozialpolitische Maßnahmen nicht nur eine aus den Umständen entstandene Notwendigkeit, sondern auch das Gestaltungsinstrument, das es erlaubte, die unkontrollierten Entwicklungen in den Griff zu bekommen. Dementsprechend zahlreich waren die zeitgenössischen Publikationen, die der Wohnungsfrage gewidmet waren.[144]
Friedrich Engels etwa hatte sie in einer Artikelserie für die Zeitschrift *Der Volksstaat* aufgegriffen, die zwischen 1872 und 1873 erschienen ist und die unter dem Titel *Die Wohnungsfrage* zusammengefasst publiziert wurde.[145] Aufgerollt hatte Engels diese Frage zur Wohnungsnot bereits in seiner Analyse, die er unter dem Titel *Zur Lage der arbeitenden Klasse in England* 1845 veröffentlichte, worin er die Auswirkungen der Transformation von Arbeitsformen im 18. und 19. Jahrhundert in England beschrieb, die zur Entstehung der großen Masse der Arbeiterschicht und der kleineren bürgerlichen Schicht führte. Die in diesen Prozessen zugespitzte Aufteilung zwischen besitzlosen und besitzenden Klassen bildete nach Engels die Logik der kapitalistischen Gesellschaft.[146] Die Hauptursache der Wohnungsnot machte er im massiven Bevölkerungswachstum hauptsächlich von Arbeiterinnen und Arbeitern fest, die in die Städte zogen und dort räumlich separiert in überbevölkerten Quartieren lebten. Engels betrachtete diese Entwicklung im Zusammenhang der Unterdrückung der Arbeiterklasse.

Die Verhältnisse, die das Wohnproblem so dringlich machten, betrafen zunächst und in erster Linie den Mangel an günstigem Wohnraum, der zu überfüllten Wohnungen führte. Ein verbreitetes Phänomen war des Weiteren das sogenannte »Aftermietswesen«, womit Zimmermieter oder Schlafgänger gemeint waren, die einzelne Betten in Privatwohnungen, meist in mehrfach belegten Zimmern, für die Dauer des Schlafens mieteten. In Berlin beispielsweise wurden im Jahr 1885 in 229,6 von 1000 Haushalten und somit in fast einem Viertel aller Haushalte Zimmer oder einzelne Schlafstätten untervermietet und die Anzahl von Zimmermietern oder Schlafgängern betrug 89,2 pro 1000 Haushaltsmitglieder.[147]

Die Überfüllung des alten Wohnungsbestandes machte die Wohnungsfrage virulent und hatte den Effekt der massiven Expansion in der Errichtung neuen Wohnraums und der Erschließung städtischer Randzonen. Die sogenannten Mietskasernen mit ihren rationalisierten Grundrissen und Kosten sparenden Ausführungen wurden zu einem

144 Vgl. dazu die Bibliographie in Waetzold (Hg.) 1977.
145 Abgedruckt in Marx & Engels 1973. Vgl. dazu auch Polanyi 1957.
146 Marx & Engels 1972. Zur Bedeutung Friedrich Engels' in der Geschichte des Städtebaus, besonders in Bezug auf die Wohnungsfrage, vgl. Piccinato 1983, S. 53.
147 Zahlen nach [o.A.] 1905, S. 59f.

Massenphänomen und zum Ausdruck der »ungesunden« Verhältnisse im großstädtischen Wohnungswesen. In den Wohnhäusern Berlins, die sich oft auf mehrere Innenhöfe erstreckten, kristallisierte sich das Phänomen der Mietskaserne dabei auf besonders prägnante Weise. In den chronisch überfüllten Wohnhäusern war die Hygiene ein konstantes Problem. Für die Verbreitung von Infektionskrankheiten waren sie ein ideales Biotop, aber auch die ›moralische‹ Hygiene litt nach Ansicht vieler Vertreter der zeitgenössischen Publizistik unter diesen Zuständen – sie rief die philanthropisch motivierte Wohnungsfürsorge auf den Plan.[148] Besonders die häufig als destabilisiert betrachteten Familienverhältnisse in den Arbeiterschichten schien die Sozialreform als Projekt der sittlichen Verbesserung notwendig zu machen. Unter den beengten Wohnverhältnissen in den Mietskasernen war nach gängiger Ansicht keine moralische Gesellschaft denkbar, wo, um einige Beispiele des diagnostizierten Sittenzerfalls zu nennen, Betten in Wohnungen und selbst in Kinderzimmern an Fremde im Schichtbetrieb vermietet wurden; wo Väter die freie Zeit häufig in Wirtshäusern verbrachten; wo durch Heimarbeit der Frau die Wohnung zum Ort von Erwerbsarbeit wurde; oder wo Kinder, die in solchen Umgebungen aufwuchsen, den moralisch destabilisierenden Einflüssen beinahe überall ausgesetzt waren: in den Wohnungen durch Fremde, auf den Gängen oder auf der Straße.

Diese und ähnliche Zustandsbeschreibungen tauchten häufig auf und wurden sowohl von sozialistischen als auch von bürgerlichen Positionen vorgebracht.[149] Wilhelm Gemünd, Dozent für Bau- und Wohnungshygiene an der Technischen Hochschule Aachen, umriss die Problemfelder der Wohnungsfrage ebenso in mehreren Abhandlungen, die in diesem Bereich herausragten. In der 1913 veröffentlichen Monographie *Die Grundlagen zur Besserung der städtischen Wohnverhältnisse* stellte er die Bedeutung von Baugesetzordnungen heraus und betonte damit die politisch zu setzenden Maßnahmen, mit denen städtebauliche Entwicklungen gesteuert werden müssten. Aus seiner Analyse entwickelte Gemünd ein ganzheitliches Konzept, das die Spezialisierungen in der Erweiterung der Städte überwinden sollte. Es gehe nach Gemünd darum, die »gesundheitlichen, technischen, sozialen und wirtschaftlichen Fragen dieses Problems«[150] in einem größeren Zusammenhang zu bearbeiten. Er skizzierte damit einen Zugang, den er aus dem zentralen Interesse legitimierte, dass die Hygiene »dem Volkswohle und der Volksgesundheit zu nutzen«[151] habe.

148 Vgl. Fritzsche 1990b.
149 Für Zürich formulierte sie der Sozialreformer und Sozialdemokrat Paul Pflüger auf prägnante Weise. Z.B. Pflüger 1899; 1909.
150 Gemünd 1913, S. IV.
151 Ebd., S. III.

Das Argument des Volkswohls wurde ab den 1880er Jahren zunehmend herangezogen, um baupolizeiliche Ordnungserlasse zu legitimieren, die eine Reihe hygienischer Mindestanforderungen etablierten.[152] In diesem Bereich standen etwa Maßnahmen wie der Aufbau eines Kanalisationsnetzes, die baugesetzliche Festschreibung von Hygienestandards in Wohnungen (etwa in Bezug auf Lichteinfall und Luftqualität) oder die Anlage öffentlicher Gärten und Badeanstalten im Zeichen der Verbesserung der sozialen Misere. Hygiene meinte dabei das zwar zentrale, gleichzeitig aber auch unspezifische Problem der Wohnungsfrage, das viele Aspekte gleichzeitig umfasste. So war Hygiene zugleich das Problem der städtischen Infrastruktur, der baulichen Ausstattungen von Wohnungen und auch der allgemeinen Moral in der Gesellschaft, sozusagen ihrer ›moralischen‹ Hygiene.

Die zentrale Variable der hygienischen Verhältnisse wurde in der Wohndichte gesehen: »Wo die größte Wohndichtigkeit innerhalb eines Stadtgebietes herrscht,« so Gemünd, »wohnt in der Regel der ärmste und sozial tiefstehendste Teil der Bevölkerung, der infolge seiner geringen Einkommensverhältnisse, seiner schlechten Ernährungsweise, der hygienischen Verständnislosigkeit und Gleichgültigkeit am meisten in seiner Gesundheit, vor allem bei den großen Epidemien, die früher die Gesundheitsverhältnisse der Städte beherrschten, gefährdet ist.«[153] Ein weiterer Aspekt betraf die Menge und Qualität von Luft und Licht in den Wohn- und Schlafräumen: »Zum Gedeihen des Menschen«, schreibt Reinhard Baumeister in seinem Handbuch, »sind Sonnenlicht und reine Luft nothwendig.«[154] In der Baugesetzgebung wurde dieser Aspekt sodann zunehmend berücksichtigt.[155] Baumeister beschreibt die Zustände in Wohnungen der Arbeiterklasse folgendermaßen: »das *Licht* wird durch übermässig dichte Stellung der Häuser, beschränkte Höfe, kleine Fenster entzogen; die *Luft* wird durch enges Zusammendrängen in wenige kleine Räume und ungenügende Einrichtungen zur Beseitigung von Unrath verdorben, sowie wegen Mangel an natürlicher oder künstlicher Ventilation nicht erneuert; die Beschaffenheit des Terrains erhält die Wohnungen feucht durch Aufsteigen der Erdfeuchtigkeit und mangelhafte Entwässerung.«[156] Mit dem Verweis auf Licht und Luft wurden häufig hygienische Missstände erklärt. »Es ist ärztlich nachgewiesen und mit Zahlen belegt,« so wiederum Baumeister, »wie viele Krankheiten Folge schlechter Wohn- und Arbeitsräume sind; sonstige äussere

---

152 Saldern 1995, S. 63.
153 Gemünd 1911, S. 30.
154 Baumeister 1876, S. 16.
155 Vgl. Blum 1889.
156 Baumeister 1876, S. 16f., Hervorhebung im Original.

Umstände, unregelmässige Lebensweise und mangelhafte Nahrung verschwinden dagegen.«[157]

### 6.2.2 Die Bodenfrage

Die Wohnungsfrage hing eng mit der Bodenfrage zusammen.[158] Zwar konnte über die Erschließung der Vororte im letzten Drittel des 19. Jahrhunderts eine gewisse Entschärfung der Wohnverhältnisse erreicht werden, sie schuf aber das Problem der weiten Distanzen zwischen Wohn- und Arbeitsort, womit die verkehrstechnische Anbindung von Vorortzonen an die Innenstädte ein städtebauliches Anliegen wurde. Die in das Umland ausgreifende Verstädterung brachte somit nicht nur eine Linderung der Wohnungsnot der Arbeiterschichten mit sich. Die Bauspekulation als eigentlicher Hauptgrund wurde durch das expansive Bauen sogar verschärft. Nicht zuletzt auf Grund der in diesen Zusammenhängen erkannten städtebaulichen Dimension wurde die Wohnungsfrage als eine Frage der Stadtplanung und des Städtebaus erfasst.[159]

In dieser Gemengelage wurde die Bauspekulation auch als eine der Ursachen der hygienischen Notlagen im Wohnungswesen erkannt,[160] was eine zusätzliche Triebfeder in der Entwicklung der städtebaupolitischen Agenden im ausgehenden 19. Jahrhundert darstellte. Das spekulative Geschäft mit der zunehmenden Erschließung von Bauflächen seitens privater Eigentümer hatte zwar Wirtschaftsinteressen zur Grundlage, aber darüber hinaus Auswirkungen auf die »Gesundheitsverhältnisse und das Wohlbefinden der Bevölkerung«,[161] wie es Gemünd ausdrückte.

Das spekulative Geschäft mit dem Boden entstand aus der Parzellierung der Landflächen, die eine Besonderheit des Industriezeitalters

---

157 Ebd., S. 17.
158 Der Wohnungsreformer Karl von Mangoldt, Gründer des deutschen Vereins für Wohnungsreform 1898, legte mit seinem Buch *Die städtische Bodenfrage. Eine Untersuchung über Tatsachen, Ursachen und Abhülfe* (1907) eine umfassende Analyse der Bodenfrage vor und verknüpfte darin die Wohnungsfrage mit der Bodenfrage.
159 Vgl. Goecke 1900. Die Bodenspekulation tauchte in zahlreichen Artikeln zu den Problemen des Wohnungswesens und Herausforderungen der Städtebaupolitik auf, so auch im Abriss über die Stadtentwicklung von Rudolf Eberstadt, der darin die Bodenspekulation als kennzeichnendes Charakteristikum der Stadtentwicklung im 19. Jahrhundert sah. Eberstadt 1905. Vgl. auch Eberstadt 1894; Mangoldt 1907.
160 Vgl. Lindner 2004.
161 Gemünd 1911, S. 2.

darstellte.¹⁶² Sie legte die Grundlage, große Flächen in private Eigentümerschaft zu überführen.¹⁶³ Das »Übel« bestand nun darin, dass mit den Wertsteigerungen der Grundstücke die gewachsenen Bodenpreise kontinuierlich auf die Mietpreise aufgeschlagen wurden. Vor diesem Hintergrund formulierte Goecke im Jahr 1900 die Erkenntnis, »dass der Bebauungsplan nebst der Bauordnung einerseits und die Lösung der Wohnfrage andererseits in einem ursächlichen Zusammenhange stehen.«¹⁶⁴ Eine fiskalische Lösung schien ungeeignet, denn die Besteuerung von Grundstücken, so die Analyse von Otto Geissler in einem Beitrag für die Zeitschrift *Der Städtebau*, würde einzig auf die Mietpreise aufgeschlagen.¹⁶⁵ Allein mit einer Politik des Erwerbs von Grundstücken durch die Gemeinde und die Unterstützung von Baugenossenschaften könnten, so Geissler, die sozial schädlichen Folgen der Bauspekulation bekämpft werden.¹⁶⁶

Die Auseinandersetzung um die Aufteilung des Bodens geriet zunehmend in das Zentrum der städtebaulichen Politik. Die Parzellierung des Bodens – dabei spielte wiederum das Instrument des Stadtplans eine bedeutsame Rolle – wurde als der Weg erkannt, auf dem sich die öffentliche und private Bauentwicklung steuern lässt.¹⁶⁷ Vor diesem Hintergrund trat zur Jahrhundertwende zunehmend die Option hervor, Gemeinschaften in Form von Baugenossenschaften als Grundstückseigentümerinnen auf breiter Basis zu unterstützen.¹⁶⁸ Hinzu kamen Überlegungen, den Privatbesitz in Form des Kleinwohnungsbaus verstärkt mit öffentlichen Mitteln zu fördern, nachdem das Gefälle zwischen Hausbesitzern und Mietern im Zuge der gründerzeitlichen Spekulationsentwicklung krass zutage trat. Eine weitere Überlegung bestand darin, Firmen zur Errichtung von Arbeitersiedlungen in die Pflicht zu nehmen.

Rudolf Eberstadt wirkte in seinen Abhandlungen zur Bodenfrage auf eine, wie Fehl und Rodríguez-Lores ausführen, »immanente Rationalisierung und Versittlichung des Bodengewerbes«¹⁶⁹ hin. Für Eberstadt erschien die Herausforderung der politischen Reform des Bodengewerbes als eine Aufgabe, die sowohl pragmatisch angelegt war als auch einen gesellschaftlich-moralischen Mehrwert erzielen konnte. So machte

162 Gemünd machte den Anfang der Entwicklung mit dem Ende der Napoleonischen Kriege zu Beginn des 19. Jahrhunderts fest.
163 Piccinato 1983, S. 13f.
164 Goecke 1900, S. 113.
165 Geissler 1907, S. 24.
166 Mit diesem Argument fordert Geissler auch eine aktive Rolle der Städtebaupolitik. Ebd.
167 Vgl. Eberstadt 1905.
168 [o.A.] 1905, S. 86f.
169 Fehl & Rodríguez-Lores 1983, S. 15.

243

Eberstadt darauf aufmerksam, dass Bebauungsplan und Bauordnungen die Instrumente darstellen, mit denen das Grundstückgeschäft von Seiten der Kommune und somit ausgehend vom Gemeinwohl gesteuert werden können.[170] »Aus solchen Maßnahmen,« so Eberstadt, »und keineswegs aus dem Willen des einzelnen Besitzers, ergiebt sich die Ausnutzung des städtischen Baulandes.«[171]

Die Bodenreform war somit ein wichtiger Hebel in der Sozialreform. Was die städtebaulichen Lösungsansätze anbelangte, unterschieden sich das bürgerliche Milieu kaum von den sozialdemokratisch ausgerichteten Reformern im Umkreis der Arbeiterbewegung, auch wenn die Motive unterschiedlich waren.[172] Anders als in der bürgerlichen Argumentationslinie stach im antikapitalistischen Zugriff das Interesse der Verbesserung der Wohnverhältnisse für Arbeiterinnen und Arbeiter heraus und nicht ihre sittliche ›Erziehung‹ zu bürgerlichen Lebensformen. Für diese Position waren die Vorgaben maßgeblich, wie sie, wie erwähnt, Friedrich Engels bewerkstelligte.[173] Ungeachtet unterschiedlicher Motivationen war im links politisierten Umfeld gleich wie für die bürgerlichen Sozialreformer eines der bestimmenden Leitbilder der Städtebaureform zumindest als Idealvorstellung das Einfamilienhaus für die Arbeiterfamilie, das in der Lage wäre, Probleme wie das Schlafgängerwesen nachhaltig zu bekämpfen. Einen solchen Lösungsansatz konnten beide politischen Milieus verfolgen: Trug dieser Ansatz aus Sicht der bürgerlichen Kreise zur Erziehung der Arbeiterschaft zu weniger Alkoholkonsum, Sittenzerfall und damit letztlich zu effizienterer Arbeitsleistung bei, so versprach er zugleich die Lebensumstände der Arbeiterschicht verbessern zu können. In diesem »Motivgeflecht« spielte auch das Wissen eine Rolle, dass sich Seuchen und Infektionskrankheiten, wenn sie sich erst einmal verbreiteten, kaum allein auf Arbeiterquartiere begrenzen ließen und dass eine zufriedene Arbeiterschaft ein weniger großes Gefährdungspotential im Hinblick auf Aufstände und Arbeiterstreiks aufwies.[174]

Eine herausgehobene Bedeutung in der mit der Bodenfrage verknüpften Wohnungsfrage nahmen die Werksiedlungen ein, die von Unternehmen für Arbeiterinnen und Arbeiter zur Verfügung gestellt wurden. Frühe Beispiele solcher Siedlungen waren die in unterschiedlichen Zeitabständen errichteten Arbeitersiedlungen und Kolonien des deutschen

---

170 Eberstadt 1894, S. 42.
171 Ebd.
172 Saldern 1988, S. 78. Engels zum Beispiel demontierte die Bodenreformvorschläge des bürgerlich orientierten Volkswirtschaftlers Emil Sax. Marx & Engels 1973, S. 234ff.
173 Wie etwa in *Die Lage der arbeitenden Klasse in England*. Marx & Engels 1972.
174 Für Rolf Lindner steht die Angst vor der Cholera am Beginn der modernen Stadtforschung. Lindner 2004, S. 23ff.

Krupp-Konzerns in bzw. bei Essen, darunter die Siedlungen Schederhof (errichtet 1872 bis 1873; hauptverantwortlicher Architekt Julius Rasch), Kronenberg (errichtet 1872 bis 1874; Architektur: Kruppsches Baubüro) Alfredshof (errichtet in mehreren Phasen zwischen 1893 bis 1918; Architekt Robert Schmohl) und Beisenkamp (errichtet 1907 bis 1912; hauptverantwortlicher Architekt Robert Schmohl) oder die für die Idee der idealen Siedlung der Industriegesellschaft als mustergültig angesehene Margaretenhöhe (errichtet 1909 bis 1920; Architekt Georg Metzendorf), die von der Gartenstadtidee gekennzeichnet war; auch diese Siedlung wurde zum Teil von Arbeitern des Krupp-Konzerns bewohnt.

Die Arbeitersiedlungen waren nicht nur daraufhin konzipiert, den Lebensstandard zu heben, sondern auch die Produktivität in den Fabriken zu fördern; das galt in dieser Form allerdings noch nicht für die frühen Siedlungen Schederhof oder Kronenberg, deren monotone Haustypen bereits Alfred Krupp kritisierte.[175] Dieser Gedanke war ebenso in liberal-bürgerlichen Argumentationsfiguren vorhanden, aber im Werksiedlungsbau wurde er zu einem expliziten Anliegen. Renate Kastorff-Viehmann spricht deshalb im Kontext der Werksiedlungen von einer »Erziehung des Arbeiters durch Umweltgestaltung«.[176] Unternehmer entwickelten ein Interesse an der Verbesserung der Wohnverhältnisse von Arbeiterinnen und Arbeitern, weil sie auf diese Weise eine Steigerung der Produktivkraft erhofften, zu der – das wurde nach den Erfahrungen mit den maschinellen Produktionsprozessen in den Fabriken zunehmend klar – der genügsame und zufriedene Arbeiter eine Voraussetzung war. »Das Ziel der Wohlfahrtsbestrebungen des Arbeitgebers«, so wurde 1892 im Eröffnungsstatement einer Tagung der *Centralstelle für Arbeiter-Wohlfahrtseinrichtungen*[177] festgehalten, »muß das sein, die von ihm beschäftigten Leute arbeitstüchtig und arbeitsfreudig zu erhalten, so daß er in ihnen nicht nur leistungsfähige sondern auch willige Gehülfen findet«.[178] Hinzu kam somit der Gedanke, die Arbeiterin und den Arbeiter durch die Gestaltung seiner Umgebung auch in seinem Verhalten und in seinen moralischen Einstellungen zu steuern.

Diese Form der ›Disziplinierung‹ wurde sowohl in der öffentlich gesteuerten Wohnbaupolitik als auch durch jene Unternehmer implizit angestrebt, die Werksiedlungen errichten ließen. Die Erziehung zum genügsamen und zufriedenen Arbeiter schien die Antwort auf die revolutionären Potentiale der Arbeiterbewegung, die sich in Streiks als Beispiel wachsender parteipolitischer Mobilisierung zeigten. Vor diesem

175 Kastorff-Viehmann 1988, S. 236.
176 Ebd., S. 221.
177 Dieser Verein wurde 1891 gegründet und setzte sich für die Schaffung von Wohlfahrtseinrichtungen für die Arbeiterschicht ein.
178 Zit. nach ebd., S. 222.

Hintergrund wurde der Arbeiter von konservativen Publizisten wie Paul Schultze-Naumburg als Figur stilisiert, die im Zentrum eines Kulturkampfes steht. Die ›Disziplinierung‹ des Arbeiters implizierte die Rückbindung an das idealisierte Bild des Bauern am Land, und Bodenreform bedeutete in dieser Zuspitzung die Implementierung ländlicher Elemente in der großstädtischen Umgebung. Der Heimatschutzgedanke bot hierfür eine fruchtbare ideologische Grundlage,[179] was sich in der Ästhetik der ersten Siedlungsbauten – wie noch am Beispiel der Siedlung Riedtli in Zürich zu sehen sein wird – niederschlagen sollte. In diesem ›erzieherischen‹ »Motivgeflecht« bestanden die Elemente der Moralisierung darin, das Gefühl für die Herkunft und die Verantwortung gegenüber der Gemeinschaft zu stärken. Sie waren wirkmächtige Größen, die in die Bodenreform durch den öffentlich unterstützten Siedlungsbau direkt einfließen konnten, der somit ein ideales Betätigungsfeld für die Verschmelzung von Platz- und Raumgestaltung mit Architektur unter sozialem Blickwinkel bot.[180]

### 6.2.3 Sozialreform über Wohn- und Bodenreform: Zum Modell der Gartenstadt

Die Verknüpfung von künstlerischem Städtebau, Wohnungsbau und Bekämpfung der Bodenspekulation erfolgte unter sozialpolitischen Vorzeichen im Rahmen gesellschaftlicher Idealvorstellungen, die sich städtebaulich zuerst in England in Form gartenstädtischer Strukturen manifestierten. Das Konzept der Gartenstadt stammte vom Engländer Ebenezer Howard und wurde von ihm utopisch angelegt. Dabei prägte es die Gestalt zahlreicher Siedlungsbauten in England und Europa.[181] Die Idee, die Howard in seinem Werk *Garden Cities of To-morrow* (1898) darlegte,[182] bestand knapp formuliert darin, an der städtischen Peripherie ein mit Grünflächen durchzogenes und von Einfamilienhäusern gesäumtes Quartier zu errichten, das nach einer bestimmten Ordnung eingeteilt und im gemeinschaftlichen Besitz organisiert ist. Howards Konzept war von der Überlegung gekennzeichnet, dass städtische Anordnungen die Bildung einer zivilen Öffentlichkeit unterstützen sollten. Die Gartenstadt verbinde die Vorzüge des städtischen sowie des ländlichen Lebens, die Howard mit »*Town magnet*« und »*Country magnet*« bezeichnet, von

---

179 1904 wurde der Verein *Deutscher Bund Heimatschutz* gegründet; in den Jahren danach folgten weitere Vereinsgründungen.
180 Vgl. hierzu auch Crettaz-Stürzel 2005a, S. 101.
181 Zur Gartenstadt vgl. unter anderem Buder 1990.
182 Zur Wirkungsgeschichte der Gartenstadtidee vgl. Hall & Ward 1998.

denen er sagt, »[they] are meant to be enjoyed together«,[183] was dann einen dritten Magneten bilden würde, dem sogenannten »*Town-Country magnet*«. In der Konzeption von Siedlungsbauten, die von dieser Gartenstadtidee beeinflusst waren, spielten daher Grün- und Erholungsanlagen eine wichtige Rolle, die unter einem moralisierenden Blick gesundheitsfördernde und von der ländlichen Lebensweise geprägte Elemente in die Wohnumgebung einführten. In dieser Hinsicht sollte die Produktivkraft des Arbeiters durch ›gesunde‹ und den ästhetischen Sinn ›beglückende‹ Wohnungen optimiert werden.

Unter dem Einfluss der Gartenstadtidee wurden neue stadträumliche Formen probiert, um mit städtebaulichen Mitteln Gesellschaft ›herzustellen‹ und damit die ›soziale Hygiene‹ zu fördern.[184] Die städtischen Probleme im Hinblick auf Bodenverteilung und Wohnungsnot waren zentrale Ansatzpunkte im Gartenstadtkonzept. In seiner sozialen Schwerpunktsetzung, die teilweise von utopischen Vorstellungen der Sozialreformer Robert Owen und Charles Fourier angeregt wurde,[185] zielte Howard darauf ab, über den Weg der Gestaltung der Umwelt die Wohnprobleme der industrialisierten Stadt zu lösen. Wie Stanley Buder schreibt, ging es Howard um das Konzept der »garden city as a novel environmental order«,[186] womit er auf folgenreiche Weise einen der zentralen Ansatzpunkte für die Strategien der sozialen Reform konkret erfahrbar machte, der in der Fokussierung der Umwelt als Rahmen der Gesellschaft bestand.[187] Die Gartenstadt war in ihrer Anlage das Experimentierfeld für »[t]he search for a positive environment«.[188] Dazu gehörte unter anderem, dass die Errichtung von Gartenstädten auf dem freien Feld möglich war, dass das Gartenstadtkonzept einen umfassenden Lösungsansatz anbot, dass sie offen für breite Gesellschaftsschichten war und dass sie explizit auch für den Mittelstand gedacht war.

Die Stadtplanung profitierte von Howards Utopie insofern, als sie in der Gartenstadt ein Modell für planmäßiges Bauen, für die Bedeutung von Grünflächen und für die Betrachtung der Stadt als organisch strukturiertes Ganzes fand. Howard selber verfuhr vorsichtig in der Festlegung seiner diesbezüglichen Ideen. Die Modelle, die er in *Garden Cities of To-morrow* präsentierte, waren häufig als Hypothesen gedacht, die, so seine Einschätzung, mit den konkreten Voraussetzungen etwa geographischer Art abgeglichen werden mussten. Sie sollten daher nach seinen

183 Howard 1902, S. 17.
184 Zur Geschichte der Gartenstadt vgl. Ward (Hg.) 1992; Buder 1990; Hall 1988.
185 Piccinato 1983, S. 130; Hall 1988, S. 90f. Vgl. hierzu auch Buder 1990. Zum utopischen Denken vgl. Schumpp 1972.
186 Buder 1990, S. 64.
187 Ebd., S. 72.
188 Ebd., S. 76.

Vorstellungen eher als musterhafte Modelle wirken. Umso anregender erwies sich sein Konzept. Bereits im Jahr 1900 wurde die Gesellschaft *First Garden City, Limited* gegründet, aus der 1903 die *First Garden City Company* hervorging.[189] Die ersten beiden Gartenstädte entstanden in Letchworth und in Hampstead, beide jeweils in der weiteren Umgebung Londons, die von den Architekten Raymond Unwin und Barry Parker[190] entworfen wurden. Die Designs waren von der Arts-and-Craft-Bewegung inspiriert und namentlich Unwin stand unter dem Einfluss von William Morris und John Ruskin. In Deutschland setzte die bereits erwähnte Siedlung Margarethenhöhe in Essen das Gartenstadtkonzept um, wie auch die Siedlung in Hellerau bei Dresden, die 1909 von Karl Schmidt gegründet wurde.[191]

Wie sehr die Gartenstadtidee auf die internationale Stadtplanung wirkte, zeigt der Umstand, dass über Revisionen der Baugesetzordnungen in zahlreichen Städten nach 1900 die Möglichkeit der Blockrandbebauung zunehmend eingeschränkt wurde und bezogen auf bestimmte Zonen mitunter sogar verschwand. In den 1920er Jahren etablierte sich zunehmend der gestalterische Grundsatz der parallel verlaufenden Zeilen, der in der Gartenstadtidee angelegt wurde und sich zum bestimmenden Element der internationalen Stadtplanung und des Siedlungsbaus entwickelte.[192] Dabei ging das zentrale Gestaltungsprinzip vom einzelnen Wohnhaus oder von der einzelnen Wohneinheit aus. Dank der parallelen Anordnung ließ sich, wie Gerd Albers darstellt, eine »egalitäre Grundhaltung« verwirklichen, und zwar »gleiche Orientierung und gleiche Wohnqualität anstatt herrschaftlicher Vorderhäuser und proletarischer Hinterhäuser; zugleich aber«, so Albers weiter, »wurde die Auflösung des alten Straßenraumes, der ›Korridorstraße‹, auch als ästhetischer Gewinn gesehen.«[193] Damit war ein Weg gebahnt, der die Idealvorstellung des Einfamilienhauses für alle so breit wie möglich realisierbar machte und gleichzeitig sowohl rational-effizient als auch nach dem Prinzip der gesunden grünen Umgebung angelegt war.

189 Hall 1988, S. 96.
190 Barry Parker und Raymond Unwin haben eng zusammengearbeitet. Parker, ein englischer Architekt und Stadtplaner, war verbunden mit der Arts-and-Crafts-Bewegung. In seinem Buch *The Art of Building a Home* (1901) versuchte er, die Arts-and-Crafts-Prinzipien auf den Wohnhausbau der Arbeiterklasse anzuwenden.
191 Hauptverantwortlicher Architekt der Siedlung war Richard Riemerschmid, daneben Heinrich Tessenow, Hermann Muthesius, Kurt Frick und Theodor Fischer.
192 Albers 1983, S. 26.
193 Ebd., S. 27.

## 6.3 Zu den städtebaulichen Instrumenten und zur Rolle öffentlicher Verwaltungen sozialreformerischer Stadtraumgestaltung

Die sozialreformerische städtebauliche Praxis benötigte neben der Selbstdefinition des Städtebauers in Bezug auf Ideale, die das städtebauliche Handeln legitimierten,[194] auch ein Set an Instrumenten, das diese Praxis ermöglichte.[195] Mit der Entwicklung einer wissenschaftlich fundierten, gesellschaftlich ausgerichteten und sozial sensiblen Stadtplanung ging einher, dass Städtebau als Aufgabe der Politik erkannt wurde, die entsprechende Instrumente bewerkstelligte. Die Herausforderungen der Wohnungs- und Bodenfrage bestimmten die Wahl der Instrumente, die der jungen Städtebaupolitik Handlungsfähigkeit verliehen. Im Folgenden werden diese Instrumente, die verschiedentlich teilweise bereits genannt wurden, zusammenhängend dargestellt.

Die Grundlagen des politisch gesteuerten städtebaulichen Handelns entwickelten sich gemeinsam mit der Ausdehnung der öffentlichen Verwaltung, die wiederum auf der zunehmenden Erkenntnis aufbaute, dass die Stadterweiterung einer Kontrolle bedürfe. Die politischen Zäsuren in Europa nach 1848 etablierten im Bereich des Städtebaus ein bürgerliches Interesse der Kontrolle und Steuerung. Die Emanzipation der Arbeiterklasse, die vor allem Engels für die Stadtstruktur und die Wohnverhältnisse der Arbeiterschicht analysierte, stärkte wiederum die sozialdemokratischen Motive, im Bereich des Städtebaus aktiv zu werden. Die zunehmend als bedrohlich eingestuften hygienischen und sozialen Bedingungen in den von der Industrialisierung geprägten Städten standen häufig am Beginn der Bereitschaft, ordnungspolitische Maßnahmen zu ergreifen.[196] In England beispielsweise war der Public Health Act von 1848 Ausdruck eines politischen Willens, der auf die Verstädterung reagierte. Auch die erwähnten Sanierungsmaßnahmen in Paris durch Haussmann wurden im Rahmen von Gesetzen ermöglicht, die in diesem Kontext zuerst im Jahr 1850 erlassen wurden. Insgesamt verdankten sich diese und weitere Gesetzesinitiativen in unterschiedlichen europäischen Ländern von Italien bis Skandinavien nach Ansicht Gerd Albers' dem »Hauptmotiv« der »Vorsorge für die Gesundheit«,[197] was bereits der Begriff

---

194 Albers 1997, S. 231ff.
195 Hierzu ebd., S. 244ff.
196 Ebd., S. 245.
197 Ebd., S. 246.

›Stadtsanierung‹ aussagt, der auf das französische Wort ›assainissement‹ zurückgeht und in etwa ›Gesundmachen‹ bedeutet.

Adelheid von Saldern nennt – bezogen auf die Situation in Deutschland – hauptsächlich folgende, zum Teil indirekt wirksame Instrumente und Maßnahmen, welche die städtebauliche Praxis des ausgehenden 19. Jahrhunderts ermöglichten:[198]

- Einsatz von städtebaulichen Instrumenten im engeren Sinn wie beispielsweise gesetzliche Reglementierung dieses Bereichs (Planungsrecht, Bauordnung usw.) oder verkehrstechnische Erschließung der Stadt;
- Bildung eines Problembewusstseins durch Wissensgenerierung, vor allem mittels Enquête-Kommissionen und statistischen Erhebungen, wofür unter anderem öffentliche Ämter eingerichtet wurden;
- Wohnungsinspektionen zur Kontrolle der Einhaltung von Verordnungen;
- Maßnahmen im Bereich der Bodenpolitik und Zonenordnung, zum Beispiel Ankauf von Boden durch Kommunen und Gemeinden;
- steuerliche Maßnahmen wie Grundsteuer oder Wertzuwachssteuer;
- Förderungen finanzieller Art, zum Beispiel hypothekarische Maßnahmen;
- Förderungen von gemeinnützigen Wohnungsbauinitiativen.

Wie von Saldern darstellt, sind diese Instrumente als Möglichkeiten zu betrachten, die durch Kommunen teilweise sehr unterschiedlich umgesetzt wurden. Unabhängig davon hält Albers fest, dass »sich als langfristige Tendenz in den europäischen Ländern eine zunehmende Selbständigkeit der Gemeinde als Träger der örtlichen Planung«[199] herauskristallisierte.

Die öffentlichen Verwaltungen bauten ihre Kompetenzen im Prozess der Planung und Erweiterung der Städte zunehmend aus, nachdem der Städtebau als der Ansatzpunkt zur Verbesserung der sozialen Umstände erkannt wurde. Reinhard Baumeister sprach den Gemeinden die Aufgabe zu, »der Verschlimmerung der sittlichen und socialen Zustände der ganzen Stadt vorzubeugen, die Bedingungen normaler Existenz zu erhalten bez. wiederherzustellen, überhaupt das allgemeine Wohl zu befördern.«[200] Die um die soziale Komponente erweiterte Auffassung der Stadtplanung erfordere nach Baumeister die Bündelung des Planungsprozesses innerhalb zentraler Behörden, in denen technische oder industrielle Anforderungen der Stadterweiterung zusammen behan-

---

198 Saldern 1988, S. 82ff. Saldern bezieht sich dabei im Besonderen auf die Maßnahmen zur Förderung von Kleinwohnungen, die eine wesentliche Rolle im sozialreformerischen Städtebau spielten.
199 Albers 1997, S. 252.
200 Baumeister 1876, S. 51.

delt wurden.[201] Unter diesen Vorzeichen formulierte Baumeister sieben Voraussetzungen und Aufgaben im Planungsprozess:[202]

1. Statistische Erhebung, insbesondere zur demographischen Entwicklung;
2. Aufstellung eines Stadterweiterungsplans, der in der städtebaulichen Behörde ausgearbeitet wird;
3. Definition baupolizeilicher Vorschriften, die auch überregional gültige Standards vorgeben;
4. Regulierung der Stadtgrenzen, um einen kohärenten Stadtraum zu schaffen, was die Eingemeindung von Vororten beinhalten kann;
5. Gemeinde als Grundeigentümerin, was die Bodenspekulation eindämmen soll;[203]
6. Gemeinde als Geldmacht, was bedeutet, dass die Gemeinde Förderinstrumente von genossenschaftlichen oder privaten Projekten etabliert;
7. Gemeinde als Baumeisterin, womit die Grundstruktur eines Erweiterungsgebiets gelegt wird.

In der Generalversammlung des Verbands deutscher Architekten- und Ingenieur-Vereine von 1874 formulierte Baumeister seine Thesen zur geordneten Erweiterung von Städten. Dabei ging es ihm um eine Entpersonalisierung der Stadterweiterung: »Nicht warum und von wem, sondern wie eine Stadt erweitert werden soll, möge das Thema der Verhandlungen bilden«.[204] Erforderlich waren Baumeister zufolge allgemeine Systematiken, welche unter anderem verkehrstechnische, wirtschaftliche, baupolizeiliche und gesundheitliche Aspekte abdeckten.

An Baumeisters Initiative lässt sich ablesen, wie dringend verbindliche Reglementierungen von Seiten öffentlicher Akteure waren. Spätestens mit Eingemeindungen, die in zahlreichen Städten in der zweiten Hälfte des 19. Jahrhunderts stattfanden, waren die Voraussetzungen für Verwaltungsreformen günstig, was in erster Linie eine Ausdehnung der Kompetenzbereiche bedeutete.[205] Damit und mit dem stetigen Bevölkerungswachstum schrieb die Öffentlichkeit zunehmend Bauaufträge aus, etwa im Bereich des Schulhausbaus[206] oder von Bauten, die dem Reprä-

201 Ebd., S. 56.
202 Ebd., S. 54–74.
203 Baumeister sprach sich dabei gegen ein Enteignungsrecht aus.
204 Baumeister zit. nach Hobrecht 1874, S. 337.
205 Im Zuge der Eingemeindung von elf Vorortgemeinden im Jahr 1893 wurde auch in Zürich der Aufbau neuer Verwaltungsstrukturen vorangetrieben. Dieser Prozess ist im Geschäftsbericht des Zürcher Stadtrats vom 1894 dokumentiert. [o.A.] 1894, S. 5ff.
206 Vgl. Helfenberger 2013.

sentationsstreben der Kommune und des Staates als politische Einheiten dienten, wie zum Beispiel Amts- und Verwaltungsbauten.[207] Unter den gewandelten politischen Voraussetzungen geriet auch der Wohnbau, der zuvor als Privatbereich betrachtet wurde, in den Fokus kommunaler Anstrengungen.[208]

## 6.4 Reformorientierter Städtebau in Zürich unter besonderer Berücksichtigung des Siedlungsbaus

Die skizzierten Entwicklungen im Städtebau um 1900 werden im Folgenden auf den Siedlungsbau in der Stadt Zürich bezogen. Für die Darstellung dieser Entwicklungen sind zunächst die strukturellen Besonderheiten im Stadtzürcher Kontext relevant. Diese wurden in Zürich, wie auch in anderen Städten, durch Migrationsbewegungen und soziale Disparitäten geprägt, die sich räumlich in der Morphologie der Stadt niederschlugen. Anschließend wird der sozialreformerische Siedlungsbau im Überblick dargestellt, um vor diesem Hintergrund mit der Siedlung Riedtli eine Vignette zu präsentieren, die den frühen sozialreformerischen Siedlungsbau in Zürich verdeutlicht.

### 6.4.1 Strukturelle Zusammenhänge im Kontext Zürichs

Um die strukturellen Zusammenhänge zu klären, sollte nachfolgend zunächst die Entwicklung der Bevölkerungszahlen nachverfolgt werden. Auf der Ebene der Kommune war die Eingemeindung von elf Vorortgemeinden im Jahr 1893 ein in dieser Hinsicht bedeutsames Ereignis. In diesem Zusammenhang wird die Siedlungsentwicklung samt den Parametern plausibel, die im ausgehenden 19. Jahrhundert relevant für die Entwicklung der städtebaulichen Instrumente waren, die in Zürich zum Einsatz kamen. Schließlich fallen in den strukturellen Bereich die politischen Rahmenbedingungen der sozial ausgerichteten Städtebaupolitik.

Was *erstens* die Bevölkerungsentwicklung anbelangt, waren die Erfahrungen in der Stadt Zürich in der zweiten Hälfte des 19. Jahrhunderts und im ersten Jahrzehnt des 20. Jahrhunderts vom Bevölkerungswachstum durch Zuzug und gestiegenen Geburtenraten geprägt. In der Schweiz wurden ab 1850 alle zehn Jahre eidgenössische Volkszählungen

---

207 Pevsner 1985, S. 402.
208 Ebd. Pevsner nennt an dieser Stelle Beispiele von zunächst privat initiierten Siedlungsbauten aus dem Kontext Englands.

durchgeführt. Die de-jure-Wohnbevölkerung der Stadt Zürich stieg dabei in totalen Zahlen auf signifikante Weise (Tab. 1).

| Jahr | Altstadt (Kreis 1) | 1893 eingemeindete Vororte | Stadtgebiet 1893 bis 1933 |
|---|---|---|---|
| 1850 | 17 040 | 18 426 | 35 466 |
| 1860 | 19 758 | 25 202 | 44 960 |
| 1870 | 21 199 | 38 001 | 59 200 |
| 1880 | 25 102 | 54 199 | 79 301 |
| 1888 | 27 644 | 66 485 | 94 129 |
| 1900 | 25 920 | 124 783 | 150 703 |
| 1910 | 25 502 | 165 231 | 190 733 |
| 1920 | 23 461 | 183 700 | 207 161 |

Tabelle 1: *Entwicklung der Wohnbevölkerung im Gebiet der Stadt Zürich zwischen 1850 und 1920, differenziert zwischen Altstadt, den sogenannten Ausgemeinden und dem Stadtgebiet (Altstadt plus Vororte)*[209]

Die erste Eingemeindung, das heißt die Stadtvereinigung der Altstadt von Zürich mit elf Vorortgemeinden (Aussersihl, Enge, Fluntern, Hirslanden, Hottingen, Oberstrass, Riesbach, Unterstrass, Wiedikon, Wipkingen und Wollishofen), war eine Reaktion auf das Bevölkerungswachstum und trat am 1. Januar 1893 in Kraft.[210] Mit der Eingemeindung wurde das Statistische Amt der Stadt Zürich eingesetzt, das vom Statistiker Heinrich Thomann über 30 Jahre geleitet wurde.

Die Eingemeindung ließ die Einwohnerzahl der Stadt Zürich mit einem Schlag von 28.099 auf 121.057 ansteigen.[211] Die so in der Bevölkerungszahl angewachsene Stadt Zürich wurde in 5 Kreise eingeteilt: I (Altstadt mit Selnau), II (Enge, Wollishofen, Leimbach), III (Aussersihl, Wiedikon), IV (Unterstrass, Oberstrass, Wipkingen) und V (Fluntern,

---

209 StJbSZ 2013, S. 28.
210 Die Vereinigung Zürichs mit den sogenannten »Ausgemeinden« – in der Vorlage war vom »Zuteilungsgesetz« die Rede – wurde in der Volksabstimmung vom 1. August 1891 beschlossen. Vgl. hierzu Müller 1919. Ausschlaggebend für die Realisierung der Eingemeindung war die sich im Zuge des Bevölkerungswachstums zuspitzende finanzielle Notlage der Gemeinde Aussersihl, die traditionell von Arbeiterinnen und Arbeitern bewohnt wurde. Ebd., S. 83. Eine zweite Eingemeindung fand 1934 statt.
211 Zahlen nach Rebsamen, Bauer, Capol et al. 2001, S. 17.

Hottingen, Hirslanden, Riesbach).[212] Nach Stadtkreisen differenziert stieg die Wohnbevölkerung in allen Quartieren, insbesondere aber im wichtigsten Arbeiterquartier Kreis III (vgl. Tab. 2 für die Jahrgänge 1880, 1894 und 1900).

| Stadtkreis | 1880 | 1894 | 1900 |
|---|---|---|---|
| Kreis I | 24 453 | 28 099 | 25 920 |
| Kreis II | 5 870 | 9 407 | 13 440 |
| Kreis III | 17 903 | 39 177 | 58 901 |
| Kreis IV | 8 521 | 13 764 | 17 344 |
| Kreis V | 21 592 | 30 610 | 35 098 |

Tabelle 2: *Entwicklung der Wohnbevölkerung verteilt nach Stadtkreisen in den Jahren 1880, 1894 und 1900*[213]

Die Verteilung der Bevölkerungsschichten auf Stadtteile und die damit einhergehende soziale Segregation war in Zürich stark ausgeprägt. Der Kreis I war als City-Quartier zwar dicht besiedelt, die Anzahl der Wohnbevölkerung aber stieg hier nach der Eingemeindung am wenigsten und der allgemeine Wohlstand der verbliebenen Bevölkerung wuchs. Die Kreise II und V bildeten mittelständische bis gehobene Quartiere. Der Kreis III und etwas abgeschwächt der Kreis IV waren die traditionellen Arbeiterwohn- und Industriequartiere mit den einkommensschwächsten Bevölkerungsgruppen. Dort waren auch die Wohndichten am höchsten.[214] Die Enge, ein Teil des Kreis II, galt als das Quartier mit der wohlhabendsten Bevölkerung. Im Jahr 1886 war hier das Pro-Kopf-Vermögen mit 9.440 Franken 17mal höher als dasjenige im Arbeiterbezirk Aussersihl, wo es etwa 600 Franken betrug.[215] Für die soziale Verteilung im Stadtraum spielte die Präferenz für geographische Lagen eine bedeutsame Rolle, die sich die wohlhabende Bevölkerung aussuchen konnte, während die ärmeren Schichten in der Niederlassung kaum Entscheidungsmöglichkeiten hatten.[216]

In den Arbeiter- und Industriekreisen, besonders im Kreis III, war auch der größte Zuwachs der Bevölkerung zu verzeichnen. Dabei fiel

---

212 Ebd., S. 17. Ab 1934 werden anstatt römischen Ziffern arabische Zahlen für die Stadtkreise verwendet.
213 StJbSZ 1906, S. 83
214 Auf jedes bewohnte Gebäude kamen im Kreis III im Jahr 1900 21,23 Bewohner, im Kreis II waren es 12,27. Thomann 1909, S. 66.
215 Fritzsche & Lemmenmeier 1994, S. 187. Zu Aussersihl vgl. auch Künzli 1990.
216 Fritzsche & Lemmenmeier 1994, S. 188.

ins Gewicht, dass die zuvor in der Altstadt konzentrierte Arbeiterschaft allmählich wegzog. Bedeutsam war der Aspekt des Bevölkerungswachstums durch Migration, wobei die Migration nicht nur vom Land oder aus anderen Schweizer Kantonen, sondern auch aus dem Ausland stetig anstieg. Einige Zahlen mögen dies verdeutlichen. Im Jahr 1902 zogen 30.960 Personen aus dem Deutschen Reich nach Zürich, was einem Anteil von 20,46 Prozent an der Gesamtbevölkerung entsprach.[217] Im Jahr 1906 waren es 35.070 Personen oder ein Anteil von 20,51 Prozent. Prozentuell betrachtet entfiel für die gleiche Periode der größte Zuwachs auf die Gruppe der Italienerinnen und Italiener. Im Jahr 1902 kamen 4.280 Personen aus Italien nach Zürich, was einen Anteil von 2,81 Prozent ausmachte. Im Jahr 1906 waren es 8.120; somit stieg der Anteil auf 4,75 Prozent der Stadtzürcher Gesamtbevölkerung. Insgesamt waren 1888 22,2 Prozent der gesamten Wohnbevölkerung ausländischer Herkunft und im Jahr 1910 waren es 33,8 Prozent.[218] Was die Migrationsbewegungen insgesamt anbelangt, war in den Jahrzehnten vor und nach der Jahrhundertwende nicht nur eine Zuwanderung, sondern gleichzeitig auch kontinuierliche Abwanderung zu konstatieren, sodass Bruno Fritzsche und Max Lemmenmeier von einer »ungeheuren Mobilität zu jener Zeit«[219] sprechen, die sich in Abhängigkeit zur Wirtschaftslage stabilisierte.

Ein weiterer Aspekt des Bevölkerungswachstums bestand im Geburtenüberschuss, der mitunter die zunehmende Emanzipation der Arbeiterschicht von den Dienstherren widerspiegelte, denen sie zunehmend seltener rechenschaftspflichtig in Bezug auf die Organisation ihres Privatlebens waren. Der Kontrast der lebendgeborenen Kinder zwischen den Stadtkreisen II und III zeigt diese Entwicklung: 1894 kamen im Kreis II 225 und im Jahr 1906 293 lebendgeborene Kinder zur Welt. Im Kreis III waren es im Jahr 1894 1.504 und 1906 2.340.[220] Diesen Zahlen stand die Sterberate (ohne totgeborene Kinder) von 123 im Jahr 1894 und 153 im Jahr 1906 für den Kreis II und 760 im Jahr 1894 und 1.043 im Jahr 1906 im Kreis III gegenüber, das heißt, die Geburtenziffer überstieg die Sterbeziffer um mehr als das Doppelte.[221]

Die Geburten- wie auch die Sterbeziffer war unter der italienischstämmigen Wohnbevölkerung am höchsten. Allgemein sank die Sterblichkeitsziffer, das heißt die Zahl der Gestorbenen auf 1.000 Einwohnerinnen und Einwohnern berechnet, erheblich, und zwar in allen Bevölkerungsschichten: total von 16,08 im Jahr 1902 auf 13,58 im Jahr

217 Zu diesen und den folgenden Zahlen: StJbSZ 1906, S. 85.
218 Müller 1919, S. 36.
219 Fritzsche & Lemmenmeier 1994, S. 182.
220 StJbSZ 1906, S. 88.
221 Ebd., S. 91.

1906[222] und 10,34 im Jahr 1916.[223] Dies war in Zürich wie auch in anderen europäischen Städten der Verbesserung der Hygiene zuzuschreiben, was zu einem allgemein jungen Altersdurchschnitt in den Städten um 1900 führte.[224] Im Jahr 1900 waren in der Stadt Zürich von 1.000 Einwohnerinnen und Einwohnern 756,9 Personen unter 40 Jahre alt, beinahe die Hälfte (473,8 von 1.000) sogar unter 25.[225] Insgesamt zeigen diese Zahlen ein massives Wachstum der Bevölkerung, das in der Stadt Zürich nur in den Jahren zwischen 1899 und 1901 aufgrund einer Wirtschaftskrise rückgängig war.[226] Ein besonderes Problem bedeutete die – insgesamt betrachtet – steil nach oben weisende Wachstumskurve für die Arbeiterquartiere, insbesondere für Aussersihl, die innerhalb kurzer Zeit nicht nur Wohnunterkünfte, sondern auch die Schulpflege für zunehmend größere Schülerinnen- und Schülerzahlen zu organisieren hatten. Gleichzeitig blieben im Arbeiterquartier mit dem Bevölkerungswachstum die Steuereinnahmen unter den erforderlichen Summen, die nötig gewesen wären, um die öffentliche Infrastruktur zu gewährleisten. Daher entstand das Begehren der Gemeindefusion, das 1885 vom Gemeinderat der damals noch eigenständigen Gemeinde Aussersihl in Form einer Petition an den Zürcher Kantonsrat gerichtet wurde.[227]

In Bezug *zweitens* auf die Siedlungsentwicklung war für die zweite Hälfte des 19. Jahrhunderts das Anwachsen Zürichs von einer Gemeinde- zur Großstadtstruktur charakteristisch. Zürich erhielt, wie Hans Müller in seiner Schrift zum 25. Jubiläum der ersten Eingemeindung 1919 festhielt, »sein neues Dasein als grossstädtisches Gemeinwesen«.[228] Zur Herausforderung des Anwachsens der Bevölkerungszahlen gehörte die Gewährleistung hygienischer Standards in der Stadt. Hinzu kam die Positionierung Zürichs als Kunststadt und Bildungsstandort, was auch im Kontext der Gründung des Schweizerischen Bundesstaates im Jahr 1848 und der Zuteilung nationaler Institutionen zur Stadt Zürich wie dem Landesmuseum oder dem Eidgenössischen Polytechnikum stand.

Zwischen 1896 und 1905 wuchs die Einwohnerzahl der Stadt Zürich um 28.505 von 140.000 auf 168.505 an.[229] Dies entsprach einer Zunahme von 8.721 Haushalten. Mit diesem Anstieg versuchte die bau-

---

222 Ebd., S. 92.
223 Zu dieser Zahl vgl. Müller 1919, S. 34.
224 Häußermann & Siebel 2004, S. 21.
225 Müller 1919, S. 40.
226 Diese Wirtschaftskrise wurde in Zürich als »Liegenschaftenkrise« bekannt. Vgl. Fritzsche & Lemmenmeier 1994, S. 182.
227 Müller 1919, S. 86.
228 Ebd., S. 13.
229 Zu diesen und den folgenden Zahlen: StJbSZ 1906, S. 76.

liche Entwicklung Schritt zu halten. In Bezug auf die Errichtung von Wohnhäusern wurden in dieser Zeitspanne ca. 7.470 Wohnungen errichtet, was bedeutet, dass der Bedarf an Wohnraum durch den Wohnungsmarkt nicht gedeckt werden konnte: Für 1.251 Haushalte standen keine Wohnungen zur Verfügung. Der Anteil der leerstehenden Wohnungen hatte sich in den Jahren zwischen 1896 und 1905 von 4,6 auf 0,3 Prozent verringert, was einem Leerstand von total 97 Wohnungen entsprach.[230]

Die Bautätigkeit war bis in die 1880er Jahren vom Umbau Zürichs zu einer Großstadt nach großbürgerlichem Geschmack geprägt, der zwar künstlerische Ansprüche verfolgte, die aber auf einer ingenieursmäßig geprägten, geometrisch-symmetrischen Auslegeordnung realisiert wurden.[231] Der zentrale institutionelle Ankerpunkt dieser Siedlungsentwicklung war das Baucollegium Zürich, das 1860 gegründet wurde. Nach der Stadtvereinigung hielt die Bautätigkeit an, sie stand aber – was die öffentliche Bautätigkeit anbelangte – nunmehr unter dem Zeichen der neuen Großstadt, die neben dem als sozialpolitische Herausforderung erkannten Feld des Wohnungsbaus auch kommunale Bauaufgaben zu bewältigen hatte. Zudem erweiterten sich »[d]urch die Stadtvereinigung«, wie der Historiker Daniel Kurz festhält, »[...] der Denkhorizont und der Dispositionsraum für alle raumwirksam Handelnden«,[232] zu denen Kurz »Politiker, Beamte, Industrielle, Spekulanten und Wohnungssuchende[...]«[233] zählt. Auch in der privaten Bautätigkeit waren die Jahre um die Jahrhundertwende produktiv. So entstanden in Zürich zwischen 1896 und 1907 2.561 privat errichtete Neubauten.[234]

Die hygienische Situation wurde durch das enorme Bevölkerungswachstum und die fehlenden Vorschriften beim Wohnungsbau innerhalb kurzer Zeit zunehmend prekär. Erst im Baugesetz von 1893 wurden erstmals Mindestanforderungen an den Wohnungsbau festgelegt, wie beispielsweise das Verbot von Kellerwohnungen, die Definition minimaler Raumhöhen oder die Festlegung der minimalen Fensterflächen nach Maßgabe der Zimmergröße.[235] In diesen Bestimmungen wie auch in den feuerpolizeilichen Vorgaben spiegelten sich die politischen Maßnahmen zur öffentlichen Gesundheitspflege wider. Im Bereich der Kanalinfrastruktur löste die Cholera-Epidemie von 1867 einen nachhalti-

230 Ebd., S. 74.
231 Kurz 2008, S. 26.
232 Ebd., S. 32.
233 Ebd.
234 Thomann 1909, S. 58.
235 Die entsprechenden gesetzlichen Vorgaben sind im fünften Abschnitt »Ausführung der Bauten« des Baugesetzes von 1893 festgehalten. Stüssi 1893 [§§69ff.]. Vgl. auch Fritzsche & Lemmenmeier 1994, S. 200.

gen Handlungsimpuls aus. Sie leitete die Reform des Abfuhrwesens ein und führte zum Aufbau einer neuen Wasserversorgung.[236]

Auf die Positionierung Zürichs als repräsentative ›Kunststadt‹ soll an dieser Stelle nur insoweit eingegangen werden, als damit strukturelle Bedingungen für die Siedlungsentwicklung geschaffen wurden. Diese betrafen die repräsentativen Anlagen in den großen Stadtentwicklungsprojekten der zweiten Hälfte des 19. Jahrhunderts, allen voran die Anlage der Bahnhofstrasse, der Quaianlage und des Kratzquartiers,[237] die maßgeblich vom Stadtingenieur Arnold Bürkli beeinflusst waren.[238]

Ein Höhepunkt dieser Periode war die Landesausstellung, die 1883 in Zürich abgehalten wurde und die im Zeichen der Inszenierung nationaler Leistungsfähigkeit stand. Sie beförderte eine, nach Einschätzung des Historikers Georg Kreis, »gouvernementale Selbstdarstellung«,[239] die sich im baulichen Erbe manifestieren sollte, das sich vor allem den Figuren Alfred Escher und Gottfried Semper verdanken sollte. Auf Eschers Initiative gingen etwa die drei ikonischen Gebäude des Polytechnikums (erbaut 1861–1864, Architekt G. Semper), des Hauptbahnhofs (erbaut 1865–1871, Architekt J.F. Wanner) und des Hauptsitzes der Schweizerischen Kreditanstalt (erbaut 1873–1876, Architekt J.F. Wanner) zurück.[240] Semper wiederum war durch sein Wirken als Architekt und Architekturprofessor am Eidgenössischen Polytechnikum daran beteiligt, dass die architektonische Praxis in Zürich einen künstlerischen Maßstab annahm. Seine Positionen und Präferenzen, insbesondere für die Neurenaissance, wurden nach seinem Weggang aus Zürich im Jahr 1871 durch seinen Schüler Alfred Friedrich Bluntschli weitergetragen, der 1881 Sempers Lehrstuhl übernahm und das Amt bis 1914 ausfüllte.[241]

Die Entwicklungen in der Zeit zwischen 1860 und 1890, die Konrad Escher als die Zeit der »grossen Bauperiode«[242] bezeichnete, positionierten Zürich zwar als Kunststadt, eine volksnah-soziale Zurichtung sollte diese Positionierung allerdings erst später unter dem Zeichen des Heimatstils erlangen. »Der einfache, schlichte, jedem Schwindel abholde Sinn unserer Bevölkerung«, schreibt Lang 1906 in der Zeitschrift *Heimatschutz*, »empfindet das sich breit machen und Hervortreten Einzelner

---

236 Rebsamen, Bauer, Capol et al. 2001, S. 67. Zur Entwicklung der Abwassersysteme vgl. auch Illi 1987.

237 Zur Entwicklung Zürichs als Kunststadt innerhalb einer repräsentativen Auslegung vgl. Rebsamen, Bauer, Capol et al. 2001, S. 58ff.

238 Der erste Inhaber des 1860 neu geschaffenen Amts des Zürcher Stadtingenieurs war Bürkli. Er füllte es bis 1882 aus.

239 Kreis 2010, o.S.

240 Vgl. Rebsamen, Bauer, Capol et al. 2001, S. 61.

241 Ebd., S. 65.

242 Escher 1914.

als etwas Fremdes, Unschweizerisches, man könnte fast sagen als etwas Undemokratisches.«[243] Dies war ein Angriff auf das repräsentative Bauen im Sinne des »pittoresque artificiel et truqué«,[244] wie der eingangs erwähnte Heimatschützer Philippe Godet im Artikel »Beauté et patrie« festhielt, der ebenso in der Zeitschrift *Heimatschutz* erschien. Diese Tradition verkenne die wahre Schönheit und errichte eine, wie Godet im Artikel weiter festhält, für Ausländer gefällige Architektur. Im Sinne des Heimatschutzes hingegen ging es darum, die lokalen Eigenheiten und die Verwurzelung der Bevölkerung in der Tradition zu stärken.

Die Figur, die ab den 1890er Jahren eine zentrale Rolle in der Siedlungsentwicklung Zürichs einnahm, war der Stadtbaumeister Gustav Gull.[245] Gull stand in der Tradition der groß angelegten Stadtumgestaltungen, die zuvor Bürkli organisiert hatte, die Gull nun aber mit reformästhetischen Ansätzen weiterführte.[246] Projekte wie das Schweizerische Landesmuseum oder der Amtshauskomplex an der Urania-Achse, der als malerisches Gesamtkunstwerk sowohl städtebaulich als auch architektonisch angelegt war, verdeutlichen diese Stoßrichtung, die sich als denkmalpflegerisch und gleichzeitig als schöpferisch bezeichnen lässt: Im Amtshauskomplex manifestierte sich etwa Gulls Rezeption von Sittes Städtebauprogramm.[247]

In Bezug *drittens* auf die politischen Rahmenbedingungen machte die Eingemeindung von 1893 zahlreiche Veränderungen in der Verwaltung der neuen Großstadtgemeinde Zürich erforderlich. Der erste Schritt bestand in der Ausarbeitung einer Gemeindeordnung. Dazu gehörte die Zuteilung der Kompetenzen auf die politischen Organe – diese waren der Stadtrat als Exekutive und der Große Stadtrat als Ersatz für die Gemeindeversammlung[248] – die Organisierung der Gemeindeverwaltung

---

243 Lang 1906, S. 47. Der Anlass des Artikels war der Angriff gegen die Ausbreitung von Reklametafeln im Stadtraum.

244 Godet 1906, S. 26.

245 Gustav Gull (1858–1942) studierte Architektur am Eidgenössischen Polytechnikum in Zürich, wo er mit der Schule Sempers vertraut wurde. Nach seiner Zeit als Stadtbaumeister in Zürich von 1895 bis 1900 wirkte er zwischen 1900 und 1929 als Professor für Architektur wiederum am Polytechnikum. Zu seinen wichtigsten Werken zählen das Schweizerische Landesmuseum, die Erweiterung des Hauptgebäudes des Polytechnikums von Semper und die Amtshäuser an der Urania, jeweils in Zürich. In diesen Projekten kamen die Prinzipien der malerischen Ästhetik zur Anwendung, und Gull vertrat auch als Professor einen historisierenden und denkmalpflegerischen Zugang.

246 Hierzu Rebsamen, Bauer, Capol et al. 2001, S. 68ff.

247 Ebd., S. 68.

248 Pro 1.200 Einwohnerinnen und Einwohner wird ein Mitglied in den Großen Stadtrat bestellt.

innerhalb von Behörden[249] und die Festlegung der Besoldung der Arbeitskräfte im öffentlichen Dienst.[250] Hinzu kam die Schaffung einzelner, an die Verwaltungsbehörden angegliederter Kommissionen mit beratenden Funktionen, von denen die von Heinrich Thomann geleitete Statistische Kommission eine herausragende Bedeutung hatte. Als Stadtpräsident wurde Hans Conrad Pestalozzi bestätigt, der bereits ab 1889 und dann bis zu seinem Tod im Jahr 1909 dieses Amt ausfüllte.

Für den vorliegenden Zusammenhang interessieren in erster Linie die Entwicklungen im Bauwesen. Dies war einer der Hauptbereiche neben dem Schul-, Polizei- und Gesundheitswesen, die nach der Eingemeindung besonders gefordert waren. Dabei galt es, das Bevölkerungswachstums mit politischen Mitteln zu steuern und die Auswirkungen der Entwicklungen aufzufangen sowie Vorkehrungen für künftige Entwicklungen zu treffen. Schließlich wurden bedeutsame Herausforderungen im Sozialbereich lokalisiert, dabei besonders in der Fürsorge und Wohlfahrtspflege.[251]

Der Eingemeindung ging zunächst ein Prozess der zunehmenden Kooperation auf Gemeindeebene zwischen Zürich und den Vororten vorweg, zum Beispiel in Bezug auf den Unterhalt der Straßen und der Wasserleitungen.[252] Innerhalb dieser Zusammenarbeit, die ca. in den 1860er Jahren einsetzte, wurden gemeinsame Anliegen identifiziert, die im Rahmen einer Gemeindekommission bearbeitet wurden.[253] Die wichtigsten Infrastrukturprojekte, die durch die kleinteilige Gemeindeorganisation behindert waren, betrafen vor allem den flächendeckenden Ausbau der Kanalisation, Wasser- und Energieversorgung, die Erschließung von Siedlungsgebieten mit Straßen bzw. Straßenbahnen oder die Errichtung der Quaianlage um den See. Die politischen Rahmenbedingungen verbesserten sich nach der Gemeindefusion erheblich, sodass im Hoch- und Tiefbau ein weiterer Schub in der Bautätigkeit einsetzte. Neben dem Ausbau des Straßen- und Kanalnetzes betraf dies die Errichtung von

---

249 Die Verwaltungsabteilungen waren: Abteilung des Stadtpräsidenten, Finanzwesen, Steuerwesen, Polizeiwesen, Gesundheitswesen, Bauwesen I, Bauwesen II (industrielle Unternehmungen), Schulwesen, Vormundschafts- und Armenwesen. Bollinger 1909, S. 37.

250 Müller 1919, S. 152.

251 Ebd., S. 158.

252 Hier und im Folgenden: Ebd., S. 68ff.

253 Die Arbeit der Gemeindekommission beschrieb Hans Müller als nicht fruchtbar aufgrund der Befürchtung in den Gemeinden, in den Kompetenzen beschnitten zu werden. Eine verwaltungstechnische Annäherung schien über die Gemeindekommission nicht zielführend. Müller 1919, S. 70f.

Schulhäusern, Amtsgebäuden, Gefängnissen und diverser kommunaler Anlagen wie Friedhöfe oder Schießplätze.[254] Der Stadtbaumeister war bereits ab 1876 Arnold Geiser, der dieses Amt bis 1907 ausfüllte. 1895 wurde ihm aber mit Gull, wie erwähnt, ein planender Stadtbaumeister zur Seite gestellt. Gull wirkte in diesem Amt bis 1900. Nach dem Ausscheiden Geisers 1907 übernahm Friedrich Wilhelm Fissler den Posten des Stadtbaumeisters und blieb in dieser Position bis 1919.

In politischer Hinsicht waren im Bereich des Bauwesens die Boden- und Wohnungspolitik prägende Aspekte der Kommunalpolitik. Dazu gehörte etwa die Politik der Kommune, in größerem Stil Grundbesitz anzukaufen. Dies war eine Form kommunaler Bodenpolitik, mit der die Gemeinde dem Instrument des Bebauungsplans Gewicht verleihen wollte. Die Festlegung von Hauptverkehrslinien war diesbezüglich die zentrale Aufgabe, die in Zürich vom Stadtingenieur Victor Wenner besorgt wurde. Mit diesen Instrumenten verfolgte auch Zürich eine Politik der Begrenzung des Spekulationswesens. Die Stadt griff damit Forderungen der Bodenreformbewegung auf, die den Bodenbesitz als Form des »arbeitslosen Einkommens« zurückdrängen wollte, was gerade auch aus liberaler Sicht angezeigt schien: »Der Bodenbesitzer«, so die Analyse der Historiker Bruno Fritzsche und Max Lemmenmeier, »profitiert von der Stadtentwicklung, also einer gesamtgesellschaftlichen Leistung, ohne selber etwas dazu beizutragen.«[255] Der Bebauungsplan war ein stadtplanerisches Instrument, für das entsprechende Baugesetze die Grundlage boten, die in Zürich erst in der zweiten Hälfte des 19. Jahrhunderts entwickelt wurden: Kantonale Bauordnungen wurden in den Jahren 1863 und 1893 erlassen. Im Jahr 1901 kam ein Erlass von Vorschriften für offene Bebauung in Form eines Bebauungsplans hinzu, der in den Folgejahren mehrmals einer Revision unterzogen wurde.

Das Kantonale Baugesetz von 1893 für »Ortschaften mit städtischen Verhältnissen« legte neben den weiter oben erwähnten Mindestanforderungen auch die Parameter für die Strukturierung des städtischen Raums fest.[256] Der allgemeine Bebauungsplan von 1899,[257] der zur Ausführung des Gesetzes erforderlich wurde, definierte erstmals Beziehungen von einzelnen Elementen im städtischen Raum in Form von Baulinien bzw. zonenspezifischen Vorschriften von maximalen Gebäudehöhen[258] und Geschosszahlen[259] in Abhängigkeit zur Stellung der Überbauung zum öf-

---

254 Ebd., S. 159.
255 Fritzsche & Lemmenmeier 1994, S. 184.
256 Stüssi 1893.
257 Siehe Abb. 4 in Kap. 5.3.1.
258 Ebd. [§62].
259 Ebd. [§69].

fentlichen Grund, den Straßen und Plätzen.[260] So bestimmte etwa §11, dass »[b]ei neu projektirten öffentlichen und privaten Strassen [...] der Abstand zwischen den beiden Baulinien nicht kleiner als 12 Meter sein [darf].«[261] Wie erwähnt, wurde die Struktur des städtischen Raums über die Bestimmung des durchgehenden Straßennetzes, insbesondere der Hauptverkehrslinien, festgelegt. Das Baugesetz war damit die gesetzliche Grundlage zur Bestimmung von Bau- und Fluchtlinien und zur Regulierung von Straßenflächen. Die Quartierspläne wiederum definierten die Einteilung des Landes zum Zweck der Überbauung zwischen den Hauptstraßen. In diesem Gesetzestext wurden auch die für die Raumplanung erforderlichen Instrumentarien im Bereich des Bodenrechts geregelt, namentlich die Enteignung von Boden und die daran geknüpfte Frage der Entschädigung. Zum Bebauungsplan kam die Notwendigkeit eines Grundplans hinzu und damit eines Plans, der auf der Grundlage einer genauen Kartographie die Bodenflächen bestimmte und Besitzverhältnisse festhielt.[262]

Zusammenfassend kann festgehalten werden, dass die Eingemeindung von 1893 einen wesentlichen Impuls in der strukturellen Entwicklung der Stadt Zürich in Richtung Zentralisierung leistete. Im Zuge des Aufbaus einer großstädtischen Organisation und der dazugehörenden Verwaltung fand ein Prozess der zunehmenden Ausdifferenzierung statt. Dieser Prozess wurde vom Aufbau von Strukturen begleitet, die etwa im Statistischen Amt eine systematische Erfassung von Wissen über unterschiedliche Entwicklungen beinhaltete. So erstellte das Statistische Amt 1896 erstmals Wohnungsenquêten[263] und Statistiken zur Erfassung der Bautätigkeit. Das Gesundheitsamt führte ähnlich, wie dies in deutschen Städten der Fall war, das Instrument der Wohnungsinspektion ein, das vor allem in Quartieren mit hoher ausländischer Bevölkerung eingesetzt wurde.[264] Es ging den Inspektoren darum, die Überfüllung von Räumen und andere hygienische Verhältnisse zu überprüfen.[265] Auf Basis dieser Wissenssysteme definierte der Stadtrat sozialpolitische Ziele und legitimierte diese gegenüber dem Gemeinderat.

---

260 Ebd. [§§7ff.]. Allgemein zur Entwicklung von Bauplänen vgl. Lendi & Elsasser 1991, S. 16ff.
261 Stüssi 1893, S. 9 [§11].
262 Rebsamen 1984, S. 63f.
263 Fritzsche & Lemmenmeier 1994, S. 201. Zu den Wohnungsenquêten vgl. auch Koller 1995; Fritzsche 1990b.
264 Fritzsche & Lemmenmeier 1994, S. 201.
265 Erismann 1909, S. 124f.

## 6.4.2 Siedlungsbau mit sozialreformerischem Anliegen in Zürich

Was den Siedlungsbau anbelangt, entstand in der Stadt Zürich 1859 mit den Escherhäusern an der Sonneggstraße eine Arbeitersiedlung für die Arbeiterinnen und Arbeiter der Spinnereifabrik Escher, Wyss & Cie., die zum damaligen Zeitpunkt am Neumühlequai angesiedelt war. Diese Siedlung war eine der ersten dieser Art[266] und ein Beispiel eines Fabrikwohnungsbaus, das die Interessen des Unternehmens verfolgte: den Arbeiterinnen und Arbeitern Wohnraum zur Verfügung zu stellen, weil auf dem freien Wohnungsmarkt die Nachfrage nicht bedient werden konnte.[267] Danach kam es zu Gründungen von mehr oder weniger gemeinnützig orientierten Baugenossenschaften, wie etwa 1860 die Aktiengesellschaft für Erstellung von Arbeiterwohnungen, die 100 Wohnungen in 40 Häusern erstellte.[268] 1872 folgte die Gründung des Aktienbauvereins, der in 157 Häusern 276 Wohnungen errichtete.

Mit der Eingemeindung änderten sich die Voraussetzungen für die kommunale Organisation des Siedlungsbaus, was einen Zusammenhang damit hatte, dass die Eingemeindung zu einem wesentlichen Teil aufgrund der sozialen Notlage im Quartier Aussersihl vorangetrieben wurde. Die Stadt Zürich erwarb im Jahr 1896 am Friesenberggelände eine größere Landfläche im Umfang von ca. 226.000 m² zum Zweck, Siedlungen für Familien aus der Arbeiterschaft zu errichten.[269] Das erste Siedlungsprojekt, das zur Gänze kommunal finanziert wurde, war die Siedlung Limmat, die zwischen 1907 und 1909 errichtet wurde (Architekten F. W. Fissler und F. Hirsbrunner). Ein entsprechender Kredit von knapp 2,5 Millionen Franken wurde in einer Volksabstimmung 1907 gut geheißen.[270] Der sozialdemokratische Stadtrat und spätere Stadtpräsident Emil Klöti setzte sich für den sozialen Wohnungsbau ein und etablierte in seiner Funktion als Vorstand des städtischen »Bauwesens I«,[271] das er 1910 übernahm, gartenstädtische Standards im Wohnungsbau.[272] Auf ihn ging auch die Durchsetzung des Instruments des Wettbewerbswesens in städtebaulichen Angelegenheiten in Zürich zurück. 1911 konzipierte er die erste Städtebauausstellung, die ein großer Publikumserfolg wur-

266 Die Siedlung wurde von Hans Kaspar Escher entworfen und 1950 abgerissen. Rebsamen, Bauer, Capol et al. 2001, S. 221.
267 Fritzsche 1990a, S. 21.
268 Zu diesen und folgenden Zahlen: Schatzmann 1909, S. 76.
269 USTAR VII.141.:5, S. 2. Vgl. auch Kurz 2008, S. 76ff.
270 Eberlé 1921/1922, S. 21.
271 Klöti war ab 1910 Vorsteher des Bauwesens I. Dieser Verwaltungseinheit unterstanden das Hoch- und Tiefbauamt.
272 Kurz 2000a, S. 35.

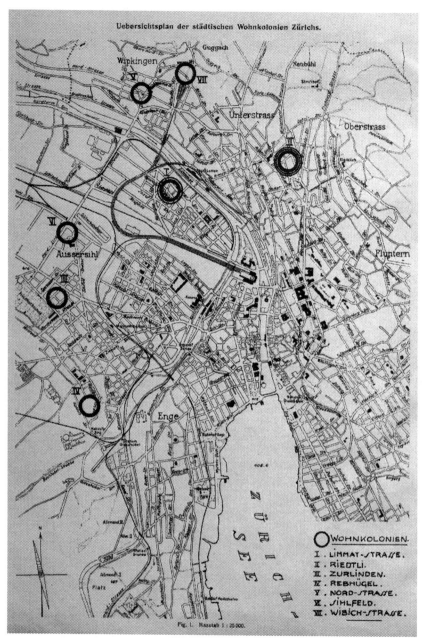

*Abbildung 5: Kommunaler Siedlungsbau in der Stadt Zürich bis 1920*

de.²⁷³ In Bezug auf die Etablierung hygienischer Standards im Wohnungsbau spielte der Sozialdemokrat und Arzt Friedrich Erismann mit seinem sozialreformerischen Einsatz die herausragende Rolle.²⁷⁴ Bis 1920 wurden in der Stadt Zürich zwölf Kolonien mit insgesamt 1.125 Wohnungen errichtet (vgl. Abb. 5, S. 264).²⁷⁵ Die auf dem Gartenstadt-Konzept aufbauende Art von wohnbezogener Sozialpolitik wurde in Zürich zu einem bedeutsamen Mittel für die Bekämpfung der Wohnungsnot. Es wurde im Kontext der Heimatschutzbewegung aus einem eher kleinbürgerlichen Umfeld heraus entwickelt. Größtenteils handelte es sich um junge Architekten, die sich im 1908 gegründeten Verband Bund Schweizer Architekten (BSA) organisierten. Das erste Siedlungsprojekt, das in Zürich aus diesem Umfeld nach dem Muster der Gartenstadt realisiert wurde, war die im Jahr 1908 von einer gemeinnützigen Baugesellschaft errichtete Siedlung Bergheim, die eine Anlage von insgesamt 18 Häusern umfasste (Abb. 6). Die Architekten waren die Mitgründer des BSA, die Geschwister Otto und Werner Pfister, die eine als malerisches Dorf bewertete Siedlung schufen.²⁷⁶ Das Umfeld des Heimatschutzes charakterisierte eine Mentalität, für die der Historiker Hans Ulrich Jost den Begriff der »reaktionären Avantgarde«²⁷⁷ prägte.

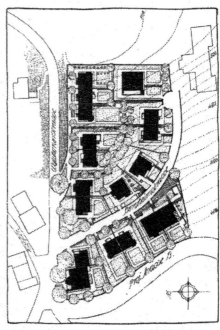

Abbildung 6: Dörfliche Strukturen: Lageplan der Siedlung Bergheim

---

273 Kurz 2008, S. 142ff.
274 Erismann (Hg.) 1909. Erismann war von 1901 bis 1915 im Zürcher Stadtrat für das Gesundheitswesen verantwortlich.
275 Eberlé 1921/22, S. 23.
276 Baur 1910, S. 4. Ein weiteres Projekt der Gebrüder Pfister war die Gartenstadt Kapf, die zwischen 1910 und 1911 in Zürich Hirslanden errichtet wurde.
277 Vgl. Jost 1992.

Aufgrund der antikapitalistischen Stoßrichtung waren die Ideale des Heimatschutzes zugleich auch für die Sozialdemokratie ansprechend. Paul Pflüger setzte sich als Politiker und als Figur der Öffentlichkeit für die Arbeiterschaft und die sozialdemokratischen Ideale ein und leistete zentrale Beiträge in der politischen und publizistischen Debatte zur sozialen Wohnungspolitik. In zahlreichen Reden und Publikationen, die häufig im Umkreis des Grütlivereins entstanden, behandelte Pflüger die Soziale Frage, die ihren Ausdruck in den Debatten um die Sozialreform durch städtebauliche Maßnahmen im Siedlungsbau fand. Ein Blick auf Pflügers Ansichten verdeutlicht daher das sinnstiftende Orientierungswissen, auf dessen Grundlage sich die sozial progressive Städtebaupolitik Zürichs mit ihrer moralerzieherischen Ausrichtung formierte.

Pflüger charakterisierte das »Wesen« der Sozialen Frage als ein Problem, das im Kontext der Sittlichkeit steht. In den Lebensverhältnissen der Arbeiterschicht seien die Parameter nicht gegeben, eine sittliche Lebensführung auszubilden. Wo etwa Arbeiterfamilien gezwungen seien, einzelne Schlafstellen in Untermiete zu vergeben, müsse es Pflüger zufolge zwangsläufig zu einer Abstumpfung des »von der Natur dem Menschen als wertvolle Mitgift verliehene[n] Schamgefühl[s]«[278] kommen. Pflüger sah damit die Umstände verantwortlich für das Elend und die moralischen Mängel in den Arbeiterquartieren. »Was Wunder,« schreibt Pflüger, »wenn da der von der Arbeit heimgekehrte Familienvater der von üblen Düften geschwängerten Behausung so schnell als möglich den Rücken kehrt und seine Erholung von des Tages Arbeit in größeren, erleuchteten Unterhaltungslokalen sucht«,[279] wo er dem Alkoholismus zuneige. Mit der Unmoral gehe der Verlust des Heimat- und Vaterlandgefühls einher, was für Pflüger mit der hohen Mobilität der Bevölkerung zusammenhing: Im Jahr 1907 wechselten bei einer Gesamtbevölkerung von ca. 175.000 Personen 70.661 die Wohnung, wobei der größte Teil davon freilich auf die Arbeiterschaft entfiel.[280]

Die durch die Eingemeindung geschaffene neue Situation wie auch der Bedeutungszuwachs der Arbeiterparteien rückten den Wohnungsbau zunehmend in das Zentrum der politischen Steuerung gesellschaftlicher Wohlfahrt. Die Wohnungsfrage wurde im Hinblick auf die Arbeiterschicht als Schlüsselaspekt in der Entwicklung einer gemeinnützigen und nach dem sozialen Prinzip genossenschaftlich ausgerichteten städtischen Baupolitik aufgefasst, die nach Pflügers Vorstellungen in einem Gemeindesozialismus münden sollte. Das Grundübel der allgemeinen großstädtischen Situation aus Sicht der sozial benachteiligten Schichten sah Pflüger im Kapitalismus, der nach seiner Ansicht eine systematische

278 Pflüger 1909, S. 5.
279 Ebd., S. 6.
280 Ebd., S. 9.

Ausbeutung bedeutete, die in Bezug auf die städtische Politik in der Bodenspekulation zum Ausdruck kam.[281] Der folgerichtige Ansatz in der Behebung der Sozialen Frage wäre Pflüger zufolge daher der Bodenerwerb durch die Stadt, um die Produktionsfaktoren Grund und Boden der Allgemeinheit zuzuführen.[282] Arbeit müsste wieder auf dem Eigentum von Grund und Boden oder Werkzeugen basieren.

Im Städtebau wirkte die Erkenntnis, dass der Wohnungsbau nicht allein der privaten Bautätigkeit überlassen werden dürfe und als Aufgabe der öffentlichen Politik zu begreifen sei, in Richtung der Ausarbeitung genossenschaftlicher Konzepte, die zugleich in einer Auseinandersetzung mit der räumlichen Ästhetik mündete. Pflüger selber sah das architektonische Konzept der offenen Bebauung als das Rezept an, um moralische Übel des Lebens in Mietskasernen zu überwinden.[283] Damit meinte Pflüger die Gartenstadtidee, deren Vorzug er in der Integration ländlicher Elemente im städtischen Umfeld sah. Die Bodenpolitik ermöglichte es über das Anhäufen von städtischem Grundbesitz, den Wohnungsbau zunehmend zu kommunalisieren und auf gemeinnütziges Fundament zu stellen, was in Zürich insbesondere vom freisinnigen Stadtrat Robert Billeter vorangetrieben wurde.[284]

Die Genfer Landesausstellung von 1896 wirkte mit dem dort ausgestellten Village Suisse als Katalysator für die neue ästhetische Position, die den Internationalismus der historistischen Stile zugunsten einer auf nationale Eigenheiten Bezug nehmenden und nach sozialen Überlegungen strukturierten Ästhetik überwand. Der Basler Architekt Hans Bernoulli prägte in den Jahren ab 1913, als er in Zürich die Professur für Städtebau übernahm, den auf ästhetische Weise sozial verstandenen Städtebau. In seiner Funktion als Hochschullehrer wirkte er im Bereich des Städtebaus in Zürich insbesondere im Feld des Siedlungsbaus, für den er das Gartenstadtkonzept fruchtbar machte.[285]

### 6.4.3 Vignette: Siedlung Riedtli in Zürich-Oberstrass und Unterstrass

Als eines der bedeutsamsten frühen Beispiele einer sozialreformerisch motivierten Siedlung nach gartenstädtischem Muster gilt in Zürich die Siedlung Riedtli.[286] Diese Siedlung wurde zwischen 1907 und 1919 in

281 Dommer & Gruner 1988, S. 608f.
282 Pflüger 1897, S. 6f.
283 Pflüger 1909, S. 10; Pflüger 1910, S. 113.
284 Kurz 2000b, S. 10.
285 Rebsamen 1984, S. 68.
286 Vgl. die Akten USTAR V.G. c.62.:11.

fünf Etappen geplant und erbaut.²⁸⁷ Sie soll an dieser Stelle als lokal spezifische Fallvignette für Interventionen im Stadtraum dargestellt werden, die durch das Augenmerk auf ästhetische Anordnung moralerzieherische Ziele verfolgte und damit eine moderne Form der ›Erziehung der Gesellschaft‹ verdeutlicht.

Paul Pflüger gab in einer vorbereitenden Sitzung zur Überbauung des Areals folgende Eckpfeiler des Projekts zu Protokoll:

»Die städtische Wohnungspolitik hat hauptsächlich drei Momente im Auge zu halten: das ästhetische, das hygienische und das ökonomische. [/] Wir müssen die Kulturerrungenschaften geniessen können, ohne den Genuss an der Natur verlieren zu müssen. Die Ineinanderpferchung der Menschen in den Städten hat seine grossen unbestreitbaren Nachteile gezeitigt, und die Bewegung, welche heute mit dem Schlagwort Gartenstadtbewegung bezeichnet wird, und heute schon durch viele Millionen Menschen geht, geht darauf aus, diese Nachteile zu heben.«²⁸⁸

Die Siedlung sollte die ästhetischen, hygienischen und ökonomischen Ansprüche auf optimale Weise umsetzen. Insgesamt umfasste das Projekt knapp 300 Wohnungen. Die Architekten waren der Stadtbaumeister Friedrich Wilhelm Fissler und sein Assistent Friedrich Hirsbrunner. Als Stadtbaumeister hatte Fissler umfassende Kompetenzen in der Planung und Ausführung im Hochbau, und im Fall der Siedlung Riedtli konnte er sein Bestreben umsetzen, das Tätigkeitsfeld auf den Städtebau auszuweiten, der in den Zuständigkeitsbereich des Tiefbauamtes fiel.²⁸⁹

Die Siedlung wurde kommunal finanziert. Aufgrund der bevorzugten Hanglage und der Ausführung was Material und Ausstattung – zum Beispiel wurde jede Wohnung mit einem Badezimmer ausgestattet – anbelangt, war das Projekt von Anfang an eher für eine Mieterschaft aus dem Mittelstand und weniger aus der Arbeiterschicht ausgerichtet, da die Kosten der Überbauung über die Mieteinnahmen amortisiert werden sollten.²⁹⁰

Die Kosten wurden mit knapp über 5 Millionen Franken veranschlagt.²⁹¹ Das übertraf die Dimension der ersten von der Stadt Zürich finanzierten Siedlung Limmat um mehr als das Doppelte, für die, wie oben erwähnt, ein Kredit von knapp 2,5 Millionen Franken vorgesehen war. 1909 organisierte die Zürcher Kunstgewerbeschule eine Ausstellung

---

287 Zur Geschichte der Siedlung Riedtli vgl. Ugoletti 2005.
288 USTAR V.G. c.38.:51, S. 4.
289 Kurz 2000a, S. 32f.
290 Der durchschnittliche Mietpreis für eine Dreizimmerwohnung zum Zeitpunkt der Fertigstellung betrug 832 Franken, was zwar im Durchschnitt betrachtet günstig, aber dennoch nur für den Mittelstand leistbar war. Eberlé 1921/1922, S. 36.
291 [o.A.] 1909, S. 325.

Abbildung 7: Modell der geplanten Überbauung des Riedtli-Areals

zum Kleinwohnhausbau, in deren Anschluss das Hochbauamt ein Modell der Überbauung auf dem Riedtli-Areal präsentierte (Abb. 7). Der Blick auf die Siedlung Riedtli verdeutlicht mehrere Aspekte des sozialreformerischen Städtebaus. Zunächst betrifft dies die sozialen Überlegungen, die Planung und Entwurf strukturierten. Als groß angelegte Siedlung (zunächst auf ca. 36.400 m², später konnte das Areal auf annähernd 4 ha erweitert werden) wies sie des Weiteren eine städtebauliche Dimension auf.[292] Dabei war sie – dies bildet einen weiteren Aspekt – nach künstlerischen Grundsätzen umgesetzt, die sich an den Idealen der Gartenstadt orientierten.

Der Stadtrat argumentierte *erstens* mit der Wohnungsnot in den Bevölkerungsschichten mit niedrigem Einkommen, die in hygienischer Hinsicht gravierend sei und die »Gefährdung eines geordneten Familienlebens«[293] befördere. Dabei berief er sich auf Wohnungsstatistiken, um zu legitimieren, dass die Stadt eine aktive Rolle in der Bekämpfung der Wohnungsnot spielen müsse. Der Lösungsansatz bestand teils in der Unterstützung von gemeinnützigen Baugenossenschaften und teils in der Planung und Durchführung von Projekten mit kommunalen Mitteln, wie dies in der Siedlung Riedtli der Fall war.[294]

---

292 In einem Vortrag beschreibt Fissler das Vorhaben folgendermaßen: »Die Bauweise, das Strassennetz mit Zubehör, die Gestaltung der Baublöcke, die Parzellierung und Gruppierung sind die Elemente aus deren zweckmässiger und zugleich künstlerisch durchdachten Anordnung die Schönheit einer Siedlung sich entwickelt.« Fissler zit. nach Ugoletti 2005, S. 209.

293 USTAR V.G. c.62.:11.a) [»Weisung des Stadtrates an den Grossen Stadtrat betreffend den Bau gesunder und billiger Wohnungen durch die Stadt«, S. 5].

294 Ebd. [»Weisung des Stadtrates an den Grossen Stadtrat betreffend den Bau gesunder und billiger Wohnungen durch die Stadt«, S. 15].

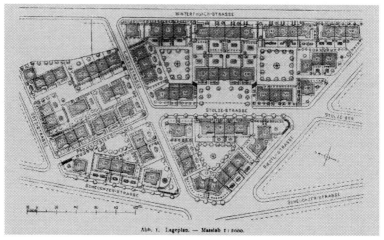

*Abbildung 8: Gartenstädtischer Städtebau: Lageplan des Riedtli-Areals*

Diese Siedlung war *zweitens* ein Projekt, das innerhalb einer städtebaulichen Dimension entwickelt wurde. Es beinhaltete Einzelhäuser wie auch Gruppen von zwei bis fünf aneinandergereihten Häusern. Sämtliche Häuser wurden von Grünflächen oder Gartenanlagen umgeben. Öffentliche Grünflächen und Spielplätze waren auch integrale Bestandteile des Konzepts. Hierbei war die Idee der Individualisierung maßgeblich, die in der Siedlung Riedtli über die offene Bebauung realisiert wurde. Nur 25 Prozent des gesamten Areals wurden überbaut (Abb. 8).

*Drittens* war die Stadt als Bauherrin dezidiert an einer »künstlerische[n] Gestaltung«[295] der Anlage interessiert. »Der Gesamteindruck des Quartiers«, hielt der Stadtrat die Ziele für die Überbauung fest, habe »ein anmutiger, künstlerischer, das Auge erfreuender und die Gesamtanlage eine für die Bewohner nach allen Richtungen angenehme [zu] sein«.[296] Die Gartenstadtidee wurde im Sinne Howards nicht umfassend übernommen, sondern wirkte in erster Linie auf die Vorgaben in Bezug auf die Aspekte Licht und Luft: »Der Begriff [der Gartenstadt, M.V.] steht für ihre künstlerisch lockere, nach Licht und Luft orientierte Bebauung im Grünen«.[297] Im *Schweizer Baublatt* wurden die Vorzüge der Siedlung mit den hygienischen Möglichkeiten der gartenstädtischen Anlage beschrieben: »Sie ist mit ihren Ruhe- und Spielplätzen und den zahlreichen Haus- und Vorgärten eine wirklich kleine *Gartenstadt*, wo Luft, Licht

---

295 USTAR V.G. c.62.:11.a) [»Auszug aus dem Protokolle des Stadtrates von Zürich vom 27. Mai 1908«].
296 Ebd.
297 Ugoletti 2005, S. 209.

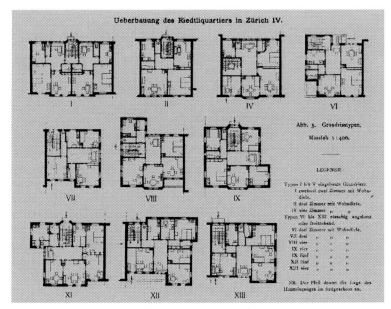

Abbildung 9: Grundrisstypen der Siedlung Riedtli

und Sonne, drei Hauptquellen der Gesundheit, ungehindert ihren wohltätigen Einfluß geltend machen werden.«[298] Was die architektonische Ausführung anbelangt, war Fissler um eine Reduktion dekorativer Elemente bemüht. Nach dem Heimatstilgedanken wurden »einheimische Formen verwendet«[299] und namentlich die Dächer als prominente architektonische Elemente eingesetzt. Sie bestanden aus Walm- oder Satteldächern, deren architektonische Sprache Schutz und Behaglichkeit zum Ausdruck brachte. Die Ausstattung der Wohnungen war funktional: »Bei der Wohnungsausstattung soll jeder Luxus und jede Scheindekoration strenge vermieden werden und lediglich nur auf zweckmäßigen, soliden und dabei gefälligen Ausbau geachtet werden.«[300] Dabei wurden sämtliche Wohnungen mit Badezimmern und die Mehrzahl der Wohnungen mit Wohndielen ausgestattet. Die weiter oben in Bezug auf die städtebauliche Dimension erwähnte Individualisierung wurde in Bezug auf die einzelnen Wohnhäuser über unterschiedliche Grundrisstypen realisiert, von denen insgesamt 13 zur Anwendung kamen (Abb. 9).

298 [o.A.] 1909, Hervorhebung im Original.
299 USTAR V.G. c.62.:11.a) [»Weisung des Stadtrates an den Großen Stadtrat betreffend Überbauung des Riedtlareales mit Wohnhäusern, S. 6.].
300 Ebd.

## 6.5 Städtebau im Zeichen gesellschaftlicher Steuerung als Form gesellschaftlicher Erziehung in der Moderne

In Bezug auf Zürich verdeutlichen die Strukturdaten die massiven Transformationsprozesse allein in den Bevölkerungsbewegungen, die sich im städtischen Raum strukturell am augenscheinlichsten in Form sozialer Segregation niederschlugen. Die Sicherung der entsprechenden gesellschaftlichen »Risiken«, die im Hinblick auf das gesellschaftliche Funktionieren insgesamt als moralische Gefährdungen erkannt wurden, was Gesundheitsrisiken genauso miteinschloss wie Fragen der ökonomischen Produktivität (wobei der städtische Raum als Rahmenbedingung ökonomischer Zirkulation begriffen wurde, der entsprechend für die ökonomische Sicherung der Zukunft zu gestalten war) führten zur strategischen Auffassung, über die von den Wirkungen der Umgebungsgestaltung ausgehenden erzieherischen Mechanismen eine gesellschaftliche Moralisierung herbeizuführen. Die pädagogisierte Behandlung der Gestaltungsaufgabe im Hinblick auf den Stadtraum resultierte zunächst aus der Erkenntnis, dass sozialpolitische Handlungen notwendig seien.

Die Sicherung der sozialen »Risiken« legte diese strategische Haltung einer erzieherischen Form der Stadtraumgestaltung nahe. Mit Blick auf die erzieherischen Mittel setzten die sozialreformerischen Reaktionen auf die sozialen Auswirkungen des großstädtischen Wachstums an Siedlungsbauten an. Diese »Agentur« der Erziehung verknüpfte die übergeordneten, gesellschaftlichen Ideale mit den Vorstellungen von einem gesunden Leben trotz großstädtischer Umgebung. Dabei waren die Bodenfrage verbunden mit der Wohnungsnot die entscheidenden Momente, damit die Kommune die Bauherrschaft über Siedlungsbauten übernahm und die öffentliche Hand, wie das Beispiel Zürich verdeutlicht, entsprechende Landreserven anhäufte.

Die Zugangsweise, um die sozialen Herausforderungen zu bekämpfen, erfolgte im Rahmen der Auseinandersetzung um die Ästhetik des Stadtraums. Dies verdeutlichen die gartenstädtischen Strukturen, die von England ausgehend im deutschsprachigen Raum und in Zürich aufgegriffen wurden. Die ästhetische Behandlungsweise der Frage der Stadtraumgestaltung unter dem Zeichen gesellschaftlicher Moralisierung schien die Möglichkeit zu eröffnen, die Sittlichkeit in den Familien und gesamthaft in der Gesellschaft herbeizuführen, indem die Wohnformen und architektonischen Codes den bürgerliche Wert des Familienlebens kommunizierten. Quer zu diesem Reaktionsmuster stand die politische Steuerungskomponente, die sich in Bezug auf den Siedlungsbau in den Bemühungen zeigte, den Arbeiter in seiner heimatlichen Verwurzelung oder in seinem Familiensinn zu stärken. Die in der Siedlung Riedtli verfolgten Grundrisskonzepte der Wohnungen verdeutlichen diese Sorge um das Familienleben, das nach bürgerlichem Muster die Funktionen von Wohnen, Schlafen, Essen usw. räumlich zuordnete und darüber hinaus eine ›normale‹ Familiengröße suggerierte.[301] Die Familie wurde als der Kern einer ›geordneten‹ Gesellschaft stilisiert, weshalb die Bekämpfung des Sittenzerfalls an der Stärkung der Familie und des Familienlebens ansetzte.[302] Die Entwicklung der Siedlungsbauten war daher ein bedeutsamer Aspekt der Sozialpolitik um 1900, die von Anliegen der Familienpolitik sowie der Armen- und Fürsorgepolitik beeinflusst war.[303] In diesem Zusammenhang geriet das Ideal des Einfamilienhauses in den Fokus der Stadtplanung.

Der Siedlungsbau um 1900 verdeutlicht die Strategie der »Verbürgerlichung« der Arbeiterschaft, die darauf abzielte, anhand der Bereitstellung kostengünstiger Arbeiterwohnungen mit Zugang zu Grünflächen bürgerliche Werte zu transportieren.[304] Unter wissensgeschichtlicher Perspektive betrachtet wirft die sozial ausgerichtete Planungspraxis des Beginns des modernen Städtebaus die Fragen auf, nach welchen Vorstellungen von gesellschaftlicher Ordnung sich sozialreformerisch-städtebauliche Maßnahmen wie der gartenstädtische Siedlungsbau organisierten, nach welchen Modellen sich die konkreten Lösungen entwickelten oder in welchen »Milieus« die Konzepte tragfähig wurden. Anknüpfend an den in der Einleitung erwähnten Beitrag »Was ist Wissensgeschichte?« von Philipp Sarasin kann die sozial ausgerichtete Planungspraxis als eine Handlungsform begriffen werden, die sich aus einer moralerzieherischen Strategie heraus kristallisierte.[305] Indem Sarasin in erster Linie gesellschaftliche Zusammenhänge fokussiert, unterscheidet sich der Ansatz der Wissensgeschichte von der Wissenschaftsgeschichte, die die Genese des Wissens mit Blick auf wissenschaftliche Epistemologie untersucht.[306] Wissensgeschichte bestehe darin, so Sarasin, die »*gesellschaftliche Produktion und Zirkulation von Wissen*«[307] darzustellen, das heißt das Wissen als historisches Phänomen aufzufassen. In dieser Perspektivierung tritt der sozialreformerische Siedlungsbau als historisch und lokal eingebetteter Kristallisationspunkt der Wissensbildung um gesellschaftliche Transformationsprozesse hervor, der seine Form im

301 Vgl. Viehhauser 2015a.
302 Kastorff-Viehmann 1988, S. 225.
303 Raphael 2008, S. 87.
304 Fritzsche 1990a.
305 Sarasin 2011.
306 Vgl. hierzu Rheinberger 2007.
307 Sarasin 2011, S. 164, Hervorhebung im Original.

Rahmen der Strategie der steuernden Sicherung dieser gesellschaftlichen »Risiken« annahm.[308]

In Bezug auf den gesellschaftlichen Kontext der Wohnmisere der Arbeiterklasse[309] war das Wissen um die Lebensbedingungen der Arbeiterschaft zugleich mit der Etablierung der Bodenfrage als sozialpolitischem Handlungsbereich verknüpft. Die gartenstädtische Form des Siedlungsbaus schuf dabei Rahmenbedingungen, die die Erziehung zum bürgerlichen Lebensstil unterstützte. Wie die ästhetische Behandlung dieser Frage zeigt, war in der städtebaulichen Steuerung auch der Einfluss des kulturellen Unbehagens bedeutsam, für das in einer allgemeinen diskursiven Gemengelage die massiven Veränderungen der gewohnten Lebensumgebung durch Blockrandbebauung, welche die Großstadt insbesondere in den Arbeiterbezirken als anonymen ›Moloch‹ erscheinen ließ, und die an solche Erfahrungen anschließende Großstadtkritik gleichermaßen eine Rolle spielte wie die »Lasterhaftigkeit« der großstädtischen Gesellschaft.[310]

Das Wohnhaus im Allgemeinen und das Einfamilienhaus im Besonderen wurden in ihrer Eigenschaft als moralisch prägende Umgebung erkannt. Schultze-Naumburg etwa entwickelte eine entsprechend pädagogisierende Sicht auf die Wohnumgebung, die er in ein suggestives, mythisches Bild der Heimat einwebte und die er in städtischen Siedlungen etabliert sehen wollte:

»Die Häuser blicken jeden, der durch die Gassen schreitet, aufs freundlichste an, sie breiten das Gefühl von Ruhe und Gelassenheit aus und der Ort verknüpft sich mit unserem Gefühlsleben enger und fester. Wir wissen vielleicht selbst noch nicht, daß es der Zauber dieser einfachen Häuser ist, dem wir da unterliegen, wir können uns die Gründe nicht angeben, warum und wieso dem so ist. Aber die Erfahrung steht fest, und wir können sie täglich von unzähligen Leuten bestätigt hören, die uns mitteilen, wie die und jene Orte ihnen vertraut sind, ihnen leise seltsame Glücksgefühle geben, ohne daß sie versucht haben zu erfahren, woraus sie diese Gefühle schöpfen.«[311]

In dieser Beschreibung postulierte Schultze-Naumburg den Stadtraum als erlebbaren, benutzbaren und bewohnbaren Raum, der vor allem gefällig zu sein habe. Platz- und Straßengestaltung waren daher wichtige Ansatzpunkte für die sozial ausgerichtete, ästhetische Planungspraxis in der Art Camillo Sittes oder Karl Henricis.[312]

308 Ebd., S. 166
309 Vgl. dazu die Studie zu Basel in der zweiten Hälfte des 19. Jahrhunderts: Trevisan 1989.
310 Zur Auseinandersetzung mit Heimat und Natur vgl. z.B. Knaut 1993.
311 Schultze-Naumburg zit. nach Kastorff-Viehmann 1988, S. 224.
312 Vgl. Curdes 1981, S. 19.

Auf der Ebene der Ideale ging es daher darum, Umgebungen für das Erleben von Gemeinschaft zu schaffen, was sich in der englischen Formulierung »Civic Art« manifestierte, während Städtebaupolitiker zugleich ein Interesse dafür entwickelten, die Steuerung der städtischen Erweiterungen über das Feld der Bodenpolitik zu organisieren. Hierbei trat die Frage nach der Verteilung des öffentlichen Raums in den Vordergrund, etwa in der Auseinandersetzung um die Zonenordnung. Die Planungspraxis fand dabei im Bebauungsplan eine Materialisierung. Wie Theodor Goecke schrieb, lag »zur Lösung der Wohnfrage in grossen Städten [...] der Hauptschlüssel im Bebauungsplan«.[313] Dieses Instrument war, wie in Kapitel 5 beschrieben, eine der »formativen« Bedingungen für die Auslegeordnung des städtischen Gewebes, was die Straßengestaltung miteinschloss, aber auch Zonen nach Maximalhöhen von Wohnhäusern oder die Proportionalität von Straßenbreite und die Höhe von Gebäuden definierte.[314] Nach Goecke musste der Bebauungsplan so gestaltet sein, dass er künstlerische Kreativität zuließ und gleichzeitig der gesellschaftlichen Wohlfahrt diente.

Das Zeichen, unter dem die Bodenfrage stand, war, wie die Studie von Barbara Koller verdeutlicht, das gesunde Wohnen.[315] Die Gesundheitspflege über Wohnbaupolitik setzte unter anderem am Problem der Distanzen zwischen Wohn- und Arbeitsort an, das durch verkehrstechnische Erschließung zu bekämpfen war, des Weiteren in der Sicherstellung der Qualität von Luft und Licht in Wohn- und Schlafräumen durch die Baugesetzordnung, oder in strukturellen Maßnahmen, welche die Transferierung der Fabriken aus den Innenstädten in die Außenbezirke unterstützten.[316] Die kommunale Sozialpolitik war unter Anwendung solcher Maßnahmen und Instrumente bestrebt, Ordnung innerhalb des städtischen Gefüges zu schaffen und Steuerungsmechanismen zu etablieren, die die unkontrollierte Ausdehnung des Stadtkörpers begrenzten.

---

313 Goecke 1893, S. 546, Hervorhebung im Original.
314 Zur Höhe von Gebäuden vgl. Schmidkunz 1901, besonders S. 74, wo Hans Schmidkunz schreibt, dass mit den Überzeugungen zu brechen sei, »dass die breitere Strasse sowohl schöner sei als die enge, als auch, dass sie den gegenwärtigen Anforderungen des Verkehrs, der Gesundheit und vielleicht auch einer Art demokratischer Sozialethik besser oder einzig entspreche.«
315 Koller 1995.
316 Vgl. Blum 1889.

# 7 Moralische Hebung durch ›wahre‹ Stilsprache: Zur gesellschaftserzieherischen Auffassung in der Reformarchitektur um 1900

Das Streben nach Ordnung charakterisierte die Handlungsmuster im stadtplanerischen Ansatz und bestimmte die Auseinandersetzung mit der Architektur, die für die Stadt »als« Architektur gefunden werden wollte.[1] Dieses Streben nach Ordnung in der Architektur äußerte sich im Streben nach Definitionen besonders in Bezug auf den Stil, der angesichts des Stileklektizismus im Historismus und des Unbehagens, das sich am ›akademischen‹ Zugang zur Frage der architektonischen Ästhetik entzündete, eine neue Dringlichkeit erhielt. Der historistische Eklektizismus war an den Formensprachen der klassischen Epochen – Antike, Gotik, Renaissance oder Barock – ausgerichtet und setzte damit jeweils einen Kanon aus der Vergangenheit stilistisch um. Die Abgrenzung gegenüber dem Historismus bildete daher den Hintergrund für die stilistische Erneuerung in der Reformarchitektur. Neben den akademischen Kunstlehren traten die Reformbewegungen für die ›freien‹ Künste ein. In diesem Zusammenhang war die Auseinandersetzung mit dem Stil moralisch aufgeladen und stand im weiteren Rahmen des Diskurses um gesellschaftliche Erneuerung. Die Frage, der in den reformerischen Suchbewegungen nachgespürt wurde, war im Wesentlichen die nach der Wahrheit im architektonischen Stil.[2] Sie mündete um 1900 in eine grundlegende Reform in Kunst und Architektur.[3]

Diese Abgrenzungsbewegung implizierte eine moralisch aufgeladene Suche nach der angemessenen Stilsprache insofern, als das Kriterium an die ›Wahrheit‹ des stilistischen Ausdrucks geknüpft wurde. Die ›Wahrheit‹ des Stils bedeutete zunächst die Abkehr von einer als ›falsch‹ betrachteten repräsentativen Architektur, die in erster Linie die gebildete Bürgerin bzw. den gebildeten Burger ansprach und somit – wie im Zürich der »großen Bauperiode« – die Stadt im Sinne einer ›Bühne‹ für das Bürgertum als ›Kunststadt‹ positionierte. Im weiteren Schritt bedeutete die reformorientierte Suche nach ›Wahrheit‹, eine Stilsprache zu finden, die das ›natürliche‹ Gefühl ansprach. Entsprechend bedeutsam war das

---

1 Rossi 1973.
2 Nerdinger 1984, S. 40.
3 Aus der umfangreichen Literatur zum Modernismus sei die breit angelegte Überblicksdarstellung von Peter Gay genannt. Gay 2008.

Motiv der Natur für die Ausgestaltung der stilistischen Formen. Und schließlich bestand eine Folie des reformarchitektonischen Strebens in der zunehmenden Massenproduktion und der industriellen Herstellung von Kunstobjekten, was sich in Postulaten wie demjenigen nach einer organischen Ordnung in der Kunst niederschlug, die nur aus individueller, künstlerischer Inspiration heraus geschöpft werden könne.

Im vorliegenden Kontext betrachtet entwickelten die künstlerischen Erneuerungsbewegungen einen stilistischen Code für Siedlungsbauten, der zumindest in Form von Hoffnungen eine breite Moralisierung der Gesellschaft anstrebte. Sie etablierten spezifische Formensprachen, mit denen sie die großstädtische Lebenswelt prägten. Nachfolgend werden die entsprechenden reformorientierten Debatten im Bereich der Architektur aufgegriffen und im Hinblick auf sozialreformerische Motivationen analysiert. Für das Verständnis der architektonisch-stilistisch artikulierten gesellschaftserzieherischen Position ist die Abgrenzung gegenüber dem historistischen Stileklektizismus der Schlüssel, um die historische Option der Gesellschaftserziehung vermittelt durch die »Agentur« des architektonischen Stils als spezifisch moderne Architekturauffassung zu rekonstruieren. Wissensgeschichtlich betrachtet wurde die reformerische Position in Wahrnehmungsweisen und Handlungsschwerpunkten von der Abgrenzung vom Historismus ›gelenkt‹.

Die erste Stilreform, die sich vom Historismus abgrenzte, bildete sich in England bereits im Laufe des 19. Jahrhunderts innerhalb der Arts-and-Crafts-Bewegung, die auf dem europäischen Kontinent großen Einfluss ausüben sollte. Auch wenn der diskursive Horizont der Reformbewegungen international war, war eines der dominanten Narrative der Reformbewegungen und so auch der Arts-and-Crafts-Bewegung auf den lokalen Kontext ausgerichtet. Im Folgenden wird nach dem argumentativen Bezugsrahmen gefragt, der den sozialreformerischen Optimismus innerhalb der stilistischen Erneuerungsbewegungen charakterisierte. Ein besonderes Augenmerk verdient dabei die Betonung des Städtebauers oder Architekten als kreativem Künstler. Auch diese Positionierung grenzte sich gegenüber dem Historismus ab, in dem der architektonische Entwurf die Umsetzung eines akademischen Programms bedeutete. Insofern war der Historismus ›gelehrt‹, aber nicht künstlerisch-kreativ. Es wird der Frage nachgegangen, inwifern sich über die Stilisierung des Künstler-Architekten dieser als gesellschaftlicher Experte positionierte, der im Rahmen seiner Auseinandersetzung mit Stilfragen soziale Anliegen verfolgte, nach denen er über den Weg der ›wahren‹ Ästhetik die Gesellschaft auf eine höhere moralische Stufe gehoben sehen wollte. Der Architekt als Künstler implizierte somit, die Architektur als Sprache fruchtbar zu machen, die gesellschaftliche Werte vermittelte und somit

– in Stübbens Terminologie – »erziehlich«[4] wirke. Diese Ästhetik sollte, so die Vorstellung, die Gesellschaft gesamthaft moralisieren, indem sämtliche Lebensbereiche mit künstlerischer Gestaltung durchdrungen werden. Die Schönheit wurde umfassend gedacht, weshalb die Auseinandersetzungen mit Stilfragen in der Architektur im breiteren Rahmen der Etablierung des Kunstgewerbes zu sehen sind.

Zunächst wird die Entwicklung einer moralisierten Stilsprache nachgezeichnet, deren wesentlichstes Element das Narrativ der ›Echtheit‹ war, das sich im Postulat der Naturbezogenheit der stilistischen Formensprache niederschlug. Anschließend wird auf die Herausbildung der reformästhetischen Position in der Architekturdebatte als Absetzung von den historistischen Stilen eingegangen, um vor diesem Hintergrund das Hervortreten des Anspruchs eines ›wahren‹ und damit moralischen Stilausdrucks darzustellen. Dafür spielten Kunstgewerbeschulen eine wesentliche Rolle wie auch die für die ästhetischen Reformbewegungen charakteristische Internationalität der Debatte, hierbei insbesondere die Arts-and-Crafts-Bewegung. Schließlich wird der Bogen zurück zur Stilisierung des Architekten als Künstler geschlagen, was die Bedeutung der Moralisierung der Architektur verdeutlichen wird. Die nachfolgenden Ausführungen greifen die kontextuelle Oberfläche auf, auf der der für Zürich charakteristische Reformstil des Heimatstils, der im Anschluss an dieses Kapitel dargestellt wird, seine Form annahm.

## 7.1 »Erziehliche« Ästhetik: Zur moralischen Aufwertung der architektonischen Ästhetik über die Stilisierung der Natur

Die Suche nach dem ›richtigen‹ Stil charakterisierte sowohl die Erneuerungsbewegungen der Architektur als auch allgemein die Kunst der Jahrhundertwende. Zwar zeichnete diese Suche auch den Historismus aus, nur ging es hier um das Aufspüren des ›richtigen‹ Prinzips, das die Kohärenz vor dem Hintergrund der Passung zwischen der Wahl des Stils und der Bauaufgabe herstellen wollte. In den Erneuerungsbewegungen verlief die Suche auf einer prinzipiellen Ebene: Der Stil sollte ›richtig‹ im Sinn von ›wahr‹ und ›echt‹ sein. Dabei fungierte bald die Natur als Garantin für die ›Wahrhaftigkeit‹ des Stils, die im Kontext der industrialisierten Moderne als Ursprungsort in das Zentrum rückte.

In Bezug auf künstlerische Äußerungsformen und damit auch im Hinblick auf architektonische Schöpfungen kann mit dem Begriff ›Stil‹ eine

[4] Stübben 1893b, S. 444.

»*Einheitlichkeit der Art und Weise*«[5] bezeichnet werden, die in einem Werk oder im Querschnitt einer großen Menge unterschiedlicher Werke einer Zeit aufscheint. Der Stil kommt in der Art zum Ausdruck, in der künstlerische Werke als Resultate vorliegen. Der Historismus entwickelte im 19. Jahrhundert ein Interesses für Geschichte,[6] das sich in der erwähnten Rekonstruktion von historischen Stilen im Rahmen der Rückschau auf Epochen wie Antike, Gotik, Renaissance oder Barock artikulierte. In diesem Sinn brachte das 19. Jahrhundert plurale und zugleich im Sinne des historisierenden Zugriffs einheitliche stilistische Äußerungsformen hervor. Das Interesse an einer »*Einheitlichkeit der Art und Weise*« prägte die Reformbewegungen auf der Grundlage der Loslösung von diesem rückwärts gerichteten Blick. Die reformerischen Suchbewegungen knüpften dabei entweder an die Zeit um 1800 an, als der stilgeschichtliche Wandel der kontinuierlichen Erneuerung noch ›intakt‹ war, oder aber sie forderten eine grundlegende Neuerung. In jedem Fall bedeutete die Reform eine Abkehr von der akademischen Vermittlung architektonischer Lösungen vergangener Stilepochen.[7] Die Suche stützte sich nunmehr auf zeitgemäße Prinzipien für den architektonischen Stil, die ihren Sinn aus dem Hier und Jetzt entfalteten.

Die natürlichen Formen, deren stilistische Spiegelung unter anderem in Form von floralen Ornamenten oder geschwungenen Linienführungen gesucht wurde, lieferten die Folie für die Ablehnung des Historismus. Die stilistischen Äußerungen der Reformästhetik, die sich auf die Natur gründeten, wurden nicht als eine Option betrachtet, sondern als eine unausweichliche, weil ›natürliche‹ Notwendigkeit. Die ›natürlichen‹ Formen von Architektur sollten ›wahre‹ Werte vermitteln. Mit dieser Verknüpfung wurde die Frage der ästhetischen Gestaltung zunehmend moralisch behandelt, indem das ›Wahre‹ mit dem ›Guten‹ korreliert wurde.

Die Natur als Begründungsfigur spielte in der Kunst bereits am Beginn des 19. Jahrhunderts eine maßgebliche Rolle;[8] Charles Darwins Evolutionslehre beeinflusste in diesem Zusammenhang die Gestaltung der Bauformen, deren natürliche Genese auf dem Hintergrund seiner Theorie

---

5 Vogt, Besset & Wetzel 1993, S. 23, Hervorhebung im Original.

6 Oexle 1996.

7 Allerdings beinhaltete bereits die Phase des Historismus nicht bloß eine Wiederaufnahme und Wiederholung, sondern auch eine spielerische Anpassung. Zum spielerischen Element im Eklektizismus des 19. Jahrhunderts vgl. den Eintrag »Modern, die Moderne« in HWPh 1984, S. 55.

8 So etwa in der Landschaftsmalerei, in der die Natur zur Lehrmeisterin der Wahrnehmung stilisiert wurde. Joshua C. Taylor schreibt dazu: »The artist was a revealer, rather than a creator, and that to which the work of art pointed was greater than either the artist or the work of art itself.« Taylor 1987, S. 244.

postuliert werden konnte. Ihr Einfluss äußerte sich in der Ansicht, dass sich die Bauformen im Laufe der Zeit evolutionär herauskristallisierten.[9] Der Autor G. Heuser schrieb 1890 in einem Artikel mit dem Titel »Darwinistisches über Kunst und Technik«, dass nicht wissenschaftliche Forschung für die Bildung neuer Kunstformen ausschlaggebend sei, sondern die Anpassung an Lebensumstände. Dem Historiker Karl O. Hartmann zufolge brauche es eine »genetische Methode« in der Erschließung des neuen Stils: »Das tiefere Eindringen in die Entwicklungsgeschichte der Architektur gibt uns die wertvollsten Hinweise für eine erfolgsversprechende Ausbildung und Läuterung des Stilgefühls [...]«.[10] Gottfried Semper wiederum definierte den Stil in einem Vortrag mit dem Titel »Ueber Baustile« aus dem Jahr 1869 als das Resultat einer Entwicklung, auch wenn Semper der künstlerischen Willenskraft gegenüber dem Gesetz einer natürlichen Entwicklung den bestimmenden Anteil in der Stilentwicklung einräumte: »Stil ist die Uebereinstimmung einer Kunsterscheinung mit ihrer Entstehungsgeschichte, mit allen Vorbedingungen und Umständen ihres Werdens. Vom stilistischen Standpunkte aus betrachtet tritt sie uns nicht als etwas Absolutes, sondern als ein Resultat entgegen.«[11] Eine ebenso auf der Theorie der Evolution aufbauende Position findet sich auch in der Stadtplanung. Der bereits genannte Patrick Geddes vertrat in *Cities in Evolution* (1915) einen Ansatz, der sowohl die amerikanische Zugangsweise zum Bauen, welcher Geddes zufolge vom gegenwärtigen Zustand aus in die Zukunft entwerfe, als auch den europäischen überwinde, welcher den Maßgaben der historischen Entwicklungen verhaftet bleibe.[12] Geddes strebte einen evolutionären Ansatz an, was eine genaue Untersuchung der historischen Entwicklung der lokalen Gegebenheiten bedeutete, die unterschiedlichste Aspekte miteinschloss, unter anderen auch geologische Besonderheiten, Bodenbeschaffenheit und Naturumgebung.[13] Die Analyse bildete sodann das Fundament für die Stadtplanung:

»We need to search into the life of city and citizen, and the interrelation of these, and this as intensively as the biologist inquires into the interaction of individual and race in evolution. Only thus can we adequately handle the problems of social pathology; and hence again rise to the hope of cities, and with clearer beginnings of civic therapeutics, of social hygiene.«[14]

9 Vgl. Moravánszky 1997.
10 Hartmann 1911, S. 95.
11 Semper zit. nach Moravánszky (Hg.) 2003, S. 35.
12 Geddes 1915, S. 4.
13 Zu den genauen Untersuchungskriterien vgl. Geddes 1915, S. 356f.
14 Ebd., S. 364f.

Aus dem Studium des Vergangenen und Gegenwärtigen könne das Bestmögliche entworfen werden.[15] Geddes verstand die Entwicklung der Stadt als Entfaltung der in ihr angelegten organischen Prinzipien. Sie sei eingelagert in ein kontinuierliches organisches Wachstum.[16] Darwins theoretische Vorgaben bezüglich der natürlichen Selektion prägten auch die Architekturtheorie. »[D]as Kunstwerden«, so Heuser, »vollzieht sich immer unter dem Zwang der Naturgesetze.«[17] So waren nach Heusers Auffassung neue Materialien bzw. Herstellungstechniken wie Gussmetall, Schmiedeeisen oder Glas[18] Ausdruck einer evolutionären Fortentwicklung, von der ausgehend die Ästhetik des Stils entworfen werden müsse. Heuser veranschaulichte diesen Gedanken anhand der Evolution von baulichen Konstruktionsformen (Abb. 10): Entwicklungen von Techniken und Materialien entsprächen natürlichen Evolutionsprozessen, die die Natur verdoppelten. Um diesen Gedanken zu begründen, bezog er sich auf den Begriff der »Organprojection« des Geographen Ernst Kapp. Kapp legte diesen Begriff 1877 in seinem Buch *Grundlinien einer Philosophie der Technik* dar, um Werkzeuge und Maschinen als Doppelungen menschlicher Organe und Organfunktionen zu erklären. Kapps Gedanke lautete, »dass der Mensch unbewusst Form, Functionsbeziehung und Normalverhältniss seiner leiblichen Gliederung auf die Werke seiner Hand überträgt [...]«.[19] Die Techniken wurden auf diese Weise als Nachbildungen natürlich-organischer Formen bzw. Mechanismen gesetzt. Werkzeuge verdoppelten dieser Theorie zufolge bildhaft die Organe, wie etwa der Hammer die Hand, der Meißel den Zahn oder die Lupe das Auge.[20] Anhand dieser Lehre über die Entwicklung der Techniken und Werkzeuge als »Organprojection« leitete Heuser die Natürlichkeit in der Entwicklung der Bauformen und ihrer konstruktiven Grundlagen (zum Beispiel Wölbungsarten und Grundrisse) theoretisch her. Damit begriff Heuser die Technisierung im 19. Jahrhundert als eine Entwicklung, nach der »unsere Werke [...] langsam als ein Nachbild der Natur«[21] zu verstehen seien.[22]

15 Ebd., S. 350ff.
16 Hebbert & Sonne 2006, S. 11.
17 Heuser 1890, S. 26.
18 Ebd., S. 25f.
19 Kapp 1877, S. Vf.
20 Ebd.
21 Heuser 1890, S. 27.
22 Louis Henry Sullivan, ein amerikanischer Architekt, realisierte in Chicago die ersten Hochhausbauten, worauf sich sein Ruhm als einer der bedeutendsten amerikanischen Architekten gründete. Sullivan beeinflusste die Moderne unter anderem durch den Einsatz der Stahlskelettbauweise, die den Hochhausbau überhaupt erst ermöglichte. Die Formen hierfür fand er in der Natur: Er nannte etwa »schweifende

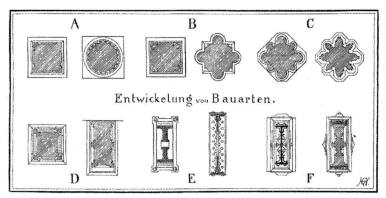

Abbildung 10: Evolution architektonischer Formen nach Heuser

Der evolutionäre Naturbegriff unterstützte die für den Historismus charakteristische Auffassung, dass die Bauformen aufgrund des Gesetzes der Selektion sozial differenziert seien. In der Reformästhetik hingegen wurde die Natur mit Organik verknüpft.[23] Dieser Auffassung zufolge wurde das Konzept der Natürlichkeit ideell und mitunter mit Bezug auf die Religion hergeleitet.[24] Diese tendenziell transzendentalen Sinnbezüge standen im Rahmen der Erfahrungen mit der industriellen Revolution. Entsprechend entwickelte sich die Begründungsfigur der Natur als Garantin für ›Wahrhaftigkeit‹ zunächst im viktorianischen England. Die

    Adler auf seinem Flug«, »geöffnete Apfelblüten«, »die sich verzweigende Eiche« usw. Sie seien, so Sullivan, mit Leben gefüllt, was gleichzeitig ihre Bedeutung erkläre. Auf die Bauaufgabe bezogen heißt dies, dass die Ästhetik »in der wahren Natur der Dinge den Funktionen des Gebäudes folgen soll«. Sullivan übertrug somit die Naturgesetze auf die Bauaufgabe. Der Entwurf müsse aus einem »ganz natürlich[en], spontan[en] und unabsichtlich[en]« Prozess entstehen, »und nicht aus irgendeiner Theorie, einem Symbol oder einer ausgedachten Logik«. Für alle Zitate: Sullivan (1896) zit. nach Lampugnani, Sonne, Hanisch et al. 2004, S. 23. Die Übersetzung aus dem Amerikanischen stammt von Thomas Amos.
23  Vgl. Moravánszky 1999. Dementsprechend prägte diese Ästhetik eher der Hang zu floralen Mustern, wobei die entsprechenden Äußerungsformen mehr oder weniger ausgeprägt im Rahmen der moralischen Erhebung der Gesellschaft standen. Dies trifft freilich nicht auf alle Reformbewegungen zu. So waren die Wiener Werkstätten auf die wohlhabende Klientel ausgerichtet. Vgl. Bonyhady 2011.
24  So zum Beispiel vom Philosophen Victor Cousin in seinen 1817 gehaltenen Vorträgen unter dem Titel *Du vrai, du beau et du bien*, die 1854 in einer definitiven Form veröffentlicht wurden. Im Umkreis der Gruppe der Nazarener, die sich in einer religiös-romantischen Form an das Mittelalter und frühe Renaissance zurückwandten, um an die vorakademische Kunstauffassung anzuknüpfen, war Friedrich Overbecks Werk *Triumph der Religion in den Künsten* (1840) ein Schlüsselmoment der Moralisierung der Kunst. Hierzu Taylor 1987, S. 241ff.

Aspekte Natur, Moral und Kunst wurden dabei miteinander korreliert: »The transcendental view considered nature as exemplary of something beyond its appearance, awakening the mind to the awareness of a larger truth than that of mere appearance.«[25] Mit diesem Anspruch kehrten sich die Erneuerer der Architektur von den Lehren ab, die den Geist der Akademien des 19. Jahrhunderts auszeichneten. »The old education«, schreibt der amerikanische Erziehungsreformer in den dekorativen Künsten J. Liberty Tadd, der in den 1890er Jahren das Curriculum der Schule für Industrial Art in Philadelphia erneuerte,

»is dependent too much upon books. Books are mere aids – they are not the original sources of education or information, but artificial and second-hand ones. Nature and experience are the best teachers, and by immediate acquaintance with and direct exercise upon the myriad forms of life we get the best training.«[26]

Diese abwertende Einstellung gegenüber dem ›Buchwissen‹ charakterisierte die Diskussion der ästhetischen Erneuerung im Bereich der Architektur und – umfassender betrachtet – des Designs und Kunstgewerbes. Tadds Aussage bezog sich auf das industriell produzierte Kunstgewerbe der Industrial Art; dabei wurden die Trennlinien zwischen Architektur und Kunstgewerbe im Sinn eines gesamthaften Zugangs nicht klar gezogen.

Die Ästhetik reformorientierter Stile war moralisiert, weil einerseits die Äußerungsformen auf einer von der Idee des ›Guten‹ motivierten Suche nach dem ›richtigen‹ Stil zustande kamen und weil sie andererseits eine Hebung der Gesellschaft bewirken sollten. Zur Moralisierung der Architektur gehörte daher, die Bauaufgabe mit der Geschmackserziehung zu verknüpfen, die notwendig schien, weil der Natursinn als verstellt betrachtet wurde. Darauf nahm Tadd Bezug, indem er die Natur als Lehrmeisterin stilisierte. Der Künstler Walter Crane,[27] der im Umfeld der Arts-and-Crafts-Bewegung wirkte, verstand Ausstellungen von Kunsthandwerken als notwendiges Mittel, um künstlerische Standards zu ver-

25 Ebd., S. 241.
26 Tadd 1899, S. XII.
27 Walter Crane (1845–1915) war ein britischer Illustrator, Designer und Maler. Crane war mit William Morris befreundet, der ihn 1884 in die Socialist League einführte. Sozialistische Themen durchzogen Cranes künstlerisches Schaffen. 1890 trat er der Hammersmith Socialist Society bei. Er war 1884 Gründungsmitglied der Art Workers' Guild, die eine Vereinigung der Künste (insbesondere Kunsthandwerk und Architektur) anstrebte, und von 1888 bis 1893 sowie von 1896 bis 1912 Präsident der 1888 gegründeten Arts and Crafts Exhibition Society. Seine Bücher über dekorative Kunst wurden unter anderem ins Niederländische, Deutsche und Ungarische übersetzt.

mitteln und den Künstler wie auch die Adressaten des Kunsthandwerks zu einem Sinn für Echtheit zu ›erziehen‹.[28] Unter dem Eindruck solcher Auffassungen brachten die künstlerischen Reformbewegungen häufig ästhetische Erziehungsprogramme zur Entfaltung.[29] Ein gängiges Muster dieser Diskussion behandelte den Stileklektizismus als Verblendung. Henrici kritisierte etwa die »Effekthaschereien« von Verzierungen und Ornamenten und sah darin das »elende moderne Surrogatenwesen«.[30] Es zeige sich in der, wie Henrici schreibt, »erdrückende[n] Masse der Industrieware des Architektenproletariats«.[31] Der niederländische Architekt Hendrik Julius Berlage beschrieb den Kulturzustand generell als Lüge, wobei er die historistische Stilarchitektur als sein Kennzeichen herausstellte: »Die Lüge ist die Regel, die Wahrheit Ausnahme geworden.«[32] Der reformorientierte österreichische Publizist Joseph August Lux brachte diese Kritik wiederum in Bezug auf die Stadtentwicklung vor und sah in ihrer modernen Entfaltung die »schlechte Erziehung des Publikums in allen Dingen des Geschmacks und weiterhin des ästhetischen und ethischen Lebens«.[33] Diesen Absetzbewegungen entsprechend wurde das gesellschaftserzieherische Anliegen zur Triebfeder der Reformästhetik, die unter dem Kalkül des »erziehlichen« Effekts stilistisch entwickelt wurde.

Nachdem die akademische Tradition den ›natürlichen‹ Blick verstellt habe, musste er nach Ansicht der Erneuerer wieder neu ›erlernt‹ werden.[34] Zahlreiche programmatische Texte zur Architekturtheorie kreisten um das Motiv, dass die architektonische Reform auf einer neuen Wertschätzung des verloren gegangen geglaubten Ursprünglichen beruhen müsse.[35] Die im Historismus zelebrierte Vielfalt der Stile wurde als

28 Crane 1996, S. 17.
29 Zum Erziehungsprogramm im Modernismus vgl. Gay 2008, S. 87ff.
30 Henrici 1981a, S. 71.
31 Henrici 1906, S. 171.
32 Berlage 1905, S. 11.
33 Lux 1906, S. 3.
34 Peter Gay beschreibt den Modernismus »as much a matter of morale as of money and liberty«. Gay 2008, S. 27. Er sieht die moralische Fundierung im gestiegenen Selbstbewusstsein des Künstlers, der sich über die Zustände in einem Gestus der Rebellion erheben und eine bessere Vision der Welt entwickeln kann. Der psychoanalytisch argumentierende Historiker Gay schreibt auch, dass sich im künstlerischen Selbstbewusstsein (und der narzisstischen Disposition des Künstlers) der gestiegene soziale Status von Künstlern widerspiegle, den das erstarkende Bürgertum bewirkte. Insofern zeige sich die Ambivalenz der Moderne auch darin, dass gerade das *l'art pour l'art*, das keinen Nützlichkeitsanspruch verfolgte und nur dem Künstler selbst verpflichtet war – Gay wendet daher den Ausdruck ›*l'art pour l'art*‹ in »art for artists› sake« –, mit einer Moralisierung des künstlerischen Ästhetik einherging. Ebd., S. 51ff.
35 Vgl. Lampugnani, Sonne, Hanisch et al. (Hg.) 2004; Moravánsky (Hg.) 2003.

Dekadenz gesehen, die sich von jeglicher Natürlichkeit entfernt habe, der die architektonischen Formen aber verpflichtet sein müssten. Dieses Unbehagen wurde als eine Frage der Ästhetik verhandelt, was etwa in der Kritik des Ornaments zum Ausdruck kam.[36] Sie wurde aber auch als Problem der produktionstechnischen und wirtschaftlichen Bedingungen des Bausektors wahrgenommen, nach denen es dank maschineller Produktion und effizienter Transportmöglichkeiten im 19. Jahrhundert zunehmend einfacher war, Fassadenelemente entsprechend der ästhetischen Präferenz anzufertigen und kostengünstig am Gebäude anzufügen: Henrici sprach daher von der »Dutzendware des Bauunternehmertums«,[37] die selbst die Fassaden in den Straßen der Arbeiterbezirke prägte, deren Ausdehnung das Landschaftsbild nachhaltig veränderte. Sie machten die repräsentative Ästhetik der Fassadenarchitektur, die besonders bei Investoren beliebt war, auf breiter Basis und nicht nur für die wohlhabende Klasse zugänglich. Die diagnostizierte Dekadenz bezog sich somit auch auf ein an kapitalistischen Parametern ausgerichtetes System.

Vor diesem Hintergrund erklärte sich die Sehnsucht nach einer ursprünglichen, in ihren ästhetischen Prinzipien ›wahren‹ Architektur aus der romantisierten Sicht der Zeit vor der Industrialisierung, als die Städte noch überschaubar waren und die Ästhetik als ›genuin‹ stilisiert werden konnte. Die Moralisierung der architektonischen Ästhetik implizierte dabei die Wertschätzung des Handwerks, die sich mit Blick auf die Regelmäßigkeit in der Ausfertigung der Produkte aufdrängte. Die handwerkliche Qualität wurde in den Reformbewegungen nun in der imperfekten Einmaligkeit und in der künstlerischen Innovation gesehen, wie es etwa John Ruskin betonte: »It is verily this degradation of the operative into a machine, which, more than any other evil of the times, is leading the mass of the nations everywhere into vain, incoherent, destructive struggling for a freedom of which they cannot explain the nature of themselves.«[38]

Dabei blieben die reformorientierten Bewegungen nicht dem rückwärts gerichteten Blick verhaftet. Aus der Vergangenheit waren Strömungen wie der Heimatstil bestrebt, eine ästhetisch progressive, mit sozialen Motiven durchsetzte gestalterische Praxis zu entfalten.[39] Die

---

36 Berühmt wurde diese Kritik mit Adolf Loos' Aufsatz »Ornament und Verbrechen«. Loos 2010.

37 Henrici 1906, S. 171.

38 Ruskin 1869b, S. 180.

39 Was Jugendstil oder Art nouveau anbelangt, standen die ästhetischen Neuerungen auch im Kontext des Bedürfnisses der bürgerlichen Oberschicht nach sozialer Distinktion, nachdem die repräsentative Fassadenarchitektur in der Opulenz historistischer Stile nicht mehr nur den wohlhabendsten Schichten vorbehalten blieb. Die Distinktion bestand nunmehr in der stilistischen Schlichtheit. Besonders deutlich

für das Narrativ des Heimatbezugs charakteristische Position, im Stil und in den Materialien eine lokal verwurzelte Ursprünglichkeit zu neuer Gestaltung zu bringen, wirkte architektonisch betrachtet innovativ. Der historistische Ansatz, die Architektur über die Fassadengestaltung zu organisieren, verlagerte sich dabei auf den Grundriss als primäres Gestaltungsprinzip.[40] Darin spiegelten sich nicht zuletzt die im ersten Teil dieser Studie nachgezeichneten Einsichten in die Wirkung von Räumen wider, die den ›menschlichen‹ Maßstab als hauptsächlichen Faktor stadträumlicher Gestaltungen betonten. In der *Schweizerischen Bauzeitung*, einem Publikationsorgan des Bundes Schweizer Architekten (BSA) und Plattform für die Vermittlung heimatschützerischer Ideale in der Architektur, lenkte der Münchner Professor Karl Hocheder in einem Beitrag das Augenmerk auf den Menschen als grundlegenden Faktor architektonischen Gestaltens:

»Da die Architektur von Anbeginn an als Kunst des Wohnbaues die innigsten Beziehungen zum Menschen und seinen Verhältnissen hat, so ergibt sich von selbst, dass der Mensch und sein Mass gewissermassen den Urmassstab, die Masseinheit innerhalb baulicher Schöpfungen vorstellt; er ist die erste und letzte Skala, an welcher Architekturgrössen vergleichsweise gemessen werden, und kein Bauwerk kann ohne Schaden für seine Wirkung dieses Massstabes entraten. Unsere aufgerichtete Gestalt verlangt eine *ihr* entsprechende Bemessung von Baugliedern, mit welchen sie in praktische Berührung kommt, von Türen oder sonstigen aufrechten Bauformen wie Säulen, Stützen usw. Gegen Massverhältnisse, welche damit nicht rechnen, sträubt sich unser Körpergefühl, und es ist eine direkte Bezugnahme auf *uns*, wenn wir z.B. ein Portal gedrungen oder schlank, kurzbeinig, schwerköpfig, eine Säule zu dick oder zu kurz benennen.«[41]

In dieser Betonung des Körpergefühls des Menschen kam das Kriterium für die reformorientierte Baukunst zum Ausdruck, das zu unterschiedlichen Forderungen an Gestalten nach der Logik räumlicher Wirkmechanismen führte, unter anderem in die Richtung der von Sitte herausgearbeiteten Forderung nach geschlossenen Platzanlagen. Die Frage, *wie* dieses Kriterium zu füllen sei, war aber nur subjektiv vom Architekten als Künstler zu beantworten. Dementsprechend war auch die

---

wurde diese soziale Exklusivität im Kunsthandwerk der Wiener Werkstätte, wie Tim Bonyhady am Portrait der Wiener Industriellenfamilie Gallia zeigt. Bonyhady 2011.
40 Crettaz-Stürzel 2006, S. 62.
41 Hocheder 1910, S. 310f., Hervorhebung im Original.

Reformästhetik vielfältig, ungeachtet der zahlreichen Parallelen in den Argumentationsfiguren der (internationalen) Debatten.[42]

## 7.2 Akademische Kunstlehre, Stiltheorie und ihre Kritik im ausgehenden 19. Jahrhundert

Um die Positionierung des Architekten als gesellschaftserzieherisch wirkenden Künstler herauszuarbeiten, wird nachfolgend zunächst ein Schritt zurückgegangen, um die Herausbildung dieser Figur auf der Folie der Auseinandersetzung mit der akademischen Kunstlehre zu begreifen. Als der herausragende Protagonist der akademischen Kunstlehre im 19. Jahrhundert galt im Bereich der Architektur neben dem preußischen Architekten Karl Friedrich Schinkel, der in der ersten Jahrhunderthälfte den Klassizismus prägte, hauptsächlich der bereits mehrfach erwähnte Architekt und Architekturtheoretiker Gottfried Semper. Semper, der hauptsächlich in Dresden, Zürich und Wien wirkte,[43] war eine der einflussreichsten Figuren in der zweiten Hälfte des Jahrhunderts sowohl in der theoretischen Debatte zur Architektur als auch in der Praxis.[44] Er war auch prägend für eine Zeit, gegen die sich die Reformarchitekten abgrenzten und die der tschechische Architekt und Hochschullehrer Jan Kotěra[45] in einem Artikel mit dem Titel »Über die neue Kunst« als eine »gerade zu Ende gehende[...] Kunstepoche«[46] bezeichnete.

Die Bedeutung Sempers hing mit der theoretischen Herleitung der Architektur vom Begriff der Bekleidung zusammen. Die Bekleidungstheorie beruhte auf der konzeptuellen Trennung von Tektonik und Dekoration, womit sie ein wesentlicher Bezugspunkt der Architektur war, welche die Fassade als Gestaltungsprinzip setzte. Sempers Theorie verdeutlicht daher die Folie, auf der die stilistische Erneuerung um 1900 stattfand.

42 Zur Internationalität der auf den Marker ›Nation‹ setzenden Reformarchitektur vgl. Crettaz-Stürzel 2006.

43 Daher war Semper insbesondere auch im Zürcher Kontext relevant.

44 Das gilt nicht nur für die baulichen Entwicklungen, sondern darüber hinaus auch für seinen theoretischen Beitrag zur Entstehung der Kunst. Zu Sempers architekturtheoretischen Auffassungen vgl. Nerdinger 2003.

45 Jan Kotěra (1871–1923) war ein Schüler Otto Wagners und Mitglied der Sezessionsbewegung. Er war ein bedeutender Protagonist der Erneuerung der tschechischen Architektur. Neben seiner Tätigkeit als Architekt von Gebäuden unter anderem im Jugendstil wirkte er ab 1911 als Professor an der Akademie der Bildenden Künste in Prag. Lampugnani, Sonne, Hanisch et al. 2004, S. 30f.

46 Kotěra (1900) zit. nach ebd., S. 31. Die Übersetzung aus dem Tschechischen stammt von Klaus Roth. Der Artikel erschien im Jahr 1900 in der Zeitschrift *Volné Směry (Freie Tendenzen)*.

In den Jahren 1860 und 1863 erschienen die beiden Bände seines Hauptwerks *Der Stil in den technischen und tektonischen Künsten oder Praktische Aesthetik*. Darin ging es Semper um die Formulierung »*allgemeine[r] Prinzipien*« in der Definition der »*Grundzüge einer empirischen Kunstlehre*«.[47] Diese Kunstlehre müsse die Entstehung der Kunst berücksichtigen, und zwar genauer den »*Prozess des Werdens und Entstehens von Kunsterscheinungen*«.[48] Semper sah auf diese Weise Grund- oder Urformen hervortreten, die sich in den einzelnen Stilen immer wieder neu kristallisierten. Die Stillehre müsse diese historischen Entwicklungen in den künstlerischen Formen prioritär im Auge haben, da ihnen eine ideelle Ordnung zugrunde liege. Insofern trete das stoffliche Material, so Semper, hinter die Idee zurück. Zugleich postulierte Semper eine Unausweichlichkeit des Stils aufgrund der Entwicklungslogik und betonte seinen Bezug auf die vitalen Bedürfnisse des Menschen.[49] Semper verknüpfte so die Logik der Architektur mit der Textilkunst, indem er die Abhängigkeit der Kunst von den menschlichen Bedürfnissen darlegte.

In Sempers Stiltheorie spiegelt sich das für die Architektur im 19. Jahrhundert charakteristische Kennzeichen wider, dass die fehlende Einheitlichkeit im Stilausdruck gleichzeitig eine intensive Beschäftigung mit dem Stil bedeutete.[50] Die stilistischen Entscheidungen konnten von unterschiedlichen Stilvorlagen abgeleitet werden solange – so auch die Forderung Sempers – die Angemessenheit von Material, Funktion und Zweck gewährleistet war.[51]

Der Historismus nach dem Semperschen Bekleidungsprinzip kam besonders sinnfällig an der Ringstraße in Wien zum Ausdruck. Auf diesem repräsentativen Straßenzug wurden Gebäude in unterschiedlichen historischen Stilen errichtet, die sich jeweils nach dem Inhalt der Bauaufgabe organisierten: Barock für den Theaterbau, griechische Antike für das Parlamentsgebäude, Renaissance für das Universitätsgebäude, spätgotischer Flamboyant für das Rathaus usw.[52] Die Wiener Ringstraße war in den Jahren ab 1858, als die Abtragungsarbeiten der Befestigungsanlage begonnen wurden, Europas größte Baustelle[53] und das zentrale Element der Stadterweiterungspläne, die sich in den 1850er Jahren allmählich

---

47 Semper 1860, S. VI, Hervorhebung im Original.
48 Ebd., S. VI, Hervorhebung im Original.
49 Vgl. den Eintrag »Ornament« in ÄGB, Bd. 4, insbesondere das von Frank-Lothar Kroll verfasste Unterkapitel »Ornament und Historismus: das 19. Jahrhundert«, S. 673–678.
50 Vogt, Besset & Wetzel 1993, S. 24.
51 ÄGB, Bd. 4, S. 674.
52 Neben Semper gehörten insbesondere Theophil Hansen, Eduard van der Null oder August von Sicardsburg zu den wichtigsten Architekten der Ringstraßenerbauung.
53 Zur Geschichte der Ringstraße vgl. Springer 1979; Kieß 1991.

konkretisierten.⁵⁴ Die Schleifung der Stadtmauern und die Freigabe des zuvor militärisch genutzten Glacis markierten in Wien den Beginn einer Periode massiver Bautätigkeit, für die das institutionelle Umfeld der Akademie für Bildende Künste maßgeblichen Einfluss hatte. Dieser Einfluss machte sich insbesondere in der prunkvollen Auslegung des historistischen Baustils fest, was sich nicht nur auf die Gebäude für politische, kulturelle, militärische und wissenschaftliche Institutionen bezog, sondern auch private Bautätigkeit betraf.

Vor dem Hintergrund des historistischen Prunks wurde das Schlagwort ›alt‹ gegen ›neu‹ zum wirksamen Etikett eines Ringens, das der ungarisch-österreichische Journalist Ludwig Hevesi in einem Artikel aus dem Jahr 1898 als »ästhetische[n] Bürgerkrieg«⁵⁵ bezeichnete. Dieser Artikel wurde 1909 in einer Aufsatzsammlung mit dem Titel *Altkunst – Neukunst* publiziert. »[D]ie Kunst«, stellt Hevesi darin in Bezug auf die »Altkunst« fest,

»befragt nicht mehr das Leben, sondern den Tod. Die Baukunst geht in die Bibliothek und holt sich Muster aus alten Vorlagewerken; Malerei und Plastik gehen in die Galerien und ahmen die Alten, oder vielmehr deren Nachahmer, die Cinquecentisten nach; das Kunstgewerbe schließt sich seit der ersten Londoner Weltausstellung diesem Beispiel an. Was dabei im ganzen und großen herauskommt ist eine Renaissance der Renaissance. Das wäre also die Nachahmung einer Nachahmung.«⁵⁶

Die Ringstraßenarchitektur stand für diese Wiederaneignung, die nur über den Weg einer radikalen Neuerung überwindbar schien. Kunstkritiker wie Hevesi stellten dabei die grundlegende Frage nach den stilistischen Prinzipien. Der Kunsthistoriker Alois Riegl warf Semper eine mechanistische Denkweise in der Entwicklungslogik des Stils vor und hielt dieser Position das »Kunstwollen« entgegen, das zu einem einheitlichen oder verwandten stilistischen Ausdruck hinführe, der eine jeweilige Epoche präge. Die Grundlage einer solchen ästhetischen Schöpfung sei aber das ideelle Entscheidungsmoment, das in der Herleitung der Architektur aus der evolutionären Entwicklung verloren ginge.

Unter diesem Eindruck rief Peter Behrens zur Überwindung der Semperschen Ästhetik auf⁵⁷ und der Wiener Architekt und Städtebauer Otto Wagner⁵⁸ wiederum forderte, den Architekten professionell neu zu po-

---

54 Vgl. Springer 1979, S. 77ff. In einem Schreiben vom Dezember 1957 ordnete Kaiser Franz Joseph die Erweiterung der Stadt Wien an. Der Wortlaut des Dokuments ist abgedruckt in: Ebd., S. 94ff.
55 Hevesi 1909, S. 7.
56 Ebd., S. 3.
57 Vgl. Oechslin 2002a, S. 10f.
58 Otto Wagner (1841–1918) war über Wien hinaus einer der bedeutendsten Wegbereiter der frühen Moderne in der Architektur, der Architekturtheorie und im

sitionieren und ihn von seiner Rolle als Ausleger alter Stile zu befreien. Das professionelle Selbstverständnis des Architekten sei, so Wagners Position, als ein *künstlerisches* neu zu definieren: Der Architekt sei ein Bau*künstler*. Die Notwendigkeit eines Zeitenbruchs war denn auch das Plädoyer von Wagner, der in seiner Schrift *Moderne Architektur* aus dem Jahr 1895 eine »*völlige Neugeburt, eine Naissance*«[59] forderte – und diese für seine eigene Position reklamierte. Von Wagner stammt das Diktum, »*dass wir nicht von einer Renaissance der Renaissance sprechen können.*«[60] Wagner postulierte eine »*Umwälzung*«, aus der also die »*naissance*« hervorzugehen habe. Er spielte damit für den Bereich der Architektur, ähnlich wie Tadd dies für das Kunstgewerbe formulierte, auf die Ablehnung der akademisch tradierten ästhetischen Ordnungsprinzipien an, womit eine Einstellung formuliert war, die das gesamte künstlerische Milieu im ausgehenden 19. Jahrhundert prägte.[61]

Die »*naissance*« machte zumindest im Sinne eines Bekenntnisses die Überwindung der Tradition notwendig. Sie brachte ein historisches Bewusstsein zum Ausdruck, das die Unmittelbarkeit der Zeit im Hier und Jetzt betonte. Die Zeit erforderte daher einen *eigenen* Ausdruck: »Der Zeit ihre Kunst [/] Der Kunst ihre Freiheit«, lautete der bereits erwähnte und von Hevesi geprägte Wahlspruch auf dem Gebäude der Wiener Secession. 1911 veröffentlichte der erwähnte Historiker Karl O. Hartmann eine dreibändige Abhandlung mit dem Titel *Die Baukunst in ihrer Entwicklung von der Urzeit bis zur Gegenwart. Eine Einführung in Geschichte, Technik und Stil*. Darin unternahm er den Versuch, den Bruch mit der Epoche des Historismus zu historisieren, was nach seiner Einschätzung den Beginn des neuen Zeitalters der »Moderne« setzte. Im »rastlosen Suchen und Ringen nach Neubildungen«,[62] wie Hartmann resümierte, drücke sich die »Abwendung von den überlieferten historischen Stilen«[63] aus. Wie Hartmann aber auch festhielt, war eine stilistische Lösung im Sinne eines modernen einheitlichen Stils »noch weit entfernt«.[64]

---

Städtebau. Das Frühwerk Wagners war noch vom Historismus geprägt. Ab den 1880er Jahren entwickelte er neue Konzepte von Grundriss- und Fassadenlösungen und wurde einer der wichtigsten Vertreter der Wiener Secession, die 1897 ins Leben gerufen wurde.

59 Wagner 1902, S. 64, Hervorhebung im Original.
60 Ebd., Hervorhebung im Original.
61 Vgl. Vogt, Besset & Wetzel 1993.
62 Hartmann 1911, S. 92.
63 Ebd.
64 Ebd.

## 7.3 Kunstgewerbe, Design und die Erziehung des Geschmacks

Die Kritik am Historismus beschränkte sich nicht nur auf die Architektur und die architektonische Stildebatte, sondern umfasste auch die Beurteilung der dekorativen Künste, die nach dem Urteil des Soziologen Werner Sombart – der hier stellvertretend für eine Reihe reformorientierter Kritiker steht – in der Mitte des 19. Jahrhunderts auf einem ästhetischen Tiefpunkt gestanden hätten. Auch in diesem Bereich wurde der »Akademismus« als Übel identifiziert, von dem Sombart schrieb, dass er »immer das Zeichen minderer Geister ist«, die aber von »Hochmut und Standesdünkel« getragen würden.[65] Dabei wies er der Trennung von Kunst und Technik die entscheidende Rolle in der Verbreitung künstlerischer Belanglosigkeit zu, welche die akademische Lehre geprägt habe. In der Architektur manifestierte sich diese Trennung in der Arbeitsteilung zwischen dem Architekten und dem Ingenieur, was sich wiederum in der Aufteilung der Ausbildung auf technischen Lehranstalten und künstlerische Akademien niederschlug.[66] Die technische Herangehensweise prägte laut Sombart die dekorative Kunst als Wirtschaftszweig, der unter dem Einfluss der kapitalistischen Logik und der Fokussierung auf die Markttauglichkeit der künstlerischen Produkte in der industriellen Anfertigungsweise zusätzlich ›degenerierte‹. Ergebnis dieser Entwicklung war laut Sombart eine »Attrappen- und Surrogatkunst«.[67]

Die angebliche Verblendung des Massengeschmacks durch die ›Scheinästhetik‹ bildete den beherrschenden Topos in den ästhetischen Reformdebatten, wonach die Erziehung des ästhetischen Sinns angezeigt war. Die Menschen müssten lernen, ›richtig‹ zu sehen und die Verantwortung als »kunstfreudiger und kunstverständiger Konsument[...]«[68] wahrzunehmen, denn gerade diese Eigenschaft – das ›wahre Schöne‹ überhaupt erkennen zu können – sei in der auf Repräsentation und Prunk ausgerichteten industriellen Ästhetik verloren gegangen. Die geschmackserzieherische Vermittlung war somit einer der Angelpunkte für unterschiedliche Reformbewegungen. Sie erklärte gleichzeitig die eigene Ästhetik und argumentierte die Notwendigkeit der ästhetischen Erneuerung. Das Argument der Austauschbarkeit bewirkte, dass die Besinnung auf die

---

65 Sombart 1901, S. 1235.
66 So wurden neue Bauaufgaben des 19. Jahrhunderts häufig von Ingenieuren übernommen (zum Beispiel Bahnhöfe, Brücken, Einkaufshäuser, Börsen usw.). Vgl. Vogt, Besset & Wetzel 1993.
67 Sombart 1901, S. 1236.
68 Ebd., S. 1238.

nationalen Traditionen zu einem Motor der künstlerischen Erneuerung wurde.[69] Die Aktivierung des kulturellen Gedächtnisses im Sinne der Erinnerung an die Tradition bedeutete innerhalb der Erneuerungsbewegungen meist sowohl die Wiederbelebung, wie dies im »gothic revival« in Großbritannien erfolgte, als auch die künstlerische Neuausrichtung. In Bezug auf den Heimatstil in der Schweiz beispielsweise spricht die Architekturhistorikerin Elisabeth Crettaz-Stürzel von einem Stil »auf dem Weg zur Moderne«.[70]

### 7.3.1 Die Arts-and-Crafts-Bewegung als Vorreiterbewegung sozialreformerischer Kunstauffassungen

Die in England entstandene Arts-and-Crafts-Bewegung wirkte in dieser Hinsicht prägend für die internationalen Entwicklungen. In ihr wurden von Beginn an sämtliche Kunstbereiche miteingeschlossen, und sie beeinflusste namentlich auch die Architektur. Sie verfolgte über die Integration der ›höheren‹ und ›niedrigen‹ Künste in einem einzigen künstlerischen Zugriff[71] gesellschaftserzieherische Motive. Diese Bewegung umfasste unterschiedliche Gruppen, unter anderem Publizisten, Wissenschaftler, Architekten bis hin zu Möbel-, Keramik- oder Tappisseriedesignern.[72] Sie entwickelte sich unter dem Einfluss der Schriften der bereits erwähnten Autoren Augustus Welby Pugin und John Ruskin, während William Morris neben seinen konzeptuellen Beiträgen insbesondere im Aufbau und in der Organisierung der Bewegung eine treibende Kraft war.

Die Bezeichnung Arts-and-Crafts prägte 1887 der britische Künstler und Buchbinder T. J. Cobden-Sanderson im Kontext der Gründung der Londoner Arts and Crafts Exhibition Society, die ab 1888 Ausstellungen durchführte. Die Bewegung setzte um die Mitte des 19. Jahrhunderts ein und erreichte in den 1880er Jahren ihren Höhepunkt was Bekanntheit und Produktionsleistung anbelangt.[73] Figuren dieser Bewegung waren neben den erwähnten Protagonisten unter anderen Owen Jones, Christopher Dresser, Walter Crane, William Richard Lethaby, Charles Robert Ashbee und Charles Francis Annesley Voysey.

Eine Bündelung der reformorientierten Kräfte gelang innerhalb der Firma *Morris, Marshall, Faulkner & Co.*, die 1861 unter der Federführung

69 Ebd., S. 1237f. Sombart spricht von diesen Künstlern als »ein neues Geschlecht von bildenden Künstlern«. Ebd., S. 1239.
70 Crettaz-Stürzel 2005a, S. 13.
71 Gay 2008, S. 87ff.
72 Generell zur Arts-and-Crafts-Bewegung vgl. z.B. Naylor 1990. Vgl. auch Livingstone & Parry (Hg.) 2005.
73 Vgl. auch Cumming & Kaplan 1991; Naylor 1990.

von William Morris gegründet wurde[74] und die einen der institutionellen Ankerpunkte für die Arts-and-Crafts-Bewegung bildete. Diese Firma spezialisierte sich auf die Anfertigung von Möbeln und Dekoration unterschiedlichster Art, darunter Glasmalerei, Stoffe und Wandteppiche. Morris und seine Mitstreiter gründeten diese Firma aus einem Reformbestreben heraus, über das die Biographin von William Morris, Fiona MacCarthy, schreibt: »Morris, Marshall, Faulkner & Co. was conceived as an opposition movement: anti-boredom, anti-pomposity, against the inane luxuries that Ruskin had decried.«[75] Morris und Ruskin, der eine Generation älter war als Morris, waren auf unterschiedliche Weise zentral für diese Bewegung, Ruskin hauptsächlich aufgrund seiner umfangreichen publizistischen Tätigkeit[76] und insbesondere seiner kunstkritischen – zwischen 1843 und 1860 erschienen beispielsweise die fünf Bände seines Werkes *Modern Painters* – wie auch seiner architekturtheoretischen Schriften.[77] Namentlich das Kapitel »The Nature of Gothic« aus seinem viel beachteten dreibändigen Werk *The Stones of Venice*,[78] das zwischen 1851 und 1853 erschien, übte einen prägenden Einfluss auf Morris aus.[79] Darin lieferte er theoretische und empirische Grundlagen für die Kritik an regelhaft-klassischen, symmetrischen Formen in der Architektur, indem er demgegenüber die bauliche Unregelmäßigkeit nach dem Muster der Gotik als künstlerisch wertvoll hervorhob.

Der Architektur maß Ruskin bekanntlich und wie weiter oben dargestellt einen herausgehobenen moralischen Stellenwert bei, den er deshalb zustande kommen sah, weil Architektur diejenige Kunstform sei, deren Anblick zu »mental health, power, and pleasure«[80] des Menschen beitrage. Eine zurückgenommene architektonische Ausstattung des eigenen Wohnhauses könne etwa die Bescheidung des Menschen unterstützen. Das unterscheidende Moment der Architektur gegenüber einem

---

74 Zu den Anfängen der Firma, die ab 1875 unter dem Namen *Morris & Co.* weitergeführt wurde (bis 1940): MacCarthy 1994, S. 166ff.
75 Ebd., S. 169.
76 Die zwischen 1903 und 1912 von E. T. Cook und A. Wedderburn herausgegebene *Library Edition* der gesammelten Werke Ruskins umfasst 39 Bände.
77 Zum Einfluss Ruskins im deutschsprachigen Raum vgl. Oechslin 2002a. Im Jahr 1900 publizierte der Leipziger Verleger Eugen Diederichs ausgewählte Werke Ruskins in deutscher Übersetzung.
78 In diesem Kapitel entfaltet Ruskin am Beispiel der Gotik die ästhetischen Ideale und die der künstlerischen Herstellungsbedingungen. William Morris publizierte dieses Kapitel 1892 als eigenständige Publikation in der von ihm gegründeten Privatdruckerei Kelmscott Press.
79 Zum Einfluss Ruskins in Großbritannien vgl. Swenarton 1989. Zur Bedeutung Ruskins für Morris vgl. Naylor 1990.
80 Ruskin 1988, S. 8.

›bloßen‹ Gebäude machte Ruskin damit im Stellenwert der Moral in der Architektur fest. Wie er am Beginn seines Buches *The Seven Lamps of Architecture* (1849) feststellte, bestand sein Postulat in der Behauptung, dass es sich bei der Architektur um eine »distinctively political art«[81] handle.

Ruskins Arbeiten zur Gotik spielten eine bedeutsame Rolle in den ideellen Bezugspunkten für die Designentwürfe in der Arts-and-Crafts-Bewegung. In Morris' Firma wurde häufig auf mittelalterliche Motive zurückgegriffen und Morris selbst, der auch fiktionale Texte verfasste, nahm in seinem schriftstellerischen Schaffen auf solche Motive Bezug. Ruskin wirkte dabei als ›Augenöffner‹ für das, was er in *The Seven Lamps of Architecture* unter biblischer Anspielung[82] als die sieben »Leuchten« der Architektur bezeichnete. Von diesen Leuchten fasste Ruskin »the true nature and nobility of their fire«[83] in sieben moralisierten Motiven der Architektur zusammen, die zugleich die Namen der sieben »Lampen« bildeten: *Sacrifice, Truth, Power, Beauty, Life, Memory* und *Obedience*.

Durch sein vielseitiges Schaffen trieb Morris die Etablierung der Arts-and-Crafts-Bewegung entscheidend voran.[84] Er pflegte eine besondere Nähe zur Künstlergruppe der Präraphaeliten, beispielsweise dem Maler Edward Burne-Jones. Diese Gruppe wurde 1848 von den Künstlern Holman Hunt, John Everett Millais und Dante Gabriel Rossetti gegründet. Sie richtete sich gegen jede Form einer an formalen Regeln orientierten akademischen Malerei, wie sie der manieristischen Malerei der Nachfolger von Raphael eigen war – daher der Name dieser Gruppe –, während sie die Kraft der schöpferischen Inspiration betonten. Auch wenn die Gruppe selbst nur für kurze Zeit bis 1853 existierte, hatte sie durch ihre Ideale und die Art ihrer ästhetischen Äußerung Einfluss auf die künstlerischen Entwicklungen innerhalb der Arts-and-Crafts-Bewegung.[85]

Wie an der Präferenz für diese am Vorbild der Natur und der künstlerischen Inspiration orientierten Gruppe ersichtlich ist, bilden die umfassenden Industrialisierungsprozesse die Folie der Arts-and-Crafts-Bewegung. »[S]ince it is undeniable«, wie Walter Crane 1893 in einem Essay schreibt, in dem er eine Synthese der Auffassungen Arts-and-Crafts-Bewegung präsentierte,

»that under the modern industrial system that personal element, which is so important in all forms of Art, has been thrust farther and farther

81 Ebd., S. 2.
82 Psalm 119: 105.
83 Ruskin 1988, S. 4.
84 Zur Biographie vgl. ebenso MacCarthy 1994.
85 Zum Einfluss der Präraphaeliten auf die Arts-and-Crafts-Bewegung vgl. Naylor 1990, S. 98ff.

into the background, until the production of what are called ornamental objects, and the supply of ornamental additions generally, instead of growing out of organic necessities, have become, under a misapplication of machinery, driven by the keen competition of trade, purely commercial affairs – questions of the supply and demand of the market artificially stimulated and controlled by the arts of the advertiser and the salesman bidding against each other for the favour of a capricious and passing fashion, which too often takes the place of a real love of Art in our days.«[86]

»Capricious« und »passing fashion« – mit diesen Schlagwörtern umriss Walter Crane die herrschende ästhetische Kultur und proklamierte ein »Revival of Design and Handicraft«. In diesem Zitat werden die zentralen Argumentationslinien und die geschmackserzieherische Auffassung des Arts-and-Crafts sichtbar: Das Ornament sei zu einer Mode verkommen und werde einzig nach Gesichtspunkten der kommerziellen Gewinnmaximierung gestaltet. Dem stehe die mit dem Schlagwort »organic necessity« umschriebene Natürlichkeit des ›wahren‹ Kunstwerkes gegenüber. Diese Natürlichkeit ließe sich aber nicht unter maschinellen Produktionsbedingungen herstellen, sondern könne nur durch die einzelne Person, und zwar konkret nach dem Muster des Künstlers als Handwerker, garantiert werden.

Das Kunsthandwerk wurde in der Arts-and-Crafts-Bewegung daher zu *dem* Lösungsansatz zur Überwindung der industriellen Ästhetik. Für das Kunsthandwerk ergriff, wie angedeutet, insbesondere Ruskin Partei. Ruskin legte dies innerhalb der moralisch motivierten Argumentationslinie dar, dass Kunst und Architektur das Potential fruchtbar zu machen haben, über die Ästhetik moralische Charaktereigenschaften zu transportieren. Das meinte bei Ruskin, dass die Orientierung der Kunst nach lokalen und – für die Architektur besonders bedeutsam – klimatischen Gegebenheiten notwendig sei. Diese Verwurzelung sah Ruskin in der Gotik als gegeben an, deren Ausprägung er mit dem Hinweis auf ihren »nordischen« Charakter erklärte.[87] Ruskin lehnte hingegen die Renaissance als Architekturvorbild ab aus dem Grund, weil sie die Baukunst auf die Anwendung bestimmter Prinzipien ausrichtete, nicht aber auf moralisch codierte Charaktereigenschaften. Die Schaffensbedingungen des mittelalterlichen Handwerks stilisierte er zur Leitvorstellung. Entsprechend gab es in der Arts-and-Crafts-Bewegung generell Bestrebungen, das Kunsthandwerk als Zunft zu etablieren: 1884 wurde in London die Art Workers' Guild im Umkreis von Walter Crane gegründet.[88] Im Jahr 1893, als die Arts-and-Crafts-Bewegung auf dem Höhe-

---

86 Crane 1996, S. 2f.
87 Z.B. Ruskin 1869a, S. 172f. oder 230.
88 Zur Art Workers' Guild vgl. Naylor 1990, S. 120ff.

punkt war, schrieb Crane: »The true root and basis of all Art lies in the handicrafts.«[89] Das Kunsthandwerk wurde als Garant von Echtheit und Originalität gesetzt, im Gegensatz zum Ornament, das Crane als »inorganic and inappropriate«[90] abwertete. Das Design erhob er zu einer »species of language capable of very varied expression through the medium of different methods and materials«.[91] Ob es sich um ein Gebäude oder einen Haushaltsgegenstand handelte – die Massenware wurde in der Arts-and-Crafts-Bewegung generell bekämpft. Nur handwerklich gefertigte Einzelobjekte könnten, so die Ansicht, natürlich und in diesem Sinn künstlerisch, schön und somit auch charaktervoll und ›echt‹ sein: »all most lovely forms and thoughts are directely taken from natural objects«.[92]

Arbeitsteilung und maschinelle Fertigung wurden von Ruskin als inhumanes Übel kritisiert: »It is not, truly speaking, the labor that is divided; but the men [...]«.[93] Der Arbeiter sei in den von der fortschreitenden Zivilisation verschärften Prozessabläufen selbst zu einer Maschine geworden.[94] Unter solchen Bedingungen könne gemäß Ruskin freilich auch kein künstlerisches Objekt entstehen, denn dieses benötige einen eigenständigen Akt der Formgebung, oder, wie Ruskin schreibt, der »Invention«,[95] was nur der kreative Schaffensprozess einer kreativen Person ermöglichen könne. »Let him [den Arbeiter, M.V.] [...] begin to imagine, to think, to try to do anything worth doing; and the engineturned precision is lost at once.«[96]

Regelmäßigkeit und Perfektion, wie sie den industriellen Herstellungsprozess charakterisierten, wurden also rundweg abgelehnt. Die Fehlerhaftigkeit hingegen trage die »whole majesty« des Erschaffers in sich und sei damit auch unter dem Preis der Unreife zu bevorzugen und sogar als ein Qualitätsmerkmal zu betrachten.[97] Die Erfahrungen mit der Industrialisierung führten bald auch auf dem Kontinent zu einem Unbehagen, wo auf die Debatten in Großbritannien zurückgegriffen werden

89 Crane 1996, S. 4.
90 Ebd., S. 9.
91 Ebd., S. 7.
92 Ruskin 1988, S. 105.
93 Ruskin 1869b, S. 182.
94 »He was only«, schreibt Ruskin über den Arbeiter vor seiner Befreiung aus dem arbeitsteiligen Herstellungsprozess, »a machine before, an animated tool.« Ebd., S. 178.
95 Ebd., S. 183, Hervorhebung im Original.
96 Ebd., S. 179.
97 Ebd. Ruskin beschreibt damit die wichtigste Eigenschaft, die er in der gotischen Architektur sieht, die »Wildheit« (»Savageness«).

konnte.⁹⁸ Die Referenzen dieses Unbehagen bestanden neben den schnell voranschreitenden Veränderungen der Stadt- und Landschaftsbilder auch im Verlust gewohnter Prozesse des Wirtschaftens, was sich nicht zuletzt in der Wertschätzung des Handwerks manifestierte. Unter diesen Vorzeichen stand die Art-and-Crafts-Bewegung für Programme, die mit ihren Kunstauffassungen jeweils mehr als nur einen künstlerisch-ästhetischen Anspruch verbanden. Die Ästhetik wurde mit moralischen Argumenten versetzt und – wie dies bei Ruskin und Morris deutlich war – unter dem Einfluss des Bildes mittelalterlicher Schaffensbedingungen sozialromantisch verklärt.⁹⁹

Die ästhetische ›Volkserziehung‹ mit der Absicht, die Menschen wieder ›sehen‹ zu lehren, war eine durchgängige Motivation in der Arts-and-Crafts-Bewegung. Wie der deutsche Architekt Hermann Muthesius im Nachruf auf Ruskins Tod im Jahr 1900 schrieb, zeige sich in seinem Schaffen die Berufung,»sein Volk zum Verständnis der Kunst zu erziehen«.¹⁰⁰ Erzieherisch war Ruskins Position insofern, als er zunächst die unverfälschte Schönheit der Gotik behauptete,¹⁰¹ um in diesem Argumentationskontext mit den ästhetischen Standards der Architektur ethische und soziale Anliegen zu verknüpfen. Dabei erörterte er auch die Qualität der Baumaterialien unter moralischem Gesichtspunkt. Objekte mussten, so die Forderung, genuin im Hinblick auf Echtheit lokaler Materialien und in der Herstellung sein. Die Ästhetik der industriellen Massenanfertigung wurde abgelehnt, gleichermaßen aber auch die Ästhetik einer sich selbst genügenden, ›reinen‹ Kunst, was etwa auch der Deutsche Werkbund aufgriff.¹⁰²

Eine der privilegierten Bauaufgaben wurde in der Arts-and-Crafts-Bewegung im Einfamilienhaus gesehen, das sich mit dem Postulat des Handwerks am besten verbinden ließ. Es sollte allen sozialen Schichten zugänglich sein. Während Ruskin die moralische Aufgabe in Kunst und Architektur von der Seite der Ästhetik begründete, betrachtete sie vor allem Morris als soziale Aufgabe, bei der es auch um die Herstellungsbedingungen der Kunst ging, also um die Verknüpfung von Kunst und Arbeit im handwerklichen Prozess.¹⁰³

Ein Charakteristikum der Art-and-Crafts-Bewegung, das ihre pädagogische Stoßrichtung verdeutlicht, bestand in der hier ausgedrückten

98 Vgl. Naylor 1990.
99 Vgl. Swenarton 1989.
100 Muthesius 1900, S. 43.
101 Zu nennen ist in erster Linie das Kapitel »The Nature of Gothic« im zweiten Band von *The Stones of Venice*, der 1853 erschienen ist. Ruskin 1869b.
102 Deutscher Werkbund NW (Hg.) 2007, S. 266f.
103 Der tschechische Philosoph, Soziologe und Staatsmann Thomas G. Masaryk wies in seinem 1899 veröffentlichten Buch *Die philosophischen und sociologischen*

Aufweichung der Grenzen zwischen Architektur, Design und Kunsthandwerk, das sich in der Ausweitung der kunsthandwerklichen Betätigung auf sämtliche Bereiche der alltäglichen Umgebungen manifestierte. Pädagogisch war diese Auslegung aufgrund der Auffassung, dass Kunst die gesamte Lebensumgebung zu durchdringen habe und so den Menschen und die Gesellschaft implizit zu einer ›besseren‹ Lebensführung anleite. Die Reformierung der Architektur stand im Kontext dieser umfassenden Sicht auf die Kunst und des umfassenderen kunsthandwerklichen Schaffens, das vom Blick auf die Details im Kleinen, wie beispielsweise Dekor und Möblierung, bis zum städtebaulichen Blick auf die Platzierung eines Gebäudes in der räumlichen Umgebung reichte. Der kunsterzieherische Zugriff auf Kunsthandwerk, Design, Architektur, Landschaftsplanung, Städtebau usw. wurde moralerzieherisch konzipiert, indem die Botschaft der natürlichen Echtheit der künstlerisch gestalteten Umwelt die Lebensumgebung gesamthaft zu durchdringen habe. Den entsprechenden Entwürfen lag, wie in Kapitel 8 am Beispiel des Heimatstils genauer zu sehen sein wird, die Tendenz zum Gesamtkunstwerk zugrunde, was auf die Arts-and-Crafts-Ideale bezogen etwa Ruskins Ansicht verdeutlicht, »that the architect who was not a sculptor or a painter, was nothing better than a framemaker on a large scale.«[104] Diese Auffassung materialisierte sich emblematisch im Red House in Bexleyheath südöstlich von London (erbaut 1859–1870), das vom Architekten Philip Webb[105] für William Morris entworfen wurde: Webb gestaltete nicht nur die Architektur, sondern auch die Möbel und Inneneinrichtung.[106]

*Grundlagen des Marxismus* auf die Verknüpfung von Kunst und Sozialismus in der »socialistische[n] Aesthetik« hin und nannte dabei vor allem Ruskin und Morris als Vorbilder. Masaryk 1899, S. 506.

104 Ruskin 1988, S. 217. Ruskin hatte dabei in erster Linie gotische Gebäude vor Augen. Er beschrieb die Bildhauerei und die Malerei als ein bestimmendes Element der Architektur: »The fact is, there are only two fine arts possible to the human race, sculpture and painting. What we call architecture is only the association of these in noble masses, or the placing them in fit places. All architecture other than this is, in fact, mere *building*«. Ebd.

105 Philip S. Webb (1831–1915) war ein britischer Architekt im Umkreis der Arts-and-Crafts-Bewegung und der präraphaelitischen Bruderschaft. 1859 eröffnete Webb ein Büro in London und führte hauptsächlich Entwürfe von Wohnhäusern aus. 1877 gründete er mit William Morris die Society for the Protection of Ancient Buildings. 1883 trat er der Socialist League bei. Webb übte Einfluss auf die vernakuläre Architektur hauptsächlich im Hintergrund aus.

106 Im Umkreis der Wiener Werkstätte stand etwa Josef Hoffmann für diesen Entwerfer-Typus, der sowohl die Architektur als auch die Inneneinrichtung besorgte. Ein Beispiel dafür ist das für Adolphe Stoclet in Brüssel errichtete Palais Stoclet (erbaut 1905–1911). Josef Hoffmann (1870–1956) war ein Wiener Architekt und Kunstgewerbler. Hoffmann begann seine professionelle Tätigkeit im Atelier von

Im Rahmen der Gartenstadtbewegung wurde diese Orientierung an der Idee des Gesamtkunstwerks wiederum auf die gesamte Stadt ausgedehnt.

### 7.3.2 Internationale Reformbewegungen in Kunst und Kunsthandwerk unter besonderer Berücksichtigung des deutschsprachigen Raums

Die moralische Stoßrichtung der Arts-and-Crafts-Bewegung und die Betonung der Geschmackserziehung im Rahmen der Tendenz zum Gesamtkunstwerk waren Elemente, die die künstlerischen Strömungen verbanden, die um 1900 in unterschiedlichen nationalen Kontexten entstanden. Deren zentrales Anliegen war die Vermittlung dessen, was ›echte‹ ästhetische Qualität ausmachte. Die Bekämpfung des »Schlendrian[s] in der Kunst«, schreibt etwa Hevesi in einem Artikel über die Wiener Sezession 1897,[107] müsse ihr Mittel in der Geschmackserziehung finden, das heißt »durch Verfolgung rein künstlerischer Ziele, durch Erziehung des Massenauges zum Verständnis der lebendig fortschreitenden Kunstentwicklung. [...] Es muß mit Ausdauer unternommen werden, dieses Schlechte dem Publikum abzugewöhnen, es einfach unmöglich zu machen, indem man die Nachfrage danach zum Schweigen bringt.«[108]

In diesem Bezugsrahmen der Emanzipation vom nunmehr als ›schlecht‹ definierten Geschmack entstanden in großen Teilen Europas moderne Reformbewegungen.[109] Die Bezeichnung »modern« entsprach vielfach der zeitgenössischen Benennung, die erst später mit den jeweiligen Bezeichnungen der einzelnen Strömungen ersetzt wurde. Neben der Arts-and-Crafts-Bewegung in Großbritannien und den USA bildeten sich vor allem folgende Strömungen heraus: Art Nouveau in Belgien und Frankreich, Nieuwe Kunst in den Niederlanden, Modernismo in Spanien, Jugendstil im deutschsprachigen Raum, Strömungen der stilistischen Er-

Otto Wagner, wo er Bekanntschaft mit Josef Olbrich machte. Hoffmann wirkte im Umkreis der Wiener Secession. 1903 gründete er mit Koloman Moser die Wiener Werkstätte nach englischem Vorbild, die bis 1932 bestand. Hoffmann war insbesondere auch von den Arbeiten des schottischen Kunstgewerblers Charles Rennie Mackintosh beeinflusst. Von 1899 bis 1937 war er Professor für Architektur an der Wiener Kunstgewerbeschule. Hoffmanns Arbeiten standen für Exklusivität, wertvolles Material und waren für klare geometrische Linien bekannt.

107 Hevesi setzte sich in seinem journalistischen Schaffen für die Wiener Secessionsbewegung ein. Diese Unterstützung war ein bedeutsames Element der öffentlichen Bewertung der Secession. Sie ist unter anderem in der Aufsatzsammlung *Acht Jahre Sezession* dokumentiert. Vgl. Hevesi 1906.
108 Ebd., S. 2.
109 Mai 2010, S. 306.

neuerung im Umkreis des Werkbunds in Deutschland, Liberty in Italien, diverse Reformströmungen in Skandinavien und Bewegungen, die das Element des Nationalen betonten und daraus eine romantische Haltung entwickelten, die in Skandinavien und in weiteren Ländern verankert waren und auch in Heimatschutzbewegungen in der Schweiz oder in Osteuropa Bedeutung hatten. Eine innere Einheit dieser Strömungen konnte jeweils nicht vorausgesetzt werden. Sie waren mehr oder weniger homogen, die Stoßrichtung der geschmackserzieherischen Reform kann aber als verbindendes Element herausgeschält werden, wie auch eine gewisse internationale Bezugnahme.[110] Kunstvolle Designs sollten dabei den Weg in das Alltagsleben der breiten Bevölkerung finden und so zur Geschmackserziehung beitragen.

Das erzieherische Moment kam in diesem Zusammenhang nicht zuletzt dadurch zum Ausdruck, dass die Reformen von neu gegründeten, pädagogischen Institutionen wie Kunstgewerbeschulen und Kunstwerkstätten getragen wurden. Damit diversifizierte sich die Ausbildungslandschaft neben den traditionell entweder technisch ausgerichteten Hochschulen[111] oder den Kunstakademien. Die Gründungen von Kunstgewerbeschulen standen im Zeichen der Reformdiskussion, in der es um die Verbindung der Kunst mit den Bereichen des alltäglichen Lebens ging. In Bezug auf die künstlerische Ausbildung bedeutete dies die Annäherung der ›hohen‹ Kunst an die dekorativen Künste.[112] Die Idealisierung des Handwerks durch die Arts-and-Crafts-Bewegung war hierbei ein wesentlicher Impuls und der Aspekt der Vermittlung von Praxis und Anwendung gewann entsprechend an Bedeutung.

Eine der ersten Institutionen, die das Design in den Mittelpunkt der Ausbildung stellte und daneben eine Sammlung aufbaute und Ausstellungen veranstaltete, war das 1857 in London gegründete South Kensington Museum,[113] das aus der 1852 eröffneten School of Design hervorging und deren erster Direktor Henry Cole war.[114] Mit der Verknüpfung von Sammlungs- und Ausstellungstätigkeit und Ausbildung wurde das South Kensington Museum zum Vorbild für ähnliche kunstgewerbliche Institutionen, die als Folge der Reformidee von der klassischen akademischen Kunstausbildung in Richtung einer Integration von bildender und angewandter Kunst entwickelt wurden. Frühe und prominente Beispiele dieser Art von Institutionen, in denen Sammlungen mit Vorbildcharakter ausgestellt sowie Aus- und Weiterbildungen angeboten wur-

110 Vgl. Gay 2008.
111 Für eine differenzierte Bewertung des Einflusses der Wiener Technischen Hochschule unter dem Rektor Carl König vgl. Long 2001.
112 Mai 2010, S. 327f.
113 1899 wurde es als Victoria and Albert Museum weitergeführt.
114 Vgl. Livingstone 2005.

den, waren das Musée d'Art et d'Industrie (heute Musée des Tissus et des Arts décoratifs) in Lyon, dessen Gründung 1856 beschlossen wurde, das Österreichische Museum für Kunst und Industrie in Wien, das 1863 gegründet und 1867 um die Kunstgewerbeschule erweitert wurde (heute Universität und Museum für Angewandte Kunst),[115] die Königliche Kunstgewerbeschule in Nürnberg (heute Akademie der Bildenden Künste), die ursprünglich bereits 1662 gegründet und 1853 einer umfassenden Reform unterzogen wurde oder die Königliche Kunstgewerbeschule in München (heute Akademie der Bildenden Künste), die 1868 gegründet wurde.

Was die kunstgewerbliche Ausbildung in Zürich anbelangt, war die institutionelle Geschichte – wie an anderen Standorten auch[116] – durch komplexe Verflechtungen geprägt.[117] 1873 wurde die privat initiierte Gewerbeschule gegründet, die 1893 aus Anlass der Stadtvereinigung reformiert wurde. Sie umfasste neben den Abteilungen für die vorbereitende gewerbliche Fortbildungsschule und die Handwerkerschule samt Lehrwerkstätten neu auch die Abteilung der Kunstgewerbeschule und das Gewerbemuseum (seit 1905 Kunstgewerbemuseum).[118] Diese Institution war zuvor die eigenständige Kunstgewerbeschule (heute Zürcher Hochschule der Künste), die 1878 eröffnet wurde. Im Zuge der durch Jules de Praetere, Direktor der Kunstgewerbeschule zwischen 1905 und 1912, angestoßenen Reformen wurde die Lehre innerhalb der sechs Klassen für graphische Kunst, Keramik, Innenarchitektur, dekorative Malerei, dekorative Plastik und textile Kunst organisiert.[119] 1913 wurde unter de Praeteres Nachfolger Alfred Altheer im Kunstgewerbemuseum der Schweizerische Werkbund (SWB) gegründet.[120] Das Ziel dieses heterogenen Netzwerkes, an dem Schreiner, Fotografen und Künstler, aber auch Großindustrielle beteiligt waren, war es, eine Basis der Zusammenarbeit zwischen Kunst und Industrie zu schaffen.[121] Der dabei verfolgte Zweck stand auch in diesem Kontext unter dem Zeichen der Geschmackserziehung auf der Basis einer ganzheitlichen Sichtweise – daher ist es für den vorliegenden Kontext bedeutsam, die institutionellen Netzwerke hervorzuheben, in denen die sozialreformerischen Ansätze der Stadtraumgestaltung entwickelt wurden. In den Satzungen aus dem Jahr 1913 hieß es: »Sein [des SWB, M.V.] Zweck ist die Veredlung der gewerblichen Arbeit im Zusammenwirken von Kunst, Industrie und Handwerk durch

115 Das Museum und die Kunstgewerbeschule wurden 1909 getrennt.
116 Vgl. Mai 2010.
117 Hierzu Rebsamen, Bauer, Capol et al. 2001, S. 39ff.
118 Zwischen 1906 und 1915 gab das Museum die Zeitschrift *Heimkunst* heraus.
119 Ebd., S. 42.
120 Vgl. Gnägi, Nicolai & Wohlwend Piai (Hg.) 2013.
121 Vgl. Ball 2011.

Erziehung, Aufklärung und Stellungnahme zu künstlerisch und volkswirtschaftlich praktischen Fragen.«[122] Diesem Satzungsziel entsprechend bestand ein wichtiger Eckpfeiler des SWB in der Öffentlichkeitsarbeit, deren herausragendes Instrument die Organisation von Ausstellungen war, die mitunter als Wanderausstellungen angelegt waren. Im Zürcher Kunstgewerbemuseum wurden den geschmackserzieherischen Zielen folgend ab 1906 unter dem Einfluss de Praeteres[123] neben der permanenten Präsentation der Sammlung Sonderausstellungen gezeigt. Dabei wurden in den ersten Jahren öfters auch Themen aus den Bereichen Architektur, Stadt und Raumkunst (Dekoration, Ausstattung von Räumen usw.) aufgegriffen, so etwa 1908 zum Thema Gartenstadtbewegung und zum Einfamilienhaus und 1910 zu Arbeiterwohnungen.[124] De Praetere war dabei in Zürich eine wichtige Figur in der Vermittlung internationaler künstlerischer Reformbewegungen. Die Sonderausstellungen, die unter seiner Direktion organisiert wurden, zeigten etwa Arbeiten von William Morris, Henry van de Velde, Richard Riemerschmid oder den Wiener Werkstätten. Auf de Praetere ging auch die Einladung Berlages von 1908 zurück, der in vier Vorträgen das Thema »Grundlagen und Entwicklung der Architektur« behandelte.[125]

Neben diesem Zentrum der angewandten Kunstausbildung und Kunstvermittlung waren in Zürich in erster Linie die Bauabteilungen des 1855 gegründeten Polytechnikums – 1911 in Eidgenössische Technische Hochschule (ETH) umbenannt – die zentralen institutionellen Orte für die Prägung der Maßgaben im Bereich architektonischer Auffassungen.[126] Die Architektur wurde in der Bauschule für Hochbau vermittelt und war zunächst mit dem Wirken Gottfried Sempers verknüpft, der am Polytechnikum zwischen 1855 und 1871 die Professur für Architektur innehatte.[127] Die Schule Sempers bestand auch Jahrzehnte nach seinem Abgang von Zürich fort. In der Tradition der Semperschen Lehren standen dabei insbesondere die in Zürich tätigen Architekten Alfred Friedrich Bluntschli, Gustav Gull und Karl Moser.[128]

122 Die Satzungen sind abgedruckt in Gnägi, Nicolai & Wohlwend Piai (Hg.) 2013, S. 64f.
123 Die Institute der Kunstgewerbeschule und des (neu so benannten) Kunstgewerbemuseums wurden im Zuge der Reformen von 1905 vereinigt.
124 Vgl. Gewerbeschule und Kunstgewerbemuseum der Stadt Zürich (Hg.) ([1933]); Grossmann, Budliger & Stahel 1975.
125 Berlage 1908.
126 Hierzu Tschanz 2015; Rebsamen, Bauer, Capol et al. 2001, S. 44ff.
127 Ebd., S. 46.
128 Zu nennen ist noch Hendrik Berlage, der zwischen 1875 und 1878 bei Semper Architektur studierte. Ebd., S. 48.

In den kunstgewerblichen Institutionen wurde die Frage, inwieweit künstlerisches Design mit der Herstellung von Objekten in Manufakturen und Fabriken verknüpft werden könne und inwieweit diese Verknüpfung erwünscht sei, anders als in der Arts-and-Crafts-Bewegung von Beginn an als Option gesehen: Dies war ein zentraler Aspekt, weshalb reformorientierte Strömungen im deutschsprachigen Raum eine relativ breite Verankerung fanden. Wie gesehen, wurde die industrielle Fertigung der Waren für die Arts-and-Crafts-Bewegung gemeinhin als Übel aufgefasst, während der Deutsche Werkbund versuchte, das Kunsthandwerk auf der Basis industrieller Fertigung zu etablieren. Die treibende Kraft hinter dieser Ausrichtung war Hermann Muthesius, der 1907 auch den Anstoß für die Gründung des Deutschen Werkbundes gab. Für die Verbreitung der Ansichten der Arts-and-Crafts-Bewegung im deutschsprachigen Kontext war dabei Muthesius' 1904 erschienenes dreibändiges Werk *Das englische Haus* bedeutsam. Muthesius beobachtete als Kulturattaché in London zwischen 1896 und 1903 die englischen kunsterzieherischen Reformbewegungen und nahm dabei zahlreiche Ideen der Arts-and-Crafts-Bewegung auf.[129] Mit Muthesius war es somit ein genauer Beobachter der Bestrebungen in England, der im deutschsprachigen Raum die konsequente Verbindung von Kunst und Industrie forderte.

Die Frage der Verknüpfung von Kunsthandwerk und Industrie wurde als zentraler Hebel für die breitenwirksame Umsetzung der reformerischen Ästhetik erkannt. Laut Sombart war ein gewisses Maß von »Romantizismus« in Ruskins oder Morris' Idealisierung der Freude an handwerklicher Arbeit verantwortlich dafür, dass die Arts-and-Crafts-Bewegung letztlich verkrustete.[130] Den Erfolg des Deutschen Werkbunds oder auch der Kunstindustrie in den Vereinigten Staaten sah er in der Vereinigung von handwerklicher Qualität mit industriellen Fertigungsprozessen begründet.[131] Deshalb schloss Sombart für eine effektive Erneuerung des Kunstgewerbes die Abstützung auf qualitative Merkmale des Handwerks aus und betonte zugleich die Bedeutung der Technik, die einzig die Geschmacksbildung in der Massengesellschaft sichern könne.[132] Hartmann legitimierte sogar die Offenheit gegenüber neuesten technischen Möglichkeiten mit dem Argument der natürlichen Formen, die die Architektur zum Ausdruck zu bringen habe:

---

129 Vgl. Stalder 2002.
130 Sombart 1901, S. 1242.
131 Ein Beispiel ist die Stickley-Möbelfabrik, die 1898 von Gustav Stickley in Syracuse, New York, gegründet wurde.
132 Sombart 1901, S. 1247f. Zur Frage der Qualität im Werkbund vgl. Naylor 1990, S. 186.

»Alle Fortschritte der Technik habe sich die Baukunst anzueignen, sofern sie Mittel für eine einfachere Lösung, für eine verständlichere, neuzeitliche Ausdrucksweise biete. Aus neuen Materialien seien neue, in deren natürlicher Erscheinung namentlich in ihrer Farbe liegende Schönheitswerte zu erschließen.«[133] Nach Einschätzung des Kunsthistorikers Frederic J. Schwartz war der Erfolg des Deutschen Werkbunds auch mit seiner Kompatibilität mit den Bedingungen des kapitalistischen Marktes verknüpft, die in dieser Strömung nicht *per se* abgelehnt wurden.[134]

Die Spannkraft, die die ästhetischen Reformströmungen aus dem Kontext der Industrialisierung heraus bezogen, wirkte vielfach, wenngleich nicht überall, auf die Ausprägung sozialer Anliegen. Die Arts-and-Crafts-Bewegung brachte diesen Anspruch bereits früh zum Ausdruck. Linda Parry und Karen Livingstone, Herausgeberinnen des Katalogs zur Ausstellung *International Arts and Crafts* im Londoner Victoria and Albert Museum im Jahr 2005, beschreiben diese vereinende Idee folgendermaßen:»All sought a great improvement in the arts through the adoption of a new democratic ethic towards living and working.«[135] Die ideellen Prinzipien wurden im Wesentlichen von vier Aspekten bestimmt: Gesamtentwurf, Freude an der Arbeit, Individualismus und Regionalismus.[136] Genau diese Prinzipien strahlten auf die künstlerischen Reformbewegungen im internationalen Kontext aus und wie gesehen, waren sie die Pfeiler einer Pädagogisierung der Ästhetik, die aus einem gesellschaftlichen Unbehagen heraus die Kunst – verstanden als Integration bildender und angewandter Kunstfelder – als Hebel für sozialreformerische Handlungsoptionen positionierte. Die Arts-and-Crafts-Bewegung war dabei stärker von einer sozialen Utopie getragen, während sich in der Ästhetik des Werkbunds und der Heimatschutzbewegung das soziale Moment in erster Linie in einer romantisierenden Form zeigte, in der die unverfälschte Vergangenheit etwa in Form der häufigen Stilisierung der mittelalterlichen Gotik in Großbritannien oder der Zeit um 1800 betont wurde.

---

133 Hartmann 1911, S. 93.
134 Vgl. Schwartz 1996.
135 Parry & Livingstone 2005, S. 10. Unabhängig von dieser ethischen Emphase waren die kunstgewerblichen Objekte häufig nur innerhalb der wohlhabenden Elite verbreitet. Parry & Livingstone 2005, S. 33.
136 Cumming & Kaplan 1991, S. 7.

## 7.4 Architektur als »Agentur« gesellschaftlicher Erziehung im Rahmen ihrer Positionierung als Kunstform

Unter dem Einfluss der kunstreformerischen Debatten stand um 1900 auch der künstlerische Stellenwert der Architektur zur Diskussion. Dieser Stellenwert wurde nicht nur innerhalb der Architektur als künstlerische Frage des Stils verhandelt, sondern auch im Vergleich zu den anderen Künsten gesehen. Die Architektur war beispielsweise für Otto Wagner der »mächtigste Ausdruck der Kunst«.[137] Dieser herausragende Stellenwert ergab sich für ihn aus der Präsenz des Gebäudes im öffentlichen Raum. Es konfrontiere die Person anders, als dies bei der Kunst im Museum der Fall sei; seine Präsenz weise die Architektur als Kunstform für die »Menschheit«[138] aus. Auch wenn gerade deshalb nach Wagner der Wert der Architektur auch verkannt wurde,[139] beförderte die Erkenntnis über die Architektur als eine im öffentlichen Raum platzierte Kunstform die Sicht, sie als Mittel politischer Einflussnahme zu begreifen und sie als erzieherische »Agentur« zu betrachten.

Der kreativ-künstlerische Anspruch an Architektur war der Angelpunkt dieser moralerzieherischen Auffassung und Ausgangspunkt für die Abkehr der Ausbildung in den Akademien des 19. Jahrhunderts. Damit entstand zugleich die paradoxe pädagogische Herausforderung, an den Ausbildungsstätten Architektur als freie, nicht-formalisierte Kunst zu lehren. Für einen künstlerisch gelungenen architektonischen Entwurf könne nur das nicht fixierbare »Stilgefühl« verantwortlich sein, wie es bei Hartmann hieß, das sich nicht in didaktische Modelle übersetzen lasse: Wie die Kunst könne die Architektur als künstlerische Aufgabe nicht gelehrt werden. Nach der Beschreibung Hartmanns habe die Architektur

> »noch wesentlich den Eindruck von Behagen, der Daseinsfreude, der Wohlhabenheit und Leistungsfähigkeit, das Gefühl des Großen, Mächtigen, Göttlichen, Erhabenen, Ernsten, Heiteren, Prächtigen, Lieblichen usw. zu erzeugen, was in der Regel nur durch entsprechende schönheitliche Wirkungen seiner Schöpfung erreicht werden kann. Reine Schönheitswerte ergeben sich aber nicht aus der ingenieurstechnischen Befriedigung sachlicher Notwendigkeiten. Ebensowenig kann die Hervorkehrung der Konstruktion und des Materials im ästhetischen Sinne Selbstzweck irgendwelchen ›künstlerischen‹ Schaffens sein. Technik und Stoffe sind keine schöpferischen, sondern nur bedingende Faktoren, die

---

137 Wagner 1902, S. 20.
138 Ebd.
139 Ebd., S. 28.

der künstlerischen Erzeugungskraft, dem aktiven Willen zu schönheitlicher Gestaltung als Mittel zum Zweck dienen.«[140] Der künstlerische Stellenwert der Architektur bemaß sich nach Hartmann daran, wie das Gefühl fruchtbar gemacht werde. Der Maßstab war der Mensch als ›Nutzer‹ (und nicht lediglich als ›Betrachter‹) der Architektur.[141] Hartmann baute dieses Urteil, wie erwähnt, auf der umfassenden Rekonstruktion der Geschichte der Baukunst auf.[142] Die Neuerungen der Architektur stellte er dabei explizit in einen kulturgeschichtlichen Kontext.

In den Formen, wie der Historismus überwunden wurde, verliefen die Wege durchaus unterschiedlich. Insbesondere in der Frage des Ornaments entzündeten sich die Debatten über die stilistischen Neuausrichtungen. Die Ästhetik des Werkbunds oder des Heimatstils forderten zwar eine Erneuerung des Ornaments, wollten es aber nicht radikal abschaffen, nachdem gerade im Ornament eine »Dekorationssprache«[143] möglich war, über die Werte kommuniziert werden konnten. Neben den gestalterischen Elementen wie innovativen Grundrisslösungen oder der nach Hartmanns Postulat »künstlerischen« Verwendung von Materialien und Konstruktionsweisen – im Heimatstil äußerte sich dieser Aspekt etwa in der Favorisierung heimischer Baumaterialien und im konstruktiven Element bewegter Dachlandschaften – ließen sich über das Ornament moralische Botschaften kommunizieren und der erzieherische Auftrag der Architektur umsetzen. Henry van de Velde strebte entsprechend eine »reinigende Neuschaffung«[144] des Ornaments an. In radikaleren Positionen wie derjenigen Adolf Loos' wurde das Ornament, das für ihn die »Imitation und Surrogatkunst in der Architektur«[145] darstellte, hingegen grundsätzlich abgelehnt.

In diesem Kontext machte sich in der Architektur eine auf organische Formen fokussierende Kunstauffassung breit. Ruskin setzte in *The Stones of Venice* die Arten der Säulenkapitelle in Analogie zu Blüten und behauptete, dass »Formgebung von Natur und Kunst[...] in irgendeiner Weise analog und vergleichbar [sind].«[146] Dieser Gedanke wurde später im Konzept der »organischen Architektur« aufgegriffen, das unter anderen Sullivan oder Frank Lloyd Wright entwickelten. Architektur wurde dabei gleichermaßen mit den Kriterien ästhetischer und moralischer

140 Hartmann 1911, S. 94.
141 Moravánszky 1997, S. 116.
142 Vgl. Hartmann 1911.
143 ÄGB, Bd. 4, S. 677.
144 Ebd., S. 676.
145 Loos 2010, S. 140. Das Zitat stammt aus einem Artikel mit dem Titel »Das Princip der Bekleidung« aus dem Jahr 1898.
146 Oechslin 2002b, S. 60.

Qualitäten beschrieben, was häufig die architektonischen Entwürfe in der Moderne bestimmte. Ruskin beeinflusste diese Entwicklung, indem er die Wertschätzung der gotischen Architektur nicht allein mit Argumenten legitimierte, welche die Ästhetik betrafen, sondern zugleich mit der Moral, die unter anderem in den Tugenden der Herstellungsweise, der lokalen Verwurzelung oder der Authentizität von Baukünstlern lag, die in der Suche nach einem örtlich und funktionell genuinen Gebäude zu neuen Ausdrucksformen fanden. Wenn Ruskin die maschinelle Anfertigung von Bauteilen wie beispielsweise gusseiserne Ornamente[147] oder das *Trompe-l'Œil* einer als Marmor bemalten Holzoberfläche[148] ablehnte, so geschah das in erster Linie, um die moralische Qualität von Architektur zu beschreiben, die er in ihrer ästhetischen Qualität aufgehoben sah.

Die Architektur bedeutete für Ruskin mehr als nur eine Behausung, wobei die Psychologie und die Rolle der Emotionen wichtig waren. In *The Seven Lamps of Architecture* nahm Ruskin einen Appendix auf, in dem er die Modi der Bewunderung von Architektur analysierte. In diesen Analysen interessierte er sich für »the character of the emotions which were generally felt by well-educated people«[149] und beschrieb dabei vier Aspekte: »Sentimental Admiration«, »Proud Admiration«, »Workmanly Admiration« und »Artistic and rational Admiration«. Den letzten Aspekt, »Artistic and rational Admiration«, setzte Ruskin als die ausschlaggebende Kompetenz, um die Qualität eines Bauwerkes zu bestimmen. Denn die Qualität bestehe in erster Linie in den Bedeutungen, die im Bauwerk zutage treten und die der Baukünstler in der jeweiligen Lösung umsetze. Die emotionale Wirkung von Architektur leitete Ruskin aus dem Prinzip ihrer genauen Beobachtung ab. Die Empirie der Erscheinungen bilde die Voraussetzung der Bewunderung (»*admiration*«) der Architektur und nicht das Auffinden absoluter Ideen im einzelnen Beispiel.[150]

Zusammenfassend betrachtet ergaben sich die stilistischen Erneuerungen in der Architektur im Rahmen der Suche nach der Wahrheit, nachdem der Wahrheitsgehalt in der historistischen Architektur im 19. Jahrhundert als verloren angesehen wurde. Nach Einschätzung von Sigfried Giedion streiften die Pioniere der architektonischen Erneuerungsbewegungen – Giedion nennt allen voran den Belgier Victor Horta – das »Gewand«[151] (»*clothing*«) des historistischen Stils ab: »The real forms of things were covered over. In this period [um 1890, M.V.] the re-

---

147 Ruskin 1988, S. 56f.
148 Ebd., S. 35.
149 Ruskin 1988, S. 215.
150 Hierzu Oechslin 2002b, S. 47.
151 Giedion 1967, S. 302, Hervorhebung M.V.

volt against the falsification of forms and against the past was a *moral* revolt.«[152] Im Programm der Erziehung des Geschmacks ging es darum, die ästhetischen »Lügen«[153] zu überwinden. Als einer unter vielen Erneuerern kritisierte Berlage die Architektur des 19. Jahrhunderts als Scheinarchitektur.[154] Er forderte, die Architektur im Rahmen der ökonomischen Bedingungen zu begreifen. Dabei galt es aber nach seiner Ansicht, eigenständige ästhetische Prinzipien zu entwickeln, die einfach, aber charakteristisch zu sein hätten. In einer Linie mit den reformorientierten Positionen setzte er die Subjektivität des Architekten als Garanten der Kunst, während die Orientierung an den historisch überlieferten Vorbildern den künstlerischen Wert ausschließe.

Der Kunsthistoriker Ekkehard Mai kommt in seiner Studie zu den deutschen Kunstakademien im 19. Jahrhundert zum Schluss, dass nach der Phase der professionalisierten Kunstproduktion in den konservativen Akademien »selbstberufene Einzelne und sezessionistische Eliten oft missionarisch ihre eigenen Wege gingen.«[155] Die Stilisierung des »Baukünstlers« als ›wahrhaftig‹ sehenden Visionär im korrumpierenden Umfeld der ›verblendeten‹ Scheinkunst hatte Auswirkungen auf die Kunstauffassungen, die der kreativen Schöpfung, die im Einklang mit den Formen der Natur zur Entfaltung zu bringen waren, moralischen Wert beimaßen. Gleichzeitig wurde im Zuge dieser auratischen Aufladung der Architekt als künstlerische Autorität stilisiert, der aufgrund seiner Berufung allein die Entwurfsarbeit leisten könne – und als Künstler die Expertise für die Schaffung von Orientierung im Hinblick auf gesellschaftliche Werte verinnerlichte. Gegenüber den etablierten Akademien waren ›freie‹ Künstler und Architekten marginalisiert, konnten aber aus dieser Position heraus die argumentative Strategie fruchtbar machen, im Besitz der nicht lehrbaren Intuition für das ›wahrhaftig‹ Schöne zu sein, das in das Wissen umgemünzt wurde, das den Weg aus der gesellschaftlichen Misere hin zu ›echten‹ und ›naturbezogenen‹ Werten wies. Dieses Argumentationsmuster bildete die Grundlage für die Herstellung von Autorität. Dies lässt sich etwa in den Diskussionen um die Frage nach Architekturwettbewerben beim Bau von Schulhäusern ablesen, in denen auch das Bestreben der Sicherung des Berufsstandes der Architekten eine Rolle spielte;[156] auch Camillo Sittes Ablehnung von Kommissionen in der Ausarbeitung städtebaulicher Projekte fällt in den Rahmen dieser Argumentationsstrategie.

152 Van de Velde zit. nach ebd., S. 293, Hervorhebung im Original.
153 Ebd., S. 296.
154 Ebd., S. 292.
155 Mai 2010, S. 381ff.
156 Helfenberger 2013.

Das Muster der Absetzbewegungen war von moralisierenden Argumentationen geprägt, die im Rahmen der Logik operierten, mit der Idee des Guten die stilistisch-architektonischen Handlungsentwürfe zu legitimieren. Die Idee des Guten blieb auch in diesem Zusammenhang letztlich undeterminiert und wurde, wie an unterschiedlichen Stellen gesehen, häufig mit dem nicht lehrbaren Sinn und mit dem Gefühl für das ›echte‹ Schöne beschrieben. In Zürich artikulierten sich diese unterschiedlichen Aspekte der sozialen Ausrichtung der Reformbewegungen im Heimatstil, der im folgenden Kapitel mit Blick auf die moralerzieherische Strategie dieser reformästhetischen Position thematisiert wird.

# 8 Heimatschutz und Heimatstil: Ästhetik als erzieherische Kommunikation

Im Heimatstil manifestierten sich reformorientierte architektonische Lösungen, die nach der Jahrhundertwende unter dem Eindruck der kunsterzieherischen und kunsthandwerklichen Ideale im Umfeld der Heimatschutzbewegung entwickelt wurden.[1] Der Heimatschutzgedanke war ein internationales Phänomen; seine wesentlichen ideologischen Eckpfeiler waren einerseits der Schutzgedanke im Sinne des Schutzes der Landschaft und der historischen Architektur, die vor allem die anonyme, vernakuläre Architektur betraf und – über das architektonische Objekt hinausgehend – die städtebauliche Dimension des Ensembles und Ortsbildes miteinschloss.[2] Andererseits war mit dem Heimatschutzgedanken die moralische Erneuerung der Gesellschaft verknüpft, die die Alltagskultur über eine breite, nicht zuletzt über die Wirkung von Architektur zu erzielende Geschmackserziehung erfasste. Dieser Überlegung entsprechend reklamierte der in der Einleitung erwähnte Schweizer Publizist Philippe Godet in seinem programmatischen Artikel »Beauté et patrie«, der in einem der ersten Hefte der Zeitschrift *Heimatschutz* veröffentlicht wurde, dass es eine ästhetische und moralische Erziehung brauche, die die Lektionen der Tradition vermittelten: »La mentalité générale est à réformer, d'un bout de la Suisse à l'autre, parce que nous avons tous plus ou moins perdu de vue les enseignements du passé, méconnu les conseils de la tradition.«[3]

Der Architekt Roland Anheisser schrieb in seinem 1906/07 erschienenen Buch *Altschweizerische Baukunst*, dass »[d]ie Sehnsucht nach ›Heimatkunst‹ [...] heutzutage überall erwacht«[4] sei. Der Heimatstil war im Bereich der Architektur der Ausdruck der ästhetisch-künstlerischen Reformbewegungen, der international wirksam wurde[5] und auch die architektonischen Entwicklungen in Zürich nach 1900 beeinflusste. Auch hier wurde, wie andernorts in Europa, die Internationalität des architektonischen Stils durch den Historismus abgelehnt zugunsten einer den

---

1 Vgl. hierzu Petsch 1979.
2 Die Heimatschutzbewegung war daher eng mit dem Prinzip des Denkmalschutzes verbunden.
3 Godet 1906, S. 26.
4 Anheisser 1906/07, S. 1, Hervorhebung im Original.
5 Vgl. z.B. Senarclens de Grancy 2001. Die Heimatschutzbewegungen waren internationale Bewegungen: Internationale Kongresse fanden z.B. 1909 in Paris und 1912 in Stuttgart statt. Wohlleben 1994, S. 88.

lokalen Eigenheiten entsprechenden Ästhetik.⁶ Der Heimatstil war von einem breit angelegten, auf Werten basierenden und moralisierten Erneuerungsgedanken geprägt, der im Rahmen der kunstgewerblichen Ideale wirkmächtig wurde. Die als Potentiale der Architektur umgemünzte Einsicht, dass Gebäude als Raumanordnungen Wirkung auf die einzelne Person entfalteten, bildete dabei einen zentralen Ankerpunkt. Der Blick auf den Heimatstil führt damit zurück auf das Thema der moralischen Kommunikation in der Architektur als »Agentur« der Erziehung, mit der die Idee der Organisierung gesellschaftlicher Ordnung verfolgt wurde.

## 8.1 Heimatstil: Zum Begriff und zur Forschungslage

Der Heimatstil wollte nicht die »Neugeburt« im Sinne einer radikalen und progressiven Abkehr und Neuerung. Für ihn, wie auch generell für Heimatschutzbewegungen, war hingegen die Spannung charakteristisch, die zwischen Traditionsverbundenheit, die mitunter volkstümelnde Begehrlichkeiten nährte, aber auch eine liberal-konservative Ausprägung kannte,⁷ und der Anpassung an die modernen, sozialen und ökonomischen Ansprüche schwankte.⁸ So wollte der Heimatstil an die ›gute‹ Tradition vor dem Einsetzen des Historismus anknüpfen und strebte dabei aber eine Modernisierung an. Dies mag einer der Gründe sein, weshalb er in der Forschung erst zögerlich in den Fokus gerückt wurde. Aufgrund seiner wertkonservativen Haltung wurde der Heimatschutz und mit ihm der Heimatstil in einer an Neuerungen interessierten architektonischen Stilgeschichte marginalisiert,⁹ wobei mittlerweile eine differenziertere Sicht insbesondere auf die Formierungsphase dieses Stils bis etwa 1914 vorherrscht, die seine modernisierende Rolle in der Architekturgeschichte hervorhebt.¹⁰

6 Vgl. Crettaz-Stürzel 2006. Der Publizist Guillaume Fatio schrieb in seinem für den Heimatschutz bedeutsamen Buch *Ouvrons les Yeux!* über die historistische Architektur: »La malheur de cette architecture moderne est d'être cosmopolite et, par là, sans caractère; tout au plus peut-on dire que les édifices élévés dans la Suisse française, au XIXᵉ siècle, sont français, tandis que les constructions modernes de Bâle ou de Zurich ne surprendraient personne, par leur aspect exotique, si elles se trouvaient transportées dans un quartier nouveau de Berlin ou Carlsruhe.« Fatio 1904, S. 146. Dominant war diese Argumentation auch bei Anheisser. Anheisser 1906/07.

7 Békési 2009, S. 100.

8 Bezogen auf die Stellung gegenüber dem Modernisierungsprozess kann die Heimatschutzbewegung als eine »ambivalente« soziale Bewegung charakterisiert werden. Vgl. Rucht 1994, S. 82.

9 Petsch 1979. Ein einflussreicher Vertreter dieser an Neuerungen interessierten Architekturgeschichtsschreibung ist Sigfried Giedion. Giedion 1967.

10 Békési 2009, S. 95. Vgl. auch Kurz 2008, S. 85f.

Der Begriff ›Heimatstil‹ wurde zum ersten Mal im Umfeld der Heimatschutzbewegung verwendet.[11] 1910 wählte die katholisch-konservative Zeitschrift *Obwaldner Volksfreund* diese Bezeichnung zur Beschreibung eines Schulhauses in der Innerschweiz.[12] Als architekturhistorischer Stilbegriff wurde er in den 1940er Jahren geprägt. Der Schweizer Kunsthistoriker Peter Meyer bezog ihn in seiner einflussreichen, 1942 erstmals erschienenen *Schweizer Stilkunde* allerdings noch auf Stilentwicklungen in der Zwischenkriegszeit,[13] die heute in Anlehnung an die Landesausstellung von 1939 in Zürich mit dem Begriff ›Landistil‹ bezeichnet werden. Er wurde damit von Meyer als Gegenbegriff zum Neuen Bauen gesetzt, womit er die vermeintlich reaktionäre Stoßrichtung hervorhob.[14] Die Begriffsentwicklung spiegelt die uneinheitliche Verwendung wider, welche die Bezeichnung ›Heimatstil‹ bis heute charakterisiert.[15] Diese Uneinheitlichkeit wird in internationaler Perspektive verstärkt: Der deutschsprachige Begriff ›Heimat‹ lässt sich nicht eindeutig in andere Sprachen übertragen, was somit auch für den Begriff ›Heimatstil‹ gilt. Hinzu kommen die politischen und sozialen Rahmenbedingungen dieses Begriffs, die in den jeweiligen nationalen Kontexten variieren. Wie Elisabeth Crettaz-Stürzel aufzeigt, wird die Reformarchitektur[16] in nord- und osteuropäischen Ländern, die häufiger in Prozesse der Erlangung nationaler Unabhängigkeit eingebunden waren, eher mit ›Nationaler Stil‹ bezeichnet, während im zentralistisch geprägten Frankreich von *›régionalisme‹* die Rede ist.[17] In den 1970er Jahren setzt die bis heute aktuelle Tendenz ein, den Begriff ›Heimatstil‹ auf die Zeit ungefähr zwischen 1900 und 1914 anzuwenden, so auch in der Schweiz. Federführend in dieser Bestrebung ist der Schweizer Architekturhistoriker Jacques Gubler. In seinem Buch *Nationalisme et internationalisme dans l'architecture moderne de la Suisse* betont er die Vor- und Ausläufer dieser Kernperiode des Heimatstils:»La question de l'architecture nationale alimente un long débat qui s'inscrit comme l'un des traits saillants de la deuxième

---

11 Zum Begriff vgl. Crettaz-Stürzel 2005a, S. 30ff. Vgl. auch Knaut 1993, S. 283ff. Der Begriff ›Heimatschutz‹ wiederum wurde vom deutschen Publizisten E. Rudorff 1898 geprägt. Petsch 1979, S. 50.
12 Crettaz-Stürzel 2005a, S. 32.
13 Meyer 1969, S. 236f.
14 Crettaz-Stürzel 2005a, S. 33. Zu Meyers Position gegenüber dem Heimatschutz vgl. auch Wohlleben 1994, S. 97f.
15 Vgl. hierzu auch Lehne 1989.
16 Zur Reformästhetik in der Architektur aus einer zugleich kunst- und kulturwissenschaftlichen Perspektive vgl. Aschenbeck 1997.
17 Crettaz-Stürzel 2005a, S. 31.

moitié du XIXe siècle, mais se prolongera jusqu'à la Deuxième Guerre mondiale et au-delà.«[18]

In der französischsprachigen Schweiz wird mit ›heimatstyle‹ der deutsche Begriff gebraucht, der wiederum die Terminologie in der deutschsprachigen Schweiz prägte, die insbesondere durch das Inventar der neueren Schweizer Architektur 1850–1920 (INSA) der Gesellschaft für Schweizerische Kunstgeschichte eine Verbreitung erfuhr. Mit der zeitlichen Einordnung auf die Zeit vor dem ersten Weltkrieg wird der Bedeutung der auf heimatliches Bauen ausgerichteten Architekturperiode mit dem Begriff ›Heimatstil‹ als Gegenbewegung zum Historismus Rechnung getragen.[19] Crettaz-Stürzel definiert ihn in ihrer Synthese als »eine auf lokalen und regionalen Bautraditionen wurzelnde, Historismus, Schweizer Holzstil und Jugendstil überwindende Reformarchitektur auf dem Weg zur Moderne [...]«.[20] Der Historiker Daniel Kurz hingegen kritisiert an diesem Begriff und an der Bezeichnung ›Nationale Romantik‹, dass diese die »neuartige Auffassung«, welche die Architektur hervorgebracht habe, verschleierten, und plädiert für die aus seiner Sicht treffendere Bezeichnung ›Reformarchitektur‹.[21]

In der vorliegenden Studie soll dennoch von ›Heimatstil‹ als Ausdruck von Reformarchitektur die Rede sein, da das Motiv – der Bezug auf die Heimat, die Tradition und die nationalen Eigenarten – im Vordergrund der architektonischen und in einem größeren Zusammenhang der gesellschaftlichen Reform stand, die für die ganzheitliche Sichtweise des auf Modernisierung eingestellten Heimatschutzes prägend war.[22] Denn die Diskussion um den Stil beabsichtigte um 1900 nicht nur die immanente Klärung der Frage nach dem passenden, ›richtigen‹ Stil, sondern verhandelte mit dieser Frage auch den Aspekt der gesamtgesellschaftlichen Reform.

### 8.1.1 Ästhetische Grundzüge des Heimatstils und heimatschützerische Legitimationsmuster der Gesellschaftsreform

Der Heimatstil wurde im Umfeld der Heimatschutzbewegung als ein Mittel der Erziehung des Volkes präsentiert. Dabei ging es um die Vermittlung bestimmter, hauptsächlich mit Patriotismus verknüpfter Werte durch den Stil. In diesem Rahmen erhielten die ästhetischen Grundzüge

18 Gubler 1975, S. 24.
19 Crettaz-Stürzel 2005a, S. 34.
20 Ebd., S. 35.
21 Kurz 2008, S. 103.
22 Békési 2009, S. 111; Knaut 1993, S. 284.

des Heimatstils ihre gesellschaftserzieherische Relevanz. Die stilistischen Überlegungen betrafen die Architektur des Gebäudes ebenso wie die städtebauliche Komponente oder die Gestaltung von Innenräumen und von Möbeln. In Bezug auf die Bauaufgaben standen Wohnhausbauten und öffentliche Gebäude wie Schulhäuser oder Verwaltungsgebäude im Zentrum, aber auch Geschäftshäuser, wie in Zürich das Warenhaus St.- Annahof (erbaut 1911, Architekten Gebrüder Pfister) oder das Vereinshaus Kaufleuten des Konsumvereins (in einer ersten Etappe erbaut von 1909–1915, Architekten Bischoff & Weideli[23]), wurden im Heimatstil realisiert.[24]

Einige Markierungen mögen die charakteristischen Ausgestaltungen des Heimatstils in Zürich verdeutlichen. Als Schablone hierfür eignet sich das 1909 von Stadtbaumeister Friedrich Wilhelm Fissler in Zürich-Wollishofen errichtete Waisenhaus »Auf Butzen« (Abb. 11, S. 316).[25] Der Heimatstil zeichnet sich hier in seiner romantisierenden Form, die besonders die frühe Phase dieses Stils prägte,[26] durch eine gefühlsbetonte Bauanordnung aus. Sie folgt dem Prinzip der Schlichtheit und der asymmetrischen Anordnung im Gegensatz zur akademisch-geometrischen Gliederung. Im Heimatstil kristallisierte sich dieser Aspekt in der Priorisierung des Grundrisses gegenüber der Fassade im architektonischen Entwurf. Gebäude im Heimatstil weisen häufig rustizierte Sockel, schwere, variantenreiche Dachlandschaften und Erker auf, oft auch Türmchen und Giebel. Diese Bauelemente sollten einerseits Verbundenheit mit der Natur – der ›Erde‹, der ›Heimat‹ – und andererseits Schutz und Geborgenheit vermitteln.[27] Hinzu kommt auch hier die weiter oben beschriebene Tendenz zum Gesamtkunstwerk, die sich daran zeigt, dass Skulpturen, Friese, Gesimse, häufig auch Fassadenbilder, integrale Bestandteile des Entwurfs sind, aber nicht baukünstlerischer ›Schmuck‹.[28] Sie manifestiert

23 Die zweite Bauetappe war zwischen 1927 und 1929. Die Architekten dieser Etappe waren Leuenberger & Flückiger. Rebsamen, Bauer, Capol et al. 2001, S. 192.

24 Ebd., S. 73.

25 Ebd., S. 251.

26 Nach dem ersten Weltkrieg setzten sich zunehmend strengere neuklassizistische Stilformen durch.

27 Zur Bedeutung des Daches schreibt Baer: »Man lebt in der Schweiz in einem rauen Klima mit ziemlichen Gegensätzen in der Sommer- und Wintertemperatur, mit reichlichen Niederschlägen und vielen unfreundlichen, windreichen Tagen. Daraus ergibt sich mit zwingender Notwendigkeit das Haus mit beherrschendem Dach, das in tausenderlei Gestaltungsmöglichkeiten in heissen Tagen schattige Kühle, im Winter wohnliche Wärme, immer aber traute wohlige Behaglichkeit verspricht.« Baer 1911, S. 58. Vgl. auch Baer 1908.

28 Vgl. hierzu, allerdings mit einem Fokus auf die Zeit nach dem Ersten Weltkrieg: Capol 2000.

Abbildung 11: *Repräsentativer Heimatstil:
Wuchtige Bauformen des Waisenhauses »Auf Butzen«*

sich darüber hinaus darin, dass der Gestaltung der Außenanlage große Bedeutung beigemessen wird, wie dies auch in der oben beschriebenen Siedlung Riedtli der Fall war.[29] Dabei bildet solides Handwerk verbunden mit der Wahl natürlicher bzw. naturbelassener Baumaterialien aus der Umgebung (zum Beispiel Holz oder raue Steinarten) die bauliche Grundlage. Darin spiegelt sich die Kritik an der maschinellen Fabrikation von Bauelementen und der Camouflage-Ästhetik wider. Zu dieser Kritik gehörte auch die Forderung nach der Bewahrung des Ortsbildes, die sich nicht nur denkmalpflegerisch, sondern beispielsweise auch in der Bekämpfung von Reklametafeln im öffentlichen Raum ausdrückte, die als amerikanischer Import diffamiert wurden.[30]

Die Kritik am architektonischen Ornament nahm hierbei eine zentrale Rolle ein. Es galt in seiner ästhetischen, nichtfunktionalen Applikation an der Fassadenfläche, wie gesehen, als ›falsch‹. Diese Interpretation kam auch deshalb zustande, weil die Verfechter des Ornaments genau darin den Ausdruck von Reife und Zivilisation sahen.[31] »Doch wie uns«, schreibt Paul Mebes, »eine schlicht gekleidete Frau ohne jeden Schmuck, allein durch die edle Gestalt und die Anmut der Haltung schön erscheint, so wird uns auch ein Bauwerk ohne Ornament vollauf ästhetisch genügen, wenn die Hauptbedingungen, nämlich Grundriß, Aufbau

29 Wohlleben 1994, S. 97.
30 Vgl. z.B. Lang 1906.
31 Vgl. Müller 1977.

und Durchführung glücklich gelöst sind.«³² Dem maschinell fabrizierten Ornament stellte sich in der reformerischen Heimatstil-Architektur wiederum das ›echte‹, handwerklich und original hergestellte Ornament als Teil des Gesamtkunstwerkes entgegen.
Der Bezug auf die Natur bildete einen zentralen Faktor in der Ausgestaltung des Heimatstils. In einem Artikel für die Zeitschrift *Moderne Bauformen* stellte der Publizist Casimir Hermann Baer dem internationalen Publikum die Charakteristika der neueren Architektur in der Schweiz mit den Stichworten »schlichte Behäbigkeit, wohlhabende Breite im Aeussern, wohnlich warme, ruhig und beschaulich ausgestattete Stuben und Zimmer im Innern«³³ vor. Diese Charakteristika leitete er aus den naturgegebenen Bedingungen der alpinen Landschaft und den klimatischen Gegebenheiten ab. Der Jugendstil, der sich zwar auch auf die Natur bezog, habe diesen für die architektonischen Formen maßgeblichen Bezug vernachlässigt, weshalb die »Heimatkunst« auch ihn zu überwinden hatte.³⁴ Albert Baur nannte entsprechend sechs ästhetische Prinzipien dieses ›echten‹ Reformstils, die er mit mehreren Beispielen gelungener und nicht gelungener Wohnräume illustrierte: den Stil aus dem Inneren des kulturellen und natürlichen Kontextes zu schöpfen; Schönheit im Sinne der am Maßstab des Menschen ausgerichteten praktischen Lösungen zu suchen, die keinen Zierrat zulässt; die Formen nach den in den jeweiligen Materialien innewohnenden Möglichkeiten zu formen; eine an den Größenordnungen des Menschen ausgerichtete Proportionalität zu wählen; Farben als Mittel der stimmungsvollen Raumgestaltung einzusetzen, wobei auch hier die Angemessenheit mit den Materialien zu suchen sei, die etwa eine farbige Beizung von Hölzern verbiete; und schließlich das Prinzip, dekorative Elemente ausschließlich zur Unterstützung von Raumwirkungen einzusetzen und sie nicht als bestimmendes Element des Stils zu verwenden.³⁵ Was das Äußere der Heimatstil-Gebäude anbelangt, ergab sich daraus eine malerische Architektur, die bewusst asymmetrisch angelegt war.³⁶

Nicht zufällig standen, wie erwähnt, öffentliche Gebäude mit sozialen Funktionen im Fokus einer am Heimatstil orientierten Architektur, dabei insbesondere der Schulhausbau: »Schulhäuser, zufolge ihrer Eigenart und Zweckbestimmung, ferner Bestandteil des Gemeindebewusstseins, sind an und für sich öffentliche Gebäude und haben als solche nach ihrer Form und Anlage, nach ihrer ganzen Aussenerscheinung ein Ausdruck des Volkscharakters, ein integrierender Teil des gesamten

---

32 Mebes (Hg.) 1908, S. 11.
33 Baer 1911, S. 58.
34 Anheisser 1906/07, S. 1.
35 Baur 1909b, S. 34.
36 Wohlleben 1994, S. 96f.

Stadt- und Dorfbildes, ein bodenständiges Stück Heimat zu sein.«[37] In der architektonischen Kommunikation des Heimatstils, besonders via das Schulgebäude, spielte die sittliche und moralische Erziehung der Person und des sozialen Gefühls eine wichtige Rolle; das Schulhaus eröffnete dabei die Möglichkeit »einer Erziehung der Jugend zur Genussfähigkeit edler Kunst«,[38] deren »Bedeutung [...] mehr und mehr erkannt [werde]«[39] und die die ästhetischen Ansprüche der Heranwachsenden nachhaltig formen sollte. Der Kunsthistoriker Jules Coulin stellte daher in einem Artikel für die Vereinszeitschrift *Heimatschutz* in einer Ausgabe von 1915 fest: »Das Schulgebäude sei ein stiller Miterzieher«.[40] Diese Feststellung verwendete fast wortgleich bereits Paul Ganz in einem Vortrag unter dem Titel »Heimatschutz«, der in der *Schweizerischen Pädagogischen Zeitschrift* von 1911 erschienen ist. Dort schreibt er:

»[E]s [das heimatlich gestaltete Schulhaus, M.V.] macht ihm [dem Schüler, M.V.] den Schulbesuch vertraut und lieb, weil er nicht schon von weitem daran erinnert wird, dass der Herr Lehrer eine strengere Zucht führt als die Eltern daheim. Ein solches Schulhaus kann zum stillen Miterzieher der Jugend werden und den Schüler gleich von Anfang an für die heimatliche Eigenart gewinnen.«[41]

An dieser Charakterisierung der Wirksamkeit von Schulhausarchitektur zeigt sich, dass die Bauaufgabe ihrem pädagogischen Zweck entsprechend auf besonders moralisierte Weise gelöst wurde. Sie lässt zugleich das generelle Anliegen des Heimatstils erkennen, das keiner eindeutigen pädagogischen Denkrichtung entstammte, sondern auf der auch für den Heimatschutz einflussreichen Kunsterziehungsbewegung im Zuschnitt der Arts-and-Crafts-Bewegung basierte.[42] Wölfflin legte, wie schon erläutert, in seiner Abhandlung zur Architektur von 1886 eine phänomenologische Begrifflichkeit der Architektur vor, in der er die Bedeutung des körperlichen Erlebens des Betrachters für die Wirkung von Architektur, das heißt die Bildungspotentiale ihrer Ästhetik herausstrich. In der Heimatschutzbewegung wurde diese Wirklogik normativ gedeutet: »Glaubt man denn wirklich im Ernst,« fragte Paul Schultze-Naumburg in *Kulturarbeiten*, »dass auf eine Kinderseele die Gemütsstimmung der Umgebung nicht einwirkt?«[43] Der baulichen Gestaltung der Institution Schule müsse daher größte Bedeutung geschenkt werden: »Hellgetünchte Mauern,

37 Wernly 1907, S. 49.
38 Baer 1909b, S. 137.
39 Ebd.
40 Coulin zit. nach Crettaz-Stürzel 2005a, S. 373.
41 Ganz 1911, S. 27.
42 Casutt 1994, S. 49.
43 Schultze-Naumburg 1912, S. 126.

hellgraugestrichene, oder eichierte etc. Täfelungen, an den Wänden oben vielleicht ein schlecht schabloniertes Ornament, das ist der Generalcharakter unserer Schulzimmer, ein Anblick von jämmerlicher Nüchternheit, der sich nach und nach wie ein Schleier über die Phantasie des Kindes legt, bis dessen Inneres auch so leer und nüchtern geworden ist, wie seine Umgebung.«[44]

Die Behandlung der Architektur innerhalb eines psychologisch-physiologischen Wissensmusters und mit moralischem Impetus charakterisierte die reformästhetischen Neuerungen. Der Darmstädter Professor Ernst Vetterlein strich dies in seinem Beitrag »Unkonstruktive Kunstformen« heraus, der 1906 in der Zeitschrift *Moderne Bauformen* erschienen ist. Darin schreibt er: »Die Endfragen aller Aesthetik sind Fragen der Psychologie.«[45] Bei ihm bildete das Gefühl die Kategorie, mit der er den Wert von Architektur bestimmte, ohne jedoch den Begriff des Gefühls genau zu definieren.

»Ein Wohnhaus soll ›wohnlich‹ erscheinen, d.h. das Gefühl der Behaglichkeit und Zweckmässigkeit erwecken. Also Gefühle und nur Gefühle! Die Träger solcher Gefühlsäusserungen sind die Bauformen. Wir bilden Kontraste, die die Abstumpfung der Gefühle im Beschauer verhindern und ihm die Lust am Beschauen erwecken oder erhalten sollen.«[46]

Das »Gefühl« bildete den Bezugspunkt des ästhetischen Ideals, der sich kaum definieren ließ, aber für die Argumentation eingesetzt wurde.

»Eine Konstruktion erscheint nur dann an ihrem Platze schön, wenn sie sicher, solid und *selbstverständlich* erscheint.«[47]

Nur ein Künstler könne somit, wie Vetterlein ausführte, die wissensbasierten technischen Grundlagen der Konstruktion eines Bauwerks mit Ästhetik und Schönheit füllen. Vorbilder sah er im antiken Tempelbau und in der gotischen Kathedrale.[48]

Die psychologische Wirkung von architektonischen Formen im Sinne einer moralischen Erziehung des Gefühls zielte auf Kategorien wie Nation, Patriotismus, Bescheidenheit, Heimatliebe und Privatheit ab. Der Stil schöpfte architektonischen Wert aus seinem Potential zu sozialem und kulturellem Mehrwert, indem er als Mittel der Kommunikation gesetzt wurde. Damit sollte – wie es populäre Schlagwörter ausdrückten, die sich auch in Paul Ganz' Vortrag finden[49] – dem ›verdorbenen Geschmack‹ einer ›gleichmachenden‹, ›schematischen‹, ›materialistischen‹,

---

44 Conradin zit. nach Casutt 1994, S. 48f.
45 Vetterlein 1906, S. 54.
46 Ebd.
47 Ebd., Hervorhebung im Original.
48 Ebd., S. 53f.
49 Vgl. Ganz 1911.

dem ›Fortschritt‹ verpflichteten Generation von Anhängern der ›neuen Zeit‹ eine Haltung entgegengesetzt werden, die auf Kunst und Handwerk, individuelle Produktion, Bodenständigkeit und ›schweizerische‹ Tugenden setzte. So führte Paul Ganz aus, dass es darum ginge, »dem Vaterlande seine natürliche Schönheit und die geschichtlich gewordene Eigenart möglichst zu bewahren«,[50] was sich in einer Idealisierung von Denkmälern wie »Schlösser, Burgen, Ruinen, Kirchen und Klöster«[51] und dem »Dorfplatz mit seiner Linde und dem grossen Brunnen«[52] niederschlug.

Diese Beurteilungen des Heimatstils durch Paul Ganz und Ernst Vetterlein verdeutlichen die Legitimationsmuster, die in der Vermittlung der Bedeutung dieses Stils gegenüber der Öffentlichkeit angewandt wurden. Der Stil sollte nach Maßgabe der örtlichen Besonderheiten zur Entfaltung gebracht werden. Auf einer prinzipiellen Ebene gab es Vorgaben für das architektonische Entwerfen, was aber die konkrete Umsetzung betraf, wurde die Gestaltung des einzigartigen und sich in die Umgebung ›harmonisch‹ einfügenden Gebäudes gefordert. Akademische Formvorgaben wurden abgelehnt. Wesentlicher als die stilistische Entfaltung waren Bauweise und Baumaterialien.[53]

Die stilistische Reform der Jahrhundertwende im Zeichen der national gefärbten Romantik versuchte, die definierten Ideale in der Architektur und darüber hinaus in der Anordnung des Stadtraums und in der Landschaftsarchitektur zu manifestieren. Im Heimatstil wurde eine Modernisierung angestrebt, indem die national bzw. heimatlich definierten Kategorien in einen neuen, progressiven Zusammenhang mit einer sozial fokussierten, aktiven Politik gebracht wurden. In diesem Sinn wurde Architektur und Stadtplanung auf eine Weise politisiert, ohne dass die den Heimatstil prägende konservative Haltung mit einer reaktionären politischen Haltung übereinstimmen musste.[54] Besonders die Synthese von Heimatstil und Städtebau bahnte, wie an der Siedlung Riedtli gesehen, einen Weg zur Sozialreform.

Die Zweckmäßigkeit bildete neben der Einfachheit das zentrale »Leitmotiv«[55] der Ästhetik des Heimatstils, die sich über die Funktionalität hinausgehend auch, wie Sigrid Hofer darstellt, »auf ideelle Werte«[56] bezog. Sie wurde über das prioritäre Strukturprinzip des Grundrisses hergestellt. Die Legitimation dieser Prinzipien erfolgte mit Blick auf die

50 Ebd., S. 22.
51 Ebd., S. 25.
52 Ebd., S. 26.
53 Hofer 2005, S. 33.
54 Vgl. hierzu auch Békési 2009.
55 Hofer 2005, S. 38.
56 Ebd.

emotionale Wirkung der Architektur. Ähnlich wie im Städtebau wurde auch in der Architektur ein künstlerischer Zugang gefordert, der die gefühlsmäßige Wirkung garantieren sollte.[57] Deutlich wurde dies in der Positionierung der Schweizerischen Landesausstellung in Bern 1914, wo der Heimatstil im »Dörfli« des Berner Architekten und BSA-Mitglieds Karl Indermühle ein Forum erhielt. Landesausstellungen waren (und sind) Leistungsschauen und Plattformen der Inszenierung, organisiert von lokalen Komitees.[58] Sie boten die Möglichkeit zur Präsentation von exemplarischen Vorzeigeexponaten aus den Bereichen Industrie, Wirtschaft, Kunstgewerbe usw. Dieser Anspruch galt auch für die (architektonische) Anlage der Ausstellungsfläche und der einzelnen Pavillons. Das »Dörfli« sollte somit ein Muster für die zukunftsweisende, moderne Baukunst repräsentieren. Für die Landesausstellung von 1914 war dabei die Spannung zwischen Traditions- und Zukunftsbezug nicht zuletzt im »Dörfli« prägend.

Die Tragfähigkeit des Heimatstils machte Jakob Bührer, der die Landesausstellung in der Zeitschrift *Das Werk* kommentierte, am Kriterium der Ensemblegestaltung fest. Das »Dörfli« könne seine Wirkung entfalten, wenn die Gebäude auf den Plätzen einheitlich und im selben Stil erbaut würden, wobei Bührer die Vorzüge am Beispiel des Eingangsplatzes zur Ausstellung folgendermaßen beschrieb: »Prunklos, einfach, aber voll Kraft und Klarheit erhebt sich hinter einer ruhigen, feingegliederten und durchgestalteten Umzäunung ein halbrunder Säuleneingang, der mit fröhlicher Selbstverständlichkeit den Strom der Ausstellungsbesucher in Gruppen abteilt und auf die Schalter zuführt. Von hier führt über einen weiten Vorplatz eine breite Granittreppe auf eine stille weite Gartenanlage, die links und rechts eine Flucht von vornehmen Ausstellungsbauten flankiert. Reich, herrlich ist dieser Platz. Und doch nicht prunkhaft, nicht protzig, nicht üppig. Darin liegt sein Geheimnis. Und das Geheimnis findet seine Lösung in den feinen Verhältnissen der Teile der Bauten unter sich und der Bauten zum Platz. [...]«[59]

### 8.1.2 Heimatschutzbewegungen und Heimatstil unter besonderer Berücksichtigung der Situation in Zürich

Das Aufkommen eines architektonischen Stils hängt von Ermöglichungsbedingungen ab, die von Akteuren und Institutionen gleichermaßen wie von Haltungen und Überzeugungen gebildet werden. Ein Stil ist das Ergebnis zirkulärer Bewegungen zwischen gerichteter Wahrnehmung,

57 Vgl. Sitte 2001.
58 Vgl. Kreis 2010.
59 Bührer 1914, S. 4 [von Heft 9].

Ausbildung von Intentionen und handelndem Herstellen. Er lässt sich retrospektiv nicht auf bestimmte ästhetische und ideelle Elemente reduzieren. Bedeutsam sind ebenso die kreativen Milieus, in denen stilistische Prinzipien entwickelt werden, sowie die institutionellen Rahmenbedingungen, die die Verwirklichung des Stils ermöglichen. Die Entwicklung und Durchsetzung einer bestimmten Option stilistischer Gestaltung hängt somit auf vielschichtige Weise von sozialen, institutionellen und kulturellen Faktoren ab.

Im Hinblick auf die ideologischen Grundlagen spielten für das Aufkommen des Heimatstils die Heimatschutzbewegungen eine Schlüsselrolle. Sie waren international verankert: In Frankreich wurde 1901 die Société pour la protection des paysages gegründet, 1904 folgten in Deutschland die Gründung des Bundes Deutscher Heimatschutz und in England, Wales und Nordirland die Gründung des National Trust for Places of Historic Interest or Natural Beauty.[60] Ein Schweizer Verband wurde zuerst 1905 unter der Bezeichnung Schweizerische Vereinigung für Heimatschutz (SVH) in einer konstituierenden Sitzung in Bern geschaffen. Die Gründung der Zürcher Sektion des Heimatschutzverbands folgte im selben Jahr. Die Durchsetzung des Heimatstils war in diesem ideologischen Milieu im Wesentlichen den Vorstößen einer jungen Generation von Architekten abseits des Umfelds der Semper-Schule zu verdanken, sowie darüber hinaus kunstgewerblichen Gestaltern und Publizisten, die sich in der Deutschschweiz neben dem SVH hauptsächlich in den (Dach-) Verbänden Bund Schweizer Architekten (BSA, 1908 gegründet) und Schweizerischer Werkbund (SWB, 1913 gegründet) institutionalisierten, die ihrerseits zum Teil zahlreiche regionale Unterorganisationen hatten.[61] Für die Reformarchitektur waren der BSA sowie die SVH die prägendsten Vereinigungen, während im Umfeld des SWB raumkünstlerische und kunstgewerbliche Fragen eine größere Bedeutung hatten.[62] Die ästhetischen Grundzüge des Heimatstils wurden in den publizistischen Kanälen offensiv kommuniziert. Dazu zählten vor allem das Publikationsorgan der SVH mit dem Titel *Heimatschutz*, ferner die Zeitschriften *Die Schweizerische Baukunst*, die zwischen 1909 und 1914 das Publikationsorgan des BSA war, und die Zeitschrift *Das Werk*, die ab 1914 vom SWB und BSA herausgegeben wurde.

Die so organisierten Gruppen charakterisierten sich durch ein starkes Reformstreben, dessen Leitmotiv insbesondere in Bezug auf die

---

60 Walter 1996, S. 83ff. Der National Trust wurde bereits 1895 als gemeinnützige Organisation gegründet und mit dem National Trust Act von 1907 mit Verordnungsmacht ausgestattet. Der National Trust setzt sich bis heute für Denkmal- und Landschaftsschutz ein.
61 Hierzu und im Folgenden Kurz 2008, S. 108ff.
62 Nicolai 2013, S. 56f.

Reformarchitektur die Suche von Gestaltungsgrundsätzen unter dem Zeichen des Heimatschutzgedankens war. Das meinte nicht nur Schutz und Erhaltung, sondern ebenso die Weiterentwicklung »heimischer« Bauformen. Dieser Grundgedanke[63] gewann schnell in der gesamten Schweiz an Einfluss.[64] »Dies mächtige Schaffen«, heißt es im Editorial der ersten Ausgabe der Zeitschrift *Die Schweizerische Baukunst* des BSA über die neuen, künstlerischen Tendenzen in der Architektur, »verdrängt die Herrschaft schulmässiger Stilarchitektur, um einer Baukunst Platz zu machen, die auf Tradition, d.h. auf der Weitergabe bestehender Kunstweisen aufgebaut aus unserer Zeit heraus geborene Werke entstehen lässt und trotz der Herrschaft einzelner Individualitäten doch energisch zu einer neuen Tradition, zu einer harmonischen nationalen Kunst hinführt.«[65]

Für die Durchsetzung des Heimatstils im Zürcher Kontext war die nationale sowie internationale Einbettung der lokalen Erfahrungen bedeutsam. Das Vorbild der Arts-and-Crafts-Bewegung spielte dabei in einem größeren ideengeschichtlichen Zusammenhang eine wichtige Rolle.[66] In einem engeren Sinn waren Entwicklungen in Süddeutschland ausschlaggebend, die sich in erster Linie mit dem Wirken des Architekten und Städtebauers Theodor Fischer verbanden.[67] Fischer, der von 1901 bis 1908 an der Technischen Universität Stuttgart, später an der Technischen Universität München lehrte, war 1907 Mitbegründer des Deutschen Werkbunds und in diesem Zusammenhang ein einflussreicher Akteur in der Debatte. Die stilistischen Innovationen in Süddeutschland, die hauptsächlich von Fischers Schule ausgingen, strahlten dabei auch auf die Deutschschweiz aus.

Zu den politischen Verantwortungsträgern in Zürich, die den Durchbruch des Heimatstils beförderten, zählten allen voran der langjährige Kantonsbaumeister Hermann Fietz, der Städtebaumeister und Architekt Friedrich Wilhelm Fissler und sein Assistent Friedrich Hirsbrunner, der im Hintergrund zahlreiche Projekte Fisslers ausführte. Bedeutende Architekten bzw. Architekturbüros des Zürcher Heimatstils waren im BSA organisiert. Zu ihnen zählten die Büros Bischoff & Weideli,[68] der

63 Vgl. für Deutschland auch Hofer 2005; für Österreich Békési 2009.
64 Crettaz-Stürzel 2005a, S. 98ff.
65 Baer 1909a, S. 1.
66 Bloesch nimmt darauf in seinem Editorial für die erste Ausgabe der SWB- und BSA-Zeitschrift *Das Werk* Bezug. Bloesch 1914.
67 Kurz 2008, S. 103. Neben Fischer ist Richard Riemerschmid zu nennen.
68 Robert Bischoff (1876–1920) und Hermann Weideli (1877–1964) gründeten 1905 ein gemeinsames Büro, das bis zu Bischoffs Tod im Jahr 1920 existierte. Sie realisierten zahlreiche Bauwerke in Zürich. Das erste, das ihnen größere Anerkennung verschaffte, war das Schulhaus Riedtli (erbaut 1906–1908). Bischoff und Weideli

Gebrüder Otto und Werner Pfister,[69] Pfleghard & Haefeli[70] sowie der Architekt Karl Moser,[71] neben anderen.[72]

Fietz war Zürcher Kantonsbaumeister von 1896 bis 1931.[73] Besonders was staatliche Bauaufgaben anbelangte, übte Fietz durch seine dominante politische Stellung großen Einfluss auf die bauliche Entwicklung im Sinne des Heimatschutzes aus.[74] Die Projekte, die über seinen Schreibtisch gingen, unterzog er jeweils einer sorgfältigen Prüfung und veranlasste gegebenenfalls Überarbeitungen, die sich nach seinen gestalterischen Vorstellungen zu orientieren hatten.[75] Daneben gestaltete er zahlreiche Projekte selbst. Der Heimatschutzgedanke stand dabei im Zentrum seiner architektonischen Prioritäten. Er war Mitglied der SVH (von 1909 bis zu seinem Tod 1931 auch im Vorstand der kantonalzürcherischen Sektion) und in der Heimatschutzkommission, die 1912 vom Zürcher Regierungsrat eingesetzt wurde.

Fissler arbeitete zunächst in Baden-Württemberg, wo er ab 1900 direkt mit der Schule Fischers in Kontakt kam.[76] Nach seiner Rückkehr nach Zürich übernahm er, wie erwähnt, 1907 das Amt des Stadtbaumeisters, wo er de facto einem Architekturbüro vorstand, das die

arbeiteten vor der Gründung ihres Büros bei Robert Curjel und Karl Moser in Karlsruhe. Vgl. Schrödter 1998.

69 Die Gebrüder Otto und Werner Pfister, Gründungsmitglieder des BSA, gründeten 1907 eine Bürogemeinschaft. Zu den ersten größeren Erfolgen zählten die Siedlungen Bergheim und Im Kapf. Auch Otto und Werner Pfister arbeiteten bei Curjel und Moser bevor sie sich selbständig machten. Vgl. Burg 1998.

70 Otto Pfleghard (1869–1958) und Max Haefeli (1869–1941) gründeten 1898 eine Bürogemeinschaft, die bis 1925 bestand. Beide studierten am Eidgenössischen Polytechnikum bei Friedrich Bluntschli. Von den zahlreich entstandenen privaten wie auch öffentlichen Gebäuden waren im Hinblick auf die Architektur nach Heimatschutzidealen insbesondere Wohnhausbauten in und um Zürich bedeutsam. Vgl. Miller 1998.

71 Karl Moser (1860–1936), einer der bedeutendsten Schweizer Architekten um und nach 1900, studierte am Eidgenössischen Polytechnikum bei Friedrich Bluntschli. Zwischen 1888 und 1915 führte er gemeinsam mit Robert Curjel (1859–1925) ein Büro in Karlsruhe. 1915 wechselte er an die ETH Zürich, wo er die Professur für Baukunst übernahm. In Zürich stammten die Gebäude der Universität Zürich (erbaut 1908–1914) und des Kunsthauses (erbaut 1904–1910) aus der Zeit seiner Bürogemeinschaft mit Curjel. Vgl. Strebel 1998.

72 Gürtler Berger zit. nach Crettaz-Stürzel 2005b, S. 399ff.

73 Vgl. hierzu Müller 2001.

74 Ebd., S. 54.

75 Vgl. den Beitrag »Zürcher Landschulhäuser im Zeichen des Heimatstils« von Thomas Müller in Crettaz-Stürzel 2005b, S. 375.

76 Hirsbrunner, Fisslers Assistent, studierte unter anderem an der Technischen Hochschule in München. Kurz 2000a, S. 27.

Projektentwicklung, Entwurf und Bauleitung von öffentlichen Bauten betreute.[77] Fisslers Bedeutung für die Verankerung des Heimatstils in der Stadt Zürich hing auch mit der Konjunktur zusammen, die die zuvor aufgeschobenen Bauvorhaben im Bereich des Schulhausbaus und der allgemeinen Infrastruktur des öffentlichen Raums, meist unter dem Zeichen von Verkehr und Hygiene (Bäder, Tramwartehäuser, Bedürfnisanstalten usw.), unumgänglich machte; hinzu kam das kommunale Wohnbauprogramm, das sich unter anderem in der Siedlung Riedtli materialisierte.[78]

Auf die Schweiz bezogen, verliefen die Entwicklungen in einzelnen Landesteilen, die französischsprachige Schweiz eingeschlossen, mit den Zürcher Entwicklungen parallel, wobei insbesondere die von Beginn an zweisprachig publizierende Vereinszeitschrift der SVH mit dem Titel *Der Heimatschutz*, aber auch die Zeitschriften *Die Schweizerische Baukunst* und *Das Werk*, wichtige Plattformen in der nationalen Vermittlung des Heimatschutzgedankens waren. Nach fünf Jahren ihres Bestehens hatte die SVH über 7.000 Mitglieder und der Begriff ›Heimatschutz‹ entwickelte sich zu einer »umfassenden Kategorie, die weit über den Schutz hist. Bauwerke hinausgeht und nahezu alle Äusserungen der Volkskultur umfasst«.[79] In der Vermittlung zwischen Heimatschutzgedanken und Architektur war dabei der erwähnte Publizist Casimir Hermann Baer, Redakteur der Zeitschriften *Schweizerische Bauzeitung* (von 1902 bis 1908), *Heimatschutz* (von 1905 bis 1910), *Die Schweizerische Baukunst* (von 1908 bis 1910) und der Stuttgarter Architekturzeitschrift *Moderne Bauformen* (ab 1911),[80] eine der zentralen Figuren.

Um 1910 etablierte sich der neue Stil zunehmend.[81] Seinen Durchbruch verdankte er den heimatschützerischen Debatten im Zeichen der Kulturreform, die einen ausgeprägten Hang zur Vermittlung ästhetischer Normen in der Baukunst aufwiesen. Die wesentlichsten Faktoren waren eine Mischung aus ideellen, institutionellen und personellen Voraussetzungen, insbesondere in Bezug auf die gesamtgesellschaftliche Bedeutung von sozialreformerischen und hygienischen Anliegen, die sich auch in der Baugesetzgebung niederschlagen, die Expansion und Kompetenzausweitung der Verwaltungseinheit des Hochbauamtes, das die Projektentwicklung wie auch Durchführung organisierte, und die personellen Verflechtungen, die etwa in den Jurys von Wettbewerben im öffentlichen

77 Ebd., S. 17f.
78 Ebd., S. 18.
79 Bachmann 2012, o.S.
80 Angaben nach Kurz 2008, S. 109.
81 Vgl. hierzu und im Folgenden das Kapitel »Vom Rand zur Mitte: Heimatstil in Zürich« von Theresia Gürtler Berger in Crettaz-Stürzel 2005b, S. 393–407.

Bauwesen gegeben waren.[82] Ein Ankerpunkt dieser zuletzt genannten personellen Verflechtungen war die erwähnte Heimatschutzkommission, in der Fietz eine führende Rolle spielte.[83] Daneben bildeten die Verbände BSA, SVH und SWB Umfelder, die ähnliche Interessen und ideologische Ansichten teilten. Dementsprechend kam es auch in diesen Milieus zu Überschneidungen in der personellen Zusammensetzung.[84]

## 8.2 Ideologische Grundzüge der Heimatschutzbewegung

Das ideologische Fundament des Heimatschutzgedankens bildete in der Schweiz die Kritik an einer Palette von modernen Siedlungsentwicklungen, die hauptsächlich den Tourismus und die Hotelbauten in den Bergen, die Bergbahnen, das Reklamewesen, den Abbruch historischer Bauwerke oder die Stadtsanierungen betrafen.[85] In der zeitgenössischen Darstellung von Ernst Zahn, der die Rede auf der Generalversammlung der SVH im Jahr 1907 hielt, wurde der Heimatschutz als eine kämpferische Bewegung dargestellt, die sich aus einer Reihe solcher konkreter Anlässe formierte.[86] Gemäß Elisabeth Crettaz-Stürzel bildete die Heimatschutzideologie im Zuge dieser Kritik drei Stützen heraus: »die Moral, die Bürgerpflicht und das Gefühl«.[87] Die Moral bedeutete einen Einsatz darum, die Ästhetik auf ideelle, nicht auf ökonomische Kriterien zu verpflichten. Die Bürgerpflicht stand unter dem Zeichen der ästhetischen Erziehung als Erziehung zum Patriotismus und zur Heimatliebe des »Schweizervolkes«. Das Gefühl wiederum betonte Crettaz-Stürzel zufolge die ästhetische Erziehung im Sinne der »Sensibilität für Schönheit in jedem Menschen«.[88] Der Heimatschutz habe daher nicht nur in der Architektur oder der städtebaulichen Gestaltung Anwendung zu finden, sondern in sämtlichen Bereichen, in denen sich »Patriotismus, Freude an der Heimat und Stolz auf ihre Schönheit«[89] zeigten. Dies betraf

---

82 Vgl. Kurz 2000a.
83 Zu Bedeutung und Rolle der Heimatschutzkommission vgl. Müller 2001, S. 55ff.
84 Kurz 2000b, S. 13.
85 Bachmann 2012. Zur Rolle der Großstadtkritik im Heimatschutzgedanken vgl. Bergmann 1970, insbesondere S. 85ff. Zu ideologischen Grundlagen vgl. auch Knaut 1992; Wohlleben 1994.
86 Zahn 1907, S. 89.
87 Crettaz-Stürzel 2005a, S. 101.
88 Ebd., S. 104.
89 Zahn 1907, S. 89.

den Tierschutz genauso wie das immaterielle Brauchtum[90] und den Einsatz für ›schweizerische‹ Verhaltensweisen, die »Würde und Haltung zu Ehren der Heimat«[91] zum Ausdruck brächten – dazu seien vor allem Besonnenheit und Bescheidenheit zu zählen.

Die reformerische Erneuerungstendenz baute im Kontext der Heimatschutzbewegung auf mehreren Aspekten auf, von denen folgende hervortraten: das soziale Distinktionsbedürfnis in Form der neuen stilistischen Vorliebe für Schlichtheit, der Einfluss von Lebensphilosophie und Nietzscheanismus,[92] die sozialen Probleme der Industriegesellschaft, dichte Blockrandbebauung und »Mietskasernen« in den Städten, die kulturellen Diskurse um Dekadenz und Verlusterfahrungen der Moderne, die Wissenskulturen im Kontext der Hygiene- und Gesundheitsbewegung und die kritische Haltung gegenüber den Auswirkungen der liberalen Politik des 19. Jahrhunderts. Die Heimatschutzbewegung reagierte kritisch auf die Entwicklungen, die sich in den Großstädten kristallisierten, aber nicht unbedingt auf eine die Großstadt ablehnende Weise.[93] Das massive Wachstum der Städte ab der zweiten Hälfte des 19. Jahrhunderts war in allen Aspekten der Erneuerung als Moment vorhanden. Insofern war der Heimatschutzgedanke Ausdruck einer direkten Reaktion auf die Urbanisierungsprozesse der zweiten Hälfte des 19. Jahrhunderts, die sich in der Stadtentwicklung gegen eine vermeintlich global austauschbare, technische Moderne wandten, wie sie sich im Zürich unter dem Zeichen der »großen Bauperiode« niederschlug.

Die in den reformorientierten Architekturkreisen typische Kritik am Historismus war damit zugleich eine Kritik an den wirtschaftlichen Entwicklungen: Der Heimatschutz war eine bürgerliche Idee, dabei aber durchaus kapitalismuskritisch.[94] In Bezug auf die Architektur richtete sich diese Kritik vor allem auf die Spekulation im Bauwesen und die damit verknüpfte maschinelle Fertigungsweise, die in ökonomischer Hinsicht zunehmend effizient war, aber sowohl durch die im Arbeitsprozess entstandenen sozialen als auch durch die von Überbauungen und der Umweltverschmutzung bewirkten landschaftlichen Auswirkungen irritierte – daran setzte die genannte ideologische Verknüpfung von Moral und Ästhetik an. Die Architektur im Zeichen des Spekulationswe-

---

90 Dies zeigt sich beispielsweise in einer Konjunktur von Volksfesten, die um 1900 wieder auflebten. Neben Schützenfesten waren prominente lokale Beispiele hierfür das »Sechseläuten« in Zürich oder die »Vereinigungsfeier« in Basel, die die Vereinigung von Groß- und Kleinbasel im Jahr 1392 feiert. Zur Darstellung und Diskussion der Vereinigungsfeier des Jahres 1892 vgl. Sarasin 1990.
91 Zahn 1907, S. 89.
92 Crettaz-Stürzel 2005a, S. 90f.
93 Vgl. Békési 2009.
94 Wohlleben 1994, S. 88.

sens entspräche, so die zeitgenössische Kritik, einzig den ästhetischen Vorlieben der Auftraggeber unter der Maßgabe ökonomischer Überlegungen und sei somit Ausdruck des Individualismus. Das Ziel der Reformbewegung war vor diesem Hintergrund, so Sigrid Hofer, »die Unterordnung der persönlichen Vorlieben unter das Primat einer auf Einheitlichkeit basierenden Architektursprache.«[95]

Der Institutionalisierung der Heimatschutzbewegung im SVH ging eine Schweiz weit geführte Kontroverse um den Abriss der Solothurner Turnschanze voraus. Der behördlich angeordnete Abriss dieser Wehranlage wurde schließlich 1906 umgesetzt.[96] In den Statuten der SVH sollte sich der Kampf gegen diese Modernisierung in der Formulierung folgender Zielsetzung niederschlagen:

»Der Zweck der S.V.f.H. ist, die Schweiz in ihrer natürlichen und geschichtlich gewordenen Eigenart zu schützen. Die Vereinigung stellt sich namentlich folgende Aufgaben: a) Schutz der landschaftlichen Naturschönheiten vor jeder Art von Entstellung und gewinnsüchtiger Ausbeutung. b) Pflege der überlieferten ländlichen und bürgerlichen Bauweise; Schutz und Erhaltung charakteristischer Bauten. c) Förderung einer harmonischen Bauentwicklung. d) Erhaltung der heimischen Gebräuche und Trachten, Mundarten und Volkslieder. e) Belebung der einheimischen Kunstgewerbetätigkeit. f) Schutz der einheimischen Tier- und Pflanzenwelt vor Ausrottung. g) Schutz volkstümlicher Theaterbestrebungen unter dem Namen ›Schweizerisches Heimatschutztheater‹.«[97]

An den Statuten lässt sich ablesen, dass die Baukunst als zentrales Betätigungsfeld zur Umsetzung des Heimatschutzgedankens begriffen wurde. Der Schutz der Landschaft, die Betonung traditioneller Bauweisen, die Bewahrung des Dorf- oder Stadtbildes und die Anknüpfung an und Weiterentwicklung der vorindustriellen Architektur waren die entsprechenden Ankerpunkte. Im Beitrag »Was wir wollen« beschrieb der erste Präsident der SVH, der Basler Regierungsrat Albert Burckhardt-Finsler, das Ziel, Projekte zu unterstützen, »die der heimischen Bauweise entsprechen«.[98]

Auch in diesem Zusammenhang spielte die Beschwörung der Zeit um 1800 eine wichtige Rolle.[99] Paul Mebes sprach in seinem Werk *Um 1800* der Architektur des 19. Jahrhunderts ästhetische Neuerungen –

95 Hofer 2005, S. 16.
96 Vgl. Bundi 2004.
97 Zit. nach ebd., S. 19. Dieser Text stammt aus dem Jahr 1919, entspricht aber der Grundlage aus dem Jahr 1906, wo allerdings der Zusatz »g)« zum »Heimatschutztheater« fehlt.
98 Burckhardt-Finsler 1906, S. 1.
99 Wie Sigrid Hofer zeigt, ist ›um 1800‹ ein Schlagwort, das mehrere Architekturstile aus dem gesamten 18. Jahrhundert umfasste. Hofer 2005, S. 34f.

und damit ästhetischen Wert – ab, weshalb sie nicht die Grundlage einer neuen Architektur sein könnte: »[...] die Baukunst [ist] in ästhetischer Beziehung nur wenig berührt und beeinflußt worden.«[100] Ihre Charakteristika beruhten, so Mebes, in erster Linie auf Ingenieurskunst. Mebes spricht von »geheiligten traditionellen Bahnen unserer Väterkunst« des 18. Jahrhunderts, an die »nach dem langen, fruchtlosen Umherirren« wieder angeknüpft werden müsse: Dies wäre als der eigentliche »Fortschritt« zu verstehen.[101] Das Mittelalter wiederum wurde in der Heimatschutzideologie als Zeit stilisiert, die eine gefühlvolle Bebauung hervorgebracht habe. Die im 19. Jahrhundert dominante Einschätzung der mittelalterlichen Stadtstrukturen als chaotische Orte wandelte sich unter den neuen Vorzeichen in die Richtung, die die harmonischen Proportionen hervorhob.[102]

Kurze Zeit nach der Gründung der SVH fungierte ab 1906 die Zeitschrift *Heimatschutz* als die primäre publizistische Plattform für die Vermittlung der Ideale des Heimatschutzes. Darin wurden zu bestimmten Schwerpunktthemen Abhandlungen und dazu passende Abbildungen veröffentlicht. Das Heft 1 des ersten Jahrgangs vom Mai 1906 war beispielsweise den Seeufern gewidmet, Heft 7 des zweiten Jahrgangs vom Juli 1907 dem Schulhausgebäude. In zahlreichen Bildern wurden »ideale« Lösungen vermittelt. Als effektives Mittel erwies sich dabei, dass in der Zeitschrift nach Vorbild von Paul Schultze-Naumburgs *Kulturarbeiten* häufig Fotografien gelungener Beispiele gezeigt wurden, die mit Gegenbeispielen, schlechten Beispielen, kontrastiert wurden.[103] Die »Belehrung« konzentrierte sich aber nicht nur auf Zeitschriftenartikel und Vorträge, die häufig auch in Form von Lichtbildvorträgen gehalten wurden. Sie beruhte auch auf der Sensibilisierung der Lehrkräfte für die Vermittlung von Heimatwerten im Unterricht, vornehmlich im Geschichts-, Geographie-, Heimatkunde-, Naturkunde- und Zeichenunterricht.[104] Im weiter oben erwähnten Beitrag »Beauté et patrie« begründete Godet

---

100 Mebes (Hg.) 1908, S. 10.

101 Ebd., S. 17.

102 Im 19. Jahrhundert wurden mittelalterliche Ensembles mitunter großflächig abgerissen, wie im erwähnten Beispiel des Zürcher Kratzquartiers. Die Gründe waren, wie erwähnt, die Gesundheitsvorsorge, aber auch die Kontrolle revolutionärer Potentiale, die einen Hintergrund der haussmannschen Stadtsanierungen in Paris bildete. Zu diesem letzteren Aspekt vgl. Lampugnani 2013. Zur Dokumentation der baulichen Veränderungen im Kratzquartiert vgl. Rebsamen, Bauer, Capol et al. 2001, S. 171ff.

103 Auch die in Österreich ab 1904 von Johann August Lux herausgegebene Zeitschrift *Hohe Warte* bediente sich dieses Mittels in der Kommunikation ihrer ästhetischen Vorstellungen.

104 Ganz 1911, S. 29f.

die neue Ästhetik auf der Grundlage einer nationalen Moral und leitete davon den Auftrag der ästhetischen Erziehung des Volkes ab: »refaire l'éducation esthétique et morale de notre peuple et à lui persuader que le culte de l'idéale est à la fois plus noble et plus profitable que le culte du veau d'or.«[105] In dieser kämpferischen Grundstimmung der Kulturreform wurde die Ideologie mit dem Gedanken einer breit auf das Volk abzielenden Geschmackserziehung verknüpft.

## 8.3 Die moralerzieherische Stoßrichtung im Heimatstil

Im Rahmen der ideologischen Ausrichtung der Heimatschutzbewegung mit ihren geschmackserzieherischen Zielen war der Heimatstil als eine Stilart konzipiert, die im Hinblick auf die gesellschaftliche Moralisierung eine pädagogische Sprache vermittelte. Die Kommunikation über die nonverbale Kunst der Architektur setzt dabei eine sprachliche Dimension voraus,[106] bei der mit Blick auf den Heimatstil zwei Ebenen zutage treten. Auf einer analytischen Ebene ist damit die Semantik impliziert, mit der die reformorientierten ästhetischen Lösungen hergeleitet und legitimiert wurden. Hierbei bestimmte die Rhetorik des Schutzes der Heimat die moralische Semantik des Heimatstils und seine ästhetischen Lösungen, wie sie in den Deutungsmustern enthalten sind, die in den analysierten programmatischen Texten wirkmächtig wurden. Auf dieser Ebene lässt sich das »Motivgeflecht«, aus dem heraus sich der Heimatstil kristallisierte, als Absicht zu erzieherischer Kommunikation ›entziffern‹. Er bezog dabei seine Spannkraft aus dem mit der Tradition und dem Regionalen bzw. in der Architektur der städtebaulichen Umgebung argumentierenden Legitimationsmuster.

Andererseits verweist Sprache und Kommunikation auf eine inhaltliche Ebene und dabei auf die regionale Verankerung des Heimatstils, die in Abgrenzung zur universalistischen Sprache der historistischen internationalen Architektur eine Konzentration auf die lokalen Eigenheiten propagierte.[107] Auf dieser Ebene stehen Codes im Zentrum, die im Zuge der Umsetzung der Semantik in der Formensprache des Heimatstils zur Anwendung kamen. Die lokalen Eigenheiten manifestierten sich anhand heimischer Baumaterialien oder des Zitats ausgewählter traditioneller lokaler Bautraditionen, zum Beispiel der erwähnten Architektur

105 Godet 1906, S. 26.
106 Vgl. hierzu Achleitner 1999.
107 Vgl. Achleitner 1989.

›um 1800‹.[108] Der Heimatstil war somit zugleich lokal *und* national ausgerichtet. »Dieser Helvetismus«, schreibt Elisabeth Crettaz-Stürzel, »entsprach einer konfliktuellen Vielfalt, die den politischen Kompromiss und das Mittelmass zu Nationaltugenden gemacht hatte. Die Einheit in der Vielfalt wird gerne als Metapher für die Schweiz bemüht. Man könnte es treffender mit ›Vielfalt im Mittelmass‹ bezeichnen.«[109] Eine nonverbale Kunstform vermochte dabei im Kontext der mehrsprachigen Schweiz eine gemeinsame Position zu vermitteln, die von allen ›gelesen‹ werden konnte und eine gemeinsame Identifikation in der Heterogenität ermöglichte.[110]

Der zentrale Bezug auf die Tradition meinte um 1910, wie Albert Baur in einem Zeitungsartikel kommentierte, »die geschmackvollere und gesündere aus älterer Zeit.«[111] Die Kontrastierung der ›Schönheit‹ der älteren mit der ›Banalität‹ der neueren Zeit stellte, wie an unterschiedlichen Stellen gesehen, ein omnipräsentes Argumentationsmuster dar. »En parcourant notre pays en tous sens, dans le but d'étudier les produits de l'art national,« schreibt Guillaume Fatio in seinem Buch *Ouvrons les Yeux!*, das 1904 im Umfeld des westschweizerischen Heimatschutzes entstand, »deux faits nous ont plus particulièrement frappé: le premier, c'est le charme exquis, le goût savoureux et les trésors d'inventions originales et heureuses qui charactérisent les constructions anciennes, du simple *mazot*[112] jusqu'au vénérable château; le second fait, aussi frappant, mais moins réjouissant pour l'artiste, c'est la laideur et la banalité de toutes les bâtisses modernes, les quelques exceptions à ces deux vérités, malheureusement indiscutables, ne faisait que confirmer la règle.«[113]

Der Kontrast, den Fatio zwischen ›früher‹ und ›gegenwärtig‹ aufriss, war prägnant und in der Dämonisierung der Gegenwart effektvoll. Fatio bot in seinem Buch eine imaginäre Reise durch die Schweiz an, um das Wesen der charakteristischen traditionellen Bautypen zu vermitteln. Hier bildete die traditionelle, regional verankerte und damit ›echte‹ Architektur den Maßstab für die Ästhetik des Heimatstils. Angeknüpft wurde an die historische »Situation«[114] – und nicht unbedingt an den Stil – um 1800. Es ging um das »kulturhistorische Fundament«,[115] das gestärkt werden müsse. Der deutsche Architekt und Stadtplaner Fritz Schuma-

108 Im 1908 erschienenen Buch *Um 1800* zeigte Paul Mebes in zahlreichen Bildern die Architektur und das Handwerk dieser Zeit.
109 Crettaz-Stürzel 2005a, S. 58.
110 Vgl. Achleitner 1999.
111 Baur 1909a, S. 1.
112 *Mazot* bedeutet (Berg-)Hütte.
113 Fatio 1904, S. 5, Hervorhebung im Original.
114 Hofer 2005, S. 20.
115 Ebd., S. 28.

cher schrieb 1901 von den »organischen Entwicklungsgedanken, die uns die Geschichte des baulichen Werdens aufdeckt«.[116] Diese Entwicklung wurde unter dem Eindruck des Stilelektizismus des 19. Jahrhunderts als unterbrochen angesehen, weshalb die Notwendigkeit der historischen Anknüpfung an die lokale Tradition und ihre kreative Weiterentwicklung zentral schien.[117] Mit der Betonung der Tradition war um 1900 die Krisendiagnose verbunden, die insbesondere in der Erkenntnis bestand, dass, so Sigrid Hofer, dem »technischen Fortschritt« die »Entseelung der übrigen Welt« gegenüber stehe.[118] Unter der Wahrnehmung des entsprechenden propositionalen Wissens wurde der historistischen Architektur nicht die künstlerische Ausdrucksfähigkeit zuerkannt, die die »Seele« einer Epoche positiv darstellte und prägte. Sie sei ihrerseits Ausdruck des sozialen und sittlichen Zustands der Gesellschaft.[119] Das Wissen lenkte hingegen den Blick darauf, dass die Sittlichkeit durch den Reformstil erreicht werden könne. Die im Heimatschutz verwendete Krisenrhetorik zielte auf eine gesamtgesellschaftliche Situation, für deren Reformierung der architektonische Stil und die städtebauliche Gestaltung als Ansatzpunkt gefunden wurden.[120] Es ging um die Vision einer idealen zukünftigen Gemeinschaft. Sie war in diesem Sinne nicht nur modernisierungskritisch, auch wenn die Kommunikation der Ideale auf der Kritik des gegenwärtigen Zustands aufbaute. »Erst von dem Tage an,« schrieb Paul Mebes,

»wo die Architekten, vom ersten bis zum letzten, unterstützt von einem tüchtigen, selbständigen Handwerkerstand, eine einzige dem Volke leicht verständliche Kunstsprache wieder voll beherrschen, werden auch unsere Leistungen wie in den früheren Jahrhunderten des lebhaften Interesses aller Volksschichten gewiß sein. Erst, wenn wieder das ganze Volk durchdrungen sein wird von dem Verständnis und dem Gefühl für bescheidene, echt häusliche Kunst, dann wird auch wieder – ganz abgesehen von dem garnicht hoch genug einzuschätzenden Einfluß auf Sitte und Kultur – ein fruchtbarer Boden geschaffen sein, aus dem die höchsten und herrlichsten Meisterwerke ersprießen werden.«[121]

Die Suche nach einer verbindlichen »Kunstsprache« war bestimmend für die Reform, die geschichtliches Bewusstsein verknüpft mit pragmatischem Herangehen an die Bedürfnisse des modernen Alltags anstrebte. ›Echte‹ Kunst hatte darauf zu beruhen, sich auf die Überlieferung zu

116 Schumacher 1907, S. 40.
117 In Fatios Abriss der Entwicklung der schweizerischen Architektur spielte dieses Argument eine zentrale Rolle. Fatio 1904.
118 Hofer 2005, S. 20.
119 Fatio 1904, S. 150.
120 Hofer 2005, S. 16.
121 Mebes (Hg.) 1908, S. 17f.

besinnen, denn Kunst könne sich nicht »in einer rein persönlichen Originalitätskunst erschöpfen.«[122] Mit dem Buch *Um 1800* strebte Mebes nach einer pädagogischen Wirkung, die darauf gerichtet war, eine »heimatliche und einheitliche Kunst wieder erstehen«[123] zu lassen. Er setzte dabei auf die Darstellung zahlreicher Abbildungen unterschiedlicher Gebäudearten, Landschaftsbauten oder Inneneinrichtungen. Als Hoffnungsträger einer Zukunft, in der »endlich die kläglichen Pfuschereien einer gewissenlosen Massenfabrikation und eines ungebildeten Bauspekulantentums wieder für immer verschwinden«[124] sollten, wurde die junge, moralisch ›gesunde‹ Generation als Hoffnungsträgerin stilisiert. Sie sollte in Schulen und im Architekturstudium vermittelt bekommen, die schlichte Schönheit lokaler Eigenarten zu sehen und sich nicht von akademischen Stillehren überbilden lassen. Guillaume Fatios Buchtitel *Ouvrons les yeux!* verdeutlicht dieses pädagogische Streben, das Schultze-Naumburg folgendermaßen umriss: »[...] es würde grad genügen, die Kinder daran zu gewöhnen, einfach die Augen aufzumachen, anstatt sie einmal zu dem und zu dem und ein andermal wieder zu etwas anderem zu erziehen.«[125]

Das unter einer künstlichen Überbildung der akademischen Kunstvermittlung – des weiter oben herausgestellten ›Bücherwissens‹ – unsichtbar gewordene ›Echte‹ war, wie im vorhergehenden Kapitel gezeigt wurde, ein wiederkehrendes Thema der Reformarchitektur und so auch des Heimatstils. Die schlichte ›Echtheit‹ müsse wieder sichtbar gemacht werden, wozu der Weg nicht über die Verstandes-, sondern über die Gefühlserziehung zu laufen hatte. Das »Auge« als »Gefühlsvermittler« für das Unaussprechbare«, so Schultze-Naumburg, müsse geschult werden.[126] Entsprechend empfand er die historisierenden Gebäude als »Schwindelhäuser«. Diese stellte er der Bautätigkeit einer »feinen, echten und wahren bürgerlichen Kultur« aus früherer Zeit gegenüber.[127] Bei Schultze-Naumburg führte die Krisendiagnose in die Feststellung des Mangels an »Vaterländischem« in der zeitgenössischen Architektur – an diese Argumentationslinie sollte der Nationalsozialismus im Rahmen der Blut- und-Boden-Ideologie anknüpfen.[128] Die *Kulturarbeiten* trug Schultze-Naumburg zusammen, um die mentalen Grundlagen zu liefern, welche

122 Ebd., S. 19.
123 Ebd.
124 Ebd., S. 20.
125 Schultze-Naumburg 1912, S. 22.
126 Ebd., S. 23.
127 Ebd., S. 14.
128 Achleitner 1989, S. 166.

die Weiterentwicklung in Richtung einer nationalen Bautradition ermöglichten: Seine Aufmerksamkeit richtete sich auf »*das deutsche Haus*«.[129] Die intensive publizistische Tätigkeit zur Vermittlung des Heimatschutzgedankens war weniger auf ein Fach-, denn auf das Laienpublikum gerichtet. Das lässt sich an der Präferenz für das Format von Ausstellungen, etwa beim SWB, oder an der Gegenüberstellung von ›guten‹ und ›schlechten‹ Architekturbeispielen in Zeitschriften, Buchpublikationen und Vorträgen ablesen. Die Ideale ließen sich auf diese Weise effizient und auf einen Blick ersichtlich kommunizieren.[130] Insbesondere gegenüber Kindern und Jugendlichen sah die Publizistik die Pflicht, über die traditionellen landschaftlichen Formen und Architekturen den Sinn für heimatliche Werte zu vermitteln. Ein Beispiel hierfür war die moralisierende Literatur, häufig die Kinder- und Jugendliteratur, wie etwa die Textsammlung von Jacob Billeter und Ulrich Hilber zur *Schweizer Heimat in schlichtem Bild und schlichtem Wort*, die mit Zeichnungen versehen war.[131] Dieses Buch war als Anleitung zum Erstellen von Zeichnungen von Schweizer Natur- und Kulturgütern gedacht. In den einzelnen Kapiteln wurden Beispiele thematisiert, die eine imaginäre Wanderung durch die Schweiz darstellten. In ihr wurden die Themen »Baumformen aus der Heimat«, »Schweizer-Häuser«, »Allerlei Brücken aus nah' und fern« und »In den Bergen« vermittelt. Wie der Titel des Buches suggeriert, bildete die Schlichtheit das ästhetische Ideal, mit dem der Heimatgedanke verbunden wurde. In Bezug auf das bauliche Erbe wurde der Protz von groß dimensionierten Steinhäusern in der Stadt entlarvt und ihnen das »schlichte Haus mit dem gesunden Riegelwerk«[132] gegenüber gestellt.

Anhand dieser Literatur ist ersichtlich, dass das Idealbild der Schweiz nicht dasjenige der urbanen Zentren war. Billeter und Hilbert sprachen die jugendliche Leserin bzw. den jugendlichen Leser direkt an: »Meinst nicht,« heißt es im Buch, »auch Dir könnte im bescheidenen Kreise dereinst einmal ganz unerwartet die Aufgabe zufallen, Deiner Heimat einen kleinen Tribut der Dankbarkeit zu entrichten? Und wenn es auch dort keinen Munoth[[133]] zu retten gilt; wenn es sich vielleicht nur darum handelt, einen eigenartigen Baum oder einen unscheinbaren Denkstein der unnötigen Vernichtung zu entreißen: tu's und sorge so im kleinen dafür, dass von den tausend Wurzeln, durch die Du mit Deiner Heimat verwachsen bist, keine unnütz zerrissen, daß aus dem lieben Bilde Deiner

---

129 Schultze-Naumburg 1912, S. 171, Hervorhebung im Original.
130 Vgl. auch Mebes 1908.
131 Billeter & Hilbert 1911.
132 Ebd., S. 19.
133 Es handelt sich um die Schaffhauser Befestigungsanlage aus dem 16. Jahrhundert.

Heimat ohne zwingende Gründe nicht ein Zug ausgewischt werde.«[134] Hinter dem vordergründigen kulturpädagogischen Ziel Billeters und Hilberts, einen Leitführer zu formulieren, der den geschulten Blick zum Zeichnen Schweizer Landschaften und Kulturgüter lehrte, lag ein nationalromantisch geprägtes pädagogisches Bemühen, Kinder und Jugendliche auf die heimatlichen Werte zu verpflichten.

Anhand der breiten Betätigungsfelder des Heimatschutzes lässt sich ablesen, dass seine Werte auf einer gesamtgesellschaftlichen Kritik beruhten und dass die Handlungsentwürfe entsprechend gesamtgesellschaftlich ansetzten. Dafür ist die intensive Auseinandersetzung mit dem Schulhausbau ein Beleg, dessen ›erbauliches‹ Potential für die junge Generation als »stiller Miterzieher« erkannt wurde. Wenn der ästhetische Code des Heimatstils zur Kommunikation der regionalen Werte und der Werte der Tradition eingesetzt wurde, so lag dahinter ein umfassender sozialer, kultureller, politischer und ökonomischer Zusammenhang einer moralerzieherischen Strategie, die auf dem Wissen um die Wirkmechanismen der architektonischen Ensemblegestaltung mit städtebaulicher Dimension beruhte.

Die Bezugspunkte für die Kategorien des Heimatschutzes lassen sich auf die Schlagwörter ›Gesundheit‹ und die ›Hygiene‹ herunterbrechen. Der Blick auf Zürich zeigt, dass die Kritik der großstädtischen Verhältnisse in Maßnahmen mündete, die Großstadt auf der Grundlage der mit dem Land verknüpften hygienischen Vorzüge – die drei zentralen Stichworte waren Luft, Licht und Garten – zu erneuern. Dafür stand im Bereich der architektonischen und städtebaulichen Bemühungen des Heimatschutzes das Interesse für den Wohnhausbau: Es ging um das behagliche, Sicherheit stiftende und gemütliche Haus mit umliegenden Grünflächen.[135] Die bevorzugte Bauaufgabe – das verdeutlicht etwa das Ergebnis des von der SVH 1908 veranstalteten Wettbewerbs »Einfache schweizerische Wohnhäuser«[136] – war das Einfamilienhaus, allenfalls, wie bei Siedlungsbauten, auch für mehrere Familien,[137] während das städtische Mietzinshaus kaum berücksichtigt wurde.[138]

Aufgrund der gesellschaftlichen Herleitung der wertkonservativen und gleichzeitig über die Geschmackserziehung sozialreformerischen

---

134 Ebd., S. 36.
135 Wohlleben 1994, S. 101.
136 Schweizerische Vereinigung für Heimatschutz (Hg.) 1908. Die Jury bestand aus Albert Burckhardt-Finsler, Gustav Gull, dem Luzerner Stadtbaumeister Karl Mossdorf sowie den BSA-Architekten Karl Indermühle und Casimir Hermann Baer.
137 Im Wettbewerb wurden Entwürfe für Ein-, Zwei- und Dreifamilienhäuser berücksichtigt.
138 Wohlleben 1994, S. 96.

Kategorien zeigte die Heimatschutzbewegung von Beginn an das Bestreben nach einer Wirkung auf die gesellschaftlichen Verhältnisse. Der Zugriff erfolgte in erster Linie über das Moment der ästhetischen und geschmacklichen Erziehung des ›Volkes‹ durch die Architektursprache, die auf Codes heimatlicher Werte basierte. Das pädagogische Argumentationsmuster kam dementsprechend in der publizistischen Tätigkeit im Umfeld der Heimatschutzbewegung zum Tragen. »Um die Architekturreform zum Erfolg zu führen,« resümiert Hofer, »bedurfte es mithin nicht nur der Begründung einer neuen Ästhetik, sondern deren Verankerung im allgemeinen Bewußtsein.«[139] Auf dieser Wissensgrundlage entwickelte sich durch den Heimatstil eine politisch aufgeladene Ästhetik, die ihre sozialpolitischen Anliegen innerhalb einer subtil moralerzieherischen Stoßrichtung verfolgte.

139 Hofer 2005, S. 24.

# 9 Schluss

Diverse Spuren, die sich um 1900 in programmatischen Texten zur städtebaulichen Reform zunehmend verdichten und die vom Schulhaus, von der Straße oder von der Stadt als den »stillen Miterziehern« des Menschen in der Großstadt sprechen, lenken den Blick auf Instanzen wie den Städtebau und die Architektur, die in der Theorie und Geschichte der Erziehung bis dato kaum in den Fokus der Forschung gelangten. Wohl gibt es wichtige Beiträge etwa zur Geschichte der Schulhausarchitektur und anderen Beispielen pädagogischer Räume oder der (räumlichen) Materialität von Erziehung, aber der erwähnte Zusammenhang des sozialreformerischen »Dispositivs« legt es nahe, die Aufmerksamkeit, was den Begriff ›Erziehung‹ anbelangt, auf Themenbereiche auszuweiten, die nicht unbedingt an formale pädagogische Zusammenhänge gekoppelt sind. Forschungsbemühungen, welche die Sozialisation in der Großstadt fokussieren,[1] leisten in diesem Sinn alltagsgeschichtliche Beiträge, die den Raum, etwa die Straße,[2] als Einflussgröße von Erziehung- und Sozialisationsprozessen begreifen. Hier wird der Raum als gestalteter, allerdings nicht primär als pädagogisch konzeptualisierter Raum gesehen. Die städtebaulich vermittelte Sozialreform betrachtete den Raum hingegen als pädagogischen Faktor und gestaltete die Stadt mit dem Kalkül der erzieherischen Wirkung des Raums.

John Deweys Bestimmung der Erziehung als ein Geschehen, das von Instanzen oder von »Agenturen«, wie er es nennt, strukturiert wird, lädt dazu ein, das intentionale Geschehen, das ein erzieherisches Phänomen von einem der Sozialisation unterscheidet, nicht nur am Austausch zwischen zwei Personen festzumachen. Dewey eröffnet damit wertvolle Forschungsperspektiven, die wissensgenerierte politische Maßnahmen im Bereich des Bauwesens unter großstädtischen Bedingungen in den Blick rücken und den Zusammenhang von Sozialreform, Moderne, Rationalisierung und Ästhetik als eine »Großform«[3] von Erziehung ersichtlich machen. Das Wissen in seinen unterschiedlichen Dimensionen, formal und inhaltlich, ist der Faktor, der das Werden der in dieser Arbeit in der Ästhetik des Stadtraums festgemachten erzieherischen Form ermöglicht. Der wissensgeschichtliche Ansatz eruiert die heterogenen Elemente des »Dispositivs«, aus dem sich Kristallisationen von

---

[1] Vgl. dazu die grundlegende Studie Muchow & Muchow 1998.
[2] Wietschorke 2008.
[3] Prange & Strobel-Eisele 2006.

Erziehungsphänomenen zusammensetzen,⁴ und leistet seine ›Verortung‹ in Zeit und Raum der historischen Situation.

Thematische Beschränkungen können aufgebrochen werden, wenn Erziehung als ein historisch situiertes Geschehen begriffen wird, das Lösungen zu spezifischen Problemen darstellt. In Anlehnung an eine Wendung, die Jakob Tanner unter Bezug auf Hans Blumenberg aufgreift, geht es in dieser Perspektivierung nicht darum, zu klären, was Erziehung ist, sondern wie Erziehung im Kontext formativer Bedingungen *möglich* ist.⁵ Der wissensgeschichtliche Ansatz rückt Kristallisierungen des Erzieherischen mit Blick auf wechselseitige Dynamiken zwischen Diagnose, Entwurf und Handlung in das Zentrum. Vor dem Hintergrund der Verstädterung mit ihren vielfältigen und vielfach ineinander verwobenen Folgeerscheinungen, etwa was das Bild der Landschaft, die Transformation von Gesellschaftsformen in der Großstadt oder die hygienischen Bedingungen anbelangt, sahen Politiker und Experten die Notwendigkeit zu handeln. Dafür mussten entsprechende Formen gefunden werden, die Paul Rabinow in seiner Studie zum modernistischen französischen Städtebau in Marokko im 19. Jahrhundert als ein Zusammentreffen von »Normen und Formen der sozialen Umgebung« charakterisiert;⁶ eine Konstellation, in der die Gesellschaft als moralisch gestaltbares Objekt und der Stadtraum als ›Versuchsanordnung‹ des Sozialen aufgefasst wurde, liegt auch für den heimatschützerischen Siedlungsbau in Zürich kurz nach 1900 vor. Die Moralisierung der Gesellschaft über eine erzieherisch angelegte »Reformierung der Menschen«⁷ weist in diesem Zusammenhang ›Moral‹ als Thema eines zivilisatorischen Fortschrittsdenkens auf der Folie urbaner Ordnungen um 1900 aus.

›Erziehung‹ meint also ein intentionales Geschehen, das aufgrund seiner asymmetrischen Anlage in Machtverhältnisse verstrickt ist. Die politische Strategie bestand in der Reform des Sozialen. Denn die politischen Voraussetzungen hatten sich im Zuge der Demokratisierungsprozesse dahingehend gewandelt, dass gesellschaftliche Steuerung auf Herrschaftsformen aufbauen musste, die Autorität über rationale Figuren herstellten. Entsprechend wichtig waren Expertenfiguren in der Vermittlung zwischen Wissenschaft und Politik, auch wenn aus der Distanz

---

4 Vgl. Rabinow 2011.
5 Tanner 2011, S. 150.
6 Der Untertitel seiner Studie *French Modern* lautet *Norms and Forms of the Social Environment*. Rabinow lehnt sich dabei an den Aufsatz »Norm and Form: The Stylistic Categories of Art History and Their Origins in Renaissance Ideals« von Ernst Gombrich an. Rabinow 1989.
7 Weber 1908, S. 134.

betrachtet das ›objektive‹ Wissen vielfach hochgradig normativ aufgeladen war.[8]
Die sozialreformerische Strategie bestand vor diesem Hintergrund darin, die Stadt als ›Schule‹ der Gesellschaft zu gestalten, sie als »Agentur« der moralischen Erziehung des Einzelnen und der Gesellschaft als Ganzes zu begreifen. Diese Form, in der Erziehung in der Moderne eine materielle Gestalt annahm, kristallisierte sich im Rahmen spezifischer epistemologischer Voraussetzungen, die wissensbasierte Grundlagen für politisches Handeln im Bereich von Architektur und Städtebau bildeten. Im Folgenden werden Elemente dieses Zusammenhangs aufgeführt, der eine Oberfläche für die Kristallisation der Reformierung des Menschen über Stadtraumgestaltung bildete, um vor diesem Hintergrund abschließend bildungshistorische Perspektiven an der Schnittstelle von Erziehungstheorie und Erziehungsgeschichte zu formulieren.

Ein erstes Element, das im politischen Handlungsmuster der Sozialreform anstelle großherrschaftlicher Zugriffsweisen isoliert werden kann, entstand im Kontext der Verstädterung im 19. Jahrhundert und ihren Folgeerscheinungen, die sich insbesondere in den unübersichtlichen neuen Massenphänomenen manifestierten. Diese zivilisatorischen Entwicklungen unter dem Eindruck von »Risiken« machten neue Formen eines Regierungshandelns erforderlich, die zur gesellschaftlichen Steuerung erzieherische Techniken hervorbrachten. Sie waren erzieherisch, weil die Technik in der Kommunikation moralisch codierter Werte bestand, wofür die kommunikativen Möglichkeiten der baukünstlerischen Formen des Städtebaus und der Architektur genutzt wurden. Hier wurde das Wissen um die Wirksamkeit von Räumen im Zeichen sozialreformerisch-strategischer Absichten mit den ästhetisch-gestalterischen Möglichkeiten der künstlerischen Formen des Städtebaus und der Architektur verknüpft.

Das Handlungsmuster der Sozialreform wird verständlich auf dem Hintergrund dieses Elements: der Wirkmacht der Vorstellungen von Ordnung. Diese Vorstellungen – mit Durkheim die Voraussetzung, um im Kontext der Stadtraumgestaltung den Begriff ›Erziehung‹ fruchtbar zu machen – zielen auf die Vermittlung zwischen Individuum und Gesellschaft im Hinblick auf die Zukunftsdimension der Sicherung des gesellschaftlichen Funktionierens. Die wahrgenommene Notwendigkeit, dieses Verhältnis organisieren zu müssen, erschien in dem Moment als dringlich, in dem die traditionellen gesellschaftlichen und kulturellen Formen als *in Zerstörung begriffen* betrachtet wurden. Sie wurde innerhalb der wissensbasierten Auffassung handlungswirksam, die die gesellschaftliche Lage als *in Unordnung* geraten charakterisierte: Pflüger

8 Vgl. Kuchenbuch 2010.

stellte entsprechend eine allgemeine »Kalamität«⁹ der moralischen Verhältnisse fest. Die Asymmetrie zwischen denjenigen, die die Räume einrichteten und anordneten (was nicht einzig als Handlungen von Akteuren, sondern, Foucault folgend, als eine Beziehung von Wissen und Macht zu verstehen ist¹⁰), und denjenigen, die in diesen Räumen wohnen und arbeiten, verdeutlicht de Certeaus Unterscheidung von Taktik und Strategie: Strategisches Handeln ist die machtvolle Besetzung des Raums, der die Parameter absteckt, in der sich die »Bevölkerung« bewegen kann.¹¹ Siedlungsbauten als malerische Dörfer anzulegen, sie über den Stadtraum zu verteilen und eine als ›echt‹ und ›ehrlich‹ verstandene heimatliche Architektursprache umzusetzen, bedeutete, die Parameter zu definieren, innerhalb derer die Bewohnerinnen und Bewohner der Stadt die Verhaltensweisen ausgestalten und ihr Selbstverständnis als Mitglieder einer zivilen Öffentlichkeit formieren konnten – so zumindest die »Hoffnungen«.¹² Auch wenn Aneignungsprozesse in dieser Studie nicht im Fokus standen, verdeutlicht die moralerzieherische Strategie, dass der Raum ein in Machtverhältnissen verstrickter und in einer politischen Sphäre sozial und kulturell ›gemachter‹ Raum ist;¹³ es ist in diesem vorstrukturierten Raum, in dem sich die »taktischen« Manöver der Alltagsnutzung realisieren.

Diese Elemente einer neuen politischen Strategie vor dem Hintergrund der Erkenntnis um die Notwendigkeit der Organisation gesellschaftlicher und kultureller Ordnung zogen ihre Triebkraft aus dem, was als Wissenskultur der Rationalisierung charakterisiert werden kann.¹⁴ Dies wäre ein weiteres Element: Das Regierungshandeln zog die Legitimationsstrategien, um die autoritative Basis für Handlungen im öffentlichen Raum herzustellen, zunehmend aus einem rationalen Expertenwissen, das im arbeitsteiligen Prozess eine ›objektive‹ Instanz etablierte, die die Glaubwürdigkeit für das Handeln besorgte. Die Politik agierte mit Blick auf die »Unordnung« von Gesellschaft und Kultur in einem unübersichtlichen Raum; rationale Wirklichkeitskonstruktionen auf der Basis von sozialstatistischen Daten, Hygienewissen oder übersichtlichen Orts- und Landschaftsplänen vermittelten hier vermeintlich Sicherheit. Im Modus des verwissenschaftlichten Zugangs zum Sozialen wurde die Gesellschaft als Objekt stilisiert, das technisch bearbeitet werden könne.¹⁵ Dies wirkte

9 Pflüger 1910, S. 3.
10 Foucault 1977. Den Zusammenhang von Macht und Raum entfaltet Foucault auch in *Überwachen und Strafen*. Foucault 1976.
11 De Certeau 1988, S. 89.
12 Fehl 1980a, S. 186.
13 Vgl. Löw 2001.
14 Vgl. Raphael 1996.
15 Etzemüller 2009.

dynamisierend auf die Ausgestaltung von Handlungsoptionen im Bereich der Umweltgestaltung innerhalb eines Zugriffs, in dem Umsetzungen über Planung und gestalterischen Entwurf vermittelt wurden. Für die moralerzieherische Strategie in der Stadtraumgestaltung griffen dabei zwei Aspekte ineinander: *erstens* die Übertragung rationalisierter Denkfiguren insbesondere aus der Wahrnehmungspsychologie und -physiologie auf die Konzeption des Individuums als Teil der funktional gedachten Gesellschaft; und *zweitens* das pragmatische Verständnis, das darauf basierte, dass die permanente Erfahrung von Umgebungen deterministisch auf die einzelne Person wirke und über diesen Mechanismus zur Moralisierung der Gesellschaft beitragen könne.

Die Gestaltung des städtischen Raums formulierte der deutsche Nationalökonom Adolf Weber in der Schlussfolgerung seiner Analyse der sozialen Probleme der Großstadt als Mittel der »Reformierung der Menschen, Umgestaltung der menschlichen Charaktere«.[16] Die moderne Raumkategorie fasst die Stadt als nicht-trivialen Raum für Vergesellschaftung: Der ›Raum‹ wurde um 1900 als gestaltbarer und zu gestaltender Faktor für die Ermöglichung einer zivilen Öffentlichkeit behandelt. Ihm wurde die Möglichkeit beigemessen, in seiner Präsenz als »Agentur« der Erziehung wirken zu können.[17]

Dieser gestalterische Aspekt führt zum Element der Ästhetik, denn die Raumkategorie war getragen vom Wissen um die deterministische Wirkung der räumlichen Ästhetik und das »ästhetische Erfahren« von räumlichen Anordnungen. Ästhetik meint in diesem Zusammenhang mehr als die Gefälligkeit eines schönen Gebäudes, Platzes oder einer schönen Stadt. Ästhetik meint – vermittelt über städtische Raumformen – die ›schöne‹ und damit ›moralische‹ Gesellschaft.[18] Die Kriterien für den erwünschten gesellschaftlichen Funktionszusammenhang waren sozialreformerisch vermittelt und an bürgerlichen Vorstellungen ausgerichtet.

16 Weber 1908, S. 134.
17 Martina Löw unterscheidet absolutistische und relativistische Raumvorstellungen. Erstere Auffassung setze den Raum als »tote, fixierte und unbewegliche Gebilde«, während relativistische Auffassungen behaupten, dass soziale Praktiken den Raum innerhalb der Zeitdimension auch herstellen. Löw 2001, S. 65. In Bezug auf Sitte schreiben Karin Wilhelm und Detlef Jessen-Klingenberg, dass »der technisch-funktionalen Aufrüstung städtischer Räume [...] die Berücksichtigung individueller und sozialer Raumproduktionen zur Seite [gestellt wurde]«, insofern vermengen sich hier bereits absolutistische und relativistische Raumvorstellungen. Wilhelm u. Jessen-Klingenberg 2006, S. 11f.
18 Die Rede von der ›wahren‹ Ästhetik verdeutlicht, dass es in der Reformarchitektur nicht nur um architekturimmanente Belange ging, sondern dass in einem umfassenderen kunsterzieherischen Sinn die gesellschaftliche Konstitution gesamthaft zur Diskussion stand.

Die entsprechenden Werte wurden durch die architektonische Sprache der Fassaden, der Inneneinrichtung, der Grundrisse ›kommuniziert‹.

Städtebau und Architektur waren über die Ästhetik des Raums als Matrix von Anordnungen nach ›menschlichem‹ Maßstab um 1900 moralisch codierte Bauaufgaben. Diese im Rahmen des Wissens um Handlungsnotwendigkeit ausgebildete Auffassung basierte auf dem Wissen um den Raum als eine Kategorie des ästhetischen Erfahrens und Wahrnehmens.[19] Es waren die aus Wissenszusammenhängen gemünzten Handlungsformen, die in der sozialreformerischen Stadtraumgestaltung um 1900 eine spezifisch moralerzieherische Stoßrichtung annahmen.

Die Elemente Sozialreform, Ordnung, Rationalisierung und Ästhetik bilden in ihrem Zusammenhang eine Oberflächenstruktur, die ihre Textur aus Formen des Wissens bildet, die eine Verknüpfung von mitunter kultisch durchwirkten, rationalen Begründungen sowie ästhetischen Auffassungen darstellt. Der Optimismus der Steuerung des Sozialen baute auf Wissen über das Soziale auf: seiner Steuerbarkeit durch räumliche Gestaltung; seiner Normalverteilung, was die Sorge um Minimierung gesellschaftlicher Risiken miteinschloss; seiner psycho-physiologischen Struktur, die eine Auffassung der Gesellschaft als energetisches Gebilde beförderte; oder seiner Krise im Zeichen unter anderem von großstädtischer »Nervosität«, historistischem »Schwindel« und gesellschaftlicher Dekadenz. Der Modus des Wissens war experimentell und das Wissen um die Wirkmechanismen der Ästhetik baulicher Umgebung implizierte ein Verständnis, das das Verhalten der einzelnen Person über das ›stille‹ und dabei konstante Erfahren der Umgebung als formbar begriff, während die Zieldimension in der gesellschaftlichen Integration namentlich der Arbeiterklasse auf der Folie des Verständnisses der Gesellschaft als Funktionssystem bestand.

In der Verzahnung von Expertise, Wissenschaft, Politik und öffentlicher Meinungsbildung wurde der politische und künstlerische ›Ort‹ der Stadtraumgestaltung strategisch besetzt. Das Machtverfahren via Stadtraumgestaltung ist Ausdruck einer wechselseitig-zirkulären Wissens-Handelns-Konstellation, die sich innerhalb gelenkter Wahrnehmungen formierte. Die Frage nach der moralerzieherischen Strategie in der Stadtraumgestaltung um 1900 fördert Spuren zutage, die daher in

---

19 Vgl. Moravánszky 2012. Die Einsicht, dass umgekehrt von der Aneignung und damit auch Produktion der Räume durch den Menschen auszugehen sei, setzte sich erst später durch, wie Martha und Hans Heinrich Muchow in ihrer Studie *Der Lebensraum des Großstadtkindes* von 1935 festhalten: »Es war [...] nicht mehr zu untersuchen, wie eine so und so zu beschreibende Großstadtwelt die in ihr lebenden, so und so beschaffenen Kinder beeinflußt, sondern es war zu zeigen, wie das Kind seine Umgebung ›Großstadt‹ zu seiner Umwelt umschafft, und wie sich alsdann die vom Kinde ›gelebte Welt‹ Großstadt darstellt.« Muchow & Muchow 1998, S. 69. Vgl. hierzu auch Dirks & Kessl 2012, S. 511f.

## SCHLUSS

unterschiedliche und vielfach ineinander verwobene Richtungen diskursiver, sozialgeschichtlicher, akteursbezogener oder epistemologischer Zusammenhänge weisen.

Eine wissensgeschichtliche Erziehungsgeschichte, die nach Formen fragt, die ›Erziehung‹ unter bestimmten zeitlichen und lokalen Bedingungen annimmt, richtet den Blick auf Oberflächen, auf denen sich Erziehung in Handlungen, Anordnungen und Dingen materialisiert.[20] Eine solche Geschichte benötigt eine Darstellung, die Schichten und Ebenen als Ermöglichungsbedingungen in den Blick nimmt und nicht von einem Anfangs- und Endpunkt ausgeht. Der optimistische Zugriff im Zeichen ordnenden Handelns um 1900 nahm seine Form auf der Oberfläche der Erfahrungen von Ambivalenz und Unordnung, von gesellschaftlichen Risiken und großstädtischer »Nervosität« an.[21] Formen können zerbrechen oder aber sich neu artikulieren; dies zeigen Forschungen zur nationalromantisch gefärbten Reformarchitektur, die der These der Neukonstitution der Tradition nicht folgen wollen und dieser Bewertung die These der »anderen Moderne« entgegenstellen.[22] Und dabei sind sie Transformationen unterworfen, wie das Neue Bauen verdeutlichen könnte, das den Heimatstil in den 1920er Jahren allmählich verdrängte.

Mit dem Gegenstand der sozialreformerischen Stadtraumgestaltung liegt eine Facette von Erziehung in der Moderne vor, die ein theoretisches Verständnis von Erziehung als intentionales, moralisch-kommunikatives, vom direkten personellen Austausch gelöstes Geschehen aus dem Bezug zur historischen Situationen heraus fruchtbar macht. Als situierte Wissenspraxis aufgefasst, zielt die philosophische Erörterung des Begriffs auf einen Ansatz ab, der nicht danach fragt, was Erziehung ist, sondern Formen im Spannungsfeld von Ermöglichungsbedingungen und Verwirklichungen in Zeit und Raum determiniert. Der Ertrag eines solchen Zugangs liegt in der Entgrenzung des Erziehungsbegriffs, der in der historischen Bildungsforschung dazu führen könnte, die Gegenstände der Erziehungsgeschichte nicht von prästabilisierten Themen oder

---

20 Paul Rabinows Begriff der »Assemblage« zur Analyse von zeitgenössischen Formen könnte einen Ansatz für diese Form der Erziehungsgeschichte bieten. Rabinow 2011.
21 Vgl. Kuchenbuch 2010.
22 Vgl. Tschofen 2013. Für die These des Bruchs in der Moderne: Giedion 1967. Die Neubewertung der nationalromantisch geprägten Reformarchitektur, die ihre avantgardistischen Züge herausstellt, zeigt sich in der Ambivalenz, dass in den konkreten Kristallisationen transnationale Transfers ebenso eine Rolle spielten wie nationale und lokale Besonderheiten. Dies verdeutlicht auch ein Aufsatztitel von Elisabeth Crettaz-Stürzel: »Nichts Internationaleres als Nationalromantik?«. Crettaz-Stürzel 2006.

Anforderungen abhängig zu machen.[23] Neben formalen pädagogischen Settings oder »klassischen« pädagogischen Denksystemen kommen Faktoren des Erziehungsgeschehens in den Blick, die es erlauben, die Problemstellung des »pädagogischen Raums« breit zu verstehen, wie dies etwa Franz-Josef Jelich und Heidemarie Kemnitz konzeptualisiert haben.[24] Dies kann dann Raumkonzepte in der auf kunstsinnige Weise geschmackserzieherischen Auslegung betreffen.

Die Frage, was mögliche Gegenstände einer Geschichte von Erziehung sind, bildet Teil der Problematisierung, die im historischen Kontext zu bewerkstelligen ist. Das Aufkommen der moralerzieherischen Strategie in der sozialreformerisch motivierten Stadtraumgestaltung um 1900 ist die Verwirklichung einer Option, die sich unter Bedingungen konkretisierte, in denen die Regulierung des Verhältnisses zwischen Individuum und Gesellschaft unter der Zielperspektive der Sicherung des gesellschaftlichen Funktionierens in einer kalkulierten Zukunft das Anliegen war.

23 Vgl. Casale 2004b.
24 Jelich & Kemnitz (Hg.) 2003.

# ANHANG

# 10 Anhang

## 10.1 Quellenverzeichnis

### Archivalien

*Stadtarchiv Zürich*

USTAR, V.G. c.38.:51 = Wohnungsbaukommission. Akten (1908–1936). Riedtli (1908–1918): Protokoll der 1. Sitzung zur Vorberatung von Weisung 404 Ueberbauung des Riedtliareals vom 03.06.1909.
USTAR V.G. c.62.:11 = Amt für Städtebau, Akten und Pläne. 1. Serie (1881–1940), Wohnhäuser a.d. Riedtli. [11 Schachteln].
USTAR V.G. c.62.:11.a) = Amt für Städtebau, Akten und Pläne. 1. Serie (1881–1940), Wohnhäuser a.d. Riedtli. a): Beschlüsse des Stadtrates (1907–1922).
USTAR VII.141.:5 = Fissler, Friedrich Wilhelm (1875–1964), Architekt und Stadtbaumeister. Nachlass. 5: Wettbewerbe, Gutachten, Vorprüfungen und sonstige Unterlagen zu einzelnen Projekten. Überbauung »Riedtliareal«, 1909.

### Gedruckte Quellen

[o.A.] (1877): »Beitrag zur Frage der Gesundheitsschädlichkeit der Wohnungen«, in: *Deutsche Bauzeitung*, 11, 97, S. 484.
[o.A.] (1894): *Geschäftsbericht des Stadtrates und der Zentralschulpflege der Stadt Zürich vom Jahre 1893*, Zürich: Ulrich & Co.
[o.A.] (1905): *Bericht über den I. Allgemeinen Deutschen Wohnungskongress in Frankfurt a.M., 16.-19. Oktober 1904*, Göttingen: Vandenhoeck & Ruprecht.
[o.A.] (1909): »Ueberbauung des Riedtliquartiers in Zürich IV«, in: *Schweizerische Bauzeitung*, LIII, 25, S. 325–327.
Aktionskomitee für die Eingemeindung (Hg.) (1929): *Für die Eingemeindung der Zürcher Vororte*, Zürich: Art. Institut Orell Füssli.
Abercrombie, Patrick (1943): *Town and Country Planning*, Second Edition, London, New York u. Toronto: Oxford University Press.
Alberti, Leon Battista (2002): »De re aedificatoria, 1485. Über die Baukunst«, in: Fritz Neumeyer (Hg.), *Quellentexte zur Architekturtheorie*, unter Mitarbeit von Jasper Cepl, München, Berlin, London u. New York: Prestel, S. 92–109.
Anheisser, Roland (1906/07): *Altschweizerische Baukunst*, Bern: A. Francke.

# ANHANG

Baer, Casimir Hermann (1908): »Das Schweizer Wohnhaus«, in: *Heimatschutz. Ligue pour la beauté*, 3, 1, S. 33–38.

– (1909a): »Zur Einführung«, in: *Die Schweizerische Baukunst*, I, 1, S. 1–2.

– (1909b): »Neuzeitliche Schulhausbauten«, in: *Die Schweizerische Baukunst*, I, 10, S. 137–138.

– (1911): »Neuere schweizerische Architektur«, in: *Moderne Bauformen*, X, 2, S. 57–58.

Baudelaire, Charles (1989): *Sämtliche Werke/Briefe. Band 5: Aufsätze zur Literatur und Kunst, 1857–1860*, herausgegeben von Friedhelm Kemp und Charles Pichois in Zusammenarbeit mit Wolfgang Drost, Übersetzungen von Friedhelm Kemp und Bruno Steiff, Kommentar von Wolfgang Drost, Friedhelm Kemp und Ulrike Riechers, München u. Wien: Carl Hanser.

Baumeister, Reinhard (1876): *Stadt-Erweiterungen in technischer, baupolizeilicher und wirtschaftlicher Beziehung*, Berlin: Ernst & Korn.

Baur, Albert (1909a): »Eine Gartenstadtanlage der Stadt Zürich«, in: *Neue Zürcher Zeitung*, 130, 153; 4. Juni, S. 1.

– (1909b): »Heimatsinn in der Wohnung«, in: *Heimatschutz. Ligue pour la beauté*, IV, 5, S. 33f.

– (1910): »Bergheim bei Zürich«, in: *Die Schweizerische Baukunst*, II, 1, S. 4–6.

Beard, George M. (1869): »Neurasthenia, or Nervous Exhaustion«, in: *The Boston Medical and Surgical Journal*, III, 13, S. 217–221.

– (1881): *American Nervousness. Its Causes and Consequences. A Supplement to Nervous Exhaustion (Neurasthenia)*, New York: Putnam's Sons.

Berlage, Hendrik Petrus (1905): *Gedanken über Stil in der Baukunst*, Leipzig: Julius Zeitler.

– (1908): *Grundlagen und Entwicklung der Architektur. Vier Vorträge gehalten im Kunstgewerbemuseum zu Zürich*, Berlin: Julius Bard.

Billeter, J. u. Hilber, U. (1911): *Schweizer Heimat in schlichtem Bild und schlichtem Wort. Ein Büchlein für die freien Stunden unserer Schüler und Schülerinnen der oberen Primarklassen und der Sekundarschule*, Basel: Ernst Finckh.

Bircher-Benner, Maximilian (1906): *Ernährungs-Therapie auf Grund der Energie-Spannung der Nahrung*, zweite, umgearbeitete Auflage, Berlin: Otto Salle.

Bloesch, Hans (1914): »Zur Einführung«, in: *Das Werk*, I, 1, S. 1–4.

Blum (1889): »Massnahmen zum Schutze des gesunden Wohnens«, in: *Deutsche Bauzeitung*, 23, 84, S. 509–510.

Bollinger, Rudolf (1909): »Gegenwärtige Verwaltung«, in Friedrich Erismann (Hg.), *Die Gesundheits- und Wohlfahrtspflege der Stadt Zürich*, von den städtischen Behörden dargebotene Festschrift, Zürich: Buchdruckerei Berichthaus, S. 35–40.

Brinckmann, Albert Erich (1985): *Deutsche Stadtbaukunst in der Vergangenheit*, Reprint der zweiten, erweiterten Auflage von 1921 mit 136 Abbildungen und 8 Tafeln, eingeleitet von Werner Oechslin, Braunschweig u. Wiesbaden: Vieweg.

## QUELLEN UND LITERATUR

Brücke, Ernst (1877): *Bruchstücke aus der Theorie der bildenden Künste*, Leipzig: Brockhaus.

Bücher, Karl (1903): »Die Großstädte in Gegenwart und Vergangenheit«, in: ders., Friedrich Ratzel, Georg von Mayr, Heinrich Waentig, Georg Simmel, Theodor Petermann u. Dietrich Schäfer (Hg.), *Die Großstadt. Vorträge und Aufsätze zur Städteausstellung*, Dresden: Zahn & Jaensch, S. 1–32.

Bücher, Karl, Ratzel, Friedrich, Mayr, Georg von, Waentig, Heinrich, Simmel, Georg, Petermann, Theodor u. Schäfer, Dietrich (Hg.) (1903): *Die Großstadt. Vorträge und Aufsätze zur Städteausstellung*, Dresden: Zahn & Jaensch.

Bührer, Jakob (1914): »Hochbau an der Landesausstellung«, in: *Das Werk*, I, 9; 10, S. 1–8; S. 1–3.

Buls, Charles (1894): *Esthétique des Villes*, Deuxième Édition, Bruxelles: Bruylant-Christophe.

Burckhardt, Jacob (1989): *Die Kultur der Renaissance in Italien*, Frankfurt a. M.: Deutscher Klassiker Verlag.

Burckhardt-Finsler, Albert (1905/06): »Was wir wollen«, in: *Heimatschutz. Ligue pour la beauté*, 1 [Erste unnummerierte Ausgabe], S. 1.

Crane, Walter (1996): »Of the Revival of Design and Handicraft: With Notes on the Work of the Arts and Crafts Exhibition Society«, in: [o.A.] (Hg.), *Arts and Crafts Essays by Members of the Arts and Crafts Exhibition Society. With a Preface by William Morris*, With a new Introduction by Peter Faulkner, Reprint of the 1893 edition, Bristol: Thoemmes Press.

Deutscher Werkbund NW (Hg.) (2007): *100 Jahre Deutscher Werkbund NW 1907 bis 2007*, Essen: Klartext.

Du Bois-Reymond, Emil (1887): *Reden. Zweite Folge: Biographie, Wissenschaft, Ansprachen*, Leipzig: Veit & Comp.

Eberlé, H. (1921/1922): »Kommunaler Wohnungsbau der Stadt Zürich von 1910–1920«, in: *Gemeinnütziger Wohnungsbau*, 2, 3; 4; 5; 6; 7; 8, S. 21–25; S. 29–39; S. 41–46; S. 49–55; S. 57–62; S. 65–69.

Eberstadt, Rudolph (1894): *Städtische Bodenfragen. Vier Abhandlungen*, Berlin: Carl Heymann.

– (1905): »Die Bedeutung der Bodenparzellierung für das Bauwesen«, in: *Der Städtebau*, 2, 2, S. 18–22.

Erb, Wilhelm (1893): *Ueber die wachsende Nervosität unserer Zeit. Akademische Rede*, Heidelberg: Universitäts-Buchdruckerei.

Erismann, Friedrich (1909): »Das städtische Gesundheitsamt; der öffentliche Gesundheitsdienst«, in: ders. (Hg.), *Die Gesundheits- und Wohlfahrtspflege der Stadt Zürich*, von den städtischen Behörden dargebotene Festschrift, Zürich: Buchdruckerei Berichthaus, S. 117–136.

– (Hg.) (1909): *Die Gesundheits- und Wohlfahrtspflege der Stadt Zürich*, von den städtischen Behörden dargebotene Festschrift, Zürich: Buchdruckerei Berichthaus.

Escher, Konrad (1914): *Die grosse Bauperiode der Stadt Zürich in den 60er Jahren des vorigen Jahrhunderts*, Zürich: Orell Füssli.

Fatio, Guillaume (1904): *Ouvrons les Yeux! Voyage esthétique à travers la Suisse*, Genève: Société Genevoise d'édition »Atar«.

Fechner, Gustav Theodor (1876): *Vorschule der Ästhetik*, Leipzig: Breitkopf und Härtel.

Fischer, Theodor (1903): *Stadterweiterungsfragen. Mit besonderer Rücksicht auf Stuttgart*, Stuttgart: Deutsche Verlags-Anstalt.

Freud, Sigmund (1999): *Die »kulturelle« Sexualmoral und die moderne Nervosität. Gesammelte Werke. Siebenter Band. Werke aus den Jahren 1906–1909*, Frankfurt a. M.: Fischer.

Fritsch, Theodor (1896): *Die Stadt der Zukunft*, Leipzig: Fritsch.

Ganz, Paul (1911): »Heimatschutz«, in: *Schweizerische Pädagogische Zeitschrift*, 21, 1, S. 19–30.

Geddes, Patrick (1915): *Cities in Evolution. An Introduction to the Town Planning Movement and to the Sudy of Civics*, London: Williams & Norgate.

Geissler, Otto (1907): »Die Bodenreform und die Städte«, in: *Der Städtebau*, 4, 1, S. 22–24.

Gemünd, Wilhelm (1911): *Bodenfrage und Bodenpolitik in ihrer Bedeutung für das Wohnungswesen und die Hygiene der Städte. Eine Untersuchung über die wirtschaftlichen Voraussetzungen der Städtehygiene für Architekten, Ingenieure, Verwaltungsbeamte, Hygieniker und alle Interessenten der städtischen Wohnungsfrage*, Berlin: Julius Springer.

– (1913): *Die Grundlagen zur Besserung der städtischen Wohnverhältnisse*, Berlin: Julius Springer.

Gerber, Carl Friedrich von (1880): *Grundzüge des deutschen Staatsrechts*, 3. Aufl., Leipzig: Tauchnitz.

Gerke, R. (1899): »Die Aufgaben der Städte zur Verbesserung der Wohnweise ihrer Bürger«, in: *Zeitschrift für Architektur und Ingenieurwesen*, 45, 1; 2; 3, S. 9–13; S. 26–30; S. 33–37.

Giovannoni, Gustavo (1913): »Vecchie città ed edilizia nuova«, in: *Nuova Antologia*, 165, S. 449–472.

Godet, Philippe (1906): »Beauté et patrie«, in: *Heimatschutz. Ligue pour la beauté*, I, 3; 4, S. 17f.; S. 25f.

Goecke, Theodor (1893): »Wohnungsfrage und Bebauungsplan«, in: *Deutsche Bauzeitung*, 27, 88; 89, S. 539–542; S. 545–546.

– (1900): »Die Wohnfrage – eine Frage des Städtebaus«, in: *Deutsche Bauzeitung*, 34, 18, S. 112–114.

Goldstein, Julius (1899): *Untersuchungen zum Kulturproblem der Gegenwart*, Jena: Bernhard Vopelius.

Hartmann, Karl O. (1911): »Die Baukunst der Gegenwart. Rück- und Ausblicke«, in: *Der Architekt*, XVII, S. 89–96.

Hellpach, Willy (1902): »Soziale Ursachen und Wirkungen der Nervosität«, in: *Politisch-Anthropologische Revue*, I, 1; 2, S. 43–53; S. 126–134.

Helmholtz, Hermann von (1867): *Handbuch der physiologischen Optik*, Leipzig: Leopold Voss.

## QUELLEN UND LITERATUR

Henrici, Karl (1981a): »Die künstlerischen Aufgaben im Städtebau«, in: Gerhard Curdes & Renate Oehmichen (Hg.), *Künstlerischer Städtebau um die Jahrhundertwende. Der Beitrag von Karl Henrici*, Köln, Stuttgart u.a.: Deutscher Gemeindeverlag und Verlag Kohlhammer, S. 65–74.

– (1981b): »Langweilige und kurzweilige Strassen«, in: Gerhard Curdes u. Rente Oehmichen (Hg.), *Künstlerischer Städtebau um die Jahrhundertwende. Der Beitrag von Karl Henrici*, Köln, Stuttgart u.a.: Deutscher Gemeindeverlag und Verlag Kohlhammer, S. 82–86.

– (1906): *Abhandlungen aus dem Gebiete der Architektur. Eine Sammlung von Vorträgen und Aufsätzen*, München: Georg D. W. Callwey.

Heuser, G. (1890): »Darwinistisches über Kunst und Technik«, in: *Allgemeine Bauzeitung*, 55, S. 17–19; S. 25–27.

Hevesi, Ludwig (1906): *Acht Jahre Sezession (März 1897 – Juni 1905). Kritik – Polemik – Chronik*, Wien: Carl Konegen.

Hevesi, Ludwig (1909): *Altkunst – Neukunst. Wien 1894–1908*, Wien: Carl Konegen.

Hobrecht, James (1874): »Verband deutscher Architekten- und Ingenieur-Vereine. Bericht über die Verhandlungen der General-Versammlung des Verbandes zu Berlin vom 23. bis 25. September 1874«, in: *Deutsche Bauzeitung*, 8, 83; 85; 87; 89, S. 330–334; S. 337–339; S. 345–348; S. 353–356.

Hocheder, Karl (1910): »Gesichtssinn und baukünstlerisches Schaffen«, in: *Die Schweizerische Baukunst*, II, 22; 23, S. 309–311; S. 315–323.

Howard, Ebenezer (1902): *Garden Cities of To-Morrow*, London: Swan Sonnenschein. [Erstmals 1898 unter dem Titel *Tomorrow. A Peaceful Path to Real Reform* erschienen].

Kapp, Enst (1877): *Grundlinien einer Philosophie der Technik. Zur Entstehungsgeschichte der Cultur aus neuen Gesichtspunkten*, Braunschweig: Westermann.

Kertbeny, Károly Mária (1905): *§ 143 des Preussischen Strafgesetzbuches vom 14. April 1851 und seine Aufrechterhaltung als § 152 im Entwurfe eines Strafgesetzbuches für den Norddeutschen Bund. Offene, fachwissenschaftliche Zuschrift an Seine Excellenz Herrn Dr. Leonhardt, königl. preußischen Staats- und Justizminister*, Leipzig: M. Spohr.

Kirchhoff, Arthur (Hg.) (1897): *Die akademische Frau. Gutachten hervorragender Universitätsprofessoren, Frauenlehrer und Schriftsteller über die Befähigung der Frau zum wissenschaftlichen Studium und Berufe*, Berlin: Hugo Steinitz.

Krafft-Ebing, Richard von (1895): *Nervosität und neurasthenische Zustände*, Wien: Alfred Hölder.

Lang, Ernst (1906): »Zum Kampfe gegen das Reklame-Unwesen«, in: *Heimatschutz. Ligue pour la beauté*, 1, 6, S. 41–47.

Loos, Adolf (2010): *Gesammelte Schriften*, herausgegeben von Adolf Opel, Wien: Lesethek.

Lux, Joseph August (1906): »Die Missstände der heutigen Grossstadtanlagen«, in: *Moderne Bauformen*, 5, 1; 2, S. 1–5; S. 33–35.

Maertens, Hermann (1877): *Der Optische-Maassstab oder die Theorie und Praxis des ästhetischen Sehens in den bildenden Künsten. Auf Grund der Lehre der physiologischen Optik für Architekten, Maler, Bildhauer, Musterzeichner, Modelleure, Stukkateure, Möbelfabrikanten, Landschaftsgärtner und Kunstfreunde*, Bonn: Max Cohen & Sohn.

Mangoldt, Karl von (1907): *Die städtische Bodenfrage. Eine Untersuchung über Tatsachen, Ursachen und Abhilfe*, Göttingen: Vandenhoeck & Ruprecht.

Marx, Karl u. Engels, Friedrich (1972): *Werke. Band 2*, Berlin: Dietz Verlag.

– (1973): *Werke. Band 18*, Berlin: Dietz Verlag.

Masaryk, Thomas G. (1899): *Die philosophischen und sociologischen Grundlagen des Marxismus. Studien zur socialen Frage*, Wien: Carl Konegen.

Mawson, Thomas (1911): *Civic Art. Studies in Town Planning, Parks Boulevards, and Open Spaces*, London: B. T. Batsford.

Mebes, Paul (Hg.) (1908): *Um 1800. Architektur und Handwerk im letzten Jahrhundert ihrer traditionellen Entwicklung. Band I*, München: Bruckmann.

Mosso, Angelo (1892): *Die Ermüdung*, aus dem Italienischen übersetzt von J. Glinzer, Leipzig: Hirzel.

Muthesius, Hermann (1900): »John Ruskin †«, in: *Centralblatt der Bauverwaltung*, XX, 72, 7. Januar, S. 43–44.

Nordau, Max (1889): *Die conventionellen Lügen der Kulturmenschheit*, Leipzig: Verlag von B. Elischer Nachfolger.

Nussbaum, H. Chr. (1898): »Die Aufgaben der Städte zur Verbesserung der Wohnweise ihrer Bürger«, in: *Zeitschrift für Architektur und Ingenieurwesen*, 44, 11, S. 196–207.

Oldendorff, A. (1896): »Einfluss der Wohnung auf die Gesundheit«, in: Theodor Weyl (Hg.), *Handbuch der Hygiene. Vierter Band: Allgemeine Bau- und Wohnungshygiene*, Jena: Gustav Fischer, S. 1–12.

Pfeifer, Hermann (1899): »Die deutsche Baukunst der Zukunft«, in: *Centralblatt der Bauverwaltung*, XIX, 9;10, S. 50–53; S. 57–58.

Pflüger, Paul (1897): *Das Wesen der socialen Frage*, zweite Auflage, Zürich: Kommissionsverlag der Buchhandlung d. Schweiz. Grütlivereins.

– (1899): *Die Wohnungsfrage*, Sozialwissenschaftliche Volksbibliothek, Zürich: Kommissionsverlag der Buchhandlung d. Schweiz. Grütlivereins.

– (1909): *Die Wohnungsfrage in ethischer und kultureller Beziehung*, Zürich: Kommissionsverlag der Grütlibuchhandlung.

– (1910): *Einführung in die soziale Frage*, Zürich: Verlag der Buchhandlung des Schweizerischen Grütlivereins.

Proust, Marcel (1921): *Pastiches et mélanges*, septième édition, Paris: Nouvelle Revue Française.

Quetelet, Adolphe (1869a): *Physique sociale. Essai sur le développement des facultés de l'homme. Tome I*, Bruxelles: C. Muquardt.

– (1869b): *Physique sociale. Essai sur le développement des facultés de l'homme. Tome II*, Bruxelles: C. Muquardt.

## QUELLEN UND LITERATUR

Riegl, Alois (1893): *Stilfragen. Grundlegungen zu einer Geschichte der Ornamentik*, Berlin: Georg Siemens.
– (1903): *Der moderne Denkmalkultus. Sein Wesen und seine Entstehung*, Wien u. Leipzig: Braumüller.
Robinson, Charles Mulford (1906): *The Improvement of Towns and Cities. Or The Practical Basis of Civic Aesthetics*, New York u. London: Putnam's Sons.
– (1970): *Modern Civic Art or: The City Made Beautiful*, Reprint edition of the fourth edition, New York: Arno Press.
Roesle, Emil Eugen (1913): »Graphisch-statistische Darstellungen, ihre Technik, Methodik und wissenschaftliche Bedeutung«, in: *Archiv für Soziale Hygiene und Demographie*, 8, S. 369–406.
Ruskin, John (1869a): *The Stones of Venice. Volume the First. The Foundations*, New York: John Wiley.
– (1869b): *The Stones of Venice. Volume the Second. The Sea-Stories*, New York: John Wiley.
– (1988): *The Seven Lamps of Architecture*, Introduction by Andrew Saint, London: Century.
Schatzmann, H. (1909): »Wohnungsfürsorge«, in: Friedrich Erismann (Hg.), *Die Gesundheits- und Wohlfahrtspflege der Stadt Zürich*, von den städtischen Behörden dargebotene Festschrift, Zürich: Buchdruckerei Berichthaus, S. 76–89.
Schiller, Friedrich (2000): *Über die ästhetische Erziehung des Menschen in einer Reihe von Briefen*, mit den Augustenburger Briefen herausgegeben von Klaus L. Berghahn, Stuttgart: Philipp Reclam jun.
Schmarsow, August (1893): *Das Wesen der architektonischen Schöpfung*, Download von http://www.tu-cottbus.de/theoriederarchitektur/Archiv/Autoren/Schmarsow/Schmarsow1894.htm (eingesehen am 31.10.2012).
Schmidkunz, Hans (1901): »Die sozialen Grundlagen der Stadtbaukunst«, in: *Berliner Architekturwelt*, 3, 3, S. 73–76.
Schultze-Naumburg, Paul (1912): *Kulturarbeiten. Band I: Hausbau. Einführende Gedanken zu den Kulturarbeiten*, vierte vermehrte und verbesserte Auflage, München: Kunstwart.
Schumacher, Fritz (1907): *Streifzüge eines Architekten. Gesammelte Aufsätze*, Jena: Diederichs.
Schweizerische Vereinigung für Heimatschutz (Hg.) (1908): *Einfache schweizerische Wohnhäuser. Aus dem Wettbewerb der Schweizerischen Vereinigung für Heimatschutz*, Bümplitz: Benteli.
Semper, Gottfried (1860): *Der Stil in den technischen und tektonischen Künsten oder Praktische Aesthetik. Ein Handbuch für Techniker, Künstler und Kunstfreunde. Erster Band: Textile Kunst*, München: Bruckmann.
Simmel, Georg (1903): »Die Großstädte und das Geistesleben«, in: Karl Bücher, Friedrich Ratzel, Georg von Mayr, Heinrich Waentig, ders., Theodor Petermann u. Dietrich Schäfer (Hg.), *Die Großstadt. Vorträge und Aufsätze zur Städteausstellung*, Dresden: Zahn & Jaensch, S. 185–206.

Sitte, Camillo (1901): *Der Städte-Bau nach seinen künstlerischen Grundsätzen. Ein Beitrag zur Lösung moderner Fragen der Architektur und monumentalen Plastik unter besonderer Beziehung auf Wien*, dritte Auflage, Wien: Graeser & Co.

Sombart, Werner (1901): »Wirtschaft und Kunstgewerbe«, in: *Neue Deutsche Rundschau*, XII, S. 1233–1248.

StJbSZ 1906 = Statistisches Amt der Stadt Zürich (Hg.) (1906): *Statistisches Jahrbuch der Stadt Zürich 1905. 1. Jahrgang*, Zürich: Kommissionsverlag Rascher & Co.

StJbSZ 1990 = Statistisches Amt der Stadt Zürich (Hg.) (1990): *Statistisches Jahrbuch der Stadt Zürich 1990. 85. Jahrgang*, Zürich: NZZ – Fretz AG.

StJbSZ 2013 = Statistik Stadt Zürich (Hg.) (2013): *Statistisches Jahrbuch der Stadt Zürich 2013. 107. Jahrgang*, Zürich: Statistik Stadt Zürich.

Stübben, Josef (1893a): »Die Einseitigkeit im Städtebau und ihre Folgen«, in: *Deutsche Bauzeitung*, 27, 57; 61; 68, S. 349–350; S. 373–374; S. 415–418.

– (1893b): »Praktische und ästhetische Grundsätze für die Anlage von Städten«, in: *Zeitschrift des österreichischen Ingenieur- und Architekten-Vereins*, 45, 32, S. 441–447.

– (1907): *Der Städtebau. Handbuch der Architektur. IV. Teil: Entwerfen, Anlage und Einrichtung der Gebäude. 9. Halbband*, zweite Auflage, Stuttgart: Kröner.

Stüssi, Heinrich (1893): *Das neue Baugesetz des Kantons Zürich*, mit Anmerkungen von Heinrich Stüssi, Staatsschreiber, Zürich: Rüegg & Koch.

Tadd, J. Liberty (1899): *New Methods in Education. Art, Real Manual Training, Nature Study. Explaining processes whereby hand, eye and mind are educated by means that conserve vitality and develop a union of thought and action*, Springfield, MA, New York, NY u. Chicago, IL: Orange Judd.

Taylor, Frederick Winslow (1911a): *Shop Management*, with an Introduction by Henry R. Towne, New York u. London: Harper & Brothers Publishers.

– (1911b): *The Principles of Scientific Management*, New York u. London: Harper & Brothers Publishers.

Tews, Jürgen (1911): *Großstadtpädagogik. Vorträge, gehalten in der Humboldt-Akademie zu Berlin*, Leipzig: Teubner.

Thomann, Heinrich (1909): »Bautätigkeit, Wohndichtigkeit, Mietpreise«, in: Friedrich Erismann (Hg.), *Die Gesundheits- und Wohlfahrtspflege der Stadt Zürich, von den städtischen Behörden dargebotene Festschrift*, Zürich: Buchdruckerei Berichthaus S. 57–74.

Tolman, William (1909): *Social Engineering. A Record of Things Done by American Industrialists Employing Upwards of One and One-half Million of People*, New York: McGraw Publishing.

Unwin, Raymond (1909): *Town Planning in Practice. An Introduction to the Art of Designing Cities and Suburbs*, London: T. F. Unwin.

– (1994): *Town Planning in Practice. An Introduction to the Art of Designing Cities and Suburbs*, with a new preface by Andres Duany and a

new introduction by Walter L. Creese, New York: Princeton Architectural Press.
Vetterlein, Ernst (1906): »Unkonstruktive Kunstformen«, in: *Moderne Bauformen*, 5, 2, S. 52–54.
Viollet-le-Duc, Eugène-Emmanuel (1990): *The Architectural Theory of Viollet-le-Duc. Readings and Commentary*, edited by M. F. Hearn, Cambridge, MA: The MIT Press.
Vischer, Robert (1873): *Ueber das optische Formgefühl. Ein Beitrag zur Aesthetik*, Leipzig: Hermann Credner.
Wagner, Otto (1902): *Moderne Architektur. Seinen Schülern ein Führer auf diesem Kunstgebiete*, Wien: Anton Schroll.
Weber, Adolf (1908): *Die Großstadt und ihre sozialen Probleme*, Leipzig: Quelle & Meyer.
Wernly, R. (1907): »Das moderne Schulhaus«, in: *Heimatschutz. Ligue pour la beauté*, 2, 7, S. 49–55.
Westphal, Carl Otto Friedrich (1872): »Die Agoraphobie, eine neuropathische Erscheinung«, in: *Archiv für Psychiatrie und Nervenkrankheiten*, 3, 1, S. 138–161.
Weyl, Theodor (Hg.) (1896): *Handbuch der Hygiene. Vierter Band: Allgemeine Bau- und Wohnungshygiene*, Jena: Gustav Fischer.
Wölfflin, Heinrich (1923): *Kunstgeschichtliche Grundbegriffe. Das Problem der Stilentwicklung in der neueren Kunst*, 6. Auflage, München: Bruckmann.
– (1999): *Prolegomena zu einer Psychologie der Architektur*, mit einem Nachwort zur Neuausgabe von Jasper Cepl, Berlin: Gebr. Mann Verlag.
Worringer, Wilhelm (1911): *Abstraktion und Einfühlung. Ein Beitrag zur Stilpsychologie*, dritte, um einen Anhang vermehrte Auflage, München: R. Piper & Co.
Zahn, Ernst (1907): »Heimatschutzgedanken«, in: *Heimatschutz. Ligue pour la beauté*, II, 12, S. 89f.
Zeising, Adof (1854): *Neue Lehre von den Proportionen des menschlichen Körpers, aus einem bisher unerkannt gebliebenen, die ganze Natur und Kunst durchdringenden morphologischen Grundgesetze entwickelt und mit einer vollständigen historischen Uebersicht der bisherigen Systeme*, Leipzig: Leopold Weigel.

## 10.2 Literaturverzeichnis

### Darstellungen und Sekundärliteratur

Achleitner, Friedrich (1989):»Gibt es einen mitteleuropäischen Heimatstil? (oder: Entwurf einer peripheren Architekturlandschaft)«, in: *Österreichische Zeitschrift für Kunst und Denkmalpflege*, 43, 3/4, S. 165–169.
– (1999):»Pluralismus der Moderne: Zum architektonischen ›Sprachenproblem‹ in Zentraleuropa«, in: Eve Blau u. Monika Platzer (Hg.), *Mythos Großstadt. Architektur und Stadtbaukunst in Zentraleuropa 1890–1937*, München, London u. New York: Prestel, S. 94–106.
Aigner, Anita (2010):»Einleitung. Von ›architektonischer Moderne‹ zu ›Architektur‹ in der Moderne. Kulturelle Grenzüberschreitungen«, in: dies. (Hg.), *Vernakulare Moderne. Grenzüberschreitungen in der Architektur um 1900. Das Bauernhaus und seine Aneignung*, Bielefeld: transcript, S. 7–35.
Albers, Gerd (1983):»Wesen und Entwicklung der Stadtplanung«, in: Akademie für Raumforschung und Landesplanung (Hg.), *Grundriss der Stadtplanung*, Hannover: Vincentz, S. 1–35.
– (1997): *Zur Entwicklung der Stadtplanung in Europa. Begegnungen, Einflüsse, Verflechtungen*, Braunschweig u. Wiesbaden: Vieweg.
Alexander, Thomas M. (1987): *John Dewey's Theory of Art, Experience, and Nature. The Horizons of Feeling*, New York: State University of New York Press.
Alofsin, Anthony (2006): *When Buildings Speak. Architecture as Language in the Habsburg Empire and Its Aftermath, 1867–1933*, Chicago: The University of Chicago Press.
Anderson, Benedict (2005): *Die Erfindung der Nation. Zur Karriere eines erfolgreichen Konzepts*, aus dem Englischen von Christoph Münz und Benedikt Burkhard, 2., um ein Nachwort von Thomas Mergel erweiterte Auflage der Neuausgabe 1996, Frankfurt a. M.: Campus.
Aschenbeck, Nils (1997): *Die Moderne, die aus den Sanatorien kam. Reformarchitektur und Reformkultur um 1900*, Delmenhorst: Aschenbeck und Holstein.
Ash, Mitchell (2002):»Wissenschaft und Politik als Ressourcen für einander«, in: Rüdiger vom Bruch u. Brigitte Kaderas (Hg.), *Wissenschaften und Wissenschaftspolitik. Bestandsaufnahmen zu Formationen, Brüchen und Kontinuitäten im Deutschland des 20. Jahrhunderts*, Stuttgart: Steiner, S. 32–51.
Assmann, Aleida (2006): *Der lange Schatten der Vergangenheit. Erinnerungskultur und Geschichtspolitik*, München: C.H. Beck.
Assmann, Jan (1992): *Das kulturelle Gedächtnis. Schrift, Erinnerung und politische Identität in frühen Hochkulturen*, München: C.H. Beck.

## QUELLEN UND LITERATUR

Bachmann, Stefan (2012): »Heimatschutz«, in: *Historisches Lexikon der Schweiz*, Download von http://www.hls-dhs-dss.ch/textes/d/D16450.php (zuletzt eingesehen am 30.1.2014).

Bailer-Jones, Daniela M. (2002): »Models, Metaphors and Analogies«, in: Peter Machamer u. Peter Silberstein (Hg.), *The Blackwell Guide to the Philosophy of Science*, Oxford: Blackwell, S. 108–127.

Bajohr, Frank, Johe, Werner u. Lohalm, Uwe (Hg.) (1991): *Zivilisation und Barbarei. Die widersprüchlichen Potentiale der Moderne*, Detlev Peukert zum Gedenken, Hamburg: Christians.

Ball, Daniela (2011): »Schweizerischer Werkbund (SWB)«, in: *Historisches Lexikon der Schweiz*, Download von http://www.hls-dhs-dss.ch/textes/d/D15205.php (zuletzt eingesehen am 16.12.2013).

Bauman, Zygmunt (2005): *Moderne und Ambivalenz. Das Ende der Eindeutigkeit*, aus dem Englischen von Martin Suhr, Hamburg: Hamburger Edition.

Baumberger, Christoph (2010): *Gebaute Zeichen. Eine Symboltheorie der Architektur*, Heusenstamm: Ontos Verlag.

Behrens, Nicola (2013): »Zürich (Gemeinde). Kapitel 4: Die politisch-administrative Entwicklung im 19. und 20. Jahrhundert«, in: *Historisches Lexikon der Schweiz*, Download von http://www.hls-dhs-dss.ch/textes/d/D171.php (zuletzt eingesehen am 10.1.2014).

Békési, Sándor (2009): »Heimatschutz und Großstadt. Zu Tradition und Moderne in Wien um 1900«, in: *Österreichische Zeitschrift für Geschichtswissenschaften*, 20, 1, S. 94–130.

Benevolo, Leonardo (1971): *Die sozialen Ursprünge des modernen Städtebaus. Lehren von gestern – Forderungen für morgen*, aus dem Italienischen von Arianna Giachi, Gütersloh: Bertelsmann.

– (1983): *Die Geschichte der Stadt*, aus dem Italienischen von Jürgen Humburg, Frankfurt a. M. u. New York: Campus.

Benjamin, Walter (1974): *Gesammelte Schriften. Band I. 2. Teil*, unter Mitwirkung von Theodor W. Adorno und Gershom Scholem, hg. von Rolf Tiedemann und Hermann Schweppenhäuser, Frankfurt a. M.: Suhrkamp.

Berg, Christa (2001): »Erinnerte Kindheit im Raum. Bürgerkindheiten und Arbeiterkindheiten«, in: Imbke Behnken u. Jürgen Zinnecker (Hg.), *Kinder. Kindheit. Lebensgeschichte. Ein Handbuch*, Seelze-Velber: Kallmeyer, S. 912–935.

Berger, Peter L. u. Luckmann, Thomas (1970): *Die gesellschaftliche Konstruktion der Wirklichkeit. Eine Theorie der Wissenssoziologie*, mit einer Einleitung zur deutschen Ausgabe von Helmuth Plessner, übersetzt von Monika Plessner, Frankfurt a. M.: S. Fischer.

Bergmann, Klaus (1970): *Agrarromantik und Großstadtfeindschaft*, Mesenheim am Glan: Anton Hein.

Biesta, Gert (2006): »›Of all affairs, communication is the most wonderful‹. The Communicative Turn in Dewey's *Democracy and Education*«, in: David T. Hansen (Hg.), *John Dewey and our Educational Prospect. A*

*Critical Engagement with Dewey's »Democracy and Education«*, Albany: State University of New York Press, S. 23-37.

Blom, Philipp (2009): *Der taumelnde Kontinent. Europa 1900-1914*, München: Hanser.

Blumenberg, Hans (1997): *Paradigmen zu einer Metaphorologie*, Frankfurt a. M.: Suhrkamp.

Bodenschatz, Harald, Gräwe, Christina, Kegler, Harald, Nägelke, Hans-Dieter u. Sonne, Wolfgang (Hg.) (2010): *Stadtvisionen 1910/1920. Berlin, Paris, London, Chicago. 100 Jahre Allgemeine Städtebau-Ausstellung Berlin*, Berlin: DOM publishers.

Böhme, Jeanette (Hg.) (2009): *Schularchitektur im interdisziplinären Diskurs. Territorialisierungskrise und Gestaltungsperspektiven des schulischen Bildungsraums*, Wiesbaden: VS Verlag für Sozialwissenschaften.

Bonyhady, Tim (2011): *Good Living Street. Portrait of a Patron Family, Vienna 1900*, New York: Parthenon Books.

Braudel, Fernand (1977): »Geschichte und Sozialwissenschaften. Die *longue durée*«, in: Claudia Honegger (Hg.), *M. Bloch, F. Braudel, L. Febvre u.a. Schrift und Materie der Geschichte. Vorschläge zur systematischen Aneignung historischer Prozesse*, Frankfurt a. M.: Suhrkamp, S. 47-85.

Braun, Christina von (2001): *Versuch über den Schwindel. Religion, Schrift, Bild, Geschlecht*, Zürich: Pendo.

Broman, Thomas (2005): »Wie bildet man eine Expertensphäre heraus? Medizinische Kritik und Publizistik am Ende des 18. Jahrhunderts«, in: Eric J. Engstrom, Volker Hess u. Ulrike Thoms (Hg.), *Figurationen des Experten. Ambivalenzen der wissenschaftlichen Expertise im ausgehenden 18. und frühen 19. Jahrhundert*, Frankfurt a. M.: Lang, S. 19-42.

Brückler, Theodor (1989): »Zur Geschichte der österreichischen Heimatschutzbewegung«, in: *Österreichische Zeitschrift für Kunst und Denkmalpflege*, 43, 1, S. 145-156.

Buder, Stanley (1990): *Visionaries and Planners. The Garden City Movement and the Modern Community*, New York u. Oxford: Oxford University Press.

Bulmer, Martin, Bales, Kevin u. Kish Sklar, Kathryn (1991): »The Social Survey in Historical Perspective«, in: dies. (Hg.), *The Social Survey in Historical Perspective 1880-1940*, Cambridge, MA: Cambridge University Press, S. 1-48.

Bundi, Madlaina (2004): *Chronik. 100 Jahre Schweizer Heimatschutz*, Zürich: Schweizer Heimatschutz.

Burg, Dominique von (1998): »Pfister, Gebrüder«, in: Isabelle Rucki u. Dorothee Huber (Hg.), *Architektenlexikon der Schweiz 19./20. Jahrhundert*, Basel, Boston u. Berlin: Birkhäuser, S. 416f.

Calabi, Donatella (2009): »Handbooks of Civic Art from Sitte to Hegemann«, in: Charles C. Bohl u. Jean-François Lejeune (Hg.), *Sitte, Hegemann and the Metropolis. Modern Civic Art and International Exchanges*, London u. New York: Routledge, S. 161-173.

Capol, Jan (2000): *Die Sehnsucht nach Harmonie. Eine semiotische und mentalitätsgeschichtliche Interpretation der Fassadenbilder der Zürcher Baugenossenschaft*, Zürich: Chronos.

Casale, Rita (2004a): »Genealogie des Geschmacks. Ein Beitrag zur Geschichte der ästhetischen Erziehung«, in: Norbert Ricken u. Markus Rieger-Ladich (Hg.), *Michel Foucault: Pädagogische Lektüren*, Wiesbaden: VS Verlag für Sozialwissenschaften, S. 225–242.

– (2004b): »The Educational Theorists, the Teachers, and Their History of Education«, in: *Studies in Philosophy and Education*, 23, 5–6, S. 393–408.

– (2005): »Erziehung vor der Moralerziehung: Konversation versus Kommunikation«, in: Detlef Horster u. Jürgen Oelkers (Hg.), *Pädagogik und Ethik*, Wiesbaden: VS Verlag für Sozialwissenschaften, S. 25–48.

– (2011): »Über die Aktualität der Bildungsphilosophie«, in: *Vierteljahrsschrift für wissenschaftliche Pädagogik*, 87, 2, S. 322–332.

Casutt, Marcus (1994): »Bauform und Erziehungsziel: Das Quaderschulhaus in Chur«, in: *Bündner Monatsblatt*, 94, 1, S. 23–58.

Carroll, Noël (2001): *Beyond Aesthetics. Philosophical Essays*, Cambridge, MA: Cambridge University Press.

Chambliss, J. J. (1987): *Educational Theory As Theory of Conduct. From Aristotle to Dewey*, New York: State University of New York Press.

Collins, George R. u. Crasemann Collins, Christiane (1965): *Camillo Sitte and the Birth of Modern City Planning*, New York: Random House.

Crettaz-Stürzel, Elisabeth (2005a): *Heimatstil. Reformarchitektur in der Schweiz 1896–1914*, Band 1, Frauenfeld: Huber.

– (2005b): *Heimatstil. Reformarchitektur in der Schweiz 1896–1914*, Band 2, Frauenfeld: Huber.

– (2006): »Nichts Internationaleres als Nationalromantik? Heimatstil in der Schweiz als Reformkultur um 1900«, in: Jacek Purchla u. Wolf Tegethoff (Hg.), *Nation, Style, Modernism*, CIHA Conference Papers 1, Cracow u. Munich: International Cultural Centre, Zentralinstitut für Kunstgeschichte, S. 55–73.

Cumming, Elizabeth u. Kaplan, Wendy (1991): *The Arts and Crafts Movement*, London: Thames & Hudson.

Curdes, Gerhard (1981): »Entwicklung der Entwurfsauffassung von Karl Henrici«, in: ders. u. Renate Oehmichen (Hg.), *Künstlerischer Städtebau um die Jahrhundertwende. Der Beitrag von Karl Henrici*, Köln, Stuttgart u.a.: Deutscher Gemeindeverlag und Verlag Kohlhammer, S. 10–20.

Dainat, Holger (2011): »Literatur, Wissen(schaft), Geschichte«, in: *Internationales Archiv für Sozialgeschichte der deutschen Literatur*, 36, 1, S. 177–182.

Davey, Peter (1995): *Arts and Crafts Architecture*, London: Phaidon Press.

Davies, Paul u. Hemsoll, David (2010): »Alberti, Leon Battista«, in: *Grove Art Online. Oxford Art Online*, Download von http://www.oxfordartonline.com/subscriber/article/grove/art/T001530 (zuletzt eingesehen am 17.5.2012).

## ANHANG

De Certeau, Michel (1988): *Kunst des Handelns*, aus dem Französischen übersetzt von Ronald Voullié, Berlin: Merve.

Degen, Bernard (2012): »Soziale Frage«, in: *Historisches Lexikon der Schweiz*, Download von http://www.hls-dhs-dss.ch/textes/d/D16092.php (zuletzt eingesehen am 16.12.2013).

De Moncan, Patrice u. Mahout, Christian (1991): *Le Paris du baron Haussmann. Paris sous le Second Empire*, Paris: Editions Seesam.

Desrosières, Alain (2005): *Die Politik der großen Zahlen. Eine Geschichte der statistischen Denkweise*, aus dem Französischen von Manfred Stern, Berlin u. Heidelberg: Springer.

— (2007): »Comparing the Incomparable: the Sociology of Statistics«, in: Jean-Philippe Touffut (Hg.), *Augustin Cournot: Modelling Economics*, Glos: Edward Elgar, S. 116–143.

Dewey, John (1979): *The Middle Works, 1899–1924. Volume 7: 1912–1914*, edited by Jo Ann Boydston, with an Introduction by Ralph Ross, Carbondale u. Edwardsville: Southern Illinois University Press.

— (1980): *The Middle Works, 1899–1924. Volume 9: 1916*, edited by Jo Ann Boydston, with an Introduction by Sydney Hook, Carbondale u. Edwardsville: Southern Illinois University Press.

— (1982): *The Middle Works, 1899–1924. Volume 12: 1918–1920*, edited by Jo Ann Boydston, with an Introduction by Ralph Ross, Carbondale u. Edwardsville: Southern Illinois University Press.

— (1983): *The Later Works, 1925–1953. Volume 1: 1925*, edited by Jo Ann Boydston, with an Introduction by Sidney Hook, Carbondale u. Edwardsville: Southern Illinois University Press.

— (1987): *The Later Works, 1925–1953. Volume 10: 1934*, edited by Jo Ann Boydston, with an Introduction by Abraham Kaplan, Carbondale u. Edwardsville: Southern Illinois University Press.

— (2002): *Human Nature and Conduct. An Introduction to Social Psychology*, Amherst, NY: Prometheus Books.

Dill, Jeffrey S. (2007): »Durkheim and Dewey and the challenge of contemporary moral education«, in: *Journal of Moral Education*, 36, 2, S. 221–237.

Dipper, Christof (1992): »Sozialreform. Geschichte eines umstrittenen Begriffs«, in: *Archiv für Sozialgeschichte*, 32, S. 323–351.

Dirks, Sebastian u. Kessl, Fabian (2012): »Räumlichkeit in Erziehungs- und Bildungsverhältnissen«, in: Ullrich Bauer, Uwe H. Bittlingmayer u. Albert Scherr (Hg.), *Handbuch Bildungs- und Erziehungssoziologie*, Wiesbaden: Springer VS, S. 507–525.

Doering-Manteuffel, Anselm (2009): »Konturen von ›Ordnung‹ in den Zeitschichten des 20. Jahrhunderts«, in: Thomas Etzemüller (Hg.), *Die Ordnung der Moderne. Social Engineering im 20. Jahrhundert*, Bielefeld: transcript, S. 41–64.

Dommer, Hermann u. Gruner, Erich (1988): *Entstehung und Entwicklung der schweizerischen Sozialdemokratie. Ihr Verhältnis zu Nation,*

*Internationalismus, Bürgertum, Staat und Gesetzgebung, Politik und Kultur*, Zürich: Chronos.

Dräger, Horst (2003): »Siedlung als moralischer Raum«, in: Franz-Josef Jelich u. Heidemarie Kemnitz (Hg.), *Die pädagogische Gestaltung des Raums. Geschichte und Modernität*, Bad Heilbrunn: Klinkhardt, S. 67–78.

Durkheim, Emile (1893): *De la division du travail. Étude sur l'organisation des sociétés supérieures*, Paris: Félix Alcan.

– (1906): *Détermination du fait moral*, Download von http://classiques.uqac.ca/classiques/Durkheim_emile/Socio_et_philo/ch_2_fait_moral/fait_moral.pdf (zuletzt eingesehen am 7.8.2012).

– (1919): *Les règles de la méthode sociologique*, Paris: Félix Alcan.

– (1960): *Les formes élementaires de la vie religieuse. Le système totémique en Australie*, Paris: PUF.

– (1973): *On Morality and Society. Selected Writings*, edited and with an Introduction by Robert N. Bellah, Chicago u. London: The University of Chicago Press.

– (1984): *Erziehung, Moral und Gesellschaft. Vorlesung an der Sorbonne 1902/1903*, mit einer Einleitung von Paul Fauconnet, übersetzt von Ludwig Schmidts, Frankfurt a. M.: Suhrkamp.

Düwell, Marcus, Hübenthal, Christop u. Werner, Micha H. (2006): *Handbuch Ethik*, zweite, aktualisierte und erweiterte Auflage, Stuttgart u. Weimar: J.B. Metzler.

Eames, S. Morris (2003): *Experience and Value. Essays on John Dewey and Pragmatic Naturalism*, edited by Elizabeth R. Eames and Richard W. Field, Carbondale u. Edwardsville: Southern Illinois University Press.

Eaton, Ruth (2001): *Ideal Cities. Utopianism and the (Un)Built Environment*, Antwerp: Mercatorfonds.

Ecarius, Jutta u. Löw, Martina (Hg.) (1997): *Raumbildung – Bildungsräume. Über die Verräumlichung sozialer Prozesse*, Opladen: Leske + Budrich.

Eckart, Wolfgang (1997): »›Die wachsende Nervosität unserer Zeit‹. Medizin und Kultur um 1900 am Beispiel einer Modekrankheit«, in: Gangolf Hübinger, Rüdiger vom Bruch u. Friedrich Wilhelm Graf (Hg.), *Kultur und Kulturwissenschaften um 1900. II: Idealismus und Positivismus*, Stuttgart: Franz Steiner, S. 207–226.

Eco, Umberto (1997): »Function and Sign: The Semiotics of Architecture«, in: Neil Leach (Hg.), *Rethinking Architecture. A Reader in Cultural Theory*, London u. New York: Routledge, S. 182–202.

Eisenstadt, Shmuel Noah (2000): »Multiple Modernities«, in: *Daedalus*, 129, 1, S. 1–29.

Engstrom, Eric J. (1997): »Kulturelle Dimensionen von Psychiatrie und Sozialpsychologie. Emil Kraeplin und Willy Hellpach«, in: Gangolf Hübinger, Rüdiger vom Bruch u. Friedrich Wilhelm Graf (Hg.), *Kultur und Kulturwissenschaften um 1900. II: Idealismus und Positivismus*, Stuttgart: Franz Steiner, S. 164–189.

Etzemüller, Thomas (2009): »Social engineering als Verhaltenslehre des kühlen Kopfes. Eine einleitende Skizze«, in: ders. (Hg.), Die Ordnung der Moderne. Social Engineering im 20. Jahrhundert, Bielefeld: transcript, S. 11–39.
Everdell, William R. (1997): The First Moderns. Profiles in the Origins of Twentieth-Century Thought, Chicago u. London: The University of Chicago Press.
Fehl, Gerhard (1980a): »Camillo Sitte als ›Volkserzieher‹ – Anmerkungen zum deterministischen Denken in der Stadtbaukunst des 19. Jahrhunderts«, in: ders. u. Juan Rodrígez-Lores (Hg.), Städtebau um die Jahrhundertwende. Materialien zur Entstehung der Disziplin, Köln: Deutscher Gemeindeverlag und Verlag Kohlhammer, S. 138–221.
– (1980b): »Stadtbaukunst contra Stadtplanung. Zur Auseinandersetzung Camillo Sittes mit Reinhard Baumeister«, in: Stadtbauwelt, 65, S. 37–47.
Fehl, Gerhard u. Rodríguez-Lores, Juan (1983): »Einleitung«, in: dies. (Hg.), Stadterweiterungen 1800–1875. Von den Anfängen des modernen Städtebaues in Deutschland, Hamburg: Christians, S. 11–23.
– (Hg.) (1983): Stadterweiterungen 1800–1875. Von den Anfängen des modernen Städtebaues in Deutschland, Hamburg: Christians.
– (Hg.) (1995): Stadt-Umbau. Die planmäßige Erneuerung europäischer Großstädte zwischen Wiener Kongreß und Weimarer Republik, Basel, Berlin u. Boston: Birkhäuser.
Feldmann, Hans-Uli (1999): »Darstellungsformen vermessener Landschaften. Ein Überblick über die amtliche Kartographie der Schweiz im 19. Jahrhundert«, in: David Gugerli (Hg.), Vermessene Landschaften. Kulturgeschichte und technische Praxis im 19. und 20. Jahrhundert, Zürich: Chronos, S. 51–63.
Fleck, Ludwik (1980): Entstehung und Entwicklung einer wissenschaftlichen Tatsache. Einführung in die Lehre vom Denkstil und Denkkollektiv, Frankfurt a. M.: Suhrkamp.
Foucault, Michel (1973): Archäologie des Wissens, übersetzt von Ulrich Köppen, Frankfurt a. M.: Suhrkamp.
– (1976): Überwachen und Strafen. Die Geburt des Gefängnisses, übersetzt von Walter Seitter, Frankfurt a. M.: Suhrkamp.
– (1977): Der Wille zum Wissen. Sexualität und Wahrheit. Erster Band, übersetzt von Ulrich Raulff und Walter Seitter, Frankfurt a. M.: Suhrkamp.
– (1978): Dispositive der Macht. Über Sexualität, Wissen und Wahrheit, Berlin: Merve.
– (2004): Sicherheit, Territorium, Bevölkerung. Geschichte der Gouvernementalität I, Vorlesung am Collège de France 1977–1978, aus dem Französischen von Claudia Brede-Konersmann und Jürgen Schröder, Frankfurt a. M.: Suhrkamp.
Frampton, Kenneth (1985): Modern Architecture. A Critical History, Revised and Enlarged Edition, London: Thames & Hudson.

– (1995): *Studies in Tectonic Culture. The Poetics of Construction in Nineteenth and Twentieth Century Architecture*, Cambridge, MA: The MIT Press.

Frevert, Ute (2009): »Was haben Gefühle in der Geschichte zu suchen?«, in: *Geschichte und Gesellschaft*, 35, 2, 183–208.

Friedmann, John (1972): »Ein konzeptionelles Modell für die Analyse von Planungsverhalten«, in: Josef Esser, Frieder Naschold u. Werner Väth (Hg.), *Gesellschaftsplanung in kapitalistischen und sozialen Systemen*, Gütersloh: Bertelsmann, S. 212–238.

– (1987): *Planning in the Public Domain. From Knowledge to Action*, Princeton, NJ: Princeton University Press.

Fritz, Hans-Joachim (1995): *Vitruv. Architekturtheorie und Machtpolitik in der römischen Antike*, Münster: LIT Verlag.

Fritzsche, Bruno (1990a): »Der Transport bürgerlicher Werte über die Architektur«, in: Hans-Peter von Aarburg u. Kathrin Oester (Hg.), *Wohnen. Zur Dialektik von Intimität und Öffentlichkeit. Diskussionsbeiträge zum Thema Wohnen*, Freiburg: Universitätsverlag Freiburg Schweiz, S. 17–34.

– (1990b): »Vorhänge sind an die Stelle der alten Lumpen getreten. Die Sorgen der Wohnungsfürsorger im 19. Jahrhundert«, in: Sebastian Brändli, David Gugerli, Rudolf Jaun u. Ulrich Pfister (Hg.), *Schweiz im Wandel. Studien zur neueren Gesellschaftsgeschichte*, Festschrift für Rudolf Braun zum 60. Geburtstag, Basel u. Frankfurt a. M.: Helbing & Lichtenhahn, S. 383–396.

Fritzsche, Bruno u. Lemmenmeier, Max (1994): »Auf dem Weg zu einer städtischen Industriegesellschaft 1870–1918«, in: Niklaus Flüeler u. Marianne Flüeler-Grauwiler (Hg.), *Geschichte des Kantons Zürich. Band 3. 19. und 20. Jahrhundert*, Zürich: Werd, S. 158–249.

Früchtl, Josef (1996): *Ästhetische Erfahrung und moralisches Urteil. Eine Rehabilitierung*, Frankfurt a. M.: Suhrkamp.

Fuchs, Eckhardt (2010): »Historische Bildungsforschung in internationaler Perspektive: Geschichte – Stand – Perspektiven«, in: *Zeitschrift für Pädagogik*, 56, 5, S. 703–724.

Gay, Peter (2008): *Modernism. The Lure of Heresy. From Baudelaire to Becket and Beyond*, New York u. London: Norton & Company.

Geisenhanslüke, Achim (2011): »Genealogie des Wissens – Archäologie der Literatur«, in: *Internationales Archiv für Sozialgeschichte der deutschen Literatur*, 36, 1, S. 173–175.

Gert, Bernard (2005): *Morality. Its Nature and Justification*, Revised Edition, Oxford u. New York: Oxford University Press.

Gewerbeschule und Kunstgewerbemuseum der Stadt Zürich (Hg.) ([1933]): *Festschrift zur Eröffnung des Neubaues im Frühjahr 1933*, [ohne Ort]: [ohne Verlag].

Giedion, Sigfried (1967): *Space, Time and Architecture. The Growth of a New Tradition*, Cambridge, MA: Harvard University Press.

Giere, Ronald N. (2004): »How Models Are Used to Represent Reality«, in: *Philosophy of Science*, 71, S. 742–752.

Gnägi, Thomas, Nicolai, Bernd u. Wohlwend Piai, Jasmine (Hg.) (2013): *Gestaltung, Werk, Gesellschaft. 100 Jahre Schweizer Werkbund SWB*, Zürich: Scheidegger & Spiess.
Grossmann, Elisabeth, Budliger, Hanjörg u. Stahel, Urs (1975): *1875-1975. 100 Jahre Kunstgewerbemuseum der Stadt Zürich*, [Zürich]: [Kunstgewerbemuseum der Stadt Zürich].
Gruhn-Zimmermann, Antonia (1995): »Schulbau für eine neue Gesellschaft«, in: *Der Architekt*, 9, S. 528-531.
Gubler, Jacques (1975): *Nationalisme et internationalisme dans l'architecture moderne de la Suisse*, Lausanne: L'Age d'Homme.
Gugerli, David (1996): *Redeströme. Zur Elektrifizierung der Schweiz 1880-1914*, Zürich: Chronos.
– (1999): »Präzisionsmessungen am geodätischen Fundament der Nation. Zum historischen Anforderungsreichtum einer vermessenen Landschaft«, in: ders. (Hg.), *Vermessene Landschaften. Kulturgeschichte und technische Praxis im 19. und 20. Jahrhundert*, Zürich: Chronos, S. 11-36.
Gumbrecht, Hans Ulrich (1978): »Modern. Modernität, Moderne«, in: Otto Brunner, Reinhart Koselleck u. Werner Conze (Hg.), *Geschichtliche Grundbegriffe. Historisches Lexikon zur politischen und sozialen Sprache in Deutschland. Band 4*, Stuttgart: Klett S. 93-131.
Habermas, Jürgen (1981a): *Theorie des kommunikativen Handelns. Band I. Handlungsrationalität und gesellschaftliche Rationalisierung*, Frankfurt a. M.: Suhrkamp.
– (1981b): *Theorie des kommunikativen Handelns. Band 2. Zur Kritik der funktionalistischen Vernunft*, Frankfurt a. M.: Suhrkamp.
Haffner, Jeanne (2013): *The View from Above. The Science of Social Space*, Cambridge, MA: The MIT Press.
Hall, Peter (1988): *Cities of Tomorrow. An Intellectual History of Urban Planning and Design in the Twentieth Century*, Oxford u. New York: Basil Blackwell.
Hall, Peter u. Ward, Colin (1998): *Sociable Cities. The Legacy of Ebenezer Howard*, Chichester: John Wiley & Sons.
Hansen, David T. (Hg.) (2006): *John Dewey and our Educational Prospect. A Critical Engagement with Dewey's »Democracy and Education«*, Albany: State University of New York Press.
– (2009): »Dewey and Cosmopolitanism«, in: *Education and Culture*, 25, 2, S. 126-140.
Harries, Karsten (1997): *The Ethical Function of Architecture*, Cambridge u. London: The MIT Press.
Häußermann, Hartmut u. Siebel, Walter (2004): *Stadtsoziologie. Eine Einführung*, Frankfurt a. M.: Campus.
Hebbert, Michael u. Sonne, Wolfgang (2006): »History Builds the Town: On the Uses of History in Twentieth-century City Planning«, in: Javier Monclús u. Manuel Guàrdia (Hg.), *Culture, Urbanism and Planning*, Hampshire: Ashgate, S. 3-19.

Helfenberger, Marianne (2013): *Das Schulhaus als geheimer Miterzieher. Normative Debatten in der Schweiz von 1830 bis 1930*, Bern: Haupt.

Hesse, Mary B. (1966): *Models and Analogies in Science*, Notre Dame: University of Notre Dame Press.

Hettling, Manfred (1999): *Politische Bürgerlichkeit. Der Bürger zwischen Individualität und Vergesellschaftung in Deutschland und der Schweiz von 1860 bis 1918*, Göttingen: Vandenhoeck & Ruprecht.

Hitzler, Ronald (1994): »Wissen und Wesen des Experten. Ein Annäherungsversuch – zur Einleitung«, in: ders., Anne Honer u. Christoph Maeder (Hg.), *Expertenwissen. Die institutionalisierte Kompetenz zur Konstruktion von Wirklichkeit*, Opladen: Westdeutscher Verlag, S. 13–30.

Hobsbawm, Eric J. (2003): »Introduction: Inventing Traditions«, in: ders. u. Terence Ranger (Hg.), *The Invention of Tradition*, Cambridge: Cambridge University Press, S. 1–14.

Hochhäusl, Sophie (2011): *Otto Neurath – City Planning. Proposing a Socio-Political Map for Modern Urbanism*, Innsbruck: Innsbruck University Press.

Hofer, Sigrid (2005): *Reformarchitektur 1900–1918. Deutsche Baukünstler auf der Suche nach dem nationalen Stil*, Stuttgart u. London: Edition Axel Menges.

Hörner, Fernand (2008): *Die Behauptung des Dandys. Eine Archäologie*, Bielefeld: transcript.

Hübinger, Gangolf (2002): »Wertkollisionen im frühen 20. Jahrhundert. Die Kompetenz der Geisteswissenschaften zur Deutung sozialer Wirklichkeit«, in: Rüdiger vom Bruch u. Brigitte Kaderas (Hg.), *Wissenschaften und Wissenschaftspolitik. Bestandsaufnahmen zu Formationen, Brüchen und Kontinuitäten im Deutschland des 20. Jahrhunderts*, Stuttgart: Steiner, S. 75–83.

Hübinger, Gangolf, vom Bruch, Rüdiger u. Graf, Friedrich Wilhelm (1997): »Einleitung: Idealismus – Positivismus. Grundspannung und Vermittlung in Kultur und Kulturwissenschaften um 1900«, in: dies. (Hg.), *Kultur und Kulturwissenschaften um 1900. II: Idealismus und Positivismus*, Stuttgart: Franz Steiner, S. 9–23.

Illi, Martin (1987): *Von der Schîssgruob zur modernen Stadtentwässerung*, herausgegeben von der Stadtentwässerung Zürich, Abteilung des Bauamtes I, unter Verwendung eines unveröffentlichten Manuskriptes von Hansruedi Steiner, Zürich: Verlag Neue Zürcher Zeitung.

Illi, Martin (2008): *Geschichte der Zürcher Kantonsverwaltung von 1803 bis 1998*, Zürich: Chronos.

Isambert, François-A. (2013): »Durkheim: Eine Moralwissenschaft für eine laizistische Moral«, in: *Trivium*, 13, aus dem Französischen übersetzt von Andreas Pfeuffer, Download von http://trivium.revues.org/4474 (zuletzt eingesehen am 16.12.2013).

Jaeger, Friedrich u. Rüsen, Jörn (1992): *Geschichte des Historismus*, München: C.H. Beck.

Jaun, Rudolf (1986): *Management und Arbeiterschaft. Verwissenschaftlichung, Amerikanisierung und Rationalisierung der Arbeitsverhältnisse in der Schweiz 1873–1959*, Zürich: Chronos.

Jaun, Rudolf (1990): »›Es muss von Anfang an während der Arbeitszeit stets gearbeitet werden ohne Unterbruch‹. Zum Verhältnis von Zeit, Arbeit und Lohn in der Schweizer Industrie, 1890–1960«, in: Sebastian Brändli, David Gugerli, ders. u. Ulrich Pfister (Hg.), *Schweiz im Wandel. Studien zur neueren Gesellschaftsgeschichte*, Festschrift für Rudolf Braun zum 60. Geburtstag, Basel u. Frankfurt a. M.: Helbing & Lichtenhahn, S. 59–74.

Jelich, Franz-Josef u. Kemnitz, Heidemarie (Hg.) (2003): *Die pädagogische Gestaltung des Raums. Geschichte und Modernität*, Bad Heilbrunn: Klinkhardt.

Jencks, Charles A. (1991): *The Language of Post-Modern Architecture*, Sixth Revised Enlarged Edition, London: Academy Editions.

– (2002): *The New Paradigm in Architecture. The Language of Post-Modernism*, New Haven u. London: Yale University Press.

Jonas, Friedrich (1980a): *Geschichte der Soziologie 1. Aufklärung, Liberalismus, Idealismus, Sozialismus, Übergang zur industriellen Gesellschaft*, mit Quellentexten, 2. Auflage, Opladen: Westdeutscher Verlag.

– (1980b): *Geschichte der Soziologie 2. Von der Jahrhundertwende bis zur Gegenwart*, mit Quellentexten, 2. Auflage, Opladen: Westdeutscher Verlag.

Jordan, David P. (1995): *Transforming Paris. The Life and Labors of Baron Haussmann*, New York: The Free Press.

Jost, Hans Ulrich (1992): *Die reaktionäre Avantgarde. Die Geburt der neuen Rechten in der Schweiz um 1900*, Zürich: Chronos.

Kant, Immanuel (1968): *Gesammelte Schriften (Akademie-Ausgabe). Band 5. Kritik der praktischen Vernunft, Kritik der Urtheilskraft*, Berlin: Walter de Gruyter.

Kantorowicz, Ernst H. (1997): *The King's Two Bodies. A Study in Mediaeval Political Theology*, with a new preface by William Chester Jordan, Princeton, NJ: Princeton University Press.

Kastorff-Viehmann, Renate (1988): »›Kleinwohnung und Werkssiedlung. Zur Erziehung des Arbeiters durch Umweltgestaltung«, in: Juan Rodríguez-Lores u. Gerhard Fehl (Hg.), *Die Kleinwohnungsfrage. Zu den Ursprüngen des sozialen Wohnungsbaus in Europa*, Hamburg: Christians, S. 221–241.

Kemnitz, Heidemarie (2001): »›Pädagogische‹ Architektur? Zur Gestaltung des pädagogischen Raums«, in: *Die deutsche Schule*, 93, 1, S. 46–57.

Kemp, Wolfgang (2009): *Architektur analysieren. Eine Einführung in acht Kapiteln*, München: Schirmer/Mosel.

Kessel, Martina (2000): »Das Trauma der Affektkontrolle. Zur Sehnsucht nach Gefühlen im 19. Jahrhundert«, in: Claudia Benthien, Anne Fleig u. Ingrid Kasten (Hg.), *Emotionalität. Zur Geschichte der Gefühle*, Köln, Weimar u. Wien: Böhlau, S. 156–177.

Kessl, Fabian u. Krasmann, Susanne (2005): »Sozialpolitische Programmierungen«, in: Fabian Kessl, Christian Reutlinger, Susanne Maurer u. Oliver Frey (Hg.), *Handbuch Sozialraum*, Wiesbaden: VS Verlag für Sozialwissenschaften, S. 227–245.

Kessl, Fabian u. Reutlinger, Christian (2010): *Sozialraum. Eine Einführung*, 2., durchgesehene Auflage, mit einem Beitrag von Ulrich Deinet, Wiesbaden: VS Verlag für Sozialwissenschaften.

– (Hg.) (2013): *Urbane Spielräume. Bildung und Stadtentwicklung*, Wiesbaden: Springer VS.

Kettner, Matthias (2006): »Moral«, in: Marcus Düwell, Christoph Hübenthal u. Micha H. Werner (Hg.), *Handbuch Ethik*, zweite, aktualisierte und erweiterte Auflage, Stuttgart u. Weimar: J.B. Metzler, S. 426–430.

Kieß, Walter (1991): *Urbanismus im Industriezeitalter. Von der klassizistischen Stadt zur Garden City*, Berlin: Ernst & Sohn.

Kim, Jiwon (2009): »Dewey's Aesthetics and Today's Moral Education«, in: *Education and Culture*, 25, 2, S. 62–75.

Knaut, Andreas (1993): *Zurück zur Natur! Die Wurzeln der Ökologiebewegung*, Supplement 1 (1993) zum Jahrbuch für Naturschutz und Landschaftspflege, Greven: Kilda-Verlag.

Koch, Michael, Somandin, Mathias u. Süsstrunk, Christian (1990): *Kommunaler und genossenschaftlicher Wohnungsbau in Zürich. Ein Inventar der durch die Stadt Zürich geförderten Wohnbauten 1907–1989*, Zürich: Finanzamt und Bauamt II der Stadt Zürich.

Koller, Barbara (1995): »*Gesundes Wohnen*«. *Ein Konstrukt zur Vermittlung bürgerlicher Werte und Verhaltensnormen und seine praktische Umsetzung in der Deutschschweiz 1880–1940*, Zürich: Chronos.

Koselleck, Reinhart (1979): *Vergangene Zukunft. Zur Semantik geschichtlicher Zeit*, Frankfurt a. M.: Suhrkamp.

Kost, Franz (1985): *Volksschule und Disziplin. Die Disziplinierung des inner- und ausserschulischen Lebens durch die Volksschule, am Beispiel der Zürcher Schulgeschichte zwischen 1830 und 1930*, Zürich: Limmat Verlag.

Krämer, Sybille (2007): »Was also ist eine Spur? Und worin besteht ihre epistemologische Rolle? Eine Bestandsaufnahme«, in: dies., Werner Kogge u. Gernot Grube (Hg.), *Spur. Spurenlesen als Orientierungstechnik und Wissenskunst*, Frankfurt a. M.: Suhrkamp, S. 11–33.

Krawietz, Werner (1976): »Körperschaft«, in: Joachim Ritter u. Karlfried Gründer (Hg.), *Historisches Wörterbuch der Philosophie*, Band 4: I-K, Basel: Schwabe & Co., S. 1101–1134

Kreis, Georg (2010): »Landesausstellungen«, in: *Historischen Lexikon der Schweiz*, Download von http://www.hls-dhs-dss.ch/textes/d/D13796.php (zuletzt eingesehen am 16.12.2013).

Kretschmer, Winfried (1999): *Geschichte der Weltausstellungen*, Frankfurt a. M.: Campus.

Kuchenbuch, David (2010): *Geordnete Gemeinschaft. Architekten als Sozialingenieure – Deutschland und Schweden im 20. Jahrhundert*, Bielefeld: transcript.

Künzli, Daniel (1990): »Stadtwachstum, Quartierbildung und soziale Konflikte am Beispiel von Zürich-Aussersihl 1850–1914«, in: Sebastian Brändli, David Gugerli, Rudolf Jaun u. Ulrich Pfister (Hg.), *Schweiz im Wandel. Studien zur neueren Gesellschaftsgeschichte*, Festschrift für Rudolf Braun zum 60. Geburtstag, Basel u. Frankfurt a. M.: Helbing & Lichtenhahn, S. 43–58.

Kurz, Daniel (2000a): »Friedrich Fissler, Zürcher Stadtbaumeister 1907–1919«, in: ders., Christine Morra-Barrelet u. Ruedi Weidmann (Hg.), *Das öffentliche Bauwesen in Zürich. Vierter Teil: Das städtische Bauamt 1907–1957*, kleine Schriften zur Zürcher Denkmalpflege, Heft 7, Zürich u. Egg: Baudirektion Kanton Zürich, Hochbauamt Denkmalpflege, S. 17–43.

– (2000b): »Zürich als Grossstadt seit der Stadtvereinigung 1893«, in: ders., Christine Morra-Barrelet u. Ruedi Weidmann (Hg.), *Das öffentliche Bauwesen in Zürich. Vierter Teil: Das städtische Bauamt 1907–1957*, kleine Schriften zur Zürcher Denkmalpflege, Heft 7, Zürich u. Egg: Baudirektion Kanton Zürich, Hochbauamt Denkmalpflege, S. 9–15.

– (2008): *Die Disziplinierung der Stadt. Moderner Städtebau in Zürich 1900 bis 1940*, Zürich: gta.

Ladd, Brian (1990): *Urban Planning and Civic Order in Germany, 1860–1914*, Cambridge, MA: Harvard University Press.

Lampugnani, Vittorio Magnago (2010): *Die Stadt im 20. Jahrhundert. Visionen, Entwürfe, Gebautes. Band I*, Berlin: Wagenbach.

– (2011): *Die Modernität des Dauerhaften. Essays zu Stadt, Architektur und Design*, aus dem Italienischen von Moshe Kahn, Berlin: Wagenbach.

– (2013): »Das großmaßstäbliche Muster der bürgerlichen Stadt. Haussmann und Paris«, in: Jean-Louis Cohen u. Hartmut Frank (Hg.), *Metropolen 1850–1950. Mythen – Bilder – Entwürfe / mythes – images – projets*, Berlin: Deutscher Kunstverlag, S. 3–31.

Lampugnani, Vittorio Magnago, Hanisch, Ruth, Schumann, Ulrich Maximilian u. Sonne, Wolfgang (Hg.) (2004): *Architekturtheorie 20. Jahrhundert*, Ostfildern-Ruit: Hatje Cantz.

Lampugnani, Vittorio Magnago u. Noell, Matthias (2005): *Stadtformen. Die Architektur der Stadt zwischen Imagination und Konstruktion*, Zürich: gta.

Landwehr, Eva-Maria (2012): *Kunst des Historismus*, Köln, Weimar u. Wien: Böhlau.

Lathouri, Marina (2011): »The City as a Project. Types, Typical Objects and Typologies«, in: *Architectural Design*, 81, 1, S. 24–31.

Leendertz, Ariane (2008): *Ordnung schaffen. Deutsche Raumplanung im 20. Jahrhundert*, Göttingen: Wallstein.

Leddy, Tom (2011): »Dewey's Aesthetics«, in: Edward N. Zalta (Hg.), *The Stanford Encyclopedia of Philosophy*, Download von http://plato.

stanford.edu/archives/win2011/entries/dewey-aesthetics/ (zuletzt eingesehen am 13.6.2012).

Lehne, Andreas (1989): »Heimatstil – Zum Problem der Terminologie«, in: Österreichische Zeitschrift für Kunst und Denkmalpflege, 43, 1, S. 159–164.

Lendi, Martin u. Elsasser, Hans (1991): Raumplanung in der Schweiz. Eine Einführung, 3., aktualisierte Auflage 1991 mit Anhang zum Stand der schweizerischen Raumplanung, Zürich: Verlag der Fachvereine an den schweizerischen Hochschulen und Techniken.

Levine, Donald N. (1985): The Flight from Ambiguity. Essays in Social and Cultural Theory, Chicago u. London: The University of Chicago Press.

Liebau, Eckart, Miller-Kipp, Gisela u. Christoph Wulf (Hg.) (1999): Metamorphosen des Raums. Erziehungswissenschaftliche Forschungen zur Chronotopologie, Weinheim: Deutscher Studienverlag.

Lindner, Rolf (2004): Walks on the Wild Side. Eine Geschichte der Stadtforschung, Frankfurt a. M. u. New York: Campus.

Livingstone, Karen (2005): »Origins and Development«, in: dies. u. Linda Parry (Hg.), International Arts and Crafts, London: V&A Publications, S. 40–61.

Livingstone, Karen u. Parry, Linda (Hg.) (2005): International Arts and Crafts, London: V&A Publications.

Long, Christopher (2001): »An Alternative Path to Modernism: Carl König and Architectural Education at the Vienna Technische Hochschule, 1890–1913«, in: Journal of Architectural Education, 55, 1, S. 21–30.

Löw, Martina (2001): Raumsoziologie, Frankfurt a. M.: Suhrkamp.

– (2008): Soziologie der Städte, Frankfurt a. M.: Suhrkamp.

Luks, Timo (2010): Der Betrieb als Ort der Moderne. Zur Geschichte von Industriearbeit, Ordnungsdenken und Social Engineering im 20. Jahrhundert, Bielefeld: transcript.

Lynch, Kevin (1960): The Image of the City, Cambridge, MA: The MIT Press.

MacCarthy, Fiona (1994): William Morris. A Life for Our Time, London: Faber and Faber.

Maffesoli, Michel (1996): The Time of the Tribes. The Decline of Individualism in Mass Society, Translated by Don Smith, London: SAGE Publications.

Mai, Ekkehard (2010): Die Deutschen Kunstakademien im 19. Jahrhundert. Künstlerausbildung zwischen Tradition und Avantgarde, Köln, Weimar u. Wien: Böhlau.

Mallgrave, Harry Francis u. Ikonomou, Eleftherios (1994): »Introduction«, in: dies. (Hg.), Empathy, Form, and Space. Problems in German Aesthetics, 1873–1893, Introduction and Translation by Harry Francis Mallgrave and Eleftherios Ikonomou, Santa Monica, CA: The Getty Center for the History of Art and the Humanities, S. 1–85.

Meinel, Christoph (2008): »Kugeln und Stäbchen: Vom kulturellen Ursprung chemischer Modelle«, in: Ulrich Dirks u. Eberhard Knobloch (Hg.), *Modelle*, Frankfurt a. M.: Lang, S. 221–234.

Meyer, Peter (1969): *Schweizerische Stilkunde. Von der Vorzeit bis zur Gegenwart*, sechste, neubearbeitete Auflage, Zürich: Schweizer Spiegel.

Middendorf, Stefanie (2012): »Mass Culture as Modernity. Introductory Thoughts«, in: *Journal of Modern European History*, 10, 2, S. 147–151.

Miller, Quintus (1998): »Pfleghard und Haefeli«, in: Isabelle Rucki u. Dorothee Huber (Hg.), *Architektenlexikon der Schweiz 19./20. Jahrhundert*, Basel, Boston u. Berlin: Birkhäuser, S. 418f.

Mönninger, Michael (1998): *Vom Ornament zum Nationalkunstwerk. Zur Kunst- und Architekturtheorie Camillo Sittes*, Braunschweig u. Wiesbaden: Vieweg.

Moravánszky, Ákos (1997): »Educated Evolution: Darwinism, Design Education, and American Influence in Central Europe, 1898–1918«, in: Martha Pollak (Hg.), *The Education of the Architect. Historiography, Urbanism, and the Growth of Architectural Knowledge*, Cambridge, MA: The MIT Press, S. 113–137.

– (1999): »Ordnung und Atmosphäre«, in: *Schweizer Ingenieur und Architekt*, 117, 13, S. 260–267.

– (2012): »The Optical Construction of Urban Space: Hermann Maertens, Camillo Sitte, and the Theories of ›Aesthetic Perception‹«, in: *The Journal of Architecture*, 17, 5, S. 655–666.

– (Hg.) (2003): *Architekturtheorie im 20. Jahrhundert. Eine kritische Anthologie*, unter Mitarbeit von Katalin G. Gyöngy, Wien u. New York: Springer.

Morrison, Margaret u. Morgan, Mary S. (1999): »Models as mediating instruments«, in: Mary S. Morgan u. Margaret Morrison (Hg.), *Models as Mediators. Perspectives on Natural and Social Sciences*, Cambridge: Cambridge University Press, S. 10–37.

Muchow, Martha u. Muchow, Hans Heinrich (1998): *Der Lebensraum des Großstadtkindes*, Neuausgabe mit biographischem Kalender und Bibliographie Martha Muchow, herausgegeben von Jürgen Zinnecker, Weinheim u. München: Juventa.

Müller, Felix (2010): »Grütliverein«, in: *Historisches Lexikon der Schweiz*, Download von http://www.hls-dhs-dss.ch/textes/d/D17397.php (zuletzt eingesehen am 16.12.2013)

Müller, Hans (1918): *Der schweizerische Grütliverein und die »Junge Schweiz«. Ein unbekanntes Kapitel aus der Geschichte der schweizerischen Arbeiterbewegung*, Zürich: Verlag der Buchhandlung des Schweizerischen Grütlivereins.

– (1919): *Geschichte der Zürcher Stadtvereinigung von 1893. Ein Rückblick anlässlich des 25. Jubiläums*, im Auftrage des Stadtrates herausgegeben von der Stadtkanzlei, Zürich: Verlag der Stadt Zürich.

Müller, Michael (1977): *Die Verdrängung des Ornaments. Zum Verhältnis von Architektur und Lebenspraxis*, Frankfurt a. M.: Suhrkamp.

Müller, Thomas (2001): *Das öffentliche Bauwesen in Zürich. Zweiter Teil: Das kantonale Bauamt 1896–1958*, kleine Schriften zur Zürcher Denkmalpflege, Heft 5, Zürich u. Egg: Baudirektion Kanton Zürich, Hochbauamt Denkmalpflege.

Muthesius, Stefan (1974): *Das englische Vorbild. Eine Studie zu den deutschen Reformbewegungen in Architektur, Wohnbau und Kunstgewerbe im späteren 19. Jahrhundert*, München: Prestel.

Naylor, Gillian (1990): *The Arts and Crafts Movement. A Study of its Sources, Ideals and Influence on Design Theory*, London: Trefoil Publications.

Nelson, Daniel (1980): *Frederic W. Taylor and the Rise of Scientific Management*, Madison: University of Wisconsin Press.

Nerdinger, Winfried (1984): »Historismus oder: von der Wahrheit der Kunst zum richtigen Stil«, in: Claus Baldus u. Vittorio Magnago Lampugnani (Hg.), *Das Abenteuer der Ideen. Architektur und Philosophie seit der industriellen Revolution*, eine Ausstellung in der Neuen Nationalgalerie zum Berichtsjahr 1984 der Internationalen Bauausstellung Berlin 1987, 16.9. bis 18.11.1984, Berlin: Frölich & Kaufmann, S. 31–42.

– (1988): *Theodor Fischer. Architekt und Städtebauer*, Berlin: Wilhelm Ernst.

– (1995): »Erziehung durch Architektur?«, in: *Der Architekt*, 9, S. 511.

– (2003): »Der Architekt Gottfried Semper. ›Der notwendige Zusammenhang der Gegenwart mit allen Jahrhunderten der Vergangenheit‹«, in: ders. u. Werner Oechslin (Hg.), *Gottfried Semper 1803–1879. Architektur und Wissenschaft*, Zürich u. München: gta und Prestel, S. 8–50.

Neumeyer, Fritz (2002): »Nachdenken über Architektur. Eine kurze Geschichte ihrer Theorie«, in: ders. (Hg.), *Quellentexte zur Architekturtheorie*, unter Mitarbeit von Jasper Cepl, München, Berlin, London u. New York: Prestel, S. 9–79.

– (Hg.) (2002): *Quellentexte zur Architekturtheorie*, unter Mitarbeit von Jasper Cepl, München, Berlin, London u. New York: Prestel.

Nicolai, Bernd (2013): »Aufbruch und Reform. Der Schweizerische Werkbund in seinem ersten Jahrzehnt«, in: Thomas Gnägi, ders. u. Jasmine Wohlwend Piai (Hg.), *Gestaltung, Werk, Gesellschaft. 100 Jahre Schweizer Werkbund SWB*, Zürich: Scheidegger & Spiess, S. 47–61.

Nietzsche, Friedrich (1968): *Werke. Kritische Gesamtausgabe VI-2. Jenseits von Gut und Böse. Zur Genealogie der Moral. (1886–1887)*, herausgegeben von Giorgio Colli und Mazzino Montinari, Berlin: Walter de Gruyter.

Nikolow, Sybilla (2006): »Imaginäre Gemeinschaften. Statistische Bilder der Bevölkerung«, in: Martina Heßler (Hg.), *Konstruierte Sichtbarkeiten. Wissenschafts- und Technikbilder seit der Frühen Neuzeit*, München: Fink, S. 263–278.

Nitschke, August, Ritter, Gerhard A., Peukert, Detlev J. K. u. vom Bruch, Rüdiger (Hg.) (1990a): *Jahrhundertwende. Der Aufbruch in die Moderne 1880–1930. Band 1*, Reinbek bei Hamburg: Rowohlt.

– (Hg.) (1990b): *Jahrhundertwende. Der Aufbruch in die Moderne 1880–1930. Band 2*, Reinbek bei Hamburg: Rowohlt.

Noblit, George W. u. Pink, William T. (2007): »Introduction. Urban Education in the Globalizing World«, in: William T. Pink u. George W. Noblit (Hg.), *International Handbook of Urban Education*. Part One, Dordrecht: Springer, S. XV-XXXVI.

Nugel, Martin (2014): *Erziehungswissenschaftliche Diskurse über Räume der Pädagogik. Eine kritische Analyse*, Wiesbaden: Springer VS.

Oechslin, Werner (2002a): »Zur Einführung«, in: Elisabeth Sladek (Hg.), *John Ruskin. Werk und Wirkung*, Zürich: gta, S. 6–12.

– (2002b): »Ruskins ›Science of feeling‹: die Herausbildung einer ganzheitlichen Kunstauffassung aus Natur und Kunst, Kunstgeschichte und Religion«, in: Elisabeth Sladek (Hg.), *John Ruskin. Werk und Wirkung*, Zürich: gta, S. 43–82.

Oelkers, Jürgen (1992): *Pädagogische Ethik. Eine Einführung in Probleme, Paradoxien und Perspektiven*, Weinheim u. München: Juventa.

– (2001): *Einführung in die Theorie der Erziehung*, Weinheim u. Basel: Beltz.

– (2005): *Reformpädagogik. Eine kritische Dogmengeschichte*, 4., vollständig überarbeitete und erweiterte Aufl., Weinheim u. München: Juventa.

– (2007): »Demokratie als Theorienorm in der Pädagogik des Pragmatismus«, in: Claudia Crotti, Philipp Gonon u. Walter Herzog (Hg.), *Pädagogik und Politik. Historische und aktuelle Perspektiven*, Bern, Stuttgart u. Wien: Haupt, S. 151–176.

Oexle, Otto Gerhard (1996): *Geschichtswissenschaft im Zeichen des Historismus. Studien zu Problemgeschichten der Moderne*, Göttingen: Vandenhoeck & Ruprecht.

Parry, Linda u. Livingstone, Karen (2005): »Introduction: International Arts and Crafts«, in: Karen Livingstone u. Linda Parry (Hg.), *International Arts and Crafts*, London: V&A Publications, S. 10–37.

Petsch, Joachim (1979): »Heimatkunst – Heimatschutz. Zur Geschichte der europäischen Heimatschutzbewegung bis 1945«, in: *Werk – Archithese*, 66, 27/28, S. 49–52.

Pevsner, Nikolaus (1985): *An Outline of European Architecture*, 7. Auflage, Middlesex: Penguin.

Pfeil, Elisabet (1955): *Das Großstadtkind*, Stuttgart: Klett.

– (1972): *Großstadtforschung. Entwicklung und Gegenwärtiger Stand*, 2. neubearbeitete Auflage, Hannover: Gebrüder Jänecke Verlag.

Pfiffner, Martin u. Stadelmann, Peter (1994): »Expertenwissen von Wissensexperten«, in: Ronald Hitzler, Anne Honer u. Christoph Maeder (Hg.), *Expertenwissen. Die institutionalisierte Kompetenz zur Konstruktion von Wirklichkeit*, Opladen: Westdeutscher Verlag, S. 146–154.

Piccinato, Giorgio (1983): *Städtebau in Deutschland 1871–1914. Genese einer wissenschaftlichen Disziplin*, aus dem Italienischen übersetzt von Michael Peterek, Braunschweig: Vieweg.

Polanyi, Karl (1957): *The Great Transformation*, Foreword by Robert M. MacIver, Beacon Hill u. Boston: Beacon Press.

Polanyi, Michael (2009): *The Tacit Dimension*, With a New Foreword by Amartya Sen, Chicago u. London: University of Chicago Press.

Poggioli, Renato (1968): *The Theory of the Avant-Garde*, Translated from the Italian by Gerald Fitzgerald, Cambridge u. London: The Belknap Press.

Posch, Wilfried (2010): »Camillo Sittes städtebauliche Schriften«, in: Camillo Sitte, *Gesamtausgabe. Schriften und Projekte. Band 2: Schriften zu Städtebau und Architektur*, herausgegeben von Klaus Semsroth, Michael Mönninger und Christiane C. Collins, Wien, Köln u. Weimar: Böhlau, S. 11–79.

Prange, Klaus (2009): *Schlüsselwerke der Pädagogik. Band 2: Von Fröbel bis Luhmann*, Stuttgart: Kohlhammer.

Prange, Klaus u. Strobel-Eisele, Gabriele (2006): *Die Formen des pädagogischen Handelns. Eine Einführung*, Stuttgart: Kohlhammer.

Priem, Karin, König, Gudrun M. u. Casale, Rita (Hg.) (2012): *Die Materialität der Erziehung: Kulturelle und soziale Aspekte pädagogischer Objekte*, Zeitschrift für Pädagogik, 58. Beiheft, Weinheim u. Basel: Beltz.

Pross, Caroline (2013): *Dekadenz. Studien zu einer großen Erzählung der frühen Moderne*, Göttingen: Wallstein.

Quitzsch, Heinz (1981): *Gottfried Semper – Praktische Ästhetik und politischer Kampf*, im Anhang: Gottfried Semper und die vier Elemente der Baukunst, Braunschweig u. Wiesbaden: Vieweg.

Rabinbach, Anson (1990): *The Human Motor. Energy, Fatigue, and the Origins of Modernity*, Berkeley u. Los Angeles: University of California Press.

Rabinow, Paul (1989): *French Modern. Norms and Forms of the Social Environment*, Chicago u. London: The University of Chicago Press.

– (2004): *Anthropologie der Vernunft. Studien zu Wissenschaft und Lebensführung*, herausgegeben und übersetzt von Carlo Caduff und Tobias Rees, Frankfurt a. M.: Suhrkamp.

– (2011): *The Accompaniment. Assembling the Contemporary*, Chicago: The University of Chicago Press.

Radkau, Joachim (1998): *Das Zeitalter der Nervosität. Deutschland zwischen Bismarck und Hitler*, München: Hanser.

Raphael, Lutz (1996): »Die Verwissenschaftlichung des Sozialen als methodische und konzeptionelle Herausforderung für eine Sozialgeschichte des 20. Jahrhunderts«, in: *Geschichte und Gesellschaft*, 22, 2, S. 165–193.

– (2008): »Ordnungsmuster der ›Hochmoderne‹? Die Theorie der Moderne und die Geschichte der europäischen Gesellschaften im 20. Jahrhundert«, in: Ute Schneider u. ders. (Hg.), *Dimensionen der Moderne. Festschrift für Christof Dipper*, unter Mitarbeit von Sonja Hillerich, Frankfurt a. M.: Lang, S. 73–91.

Rebsamen, Hanspeter (1984): »Stadt und Städtebau in der Schweiz 1850–1920. Entwicklungslinien und Schwerpunkte«, in: Gesellschaft für Schweizerische Kunstgeschichte (Hg.), *INSA Inventar der neueren Schweizer Architektur 1850–1920. Band 1: Städte. Aarau, Altdorf, Appenzell, Baden*, mit einer Einführung Stadt und Städtebau in der Schweiz 1850–1920, Zürich: Orell Füssli, S. 55–77.

Rebsamen, Hanspeter, Bauer, Cornelia, Capol, Jan, Martinoli, Simona, Menghini, Giovanni Franceso u. Stutz, Werner (2001): *Zürich. Architektur und Städtebau 1850–1920*. INSA. *Inventar der neueren Schweizer Architektur 1850–1920*, Zürich: Orell Füssli.

Reddy, William M. (2001): *The Navigation of Feeling. A Framework for the History of Emotions*, Cambridge: Cambridge University Press.

Reinborn, Dietmar (1996): *Städtebau im 19. und 20. Jahrhundert*, Stuttgart: Kohlhammer.

Reiterer, Gabriele (2003): *AugenSinn. Zu Raum und Wahrnehmung in Camillo Sittes Städtebau*, Salzburg: Anton Pustet.

Reutlinger, Christian (2009): »Erziehungswissenschaft«, in: Stephan Günzel (Hg.), *Raumwissenschaften*, Frankfurt a. M.: Suhrkamp, S. 93–108.

Rheinberger, Hans-Jörg (2007): *Historische Epistemologie zur Einführung*, Hamburg: Junius.

Richter, Andrea (2004): *Reformpädagogische Schularchitektur in Württemberg und Bayerisch-Schwaben. Zur baulichen Manifestation erzieherischer Forderungen im Heimatstil*, Hamburg: Kovac.

Rieger-Ladich, Markus u. Ricken, Norbert (2009): »Macht und Raum: Eine programmatische Skizze zur Erforschung von Schularchitekturen«, in: Jeanette Böhme (Hg.), *Schularchitektur im interdisziplinären Diskurs. Territorialisierungskrise und Gestaltungsperspektiven des schulischen Bildungsraums*, Wiesbaden: VS Verlag für Sozialwissenschaften, S. 186–203.

Rittelmeyer, Christian (1995): »Wirkung von Schulbauten auf Schüler«, in: *Der Architekt*, 9, S. 532–536.

Robertson, Susan L. (2010): »›Spatializing‹ the Sociology of Education: Standpoints, Entry-Points and Vantage-Points«, in: Michael W. Apple, Stephen J. Ball u. Luis Armando Gandin (Hg.), *The Routledge International Handbook of the Sociology of Education*, London u. New York: Routledge, S. 15–26.

Rodríguez-Lores, Juan (1985): »Stadthygiene und Städtebau. Zur Dialektik von Ordnung und Unordnung in den Auseinandersetzungen des Deutschen Vereins für öffentliche Gesundheitspflege 1868–1901«, in: ders. u. Gerhard Fehl (Hg.), *Städtebaureform 1865–1900. Teil 1: Von Licht, Luft und Ordnung in der Stadt der Gründerzeit. Allgemeine Beiträge und Bebauungsplanung*, Hamburg: Christians, S. 19–58.

Rodríguez-Lores, Juan u. Fehl, Gerhard (Hg.) (1988): *Die Kleinwohnungsfrage. Zu den Ursprüngen des sozialen Wohnungsbaus in Europa*, Hamburg: Christians.

Roelcke, Volker (1999): *Krankheit und Kulturkritik. Psychiatrische Gesellschaftsdeutungen im bürgerlichen Zeitalter (1790–1914)*, Frankfurt a. M. u. New York: Campus.

Rossi, Aldo (1973): *Die Architektur der Stadt. Skizze zu einer grundlegenden Theorie des Urbanen*, aus dem Italienischen von Arianna Giachi, Düsseldorf: Bertelsmann.

Rucht, Dieter (1994): *Modernisierung und neue soziale Bewegungen. Deutschland, Frankreich und USA im Vergleich*, Frankfurt a. M. u. New York: Campus.

Rudež, Zrinka (1988): *Stadtraum. Prinzipien städtebaulicher Raumbildung. Eine Untersuchung über die im Zeitraum von 1880–1930 angewandten Entwurfsprinzipien*, Köln: Deutscher Gemeindeverlag und Verlag Kohlhammer.

Saldern, Adelheid von (1988): »Kommunale Wohnungs- und Bodenpolitik in Preußen 1890–1914«, in: Juan Rodrígez-Lores u. Gerhard Fehl (Hg.), *Die Kleinwohnungsfrage. Zu den Ursprüngen des sozialen Wohnungsbaus in Europa*, Hamburg: Christians, S. 74–94.

– (1995): *Häuserleben. Zur Geschichte städtischen Arbeiterwohnens vom Kaiserreich bis heute*, Bonn: Verlag J. H. W. Dietz Nachfolger.

– (2002): *The Challenge of Modernity. German Social and Cultural Studies, 1890–1960*, Translated by Bruce Little, With a Foreword by Geoff Eley, Ann Arbor: The University of Michigan Press.

Sarasin, Philipp (1990): *Stadt der Bürger. Struktureller Wandel und bürgerliche Lebenswelt Basel 1870–1900*, Basel u. Frankfurt a. M.: Helbing & Lichtenhahn.

– (2003): *Geschichtswissenschaft und Diskursanalyse*, Frankfurt a. M.: Suhrkamp.

– (2011): »Was ist Wissensgeschichte?«, in: *Internationales Archiv für Sozialgeschichte der deutschen Literatur*, 36, 1, S. 159–172.

Sarasin, Philipp u. Tanner, Jakob (Hg.) (1998): *Physiologie und industrielle Gesellschaft. Studien zur Verwissenschaftlichung des Körpers im 19. und 20. Jahrhundert*, Frankfurt a. M.: Suhrkamp.

Saxer, Daniela (2007): »Mit Gefühl handeln. Ansätze der Emotionsgeschichte«, in: *Traverse*, 2, S. 15–29.

Scarbath, Horst u. Straub, Veronika (Hg.) (1986): *Die heimlichen Miterzieher*, Hamburg: Katholische Akademie.

Schäfer, Alfred (2005): *Einführung in die Erziehungsphilosophie*, Weinheim u. Basel: Beltz.

Scheve, Christian von (2011): »Die soziale Konstitution und Funktion von Emotion: Akteur, Gruppe, normative Ordnung«, in: *Zeitschrift für Erziehungswissenschaft*, 14, 2, S. 207–222.

Schirrmacher, Arne (2008): »Nach der Popularisierung. Zur Relation von Wissenschaft und Öffentlichkeit im 20. Jahrhundert«, in: *Geschichte und Gesellschaft*, 34, 1, S. 73–95.

Scholz, Joachim (2003): »›Auf freiem Grund mit freiem Volke stehen‹. Eden – die erste Freilandsiedlung Deutschlands und ihre pädagogische Gestalt«, in: Franz-Josef Jelich u. Heidemarie Kemnitz (Hg.), *Die pädagogische Gestaltung des Raums. Geschichte und Modernität*, Bad Heilbrunn: Klinkhardt, S. 79–91.

Schott, Dieter (2009): »Die Stadt als Thema und Medium europäischer Kommunikation – Stadtplanung als Resultat europäischer Lernprozesse«, in: Ralf Roth (Hg.), *Städte im europäischen Raum. Verkehr, Kommunikation und Urbanität im 19. und 20. Jahrhundert*, Stuttgart: Franz Steiner, S. 205–225.

Schott, Heinz (2002): »Zur Biologisierung des Menschen«, in: Rüdiger vom Bruch u. Brigitte Kaderas (Hg.), *Wissenschaften und Wissenschaftspolitik. Bestandsaufnahmen zu Formationen, Brüchen und Kontinuitäten im Deutschland des 20. Jahrhunderts*, Stuttgart: Steiner, S. 99–108.

Schöttker, Detlev (2011): »Architekturtheorie zwischen Gesellschafts- und Kulturtheorie. Von Adorno zu Sloterdijk«, in: *Leviathan*, 39, S. 3–19.

Schrödter, Susanne (1998): »Bischoff und Weideli«, in: Isabelle Rucki u. Dorothee Huber (Hg.), *Architektenlexikon der Schweiz 19./20. Jahrhundert*, Basel, Boston u. Berlin: Birkhäuser, S. 62f.

Schroer, Markus (2009): »Materielle Formen des Sozialen. Die ›Architektur der Gesellschaft‹ aus Sicht der sozialen Morphologie«, in: Joachim Fischer u. Heike Delitz (Hg.), *Architektur der Gesellschaft. Theorien für die Architektursoziologie*, Bielefeld: transcript, S. 19–48.

Schröteler-von Brandt, Hildegard (2008): *Stadtbau- und Stadtplanungsgeschichte*, Stuttgart: Kohlhammer.

Schuch, Jane, Tenorth, Heinz-Elmar u. Welter, Nicole (2010): »Historische Bildungsforschung – Innovation und Selbstreflexion«, in: *Zeitschrift für Pädagogik*, 56, 10, S. 643–647.

Schumpp, Mechthild (1972): *Stadtbau-Utopien und Gesellschaft. Der Bedeutungswandel utopischer Stadtmodelle unter sozialem Aspekt*, Gütersloh: Bertelsmann.

Schwartz, Frederic J. (1996): *The Werkbund: Design Theory and Mass Culture Before the First World War*, New Haven, CT: Yale University Press.

Scott, James C. (1998): *Seeing Like a State. How Certain Schemes to Improve the Human Condition Have Failed*, New Haven, CT: Yale University Press.

Scruton, Roger (1979): *The Aesthetics of Architecture*, London: Methuen.

Searle, John R. (2010), *Making the Social World. The Structure of Human Civilization*, Oxford u. New York: Oxford University Press.

Sennett, Richard (1994): *Flesh and Stone. The Body and the City in Western Civilization*, New York u. London: Norton & Company.

Semsroth, Klaus (2003): »Zum Projekt der Camillo Sitte Gesamtausgabe«, in: ders., Michael Mönninger u. Christiane Crasemann Collins (Hg.), *Camillo-Sitte-Gesamtausgabe. Band 3: Der Städtebau nach seinen künstlerischen Grundsätzen*, Wien, Köln u. Weimar: Böhlau, S. 7–22.

Senarclens de Grancy, Antje (2001): »*Moderner Stil*« und »*Heimisches Bauen*«. *Architekturreform in Graz um 1900*, Wien, Köln u. Weimar: Böhlau.

Shilling, Chris u. Mellor, Philip A. (1998): »Durkheim, Morality and Modernity. Collective Effervescence, Homo Duplex and the Sources of Moral Action«, in: *The British Journal of Sociology*, 49, 2, S. 193–209.

Sigusch, Volkmar (2008): *Geschichte der Sexualwissenschaft*, Frankfurt a. M.: Campus.

Smets, Marcel (1995): »Charles Buls in Brüssel. Zu den Anfängen einer neuen Städtebaupolitik im ausgehenden 19. Jahrhundert«, in: Gerhard Fehl u. Juan Rodrígez-Lores (Hg.), *Stadt-Umbau. Die planmäßige*

Erneuerung europäischer Großstädte zwischen Wiener Kongreß und Weimarer Republik, Basel, Berlin u. Boston: Birkhäuser, S. 75–96.
Sonne, Wolfgang (2003): *Representing the State*. *Capital City Planning in the Early Twentieth Century*, München, Berlin, London u. New York: Prestel.
Spector, Tom (2001): *The Ethical Architect. The Dilemma of Contemporary Practice*, New York: Princeton Architectural Press.
Speich Chassé, Daniel u. Gugerli, David (2012): »Wissensgeschichte. Eine Standortbestimmung«, in: *Traverse*, 1, S. 85–100.
Spender, Stephen (1967): »The Modern as Vision of the Whole«, in: Irving Howe (Hg.), *The Idea of the Modern in Literature and the Arts*, New York: Horizon Press, S. 50–58.
Springer, Elisabeth (1979): *Geschichte und Kulturleben der Wiener Ringstrasse*, Wiesbaden: Franz Steiner.
Stalder, Laurent (2002): »John Ruskin als Erzieher: Muthesius, England und die neue ›nationale Tradition‹«, in: Elisabeth Sladek (Hg.), *John Ruskin. Werk und Wirkung*, Zürich: gta, S. 159–169.
Stercken, Martina (2006): »Gebaute Ordnung. Stadtvorstellungen und Planung im Mittelalter«, in: Bruno Fritzsche, Hans-Jörg Gilomen u. dies. (Hg.), *Städteplanung – Planungsstädte*, Zürich: Chronos, S. 15–37.
Stern, Robert A. M. (1988): *Modern Classicism*, New York: Rizzoli.
Strebel, Ernst (1998): »Moser, Karl (Coelestin)«, in: Isabelle Rucki u. Dorothee Huber (Hg.), *Architektenlexikon der Schweiz 19./20. Jahrhundert*, Basel, Boston u. Berlin: Birkhäuser, S. 384–386.
Stromberg, Wayne H. (1989): »Helmholtz and Zoellner: Nineteenth-Century Empiricism, Spiritism, and the Theory of Space Perception«, in: *Journal of the History of the Behavioral Sciences*, 25, S. 371–383.
Summerson, John (1963): *The Classical Language of Architecture*, Cambridge, MA: The MIT Press.
Swenarton, Mark (1989): *Artisans and Architects. The Ruskinian Tradition in Architectural Thought*, London: Macmillan.
Szöllösi-Janze, Margit (2004): »Wissensgesellschaft in Deutschland: Überlegungen zur Neubestimmung der deutschen Zeitgeschichte über Verwissenschaftlichungsprozesse«, in: *Geschichte und Gesellschaft*, 30, 2, S. 277–313.
Tafuri, Manfredo (1976): *Theories and History of Architecture*, Translated by Giorgio Verrecchia, London, Toronto, Sydney u. New York: Granada Publishing.
Tanner, Jakob (2004): *Historische Anthropologie zur Einführung*, Hamburg: Junius.
– (2006): »Das Rauschen der Gefühle. Vom Darwinschen Universalismus zur Davidsonschen Triangulation«, in: *Nach Feierabend*, 2, S. 129–152.
– (2011): »Verwirklichung als Bewahrung des Möglichen. Der Mensch in der Perspektive der historischen Anthropologie«, in: Ingolf U. Dalferth u. Andreas Hunziker (Hg.), *Seinkönnen. Der Mensch zwischen Möglichkeit und Wirklichkeit*, Tübingen: Mohr Siebeck, S. 141–158.

Tavernor, Robert (2002): »Measure, metre, irony: reuniting pure mathematics with architecture«, in: *Arq: Architectural Research Quarterly*, 6, 1, S. 67–75.

Taylor, Joshua C. (1987): *Nineteenth-Century Theories of Art*, Berkeley, Los Angeles u. London: University of California Press.

Tenorth, Heinz-Elmar (2000): *Geschichte der Erziehung. Einführung in die Grundzüge ihrer neuzeitlichen Entwicklung*, 4., erweiterte Auflage 2008, Weinheim u. München: Juventa.

Thyssen, Ole (2011): *Aesthetic Communication*, Translated from the Danish by Russell Dees, Hampshire: Palgrave Macmillan.

Trevisan, Luca (1989): *Das Wohnungselend der Basler Arbeiterbevölkerung in der zweiten Hälfte des 19. Jahrhunderts*, Basel: Helbing & Lichtenhahn.

Trofer, Claudia (2006): »Pädagogische Räume«, in: Edgar Forster (Hg.), *Architektur – Kunst – Bildung. »Kunst am Bau« in Transformation. Ein »Kunst-im-Haus«-Projekt im Kindergarten Alterbach, Salzburg, auf Initiative von Architekten Mayer + Seidl*, Wien: LIT Verlag, S. 89–129.

Tschanz, Martin (2015): *Die Bauschule am Eidgenössischen Polytechnikum in Zürich. Architekturlehre zur Zeit von Gottfried Semper (1855-1871)*, Zürich: gta Verlag.

Tschofen, Bernhard (2013): »Heimat/Schutz: Bloß eine andere Moderne?«, in: Antje Senarclens de Grancy (Hg.), *Identität, Politik, Architektur. »Verein für Heimatschutz in Steiermark«*, Berlin: Jovis, S. 15–30.

Ugoletti, Tiziana (2005): »Die Siedlung Riedtli in Zürich. Heimatschutz und Städtebau«, in: Vittorio Magnago Lampugnani u. Matthias Noell (Hg.), *Stadtformen. Die Architektur der Stadt zwischen Imagination und Konstruktion*, Zürich: gta, S. 204–217.

Vasold, Manfred (2008): *Grippe, Pest und Colera. Eine Geschichte der Seuchen in Europa*, Stuttgart: Steiner.

Venturi, Robert (1978): *Komplexität und Widerspruch in der Architektur*, herausgegeben von Heinrich Klotz, aus dem Amerikanischen von Heinz Schollwöck, Braunschweig: Vieweg.

Venturi, Robert, Scott Brown, Denise u. Izenour, Steven (1977): *Learning from Las Vegas. The Forgotten Symbolism of Architectural Form*, Revised Edition, Cambridge, MA: The MIT Press.

Veyrassat, Béatrice (2008): »Industrialisierung«, in: *Historisches Lexikon der Schweiz*, Download von http://www.hls-dhs-dss.ch/textes/d/D13824.php (zuletzt eingesehen am 16.12.2013).

Viehhauser, Martin (2015a): »Individualisierung als Norm – Normalisierung des Individuellen. Die Erziehung zur Familieneinheit im frühen kommunalen Siedlungsbau«, in: Patrick Bühler, Edgar Forster, Sascha Neumann, Sabrina Schröder u. Daniel Wrana (Hg.), *Normalisierungen*, Halle-Wittenberg: Martin-Luther-Universität, S. 35-55.

Viehhauser, Martin (2015b): »Städtebauliche Gestaltung um 1900 als ›stille‹ Form der ›Volkserziehung‹: Camillo Sittes künstlerischer Städtebau und Theorien der Raumwahrnehmung«, in: Michael Geiss u. Veronika

Magyar-Haas (Hg.), *Zum Schweigen. Macht/Ohnmacht in Erziehung und Bildung*, Weilerswist: Velbrück, S. 259-281.

Vogt, Adolf Max, Besset, Maurice u. Wetzel, Christoph (1993): *Belser Stilgeschichte. Band IV: Vom Klassizismus bis zur Gegenwart*, Stuttgart, Zürich: Belser Verlag.

Vom Bruch, Rüdiger, Hübinger, Gangolf u. Graf, Friedrich Wilhelm (1989): »Einleitung: Kulturbegriff, Kulturkritik und Kulturwissenschaften um 1900«, in: dies. (Hg.), *Kultur und Kulturwissenschaften um 1900*, Stuttgart: Steiner, S. 9-24.

Wagner, Peter (1995): *Soziologie der Moderne. Freiheit und Disziplin*, Frankfurt a. M. u. New York: Campus.

Walter, François (1996): *Bedrohliche und bedrohte Natur. Umweltgeschichte der Schweiz seit 1800*, Zürich: Chronos.

Ward, Stephen V. (2002): *Planning the Twentieth-Century City. The Advanced Capitalist World*, Chichester: John Wiley & Sons.

– (Hg.) (1992): *The Garden City. Past, Present and Future*, London: E & FN Spon.

Weber, Max (1922): *Gesammelte Aufsätze zur Wissenschaftslehre*, Tübingen: J. C. B. Mohr.

Welchman, Jennifer (2010): »Dewey's moral philosophy«, in: M. Cochran (Hg.), *The Cambridge Companion to Dewey*, Cambridge, MA: Cambridge University Press, S. 166-186.

Weston, Richard (1996): *Modernism*, London: Phaidon Press.

Wieczorek, Daniel (1981): *Camillo Sitte et les débuts de l'urbanisme moderne*, Bruxelles: Pierre Mardaga.

Wietschorke, Jens (2008): »Die Straße als Miterzieher. Städtischer Raum und Sozialpädagogik im frühen 20. Jahrhundert«, in: Deutsche Gesellschaft für Erziehungswissenschaft (Hg.), *Jahrbuch für Historische Bildungsforschung. Band 14*, Bad Heilbrunn: Klinkhardt, S. 209-242.

Wildavsky, Aaron (1979): *Speaking Truth to Power. The Art and Craft of Policy Analysis*, Boston u. Toronto: Little, Brown and Company.

Wilhelm, Karin (2006): »Ordnungsmuster der Stadt. Camillo Sitte und der moderne Städtebaudiskurs«, in: dies. u. Detlef Jessen-Klingenberg (Hg.), *Formationen der Stadt. Camillo Sitte weitergelesen*, Gütersloh u. Berlin: Bauverlag, S. 15-95.

Wilhelm, Karin u. Jessen-Klingenberg, Detlef (2006): »Vorbemerkung«, in: dies. (Hg.), *Formationen der Stadt. Camillo Sitte weitergelesen*, Gütersloh u. Berlin: Bauverlag, S. 7-14.

Wohlleben, Marion (1994): »Der Heimatschutz zwischen Tradition und Moderne«, in: art-ig Büro für Kunstgeschichte u. Kunsthaus Glarus (Hg.), *Hans Leuzinger 1887-1971. Pragmatisch modern*, 2. Auflage, Zürich: gta, S. 87-102.

Wohlrapp, Harald (1998): »Strategie«, in: Joachim Ritter u. Karlfried Gründer (Hg.), *Historisches Wörterbuch der Philosophie. Band 10: St-T*, völlig neubearbeitete Ausgabe des »Wörterbuchs der philosophischen Begriffe« von Rudolf Eisler, Basel: Schwabe & Co., S. 261-266.

Würgler, Andreas (2005): »Gemeindeversammlung«, in: *Historisches Lexikon der Schweiz*, Download von http://www.hls-dhs-dss.ch/textes/d/D10240.php (zuletzt eingesehen am 13.2.2014).

Wurzer, Rudolf (1972): »Camillo Sitte – Leben, Werk und Stellung«, in: Camillo Sitte, *Der Städtebau nach seinen künstlerischen Grundsätzen*, Nachdruck der 3. Auflage, Wien 1901 und des Originalmanuskriptes aus dem Jahre 1889, Wien u. New York: Springer, S. IX-XX.

Yehezkel, Dror (1963): »The Planning Process: A Facet Design«, in: *International Review of Administrative Sciences*, 29, 46, S. 46–58.

Zimmermann, Clemens (1991): *Von der Wohnungsfrage zur Wohnungspolitik. Die Reformbewegung in Deutschland 1845–1914*, Göttingen: Vandenhoeck & Ruprecht.

Zinnecker, Jürgen (1979): »Straßensozialisation. Versuch, einen unterschätzten Lernort zu thematisieren«, in: *Zeitschrift für Pädagogik*, 25, 5, S. 727–746.

## Ressourcen und Datenbanken:
### Lexika, Enzyklopädien, Bibliographien und Biographien

ÄGB = Barck, Karlheinz, Fontius, Martin, Schlenstedt, Dieter, Steinwachs, Burkhart u. Wolfzettel, Friedrich (2002): *Ästhetische Grundbegriffe. Historisches Wörterbuch in sieben Bänden*, Stuttgart u. Weimar: J.B. Metzler.

*Architektenlexikon Wien 1880–1945*, http://www.architektenlexikon.at

*Biographie-Portal*, http://www.biographie-portal.eu

*de Gruyter World Biographical Information System*, http:// http://db.saur.de/WBIS/login.jsf

HLS = *Historisches Lexikon der Schweiz*, http://www.hls-dhs-dss.ch

HWPh 1984 = Ritter, Joachim u. Gründer, Karlfried (Hg.) (1984): *Historisches Wörterbuch der Philosophie. Band 6: Mo-O*, Basel: Schwabe & Co.

INSA = *Inventar der neueren Schweizer Architektur, 1850–1920: Städte*, 11 Bände, Zürich: Orell Füssli. [Für Zürich s. Rebsamen, Bauer, Capol et al. 2001]

*Neue Deutsche Biographie*, http://www.deutsche-biographie.de/index.html

*Oxford Art Online*, http://www.oxfordartonline.com

Rucki, Isabelle u. Huber, Dorothee (Hg.) (1998): *Architektenlexikon der Schweiz 19./20. Jahrhundert*, Basel, Boston u. Berlin: Birkhäuser.

Waetzoldt, Stephan (Hg.) (1977): *Bibliographie zur Architektur im 19. Jahrhundert. Die Aufsätze in den deutschsprachigen Architekturzeitschriften 1789–1918. Band 1–8*, Nendeln: KTO Press.

QUELLEN UND LITERATUR

## 10.3 Abkürzungen

ÄGB   Ästhetische Grundbegriffe
BSA   Bund Schweizer Architekten
ETH   Eidgenössische Technische Hochschule (Zürich)
HLS   Historisches Lexikon der Schweiz
HWPh  Historisches Wörterbuch der Philosophie
INSA  Inventar der neueren Schweizer Architektur 1850–1920
SP    Sozialdemokratische Partei (Schweiz)
SVH   Schweizerische Vereinigung für Heimatschutz (bis 1968 unter dieser Bezeichnung, danach Schweizer Heimatschutz SHS)
SWB   Schweizerischer Werkbund

## 10.4 Abbildungsnachweis

Abbildung 1   Sitte 1901, S. 25.
Abbildung 2   Maertens 1877, S. 52.
Abbildung 3   Howard 1902, S. 22.
Abbildung 4   Aktionskomitee für die Eingemeindung (Hg.) 1929, S. 4
Abbildung 5   Eberlé 1921/22, S. 22.
Abbildung 6   *Die Schweizerische Baukunst*, 1910, II, 1, S. 6.
Abbildung 7   *Schweizerische Bauzeitung*, 1909, LIII, 25, S. 327.
Abbildung 8   Ebd.
Abbildung 9   Ebd., S. 326.
Abbildung 10  Heuser 1890, S. 18.
Abbildung 11  *Schweizerische Bauzeitung*, 1912, LX, 23, S. 310 (Tafel 68).

# Danksagung

Das vorliegende Buch ist die gekürzte und überarbeitete Fassung meiner erziehungswissenschaftlichen Dissertationsschrift, die ich 2014 an der Universität Fribourg (Schweiz) abgeschlossen habe. Mein Dank geht zuerst an Edgar Forster für die umsichtige Betreuung der Arbeit. Sein Interesse am Projekt und die kritische Auseinandersetzung mit den argumentativen Linien des Texts haben die Arbeit entscheidend vorangebracht und darüber hinaus meine Einstellung zu Wissenschaft als Beruf geprägt. Für ihre Bereitschaft, als Korreferentin die Arbeit zu begutachten, bin ich Rita Casale zu großem Dank verpflichtet, aber mehr noch für den wissenschaftlichen Austausch, der meine Sicht auf Erziehung und Bildung geprägt hat. Margrit Stamm hat die Anfänge des Projekts begleitet und stets wohlwollend unterstützt; für ihre Offenheit dem Projekt gegenüber gilt ihr mein ausdrücklicher Dank.

Diese Arbeit ist während meiner Assistententätigkeit am Departement Erziehungswissenschaften der Universität Fribourg entstanden. Für unzählige Anregungen, aber auch moralische Unterstützung, die ich über die Jahre in unterschiedlichen Formen erfahren habe, danke ich meinen Kolleginnen und Kollegen. Im Laufe der letzten Jahre bin ich in zahlreichen Konstellationen einer Reihe von Gesprächspartnerinnen und Gesprächspartnern begegnet, denen ich an dieser Stelle nicht allen einzeln danken kann, von denen aber ein besonderer Dank Christiane Thompson und Markus Rieger-Ladich gebührt, bei dem ich in Tübingen mittlerweile einen neuen anregenden Diskussionszusammenhang gefunden habe. Als Kollegiat am Zentrum Geschichte des Wissens der ETH Zürich und der Universität Zürich habe ich von 2009 bis 2011 wichtige methodische Grundlagen entwickeln können. Für den Austausch in diesem Zusammenhang gilt mein Dank insbesondere Jakob Tanner, Silvia Berger und den Kolleginnen und Kollegen des Graduiertenkollegs. Von 2011 bis 2012 war ich im Rahmen des Stipendiums für Angehende Forschende des Schweizerischen Nationalfonds (SNF) als Visiting Scholar am Teachers College im Arbeitsbereich »Philosophy and Education« der Columbia University in New York City. Dem SNF danke ich für die finanzielle Unterstützung dieser wichtigen Phase in der Durchführung des Projektes. Mein Dank geht in diesem Kontext an David T. Hansen sowie an die Kolleginnen und Kollegen der Graduiertengruppe, insbesondere an Cristina Cammarano für ihre kollegiale und freundschaftliche Sorge. Dem SNF bin ich auch für seinen Beitrag zur Publikation der vorliegenden Monographie verpflichtet.

Schließlich gilt mein Dank meiner Familie, allen voran meinen Eltern Elisabeth und Sebastian. Viele Formen von Unterstützung durfte ich von Freundinnen und Freunden erfahren – ihnen allen sei an dieser Stelle herzlich gedankt. Gewidmet ist dieses Buch meinem Mann Christian, für die unschätzbar wertvolle Unterstützung über die Jahre, die sich nicht in Worte fassen lässt.

Tübingen und Zürich, im Januar 2016